Kohlhammer

Horst Siebert

Einführung in die Volkswirtschaftslehre

13., vollständig überarbeitete und erweiterte Auflage

Verlag W. Kohlhammer

Die Deutsche Bibliothek – CIP-Einheitsaufnahme

Siebert, Horst:
Einführung in die Volkswirtschaftslehre / Horst Siebert. – 13., vollständig überarb. und erw. Aufl. . – Stuttgart ; Berlin ; Köln : Kohlhammer, 2000
ISBN 3-17-016361-2

13., überarbeitete und erweiterte Auflage 2000

Stuttgart Berlin Köln
Verlagsort: Stuttgart
Umschlag: Data Images GmbH
Gesamtherstellung:
W. Kohlhammer Druckerei GmbH & Co. Stuttgart
Printed in Germany

Vorwort zur dreizehnten Auflage

Economics is what economists do.
Jacob Viner

Die Volkswirtschaftslehre ist für viele nicht in der Wirtschaftswissenschaft vorgebildete Hörer von nationalökonomischen Vorlesungen oft ein Buch mit sieben Siegeln oder – um an einen Ausspruch Kurt Tucholskys zu erinnern – so etwas Ähnliches wie die »Metaphysik des Pokerspielers«. Diese Einstellung, die sicherlich zu einem großen Teil durch den hohen Abstraktionsgrad der Volkswirtschaftslehre und die komplexen Zusammenhänge der ökonomischen Wirklichkeit verursacht wird, stellt das vorliegende Buch bewusst in Rechnung. Es setzt – außer der Bereitschaft zur Mitarbeit – nichts voraus und ist für Leserinnen und Leser geschrieben, die mit der wirtschaftswissenschaftlichen Denkweise erst vertraut werden wollen. Das Buch vermeidet – bis auf wenige Stellen – formal-mathematische Darstellungen und bedient sich lediglich der zeichnerischen Methode, um Zusammenhänge darzustellen.

Diese überarbeitete 13. Auflage will Studentinnen und Studenten der Wirtschaftswissenschaft in ihrem Anfangssemester in die Volkswirtschaftslehre einführen und soll gleichzeitig Studentinnen und Studenten benachbarter Disziplinen eine Orientierung über die Grundzüge der Volkswirtschaftslehre ermöglichen. Auch für manchen Examenskandidaten hat es sich gelohnt, das Buch noch einmal durchzugehen und die in diesem Buch behandelten Themen zu rekapitulieren, vor allem sich die Zusammenhänge noch einmal klar zu machen.

Mein Ziel in diesem Buch ist, die Leserin und den Leser in die grundlegenden volkswirtschaftlichen Zusammenhänge einzuführen. Gleichzeitig macht der Text mit grundlegenden wirtschaftlichen Problemen vertraut.

Teil I beschäftigt sich mit den einzelnen Entscheidungseinheiten wie den Haushalten und Unternehmen. Haushalte entscheiden in einer Marktwirtschaft autonom über die von ihnen nachgefragten Gütermengen. Unternehmen entscheiden autonom über die Produktionsmengen. Wie kommt es, dass letztlich diese autonomen Entscheidungen so zahlreicher Einheiten nicht im Chaos enden? Wie steuern Preise und Märkte die Entscheidungen von Nachfragern und Anbietern? Da bei dieser Frage das Verhalten einzelner Entscheidungseinheiten im Vordergrund steht, sprechen wir auch von der Mikrowelt der wirtschaftlichen Wirklichkeit (Mikroökonomie). Die Analyse der gesamtwirtschaftlichen Zusammenhänge wird in Teil II behandelt. Dabei geht es um Fragen der gesamtwirtschaftlichen Beschäftigung, des Preisniveaus, der Konjunktur und des wirtschaftlichen Wachstums (Makroökonomie). Wie bestimmt sich durch gesamtwirtschaftliche Nachfrage und gesamtwirtschaftliches Angebot das Preisniveau eines Landes? Welche Rolle spielt die gesamtwirtschaftliche Geldmenge? Inwieweit schwankt die gesamtwirtschaftliche Nachfrage um das Produktionspotential in einem Konjunkturzyklus? In Teil III werden einige

Grundprobleme einer offenen Volkswirtschaft behandelt. Wie sind Volkswirtschaften gütermäßig miteinander verflochten, inwieweit bestimmen relative Preisvorteile die internationale Arbeitsteilung? Wieso lässt sich die Zahlungsbilanz als Restriktion für die Ausgaben eines Landes interpretieren, und welche Funktionen haben Wechselkurse?

Kapitel 1 gibt eine Übersicht über die sieben Grundfragen der Volkswirtschaftslehre. In Kapitel 2 wird diskutiert, welche Faktoren die Produktionsmöglichkeiten einer Volkswirtschaft bestimmen. Kapitel 3 erörtert die Elemente der Preisbildung. Kapitel 4 analysiert das Nachfrageverhalten der Haushalte (Konsumtheorie) und Kapitel 5 das Angebotsverhalten der Unternehmen (Produktionstheorie). Kapitel 6 untersucht die Funktionen von Preisen und Märkten. In Kapitel 7 werden staatliche Eingriffe in die Preisbildung behandelt. Kapitel 8 beschäftigt sich mit einigen speziellen Märkten und Kapitel 9 mit dem Einfluß der Marktformen auf die Preisbildung. Die Kapitel 10 und 11 sind den Faktormärkten gewidmet. Die abschließenden Kapitel von Teil I greifen die Frage der Rolle der Preise in einem marktwirtschaftlichen System wieder auf. In Kapitel 12 wird diskutiert, inwieweit sich die sektorale Struktur einer Volkswirtschaft durch Veränderung der Preise im Verlauf der Zeit verschiebt, und in Kapitel 13 wird am Beispiel eines »gesamtwirtschaftlichen Auktionators« gezeigt, wie Preise als Lenkungsinstrument zu setzen sind und welche Bezüge zu den Zielen der Wirtschaftspolitik bestehen. Schließlich fasst Kapitel 14 mit Hilfe einer einfachen Produktionsfunktion die wichtigsten Begriffe und Konzepte der Preistheorie formal zusammen. Das Buch stellt in Teil I auch die Zusammenhänge zwischen Produktion, Transformationskurve, Kosten, Güterpreisbildung, Faktornachfrage, Faktorpreisbildung, Faktorallokation und sektoraler Struktur dar.

Teil II will problemorientiert und in relativ leicht verständlicher Darstellung in die makroökonomische Theorie einführen. Die Problemstellung der Makroökonomie richtet sich an den wirtschaftspolitischen Zielen der Vollbeschäftigung, der Preisniveaustabilität, der Konjunkturstabilisierung und des Wachstums aus. Nach diesen Hauptzielen der Wirtschaftspolitik ist Teil II gegliedert. Neben einer Motivierung der Ziele wird diskutiert, wie die ökonomische Theorie das Niveau des Inlandsprodukts, die Beschäftigungssituation, das Preisniveau und die konjunkturellen sowie langfristigen Bewegungen des Inlandsprodukts erklärt. Konsequenzen für die Anwendung wirtschaftspolitischer Maßnahmen werden aufgezeigt. Dabei spielen drei Märkte eine entscheidende Rolle: der Gütermarkt, der Geldmarkt und der Arbeitsmarkt.

In Kapitel 15 wird der Kreislauf einer Volkswirtschaft dargestellt. Ein Überblick über die gesamtwirtschaftliche Theorie mit den Grundbegriffen gesamtwirtschaftliche Nachfrage, gesamtwirtschaftliches Angebot, Volkseinkommen und Beschäftigung wird in Kapitel 16 gegeben. Ferner werden die drei wichtigen Märkte einer Volkswirtschaft, der Gütermarkt, der Geldmarkt und der Arbeitsmarkt vorgestellt. Kapitel 17 befasst sich mit der Bestimmung von Volkseinkommen und Beschäftigung durch die gesamtwirtschaftliche Nachfrage auf dem Gütermarkt. Der Geldmarkt mit den Größen Zins und Geldmenge wird in Kapitel 18 behandelt. Dabei wird auch der

Geldangebotsprozess diskutiert. In Kapitel 19 wird die Europäische Geldpolitik erörtert. Sodann werden Güter- und Geldmarkt zusammen betrachtet. In Kapitel 20 steht die Bestimmung des gesamtwirtschaftlichen Preisniveaus im Mittelpunkt. In Kapitel 21 wird der Arbeitsmarkt explizit eingeführt. Das Zusammenspiel dieser drei Märkte bestimmt Volkseinkommen und Beschäftigung. Die Kritik an der Nachfrageorientierung steht in Kapitel 22 im Mittelpunkt. Dabei wird als Alternative zur Nachfrageorientierung die Angebotsseite erörtert. Die Veränderung des Volkseinkommens in der Zeit wird in den Kapiteln 23 und 24 präsentiert. Kapitel 23 beschäftigt sich mit den konjunkturellen Schwankungen, Kapitel 24 mit dem wirtschaftlichen Wachstum. In Kapitel 25 wird der Umbau einer Planwirtschaft diskutiert. Anschließend werden in Kapitel 26 Zielbeziehungen angesprochen.

In Teil III werden Probleme der offenen Volkswirtschaft diskutiert. In Kapitel 27 wird ein kurzer Überblick über empirische Daten des Welthandels gegeben; außerdem werden die Gründe für Außenhandel vorgestellt. In Kapitel 28 wird die Zahlungsbilanz erörtert. Welche Transaktionen gehen in diese ein, und welche Mechanismen führen zu einem Ausgleich der Zahlungsbilanz? In Kapitel 29 werden die Aussagen über Gütermarkt und Beschäftigung des II. Teils auf eine offenen Volkswirtschaft erweitert. In einer offenen Volkswirtschaft existiert neben den drei gesamtwirtschaftlichen Märkten einer geschlossenen Volkswirtschaft (Güter-, Arbeits- und Geldmarkt) der Devisenmarkt. Der Wechselkurs, der auf diesem Markt den Preis anderer Währungen angibt, ist Gegenstand des 30. Kapitels. Auswirkungen verschiedener Wechselkursregime auf die Handelsbilanz und die nationale Geldpolitik werden kurz dargestellt.

Die 13. Auflage habe ich vollständig überarbeitet. Zahlreiche Anwendungsbeispiele sind in den Kästen und im Text neu aufgegriffen worden. Der makroökonomische Teil ist auf die neue Volkswirtschaftliche Gesamtrechnung (ESVG 95) umgestellt. In Kapitel 19 wird der Euro behandelt. Alle Währungsangaben in dem Buch sind in Euro. Ansonsten finden sich viele Änderungen in den Details. Die Daten sind auf den neuesten Stand gebracht. Schaubilder und Tabellen wurden aktualisiert.

Aktuelle Problemstellungen, Illustrationen der theoretischen Argumente sowie empirische Information und wirtschaftspolitische Fragen werden in Kästen behandelt. Am Anfang jeden Kapitels sind Aussagen bekannter Ökonomen verzeichnet, die den Leser/die Leserin mit dogmengeschichtlichen Grundwahrheiten der Volkswirtschaftslehre konfrontieren. Die Abschnitte, Tabellen und Schaubilder sind zur besseren Orientierung kapitelweise nummeriert. Beispielsweise zeigt die Kennzeichnung Schaubild 8.3 an, dass es sich um ein Schaubild in Kapitel 8, und zwar um das dritte Schaubild dieses Kapitels, handelt.

Das vorliegende Buch hat sich aus meiner Lehrtätigkeit an den Universitäten Münster, Bochum, Mannheim, Konstanz und Kiel entwickelt. Den Hörerinnen und Hörern meiner Lehrveranstaltungen bin ich für kritische Hinweise und die permanente Herausforderung dankbar. Nicht zuletzt haben aber auch meine Tätigkeit im Institut für Weltwirtschaft und meine Mitarbeit im Sachverständigenrat zur Begutachtung der gesamtwirtschaftlichen Entwicklung dieses einführende Lehrbuch entscheidend beeinflusst.

Wissenschaftler schulden für ihre Ideen allen Dank, mit denen sie diskutieren und im Verlaufe ihres akademischen Lebens diskutiert haben. Von daher kann ich die direkten und indirekten Einflüsse auf dieses Buch nicht vollständig nachzeichnen. An erster Stelle sind die Wissenschaftler und Wissenschaftlerinnen des Instituts für Weltwirtschaft zu nennen, die mich immer wieder mit ihren Ideen herausfordern. Dies gilt auch für die Mitglieder des Sachverständigenrats zur Begutachtung der gesamtwirtschaftlichen Entwicklung, seinen Stab und die Geschäftsstelle sowie die Kollegen von der Kieler Fakultät. Teilaspekte zur Konjunktur habe ich mit Herrn Dr. Jörg Döpke diskutiert. Bei den Tabellen und Schaubildern waren cand. rer. pol. Jens Mundhenke und cand. rer. pol. Jann Lay behilflich; Herr Lay hat den mikroökonomischen Teil und Herr Mundhenke den makroökonomischen Teil einer kritischen Durchsicht unterzogen. Die Schaubilder und Tabellen zu Teil III wurden von Frau cand. rer. pol. Nina Pohl und Herrn Diplom-Volkswirt Holger Brauer aktualisiert. Herr Mündhenke hat das Sachverzeichnis besorgt. Frau Nicole Petersohn hat mit Geduld und Umsicht geholfen, dass das Manuskript zustande kam.

Kiel, im Februar 2000 Horst Siebert

Inhaltsverzeichnis

Teil II: Makroökonomische Theorie

Teil III: Internationale Wirtschaftsbeziehungen

Verzeichnis der Kästen

1 Die Grundfragen der Volkswirtschaftslehre

*Das Ergebnis jeder ernsthaften Forschung kann nur sein,
zwei Fragen zu entwickeln, wo vorher nur eine stand.*
Thorstein Veblen

1.1 Manna vom Himmel oder die Kunst des Mangels?

Tokio, Paris, New York – betrachten Sie eines der großen Siedlungszentren dieser Erde. Mehrere Millionen Menschen wohnen auf engstem Raum zusammen. Wie wird sichergestellt, dass diese Menschen mit Nahrungsmitteln und anderen Gütern versorgt werden? Wie wird gewährleistet, dass in Paris jeden Morgen »croissants et café-crème« für den Käufer bereit stehen? Dass irgendwo in Kentucky gerade dasjenige Gut produziert wird, das in Manhattan nachgefragt wird? Dass in Tokio genügend Energie für die Beheizung der Wohnhäuser, Fabriken und Bürogebäude zur Verfügung steht? Wie funktioniert das komplexe ökonomische Gefüge in den industriellen Ballungszentren dieser Erde? Wie kann man die Prozesse erklären, die zur Sicherstellung der Güterversorgung eines Landes wie Deutschland erforderlich sind?
Dies sind die Fragen, mit denen sich die ökonomische Theorie beschäftigt. Wenn Politik die Kunst des Möglichen ist, so kann man Ökonomie als die Kunst des Mangels oder die Lehre von der Knappheit interpretieren. Mangel oder Knappheit ist seit der Vertreibung aus dem Paradies der Grundtatbestand menschlicher Existenz, und diese Knappheit entsteht aus der Diskrepanz zwischen

- einer Fülle von Wünschen, Zielen, Bedürfnissen, Verlangen, Begehren und Anliegen der einzelnen Wirtschaftssubjekte einer Gesellschaft
- und der vorhandenen Menge an Gütern, die für die Erfüllung dieser Wünsche eingesetzt werden können. Unter einem Gut verstehen wir ein Mittel zur Bedienung von Bedürfnissen (Sachgut oder Dienstleistung).

Die Menge der vorhandenen Güter reicht – das ist die These von der Knappheit – nicht aus, alle Wünsche der Menschen zu erfüllen, d. h. die meisten Güter sind nicht frei, sondern knapp. Freie Güter sind im Vergleich zu den Wünschen der Individuen in beliebiger Menge vorhanden, wie etwa der Sand in der Sahara. Sie kommen außer in der Sahara noch im Schlaraffenland vor. Die ökonomische Realität ist dagegen durch knappe Güter gekennzeichnet. Viele Güter, die in der Vergangenheit einmal frei waren, wie Luft und Wasser, sind im Verlauf der geschichtlichen Entwicklung, des Bevölkerungswachstums und der Industrialisierung längst zu knappen Gütern geworden.

Die Existenz der Knappheit erfordert das Wirtschaften. Unter »Wirtschaften« verstehen wir den planmäßigen Einsatz knapper Güter zur Erfüllung menschlicher Wünsche. »Wirtschaftlich nennen wir ein Handeln insoweit, als es orientiert ist an der Fürsorge für begehrte Nutzleistungen oder Chancen der Verfügung über solche«.[1] Das Wirtschaften ist das Grundmerkmal der wirtschaftlichen Realität. Und diese wirtschaftliche Wirklichkeit ist das Erfahrungsobjekt der Wirtschaftswissenschaft.

Die Volkswirtschaftslehre ist also jene Wissenschaft, die sich bemüht, die Gesetzmäßigkeiten der wirtschaftlichen Realität zu erfassen und mit den gefundenen Gesetzmäßigkeiten konkrete wirtschaftliche Ereignisse zu erklären. Die Volkswirtschaftslehre gehört nicht zu den Idealwissenschaften, wie z. B. die Logik und Mathematik, sondern zu den Erfahrungs- oder Realwissenschaften. Die Fragestellungen dieser Realwissenschaften orientieren sich an der wirklichen Welt. Erfahrungsobjekt ist die Realität – und zwar ein bestimmter Ausschnitt der Realität – nämlich die wirtschaftliche Wirklichkeit –, und diese ist gekennzeichnet durch das Wirtschaften, d. h. durch die Überbrückung der Spannung zwischen einer Vielzahl von Bedürfnissen und von knappen Gütern.

Die Volkswirtschaftslehre will nicht beschreiben, wie die wirtschaftliche Wirklichkeit aussieht. Sie fragt deshalb nicht wie die Wirtschaftskunde nach dem »Wie«, sondern nach dem »Warum«. Die Volkswirtschaftslehre will also z. B. nicht feststellen, wie hoch der Preis eines Gutes oder wie hoch das Volkseinkommen sind – Beobachtungsfeststellungen sind lediglich ein Ausgangspunkt der Wirtschaftswissenschaft –, sondern sie will die Höhe dieses Preises oder die Höhe des Volkseinkommens erklären. Die Volkswirtschaftslehre stellt es sich auch nicht zur Aufgabe, Werturteile über die Wirklichkeit abzugeben. Ob beispielsweise die Einkommensverteilung gerecht ist: Zu dieser Frage kann sich zwar der Nationalökonom äußern, aber sein Werturteil lässt sich nicht wissenschaftlich, d. h. in einer objektiv nachvollziehbaren Schlussweise überprüfen. Wenn dagegen die Frage gestellt wird, wie es zu der gegebenen Einkommensverteilung gekommen ist oder welche Maßnahmen zu einer Änderung der Einkommensverteilung erforderlich sind, dann ist der Volkswirt am rechten Platz.

Außer der Volkswirtschaftslehre befasst sich auch die Betriebswirtschaftslehre mit der wirtschaftlichen Wirklichkeit. Die Betriebswirtschaftslehre versucht, das wirtschaftliche Geschehen des einzelnen Betriebes zu erklären. Ihre Analyse ist auf eine spezifische Teileinheit des wirtschaftlichen Gesamtkomplexes gerichtet. Da der einzelne Betrieb aber mit anderen Einheiten interagiert, ist auch diese Verbundenheit des Betriebes mit anderen Einheiten (Beschaffungs- und Absatzmarkt), allerdings aus der Sicht des einzelnen Betriebes, Gegenstand der betriebswirtschaftlichen Analyse. Demgegenüber stellt die Volkswirtschaftslehre mehr auf eine gesamtwirtschaftliche Sicht ab. Sie betrachtet die Wirtschaft als Gesamtkomplex, der sich aus zahlreichen Einzeleinheiten – Betrieben und Haushalten – zusammensetzt. Dabei

---

[1] M. Weber, Wirtschaftsgeschichte, Berlin 1923, S. 1.

muss aber auch die Volkswirtschaftslehre die einzelwirtschaftliche Betrachtung anwenden. Beide Disziplinen überlappen sich deshalb in einem gewissen Bereich. Man zieht es heute vor, von einer einheitlichen Wirtschaftswissenschaft zu sprechen, die beide Teildisziplinen umfasst.

1.2 Die sieben Hauptfragen der Volkswirtschaftslehre

Die These der Knappheit lässt sich in eine Reihe von Problemen untergliedern, die als Grundfragen der Ökonomie bezeichnet werden können. Die folgenden Fragen sind zu unterscheiden.

1. Was kann produziert werden?

Güter als Mittel zur Bedürfnisbefriedigung fallen in der Realität nicht wie Manna vom Himmel. Sie müssen in aller Regel erst produziert werden, wobei der Begriff Produktion im weitesten Sinn alle Aktivitäten umfasst, die unternommen werden, damit eine Sache (oder Dienstleistung) für den Konsum bereitgestellt werden kann, z. B. auch den Transport von Gütern zum Konsumenten oder das Sammeln von Früchten in der Steinzeit.
Welche Güter in welchen Mengen produziert werden können, hängt von zwei Bestimmungsfaktoren ab:

- Von der *Produktionstechnologie* einer Volkswirtschaft, d. h. der technologisch gegebenen Menge von Produktionsverfahren. Diese Produktionsverfahren werden sich für die einzelnen Wirtschaftszweige (Sektoren) unterscheiden. In der Regel gehen wir z. B. davon aus, dass eine ganze Reihe von Dienstleistungen arbeitsintensiver produziert werden, während die industrielle Produktion kapitalintensiver ist, d. h. in der Industrie relativ mehr Kapital als Arbeit eingesetzt wird.
- Von den *Produktionsfaktoren,* d. h. von solchen Gütern, die nicht direkt zur Erfüllung von Bedürfnissen, sondern zur Erstellung des Produktionsergebnisses eingesetzt werden. Produktionsfaktoren sind also Güter wie Arbeit, Kapital, Rohstoffe, durch deren kombinierten Einsatz in einem technologisch gegebenen Produktionsprozess ein Gut erstellt werden kann.

Die Produktionsmöglichkeiten einer Volkswirtschaft sind begrenzt, da die Technologie und die Bestände der Faktoren gegeben sind. Das Bodenangebot ist z. B. konstant, das Arbeitsangebot ist nicht vermehrbar – sieht man von Gastarbeitern, längeren Arbeitszeiten und der größeren Erwerbsbeteiligung der Frauen ab – und der

Faktor Kapital ist ebenfalls limitiert. Folglich sind auch die Produktionsmöglichkeiten einer Volkswirtschaft einer Begrenzung unterworfen.
Die Knappheit der Produktionsfaktoren oder Ressourcen schlägt sich in der Knappheit der Güter nieder. Man kann auch sagen: Die verschiedenen Güter konkurrieren bei ihrer Erstellung um die knappen Produktionsfaktoren. Es existiert eine Verwendungskonkurrenz. Ein Produktionsfaktor wie Arbeit kann für die Produktion des Gutes X oder Y eingesetzt werden.

2. Was wird produziert?

Die Produktionsfaktoren einer Volkswirtschaft sind begrenzt; aber innerhalb dieser »Grenze« hat die Gesellschaft Wahlmöglichkeiten. Sie kann alle Produktionsfaktoren auf die Herstellung des Gutes X oder des Gutes Y konzentrieren oder auf eine Kombination dieser (oder einer Fülle anderer) Güter. Letzten Endes wird für die Wünsche der Menschen, d. h. für den Konsum produziert. Damit ergibt sich die Frage, *wie,* d. h. durch welche Abstimmungsprozesse zwischen Produktion und Konsum sichergestellt wird, dass genau diejenigen Güter – und zwar in der genau richtigen Menge – hergestellt werden, die auch gewünscht werden. Und es stellt sich die Frage, ob nicht durch eine andere Ausrichtung der Produktion ein Güterbündel erreicht werden kann, das eine »bessere« Güterversorgung gestattet.
Bei der Frage »Was wird produziert?« ist eine Unterscheidung zwischen privaten und so genannten öffentlichen Gütern vorzunehmen. Ein *privates Gut* ist dadurch gekennzeichnet, dass Individuen von seiner Nutzung ausgeschlossen werden. Man sagt auch, dass Individuen im Konsum rivalisieren. Beispiele sind etwa solche Güter, bei denen die Nutzung durch das Individuum A mit der Verwendung durch B konkurriert (z. B. wenn A den Apfel isst, ist er für B nicht mehr da). Zu den privaten Gütern gehören auch Kollektivgüter, d. h. solche Güter, die von mehreren Individuen gemeinsam »genutzt« werden (z. B. ein Fußballspiel), falls ein Ausschluss des Nichtzahlungswilligen erfolgen kann. *Öffentliche* Güter sind dagegen solche Güter, von deren Nutzung kein Individuum ausgeschlossen werden kann oder bei denen Individuen in der Nutzung nicht rivalisieren. Kennzeichnendes Merkmal sind also die nicht vorhandene Ausschlusstechnologie (z. B. beim öffentlichen Gut »Umweltqualität«) oder auch prohibitiv hohe Ausschlusskosten. Die Nutzer können das öffentliche Gut gleichzeitig nutzen, es besteht keine Rivalität in der Nutzung. Schaubild 1.1 gibt einen Überblick über die Klassifikation der Güter.
Die Frage »Was wird produziert?« wird in einem marktwirtschaftlichen System bei privaten Gütern über den Preis geregelt, der eine Abstimmung der Produktion auf die Nachfrage herbeiführt; über das Angebot öffentlicher Güter entscheidet nicht der Markt, sondern politische Abstimmungsprozesse.
Um einen Eindruck von der Vielfalt der Güter und damit von den Schwierigkeiten der Koordinierung der Produktionspläne auf die Nachfrage zu vermitteln, gibt Tabelle 1.1 einen Auszug aus dem Warenverzeichnis für die Außenhandelsstatistik

der Bundesrepublik Deutschland. Insgesamt sind in dieser Warenstatistik über 10 000 Warenarten verzeichnet. In Tabelle 1.1 sind »Flachgewalzte Erzeugnisse aus Eisen oder nichtlegiertem Stahl mit einer Breite von 600 mm oder mehr, plattiert oder überzogen« mit der Tarifnummer 7210 aufgeführt. Die nächste Tarifnummer 7211 enthält »Flachgewalzte Erzeugnisse von weniger als 600 mm, weder plattiert noch überzogen«.

Schaubild 1.1: Klassifikation der Güter

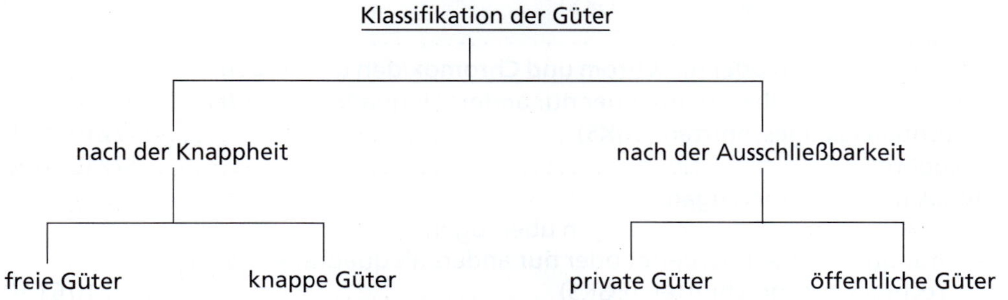

Tabelle 1.1: Auszug aus dem Warenverzeichnis der Bundesrepublik Deutschland

Warenbezeichnung	Warennummer
Flachgewalzte Erzeugnisse aus Eisen oder nichtlegiertem Stahl, mit einer Breite von 600 mm oder mehr, plattiert oder überzogen:	
– **verzinnt:**	
–– mit einer Dicke von 0,5 mm oder mehr:	
––– nur oberflächenbearbeitet oder nur anders als quadratisch oder rechteckig zugeschnitten (EGKS)	7210 11 10
––– andere	7210 11 90
–– mit einer Dicke von weniger als 0,5 mm:	
––– nur oberflächenbearbeitet oder nur anders als quadratisch oder rechteckig zugeschnitten:	
–––– Weißbleche (EGKS)	7210 12 11
–––– andere (EGKS)	7210 12 19
–––– andere	7210 12 90
– **verbleit, einschließlich Terneblech oder -band:**	
–– nur oberflächenbearbeitet oder nur anders als quadratisch oder rechteckig zugeschnitten (EGKS)	7210 20 10
–– andere (EGKS)	7210 20 90
– **elektrolytisch verzinkt:**	
–– nur oberflächenbearbeitet oder nur anders als quadratisch oder rechteckig zugeschnitten (EGKS)	7210 30 10

Warenbezeichnung	Warennummer
-- andere	7210 30 90
- **anders verzinkt:**	
-- gewellt:	
--- nur oberflächenbearbeitet oder nur anders als quadratisch oder rechteckig zugeschnitten (EGKS)	7210 41 10
--- andere	7210 41 90
-- andere:	
--- nur oberflächenbearbeitet oder nur anders als quadratisch oder rechteckig zugeschnitten (EGKS)	7210 49 10
--- andere	7210 49 90
- **mit Chromoxiden oder mit Chrom und Chromoxiden überzogen:**	
-- nur oberflächenbearbeitet oder nur anders als quadratisch oder rechteckig zugeschnitten (EGKS)	7210 50 10
-- andere	7210 50 90
- **mit Aluminium überzogen:**	
-- mit Aluminium-Zink-Legierungen überzogen:	
--- nur oberflächenbearbeitet oder nur anders als quadratisch oder rechteckig zugeschnitten (EGKS)	7210 61 10
--- andere	7210 61 90
-- andere:	
--- nur oberflächenbearbeitet oder nur anders als quadratisch oder rechteckig zugeschnitten (EGKS)	7210 69 10
--- andere	7210 69 90
- **mit Farbe versehen, lackiert oder mit Kunststoff überzogen:**	
-- nur oberflächenbearbeitet oder nur anders als quadratisch oder rechteckig zugeschnitten:	
--- Weißbleche und mit Chromoxiden oder Chrom und Chromoxiden überzogene Erzeugnisse, lackiert (EGKS)	7210 70 31
--- andere (EGKS)	7210 70 39
-- andere	7210 70 90
- **andere:**	
-- versilbert, vergoldet, platiniert oder emailliert	7210 90 10
-- andere:	
--- nur oberflächenbearbeitet (einschließlich plattiert) oder nur anders als quadratisch oder rechteckig zugeschnitten (EGKS):	
---- plattiert	7210 90 31
---- verzinnt und bedruckt	7210 90 33
---- andere	7210 90 38
--- andere	7210 90 90

Quelle: Statistisches Bundesamt, Warenverzeichnis für die Außenhandelsstatistik, Ausgabe 1997. Wiesbaden, S. 529 ff.

Die Frage nach dem »Was wird produziert?« hängt eng mit dem Problem zusammen, wie sichergestellt werden kann, dass in einer Volkswirtschaft am »günstigsten« produziert wird. Wenn Faktoren knapp sind, muss man sie dort einsetzen, wo sie am besten zur Güterproduktion beitragen. Es soll also eine Einheit, z. B. des Faktors Arbeit, in demjenigen Wirtschaftsbereich eingesetzt werden, in dem diese Faktoreinheit im Urteil der Marktteilnehmer den größten Wert produziert. Die Wirtschaftszweige eines Landes konkurrieren also um die knappen Ressourcen. Diese Verwendungskonkurrenz für die Nutzung der Ressourcen ist ein Grundtatbestand der Ökonomie. Ein anderer Aspekt der »günstigsten Produktion« bezieht sich auf die Arbeitsteilung zwischen Produktionseinheiten oder Ländern. So soll ein Betrieb I dasjenige Gut erstellen, das er günstiger als ein anderer Betrieb II produzieren kann. Oder ein Land soll Güter herstellen, die es im Vergleich zu anderen Volkswirtschaften günstiger anbieten kann. Die »günstigste« Produktion oder die *effiziente Allokation der Ressourcen* ist eines der zentralen Zielsetzungen des Wirtschaftens.

3. Welche Verteilung ergibt sich?

1. Diese Frage bezieht sich darauf, von wem die in einer Volkswirtschaft vorhandenen Güter genutzt werden. Bei öffentlichen Gütern stellt sich diese Frage annahmegemäß nicht, da niemand von ihrer Nutzung ausgeschlossen werden kann, obwohl auch hier bei detaillierterer Analyse ein Distributionsproblem sichtbar wird. Denn eine ganze Reihe öffentlicher Güter werden von verschiedenen Gruppen unterschiedlich intensiv genutzt, etwa räumlich begrenzte Umweltgüter.
Als Extremlösung des Verteilungsproblems bei privaten Gütern kann man sich die direkte Zuweisung durch ein staatliches Verteilungsamt vorstellen, das – über immense Lager verfügend – entscheidet, wer wann welche Güter in welcher Menge erhält. Eine solche Lösung kann unabhängig von den vermutlich exorbitanten Verteilungskosten allein deshalb nicht ernsthaft in Erwägung gezogen werden, weil Individuen mit Sicherheit Güter von der Zentrale erhielten, die sie gar nicht haben wollen. Ein »Tauschen« auf dem »schwarzen Markt« mit sehr hohen Tauschkosten wäre die unabdingbare Folge.
Die Verteilung der Güter erfolgt stattdessen vielmehr dadurch, dass Haushalte Faktoreinkommen beziehen, indem sie Produktionsfaktoren zur Verfügung stellen, und dieses Faktoreinkommen nach eigenen Wünschen für den Erwerb der Güter ausgeben können. Die Verteilung der Güter über die Faktoreinkommen gewährleistet die freie Konsumwahl durch die Konsumenten.

2. Idealerweise ist das Einkommen der Haushalte »Leistungseinkommen«, d. h. es ist das Entgelt dafür, dass der Haushalt eine Leistung für die Gesellschaft erbringt. Ein solches Leistungseinkommen ist Anreiz und Belohnung dafür, dass der Haushalt Produktionsfaktoren zur Verfügung stellt. Dies gilt auch für die Bereitstellung von Kapital. Denn in diesem Fall verzichtet der Haushalt darauf, einen Teil seines Einkommens zu konsumieren. In späteren Perioden erhält er dafür in Form des Zinses eine Gegenleistung.

Die Einkommensverteilung nach dem Kriterium der persönlichen Leistung wird in zwei Fällen durchbrochen: Nicht jeder ist gleich leistungsfähig, und es ist unbestritten, dass der Staat die Aufgabe hat, Nachteile für die nicht so Leistungsfähigen in der Einkommensverteilung zu kompensieren. Eine stringente Anwendung der Leistungsentlohnung etwa bei Kranken wird wohl niemand fordern. Zum anderen wird das Prinzip der persönlichen Leistungsentlohnung dann durchbrochen, wenn Vermögen auf eine neue Generation übertragen wird.

3. Bei der Einkommensverteilung unterscheidet man eine personelle und eine funktionelle Einkommensverteilung. Die *personelle Einkommensverteilung* gibt an, welchen Anteil am gesamten Einkommen einer Volkswirtschaft eine Person erhält. In Tabelle 1.2 ist der Anteil von Einkommensklassen am Gesamtbetrag der Einkünfte dargestellt. Beispielsweise erhalten die Steuerpflichtigen mit Einkünften von 30 000–40 000 DM, die 11,3 vH der Steuerpflichtigen ausmachen, 6,7 vH der gesamten Einkünfte. 11,3 vH der Lohn- und Einkommensteuerpflichtigen beziehen Einkünfte im Bereich von 100 000–250 000 DM; dies macht 25,5 vH der Einkünfte insgesamt aus. Diese Einkommensverteilung basiert auf den Daten zur Lohn- und Einkommensteuerpflicht. Bei dieser Verteilung handelt es sich um Bruttobeträge vor Steuern. Nach der Umverteilung ergibt sich daher ein anderes Verteilungsbild.

Schaubild 1.2: Einkommensverteilung 1995

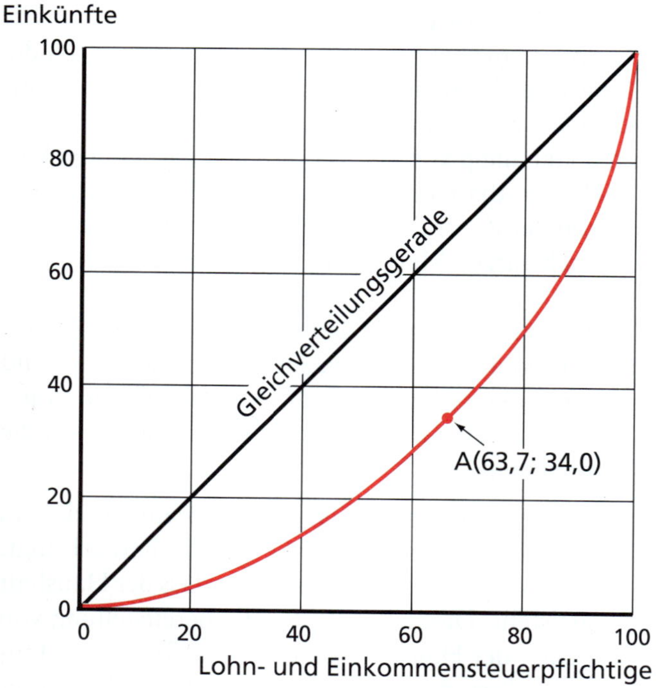

Die personelle Einkommensverteilung kann an einer so genannten *Lorenz-Kurve* dargestellt werden, bei der auf der vertikalen Achse die kumulierten Prozentwerte der Einkommen und auf der horizontalen Achse die kumulierten Prozentwerte der Einkommensbezieher aufgetragen werden. Die Lorenz-Kurve gibt Auskunft auf die Frage, wie viel Prozent der Wirtschaftssubjekte wie viel Prozent des Einkommens beziehen. Ist die Einkommensverteilung in einer Volkswirtschaft gleichmäßig, so ist die Lorenz-Kurve eine Gerade (Gleichverteilungsgerade im Schaubild 1.2). Je ungleicher die Einkommensverteilung wird, umso weiter wird die Lorenz-Kurve von der Geraden weggedrückt. In Schaubild 1.2 ist die Tabelle 1.2 graphisch dargestellt. Punkt A kennzeichnet z. B. eine Situation, in der 63,7 vH der Steuerpflichtigen 34,0 vH der Gesamteinkünfte beziehen.
Auch die Vermögensverteilung kann mit Hilfe einer Lorenz-Kurve dargestellt werden. Allerdings liegen über die Vermögensverteilung kaum Daten vor.
4. Im Gegensatz zur personellen Einkommensverteilung untersucht die Frage nach der *funktionellen Einkommensverteilung,* wie das Einkommen einer Volkswirtschaft auf die am Produktionsprozess beteiligten (Funktionen ausübende) Produktionsfaktoren verteilt wird. In Tabelle 1.3 ist die Verteilung des Volkseinkommens in Westdeutschland in den neunziger Jahren verzeichnet. Dabei werden Arbeitseinkommen, Vermögenseinkommen und Gewinneinkommen unterschieden. Das Arbeitseinkommen gliedert sich auf in das Bruttoeinkommen aus unselbstständiger Arbeit (Lohnquote) und den kalkulatorischen Unternehmerlohn. Das Arbeitseinkommen macht etwa 80 vH des Volkseinkommens aus. In Spalte 5 von Tabelle 1.4 ist die Lohnquote in Westdeutschland verzeichnet. Darunter versteht man den Anteil des Arbeitnehmerentgelts am Volkseinkommen. Das Arbeitnehmerentgelt umfasst auch die direkten Steuern (Lohnsteuer) und die Sozialversicherungsbeiträge der Arbeitnehmer und der Arbeitgeber.

Tabelle 1.2: Einkommensverteilung in Deutschland 1995

Gesamtbetrag der Einkünfte	Lohn- und Einkommensteuerpflichtige insgesamt			Gesamtbetrag der Einkünfte		
von ... bis unter ... DM	Anzahl in Tausend	vH	vH kumuliert	Mio. DM	vH	vH kumuliert
1 – 5 000	1 145,0	4,1	4,8	2 954	0,2	0,2
5 000 – 10 000	1 274,9	4,6	8,7	9 680	0,6	0,8
10 000 – 15 000	1 489,2	5,4	14,1	18 586	1,1	1,9
15 000 – 20 000	1 310,0	4,7	18,9	22 810	1,4	3,3
20 000 – 25 000	1 227,9	4,4	23,3	27 624	1,7	4,9
25 000 – 30 000	1 333,7	4,8	28,1	36 714	2,2	7,2
30 000 – 40 000	3 136,6	11,3	39,4	100 401	6,7	13,9
40 000 – 50 000	3 619,4	13,1	52,5	162 859	9,9	23,7
50 000 – 60 000	3 105,7	11,2	63,7	170 061	10,3	34,0
60 000 – 75 000	3 252,8	11,8	75,5	217 927	13,2	47,2
75 000 – 100 000	3 383,4	12,2	87,7	291 369	17,7	64,9
100 000 – 250 000	3 126,9	11,3	99,0	420 419	25,5	90,4
250 000 – 500 000	207,7	0,8	99,7	68 629	4,2	94,5
500 000 – 1 Mio.	49,0	0,2	99,9	32 752	2,0	96,5
1 Mio. – 2 Mio.	13,8	0,0	100,0	18 659	1,1	97,7
2 Mio. – 5 Mio.	5,2	0,0	100,0	15 461	0,9	98,6
5 Mio. – 10 Mio.	1,2	0,0	100,0	8 458	0,5	99,1
10 Mio. und mehr	0,7	0,0	100,0	14 801	0,9	100,0
Insgesamt	27 683,1	100	100	1 650 164	100	100

Quelle: Statistisches Bundesamt, Fachserie 14 Finanzen und Steuern, Reihe 7.1: Lohn- und Einkommensteuer 1995, S. 14.

5. Die Frage »Wie wird verteilt?« hat die normative Dimension, wie verteilt werden soll. Damit ist neben der möglichst günstigen Produktion (Allokationsziel) ein weiteres Ziel der Wirtschaftspolitik, das Ziel einer gerechten Einkommensverteilung angesprochen. Im Zusammenhang damit werden auch die Frage der Vermögensverteilung und die soziale Absicherung des marktwirtschaftlichen Systems durch Unfall-, Arbeitslosen- und Sozialversicherung, die Bereitstellung öffentlicher Güter durch den Staat und andere gesetzliche Regelungen relevant.

Tabelle 1.3: Verteilung des Volkseinkommens, »Früheres Bundesgebiet«

Jahr	Volkseinkommen insgesamt	Davon entfallen auf das						Nachrichtlich:
		Arbeitseinkommen			Vermögenseinkommen der privaten Haushalte[b]	»Gewinn«-Einkommen[c]	Vermögenseinkommen des Staates[d]	bereinigte Lohnquote[e]
		zusammen	davon: von Inländern empfangene Bruttoeinkommen aus unselbstständiger Arbeit (Lohnquote)	davon: kalkulatorischer Unternehmerlohn[a]				
1991	100	79,8	72,4	7,5	6,8	15,1	–1,7	72,4
1992	100	81,2	73,4	7,9	7,1	13,7	–2,1	73,6
1993	100	82,3	74,1	8,3	7,2	12,8	–2,3	74,6
1994	100	81,0	72,7	8,3	7,2	14,3	–2,4	73,4
1995	100	80,9	72,5	8,4	6,7	15,8	–3,4	73,3
1996[f]	100	80,0	71,6	8,4	6,5	16,9	–3,5	72,5
1997[f]	100	78,1	69,7	8,4	6,7	18,7	–3,5	70,8
1998[f]	100	76,4	68,2	8,3	–	–	–3,3	69,3

[a] Dabei wird unterstellt, dass jeder Selbstständige/mithelfende Familienangehörige das durchschnittliche Bruttoeinkommen eines beschäftigten Arbeitnehmers erhält. – [b] Empfangene Vermögenseinkommen von den Unternehmen, vom Staat und von der übrigen Welt nach Abzug der Zinsen auf Konsumentenschulden. Die Einkommen der privaten Haushalte aus der Wohnungsvermietung können zur Zeit wegen fehlender Angaben nicht einbezogen werden. – [c] Einkommen aus Unternehmertätigkeit (entnommene und nichtentnommene Gewinne der Unternehmen) einschließlich Einkommen der privaten Haushalte aus der Wohnungsvermietung abzüglich des kalkulatorischen Unternehmerlohns. – [d] Nach Abzug der Zinsen auf öffentliche Schulden. – [e] Lohnquote bei konstant gehaltenem Anteil der Arbeitnehmer an den Erwerbstätigen im Jahre 1991. – [f] Vorläufige Ergebnisse.

Quelle: Berechnungen des Sachverständigenrats (nach ESVG 79).

Tabelle 1.4: Werte wichtiger volkswirtschaftlicher Größen in Deutschland[a]

1 Jahr	2 Wachstumsrate des realen BIP gegenüber Vorjahr in vH	3 Arbeitslosenquote in vH[b]	4 Änderungsrate im Preisindex für die Lebenshaltung gegenüber Vorjahr in vH	5 Arbeitnehmerentgelt in vH des Volkseinkommens
1950	12,8	10,4	–6,2	58,2
1951	10,5	9,1	7,8	58,0
1952	8,2	8,5	2,1	57,1
1953	7,6	7,6	–1,9	58,8
1954	7,8	7,1	0,2	60,1
1955	11,6	5,2	1,7	59,7
1956	6,8	4,2	2,5	60,3
1957	5,4	3,5	2,1	60,4
1958	2,7	3,6	2,3	60,9
1959	9,3	2,5	0,9	60,2
1960	8,6	1,0	1,5	60,1
1961	4,6	0,7	0,8	62,4
1962	4,7	0,6	1,1	63,8
1963	2,8	0,7	1,2	64,9
1964	6,7	0,6	0,9	64,5
1965	5,4	0,5	1,3	65,3
1966	2,8	0,6	1,5	66,4
1967	–0,3	1,7	0,6	66,1
1968	5,5	1,2	1,2	64,7
1969	7,5	0,7	0,9	65,7
1970	5,0	0,6	1,5	68,0
1971	3,1	0,7	2,5	69,7
1972	4,3	0,9	2,7	70,3
1973	4,8	1,0	3,6	71,4
1974	0,2	2,1	3,9	73,8
1975	–1,3	4,0	3,6	74,1
1976	5,3	3,9	2,9	72,9
1977	2,8	3,8	2,4	73,7
1978	3,0	3,6	1,8	72,9
1979	4,2	3,2	2,9	73,3
1980	1,0	3,2	4,1	75,8
1981	0,1	4,5	4,9	76,8
1982	–0,9	6,4	4,3	76,9
1983	1,8	7,9	2,8	74,6
1984	2,8	7,9	2,2	73,4
1985	2,0	8,0	2,0	73,0
1986	2,3	7,6	–0,2	72,1

1 Jahr	2 Wachstumsrate des realen BIP gegenüber Vorjahr in vH	3 Arbeitslosenquote in vH[b]	4 Änderungsrate im Preisindex für die Lebenshaltung gegenüber Vorjahr in vH	5 Arbeitnehmerentgelt in vH des Volkseinkommens
1987	1,5	7,6	0,3	72,6
1988	3,7	7,6	1,2	71,5
1989	3,6	6,8	2,6	70,3
1990	5,7	6,2	2,6	69,6
1991	5,0[c]	5,5		72,1
1992	2,2	7,7	4,6	73,5
1993	−1,1	8,9	3,6	74,4
1994	2,3	9,6	2,4	73,6
1995	1,7	9,4	2,1	73,1
1996	0,8	10,4	1,7	72,8
1997	1,8	11,4	1,5	71,7
1998	2,3	11,1	1,0	71,0
1999	1,4	10,5	0,5	–

[a] Bis 1990 Westdeutschland. – [b] Anteil der Arbeitslosen an den Erwerbspersonen (beschäftigte Arbeitnehmer und Arbeitslose). – [c] Der Querstrich bedeutet Strukturbruch.

Quelle: Statistisches Bundesamt, Fachserie 18, Reihe S. 15, Volkswirtschaftliche Gesamtrechnungen, Revidierte Ergebnisse 1950 bis 1990; Statistisches Bundesamt, Fachserie 18, Reihe S. 20, Volkswirtschaftliche Gesamtrechnungen, 1998; Sachverständigenrat, Jahresgutachten 1998/99, Tabelle 16*, Jahresgutachten 1999/2000, Tabellen 18* und 20*.

4. Warum gibt es Arbeitslosigkeit?

1931 waren im Deutschen Reich 24 vH, 1932 30,4 vH und 1933 26,2 vH der Arbeitskräfte ohne Arbeitsplatz. Von 18 Millionen Arbeitskräften waren sechs Millionen ohne Arbeit; jeder dritte Arbeitnehmer war unbeschäftigt. Im Jahr 1999 waren in Deutschland 4,1 Millionen Arbeitskräfte arbeitslos, davon etwa 1,4 Millionen in Ostdeutschland. Rund zwei Millionen wurden außerdem durch arbeitsmarktpolitische Maßnahmen aufgefangen.

Die Entwicklung der Arbeitslosenquote in Deutschland geht aus Spalte 3 von Tabelle 1.4 hervor (bis 1990 Westdeutschland). Die Arbeitslosenzahl war relativ hoch nach 1945 und nahm dann kontinuierlich ab. In den sechziger Jahren lag sie im Durchschnitt unter 1 vH – im Vergleich zur internationalen Situation eine ausgezeichnete Beschäftigungslage (Überbeschäftigung). 1967/68 wurde mit 2,1 bzw.

1,5 vH für die sechziger Jahre ein Höhepunkt der Arbeitslosigkeit erreicht. In den siebziger Jahren lag das Maximum der Arbeitslosigkeit bei 4,6 vH (1975). In den achtziger Jahren stieg die Arbeitslosenquote dann auf annähernd 9 vH. In der Rezession 1993 nahm sie nochmals zu. Ab 1998 ist sie leicht rückläufig.
Im Fall Deutschlands werden verschiedene Ursachen der Arbeitslosigkeit sichtbar. Selbst bei bester Wirtschaftslage wird es neben der *saisonalen* Arbeitslosigkeit immer eine *friktionelle* Arbeitslosigkeit geben, die dadurch entsteht, dass (auch in einer überbeschäftigten) Volkswirtschaft Anpassungsprozesse an geänderte ökonomische Konstellationen erfolgen müssen. In den Nachkriegsjahren musste Westdeutschland mehrere Millionen Arbeitskräfte (Vertriebene, Flüchtlinge) in seinen Wirtschaftsprozess integrieren. Im Vergleich zum im Krieg zerstörten Produktionsfaktor Kapital war Arbeit reichlich vorhanden, und die Arbeitslosigkeit war damit ein *friktionelles* Problem. Die Arbeitslosigkeit der Jahre 1967/68, 1974/75, 1981/82 und 1992/93 wird dagegen zumindest teilweise rezessionsbedingt und damit als ein *konjunkturelles* Phänomen erklärt, also durch das Auf und Ab der wirtschaftlichen Aktivitäten. Verblüffend ist, dass seit 1970 die Arbeitslosigkeit in Westdeutschland in jeder Rezession um bis zu eine Million Personen zunimmt (Sockelarbeitslosigkeit). Deshalb wird die Frage diskutiert, ob *institutionelle* oder *strukturelle* Arbeitslosigkeit vorliegt, vor allem ob Fehlanreize am Arbeitsmarkt für zu wenig Beschäftigung sorgen.[2]

Tabelle 1.5: Internationaler Vergleich der Arbeitslosigkeit (alle Angaben in vH der Erwerbsbevölkerung)

	Deutschland[a]	Frankreich	Großbritannien	Japan	Vereinigte Staaten
1960	1,0	nv	1,6	1,6	5,5
1970	0,6	2,5	2,6	1,2	4,9
1980	3,2	6,2	5,1	2,0	7,1
1990	6,9	8,9	5,8	2,1	5,5
1995	8,1	11,7	8,1	3,1	5,6
1996	10,4	12,4	7,4	3,3	5,4
1997	11,4	12,5	5,7	3,4	4,9
1998	11,1	11,6	4,7	4,1	4,5
1999	10,5	11,3	4,8	5,0	4,3

[a] Bis 1990 Westdeutschland, Angaben des Sachverständigenrates.

Quelle: OECD, Main Economic Indicators, ab 1995: International Monetary Fund, World Economic Outlook.

[2] H. Siebert, Arbeitslos ohne Ende? Strategien für mehr Beschäftigung. Wiesbaden 1998.

Die Arbeitslosigkeit hat eine soziale und eine ökonomische Dimension. Von der sozialen Dimension her ist es sowohl für die Betroffenen als auch für die Gesellschaft äußerst unerwünscht, dass Menschen ihren Arbeitsplatz verlieren. Von der ökonomischen Dimension her liegen Arbeitskräfte brach, der erstellte Güterberg wird damit geringer als möglich; die Güterversorgung wird schlechter, als es bei Vollauslastung der Produktionsfaktoren realisierbar wäre. Diese ökonomische Dimension der Arbeitslosigkeit bezieht sich auch auf die Auslastung anderer Produktionsfaktoren wie z. B. des Kapitals. Aus den hier erwähnten Gründen hat die Frage: »Warum entsteht Arbeitslosigkeit?« auch einen normativen Aspekt: Die Sicherung der Vollbeschäftigung ist heute ein allgemein akzeptiertes Ziel der Wirtschaftspolitik.

5. Warum verändert sich das Preisniveau?

Die Veränderung des Preisniveaus des Konsums, in der Regel gemessen an einem Lebenshaltungskostenindex für einen Vier-Personen Haushalt, ist für Deutschland in Spalte 4 der Tabelle 1.4 aufgeführt. Nach einer relativ hohen Preisniveauveränderung in der Zeit von 1946 bis 1949 lag die Veränderungsrate des Preisniveaus in den sechziger Jahren bei etwa 1 vH. Ab 1970 stieg die Inflationsrate an und blieb – mit Ausnahme von Mitte und Ende der achtziger Jahre – auf über 2 vH In der zweiten Hälfte der neunziger Jahre konnte sie dann wieder auf unter 2 vH. abgesenkt werden. Tabelle 1.6 zeigt die Preissteigerungsraten in Deutschland, Frankreich, Großbritannien, USA und Japan für ausgewählte Jahre. Die Tabelle verdeutlicht, dass sich international die Inflationsraten in den siebziger Jahren auf ein höheres Niveau geschoben haben, in den achtziger und neunziger Jahren aber rückläufig sind. Die Ursachen der Preisniveauveränderung werden in einer Vielzahl von Faktoren wie Geldmengenexpansion, Verteuerung wichtiger Produktionsfaktoren wie Energie (Ölkrise) und Arbeit (Lohnsteigerungen) und auch in der Staatsverschuldung gesehen (vgl. die Kapitel in der Makroökonomie).

Tabelle 1.6: Internationaler Vergleich der Inflationsraten (durchschnittliche jährliche Veränderungsrate des Lebenshaltungskostenindex)

	Deutschland	Frankreich	Großbritannien	Japan	Vereinigte Staaten
1950–55	0,6	6,2	4,2	4,4	1,6
1955–60	1,8	5,0	2,4	1,1	1,6
1960–65	2,5	3,8	3,1	5,6	1,3
1965–70	3,0	4,6	5,2	6,3	4,1
1970–75	5,6	7,7	9,6	10,5	6,1
1975–80	4,1	10,1	15,5	7,4	8,0
1980–85	4,5	11,1	9,3	3,9	7,4
1985–90	1,8	4,3	6,3	1,8	4,7
1990–95	3,7	2,6	5,0	2,0	3,6
1995	3,1	1,8	2,8	–0,1	2,8
1996	1,4	2,1	3,0	0,1	2,9
1997	1,9	1,3	2,8	1,7	2,3
1998	1,0	0,7	2,7	0,6	1,6
1999[a]	0,5	0,5	2,3	–0,4	2,2
2000[a]	1,5	1,1	2,2	–0,0	2,5

[a] Prognosen für 1999 und 2000.

Quelle: International Monetary Fund, World Economic Outlook, September 1999. Für Deutschland ab 1996 Sachverständigenrat, Jahresgutachten 1999/2000.

Der »positiven« Frage, warum sich das Preisniveau wie beobachtet verändert und welche Auswirkungen von einer Veränderung der Preisniveaustabilität ausgehen, entspricht der normative Aspekt, dass die Sicherstellung der Preisniveaustabilität als ein wichtiges Ziel der Wirtschaftspolitik erscheint. Die Motivation für dieses Ziel besteht darin, dass in einem Inflationsprozess die Sachwertbesitzer bevorzugt und die Bezieher fester Nominaleinkommen (Renten, Pensionen) benachteiligt werden. Ferner wird die noch zu erörternde Lenkungsfunktion der Preise beeinträchtigt, und schließlich besteht die Gefahr, dass eine schleichende Inflation infolge der Erwartungen der Wirtschaftssubjekte und der daraufhin einsetzenden Verhaltensänderungen eine Eigendynamik entwickelt und in eine trabende oder galoppierende Inflation umschlägt (Deutschland 1923).

6. Wie kann die Gütermenge in der Zeit vermehrt werden?

Wenn Wirtschaften aus der Spannung menschlicher Wünsche und knapper Güter resultiert, so wird die Frage interessant, wie die Menge der knappen Güter in der Zeit vermehrt werden kann. Dies ist die Frage nach dem wirtschaftlichen Wachstum. In Spalte 2 von Tabelle 1.4 ist die Wachstumsrate des Inlandsprodukts Deutschlands aufgeführt. Die realen (d. h. inflationsbereinigten) Wachstumsraten haben zwischen 12,8 vH (1950) und minus 1,3 vH (1975) geschwankt (vgl. auch die Schaubilder 1.3–1.5).

Ein Blick auf Spalte 2 in Tabelle 1.4 zeigt ferner, dass wirtschaftliches Wachstum in Wellen erfolgt. Jahre starker realer Wachstumsraten werden von Perioden geringer Zuwachsraten des Güterberges abgelöst. Die wirtschaftliche Entwicklung scheint sich in einem Auf und Ab zu vollziehen, und es ist eine wichtige Frage, in welchem Zusammenhang konjunkturelle Bewegungen und wirtschaftliches Wachstum stehen und ob das Auf und Ab in der wirtschaftlichen Aktivität eine »notwendige« Begleiterscheinung von Wachstumsprozessen darstellt.

Es fällt auf, dass nach den Jahren sehr hoher realer Wachstumsraten mit einer Phasenverschiebung um ein oder zwei Jahre das Ziel der Preisnivaustabilität (im Vergleich zu benachbarten Jahren!) relativ stark verletzt wurde. Bei der Arbeitslosigkeit scheint es keinen eindeutigen Zusammenhang mit dem Wachstum zu geben. Zwar ist die Arbeitslosigkeit in den sechziger Jahren zu Zeiten starken Wachstums gering, und Rezessionen schlagen auf die Beschäftigung durch, aber die Arbeitslosigkeit steigt seit 1970 trotz Wachstums schubartig an.

In der systematischen Betrachtung ist das Wachstumsproblem die dynamische Analyse der statischen Fragen »Was kann produziert werden?« und »Was wird produziert?«. Denn Wachstum zeigt an, wie die Produktionsmöglichkeiten einer Volkswirtschaft in der Zeit zunehmen und wie die Produktion auf die Nachfrage im zeitlichen Verlauf reagiert. Die Veränderung der Produktionsmöglichkeiten einer Volkswirtschaft hängt von der Veränderung der Produktionstechnologie und der Produktionsfaktoren (z. B. der Zunahme des Arbeitsangebots infolge Bevölkerungswachstums) ab. Die Frage der Abstimmung der Produktion auf die Nachfrage ist insoweit von erheblicher Relevanz, als sichergestellt sein muss, dass Verschiebungen der Nachfrage auf die Produktion durchschlagen, dass sich also die Wirtschaftszweige durch Produktionsumstellungen an die geänderten Nachfragebedingungen anpassen (Strukturwandel) und dass ökonomische Systeme eine hinreichende Eigendynamik technischen Wandels enthalten.

Schaubild 1.3: Wachstumsraten des realen Bruttoinlandsprodukts für Deutschland und USA

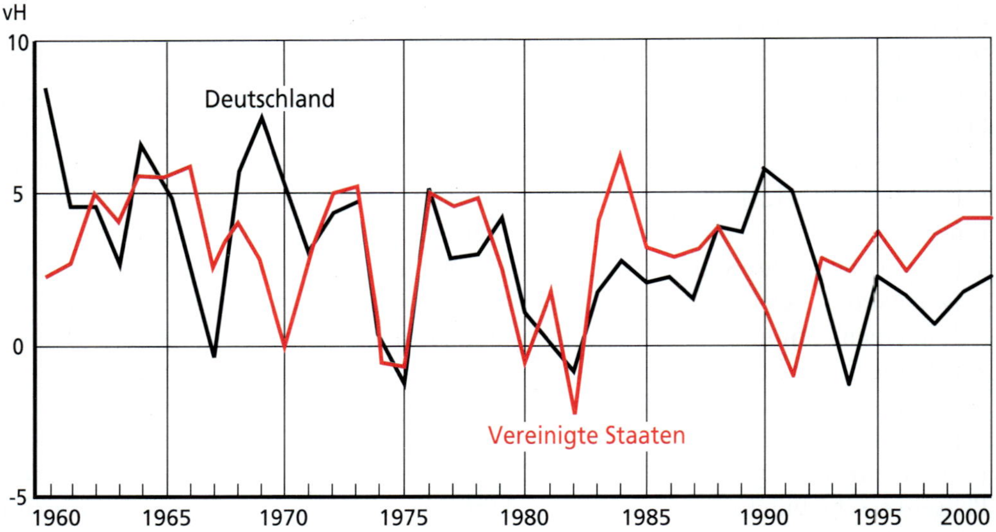

Quelle: Deutschland: 1960–1991 Westdeutschland, Statistisches Bundesamt, Volkswirtschaftliche Gesamtrechnungen, 1998; ab 1992 Deutschland, Statistisches Bundesamt, 1998.
USA: OECD, Main Economic Indicators, 1999.

Auch die Frage nach dem wirtschaftlichen Wachstum hat einen explikativen und einen normativen Aspekt. Einmal geht es um die positive Frage, wie wirtschaftliches Wachstum zu erklären ist, durch welche ökonomischen Prozesse es sich vollzieht, welche Faktoren es beeinflussen und wie es sich auswirkt. Die normative Frage verweist uns in den Bereich der Wirtschaftspolitik: Wirtschaftliches Wachstum ist eines der angestrebten Ziele der Wirtschaftspolitik. In § 1 des Stabilitätsgesetzes[3] ist das Wachstumsziel wie die anderen Ziele der Wirtschaftspolitik gesetzlich verankert: »Bund und Länder haben bei ihren wirtschafts- und finanzpolitischen Maßnahmen die Erfordernisse des gesamtwirtschaftlichen Gleichgewichts zu beachten. Die Maßnahmen sind so zu treffen, dass sie im Rahmen der marktwirtschaftlichen Ordnung gleichzeitig zu Stabilität des Preisniveaus, zu einem hohen Beschäftigungsstand und außenwirtschaftlichem Gleichgewicht bei stetigem und angemessenem Wirtschaftswachstum beitragen.«

[3] Gesetz zur Förderung der Stabilität und Wachstums der Wirtschaft vom 8. Juni 1967, BGBl. I, S. 582.

Schaubild 1.4: Arbeitslosenquote für Deutschland und USA

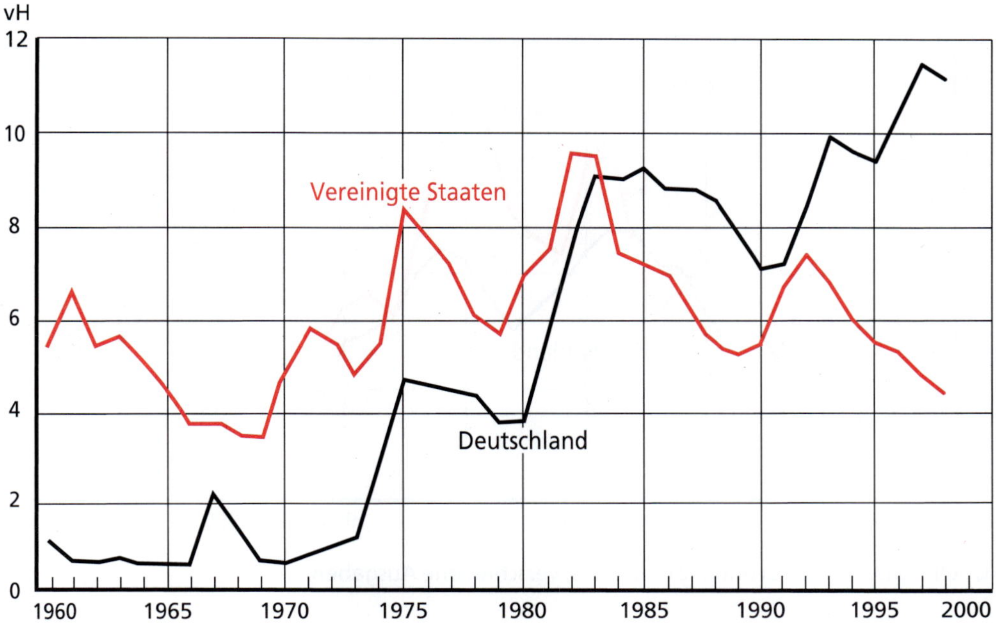

Quelle: Daten für USA: OECD, Main Economic Indicators, verschiedene Ausgaben.
Daten für Deutschland: Sachverständigenrat, Jahresgutachten, verschiedene Jahrgänge.

Über die Frage, an welcher Größe wirtschaftliches Wachstum gemessen werden kann oder soll, ist in der Nationalökonomie eine heftige Diskussion entbrannt. Vor allem in der wirtschaftspolitischen Interpretation wird die Meinung vertreten, dass wirtschaftliches Wachstum nicht allein an der mengenmäßigen Zunahme des Güterberges gemessen werden kann (quantitatives Wachstum), sondern dass die Wachstumsgröße auch die Veränderung qualitativer Faktoren einzubeziehen hat – dies gilt vor allem für die Umweltqualität.

Ein wesentlicher internationaler Aspekt wirtschaftlichen Wachstums ist in der Frage zu sehen, inwieweit in einem System von handeltreibenden Ländern größere Produktionsmöglichkeiten als in einem System isolierter Länder besteht, ein Land A ein Gut günstiger als Land B produzieren und im Austausch gegen ein im Land B günstiger hergestelltes Gut einen »Gewinn« aus dem Außenhandel ziehen kann. Ein weiterer Aspekt liegt darin, wie der Wachstumsprozess in den verschiedenen Regionen der Welt abläuft und ob die bisher beobachteten Unterschiede im Pro-Kopf-Einkommen zwischen Industrienationen und Entwicklungsländern im Verlauf des Wachstumsprozesses abgebaut werden können. In Tabelle 1.7 sind für ausgewählte Regionen der Erde das Bruttonationaleinkommen pro Kopf und seine Zuwachsrate eingetragen.

Schaubild 1.5: Preissteigerungsrate für Deutschland und USA

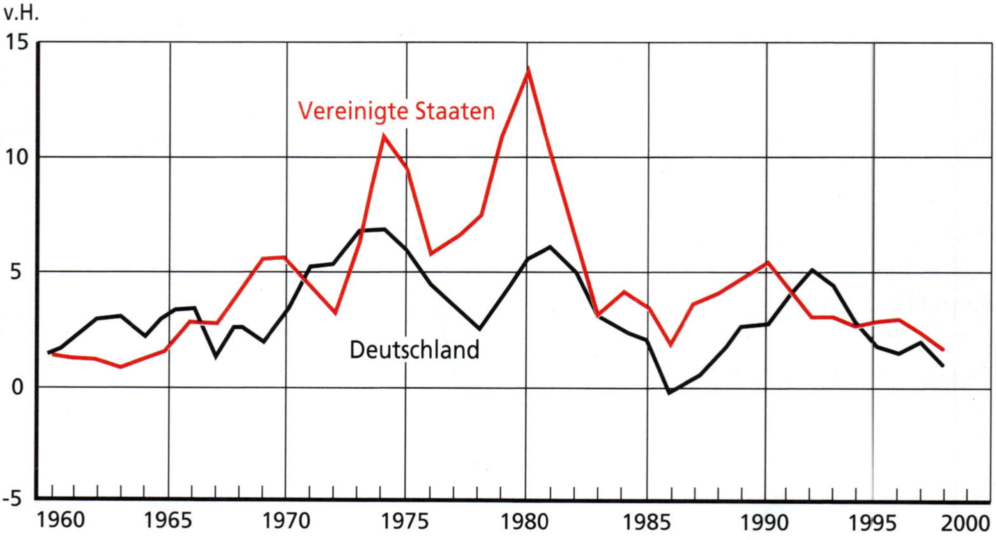

Quelle: OECD, Main Economic Indicators, verschiedene Ausgaben.

7. Die Frage nach der Wirtschaftsordnung

Welche institutionellen Vorkehrungen sind zu treffen, um ökonomische Prozesse im Hinblick auf die bereits erwähnten Ziele (und möglicherweise andere Ziele wie Freiheit, Gerechtigkeit) zu steuern? Unter Institutionen verstehen wir die Art und Weise, wie Dinge gemacht werden müssen, wie also Handlungen und Prozesse (hier: ökonomische) zu verlaufen haben. Eine der Grundentscheidungen über die ökonomisch relevanten Institutionen eines Landes ist die Frage nach der Wirtschaftsordnung (Wirtschaftsverfassung). Wir kennen zwei grundsätzlich verschiedene Organisationsformen einer Volkswirtschaft: die *zentrale Planwirtschaft* und die *Marktwirtschaft*.

Tabelle 1.7: Bruttonationaleinkommen pro Kopf in US-$ und Wachstumsrate in vH

	Länder mit niedrigem Einkommen		Länder mit mittlerem Einkommen		Industrieländer
		ohne China und Indien	untere Kategorie	obere Kategorie	
BSP pro Kopf (1998)	520	380	1 710	4 860	25 510
Wachstumsrate pro Kopf (1997–1998)	3,8	–3,9	–1,5	0,2	1,6

Quelle: Weltbank, Weltentwicklungsbericht 1999/2000, S. 230 f.

In der Zentralplanwirtschaft entscheidet eine Zentrale über den Einsatz der Produktionsfaktoren, über die Produktion und die Distribution. In einer solchen Wirtschaft geben die einzelnen Betriebe Information über ihre Produktionsmöglichkeiten an die Zentrale, und die obere Instanz legt dann in einem Plan fest, welche Mengen welcher Güter die Betriebe zu produzieren haben. Der Plan hat Vollzugsverbindlichkeit. In der Regel werden in einer solchen Planwirtschaft auch die Preise für Güter und Faktoren staatlich gesetzt.

In einer Marktwirtschaft produziert jeder Betrieb ohne staatliche Direktiven. Die einzelnen Wirtschaftspläne werden nicht von einer Zentrale aufeinander abgestimmt; diese Koordinierungsaufgabe erfüllt der *Wettbewerb* am Markt. Der Preismechanismus stellt sicher, dass die Unternehmen nicht an der Nachfrage vorbeiproduzieren. Auch in einer Marktwirtschaft werden Pläne aufgestellt. Dabei handelt es sich aber nicht um eine volkswirtschaftliche Gesamtplanung, sondern um einzelwirtschaftliche Planungen der Haushalte und Unternehmungen.

Fazit: Die Diskussion der Grundfragen der ökonomischen Theorie zeigt, dass den Fragen der positiven Theorie eine wirtschaftspolitische Problemstellung zuzuordnen ist.

Diese Bezüge der Theorie zu den Zielen der Wirtschaftspolitik machen deutlich, dass die Volkswirtschaftslehre eine empirische Wissenschaft ist. Zwar ist die Explikation objektiv nachprüfbar, aber die Wichtigkeit der zu erklärenden ökonomischen Prozesse und der Stellenwert ökonomischer Größen im Gedankengebäude der ökonomischen Theorie hängen von den Problemen der Realität ab – und was in der Wirklichkeit ein Problem ist: dies ist eine normative Frage. Die Auswahl der zentralen Variablen wie Güterversorgung, Verteilung, Wachstum ist also letztlich ein normatives Problem. Tabelle 1.8 zeigt die Fragen der positiven Theorie und die diesen Fragen entsprechenden Ziele der Wirtschaftspolitik.

Tabelle 1.8: Bezug zwischen Wirtschaftstheorie und wirtschaftspolitischen Zielen

Fragen der positiven Theorie	Wirtschaftspolitische Ziele
1. Was kann produziert werden? 2. Was wird produziert?	Ziel der effizienten Produktion (Allokationsziel)
3. Wie wird verteilt?	Verteilungsgerechtigkeit
4. Warum gibt es Arbeitslosigkeit?	Vollbeschäftigung
5. Warum verändert sich das Preisniveau?	Preisniveaustabilität
6. Worauf ist eine Zunahme des Güterbergs zurückzuführen?	Wachstumsziel
7. Welche institutionellen Regelungen sichern die Erfüllung von Grundzielen (Frage nach der Wirtschaftsordnung)?	Freiheitsziel, Gerechtigkeit, Güterversorgung

1.3 Knappheit, Verwendungskonkurrenz und Zielkonflikt

Die sieben Hauptfragen der Ökonomie spezifizieren die zentrale These von der Knappheit. Diese Knappheit ist ein Grundtatbestand menschlicher Existenz und der politischen Realität, und es scheint mir eine wichtige gesellschaftliche und auch politische Aufgabe des Nationalökonomen zu sein, an diese ökonomischen Gesetzmäßigkeiten und Sachzwänge zu erinnern und die gesellschaftlichen Gruppen und politischen Akteure vor der Illusion zu warnen, dass man diese ökonomischen Sachzwänge außer acht lassen könne. Folgende Thesen rufen einige ökonomische Grundtatbestände in Erinnerung.

1. Knappheit ist das Grundgesetz der Ökonomie; es muss deshalb das Bestreben der Ökonomen sein, solche institutionellen Regelungen der ökonomischen Prozesse (d. h. Festlegungen der Art und Weise, wie ökonomische Prozesse zu erfolgen haben) zu finden, dass – neben anderen Zielen – diese Knappheit überwunden wird.

2. Knappheit der Güter entspricht der Verwendungskonkurrenz der Produktionsfaktoren. Güter sind deshalb knapp, weil wir nicht beliebig viele Produktionsfaktoren haben, die zur Herstellung der Güter eingesetzt werden können. Die Herstellung jedes einzelnen Gutes muss deshalb um die Verwendung der knappen Ressource konkurrieren. Produktionsfaktoren sind dort einzusetzen, wo sie bei der Herstellung der Güter das »günstigste Resultat« bringen.

3. Knappheit der Güter und Verwendungskonkurrenz der Faktoren beziehen sich auf das Ziel der Güterversorgung. Andere Ziele der Wirtschafts- und Gesellschaftspolitik wie Freiheit, Gerechtigkeit, gleichmäßigere Einkommensverteilung, soziale Sicherheit, Vollbeschäftigung und Preisniveaustabilität sind bei der Steuerung ökonomischer Prozesse zu berücksichtigen.

Schaubild 1.6: Zielkonflikt Vollbeschäftigung versus Preisniveaustabilität in England 1861–1957

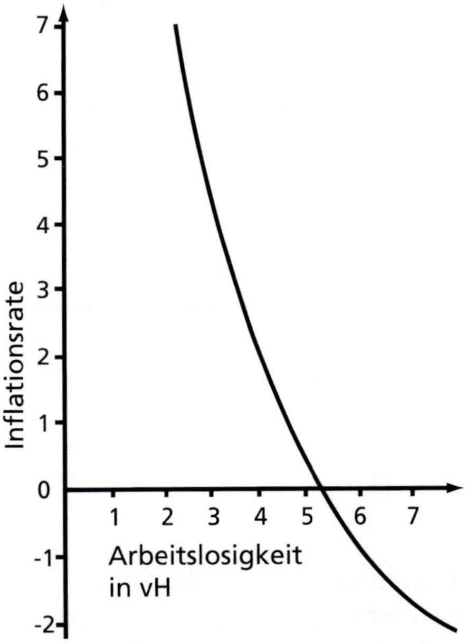

Quelle: A. W. Phillips, The Relation between Unemployment and the Rate of change in Money Wage Rates in the United Kingdom 1861–1957, in: Economica, Vol. 25 (1958), S. 283–299; bei Phillips anstatt Inflationsrate Nominallohnänderung.

Hier lautet die Botschaft des Ökonomen, dass viele Ziele der Wirtschaftspolitik miteinander im Konflikt stehen, d. h. man kann den Erfüllungsgrad des einen Ziels oft nur steigern, wenn man gleichzeitig in Kauf nimmt, dass der Erfüllungsgrad eines anderen Ziels beeinträchtigt wird. Beispiele für diese *Zielkonflikte* sind zahlreich.

Schaubild 1.7: Phillipskurve für Deutschland

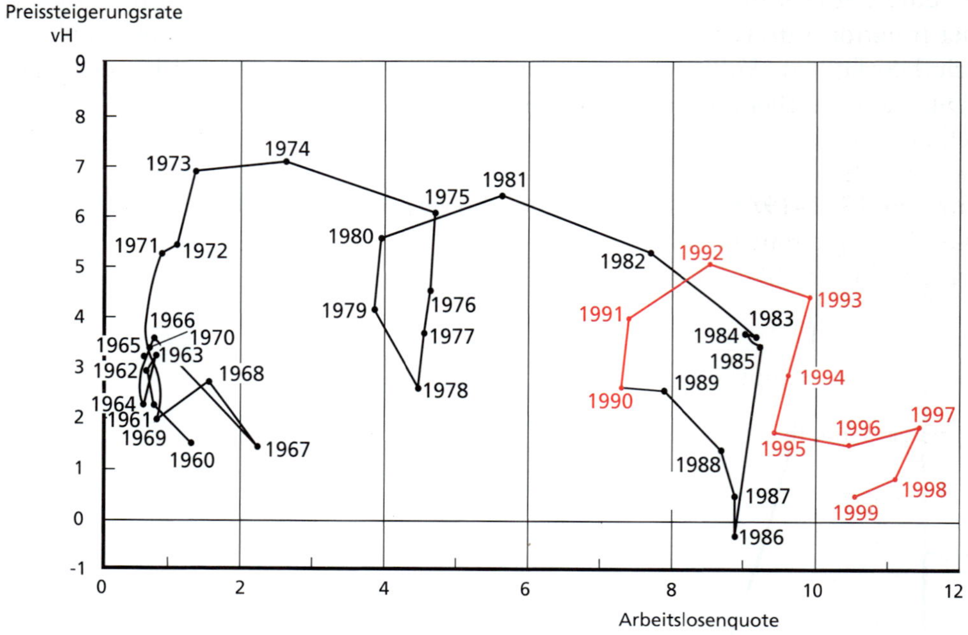

Quelle: OECD, Main Economic Indicators, 1999.

Die Güterproduktion beispielsweise kann man dadurch steigern, dass man starke Produktionsanreize in ein ökonomisches System einbaut, die aber möglicherweise die Einkommensverteilung ungleicher machen. Andererseits können Maßnahmen zur Verbesserung der Einkommenssituation einzelner Gruppen die Anreize zur Produktion und damit die Menge »des zu Verteilenden« tangieren. Stärkeres Wachstum des Güterberges kann die Umweltqualität verschlechtern, und umweltpolitische Maßnahmen können möglicherweise die Zunahme des Güterberges hemmen oder kurzfristig Preisniveaustabilität und Vollbeschäftigung negativ tangieren. Die Bereitstellung öffentlicher oder privater Güter ist ein weiteres Beispiel für Zielkonflikte.

Ein in den letzten Jahren bedeutender Zielkonflikt ist der empirische Zusammenhang zwischen den Zielen der Preisniveaustabilität und der Vollbeschäftigung, wie er in der *Phillips-Kurve* beobachtet wurde. Dieser Zielkonflikt ist in den Schaubildern 1.6–1.8 dargestellt.

In Schaubild 1.6 ist auf der vertikalen Achse die Preisniveausteigerung und auf der horizontalen Achse die Arbeitslosigkeit eingetragen. Die empirische Beobachtung für England hat für die Beobachtungsjahre 1861–1957 eine »Punktwolke« ergeben, durch die man die eingezeichnete Phillips-Kurve legen kann. Falls diese Kurve zutrifft, liegt ein Zielkonflikt vor.

In Schaubild 1.7 ist die Phillips-Kurve für Deutschland dargestellt. Für die sechziger Jahre ergibt sich eine eng zusammengeballte Punktwolke in einem Bereich einer Inflationsrate von 3 vH und einer Arbeitslosigkeit von 1 vH. In diesem Bereich besteht ein Zielkonflikt. In den siebziger Jahren (1. Ölkrise 1973/74, 2. Ölkrise 1979/80) wandern die Zielpunkte in einer Schleife nach außen; der Zielkonflikt verschärft sich. Zu Ende der siebziger und zu Beginn der achtziger Jahre wandern die Punkte nochmals in einer zweiten Schleife nach außen. Im Zeitraum 1981–1985 nimmt die Arbeitslosenquote zu, aber die Inflationsrate sinkt. Anfang der neunziger Jahre wandert die Kurve nochmals nach außen. Der Zielkonflikt verschärft sich.

Schaubild 1.8: Phillipskurve für die Vereinigten Staaten

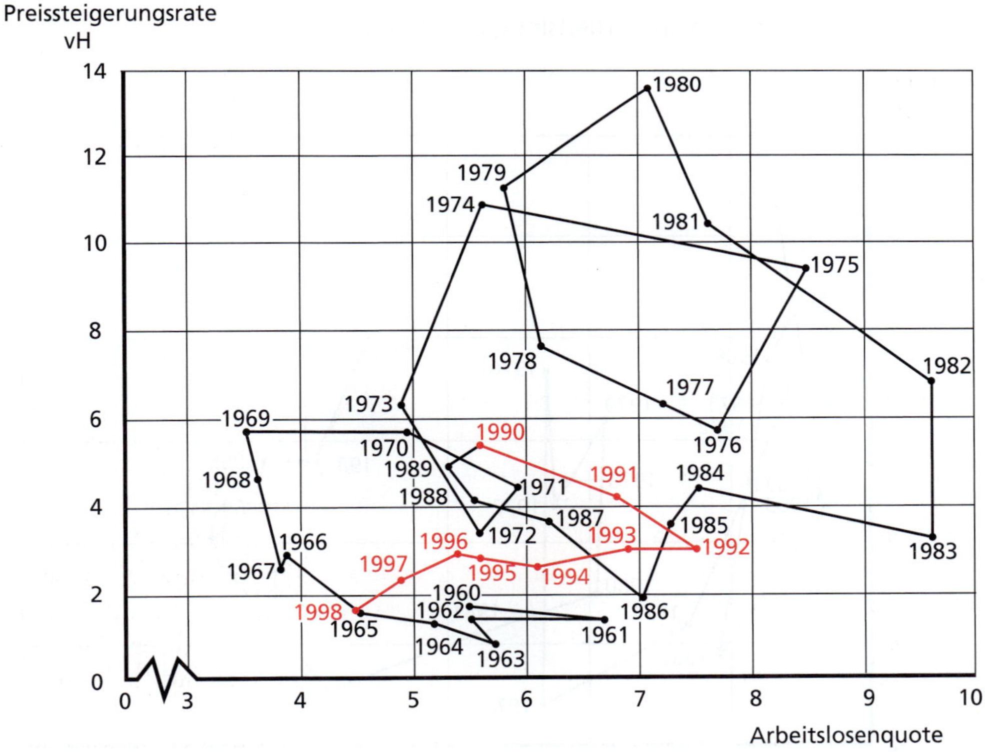

Quelle: OECD, Main Economic Indicators, 1999.

Auch für die USA zeigt sich eine Zunahme der Inflationsrate und der Arbeitslosigkeit für den Zeitraum 1967 bis 1974 (Schaubild 1.8). Danach bewegt sich die Phillipskurve in einer Schleife nach außen. Zu Anfang der achtziger Jahre wird die Inflationsrate

stark zurückgeführt; die Arbeitslosenquote wird seit Mitte der achtziger Jahre deutlich geringer. Die Phillipskurve wandert nach innen; der Zielkonflikt entschärft sich.
In Schaubild 1.9 erkennt man die Entwicklung der Werte für die reale Wachstumsrate und die Arbeitslosigkeit für Deutschland. Von einer Situation hoher Arbeitslosigkeit ausgehend, sind die fünfziger Jahre durch hohe reale Wachstumsraten gekennzeichnet (durchschnittlich 8 vH). Die sechziger Jahre haben reale Wachstumsraten von durchschnittlich 5 vH. Die Arbeitslosigkeit wird abgebaut. In den siebziger Jahren sinkt dann die reale Wachstumsrate auf rund 3 vH; sie ist zu Anfang der achtziger Jahre negativ. Im weiteren Verlauf der achtziger Jahre wird das Verhältnis von Wachstum und Arbeitslosigkeit ungünstiger. Auch bei hohen Wachstumsraten verharrt die Arbeitslosigkeit auf einem hohen Niveau. Es gelingt kaum noch, sie im Wachstumsprozess zurückzuführen.

Schaubild 1.9: Wachstum und Arbeitslosigkeit in Deutschland

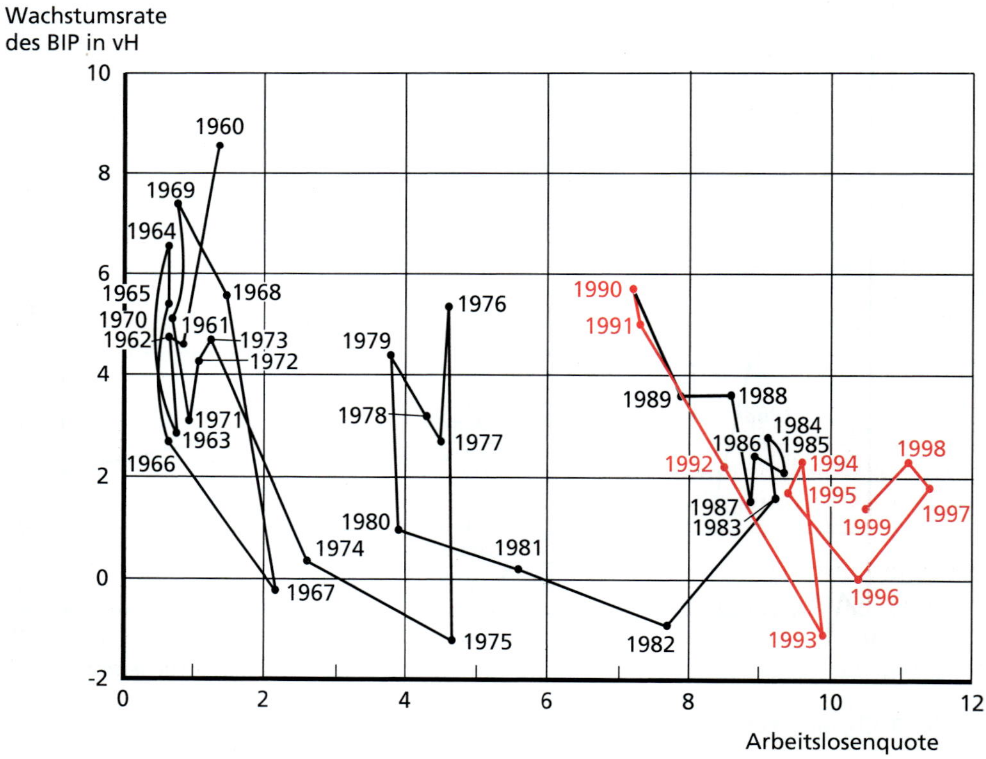

Quelle: OECD, Main Economic Indicators, 1996; Statistisches Bundesamt, 1999.

4. Verwendungskonkurrenz der Ressourcen und Konflikte zwischen den wirtschaftspolitischen Zielen bedingen die ökonomische Kategorie der Kosten. Kosten werden in der volkswirtschaftlichen Interpretation als Opportunitätskosten (Alternativkosten), d. h. als Kosten der »entgangenen Gelegenheit« verstanden. Wird eine Ressource in der Produktion des Gutes A eingesetzt, so entfällt diese Ressource für die Produktion des Gutes B. Die nicht produzierten Mengen des Gutes B stellen entgangene Nutzen dar, die als Kosten interpretiert werden. Zum anderen bestehen Opportunitätskosten darin, dass die Erreichung eines Ziels Y zur Nichterfüllung eines Ziels X führt. Das Nichterreichen eines Ziels X ist das »Opfer« für das Erreichen des Ziels Y (Kosten als Zielverluste).
Kosten, Knappheit, Verwendungskonkurrenz und Konflikte sind also eng miteinander verknüpfte Begriffe.

5. Die Lösung des Knappheitsproblems, der Frage der Verwendungskonkurrenz und der Zielkonflikte bedürfen institutioneller Regelungen. Dabei spielt sicher auch die politische Frage eine Rolle, ob eine solche Institutionalisierung gefunden werden kann, die allgemein akzeptiert wird. Der Ökonom muss allerdings darauf hinweisen, dass alle Ansätze zur Institutionalisierung von Konfliktlösungen in der Regel[4] den grundsätzlichen ökonomischen Sachzwang nicht aufheben können. Konfliktlösungsmechanismen haben lediglich die Funktion, diejenige Konstellation konkurrierender Ziele zu finden, die politisch akzeptiert wird.

1.4 Das methodische Vorgehen und einige Grundbegriffe

1. Die Volkswirtschaftslehre will eine Antwort auf das »Warum« bestimmter Ereignisse geben. Diese Fragestellung führt immer zu einer Suche nach Determinanten. Wir suchen in der Nationalökonomie deshalb nach Bestimmungsfaktoren einzelner Größen. Anders ausgedrückt: Die Volkswirtschaftslehre fragt nach Abhängigkeiten: Wie hängt die Größe A von einer anderen Größe B ab? In diesem Zusammenhang verwenden wir den Begriff der *Funktion.* Funktion bedeutet die Abhängigkeit zweier (oder mehrerer) Größen voneinander. So gibt die Angebotsfunktion z. B. an, in welcher Weise die angebotene Menge vom Preis abhängt. Für Funktion kann man auch Gleichung (nicht Definitionsgleichung), Relation, Abhängigkeit oder Beziehung sagen. Wenn eine Abhängigkeit zwischen der angebotenen Menge q und dem Preis p besteht, so schreiben wir $q = f(p)$. Das Symbol f ist zu lesen

[4] Es sei denn, die Institutionalisierung bewirkt eine solche Verhaltensänderung bei den Wirtschaftssubjekten, dass der »Sachzwang« sich ändert.

als »... hängt ab von ...«. Die Größen, in unserem Beispiel die Menge und der Preis, werden auch als *Variable* bezeichnet.
Wir gehen in der Regel so vor, dass wir diese Abhängigkeit gedanklich postulieren. Wir nehmen z. B. an, dass der Konsum (C) vom Einkommen (Y) abhängt, also $C = f(Y)$. Einen solchen gedanklich postulierten Zusammenhang zwischen ökonomischen Größen bezeichnen wir als *Hypothese.*

2. Da die Volkswirtschaftslehre eine empirische Wissenschaft ist, muss die Aussage kraft der gefundenen Hypothesen an der Realität *getestet* werden. Wir müssen also feststellen, ob diese Hypothesen in der Wirklichkeit zutreffen. In den Naturwissenschaften wird diese Überprüfung durch Experimente vorgenommen. Solche Experimente können die Sozialwissenschaften nicht durchführen. Wenn z. B. ein Nationalökonom die Hypothese aufstellt, dass eine Senkung der Staatsausgaben zur Arbeitslosigkeit führt, oder ein anderer behauptet, dass eine Senkung der Staatsausgaben die Arbeitslosigkeit verringert, so kann man diese Hypothesen nicht im Experiment an der Realität testen, da der Staat seine Ausgaben zu diesem wissenschaftlichen Zweck nicht verändern wird. Die Wirtschaftstheorie bedient sich deshalb des Gedankenexperiments, das sie mit Hilfe eines Modells durchführt. Unter einem Modell versteht man ein Denkschema oder ein gedankliches Wirkungssystem, das die Komplexität der Realität entscheidend vereinfacht und auf einige Beziehungen reduziert.

3. Ein *Modell* kann also auch als ein System von Hypothesen und Definitionen bezeichnet werden, wobei zumindest eine Hypothese enthalten sein muss. Es stellt die gedankliche, formale Erfassung der Realität dar, wobei in isolierter Betrachtung oft nur die entscheidenden Variablen der Realität aufgenommen werden. Ein Modell enthält verschiedene Arten von Gleichungen: Die tautologischen Beziehungen zwischen Variablen werden in *Definitionsgleichungen* erfasst. Ein Beispiel ist die Definition der Gesamtnachfrage:

$$\text{Gesamtnachfrage} = \text{Konsumnachfrage} + \text{Investitionsnachfrage}$$
$$N = C + I$$

Die anderen Gleichungen beinhalten Abhängigkeiten zwischen Variablen. Dabei kann es sich einmal um *Verhaltensgleichungen* (Konsumfunktion) oder *technologische Relationen* (Produktionsfunktion) handeln.
Mit Hilfe der im Modell enthaltenen Definitionen und den allgemein gültigen Hypothesen werden *Theoreme,* d. h. die logischen Implikationen des Modells abgeleitet. Die Ergebnisse des Modells müssen an der Realität getestet werden. Differieren die Aussagen, die aus dem Modell abgeleitet werden (Resultat der Deduktion), und die Realität, so kann die im Modell enthaltene Hypothese nicht beibehalten werden. Sie ist durch die Realität falsifiziert.
Werden die Hypothesen im Test nicht falsifiziert, so kann weiter mit ihnen gearbeitet werden. Diese nicht falsifizierten Gesetzmäßigkeiten werden dazu herangezogen, einzelne Geschehnisse zu erklären. Dieses *deduktive* Vorgehen (Aufstellen einer

Hypothese mit anschließenden Test an der Realität, der zur Falsifikation führen kann) geht auf den Wissenschaftstheoretiker Karl Popper zurück. In der Volkswirtschaftslehre werden die Tests mit Hilfe der Ökonometrie vorgenommen. (Ein *induktives* Vorgehen ist im Gegensatz dazu dadurch gekennzeichnet, dass zunächst Einzelfälle der Realität betrachtet werden; die dabei beobachteten Zusammenhänge werden dann verallgemeinert.)

4. Bei seinem methodischen Vorgehen bedient sich der Volkswirt oft der *Ceteris-paribus-Klausel,* die eine beträchtliche Vereinfachung darstellt. »Ceteris paribus« bedeutet, dass im Modell alle Einflussfaktoren außer dem zu untersuchenden für die Betrachtung als konstant angenommen werden. Wenn wir beispielsweise wissen, dass die nachgefragte Menge eines Gutes vom Preis dieses Gutes und auch vom Einkommen der Haushalte abhängt, so nehmen wir das Einkommen als konstant an und untersuchen nur, wie sich die Nachfragemenge ändert, wenn der Preis steigt. Die genannte Klausel erlaubt zwar, die Überlegung auf wenige Bestimmungsfaktoren zu beschränken, sie stellt aber auch eine große Gefahr dar. Wenn in dem obigen Beispiel die nachgefragte Menge in der Wirklichkeit bei steigendem Preis fällt, so braucht diese Tatsache unsere Hypothese gar nicht zu bestätigen; denn dieser Rückgang der Nachfrage kann auf eine Abnahme des als konstant angenommenen Einkommens zurückzuführen sein. Die Ceteris-paribus-Klausel macht also oft eine empirische Überprüfung von Hypothesen unmöglich.

5. Die Volkswirtschaftslehre befasst sich mit dem Wirtschaften, also mit der Frage, wie die Diskrepanz zwischen unbegrenzten Bedürfnissen und knappen Gütern überbrückt werden kann. In der Theorie unterstellen wir, dass die Wirtschaftssubjekte in Bezug auf diese Grundsituation nach dem *ökonomischen Prinzip* handeln. Das ökonomische Prinzip stellt eine Konkretisierung des Rationalprinzips dar. Ein Handeln nach diesem Prinzip verlangt, einen bestimmten Erfolg (Ziel) mit minimalen Mitteln zu erreichen, oder anders formuliert, mit gegebenen Mitteln einen maximalen Erfolg zu erzielen. Die Volkswirtschaftstheorie sagt nicht, dass die Wirtschaftssubjekte so handeln sollen – das ist ein Werturteil –, sondern sie unterstellt als Hypothese, dass die Wirtschaftssubjekte nach dieser Maxime handeln.
Im Einzelnen wird unterstellt, dass die Haushalte einen möglichst hohen Nutzen und die Unternehmen einen möglichst großen Gewinn erzielen wollen. Das Handeln nach dem ökonomischen Prinzip drückt sich beim Haushalt darin aus, dass er mit einem gegebenen Einkommen ein möglichst hohes Nutzenniveau erreichen will *(Nutzenmaximierung)*. Das Unternehmen dagegen versucht, bei gegebenen Kosten einen möglichst hohen Gewinn zu erzielen *(Gewinnmaximierung)*.

Wichtige Begriffe* in Kapitel 1

Knappe Güter
Freie Güter
Wirtschaften
Produktionstechnologie
Produktionsfaktoren
Private Güter
Öffentliche Güter
Effiziente Allokation der Ressourcen
Wirtschaftsordnung
Zentrale Planwirtschaft
Marktwirtschaft
Verwendungskonkurrenz der Produktionsfaktoren
Zielkonflikt
Phillips-Kurve
Opportunitätskosten
Hypothese
Modell
Ceteris-paribus-Klausel
Ökonomisches Prinzip

*Begriffe erscheinen in der Reihenfolge wie im Text

Teil I: Markt- und Preistheorie

Es ist nicht das Wohlwollen des Fleischers, Brauers oder Bäckers,
dem wir unser Abendessen verdanken,
sondern nur deren Rücksicht auf eigene Interessen.
Wir appellieren nicht an ihre Menschlichkeit,
sondern an ihre Eigenliebe;
wir reden niemals über unsere eigenen Wünsche mit ihnen,
sondern über ihren Nutzen.
Adam Smith

In Deutschland gibt es etwa 37,5 Millionen Haushalte und annähernd 2,8 Millionen Unternehmen. Diese organisatorischen Einheiten entscheiden autonom, also frei, ohne dass der Staat den Haushalten vorschreibt, welche Güter sie in welcher Menge nachzufragen und wo zu konsumieren haben, und ohne dass der Staat den Unternehmen verbindlich mitteilt, was sie produzieren sollen. Die mikroökonomische Theorie beschäftigt sich mit der Frage, wie diese Einheiten ihre Entscheidungen fällen und wie die Vielzahl der sehr verschiedenen Entscheidungen zu einer Übereinstimmung gebracht wird.

Die Haushalte entscheiden darüber, welche Güter sie in welchen Mengen nachfragen wollen. Diese Konsumentscheidung legt also fest, wie die Haushalte ihr Einkommen verwenden. Wenn über die Höhe des Konsums entschieden ist, so ist damit auch die Höhe der Ersparnis (Vermögensbildung) determiniert. Um Einkommen erzielen zu können, bieten die Haushalte Arbeit an. In der Regel wird unterstellt, dass ein typischer Haushalt mit all diesen Aktivitäten seinen Nutzen vermehren will. Haushalte sind also Nachfrager auf den Gütermärkten und Anbieter auf den Faktormärkten.

Unternehmen produzieren Güter, die für Konsum- und Investitionszwecke verwendet werden können. Sie entscheiden, welche Güter sie herstellen. In aller Regel wird unterstellt, dass sie ihren Gewinn maximieren wollen. Die Unternehmen sind Anbieter auf den Gütermärkten und entfalten Nachfrage nach Ersparnissen und nach dem Produktionsfaktor Arbeit.

Märkte bringen Angebot und Nachfrage zusammen. Über den Preis wird bestimmt, welche Nachfrage und welches Angebot zum Zug kommt; über den Preis werden die Mengenplanungen der autonomen Entscheidungseinheiten aufeinander abgestimmt. Eine Marktwirtschaft besteht aus einer Vielzahl von Märkten – für jedes einzelne Gut gibt es einen Markt. Dabei sind die Märkte in einem komplexen Gefüge interdependent. Die Vielzahl der Märkte gestattet es, eine Volkswirtschaft dezentral zu organisieren, d. h. also wirtschaftliche Entscheidungen den dezentralen Einheiten zu überlassen.

2 Die Produktionsmöglichkeiten

The limitation to production from the properties of the soil
is not like the obstacle opposed by a wall,
which stands immovable in one particular spot,
and offers no hindrance to motion short of stopping it entirely.
We may rather compare it to a highly elastic and extensible band,
which is hardly ever so violently stretched
that it could not possibly be stretched any more,
yet the pressure of which is felt long before the final limit is reached,
and felt more severely the nearer that limit is approached.
John Stuart Mill

2.1 Die Produktionsfaktoren

Die Produktionsmöglichkeiten einer Volkswirtschaft hängen einmal von der gegebenen Produktionstechnologie und zum anderen vom Bestand an Produktionsfaktoren ab. Unter einem Produktionsfaktor versteht man ein Gut, mit dem andere Güter erstellt werden können:
In der Regel werden folgende Produktionsfaktoren unterschieden:

1. alle menschlichen Leistungen, d. h. der Produktionsfaktor *Arbeit* (A)
2. alle Geschenke der Natur, also Land, d. h. der Produktionsfaktor *Boden* (B)
3. natürliche Rohstoffe (R)
4. alle produzierten Ressourcen, d. h. vom Menschen produzierte Hilfsmittel zur Produktion, also Werkzeuge, Maschinen, nämlich das *Kapital* (K)
5. das *technische Wissen,* also die Menge aller Kenntnisse über die Produktions- und Organisationsmöglichkeiten (T)
6. das soziale System (S).

1. **Arbeit.** Arbeit ist jede menschliche Tätigkeit im Dienst fremder Bedürfnisbefriedigung. So arbeitet z. B. ein Berufsboxer, wenn er einen Kampf austrägt (Bedürfnis der Zuschauer); ein Amateurboxer dagegen, der zum eigenen Vergnügen boxt, arbeitet nicht. Arbeit schließt auch den dispositiven Faktor ein, also etwa die Leistungen eines Managers oder eines Unternehmers.
Der Produktionsfaktor Arbeit wird im Folgenden oft als gleichartig aufgefaßt. Diese Interpretation wird jedoch schon dann problematisch, wenn unterschiedliche Intensitäten der Leistung vorliegen. Dann kann der Produktionsfaktor Arbeit nicht nur durch die geleisteten Arbeitsstunden gemessen werden; man muss dann auch die *Arbeitsintensität* berücksichtigen.

Zu unterscheiden sind die Begriffe Arbeitsart und Beruf. Eine Arbeitsart umfasst alle menschlichen Tätigkeiten zur Bedienung fremder Bedürfnisse. Diese Tätigkeiten sind untereinander austauschbar. Innerhalb einer Arbeitsart besteht also Wettbewerb. Zwischen den einzelnen Arbeitsarten liegt dagegen zumindest kurzfristig keine Konkurrenz vor. Unterstellt man beispielsweise, dass Maurer eine Arbeitsart darstellen, so besteht innerhalb dieser Arbeitsart Wettbewerb. Es besteht aber kein Wettbewerb zwischen Maurern und Schlossern; höchstens langfristig, wenn sich Maurer entschließen, Schlosser zu werden.
Von der Arbeitsart ist der *Beruf* abzugrenzen. Bei hoch qualifizierten Berufen ist der Beruf der weitere Begriff. Der Beruf Arzt z. B. umfasst sehr viele Arbeitsarten: Zahnarzt, Tierarzt, Chirurg. Der Beruf ist ein soziologischer, die Arbeitsart ein ökonomischer Begriff. Da für die Arbeitsart die Eigenschaft der Ersetzbarkeit der Arbeitsleistung ausreichend ist (ökonomisches Kriterium), ist der Lohn nicht notwendigerweise in jedem Beruf, aber zwingenderweise in jeder Arbeitsart für alle Arbeiter gleich.

2. Boden. Der Produktionsfaktor Boden setzt sich aus zwei Elementen zusammen, die in der Realität nicht isoliert sind, in der Analyse jedoch getrennt betrachtet werden: Ein Element ist variabel, nämlich der Einsatz von Arbeit und Kapital zur Verbesserung der Qualität des Bodens. Würde der Boden nur aus diesem variablen Element bestehen, dann müsste er eindeutig zum Kapital gezählt werden. Das zweite Element ist jedoch konstant: die freien Geschenke der Natur. Dieses konstante Element (Vorzüge des Klimas, der Lage, die Beschaffenheit des Bodens) ist kennzeichnend für den Produktionsfaktor Boden.
Der Produktionsfaktor Boden ist durch die folgenden Merkmale gekennzeichnet:

a) *Räumliche Ausdehnung:* Der Boden ist als einziger Produktionsfaktor durch eine räumliche Ausdehnung gekennzeichnet. Seine Nutzung und die Überbrückung des Raumes lassen Transportkosten entstehen.
b) *Immobilität:* Der Produktionsfaktor Boden ist im Gegensatz zu Arbeit und Kapital nicht transportierbar (= immobil). Während Kapital und Arbeit an die Raumstellen mit dem höchsten Zins und dem höchsten Lohn wandern können, ist diese Möglichkeit für den Boden nicht gegeben. Andere Faktoren wandern vielmehr zum immobilen Faktor Boden.
c) *Keine Produktionskosten:* Sieht man von den Bodeninvestitionen ab, dann verursacht der Boden als freies Geschenk der Natur keine Produktionskosten.
d) *Nicht vermehrbar:* Der Produktionsfaktor Boden ist im Vergleich zum Kapital und zur Arbeit nicht vermehrbar. Zwar können die Bodeninvestitionen die Qualität des Bodens verbessern, eine Ausdehnung der Fläche ist aber nicht möglich (nur minimal: Landgewinnung am Meer). Das Gesamtangebot des Produktionsfaktors Boden muss also als konstant und gegeben betrachtet werden.

Genau wie Arbeit kann der Boden im strengen Sinne nicht als gleichartiger Produktionsfaktor aufgefasst werden. Boden kann Standortboden für den primären (Landwirtschaft), sekundären (Industrie, Handwerk usw.) und tertiären Sektor (Dienstleistung) sein. Boden kann Abbauboden sein, also zur Gewinnung von Roh-

stoffen verwendet werden (vgl. unten). Innerhalb der einzelnen Gruppen sind noch unterschiedliche Bodenqualitäten zu unterscheiden. Es ergibt sich also ein sehr heterogenes Bild des Bodenangebots.
Diese Vielschichtigkeit des Produktionsfaktors Boden ermöglicht folgende Aussage: Zwar liegt das Gesamtangebot des Produktionsfaktors Boden fest. Dies gilt aber nicht für die einzelnen Bodenarten. Denn zwischen den einzelnen Bodenarten kann substituiert werden. Steigt z. B. der Preis für Boden allgemein, so ist das Gesamtangebot des Bodens nicht vermehrbar. Steigt dagegen der Preis für industriellen Standortboden, so ist das Angebot an industriellem Standortboden vermehrbar, und zwar auf Kosten z. B. des landwirtschaftlichen Standortbodens.

3. Rohstoffe. Ähnlich wie Boden sind auch Rohstoffe ein »Geschenk der Natur«. Rohstoffe können Konsumgüter sein (Fische) oder Produktionsfaktoren (mineralische Rohstoffe). Sie können erneuerbar sein, wenn sie sich durch Wachstumsprozesse in der Natur regenerieren (Fischbestände, Wälder), oder sie können nicht erneuerbar sein (Erdöl). Einige Rohstoffe gehen in den ökonomischen Prozessen verloren (Erdöl), andere kann man wieder verwenden (Metalle). Schließlich können Rohstoffe private Güter sein (Forellen in einem Fischweiher) oder öffentliche Güter (Ozon-Schicht).
Eine heftig diskutierte Frage ist, ob Rohstoffe notwendig zur Produktion sind, ob man also nur dann produzieren kann, wenn Rohstoffe vorhanden sind. Wenn Rohstoffe notwendig zur Produktion sind und nicht durch andere Faktoren wie Kapital hinreichend ersetzt werden können (beispielsweise ersetzt Wärmedämmung Erdöl), ergibt sich die Frage, ob wir in Zukunft über genügend Rohstoffe verfügen werden.
Umwelt kann ebenfalls als ein Produktionsfaktor interpretiert werden. Einmal stellt die Umwelt – die Natur – Produktionsfaktoren wie Sauerstoff für Verbrennungsprozesse zur Verfügung. Zum anderen nimmt die Umwelt nicht weiter verwertbare Kuppelprodukte aus Konsum und Produktion wie Schwefeldioxid auf.

4. Kapital. Kapital sind die produzierten Produktionsmittel. Zum Kapital gehören alle die Güter, die nicht – wie etwa die natürlichen Ressourcen – vorgegeben sind, sondern erst hergestellt werden müssen. Sie werden nicht produziert, um dem Konsum zugeführt zu werden, sondern sie werden zur weiteren Güterproduktion eingesetzt. Kapital in diesem Sinne sind: Geräte, Werkzeuge, Maschinen, die Betriebsstätten wie Fabriken, Bergwerkanlagen, die Halbfabrikate und die Rohstoffe (so weit auf sie bereits ein Arbeitsvorgang eingewirkt hat). Kapital bedeutet also Realkapital und nicht Geldkapital. Der Begriff »Realkapital« darf allerdings nicht mit technischen Apparaten gleichgesetzt werden. Eine Dampfmaschine, die z. B. zur Besichtigung in einem Museum aufgestellt ist, stellt kein Produktionsmittel dar, da sie nicht dazu eingesetzt wird, Güter höherer Ordnung in konsumnahe Güter umzuwandeln.
Der Kapitalbestand zum Ende eines Zeitraumes (K_1) setzt sich zusammen aus dem Anfangsbestand (K_0) und dem Kapitalzuwachs (ΔK) in diesem Zeitraum:

$$K_1 = K_0 + \Delta K$$

Der Kapitalzuwachs ist identisch mit der Nettoinvestition.

$$I = \Delta K$$

Die Nettoinvestition ergibt zusammen mit den Ersatzinvestitionen die Bruttoinvestition. Unter einer Nettoinvestition verstehen wir also die Hinzufügung zum Kapitalbestand in einem Zeitraum.
Kapital entsteht durch die Kombination menschlicher Tätigkeit (Arbeit) und natürlicher Ressourcen (Boden). Es ist definitionsgemäß ein produziertes Produktionsmittel. Kapital ermöglicht produktivitätssteigernde Produktionsumwege (Robinson Crusoe). Das Kapitalgut ist zwar durch einen zeitraubenden Produktionsumweg entstanden, es ist aber der Augenblicksproduktion überlegen.
Die Kapitalbildung erfolgt in der Naturalwirtschaft – wie auch in der Geldwirtschaft – durch *Sparen* und *Investieren:* Zunächst muss ein Konsumverzicht vorliegen (= Sparen). Denn dadurch, dass man auf ein Konsumgut verzichtet, werden Ressourcen frei, mit denen ein Kapitalgut erstellt werden kann. Die zweite Bedingung für eine gelungene Kapitalbildung ist, dass die ersparten Mittel auch für die Kapitalbildung eingesetzt werden (= Investieren). Denn wenn Ersparnisse nicht investiert werden, ist die Gesamtnachfrage einer Volkswirtschaft rückläufig, und es stellt sich Arbeitslosigkeit ein (vgl. hierzu Teil II: Makroökonomie).

5. Technisches Wissen. Auch das technische Wissen kann als selbstständiger Produktionsfaktor betrachtet werden. Das technische Wissen gibt die Menge der möglichen technischen Verfahren an. Die Veränderung dieser Menge bezeichnen wir als *technischen Fortschritt.* Dieser kann sich ausdrücken in der Schaffung neuer, bisher unbekannter Produkte und in neuen Produktionsverfahren. Neue Produktionsverfahren führen dazu, dass eine gegebene Menge mit geringeren Kosten produziert werden oder mit gegebenen Kosten eine größere Menge produziert werden kann.
Beim technischen Fortschritt unterscheiden wir zwischen Erfindung (Invention) und der Anwendung der Erfindung (Innovation). Zwischen beiden Elementen des technischen Fortschritts liegt eine zeitliche Verzögerung, da die Erfindung oft nicht sofort realisiert wird.

6. Soziales System. Unter dem sozialen System verstehen wir die Gesamtheit der institutionellen Regelungen, also die Verfassung, die politische Gewaltenteilung, die Wirtschafts- und Rechtsordnung, die gesellschaftliche Struktur und die Beziehung zwischen gesellschaftlichen Gruppen.

2.2 Die Produktionsfunktion

Unter einer Funktion verstehen wir die Abhängigkeit zwischen Variablen, d. h. zwischen ökonomischen Größen. Die Produktionsfunktion ist eine Abhängigkeit zwischen dem Produktionsergebnis (oder Output q) und den Produktionsfaktoren Arbeit (A), Boden (B), natürliche Ressourcen (R), Kapital (K), technisches Wissen (T) und soziales System (S).

$$q = F(A, B, R, K, T, S)$$

Eine solche Funktion kann makroökonomisch interpretiert werden. In diesem Fall kennzeichnet q das gesamte Produktionsergebnis einer Volkswirtschaft, das Inlandsprodukt. Inputs beschreiben die Produktionsfaktoren einer Volkswirtschaft, z. B. den gesamten Arbeitseinsatz eines Landes, den gesamten Kapitaleinsatz usw. Die Produktionsfunktion kann aber auch mikroökonomisch, d. h. für einen einzelnen Betrieb oder Teilsysteme eines Betriebes, interpretiert werden. Die makroökonomische Produktionsfunktion ist ein Aggregat der Produktionsfunktionen der einzelnen Betriebe. Man kann sich auch sektorale Produktionsfunktionen vorstellen, in denen etwa die Menge der geförderten Tonnen Steinkohle in Abhängigkeit vom Arbeitseinsatz, Kapitaleinsatz und anderen Faktoren in diesem Wirtschaftszweig gesehen werden.
Im Folgenden gehen wir zur Vereinfachung davon aus, dass alle Produktionsfaktoren bis auf einen, den Arbeitseinsatz, konstant bleiben. Wir fragen, wie der Output sich verändert, wenn das Arbeitsangebot zunimmt.
In Schaubild 2.1a ist eine Produktionsfunktion mit ertragsgesetzlichem Verlauf eingezeichnet. Der Output nimmt mit zunehmendem Faktoreinsatz zu, aber die Zuwächse werden immer kleiner.[1]
Die Produktionsfunktion gibt an, welche Mengen des Outputs bei einem gegebenen Faktoreinsatz maximal zu erstellen sind. Bei einem Faktoreinsatz A_1' in Schaubild 2.1a ist maximal die Menge q_1', zu produzieren. Der Punkt X liegt außerhalb der Produktionsmöglichkeit bei gegebenem Arbeitseinsatz A_1'. Die Menge q_1'' kann nicht mit A_1'produziert werden. Die Produktionsfunktion stellt also eine Restriktion für

---

[1] Bezeichnen wir die erste Ableitung der Funktion mit

$$F' = \frac{dq}{dA}$$

und die zweite Ableitung mit

$$F'' = \frac{d^2q}{dA^2}$$

so ist der neoklassische Verlauf gekennzeichnet durch $F' > O, F'' < O$.

die Gütererstellung dar. Nur in dem schraffierten Feld (einschließlich der Kurve selbst) kann produziert werden.

Die Produktionsfunktion ist für einen gegebenen Bestand an technischem Wissen definiert. Eine Verbesserung der Technologie verschiebt die Produktionsfunktion nach oben und erlaubt bei gegebenem Faktoreinsatz einen höheren Output. Sie erweitert also damit den zulässigen Produktionsraum einer Volkswirtschaft (Schaubild 2.1b). In den Abschnitten 5.3 und 5.4 wird die Produktionsfunktion – und zwar für eine Unternehmung – wieder aufgegriffen und weiter erläutert. Der Leser kann ruhig einmal vorblättern.

Schaubild 2.1: Die Produktionsfunktion

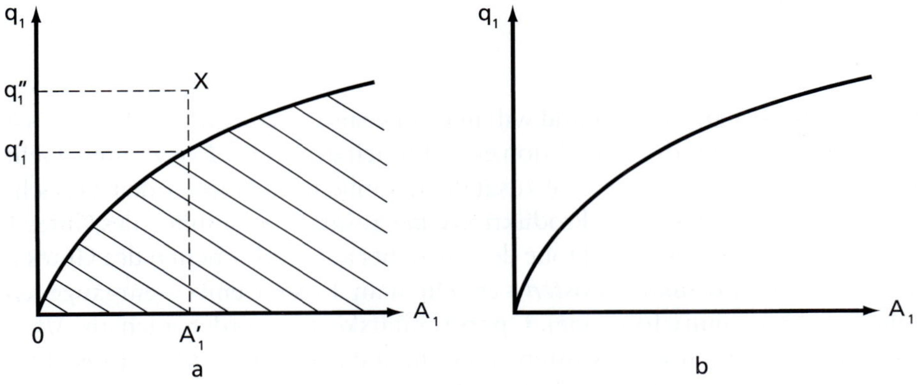

2.3 Die Alternativkosten

Die Produktionsfunktion beschreibt die (begrenzten) Produktionsmöglichkeiten einer Volkswirtschaft in Bezug auf ein Gut bei gegebener Technologie. Betrachtet man nicht ein Gut, sondern zwei Güter 1 und 2, so werden die maximal produzierbaren Gütermengen q_1 und q_2 einmal von der gegebenen Produktionstechnologie und zum anderen durch den gegebenen Faktorbestand begrenzt. Die vorhandenen Produktionsfaktoren können entweder in der Produktion des Gutes 1 oder des Gutes 2 oder in Kombinationen zur Herstellung beider Güter eingesetzt werden. Diejenige Faktormenge, die zur Produktion des Gutes 1 verwendet wird, kann nicht für die Herstellung des Gutes 2 genutzt werden. Wenn man also bei gegebener Technologie und gegebenem Faktorbestand die Produktion des Gutes 1 ausdehnen will, muss man in Kauf nehmen, dass von Gut 2 weniger erstellt werden kann. Die verschiedenen Sektoren stehen in Verwendungskonkurrenz um die Produktionsfaktoren.

In Tabelle 2.1 sind sechs Situationen A bis F unterschiedlicher Produktionsmengen der Güter 1 und 2 ausgeführt. A kennzeichnet eine Situation, in der nur Gut 2 erstellt wird, d. h. alle Produktionsfaktoren in der Herstellung dieses Gutes eingesetzt sind. Situation F kennzeichnet den Fall, in dem nur das Gut 1 produziert wird.

Tabelle 2.1: Mögliche Produktionsmengen

	A	B	C	D	E	F
q_1	0	1	2	3	4	5
q_2	12	11	10	8,5	6	0

Geht man von der Situation A aus und will man eine zusätzliche Einheit des Gutes 1 erstellen, so muss man auf die Produktion einer Einheit des Gutes 2 verzichten. Geht man von C auf D über, so kostet eine zusätzliche Einheit des Gutes 1 den Verzicht auf 1,5 Einheiten des Gutes 2. Die Produktion einer zusätzlichen Einheit des Gutes 1 lässt also Opportunitätskosten in Höhe des Verzichts auf 1,5 Einheiten des Gutes 2 entstehen. Unter *Opportunitätskosten* versteht man Kosten einer »entgangenen Gelegenheit« (Opportunity foregone). Opportunitätskosten werden auch als *Alternativkosten* bezeichnet, also als Kosten einer entgangenen Alternative. Diese Opportunitäts- oder Alternativkosten sind ein Ausdruck für die Knappheit der Güter und die Verwendungskonkurrenz der Produktionsfaktoren. Sie sind ein zentrales Konzept der Wirtschaftswissenschaft. Sie machen deutlich, was es kostet, auf eine Alternative zu verzichten oder – anders gewendet – sich für eine bestimmte Alternative zu entscheiden.

2.4 Die Transformationskurve

Trägt man die Werte der Tabelle 2.1 in ein Schaubild ein, so erhält man die Transformationskurve (Schaubild 2.2). Diese gibt die alternativen maximalen Produktionsmöglichkeiten zweiter Güter $q_1 = G(q_2)$ bei gegebener Technologie und gegebenem Faktorenbestand an. Die Transformationskurve wird auch als Produktionsmöglichkeitskurve bezeichnet.
Da die Transformationskurve für eine gegebene Technologie definiert ist, muss ein Zusammenhang zwischen Transformationskurve und Produktionsfunktion bestehen. Um diesen Zusammenhang zu kennzeichnen, gehen wir zur Vereinfachung im

Folgenden von der Annahme aus, dass nur der Produktionsfaktor Arbeit eingesetzt wird. Von der Existenz der anderen Produktionsfaktoren wird abgesehen. Für diesen Fall beschreibt Schaubild 2.3 den Zusammenhang zwischen Transformationskurve, Produktionsfunktionen und dem gegebenen Faktorbestand.

Schaubild 2.2: Die Transformationskurve

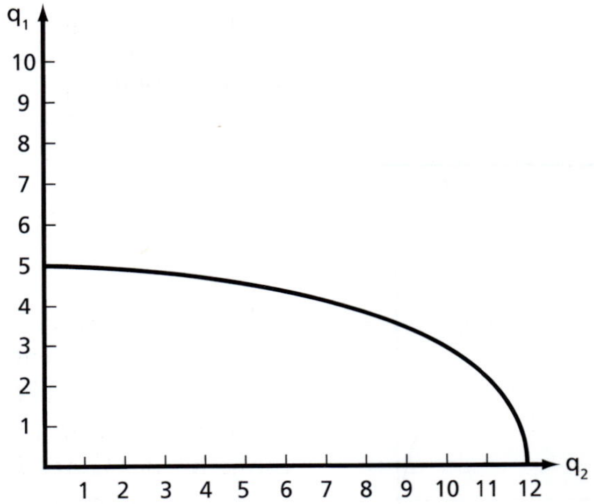

Im Nordwestquadranten ist die Produktionsfunktion für Sektor 1 aufgetragen. Man erhält diesen Kurvenverlauf, indem man die Produktionsfunktion in Schaubild 2.1 um die vertikale Achse klappt. Im Südostquadranten ist die Produktionsfunktion für Sektor 2 aufgetragen. Der gesamte Bestand an Arbeit ist gegeben durch die Strecken OV = OW. Setzt man alle vorhandenen Arbeitsmengen im Sektor 1 ein, so wird die Menge OV′ des Gutes 1 und nichts von Gut 2 produziert. Setzt man dagegen alle vorhandenen Arbeitsmengen für die Herstellung des Gutes 2 ein, so wird OW′ des Gutes 2 (und nichts von Gut 1) produziert. Damit sind die Punkte V′ und W′ der Transformationskurve bestimmt.
Nun kann man den begrenzt vorhandenen Faktor Arbeit auch teilweise in Sektor 1 und teilweise in Sektor 2 einsetzen. Wird z. B. die Menge Arbeit OT in der Produktion des Gutes 1 eingesetzt, so erhält man OT′ als Output des Gutes 1. Für die Produktion des Gutes 2 steht in diesem Fall die Arbeitsmenge TV zur Verfügung. TV entspricht aber der Strecke TU, da das Dreieck VTU rechtwinklig und gleichschenklig ist. Damit gilt TU = OX. Die Menge Arbeit OX kann also maximal in Sektor 2 eingesetzt werden und produziert dort die Menge OX′ des Gutes. Damit ist der Punkt S der Transformationskurve gefunden. In analoger Vorgehensweise können punktweise alle Punkte der Transformationskurve gewonnen werden.

Schaubild 2.3: Konstruktion der Transformationskurve

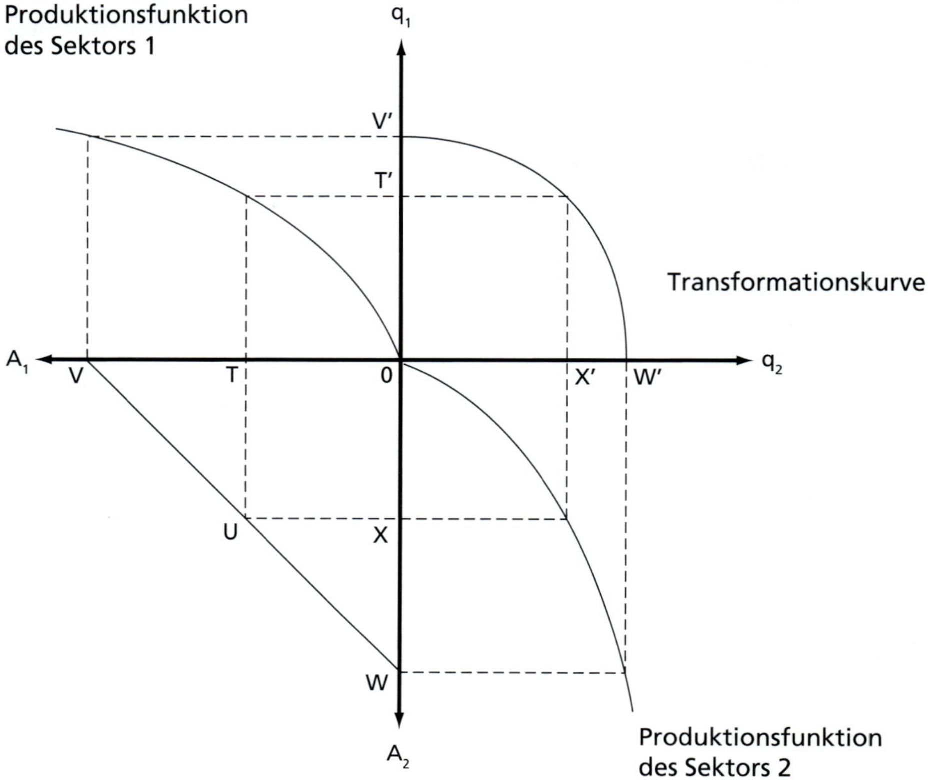

Zum besseren Verständnis der Transformationskurve sollte man sich klar machen, dass die Transformationskurve Vollbeschäftigung des Produktionsfaktors Arbeit unterstellt. Schaubild 2.4 kennzeichnet den Fall, dass Arbeit nicht vollbeschäftigt ist und damit nur ein Punkt E unterhalb der Transformationskurve erreicht wird.

In Schaubild 2.4 ist angenommen worden, dass in Sektor 1 die Arbeitsmenge OB verwendet wird. Damit stünde für Sektor 2 die Menge OC zur Verfügung. Sektor 2 verwende aber lediglich die Menge OD. Damit ist der Faktor Arbeit in Höhe der Strecke DC arbeitslos. Die Vollbeschäftigungspolitik hat die Funktion, die Volkswirtschaft von einem Produktionspunkt E unterhalb der Transformationskurve auf die Transformationskurve zu bewegen. Die Vollbeschäftigungspolitik sorgt damit für eine Ausnutzung der Produktionsmöglichkeiten einer Volkswirtschaft.

In den Schaubildern in Abschnitt 2.3 ist eine Produktionsfunktion mit abnehmenden Grenzerträgen unterstellt worden. Man kann sich auch eine Produktionsfunktion vorstellen, bei der jede eingesetzte Arbeitseinheit das gleiche Produktionsergebnis in einem Wirtschaftszweig erstellt. Dann ist die Produktionsfunktion eine

Gerade. Der Leser kann leicht durch ein ähnliches Schaubild wie Schaubild 2.3 nachvollziehen, dass dann auch die Transformationskurve eine Gerade ist.

Schaubild 2.4: Transformationskurve und Nichtauslastung der Produktionsfaktoren

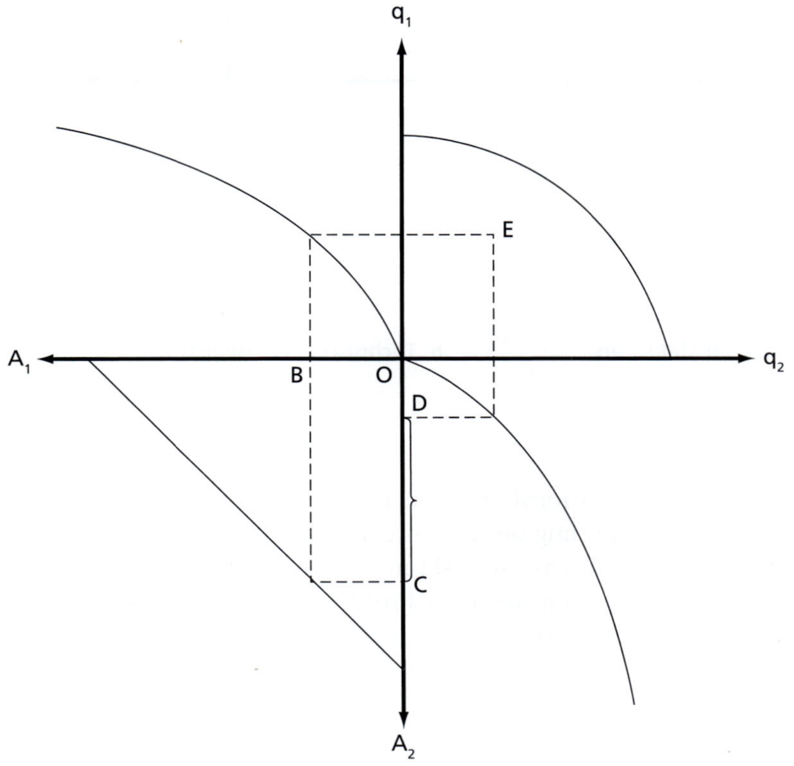

Die Transformations- oder Produktionsmöglichkeitskurve ist definiert für gegebene Technologien in beiden Sektoren und für einen gegebenen Faktorbestand. Daraus folgt, dass die Transformationskurve ihre Lage verändern muss, wenn der Faktorbestand oder das technische Wissen sich ändern.

Schaubild 2.5a kennzeichnet eine Situation, in der sich der Arbeitsbestand (z. B. infolge von Gastarbeitern) vermehrt. In diesem Fall verschiebt sich die Transformationskurve nach außen. Schaubild 2.5b kennzeichnet den Fall, dass technischer Fortschritt in Sektor 1 auftritt. Damit verschiebt sich die Transformationskurve zu Gunsten des Gutes 1 nach außen. Der Leser möge selbst die Fälle durchspielen, in denen der technische Fortschritt in Sektor 2 oder in beiden Sektoren gleichzeitig auftritt.

Schaubild 2.5: Verschiebung der Transformationskurve

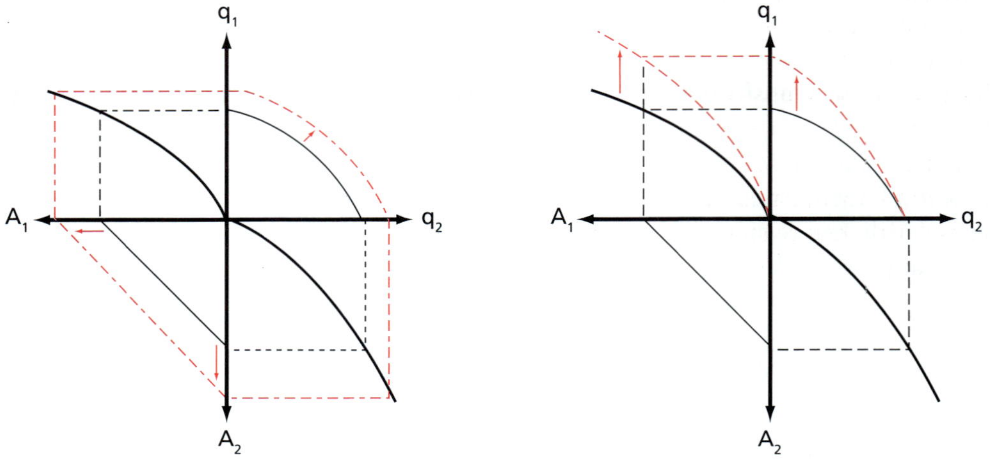

a: Zunahme der Produktionsfaktoren b: Technischer Fortschritt

Die Verschiebung der Transformationskurve nach außen durch Vermehrung des Faktorbestandes oder durch Änderung des technischen Wissens kennzeichnet zwei wichtige Fälle wirtschaftlichen Wachstums. Damit wird deutlich, dass die Frage »Was kann produziert werden?« eng mit dem Problem »Wie verändert sich die Gütermenge in der Zeit?« verknüpft ist.

2.5 Die Abstimmung der Produktion auf die Nachfrage

Güter werden letzten Endes zu dem Zweck hergestellt, dem Konsum zugeführt zu werden, d. h. die Produktion ist auf die Nachfrage abzustimmen. In einem marktwirtschaftlichen System erfolgt die Abstimmung der Produktion auf die Nachfrage über die Güterpreise. Dies bedeutet, dass der Produktionspunkt auf der Transformationskurve durch die Güterpreise festgelegt wird. Diese Abstimmung kann man sich wie folgt verdeutlichen.
Wenn die Wirtschaftssubjekte eines Landes das Gut 1 hoch bewerten und das Gut 2 vergleichsweise nicht so stark geschätzt wird, so wird eine relativ große Menge des Gutes 1 und eine relativ kleine Menge des Gutes 2 produziert (Punkt A in Schaubild 2.6). Wenn dagegen Gut 1 nicht so stark geschätzt und Gut 2 höher bewertet wird, so wird weniger vom Gut 1 und mehr vom Gut 2 hergestellt (Punkt C). Punkt B kennzeichnet eine Situation, in der die Wünsche der Wirtschaftssubjekte nicht allzu

stark zu Gunsten des Gutes 1 oder des Gutes 2 ausgeprägt sind. Verschieben sich in einer Situation A die Wünsche der Wirtschaftssubjekte zu Gunsten von Gut 2 (und zu ungunsten von Gut 1), so verschiebt sich die Produktion von Punkt A nach C. Die Produktionsausdehnung bei Gut 2 ist begleitet von einer Reallokation der Faktoren, die aus Sektor 1 abwandern und in den Wirtschaftszweig 2 gehen. Die Produktion der Güter und die hierfür erforderliche Allokation der Faktoren wird über die Preise gesteuert. Da Preise im marktwirtschaftlichen System diese zentrale Steuerungsfunktion haben, ist es wichtig herauszufinden, wie sich die Preise in einem marktwirtschaftlichen System bilden und wie sich private Wirtschaftssubjekte an diese Preise anpassen. Mit dieser Frage beschäftigen sich die folgenden Kapitel.

Schaubild 2.6: Nachfrage und Produktion

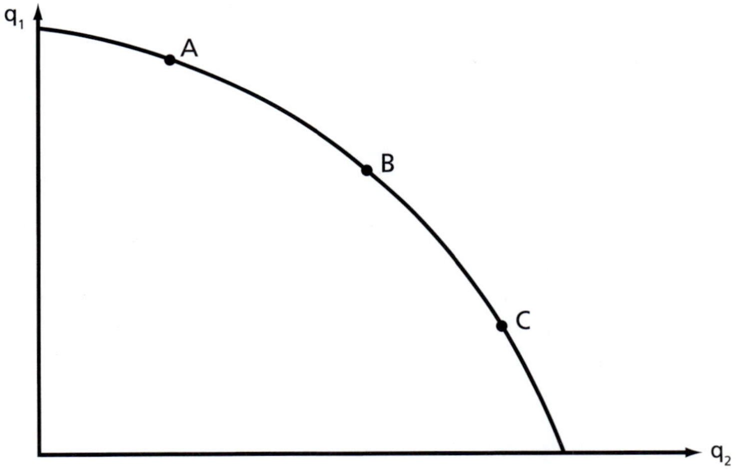

Im Gegensatz zu den privaten Gütern wird das Angebot an öffentlichen Gütern im Wesentlichen durch eine politische Entscheidung festgelegt. Eine Steuerung über die private Nachfrage muss hier deshalb entfallen, weil öffentliche Güter dadurch gekennzeichnet sind, dass sie von allen Individuen gleichzeitig genutzt werden und damit das Angebot an öffentlichen Gütern nicht von den Entscheidungen der Privaten abhängen kann.

In Zentralplanwirtschaften, die nun überall in Osteuropa abgelöst sind, erfolgte die Abstimmung der Produktion privater Güter auf die Nachfrager durch eine zentrale Mengenplanung einer zentralen Planungsinstanz.

Wichtige Begriffe in Kapitel 2

Produktionsfaktoren
- Arbeit
- Boden
- Rohstoffe
- Kapital
- Technisches Wissen
- Soziales System

Produktionsfunktion
Alternativkosten
Opportunitätskosten
Verwendungskonkurrenz der Produktionsfaktoren
Transformationskurve
Nichtauslastung
Abstimmungsproblem
Preis
Nachfrage

3 Elemente der Preisbildung

We might as reasonably dispute whether it is the upper or the under blade of a pair of scissors that cuts a piece of paper, as whether value is governed by utility or cost of production.
Alfred Marshall

Im Folgenden gehen wir zunächst auf die Preisbildung für ein einzelnes Gut ein. Ist erklärt, wie sich die Preise für Güter bilden, so können wir auch das Preisverhältnis zweier Güter (p_2/p_1) bestimmen und erklären, aus welchen Gründen sich dieses Preisverhältnis ändert.
Welche Faktoren bestimmen den Preis eines Gutes? Um diese Frage zu beantworten, müssen wir uns daran erinnern, dass das zentrale Problem des Wirtschaftens die Knappheit ist. Preise gibt es nur für knappe Güter. Je knapper ein Gut, umso höher sein Preis (Diamanten). Je weniger knapp ein Gut, umso niedriger der Preis (Weizen). Ist ein Gut frei (d. h. nicht knapp), so ist der Preis für das Gut null. Der Preis ist also der Indikator der Knappheit. Die Knappheit hängt nun von zwei Faktoren ab: einmal von dem Wunsch, ein bestimmtes Gut zu konsumieren, und zum anderen von der vorhandenen Menge des Gutes. Die vorhandenen Mengen eines Gutes bezeichnen wir als Angebot; und die gewünschte Menge, sofern der Wunsch mit Kaufkraft ausgestattet ist und damit auf dem Markt wirksam wird, als Nachfrage. Es gilt: Der Preis eines Gutes bestimmt sich durch Angebot und Nachfrage.
Wird eine große Menge angeboten und wenig nachgefragt, so ist das Gut nicht sehr knapp: Der Preis ist niedrig. Wird dagegen eine kleine Menge angeboten und viel nachgefragt, so ist das Gut sehr knapp: Der Preis ist hoch. Ist die Nachfrage konstant und nimmt die angebotene Menge ab, so muss der Preis steigen. Ist die Nachfrage konstant und nimmt die angebotene Menge zu, so muss der Preis nachgeben. Ist dagegen das Angebot konstant und steigt die Nachfrage, so muss auch der Preis steigen. Wenn bei konstantem Angebot die Nachfrage fällt, so muss auch der Preis fallen. Diese Beziehungen sind im Folgenden näher zu analysieren.

3.1 Die Nachfragefunktion

Die nachgefragte Menge eines Gutes (q^N) ist abhängig von der Höhe des Preises (p). Je höher der Preis, umso weniger wird nachgefragt. Sinkt der Preis, so steigt die nachgefragte Menge. Wir können also schreiben:

$q^N = f(p)$

Durch Beobachtung des Marktes stellen wir z. B. Folgendes fest: Den Preisen von 10 € pro Stück bis 1 € pro Stück sind folgende Mengen zugeordnet:

Tabelle 3.1: Die Beziehung zwischen nachgefragten Mengen und Preisen: Nachfragefunktion

Preis pro Stück	10	9	8	7	6	5	4	3	2	1
Nachgefrage Menge	0	1	2	3	4	5	6	7	8	9

Die dargestellte Beziehung zwischen Mengen und Preisen bezeichnen wir als *Nachfragefunktion*. Sie gibt an, in welcher Weise die nachgefragten Mengen von der Höhe des Preises abhängen.
Diese Nachfragefunktion kann in einer Zeichnung dargestellt werden. Auf die vertikale Achse des Koordinatensystems tragen wir den Preis (p), auf die horizontale die nachgefragten Mengen (q^N) auf (Schaubild 3.1).

Schaubild 3.1: Preis-Mengen-Kombinationen

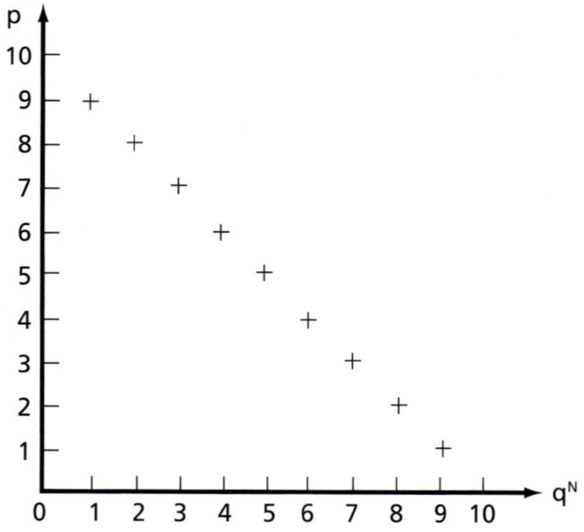

Verbindet man die einzelnen Punkte, so erhält man die Nachfragekurve, welche die Nachfragefunktion graphisch darstellt. Es ergibt sich die Kurve N_1 in Schaubild 3.2.

Schaubild 3.2: Die Nachfragekurve

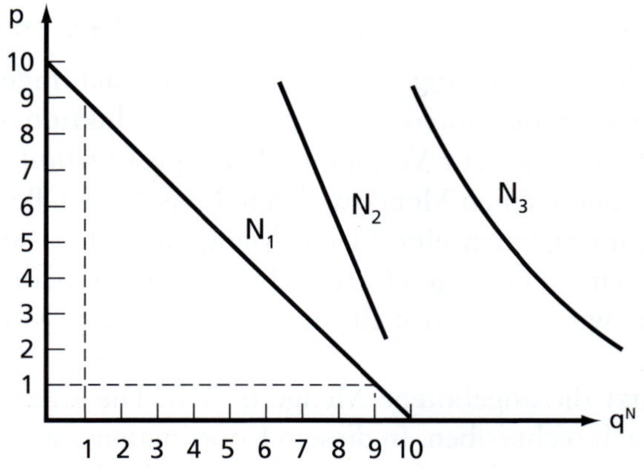

Diese Kurve ist wie folgt zu lesen: Bei hohem Preis wird nur eine kleine Menge nachgefragt, z. B. bei 9 € nur eine Mengeneinheit; bei niedrigem Preis wird eine große Menge nachgefragt, z. B. bei 2 € 8 Mengeneinheiten.

N_2 und N_3 kennzeichnen Nachfragefunktionen mit einem anderen Verlauf. Die Nachfragefunktion verläuft im Koordinatensystem in der Regel von links oben nach rechts unten. Darin kommt zum Ausdruck, dass bei hohem Preis wenig, bei niedrigem Preis dagegen eine große Menge nachgefragt wird. Es gilt: Mit fallendem Preis nimmt die nachgefragte Menge zu.

Die Nachfragefunktion beschreibt das Mengenverhalten der Haushalte bei alternativen Preisen für ein Gut. Der Nachfragepreis zeigt die Zahlungsbereitschaft eines einzelnen Haushalts für eine bestimmte Menge eines Gutes an. Diese Zahlungsbereitschaft gibt an, welchen Euro-Betrag oder welchen Teil seines Einkommens ein Haushalt bereit ist aufzugeben, wenn er als Gegenleistung eine bestimmte Menge eines Gutes erhält. Der Nachfragepreis gibt also an, wie ein Haushalt eine Gütermenge bewertet. Der Nachfragepreis signalisiert die Erwünschtheit eines Gutes seitens der Nachfrager. Wir wollen deshalb von der *Bewertungsfunktion* des (Nachfrage-)Preises sprechen.

3.2 Die Angebotsfunktion

Die zweite Komponente der Preisbildung ist das Angebot. Während die Nachfrage von den Haushalten entfaltet wird, stellen die Unternehmungen das Produktionsergebnis einer Wirtschaftsperiode als Angebot zur Verfügung. Die *Angebotsfunktion* gibt die Beziehung zwischen der angebotenen Menge und dem Preis wieder. Bei einem niedrigen Preis werden die Unternehmen eine kleine Menge anbieten; so werden beispielsweise die Bauern bei einem niedrigen Kartoffelpreis wenig Kartoffeln anbauen. Bei einem hohen Preis wird dagegen mehr angeboten. Es gilt: Mit steigendem Preis steigt das Angebot.
Auf der Horizontalen tragen wir jetzt die angebotene Menge q^A auf. Die Angebotskurve verläuft von links unten nach rechts oben. In diesem Koordinatensystem sind zur Vereinfachung keine Maßeinheiten mehr aufgetragen (Schaubild 3.3).

Schaubild 3.3: Die Angebotskurve

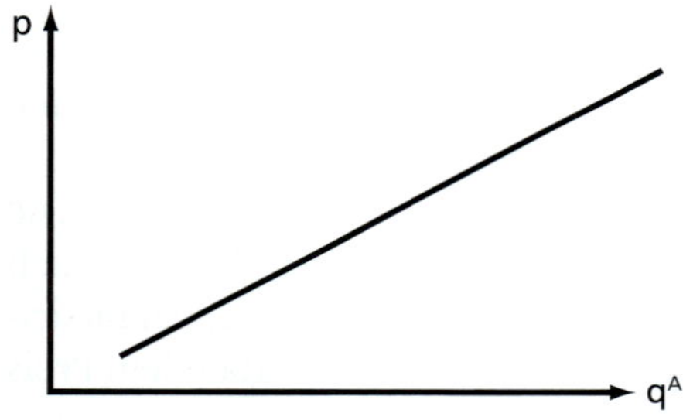

Die Angebotsfunktion beschreibt das Mengenverhalten der Produzenten bei alternativen Preisen. Die Angebotsfunktion gibt also an, welche Mengen die Anbieter bei einem vorgegebenen Preis anbieten. Der Angebotspreis hat in einem marktwirtschaftlichen System die Funktion, die Anbieter anzuregen, zusätzliche Gütermengen, etwa durch Ausdehnung der Produktion, auf den Markt zu bringen. Wir wollen in diesem Fall von der *Anreizfunktion* des (Angebots-)Preises sprechen.

3.3 Der Gleichgewichtspreis

Damit sind die beiden Elemente der Preisbildung dargestellt. Der Preis bestimmt sich durch Angebot und Nachfrage. Graphisch können wir die Preisbildung erklären, indem wir die Nachfragekurve (Schaubild 3.2) und die Angebotskurve (Schaubild 3.3) in ein neues Schaubild (3.4) einzeichnen. Der Schnittpunkt beider Kurven gibt den Preis an, der sich auf dem Markt einstellen wird. Beim Preis p_0 wird der Markt geräumt (Schaubild 3.4).

Schaubild 3.4: Der Gleichgewichtspreis

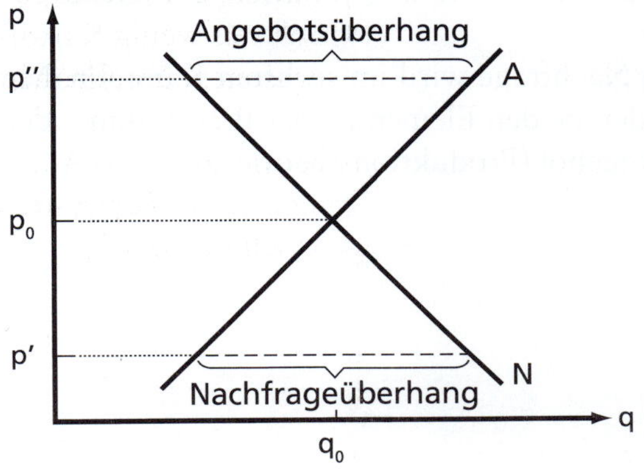

Der Preis p_0 wird als Gleichgewichtspreis bezeichnet. Die zugeordnete Menge q_0 stellt die Gleichgewichtsmenge dar.

Wir sagen, auf einem Markt herrscht Gleichgewicht, wenn die Variablen, d. h. die ökonomischen Größen, also hier der Preis und die Menge, keine Tendenz zeigen, sich zu ändern.

Preis p_0 und Menge q_0 werden also – wenn keine äußeren Impulse erfolgen – unter den gewählten Bedingungen konstant bleiben. Dass p_0 der Gleichgewichtspreis ist, lässt sich aus folgenden Überlegungen ableiten: Der Preis p' kann nicht der Gleichgewichtspreis sein. Denn beim Preis p' ist die Nachfrage größer als das Angebot: das Angebot ist gering, die Nachfrage ist groß: Es besteht ein Nachfrageüberhang (= Angebotsdefizit), die gesamte Nachfrage kann nicht bedient werden. Die Mengenplanungen der Haushalte und der Unternehmen sind nicht konsistent. Je höher der Preis in dieser Situation wird, umso stärker wird der Nachfrageüberhang abgebaut.

Auch der Preis p'' kann nicht der Gleichgewichtspreis sein. Denn beim Preis p'' besteht ein Angebotsüberhang (= Nachfragedefizit). Die Nachfrage ist gering, die Unternehmen bieten zu diesem hohen Preis eine zu große Menge an; auch bei p'' liegt Inkonsistenz der Planungen vor. Die Unternehmen können nicht ihr gesamtes Angebot absetzen und müssen den Preis senken. Der Markt wird nur dann geräumt, wenn der Preis p_0 erreicht wird.

Über die nachgefragten Mengen entscheiden die Haushalte; über die angebotenen Mengen die Unternehmen. Beide Entscheidungen erfolgen unabhängig voneinander. Folglich kann man davon ausgehen, dass diese Entscheidungen nur durch Zufall übereinstimmen. Der Gleichgewichtspreis sorgt jedoch dafür, dass nachgefragte und angebotene Mengen übereinstimmen und sich damit die unabhängigen Entscheidungen von Haushalten und Unternehmen decken. Der (Gleichgewichts-)Preis koordiniert die unabhängig voneinander aufgestellten Einzelpläne der Nachfrager und Anbieter. Wir wollen deshalb von der *Koordinierungsfunktion* des (Gleichgewichts-)Preises sprechen.
Das Zusammenspiel von Angebot und Nachfrage wird im sechsten Kapitel näher untersucht. Wir wenden uns zunächst den beiden Elementen der Preisbildung, der Nachfrage (Konsumtheorie) und dem Angebot (Produktionstheorie) zu.

Wichtige Begriffe in Kapitel 3

Nachfragefunktion
Angebotsfunktion
Anreizfunktion
Gleichgewichtspreis
Nachfrageüberhang
Angebotsüberhang
Koordinierungsfunktion

4 Bestimmung der Nachfrage: Konsumtheorie

Der Konsum ist der einzige Sinn und Zweck der Produktion, und den Interessen der Produzenten sollte man nur insoweit Beachtung schenken, als es nötig ist, die der Verbraucher zu fördern.
Adam Smith

Die Nachfragekurve nach einem bestimmten Gut x auf einem Markt muss jetzt näher analysiert werden. Welche Faktoren bestimmen die Gesamtnachfrage z. B. nach Brot? Um diese Frage beantworten zu können, müssen wir uns daran erinnern, dass sich die gesamte Nachfrage nach einem Gut auf einem Markt aus der Summe aller nachgefragten Mengen der einzelnen Haushalte zusammensetzt. Um die Gesamtnachfrage auf einem Markt erklären zu können, müssen wir also zunächst fragen, welche Faktoren die Nachfrage der einzelnen Haushalte bestimmen.

4.1 Determinanten der Nachfrage eines einzelnen Haushalts

Wir können folgende Einflussfaktoren unterscheiden:
(1) Die Menge, die ein einzelner Haushalt nachfragt, hängt vom Preis des nachgefragten Gutes ab. Diese Beziehung wurde bereits analysiert.
(2) Die Nachfrage nach dem Gut x hängt von dem Einkommen des Haushalts ab. Im Normalfall wird mit höherem Einkommen auch mehr konsumiert. Zwei Ausnahmen sind festzustellen:
a) Der Verbrauch von einigen Gütern bleibt mit einer Zunahme des Einkommens konstant, z. B. wird sich der Verbrauch von Salz mit zunehmendem Einkommen nicht ändern.
b) Der Verbrauch eines Gutes kann ab einem bestimmten Einkommen absolut fallen (Beispiel: Margarine wird durch Butter ersetzt). Wir bezeichnen ein solches Gut, dessen Nachfrage bei steigendem Einkommen zurückgeht, als inferiores Gut.
Der Normalfall ist graphisch in Schaubild 4.1 dargestellt: Ist das Einkommen niedrig, so wird nur eine kleine Menge q^N des Gutes nachgefragt. Bei hohem Einkommen wird eine größere Menge nachgefragt.
(3) Die Nachfrage eines Haushaltes nach dem Gut x hängt auch von den Preisen der anderen Güter ab, die der Haushalt nachfragt. Um diesen Zusammenhang zu klä-

Schaubild 4.1: Gütternachfrage und Einkommen

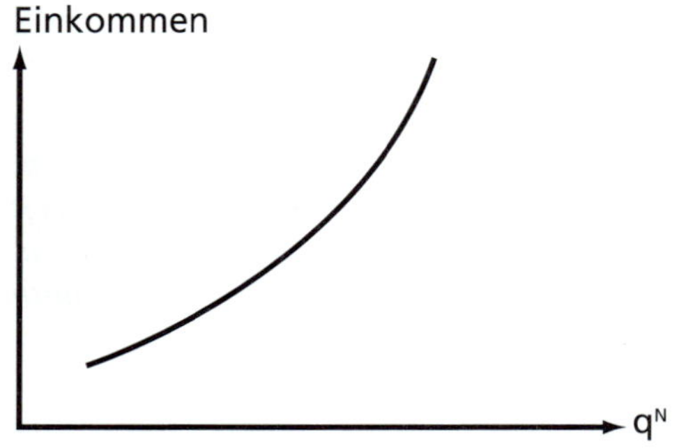

ren, bedienen wir uns der Unterscheidung von *substitutiven* und *komplementären* Gütern. Substitutive Güter sind solche, die sich gegenseitig ersetzen können (sich ersetzende Güter). Beispiele: Butter – Margarine, Kohle – Heizöl. Komplementäre Güter sind solche Güter, die kombiniert verwendet werden (sich ergänzende Güter). Beispiele: Brot – Butter, Zigaretten – Streichhölzer, Autos – Benzin.
Dem Haushalt steht nur ein begrenztes Einkommen zur Verfügung, das er auf eine Fülle von Gütern verwenden muss. In der Regel wird er seine Geldmittel so auf die Güter verteilen, dass ihm sein Einkommen in allen Verwendungen den gleichen Nutzen stiftet, denn bei anderer Verwendung könnte er durch Umverteilung seinen Nutzen noch steigern. Steigt nun der Preis eines Gutes x, so wird er dessen Verbrauch einschränken. Ist das Gut z ein Komplement zu x, so fällt damit auch die Nachfrage nach z. Zeichnerisch ergibt sich Schaubild 4.2 a: Mit steigendem Preis

Schaubild 4.2: Güternachfrage und Preise der Komplementär- und Substitutionsgüter

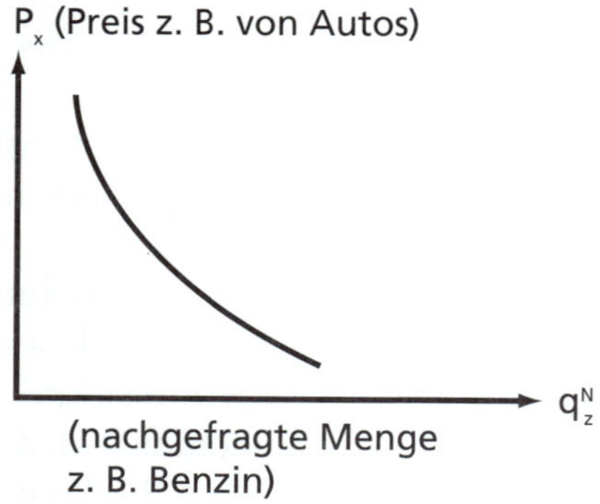

a: Komplementärgüter

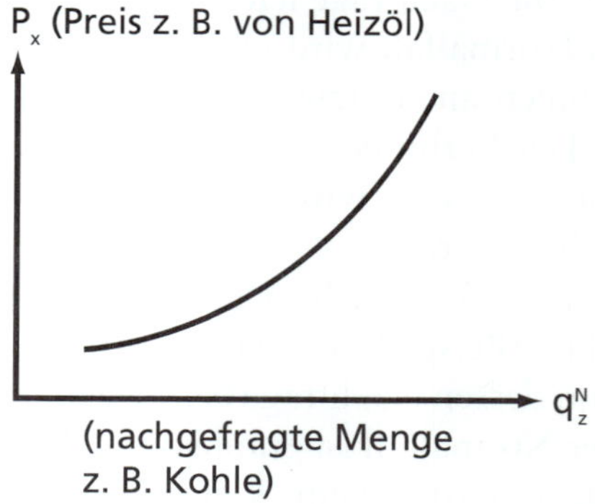

b: Substitutionsgüter

des Gutes x (Autos) geht die nachgefragte Menge des Gutes z (Benzin) zurück. Oder anders ausgedrückt: Mit fallendem Preis des Gutes x (Autos) steigt die Nachfrage nach Gut z (Benzin).
Wenn dagegen das Gut z ein Substitut ist, dann wird der Haushalt das teurer gewordene Gut x durch das relativ billig gebliebene Gut z ersetzen.
Schaubild 4.2b besagt: Mit steigendem Preis des Gutes x (Heizöl) nimmt die nachgefragte Menge nach z (Kohle) zu. Oder: Mit fallendem Preis des Gutes x (Heizöl) nimmt die nachgefragte Menge nach z (Kohle) ab.
(4) Schließlich hängt die Nachfrage auch von den Präferenzstrukturen des Konsumenten ab (Präferenzsystem). Der eine zieht das Gut x vor, der andere das Gut z. Die Nachfrage kann sich also auch dann ändern, wenn sich das Präferenzsystem ändert.
Die Nachfrage des Konsumenten nach einem Gut x hängt somit von vier Faktoren ab, die in Schaubild 4.3 dargestellt sind.
Diese schematische Darstellung können wir auch in Form einer Funktion schreiben: Bezeichnen wir die nachgefragte Menge nach einem Gut x als q_x^N, den Preis von x als p_x, den Preis des Gutes z als p_z, das Einkommen als y und das Präferenzsystem als s, so können wir schreiben:

$$q_x^N = f(p_x, y, p_z, s)$$

Schaubild 4.3: Die Einflussfaktoren der Güternachfrage

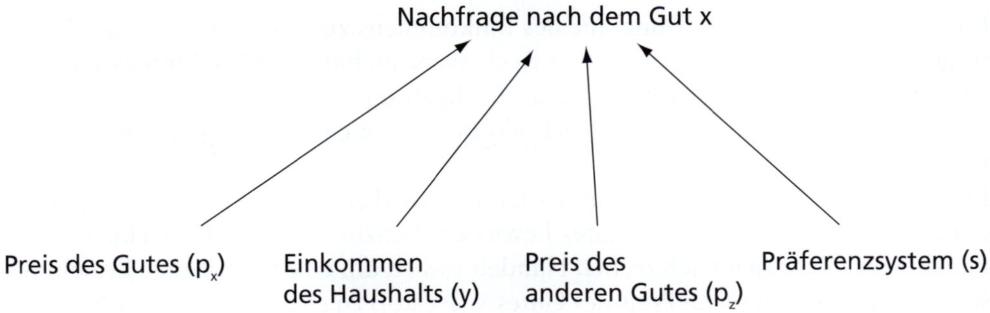

Diese Gleichung gibt an, von welchen Faktoren die Nachfrage abhängt. Sie ist zu lesen: Die nachgefragte Menge eines Gutes $x(q_x^N)$ hängt ab (ist eine Funktion) von dem Preis des Gutes x (p_x), dem Einkommen des Haushalts (y), dem Preis des anderen Gutes (p_z) und dem Präferenzsystem (s). p_z steht in dieser Gleichung stellvertretend für alle Güter, deren Preise sich auf die nachgefragte Menge des Gutes x auswirken.

Da wir in einem Schaubild nur zwei Größen eintragen können, wird folgende Vereinfachung vorgenommen: Wir arbeiten in der Zeichnung nur mit der nachgefragten Menge des Gutes x und dem Preis dieses Gutes, wenden also die Ceteris-paribus-Bedingung an. Wir wissen aber, dass sich auch die anderen Größen auf die Nachfragemenge auswirken. Diese Faktoren: Einkommen, Preise der anderen Güter und Präferenzsystem können nun zeichnerisch in einer Verschiebung der Nachfragekurve zum Ausdruck gebracht werden (Schaubild 4.4).

Schaubild 4.4: Verschiebung der Nachfragekurve

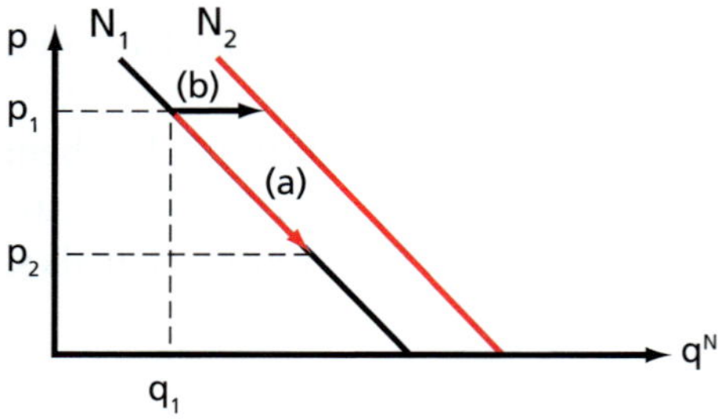

Im Normalfall wird eine Zunahme des Einkommens zu einer Zunahme der Nachfrage führen. Das drückt sich in einer Rechtsverschiebung der Nachfragekurve aus. Zu jedem Preis wird eine größere Menge nachgefragt.
Umgekehrt führt eine Abnahme des Einkommens zu einem Rückgang der nachgefragten Menge.
Eine Abnahme des Preises des Gutes x (Autos) wird eine Zunahme der nachgefragten Menge des Komplementärgutes bewirken (Benzin). Die Nachfragekurve nach Benzin verschiebt sich nach rechts. Handelt es sich um eine substitutive Beziehung, so führt eine Abnahme im Preis des Gutes x (Heizöl) zu einer verringerten Nachfrage nach dem Substitutionsgut (Kohle). Die Nachfragekurve verschiebt sich nach links.
Eine Rechtsverschiebung der Nachfragekurve ist also zurückzuführen auf:
(1) eine Zunahme des Einkommens,
(2) einen Anstieg im Preis des Substitutionsgutes,
(3) ein Fallen im Preis des Komplementärgutes,
(4) eine Änderung im Präferenzsystem zu Gunsten des Gutes.

Eine Zunahme der Nachfrage kann damit graphisch zweierlei bedeuten:
- einmal: eine Bewegung entlang der Nachfragekurve; die nachgefragte Menge nimmt zu, weil der Preis fällt (Pfeil a im Schaubild 4.4),

– zum anderen: eine Verschiebung der Kurve nach rechts; der Preis ändert sich nicht, aber andere Faktoren (Einkommen, Preise der Substitute oder Komplementärgüter, Präferenzen) ändern sich (Pfeil b im Schaubild 4.4).

Beide Bewegungen, eine Verschiebung der Kurve und eine Bewegung entlang der Kurve, sind streng zu trennen. Entsprechendes gilt im Übrigen für die Abnahme der Nachfrage.

4.2 Ableitung der Nachfragekurve aus dem Nutzenkalkül

Das Nachfrageverhalten eines Haushalts kann aus seiner Nutzenmaximierung abgeleitet werden. Wir betrachten einen Haushalt, dem die Gütermengen q_1 (Gut 1) und q_2 (Gut 2) Nutzen stiften. Wir unterstellen, dass der Nutzen mit zunehmender Menge eines Gutes (bei Konstanz des anderen Gutes) steigt; dass aber der Zuwachs an Nutzen abnimmt. Unter dieser Annahme hat die Nutzenfunktion $U = U(q_1, q_2)$ die in Schaubild 4.5 dargestellte Form eines Nutzengebirges.
Eine Höhenlinie (z. B. AB) des Nutzengebirges kennzeichnet eine Situation, in der ein Haushalt ein gegebenes Nutzenniveau mit unterschiedlichen Kombinationen der Gütermengen q_1 und q_2 erzielen kann. Wir sagen deshalb auch: der Haushalt ist indifferent zwischen diesen Gütermengenkombinationen. Die Höhenlinie wird deshalb auch als *Indifferenzkurve* bezeichnet.
Projiziert man die Indifferenzkurve in die q_1-q_2-Ebene, so lässt sich die Indifferenzkurve wie in Schaubild 4.6a darstellen. Die Indifferenzkurve bringt zum Ausdruck, dass ein Haushalt ein bestimmtes Nutzenniveau dadurch aufrecht erhalten kann, dass er die geringere Menge eines Gutes durch eine größere Menge des anderen Gutes substituiert. In Schaubild 4.6b stellt die Kurve U_1 eine Indifferenzkurve mit einem Nutzenniveau dar, das höher ist als das Nutzenniveau U_0. Man kann also das Nutzengebirge des Schaubilds 4.5 durch eine Schar von Indifferenzkurven oder Höhenlinien darstellen.
Der Haushalt will ein möglichst hohes Nutzenniveau erreichen. Aber er unterliegt einer Restriktion: Er hat ein gegebenes Einkommen y; ferner sind die Preise der beiden Güter p_1 und p_2 gegeben. Verwendet der Haushalt sein gesamtes Einkommen y für das Gut 1, so können seine Ausgaben p_1q_1 maximal y betragen, also $p_1q_1 = y$. Er kann dann maximal $q_1 = y/p_1$ kaufen. Verwendet er sein Einkommen y für das Gut 2, so können seine Ausgaben maximal $p_2q_2 = y$ erreichen. Er kann dann maximal $q_2 = y/p_2$ kaufen. Verwendet er sein Einkommen sowohl für Gut 1 als auch für Gut 2, so gilt

$$p_1q_1 + p_2q_2 = y$$

Schaubild 4.5: Das Nutzengebirge

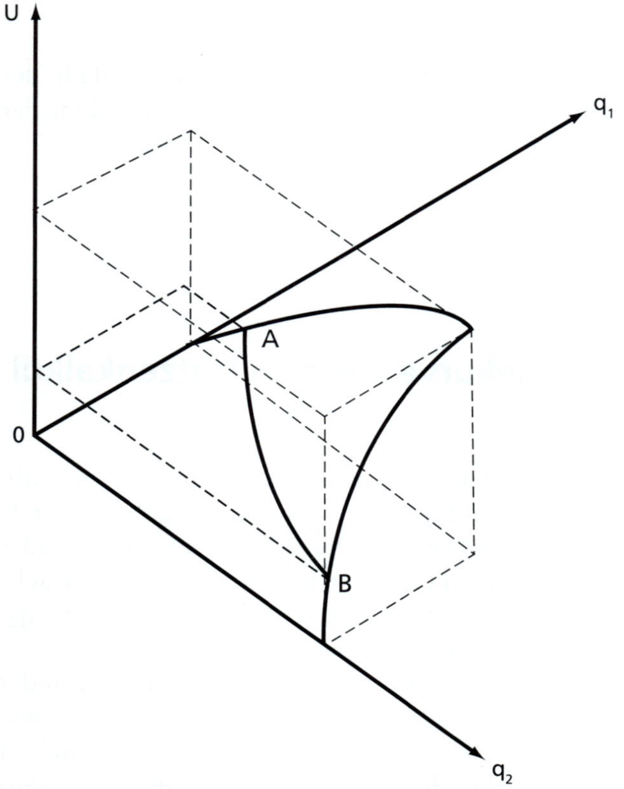

Schaubild 4.6: Die Indifferenzkurve

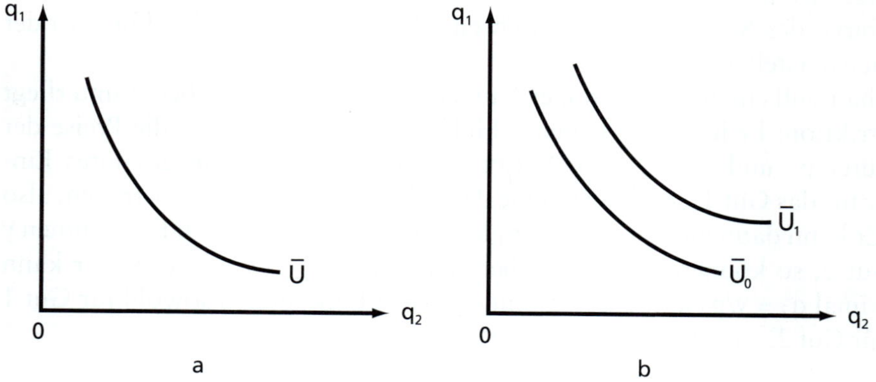

Diese Restriktion gibt an, wie viele Güter der Haushalt maximal bei gegebenem Einkommen y und bei gegebenen Preisen der Güter erwerben kann. Wir bezeichnen diese Restriktion auch als *Budgetrestriktion.* Die Budgetrestriktion ist in Schaubild 4.7a dargestellt. Die Strecke OA kennzeichnet die maximale Menge des Gutes 1, die der Haushalt erwerben kann. Die Strecke OB gibt die maximale Menge des Gutes 2 an, die der Haushalt erwerben kann. Die Gerade AB kennzeichnet Mengenkombinationen von Gut 1 und 2, die bei gegebenem Einkommen und gegebenen Preisen möglich sind.[1]

Schaubild 4.7: Budgetgerade und Indifferenzkurve

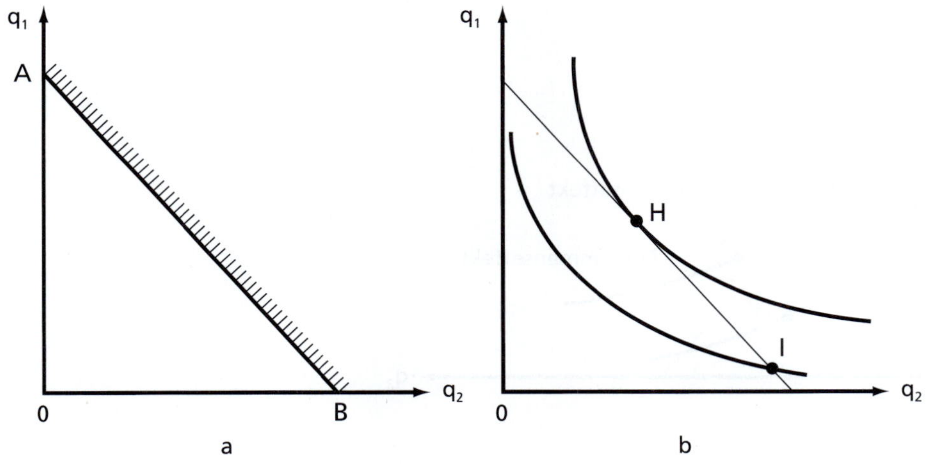

Will der Haushalt bei gegebener Budgetrestriktion einen möglichst hohen Nutzen erreichen, so kann er nicht die Situation I in Schaubild 4.7b wählen. Denn er kann seinen Nutzen noch verbessern, wenn er sich für einen anderen Konsumplan – den Punkt H – entscheidet. Der Punkt H kennzeichnet das Nutzenmaximum des Haushalts bei gegebenem Einkommen. Wir sprechen vom Optimum. Der Punkt H ordnet gegebenen Preisen der Güter und gegebenem Einkommen die Nachfragemengen q_2 zu.

Steigt der Preis des Gutes 1, so dreht sich die Budgetgrenze um den Schnittpunkt mit der horizontalen Achse nach unten. Zum einen reduziert sich $q_1 = y/p_1$; zum anderen

[1] Die Steigung wird durch das Preisverhältnis p_2/p_1 wiedergegeben. Die Gleichung der Budgetgeraden lautet

$$q_1 = -\frac{p_2}{p_1} q_2 + \frac{y}{p_1}$$

sinkt die Steigung der Budgetgerade p_2/p_1. Der Haushalt erreicht einen neuen optimalen Konsumplan H′. Man erkennt, dass gemäß Schaubild 4.8 mit steigendem Preis p_1 die nachgefragte Menge q_1 zurückgeht. Es besteht also ein Zusammenhang

$$q_1 = f(p_1)$$

Genau dies ist aber die Nachfragekurve, die ja angibt, wie ein Haushalt sich mit seiner Nachfragemenge auf Preisänderungen anpaßt.

Schaubild 4.8: Nachfrage und Preisänderungen

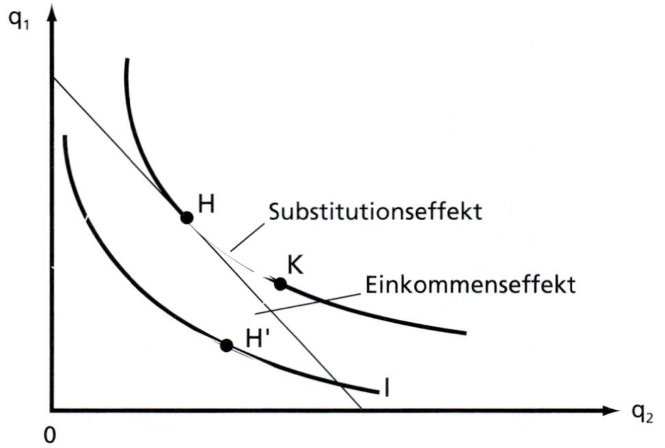

Die Bewegung von H nach H′ kann in einen Substitutions- und in einen Einkommenseffekt zerlegt werden. Hält man das Nutzenniveau hypothetisch konstant (gleiche Indifferenzkurve wie vor der Preisänderung) und erhöht man p_1, so substituiert der Haushalt das teurer gewordene Gut 1 durch das Gut 2, dessen Preis ja konstant geblieben ist. Der Haushalt bewegt sich von H nach K *(Substitutionseffekt)*. Dies wäre aber nur möglich, wenn der Haushalt gedanklich durch eine Einkommenserhöhung kompensiert würde. Der Haushalt kann aber bei gegebenem Einkommen y den Punkt K gar nicht erreichen. Die Verteuerung von Gut 1 wirkt wie ein Entzug von Einkommen (*Einkommenseffekt*).

4.3 Elastizitäten der Nachfrage

Wir haben gesehen: Die nachgefragte Menge eines Gutes ändert sich, wenn der Preis dieses Gutes, der Preis eines anderen Gutes, das Einkommen oder das Präferenzsystem sich ändern. Oft sind uns die in der Wirklichkeit herrschenden Beziehungen zwischen der nachgefragten Menge und ihren Determinanten nicht in Kurvenform bekannt. So mag ein Unternehmen nur einen Punkt der für es relevanten Nachfragekurve – seiner Preisabsatz-Funktion – kennen, nämlich denjenigen Punkt, der den augenblicklichen Preis und die dazu abgesetzte Menge angibt. In diesem Fall wäre es für ihn wichtig zu wissen, wie stark sich die nachgefragte Menge ändert, wenn er seinen Preis variiert.
Um diese Frage beantworten zu können, wenn die Nachfragekurve nicht gegeben ist, verwenden die Wirtschaftswissenschaftler den Begriff der Elastizität. Die Elastizität will also eine Aussage machen über die Stärke der Reaktion der abhängigen Größe, hier der nachgefragten Menge, auf eine Änderung einer der Determinanten. Und zwar wird nicht auf eine absolute Veränderung der Größen abgestellt, sondern auf die prozentuale (= relative) Veränderung. Die Elastizität der Nachfrage gibt also an, um wie viel Prozent sich die Menge ändert, wenn sich eine Determinante um einen bestimmten Prozentsatz geändert hat. Da der Elastizitätsbegriff auf die relative Veränderung abstellt, ermöglicht er einen Vergleich darüber, wie unterschiedlich stark verschiedene Güter auf die Veränderung einer Determinante reagieren.
Entsprechend den Determinanten der nachgefragten Menge (Preis des Gutes, Einkommen, Preis anderer Güter und Präferenzsystem) unterscheiden wir folgende Elastizitätsbegriffe:

- direkte Preiselastizität der Nachfrage (Verhältnis zwischen prozentualer Mengenänderung des Gutes x und prozentualer Preisänderung des Gutes x)
- indirekte Preiselastizität der Nachfrage (Verhältnis zwischen prozentualer Mengenänderung des Gutes x und prozentualer Preisänderung eines anderen Gutes)
- Einkommenselastizität der Nachfrage (Verhältnis zwischen prozentualer Mengenänderung und prozentualer Einkommensänderung)

Dagegen lässt sich eine Präferenzelastizität der Nachfrage nicht konstruieren, weil sich die Änderung des Präferenzsystems nicht messen und deshalb seine Veränderung auch nicht prozentual angeben lässt.
Die Nachfrageelastizität ist allgemein definiert als

$$\varepsilon = \frac{\text{Prozentuale (= relative) Änderung der nachgefragten Menge}}{\text{Prozentuale (= relative) Änderung einer der drei Determinanten}}$$

Bei den Elastizitätsbegriffen steht im Nenner immer die Ursache (= Determinante), im Zähler die Wirkung (abhängige Variable). Im Einzelnen ergibt sich:

1. Die direkte Preiselastizität der Nachfrage ist definiert als das Verhältnis der prozentualen Änderung der nachgefragten Menge eines Gutes zur prozentualen Preisänderung dieses Gutes. Sie gibt an, wie sich die Nachfrage nach dem Gut x ändert,

wenn sich der Preis des Gutes x ändert. (Reaktion der Menge auf die Preisänderung des Gutes.)
Um die Vergleichbarkeit der Elastizitätswerte zu sichern, wird nicht auf die absoluten Werte abgestellt. Es wäre falsch, die Elastizität im nachstehenden Beispiel wie folgt zu berechnen:
Preis (p): 10 €
Preisänderung (Δp): 1 €
Menge (q): 1 000 Stück
Mengenänderung (Δq): 50 Stück

$$\varepsilon = \frac{\text{Mengenänderung}}{\text{Preisänderung}} = \frac{50}{1} = 50$$

Wir müssen stattdessen auf die prozentualen (= relativen) Veränderungen abstellen.

$$\varepsilon = \frac{\frac{\Delta q}{q}}{\frac{\Delta p}{p}} = \frac{\text{prozentuale Änderung der nachgefragten Menge des Gutes x}}{\text{prozentuale Preisänderung des Gutes x}}$$

$$\varepsilon = \frac{\frac{\Delta q}{q}}{\frac{\Delta p}{p}} = \frac{\frac{50}{1\,000}}{\frac{1}{10}} = \frac{50}{1\,000} \cdot \frac{10}{1} = \frac{1}{2}$$

Die Elastizität beträgt in diesem Beispiel $^1/_2$. Die direkte Preiselastizität kann nun verschiedene Werte annehmen.
(a) Die Elastizität ist unendlich groß, mathematisch: ∞. Das bedeutet, dass auf eine sehr kleine Preisänderung eine unendlich große Mengenänderung erfolgt. Steigt der Preis z. B. nur wenig, wird nichts mehr nachgefragt. Die Nachfragekurve verläuft waagerecht (Schaubild 4.9a); wir sprechen von einer vollkommen elastischen Nachfrage. Man kann sich diesem Grenzfall dadurch nähern, dass man die Nachfragekurve immer flacher zeichnet (4.9b):
Auf eine kleine Preisänderung (kleiner Nenner) folgt dann eine große Mengenänderung (großer Zähler). Je flacher also die Nachfragekurve verläuft, umso stärker nähern wir uns dem Grenzfall einer unendlich großen Preiselastizität.
(b) Der zweite Grenzfall liegt vor, wenn die direkte Preiselastizität null ist. Das bedeutet, dass auf eine (auch auf eine beachtliche) Preisänderung keine Mengenänderung erfolgt. Die Nachfrage bleibt konstant; sie ist vollkommen unelastisch.
Die Nachfragekurve verläuft senkrecht (Schaubild 4.10a). Diesem Grenzfall kann man sich nähern, indem man die Nachfragekurve immer steiler zeichnet (4.10b). In diesem Fall folgt auf eine beachtliche Preisänderung (großer Nenner) eine nur kleine Mengenänderung (kleiner Zähler).
(c) In der Regel wird die Elastizität zwischen beiden Grenzfällen liegen.

Schaubild 4.9: Elastische Nachfrage

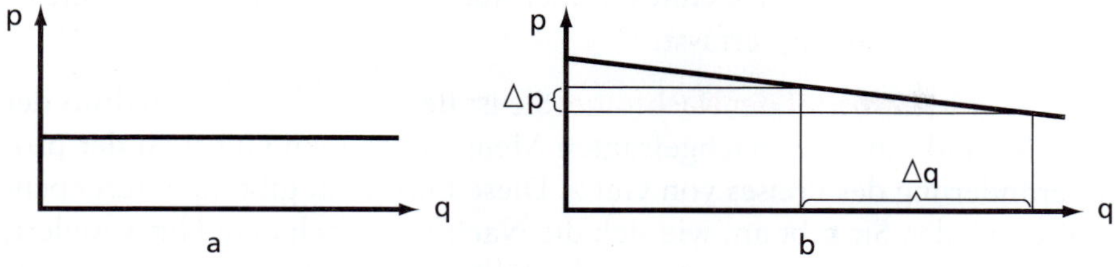

Schaubild 4.10: Unelastische Nachfrage

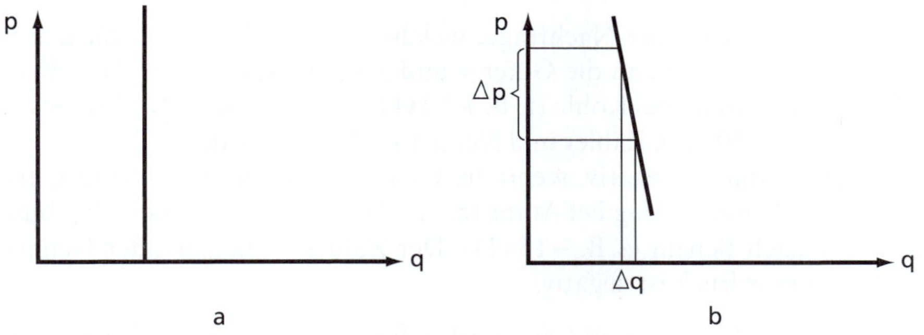

Wir sprechen von einer *elastischen* Nachfrage, wenn die Preiselastizität der Nachfrage größer als 1 ist ($\varepsilon > 1$). Eine Verteuerung um 5 vH bewirkt dann z. B. einen Nachfragerückgang um 10 vH.

Wir sprechen von einer *starren* oder *unelastischen* Nachfrage, wenn die Preiselastizität der Nachfrage kleiner als 1 ist ($\varepsilon < 1$). Eine Verteuerung um 5 vH bewirkt dann nur einen Mengenrückgang um z. B. 1 vH.

In den Fällen (a) und (b) ist die direkte Preiselastizität der Nachfrage in allen Punkten der Nachfragekurve gleich. Bei von links oben nach rechts unten verlaufenden Nachfragefunktionen dagegen hat die direkte Preiselastizität der Nachfrage in allen Punkten der Kurve einen anderen Wert. Die Elastizität ist also keine Kurvenelastizität, sondern eine Punktelastizität.[2]

Die bis jetzt besprochene Preiselastizität der Nachfrage nennt man direkte Preiselastizität der Nachfrage, weil die relative Mengenänderung des Gutes x mit der relati-

[2] Diese Aussage kann man überprüfen, indem man die Preiselastizität der Nachfrage für verschiedene Werte der Nachfragekurve N_1 in Schaubild 3.2 errechnet.

ven Preisänderung des Gutes x in Beziehung gesetzt wird. Wie wir bereits gesehen haben, ändert sich die Menge des Gutes x aber auch, wenn der Preis des Gutes z variiert. Diese Zusammenhänge erfasst:

2. Die indirekte Preiselastizität der Nachfrage. Sie ist definiert als das Verhältnis der prozentualen Veränderung der nachgefragten Menge nach dem Gut x zu der prozentualen Veränderung des Preises von Gut z. Diese Elastizität gibt die Interdependenz der Güter wieder. Sie gibt an, wie sich die Nachfrage nach dem Gut x ändert, wenn der Preis eines anderes Gutes steigt oder fällt, also: Reaktion der Menge des Gutes x auf Preisänderung des Gutes z:

$$\varepsilon = \frac{\frac{\Delta q_x}{q_x}}{\frac{\Delta p_z}{p_z}} = \frac{\text{prozentuale Änderung der nachgefragten Menge des Gutes x}}{\text{prozentuale Änderung des Preises des Gutes z}}$$

Die indirekte Preiselastizität der Nachfrage, welche auch als *Kreuzpreiselastizität* bezeichnet wird, ist positiv, wenn die Güter x und z Substitutionsgüter darstellen. Beispiel: Eine Preiserhöhung bei Kohle (z. B. + 10 vH) führt zu einem Nachfrageanstieg bei Heizöl (z. B. + 20 vH). Zähler und Nenner sind beide positiv.
Die Kreuzpreiselastizität ist negativ, wenn die Güter x und z Komplementärgüter sind. Beispiel: Eine Preiserhöhung bei Autos (z. B. + 10 vH) führt zu einer Abnahme in der Nachfrage nach Benzin (z. B. – 15 vH). Der Zähler ist negativ, der Nenner positiv. Der Gesamtausdruck ist negativ.

3. Die Einkommenselastizität der Nachfrage ist definiert als Verhältnis der prozentualen Mengenänderung in der Nachfrage nach einem Gut zu einer prozentualen Einkommensänderung. Sie gibt also an, wie sich die Nachfragemenge verändert, wenn das Einkommen variiert (Reaktion der Menge auf Veränderung des Einkommens):

$$\varepsilon = \frac{\frac{\Delta q}{q}}{\frac{\Delta y}{y}} = \frac{\text{prozentuale Änderung der nachgefragten Menge des Gutes}}{\text{prozentuale Änderung des Einkommens}}$$

Die Einkommenselastizität ist in der Regel positiv, d. h. wenn das Einkommen zunimmt (+), nimmt auch die Nachfrage zu (+); wenn das Einkommen sinkt (–), nimmt auch die Nachfrage ab (–). Das Gesamtergebnis ist in beiden Fällen positiv. Diese Regel wird bei den so genannten *inferioren Gütern* durchbrochen: Bei zunehmendem Einkommen (z. B. + 10 vH) nimmt die Nachfrage (z. B. – 5 vH) ab. Die Einkommenselastizität ist dann gleich – 0,5 (Beispiel: Kartoffeln).
(a) Bei lebensnotwendigen Gütern ist die Einkommenselastizität kleiner als 1, d. h. bei einer Zunahme des Einkommens um 10 vH erfolgt ein Anstieg der Nachfrage um nur z. B. 5 vH. Bei einem Rückgang des Einkommens um 10 vH fällt die Nachfrage um weniger als 10 vH.

(b) Bei Luxusgütern ist die Einkommenselastizität größer als Eins. Eine Abnahme des Einkommens (10 vH) führt dann zu einem relativ stärkeren Rückgang der Nachfrage (20 vH). Eine Zunahme des Einkommens (10 vH) führt zu einer relativ stärkeren Zunahme der Nachfrage (20 vH).
Man muss sich immer darüber klar sein, dass die Elastizitäten quantitativ Aufschluss über die Reaktion der Haushalte geben: sind die Nachfrageelastizitäten bekannt, so ist damit ein entscheidendes Element der Preisbildung gegeben.

4.4 Konstruktion der Gesamtnachfragekurve

Wir haben die entscheidenden Determinanten (Bestimmungsfaktoren) der Nachfrage eines Haushalts aufgezeigt. Damit ist die Nachfrage des einzelnen Haushalts nach einem Gut bestimmt. Wie kommen wir nun zu der Gesamtnachfrage aller Haushalte nach einem Gut? Dies soll für den vereinfachten Fall durchgeführt werden, dass nur zwei Haushalte bestehen. Die Gesamtnachfragekurve wird gewonnen, indem die zu bestimmten Preisen nachgefragten Mengen addiert werden. Zu einem Preis von 7 € fragt Haushalt I 3 Mengeneinheiten und Haushalt II 1,5 Einheiten nach. Die Gesamtnachfrage beim Preis von 7 € ist also 4,5 Einheiten.

Tabelle 4.1: Nachfrage von Einzelhaushalten und Gesamtnachfrage

Preis in €	10	9	8	7	6	5	4	3	2	1	0
Nachgefragte Menge des Haushalts I	0	1	2	3	4	5	6	7	8	9	10
Nachgefragte Menge des Haushalts II	0	0,5	1	1,5	2	2,5	3	3,5	4	4,5	5
Gesamtnachfrage I und II	0	1,5	3	4,5	6	7,5	9	10,5	12	13,5	15

Die Gesamtnachfragekurve kann auch dadurch konstruiert werden, dass wir graphisch die beiden Nachfragekurven horizontal addieren.
Beim Preis p_1 wird von Haushalt I und II nichts nachgefragt. Dann ist auch die Gesamtnachfrage (die Nachfrage von Haushalt I und II zusammen) null. Beim Preis p_2 fragt der Haushalt I die Menge a, der Haushalt II die Menge b nach. Die Strecke AB gibt die Gesamtnachfrage (a + b) an. Entsprechendes gilt beim Preis p_3.

Schaubild 4.11: Aggregation von Nachfragekurven

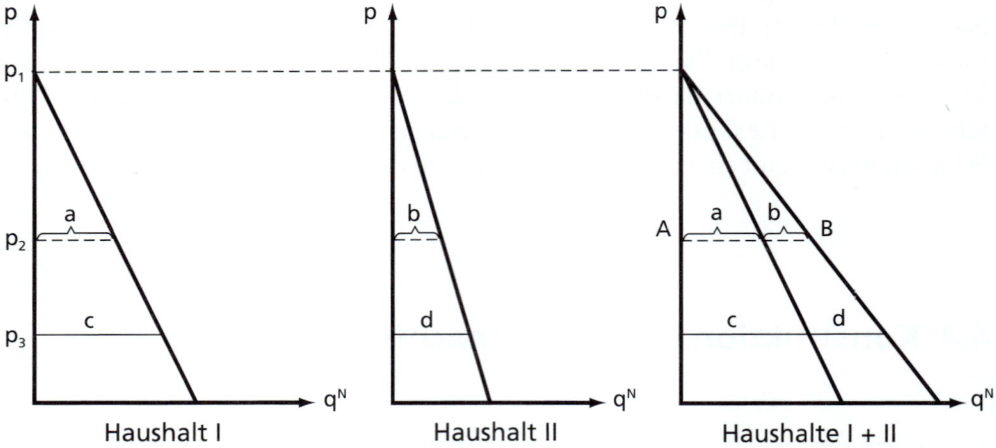

Die Gesamtnachfragekurve auf einem Markt beschreibt also das Mengenverhalten aller Haushalte bei alternativen Preisen für ein Gut. Der Nachfragepreis zeigt somit die Zahlungsbereitschaft aller Haushalte für ein Gut an. Diese Zahlungsbereitschaft gibt an, auf welchen Euro-Betrag alle Haushalte zu verzichten bereit sind, wenn sie eine bestimmte Menge eines Gutes erhalten. Der Nachfragepreis gibt also an, wie alle Haushalte ein Gut bewerten.

Wichtige Begriffe in Kapitel 4

Determinanten der Nachfrage	Budgetrestriktion
Inferiores Gut	Substitutionseffekt
Komplementärgüter	Einkommenseffekt
Substitutionsgüter	Preiselastizität
Präferenzsystem	Einkommenselastizität der Nachfrage
Nutzenfunktion	Gesamtnachfragekurve
Indifferenzkurve	Aggregation

5 Bestimmung des Angebots: Produktionstheorie

Der wahre Preis einer Sache ...
ist die Mühe und Plage, sie zu erarbeiten.
Adam Smith

5.1 Determinanten des Angebots

Wir haben gesehen, dass die Nachfrage nicht nur von der Höhe des Preises, sondern auch von anderen Faktoren abhängt. Ähnlich verhält es sich mit dem Angebot. Das Angebot, das die Unternehmen auf den Markt bringen, hängt ab:
(1) vom Preis des Gutes. Je höher der Preis, umso mehr wird angeboten. Je niedriger der Preis, umso weniger wird angeboten.
(2) Vom Preis aller anderen Güter. Produziert ein Unternehmen das Gut x und steigt der Preis für das Gut z, so wird das Unternehmen versuchen, seine Produktion von z zu verstärken und von x einzuschränken.
Ob das Unternehmen auf diese Weise reagieren kann, hängt davon ab, wie schnell es sich auf die Produktion des neues Gutes umstellen kann. Die Analyse der Angebotsseite muss sich also mit den Produktionsbedingungen befassen.
(3) Vom Preis, den das Unternehmen für seine Produktionsfaktoren zu zahlen hat. Steigen die Preise der Produktionsfaktoren, so steigen die Kosten der Produktion. Das Unternehmen wird deshalb bei gegebenem Preis eine kleinere Menge anbieten. Außerdem beeinflusst die Änderung im Verhältnis der Faktorpreise das Angebotsverhalten: Wenn ein Unternehmen kapitalintensiv produziert und der Zins sehr stark steigt, wird es das Angebot des kapitalintensiven Gutes einschränken und auf ein arbeitsintensives Gut ausweichen. In diesem Fall müssen wir aber wissen, ob das Unternehmen seine Produktionsfaktoren umkombinieren kann oder ob es sie in einem fixen Verhältnis einsetzt. Auch hier wird wieder die Frage nach den Produktionsbedingungen gestellt.
(4) Vom Stand des technischen Wissens. Technischer Fortschritt senkt die Kosten der Produktion und ändert die Produktionsbedingungen. In der Regel kann infolge technischen Fortschritts eine bestimmte Menge zu einem niedrigeren Preis angeboten werden.
Das Angebot hängt schematisch von folgenden Faktoren ab (Schaubild 5.1).
Es gilt die Funktion:

$$q_x^A = f(p_x, p_y, p_f, T)$$

Schaubild 5.1: Einflussfaktoren des Güterangebots

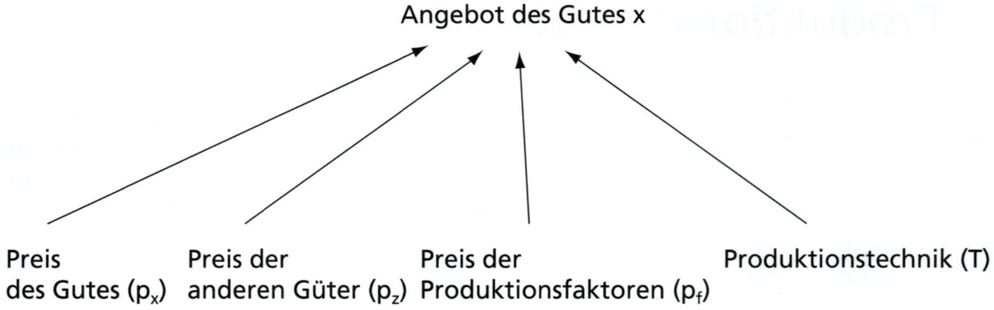

Da wir in einem Schaubild nur zwei Größen eintragen können, wird ähnlich wie bei der Nachfrage nur die Abhängigkeit der angebotenen Menge eines Gutes von seinem Preis betrachtet. Die anderen Determinanten wirken sich dann in einer Verschiebung der Angebotskurve aus.
Die Angebotskurve verändert ihre Lage, wenn sich der Preis der anderen Güter, der Preis der Produktionsfaktoren und das technische Wissen ändern.

1. Steigt der Preis eines Gutes z und kann das Unternehmen auch dieses Gut produzieren (ist es in seiner Produktion variabel), so wird es mehr von z und weniger von x anbieten: die Angebotskurve von x verschiebt sich nach links. Zum Preis p_1 wird jetzt eine geringere Menge von x angeboten (Schaubild 5.2).

Schaubild 5.2: Linksverschiebung der Angebotskurve bei teurerem Zweitprodukt

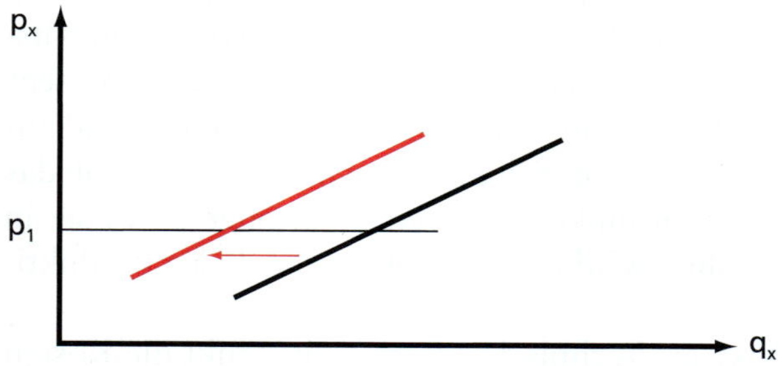

Sinkt dagegen der Preis eines Gutes z, so wird davon weniger angeboten und das Unternehmen wird sein Angebot von x vermehren. Die Angebotsfunktion verschiebt sich nach rechts (Schaubild 5.3).

Schaubild 5.3: Rechtsverschiebung der Angebotskurve bei preiswerterem Zweitprodukt

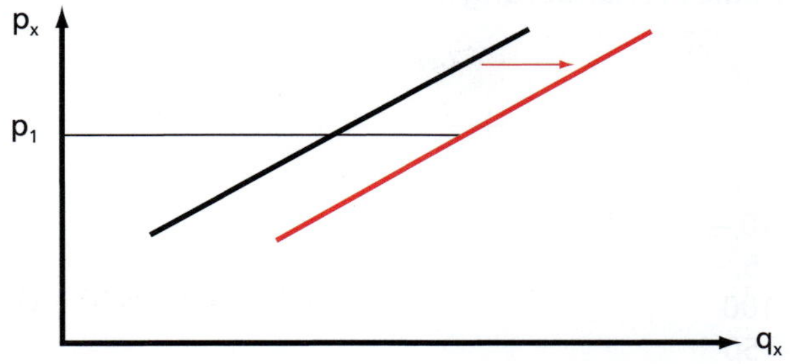

2. Steigt der Preis aller Produktionsfaktoren, so hat das Unternehmen höhere Kosten, und es wird zu gegebenem Preis weniger anbieten (Linksverschiebung). Sinkt der Preis aller Faktoren, so nehmen die Produktionskosten ab und das Unternehmen wird zu einem gegebenen Preis mehr anbieten (Rechtsverschiebung). Steigt der Preis nur eines Produktionsfaktors (z. B. Lohnanstieg), wird das Unternehmen versuchen, den anderen Produktionsfaktor (Kapital) stärker in den Produktionsprozeß einzuschalten (Substitution von Arbeit durch Kapital).

3. Verbessert sich die Produktionstechnik des Unternehmens, so bedeutet dies, dass die Produktion einer bestimmten Menge mit geringeren Kosten durchgeführt werden kann. Die Unternehmer werden in der Regel bereit sein, zum gleichen Preis eine größere Menge anzubieten: Es ergibt sich eine Rechtsverschiebung der Angebotskurve.

5.2 Die Elastizität des Angebots

Die Reaktion der angebotenen Menge auf die Änderung der Determinanten des Angebots wird – genau wie in der Theorie des Haushalts – mit dem Begriff der Elastizität gemessen.
Wir wollen uns im Folgenden auf die *direkte Preiselastizitat des Angebots* beschränken.[1] Darunter versteht man das Verhältnis der prozentualen Mengenänderung im Angebot eines Gutes zur prozentualen Änderung des Preises dieses Gutes.

[1] Ähnlich wie bei der Nachfrage können auch hier mehrere Elastizitätsbegriffe konstruiert werden.

$$\varepsilon = \frac{\frac{\Delta q}{q}}{\frac{\Delta p}{p}} = \frac{\text{prozentuale Mengenänderung im Angebot eines Gutes}}{\text{prozentuale Preisänderung des Gutes}}$$

Beispiel:

Preis: $p = 10,–$
Preisänderung $\Delta p = 5,–$
Menge: $q = 100$
Mengenänderung: $\Delta q = 50$

$$\varepsilon = \frac{\frac{\Delta q}{q}}{\frac{\Delta p}{p}} = \frac{\frac{50}{100}}{\frac{5}{10}} = \frac{50}{100} \cdot \frac{5}{10} = 1$$

Analog zur elastischen und unelastischen Nachfrage sprechen wir auch von elastischem oder unelastischem Angebot. Das Angebot ist elastisch, wenn $\varepsilon > 1$ (größer als eins) ist. Bei einem Preisanstieg um z. B. 10 vH steigt die angebotene Menge um 20 vH (z. B. unterbeschäftigte Unternehmung mit leer stehender Kapazität).
Das Angebot ist unelastisch oder starr, wenn $\varepsilon < 1$ (kleiner als eins) ist. Der Preis steigt z. B. um 10 vH und die angebotene Menge nur um 1 vH.
Die Analyse des Verhaltens des Angebots wirft die Frage auf, inwieweit das Unternehmen auf bestimmte Impulse von außen (Änderung des Preises des Gutes, des Preises anderer Güter, der Faktorpreise, des technischen Wissens) seine Produktion mengenmäßig ändern kann. Für die Untersuchung des Angebots ist also die *Produktionstheorie* von fundamentaler Bedeutung. Wir werden uns deshalb mit diesem Aspekt ausführlicher befassen.

5.3 Die Produktionsfunktion der Unternehmung

Die Unternehmung ist eine organisatorische Einheit, in der durch Kombination von Produktionsfaktoren Güter erstellt werden. Das Produktionsergebnis eines Unternehmens hängt von dem Einsatz der Produktionsverfahren ab. Je mehr Kapital wir

beispielsweise in einer Unternehmung einsetzen, ein umso höheres Produktionsergebnis wird erzielt.
Die Kombination der Produktionsfaktoren, d. h. die Produktionsfunktion, kann so beschaffen sein, dass die Produktionsfaktoren kurzfristig in einem *fixen Verhältnis* eingesetzt werden müssen. Die Faktoren können z. B. in einem Zeitraum von drei Monaten nicht substituiert werden: Sie sind limitational zueinander. Wir sprechen dann von einer *limitationalen* Produktionsfunktion.
So muss ein Fließband, z. B. in der Automobilindustrie, mit einer ganz bestimmten Anzahl Arbeiter besetzt werden. Für das Unternehmen lohnt es sich in diesem Fall nicht, etwa einen zusätzlichen Arbeiter einzustellen. Das Unternehmen kann sich zwar zeitlich (z. B. durch Überstunden der Arbeiter) anpassen; eine starke Produktionsausdehnung ist aber nur möglich, indem das Unternehmen entweder eine neue Bedienungsmannschaft für eine Sonderschicht engagiert, oder – falls die Anlage bereits zeitlich ausgelastet ist – ein neues Fließband errichtet. Die Produktionsfaktoren Arbeit und Kapital stehen in einem fixen Einsatzverhältnis (z. B. auf 4 Einheiten Kapital eine Einheit Arbeit). Andere Beispiele für ein relativ fixes Einsatzverhältnis sind die Minimumerfordernisse an Kapital beim Bau eines Wasserwerks oder bei der Niederbringung eines Bergwerk-Schachts. Weitere Fälle betreffen das Verhältnis Autobus-Busfahrer und Flugzeug-Bedienungsmannschaft.
Die Produktionsfaktoren können auch in einem *variablen Verhältnis* zueinander stehen. In diesem Fall ist das Unternehmen nicht an ein fixes Einsatzverhältnis gebunden. Das Unternehmen kann den Einsatz eines Faktors kontinuierlich verändern, ohne die anderen Faktoren variieren zu müssen. So kann z. B. ein Bauer den Produktionsfaktor Boden durch den zusätzlichen Einsatz eines, zweier, dreier usw. Arbeiter intensiver nutzen. Ein Bauunternehmen kann sowohl den Einsatz von Kapital (Betonmischer, Maschinen) als auch von Arbeitern (Beispiel Saisonarbeiter) kurzfristig ändern. In diesen Fällen, in denen das Einsatzverhältnis der Faktoren geändert werden kann, sprechen wir von *variablen* Produktionsfunktionen.
Ob nun eine limitationale oder eine variable Produktionsfunktion in einem Betrieb vorliegt, ist entscheidend für die Frage, wie das Unternehmen in seinem Angebot auf bestimmte Impulse reagieren kann:

1. Steigt z. B. der Preis des Gutes x, so kann die Unternehmung mit einer kurzfristig fixen Produktionsfunktion ihr Angebot nur dann vermehren, wenn es ihr gelingt, die entscheidenden Faktoren genau in dem richtigen Verhältnis der Produktion zur Verfügung zu stellen. So kann unser Automobilwerk seinen Output kurzfristig kaum steigern, wenn es mehr Arbeiter einstellt (von Sonderschichten abgesehen).

2. Steigt dagegen z. B. der Preis für Textilien, so kann der Textilunternehmer recht kurzfristig zusätzliche Mengen produzieren, falls sein Unternehmen nicht sehr kapitalintensiv ist. Seine Produktion ist dann weitgehend variabel und kann sich anpassen. Die Art der Kombination der Faktoren (fix, variabel) hat also Konsequenzen für das Angebotsverhalten.

5.4 Das Ertragsgesetz als Sonderfall der variablen Produktionsfunktion

Ein Sonderfall der variablen Produktionsfunktion ist das Ertragsgesetz. Es gibt noch andere variable Produktionsfunktionen. Im Folgenden wollen wir uns aber nur mit dem Ertragsgesetz befassen. Dieses ist von Turgot (1767) entdeckt worden: Turgot beobachtete, dass der zusätzliche Ertrag einer gegebenen landwirtschaftlich genutzten Fläche bei zunehmendem Arbeitseinsatz zunächst anstieg, dann aber immer geringer wurde.
Zur Vereinfachung wird unterstellt, dass nur ein Faktor variabel ist, alle anderen dagegen konstant sind. Arbeit soll der variable, Boden und Kapital sollen die konstanten Produktionsfaktoren sein. Um das Ertragsgesetz näher kennzeichnen zu können, werden folgende Begriffe definiert:

1. Gesamtertrag (Gesamtprodukt q): Gesamtmenge des Produktionsergebnisses in einer Zeitperiode; z. B. 10 000 t/Jahr.

2. Durchschnittsertrag (Durchschnittsprodukt): Gesamtertrag dividiert durch die Menge des eingesetzten variablen Faktors. Wenn 10 000 t/Jahr z. B. von 20 Arbeitern (variabler Faktor) hergestellt werden, ist der Durchschnittsertrag (= Ertrag pro Arbeiter)

$$\frac{10\,000 \text{ t/Jahr}}{20 \text{ Arbeiter}} = 500 \text{ t pro Arbeiter und pro Jahr.}$$

Also ergibt sich der Durchschnittsertrag als $\frac{q}{A}$.

3. Grenzertrag (Grenzprodukt): Zunahme im Gesamtertrag, die sich bei einer Erweiterung des variablen Faktors um eine Einheit ergibt. Wenn in dem obigen Beispiel ein 21. Arbeiter eingestellt wird, steigt der Gesamtertrag auf zum Beispiel 10 200 t/Jahr. Der Grenzertrag des 21. Arbeiters ist also 200 t/Jahr.
Mit dem Begriff des Grenzertrages (Grenzprodukt) begegnen wir der Grenzbetrachtung (Marginalanalyse), die in der Volkswirtschaftslehre oft angewandt wird. Die Marginalanalyse stellt die Frage, wie sich eine abhängige Variable absolut verändert, wenn sich ihr Bestimmungsfaktor (determinierende Variable) um eine Einheit ändert. Die Marginalanalyse stellt also auf die absolute – und nicht wie die Elastizität auf die relative – Veränderung ab. Beispiele:

Grenzertrag: Um wie viele Einheiten nimmt das Produktionsergebnis zu, wenn eine zusätzliche Einheit des variablen Produktionsfaktors eingesetzt wird?

Grenzkosten: Um wie viel verändern sich die Gesamtkosten der Produktion, wenn eine zusätzliche Einheit erzeugt wird?

Grenzerlös: Um wie viel steigt der Gesamterlös (= Menge x Preis) eines Unternehmens, wenn der Unternehmer eine zusätzliche Einheit absetzt?

Die Grenzgröße ist deshalb so wichtig, weil sie über die Steigung der Gesamtkurve (Gesamtertrag, Gesamterlös usw.) Auskunft gibt. Ist die Grenzgröße positiv, so steigt die Gesamtkurve. Ist die Grenzgröße negativ, so fällt die Gesamtkurve. Ist die Grenzgröße positiv und nimmt sie zu, so steigt die Gesamtkurve, und zwar stärker als bisher. Ist die Grenzgröße positiv und nimmt sie ab, so steigt die Gesamtkurve zwar noch, aber sie steigt schwächer als bisher. Wo die Grenzgröße null ist, erreicht die Gesamtkurve ihren Höhepunkt (Maximum). Mathematisch ist die Grenzgröße die erste Ableitung der Gesamtkurve.
Das Ertragsgesetz soll am folgenden Beispiel verdeutlicht werden, in dem Arbeit der variable und Boden der konstante Faktor ist. In dem Beispiel ist unterstellt, dass der Gesamtertrag vorgegeben ist. Der Grenzertrag lässt sich dann errechnen, indem man die Zunahme des Gesamtertrages findet, die auf einen Arbeiter zurückgeht. Es ist die Differenz zweier aufeinander folgender Gesamterträge. Der Durchschnittsertrag ergibt sich, indem man den Gesamtertrag durch die Anzahl der Arbeiter dividiert (Tabelle 5.1).

Tabelle 5.1: Das Ertragsgesetz

Anzahl der eingesetzten Arbeiter pro Jahr	Gesamtertrag in kg pro Jahr	Grenzertrag in kg pro Jahr	Durchschnittsertrag in kg pro Jahr
0	0	0	0
1	24	24	24
2	40	16	20
3	51	11	17
4	58	7	14,5
5	64	6	12,8
6	66	2	11
7	66	0	9,4

In unserem Beispiel ist angenommen worden, dass der Grenzertrag jedes zusätzlichen Arbeiters abnimmt. Der 7. Arbeiter hat einen Grenzertrag von null, so dass er den Gesamtertrag nicht mehr vermehrt. Im vorliegenden Fall ergibt sich eine recht einfache Formulierung für das Ertragsgesetz: Mit zunehmendem Einsatz eines variablen Faktors nimmt der Grenzertrag ab.
Im Gegensatz zu diesem Ertragsverlauf ist es vorstellbar, dass der Grenzertrag der ersten zwei oder drei Arbeiter zunächst zunimmt und dann abnimmt. Dieser Fall wurde in der älteren Literatur am häufigsten diskutiert. Wir wollen jedoch zur Vereinfachung unterstellen, dass nur abnehmende Grenzerträge vorliegen.
Die Zusammenhänge zwischen Gesamtertrag, Grenzertrag und Durchschnittsertrag können graphisch dargestellt werden (Schaubild 5.4).

Schaubild 5.4: Der ertragsgesetzliche Verlauf

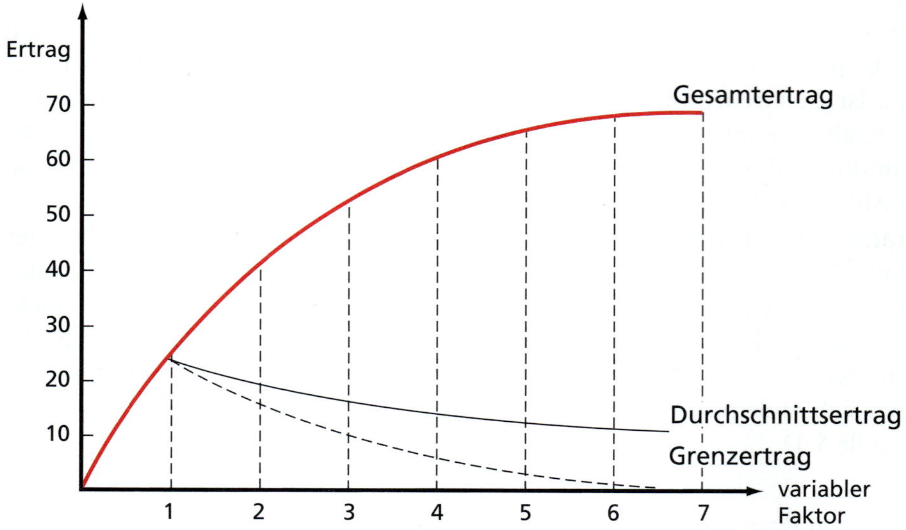

Alle drei Größen sind für die erste Einheit des variablen Faktors gleich. Der Grenzertrag gibt die Steigung des Gesamtertrages an. Wo die Zunahme des Gesamtertrages null wird, berührt die Grenzertragskurve die x-Achse. Wie aus Tabelle 5.1 zu ersehen ist, nimmt der Gesamtertrag zwar zu, der Grenzertrag muss also positiv sein, aber die Zunahme im Gesamtertrag nimmt ab. Es kann ferner aus der Tabelle entnommen werden, dass in unserem Fall der Grenzertrag immer niedriger als der Durchschnittsertrag ist.

Das Ertragsgesetz ist eine Hypothese, die empirisch überprüft werden muss. Diese Gesetzmäßigkeit kann nur dann vorliegen, wenn die Faktorkombination – zunächst innerhalb gewisser Grenzen – variabel ist. In der landwirtschaftlichen Produktion mag das Ertragsgesetz zutreffen; in der industriellen Produktion eines Unternehmens ist aber oft ein fixes Verhältnis der Faktoren gegeben. Dem Unternehmer ist es dann kurzfristig nicht möglich, einen Faktor bei Konstanz eines anderen Faktors zu variieren. Betrachtet man aber eine Vielzahl von Unternehmen, etwa für eine ganze Volkswirtschaft, so wird die Faktorkombination variabel. Im Folgenden wird deshalb die Gültigkeit des Ertragsgesetzes für alle Unternehmen, also auch die industriellen Unternehmen, unterstellt.

Exkurs: Eine einfache Formel für eine ertragsgesetzliche Produktionsfunktion lautet

$$q = K \cdot A^{\alpha}$$

wobei q das Produktionsergebnis, K der fixe Kapitaleinsatz und A der Arbeitseinsatz ist. Der Exponent α kennzeichnet das Gewicht, mit dem der Faktor A zum Produktionsergebnis beiträgt. Dieser Exponent wird auch als Produktionselastizität bezeichnet. Sie ist definiert als

$$\frac{\frac{dq}{q}}{\frac{dA}{A}},$$

also als die relative Veränderung des Outputs in Abhängigkeit von der relativen Veränderung des Inputs. Unterstellt man $\alpha < 1$, so liegen für den Faktor Arbeit abnehmende Grenzerträge vor. Dies folgt aus

$$\frac{dq}{dA} = K \cdot \alpha A^{\alpha-1} > 0$$

und

$$\frac{d^2q}{dA^2} = K \cdot \alpha A\,(\alpha - 1)\,A^{\alpha-2} < 0.$$

Die 2. Ableitung ist für $\alpha < 1$ negativ. Also nehmen die Grenzerträge ab.
Eine etwas kompliziertere Form einer Produktionsfunktion liegt vor, wenn auch der Faktor Kapital dem Gesetz abnehmender Grenzerträge (Grenzprodukt) folgt. Gilt für Kapital die Produktionselastizität $1 - \alpha$, so dass sich die beiden Produktionselastizitäten zu 1 addieren, so lautet die Produktionsfunktion

$$q = A^{\alpha} K^{-1-\alpha}.$$

Dies ist die so genannte Cobb-Douglas-Funktion, bei der beide Faktoren abnehmende Grenzproduktivitäten aufweisen.

5.5 Die Kostenfunktion der Unternehmung

Die Produktionsfunktion gibt uns bereits einen ersten Aufschluss über die Reaktionsmöglichkeit der Unternehmung auf das Marktgeschehen. Wir müssen jetzt einen Schritt weiter gehen und die Kostenfunktion entwickeln. Dann kann mit Hilfe der Kostenfunktion die Angebotskurve abgeleitet werden. Diese gibt an, wie das Unternehmen mit seiner Produktionsmenge auf Preisänderungen reagiert.
Zunächst sei vereinfachend unterstellt, dass die Unternehmen den Preis vom Markt akzeptieren müssen. Sie können also weder den Preis, den sie für ihr Produkt erzielen, noch die Preise für die Produktionsfaktoren beeinflussen. Das Unternehmen befindet sich auf der Beschaffungsseite (Markt für Produktionsfaktoren) und Absatzseite (Warenmarkt) in vollständiger Konkurrenz.[2]

[2] Wann dieser Zustand erreicht wird, ist in der Beschreibung der vollständigen Konkurrenz noch zu analysieren.

Die Kostenfunktion will eine Aussage darüber machen, von welchen Determinanten die Gesamtkosten eines Unternehmens abhängen.

1. Kosten und Produktionsfunktion. Das Unternehmen muss für den Einsatz der Produktionsfaktoren Boden, Arbeit und Kapital einen Preis bezahlen. Die Summe aller Zahlungen für den Einsatz der Faktoren, also von Grundrente, Lohn und Zins, bezeichnen wir als Kosten. Wir nehmen zunächst an, dass die Kosten eines Unternehmens von der ausgebrachten Menge abhängen. Diese Kosten bezeichnen wir als variable Kosten (C_v), da sie mit der Anzahl der produzierten Stücke variieren.[3] Wird wenig produziert, so sind die variablen Kosten gering, wird eine große Menge produziert, so sind sie hoch. Bezeichnen wir die ausgebrachte Menge mit q, so gilt:

$$C_v = f(q).$$

Diese Kostenfunktion hängt nun mit der Produktionsfunktion

$$q = f(B, A, K)$$

zusammen. Um diesen Zusammenhang zu verstehen, wollen wir als Produktionsfunktion das Ertragsgesetz zugrunde legen.
Im Folgenden wird wie bei der Ableitung des Ertragsgesetzes unterstellt, dass nur Arbeit variiert wird. Nehmen wir an, dass das Unternehmen pro Arbeiter im Jahr 1000 € bezahlen muss, so lässt sich aus Tabelle 5.1 die Kostentabelle 5.2 ableiten:

Tabelle 5.2: Ertragsgesetz und Kosten

(1)	(2)	(3)	(4)	(5)	(6)
Anzahl der eingesetzten Arbeiter	Gesamtertrag in kg	Variable Gesamtkosten = Kosten der Arbeiter in €	Fixe Gesamtkosten	Gesamtkosten	Durchschnittskosten (gerundet)
0	0	0	10 000	10 000	–
1	24	1 000	10 000	11 000	458
2	40	2 000	10 000	12 000	300
3	51	3 000	10 000	13 000	255
4	58	4 000	10 000	14 000	241
5	64	5 000	10 000	15 000	234
6	66	6 000	10 000	16 000	242
7	66	7 000	10 000	17 000	258

[3] Der Leser beachte, dass die Variable C in der Makroökonomie den Konsum bezeichnet.

Die Kosten werden als abhängig von dem gewünschten Produktionsniveau betrachtet. Will das Unternehmen 40 Einheiten produzieren, so muss es zwei Arbeiter einstellen. Diese verursachen Kosten von 2 000 €. Die Kosten in der Spalte 3 der Tabelle 5.2 sind also direkt abhängig von der ausgebrachten Menge. Es handelt sich also um variable Gesamtkosten (z. B. Kosten für Rohstoffe, Werkstoffe, Lohn).
Schaubild 5.5 stellt die variablen Gesamtkosten (C_v) in Abhängigkeit von der ausgebrachten Menge q dar. Sie steigen mit zunehmendem Output stark an. Ein Vergleich mit Schaubild 5.4 zeigt, dass Schaubild 5.5 das Spiegelbild des Ertragsgesetzes ist. Wenn der Gesamtertrag weniger stark zunimmt, müssen die Gesamtkosten stärker ansteigen, da ein zusätzlicher Arbeiter jetzt einen geringeren Ertragszuwachs als die bereits beschäftigten Arbeiter einbringt, aber die gleichen Kosten verursacht.
Interpretiert man die in der Produktionsfunktion beschriebene Abhängigkeit in der entgegengesetzten Richtung, so hat man eine Abhängigkeit des Faktorverbrauchs vom gewünschten Produktionsergebnis. Diese Funktion bezeichnet man als Verbrauchsfunktion. Die Verbrauchsfunktion ist die Umkehrfunktion zur Produktionsfunktion.
Die Spalten 1 und 2 in Tabelle 5.2 können z. B. so interpretiert werden, dass in Spalte 1 angegeben wird, wie viel Arbeitskräfte man braucht, um das in Spalte 2 angegebene Produktionsergebnis zu erzielen. Werden die verbrauchten Faktormengen mit ihren Preisen multipliziert, so erhält man die variablen Kosten (Spalte 3). Die Verbrauchsfunktion ist also das gedankliche Bindeglied zwischen Produktionsfunktion und Kostenfunktion.

Schaubild 5.5: Variable Kosten

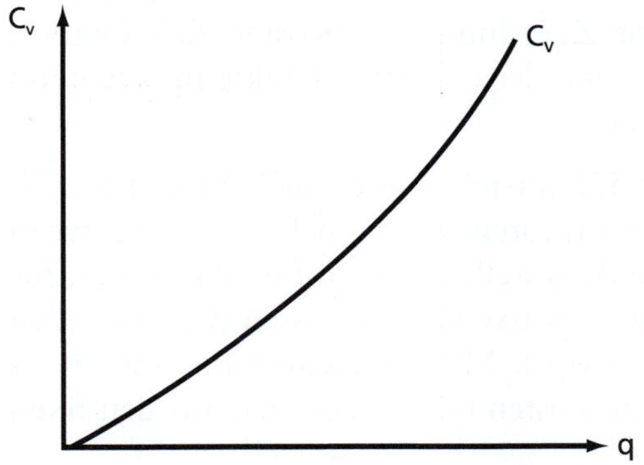

2. Kostenfunktion. Den Zusammenhang zwischen Produktionsfunktion und Kostenkurve kann man sich auch mit Hilfe des Schaubilds 5.6 verdeutlichen. In Schaubild 5.6a stellt die Kurve F_1 die Produktionsfunktion, d. h. die Abhängigkeit des

Outputs vom Einsatz des variablen Faktors Arbeit dar. Multipliziert man die eingesetzten Arbeitsmengen mit dem Lohnsatz l, so erhält man für jede Menge q den zugeordneten Arbeitseinsatz als monetäre Größe. Die Multiplikation mit dem Lohnsatz verschiebt die ursprüngliche Kurve. Die Verschiebung hängt von der Höhe des Lohns (und der Wahl der Maßeinheiten auf den Achsen) ab.

Schaubild 5.6: Produktions- und Kostenfunktion

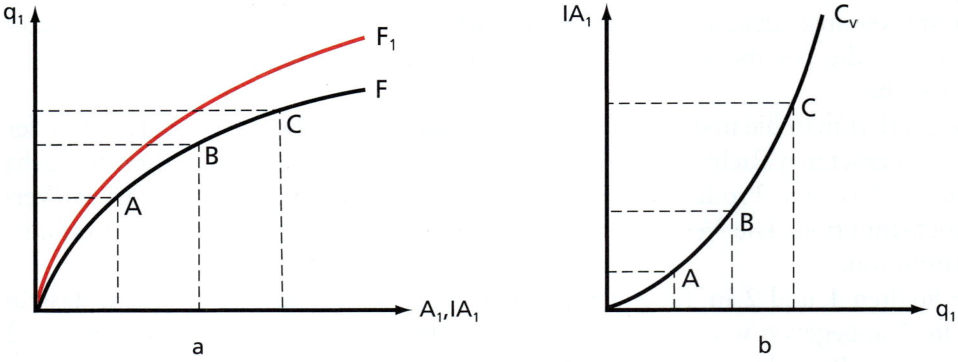

Die neue Kurve gibt an, wie viel Arbeitseinheiten in € man aufwenden muss, um bestimmte Gütermengen zu produzieren. Diese Kurve stellt also eine Zuordnung des bewerteten Arbeitseinsatzes zum Produktionsergebnis dar. Da bewertete Arbeitsinputs Kosten sind, hat man also eine Zuordnung von Kosten zum Output, oder eine Kostenfunktion. Durch Übertragung der einzelnen Punkte in Schaubild 5.6 erhält man die Kurve der variablen Kosten.

3. Gesamtkosten. Im Beispiel der Tabelle 5.2 entstehen aber auch Kosten für die konstanten Produktionsfaktoren, also die Faktoren, die vom Produktionsniveau unabhängig sind (z. B. Kosten für leitende Angestellte, Kosten für Maschinen, für Bürogebäude). Diese Kosten bezeichnen wir als fixe Gesamtkosten (C_f). Sie fallen also auch dann an, wenn nichts produziert wird. Man bezeichnet sie deshalb als Kosten der Betriebsbereitschaft. Die Gesamtkosten (C_g) setzen sich aus den fixen und variablen Gesamtkosten zusammen.

$$C_g = C_f + C_v$$

Betragen die fixen Gesamtkosten z. B. 10 000 €, so zeigt Spalte (5) in Tabelle 5.2 die Gesamtkosten C_g für unterschiedliche Produktionsniveaus.
Zeichnerisch ergeben sich die Gesamtkosten durch Vertikaladdition der variablen und fixen Gesamtkosten (Schaubild 5.7).

Schaubild 5.7: Ermittlung der Gesamtkosten

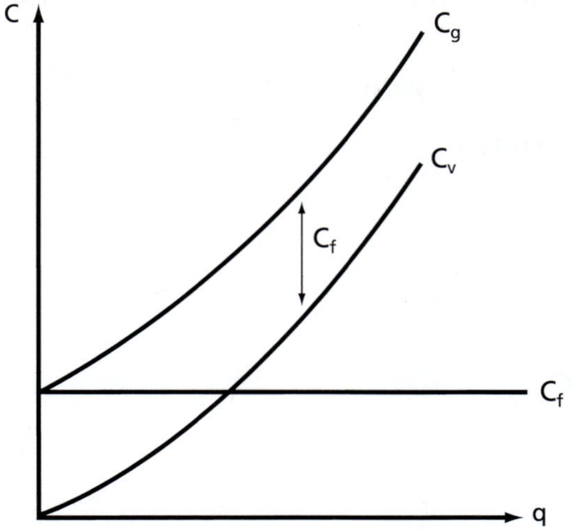

4. Durchschnitts- und Grenzkosten. Um die Gesamtkostenkurve C_g diskutieren zu können, müssen die Durchschnittskosten und die Grenzkosten definiert werden: *Durchschnittskosten* sind das Verhältnis der Gesamtkosten zu der ausgebrachten Menge (Kosten pro Stück: $\frac{C_g}{q}$). Sie lassen sich errechnen, indem man Spalte (5) durch Spalte (2) in Tabelle 5.2 dividiert. Wenn die Durchschnittskosten graphisch dargestellt werden, so ergibt sich im betrachteten Fall, dass sie zunächst fallen und dann wieder ansteigen.

Grenzkosten[4] sind definiert als die Veränderung der Gesamtkosten, die bei der Produktion einer zusätzlichen Einheit entstehen. Da die fixen Gesamtkosten sich definitionsgemäß bei zusätzlichem Output nicht verändern, geben die Grenzkosten die Veränderung (Steigung) der variablen Gesamtkosten an. Die Grenzkosten der fixen Gesamtkosten sind null.

Die Kostenfunktionen sind – wie wir bereits gesehen haben – bis auf die fixen Kosten das Spiegelbild der Ertragsfunktionen. Ist z. B. der Grenzertrag eines zusätzlichen Arbeiters verhältnismäßig niedrig, so werden die Grenzkosten für die Mengen, die dieser Arbeiter zusätzlich erstellt, verhältnismäßig hoch sein. Ist dagegen der Grenzertrag eines zusätzlichen Arbeiters groß, so werden die Grenzkosten für die Mengen, die dieser Arbeiter zusätzlich erstellt, niedrig sein.

Da also der Grenzertrag eines zusätzlichen Arbeiters beim ertragsgesetzlichen Verlauf fällt, müssen die Grenzkosten eines zusätzlich produzierten Gutes steigen. Wir

---

[4] Vgl. die analogen Begriffe Gesamtertrag, Durchschnittsertrag, Grenzertrag.

erhalten also eine steigende Grenzkostenkurve (C′). Das heißt: Wenn wir zusätzliche Mengen produzieren wollen, so verursachen diese Mengen zunehmende Kostenzuwächse (Schaubild 5.8).

Schaubild 5.8: Variable Kosten und Grenzkosten

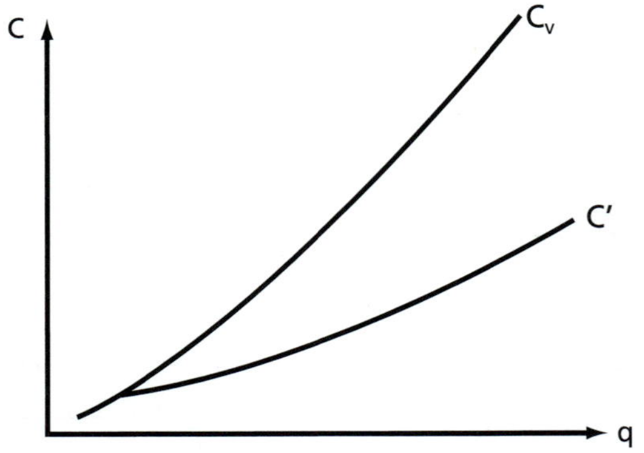

Diese steigende Grenzkostenkurve wird den weiteren Überlegungen zugrunde gelegt. Sie basiert auf dem Ertragsgesetz. Es wird also unterstellt, dass die Produktionsfaktoren variiert werden können. Bei einem fixen Einsatzverhältnis von Arbeit und Kapital erhalten wir einen anderen Verlauf der Gesamtkostenkurve.

Exkurs: Geht man von der Produktionsfunktion $q = K \cdot A^{\alpha}$ aus, so lässt sich relativ einfach die zugeordnete Kostenfunktion berechnen. Für die Definition der Kosten C als Summe der Kosten für den fixen Faktor Kapital (iK) und für den variablen Faktor Arbeit (lA) gilt

$$C = iK + lA,$$

wobei i den Zinssatz und l den Lohnsatz bezeichnen.
Für den Fixfaktor Kapital kann $C_f = iK$ geschrieben werden. Die eingesetzte Arbeitsmenge A hängt von der Höhe des Produktionsergebnisses ab. Aus der Produktionsfunktion $q = K \cdot A^{\alpha}$ folgt als Umkehrfunktion die Verbrauchsfunktion

$$A = B \cdot q^{\frac{1}{\alpha}}$$

mit $B = \left(\frac{1}{K}\right)^{\frac{1}{\alpha}}$. Für die Kostenfunktion gilt damit

$$C = iK + lBq^{\frac{1}{\alpha}}.$$

Die Grenzkosten sind $C' = dC/dq = IB \frac{1}{\alpha} q^{\frac{1}{\alpha}-1}$. Die zweite Ableitung ist $d^2C/dq^2 = IB \frac{1}{\alpha} \left(\frac{1}{\alpha} - 1\right) q^{\frac{1}{\alpha}-2} > 0$. Da $[(1 - \alpha)/\alpha] > 0$, ist die zweite Ableitung positiv; die Kosten steigen progressiv an.

5.6 Die Ableitung der Angebotskurve eines einzelnen Unternehmens

Wir haben uns mit der Produktions- und Kostentheorie beschäftigt, um Aussagen über die Angebotsfunktion des Unternehmens ableiten zu können. Welche Aussagen können wir nun über das Angebotsverhalten der Unternehmen machen?
Wir gehen im Folgenden von der Annahme aus, dass die Unternehmen ihren Gewinn maximieren wollen; sie streben also einen möglichst hohen Gewinn an. Der Gesamtgewinn ist definiert als die Differenz von Gesamterlös und Gesamtkosten. Der Gesamterlös ist die in Preisen bewertete abgesetzte Menge (Menge mal Preis).[5] Die Frage lautet, ob und wie lange das Unternehmen durch zusätzliches Angebot seinen Gewinn noch ausdehnen kann. Solange durch die zusätzliche Menge der Erlös stärker zunimmt als die Kosten, kann das Unternehmen seinen Gesamtgewinn noch steigern. Die Zunahme des Gesamterlöses können wir am Grenzerlös messen. Dieser bezeichnet die Zunahme des Erlöses bei Absatz einer zusätzlichen Einheit. Die Zunahme der Kosten ist durch die Grenzkosten angegeben. Eine Ausdehnung der Produktion lohnt sich dann, wenn der Grenzerlös größer ist als die Grenzkosten, denn dann bringt eine zusätzliche Mengeneinheit mehr ein, als sie Kosten verursacht. Wenn dagegen die zusätzlichen Kosten für eine Einheit höher sind als der zusätzliche Erlös, dann bringt diese Einheit keinen Gewinn mehr, es lohnt sich für das Unternehmen nicht, die Produktion auszudehnen. Das Gewinnmaximum ist dort erreicht, wo die Differenz von Gesamterlös und Gesamtkosten am größten ist oder – was genau das Gleiche besagt – wo Grenzkosten und Grenzerlös gleich sind. Dort nämlich ist der zusätzliche Gewinn (Grenzgewinn) gleich null.

Als Bedingung für das Vorliegen eines Gewinnmaximums gilt:
Bedingung I: Gesamtgewinn = Gesamterlös – Gesamtkosten = Maximum!
Bedingung II: Grenzerlös = Grenzkosten
Bedingung III: Grenzgewinn = 0

[5] Der Erlös (auch als Umsatz bezeichnet) ist immer eine monetäre Größe, z. B. 100,– €. Der Ertrag ist dagegen eine mengenmäßige Größe, z. B. 100 Stück.

Die drei Bedingungen sagen alle dasselbe aus. Sie stellen also nur unterschiedliche Formulierungen des Gewinnmaximums dar.
Wir wollen im Folgenden mit Bedingung II arbeiten. Es ist darauf hinzuweisen, dass diese Bedingung immer erfüllt wird, wenn das Unternehmen Gewinnmaximierung betreibt. Die Bedingung gilt also für alle Marktformen.
Befindet sich das Unternehmen in vollständiger Konkurrenz[6], so muss es den Preis vom Markt akzeptieren. Es ist Mengenanpasser. Der Preis ist für das Unternehmen ein Datum. Wenn es also eine zusätzliche Menge absetzt, so erhält es dafür als Grenzerlös den vom Markt diktierten, konstant bleibenden Preis. In vollständiger Konkurrenz ist der Preis also gleich dem Grenzerlös. Die Absatzfunktion eines Unternehmens, welche die Nachfrage der Haushalte nach den Produkten dieses Unternehmens angibt (das mit zahlreichen anderen Firmen auf dem Markt konkurriert), ist eine horizontale Gerade in Höhe des Preises $\bar{p}$ (Schaubild 5.9).

Schaubild 5.9: Grenzerlös

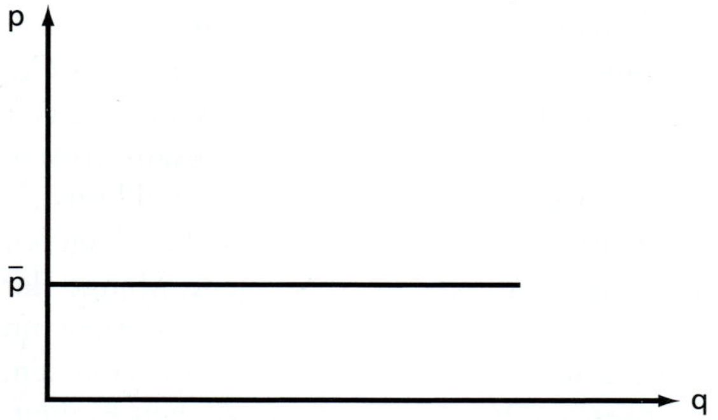

Die Gerade in Schaubild 5.9 gibt den Preis in Abhängigkeit von der ausgebrachten Menge an und gleichzeitig damit den Grenzerlös. Die Grenzerlöskurve des Unternehmens verläuft also waagerecht.
Wie wir gesehen haben, erreicht das Unternehmen sein Gewinnmaximum bei der Menge, bei der Grenzerlös und Grenzkosten gleich werden. In obiges Schaubild kann nun die bereits abgeleitete Grenzkostenkurve eingezeichnet werden (Schaubild 5.10).

[6] Vgl. dazu die späteren Ausführungen in Abschnitt 9.2.

Schaubild 5.10: Gewinnmaximum eines Unternehmens

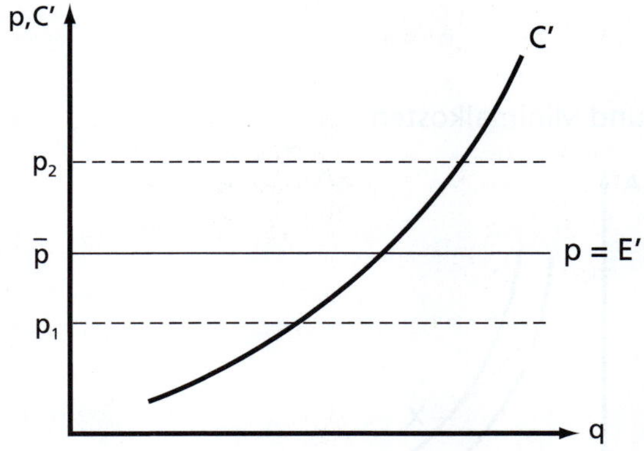

Der Schnittpunkt der Grenzerlös- und der Grenzkosten-Kurve gibt die gewinnmaximale Ausbringung wieder. Fällt der Marktpreis auf p_1, so muss sich das Unternehmen mit seiner Menge anpassen, wenn es auch in dieser Situation seinen Gewinn maximieren will. Es reduziert seine Menge. Steigt der Preis auf p_2, so wird das Unternehmen seine Menge ausdehnen. Das Unternehmen paßt sich also Preisänderungen seines Produktes entlang seiner Grenzkostenkurve an. Die Grenzkostenkurve gibt damit die Reaktionskurve des Unternehmens auf Preisänderungen wieder. Sie zeigt das Angebotsverhalten des einzelnen Unternehmens an. Der aufsteigende Ast der Grenzkostenkurve kann folglich als Angebotskurve des Unternehmens angesehen werden.[7]

5.7 Ableitung der Kostenfunktion bei zwei Produktionsfaktoren

In der vorstehenden Überlegung ist unterstellt worden, dass eine Unternehmung nur mit einem Produktionsfaktor produziert. Nehmen wir nun an, dass es mehrere Produktionsfaktoren gibt, die gegeneinander substituiert werden können, so muss für eine Unternehmung analog zur Nutzenisoquante eine Produktionsisoquante definiert werden. Darunter versteht man den geometrischen Ort aller Inputkombinationen, mit denen ein gegebenes Outputniveau erstellt werden kann. Schaubild 5.11a stellt eine solche Produktionsisoquante dar. Ein »weniger« des Faktors Arbeit

[7] Vorausgesetzt wird, dass das Unternehmen seine Stückkosten decken kann.

(A) kann durch ein »mehr« des Faktors Ressourcen (R) ersetzt werden (Substitution).

Schaubild 5.11: Produktionsisoquante und Minimalkosten

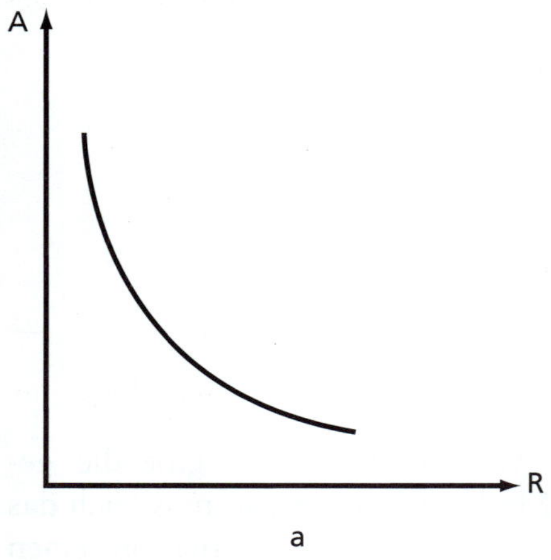

Schaubild 5.12: Produktionsisoquanten und Kostenfunktion

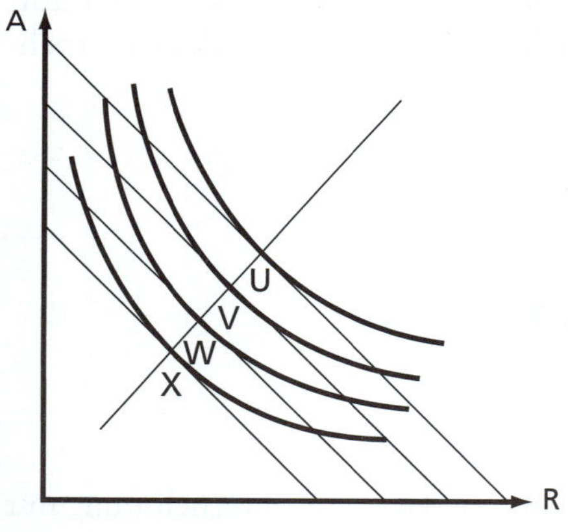

Definiert man analog zu den Budgetgeraden Isokostenkurven und hält man die Preise für die beiden Faktoren Arbeit und Ressourcen konstant, so lässt sich zeigen, dass beispielsweise Punkt Y nicht das Kostenminimum darstellt. Die Unternehmung kann bei gegebener Isokostenkurve in Punkt X ein höheres Outputniveau erreichen. Fügt man nun mehrere Kostenminima für alternative Kostensummen aneinander, so erhält man eine Zuordnung von Outputniveaus und (kostenminimierenden) Ko-

stenniveaus (Schaubild 5.12). Genau dies ist aber die Kostenfunktion, wie sie etwa in Schaubild 5.7 dargestellt ist. Die Kurve XWVU in Schaubild 5.12 stellt eine solche Kostenfunktion dar.
Exkurs: Unterstellt man eine Cobb-Douglas-Produktionsfunktion, so minimiert das Unternehmen seine Kosten $C = iK + lA$ unter Berücksichtigung des produktionsmäßigen Zusammenhangs, der durch die Cobb-Douglas-Funktion $q = K^{1-\alpha} A^{\alpha}$ gegeben ist. Die Kosten sind proportional zur Outputmenge (Anhang 5A).

5.8 Konstruktion der Gesamtangebotskurve

In unseren bisherigen Überlegungen haben wir die Angebotskurve eines einzelnen Unternehmens abgeleitet. Ähnlich wie sich die Gesamtnachfragekurve aus den Nachfragekurven der einzelnen Haushalte addieren lässt (Abschnitt 4.4), so kann auch das Gesamtangebot eines Gutes (das Angebot aller Unternehmen) durch Horizontaladdition der Angebotskurven der einzelnen Unternehmen gefunden werden. Zur Vereinfachung gehen wir von nur zwei Unternehmen aus.
Man erhält die Gesamtangebotskurve auf dem Markt, indem man die zu alternativen Preisen angebotenen Mengen der beiden Unternehmen addiert. Zum Preis p_1 bietet Unternehmen I die Menge a und Unternehmen II die Menge b an. Das Gesamtangebot zum Preis p_1 ist dann a plus b. Analoges gilt für den Preis p_2 und alle anderen Preise.
Die Gesamtangebotskurve auf einem Markt beschreibt also das Mengenverhalten aller Produzenten bei alternativen Preisen. Die Angebotsfunktion gibt an, welche Mengen alle Anbieter bei alternativen Preisen anbieten.

Schaubild 5.13: Aggregation der Gesamtangebotskurve

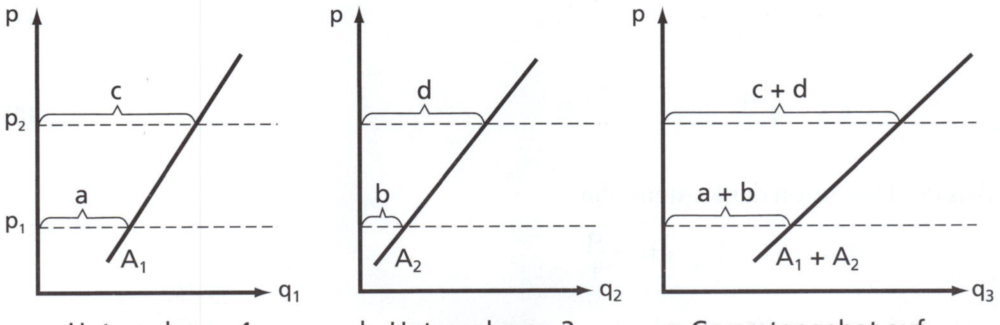

a: Unternehmen 1 b: Unternehmen 2 c: Gesamtangebot auf dem Markt

Anhang 5A

Bei einer Cobb-Douglas-Produktionsfunktion lautet die Minimierung der Kosten

$$L = iK + lA + \lambda\,[q - K^{1-\alpha} A^{\alpha}] \tag{1}$$

$$\Rightarrow \frac{\delta L}{\delta K} = i - \lambda\,(1-\alpha)\,K^{1-\alpha-1} A^{\alpha} = 0 \tag{2}$$

$$\frac{\delta L}{\delta A} = l - \lambda\,\alpha\,K^{1-\alpha} A^{\alpha-1} = 0 \tag{3}$$

Daraus folgt

$$i = \lambda\,(1-\alpha)\,\frac{K^{1-\alpha} A^{\alpha}}{K} \tag{4}$$

$$i = \lambda\,\alpha\,\frac{K^{1-\alpha} A^{\alpha}}{A} \tag{5}$$

Dies heißt

$$i = \lambda\,(1-\alpha)\,\frac{q}{K} \tag{6}$$

$$l = \lambda\,\alpha\,\frac{q}{A} \tag{7}$$

$$\Rightarrow \frac{l}{i} = \frac{\alpha\,\frac{q}{A}}{(1-\alpha)\,\frac{q}{K}} = \frac{\alpha}{(1-\alpha)} \cdot \frac{K}{A} \tag{8}$$

Aus (6) und (7) ergibt sich für den Faktoreinsatz von Kapital und Arbeit

$$K = \lambda\,(1-\alpha)\,\frac{q}{i} \tag{9}$$

$$A = \lambda \cdot \alpha\,\frac{q}{l} \tag{10}$$

Aus der Definition der Kosten folgt

$$C = i\,\lambda\,(1-\alpha)\,\frac{q}{i} + l\,\lambda\,\alpha\,\frac{q}{l}$$

$$= \lambda\,q\,[(1-\alpha) + \alpha] = \lambda\,q$$

Die Kosten sind proportional zum Output. Die Kostenfunktion ist linear.

Wichtige Begriffe in Kapitel 5

Determinanten des Güterangebots
Direkte Preiselastizität des Angebots
Produktionsfunktion
Limitationale Produktionsfunktion
Variable Produktionsfunktion
Ertragsgesetz
Gesamtertrag
Durchschnittsertrag
Durchschnittsprodukt
Grenzertrag
Grenzprodukt
Marginalanalyse
Cobb-Douglas-Funktion
Kostenfunktion
Verbrauchsfunktion
Umkehrfunktion
Gesamtkosten
Variable Kosten
Fixkosten
Durchschnittskosten
Grenzkosten
Bedingung für Gewinnmaximum
Grenzerlös
Angebotskurve
Kostenfunktion bei zwei Produktionsfaktoren
Gesamtangebotskurve
Cobb-Douglas-Produktionsfunktion

6 Märkte und Preisbildung

In the same open market, at any moment,
there cannot be two prices for the same kind of article.
W. Stanley Jevons

6.1 Zum Begriff des Marktes

In Kapitel 4 sind wir der Frage nachgegangen, wie sich die Haushalte mit ihren Nachfragemengen verhalten, wenn Preise und Einkommen vorgegeben sind oder exogen geändert werden. In Kapitel 5 haben wir untersucht, wie sich Unternehmen mit ihren Angebotsmengen verhalten, wenn der Preis eines Gutes und die Preise der Produktionsfaktoren vorgegeben sind oder exogen variiert werden. Da letztlich für die Haushalte produziert wird, müssen die Entscheidungen der Unternehmen auf die Wünsche der Haushalte abgestellt werden. Diese Abstimmung erfolgt in einem marktwirtschaftlichen System über Märkte.

1. Markt als Prozess der Information. Ein Markt ist der gedankliche Ort des Zusammentreffens von Angebot und Nachfrage. Der Markt ist eine »clearing-Stelle«, bei der Nachfrager (Haushalte) angeben, welche Menge eines Gutes sie zu einem bestimmten Preis nachfragen, und Anbieter (Unternehmer) angeben, welche Menge sie bereitstellen. Nicht immer ist auf einem Markt direkt beobachtbar, wie sich eine Marktseite verhält. Zu einem bestimmten Zeitpunkt können wir nur feststellen, welche Menge zu welchem Preis getauscht wurde, etwa welcher Preis auf einem Gemüsemarkt ausgerufen wurde. Wenn wir den Zeitpunkt unserer Betrachtung ändern, können wir andere Mengen-Preis-Kombinationen erhalten und damit auf das Nachfrage- und Angebotsverhalten schließen.
Der Markt kann als ein Informationsprozess interpretiert werden, in dem Marktparteien signalisieren, was sie zu kaufen oder zu verkaufen wünschen. Der Markt ist mit einem Computer verglichen worden. Man kann sich vorstellen, dass die Haushalte einem Computer mitteilen, welche Menge eines Gutes sie zu welchem Preis nachfragen wollen, und entsprechend die Unternehmen dem Computer melden, welche Menge sie zu welchem Preis anbieten. Der Computer sucht nun den Preis heraus, bei dem Nachfrage- und Angebotsmengen übereinstimmen. Der Markt wirkt also wie ein Computer.
Neben der Computer-Analogie hat man den Markt mit einem Auktionator verglichen. Wer eine Viehversteigerung erlebt hat, kann sich den Markt gut vorstellen. Ein Verkäufer ist bereit, eine Kuh zu einem bestimmten Preis zu verkaufen. Den Käufern wird die Kuh vorgeführt, und der Versteigerer ruft einen Preis aus. Stellt der Verstei-

gerer fest, dass mehr als ein Nachfrager zu diesem Preis vorhanden ist, so steigt der Preis, bis der Nachfrager mit der höchsten Zahlungsbereitschaft gefunden ist. Die Versteigerung »sortiert« also in diesem Beispiel die Nachfrager aus. Man beachte, dass sich dieses Beispiel der Viehversteigerung im Wesentlichen auf die Nachfrageseite bezieht. Es erfolgt aber auch eine Sortierung des Angebots, denn es werden verschiedene Kühe angeboten, und eine schlechtere Kuh wird nicht zum Preis einer besseren Kuh verkauft. Märkte wirken also nicht nur wie Versteigerer auf einer Marktseite, sondern gleichzeitig auf beiden Marktseiten. Bei einer Börse etwa ist dies der Fall.

Der Markt als Informationsprozess braucht in der Regel Zeit. Nicht immer ist der gesamte Markt an einem Ort zusammengefasst und zu einem Zeitpunkt überschaubar. Marktparteien müssen Informationen suchen. Dabei spielt auch Erfahrung eine Rolle. Beispielsweise wissen wir, dass man einen Tennisschläger in der Regel in einem Preisbereich von 150–300 € kaufen kann. Für den Nachfrager besteht das Problem darin, das günstigste Angebot zu finden. Wir sprechen von Informationskosten.

2. Vielzahl und Interdependenz von Märkten. In der Realität muss man sich eine Vielzahl von Märkten vorstellen. In Deutschland bestehen annähernd 2,8 Millionen Unternehmen und etwa 37,5 Millionen Haushalte. Viele der Unternehmen sind Mehrproduktunternehmen. Beispielsweise wies die Ruhrkohle AG einmal in Anzeigen darauf hin, dass dieses Unternehmen es mit 250 000 verschiedenen Produkten zu tun hat (einschließlich Inputs). Es ist also nicht unrealistisch davon auszugehen, dass in der Bundesrepublik mehrere hunderttausend, ja Millionen Märkte bestehen. Eine gute Vorstellung über die Unterschiedlichkeit der Produkte erhält man aus Tabelle 1.1.

Die Interdependenzen einer Vielzahl von Märkten kann nicht genügend betont werden. Märkte sind miteinander verbunden, wenn zwei Güter von der Nachfrageseite her in einem technisch bestimmten Verhältnis stehen (Komplementärgüter im Konsum oder in der Produktion), wenn Güter sich gegenseitig ersetzen können (Substitutionsgüter im Konsum oder in der Produktion), wenn zwei Güter in einem Produktionsprozess Kuppelprodukte sind, wenn eine Unternehmung die Möglichkeit hat, verschiedene Güter zu produzieren (Mehrproduktunternehmen) oder wenn ein Gut in der Produktion eines anderes Gutes eingesetzt wird (Produktionsfaktor, Zwischenprodukt). Man kann sich diese Interdependenz etwa verdeutlichen, wenn man untersucht, wie sich eine Abnahme in der Nachfrage nach PKW auf die Automobilproduktion und auf alle vor- und nachgelagerten Wirtschaftszweige auswirkt. Letzlich hängen alle Märkte miteinander zusammen.

3. Freiwilligkeit von Markttransaktionen. Unter Transaktionen kann man im weitesten Sinn den Übergang des Nutzungsrechts an einer Sache (auch Dienste) von einer Wirtschaftseinheit auf eine andere verstehen. Schaubild 6.1 unterscheidet wichtige Arten von Transaktionen.

Schaubild 6.1: Klassifikation von Transaktionen

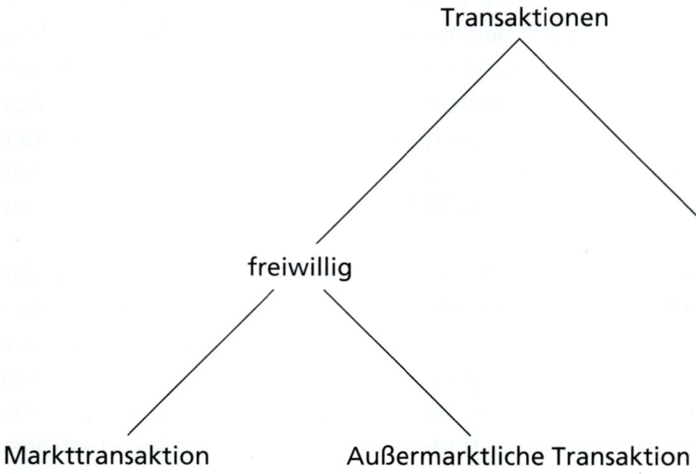

Bei nicht freiwilligen Transaktionen gibt ein Wirtschaftssubjekt ein Nutzungsrecht wegen Zwang auf, etwa bei einem Raubüberfall oder durch staatlichen Zwang (Steuerzahlung). Bei den freiwilligen Transaktionen kann man außermarktliche Transaktionen (Geschenke) und Markttransaktionen unterscheiden. Die Freiwilligkeit der Markttransaktion bedeutet: Zwar kann man einen Markt verbieten, indem man gesetzlich festlegt, dass Wirtschaftssubjekte nicht tauschen dürfen. Aber man kann Wirtschaftssubjekte nicht zum Tausch zwingen.

4. Vorteilhaftigkeit von Markttransaktionen. Kein Wirtschaftssubjekt wird eine Markttransaktion vornehmen, wenn es nach dieser Transaktion schlechter gestellt ist als vorher. Die Markttransaktion ist also für die Wirtschaftssubjekte vorteilhaft. Diese Aussage kann an Schaubild 6.2 verdeutlicht werden.

Die Kurve BD gibt die Nachfragekurve auf einem Markt für ein Gut an. Man kann sich vorstellen, dass die Nachfrageseite mit vielen Haushalten besetzt ist. Zunächst wird der Haushalt mit der höchsten Zahlungsbereitschaft aufgeführt, dann ein Haushalt mit einer geringeren Zahlungsbereitschaft. Das Dreieck OBD gibt also die Zahlungsbereitschaft aller Haushalte an. Stellt sich ein Gleichgewichtspreis OA ein, d. h. zu diesem Preis entspricht die nachgefragte Menge OE der angebotenen Menge O'Z, so zahlen die Nachfrager das Viereck OACE; sie wären aber bereit gewesen, auch noch das Dreieck ABC zu zahlen. Das Dreieck ABC kennzeichnet Zahlungsbereitschaft, die nicht vom Markt eingefordert wird. Es stellt ein Maß für die Vorteilhaftigkeit der Markttransaktionen dar. Man bezeichnet dieses Dreieck auch als *Konsumentenrente.*

Auf der Angebotsseite kann man sich ebenfalls eine Vielzahl von Marktteilnehmern vorstellen. Zunächst wird der Anbieter verzeichnet, der zum niedrigsten Preis anbieten will, dann ein Anbieter mit einem höheren Preis. Die Kurve WY gibt die

Angebotskurve an. Diese Angebotskurve ist durch die Produktionskosten bestimmt. Stellt sich nun ein Preis O'X ein, so erhalten die Anbieter über ihre Kosten hinausgehend auch den Betrag WXY. Dieses Dreieck signalisiert die Vorteilhaftigkeit des Tauschs für die Anbieter. Wir bezeichnen dieses Dreieck auch als *Produzentenrente.* Die Aussage über die Vorteilhaftigkeit der Markttransaktion bezieht sich auf eine gegebene Situation. Wenn sich der Preis nach der Transaktion günstiger gestaltet, kann sich die Transaktion im Nachhinein als unvorteilhaft erweisen. Die Freiwilligkeit der Markttransaktion beruht also auf einem erwarteten Vorteil.

Schaubild 6.2: Vorteilhaftigkeit von Markttransaktionen

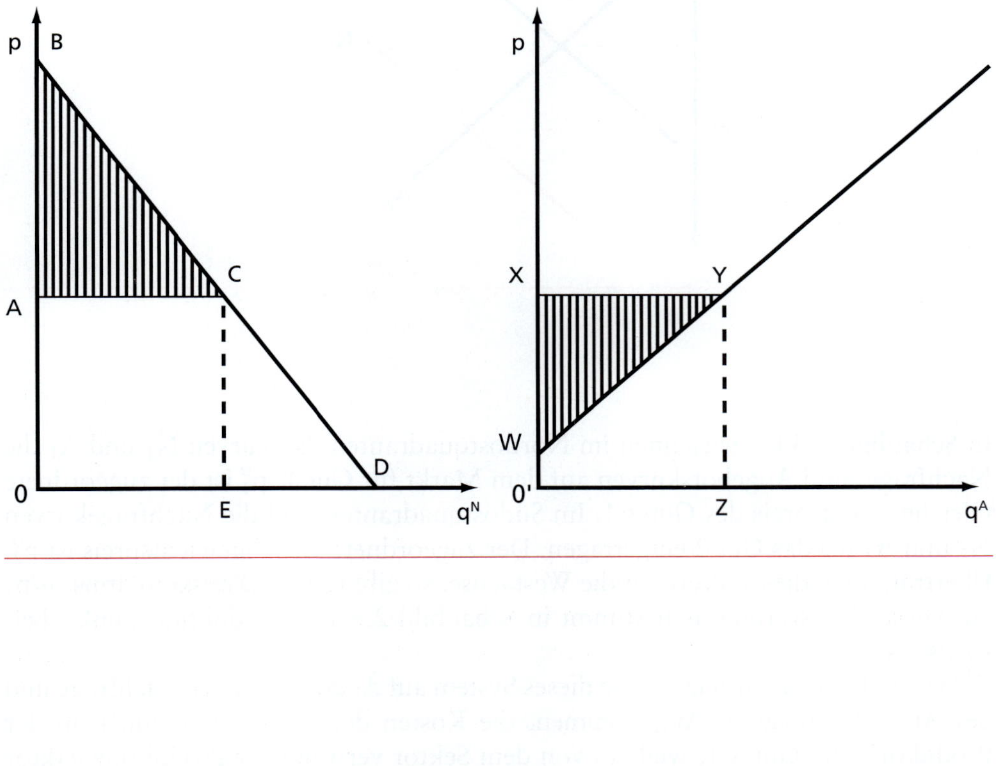

6.2 Güterpreisverhältnis und Veränderungen in Angebot und Nachfrage

In Abschnitt 2.5 wurde erläutert, dass Güterpreise und insbesondere die Preisrelationen die entscheidende Rolle für die Abstimmung der Produktion auf die Nachfrage spielen. In den Kapiteln 3, 4 und 5 haben wir die Bildung des Preises durch Nachfrage und Angebot für ein einziges Gut behandelt. Wie sich die Preisrelation zweier Güter bestimmt, lässt sich aus Schaubild 6.3 erkennen.

Schaubild 6.3: Wirkung von Angebots- und Nachfrageänderungen

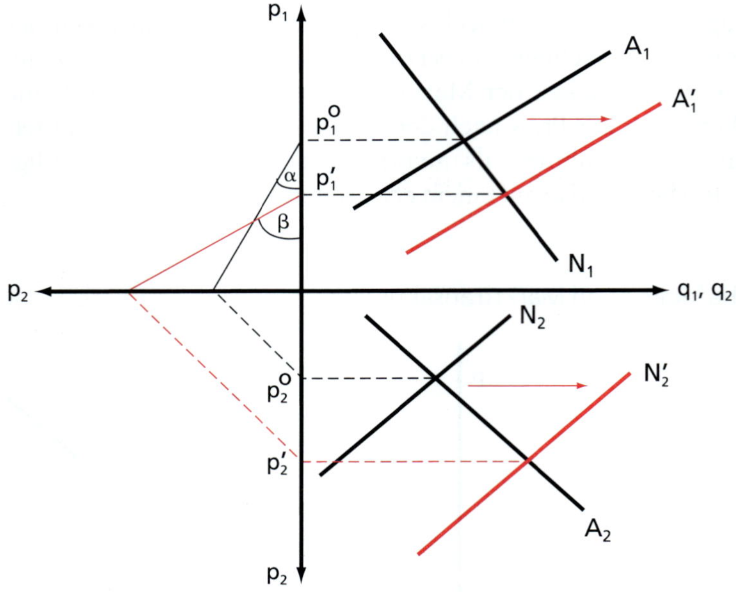

In Schaubild 6.3 kennzeichnen im Nordostquadranten die Kurven N_1 und A_1 die Nachfrage- und Angebotskurven auf dem Markt für Gut 1. p_1^0 ist der zugeordnete Gleichgewichtspreis des Gutes 1. Im Südostquadranten sind die Nachfragekurven N_2 und A_2 für das Gut 2 eingetragen. Der zugeordnete Gleichgewichtspreis ist p_2^0. Überträgt man diesen Preis auf die Westachse, so gibt tg α das Preisverhältnis p_2/p_1 an. Dieses Preisverhältnis bestimmt in Schaubild 2.6 den Produktionspunkt, beispielsweise A.

Es lässt sich nun auch zeigen, wie dieses System auf Änderungen der Nachfrage und des Angebots reagiert. Angenommen, die Kosten der Produktion sinken in der Produktion des Gutes 1, weil ein von dem Sektor verwendeter Produktionsfaktor billiger geworden ist. Dann verschiebt sich die Angebotskurve nach rechts auf A_1'. Der Preis des Gutes sinkt von p_1^0 auf p_1'. Wenn die Angebotsausdehnung auf technischen Fortschritt zurückzuführen ist, ist zu beachten, dass sich die Transformationskurve in Schaubild 2.6 nach außen verschiebt.

Es sei ferner unterstellt, dass die Präferenzen der Haushalte sich zu Gunsten des Gutes 2 verändern. Dann verschiebt sich die Nachfragekurve auf N_2'. Der neue Gleichgewichtspreis ist p_2'. Das neue Preisverhältnis wird durch tg β angegeben. Da tg β größer als tg α, steigt das Preisverhältnis p_2/p_1. In Schaubild 2.6 ist zu erkennen, dass in diesem Fall das System mit einer Produktionsausweitung bei Gut 2 und einer Produktionseinschränkung bei Gut 1 reagiert (Bewegung von Punkt A nach C). Der

Leser möge selbst andere Fälle durchspielen (z. B. Nachfrage nach Gut 1 steigt, die Angebotskurve bei Gut 2 verschiebt sich nach links).

6.3 Funktionen der Preise in einer Marktwirtschaft

Aus den Beispielen in Abschnitt 6.2 wird deutlich, dass der Preis in der Marktwirtschaft die Aufgabe hat, Angebot und Nachfrage zum Ausgleich zu bringen. Im Einzelnen werden folgende Funktionen des Preises unterschieden:

1. Bewertungsfunktion: Der (Nachfrage-)Preis signalisiert die Zahlungsbereitschaft der Konsumenten und damit die Bewertung der Güter durch die Haushalte. Der Nachfragepreis gibt an, auf welches Einkommen ein Haushalt zu verzichten bereit ist. Der Nachfragepreis gibt damit den »Wert in der Nutzung« (value in use nach Adam Smith) an. Die aggregierte Nachfragefunktion aller Haushalte nach einem Gut stellt die Zahlungsbereitschaft einer Volkswirtschaft für dieses Gut dar. Die Nachfragekurve ist eine Obergrenze für die Bewertung eines Gutes. Der (Angebots-)Preis hat ebenfalls eine Bewertungsfunktion. Denn der Angebotspreis gibt die Bewertung eines Gutes von der Produktionsseite an. Dieser Wertbegriff stellt also auf die Produktionskosten ab. Kosten sind bewerteter Inputverzehr. Produktionskosten können immer als Alternativ- oder Opportunitätskosten interpretiert werden. Denn Produktionsfaktoren können auch in einer anderen Verwendung eingesetzt werden. Wenn die Kosten der Produktion nicht gedeckt werden, so ist es lohnend, die Produktionsfaktoren in einer anderen Verwendung einzusetzen. Der Angebotspreis gibt damit eine Untergrenze für die Bewertung an.
Schließlich kennzeichnet der Preis auch den Tauschwert (value in exchange). Dieser Wert bestimmt sich sowohl von der Nachfrage- als auch von der Angebotsseite. Die Opportunitätskosten auf der Nachfrageseite (entgangenes Einkommen oder alternative Konsummöglichkeiten) und der Angebotsseite (alternative Produktionsmöglichkeiten) bestimmen den Wert eines Gutes. Nach Marshall bestimmt sich der Preis eines Gutes wie im Bild einer Schere, also durch Angebot und Nachfrage.

2. Anreizfunktion: Der (Angebots-)Preis stellt eine Anreizfunktion für die Anbieter dar, zusätzliche Mengen eines Gutes anzubieten. Diese Anreizfunktion bezieht sich sowohl darauf, dass ein höherer Preis einen verstärkten Anreiz darstellt, sich von einem vorhandenen Gut zu trennen, etwa ein angelegtes Lager abzugeben, als auch darauf, durch Einsatz zusätzlicher Produktionsfaktoren eine zusätzliche Gütermenge zu produzieren.

3. Informationsfunktion: Der (Nachfrage-)Preis signalisiert das Mengenverhalten und die Bewertung der Nachfrager; der (Angebots-)Preis signalisiert das Mengenverhalten der Anbieter. Das sind Informationssignale, die von den Haushalten und

Produzenten ausgehen. Gleichzeitig ist der (Gleichgewichts-)Preis ein Informationssignal, das Haushalte und Produzenten vom Markt erhalten. Der Preis ist das entscheidende Informationssignal, das die einzelnen Subsysteme einer Ökonomie an den Markt abgeben und vom Markt empfangen.

4. Koordinierungsfunktion: Der Preismechanismus räumt den Markt; er bringt Angebot und Nachfrage zum Ausgleich. Ein Angebot zu sehr hohen Preisen wird ebenso ausgeschaltet wie eine Nachfrage zu sehr niedrigen Preisen. Der Preis koordiniert die Einzelpläne. Entscheidend ist die Abstimmung der Produktions- und Haushaltspläne. Produzieren die Unternehmen »am Markt vorbei«, indem sie eine zu große Menge eines Gutes herstellen oder ein neues Produkt schaffen, das nicht begehrt ist, so nimmt die Nachfrage diese Produktion nicht ab und die Unternehmen müssen ihre Produktionstätigkeit ändern.

5. Lenkungsfunktion: Da der Preis Indikator der Knappheit ist, zeigt er die Veränderung der Marktdaten an. Dadurch wird sichergestellt, dass die Produktionsfaktoren an die Stelle optimaler Verwendung geleitet werden. Ist z. B. der Lohn in einen Sektor (Landwirtschaft) niedrig und in einem anderen Sektor (Industrie) hoch, so werden Arbeitskräfte langfristig aus der Landwirtschaft abwandern. Ähnlich sucht das Kapital die Investitionen, die den höchsten Zins erwarten lassen. Der Preismechanismus koordiniert zumindest teilweise auch die Ausbildung der Arbeitskräfte mit der Nachfrage der Wirtschaft. Nimmt z. B. die Nachfrage nach Programmierern zu, so steigt deren Lohn. Dieser Lohnanstieg stellt einen Anreiz für Arbeitskräfte dar, sich für diese Arbeitsart vorzubereiten. Die Lenkungsfunktion wird hier auf den Faktormarkt bezogen. Der Lenkungsfunktion auf dem Faktormarkt entspricht die Koordinierungsfunktion auf den Gütermärkten.

6. Substitutionsfunktion: Lässt man mehrere Produktionsfaktoren zu, so kann ein Unternehmen zwischen den Faktoren substituieren, wenn eine substitutionale Produktionsfunktion vorliegt. Steigt z. B. der Preis für Arbeit, so wird ein Unternehmen bestrebt sein, mehr Kapital einzusetzen. Bei einem Preisanstieg für Energie wird energiesparender produziert. Auch auf der Nachfrageseite finden bei Preisänderungen Substitutionsprozesse statt.

7. Innovationsfunktion: Preise signalisieren Gewinnchancen und stellen einen Anreiz zur Entwicklung neuer Technologien dar (neue Medikamente, Solarenergie). Preise können damit auch die technische Dynamik eines Wirtschaftssystems beeinflussen.

Kasten 6.1 Aus dem Geschichtsbuch: Das Abstimmungsproblem in der Zentralplanwirtschaft

Die Zentralplanwirtschaft war dadurch gekennzeichnet, dass ein volkswirtschaftlicher Gesamtplan aufgestellt wurde, in dem wichtige Bereiche der Volkswirtschaft mit Vollzugsverbindlichkeit festgelegt waren, d. h. der Plan enthielt konkrete Anweisungen über die Produktionsmengen an die einzelnen Betriebe. Betrachtet man eine Transformationskurve als gegeben, so legt eine politische Instanz fest, welche Mengen des Gutes 1 und des Gutes 2 produziert werden sollen. Beispielsweise kann die politische Instanz dem Gut 2 (Rüstungsgüter, Investitionsgüter) den Vorzug einräumen.

Pläne bezogen sich z. B. auf fünf Jahre und das nächste Jahr. Im Folgenden betrachten wir Ein-Jahres-Pläne. Die ehemaligen Ein-Jahres-Pläne in der UdSSR können vereinfacht wie folgt beschrieben werden. Gosplan, die sowjetische Planungsbehörde, machte in der ersten Hälfte eines Jahres eine Prognose für die zweite Jahreshälfte. Die Vorausschau war die Informationsbasis für den Plan des kommenden Jahres.

Die Informationsbasis diente dem Ministerrat und dem Präsidium des Zentralkomitees der kommunistischen Partei dazu, die Ziele für das kommende Jahr festzulegen. Meistens wurden diese Ziele in recht allgemeiner Form formuliert, z. B.: »Der Ressourceneinsatz für die Kapitalbildung ist um 5 vH zu vermehren.«

Dann stellte Gosplan einen vorläufigen Plan für die Produktionsziele auf, und zwar für die etwa 1 000 wichtigsten Güter im Detail und für 16 000 andere Güter weniger stark aufgeschlüsselt. Diese so genannten Kontrolldaten wurden in der Planvorbereitung in der Hierarchie nach »unten« zu den Ministerien, den regionalen Planungsinstanzen und den Unternehmen weitergegeben. Dem Ministerium für Kfz-Produktion wurde z. B. die Zahl der Automobile angegeben und dem Außenhandelsministerium z. B. die Menge der zu importierenden Automobile. Alle Angaben erfolgten in physischen Größen, also in Tonnen oder Stück.

Wesentliches Planungsinstrument war die Materialbilanz, die die Erstellung und Verwendung eines Gutes erfasst, z. B. für den Automobilsektor (Tabelle Kasten 6.1).

Tabelle Kasten 6.1: Materialbilanz (in Millionen Automobile; hypothetische Zahlen)

Produktion	20	Industrie	9
Importe	2	Landwirtschaft	1
Abnahme der Läger	1	Haushalte	3
		Zunahme der Läger	3
		Regierung	6
		Export	1
Quellen	23	Verwendung	23

Diese Materialbilanz war das Instrument, die Produktionsmengen eines Sektors mit dem Produktionsziel, d.h. den geplanten Verwendungen, in Übereinstimmung zu bringen. In diesen Materialbilanzen waren auch die für die Produktion erforderlichen Inputmengen zu erfassen.
Diese Zahlen wurden nun an die einzelnen Betriebe weitergegeben. Letztlich erhielt die Automobilfabrik in Irkutsk eine Anweisung: Zu produzieren sind x Autos mit den Materialmengen y.
Diesem Informationsstrom von oben nach unten folgte ein anderer Strom von unten nach oben, in dem die Unternehmen mitteilten, dass sie mit den gegebenen Inputmengen die angeforderten Produktionsmengen nicht erreichen können und um eine Verringerung der Produktionszahlen oder eine Erhöhung der Inputzuweisungen baten. Der Plan konnte also noch revidiert werden (vgl. Schaubild Kasten 6.1).

Schaubild Kasten 6.1: Schema des Planungsprozesses auf verschiedenen Planungs- und Entscheidungsebenen

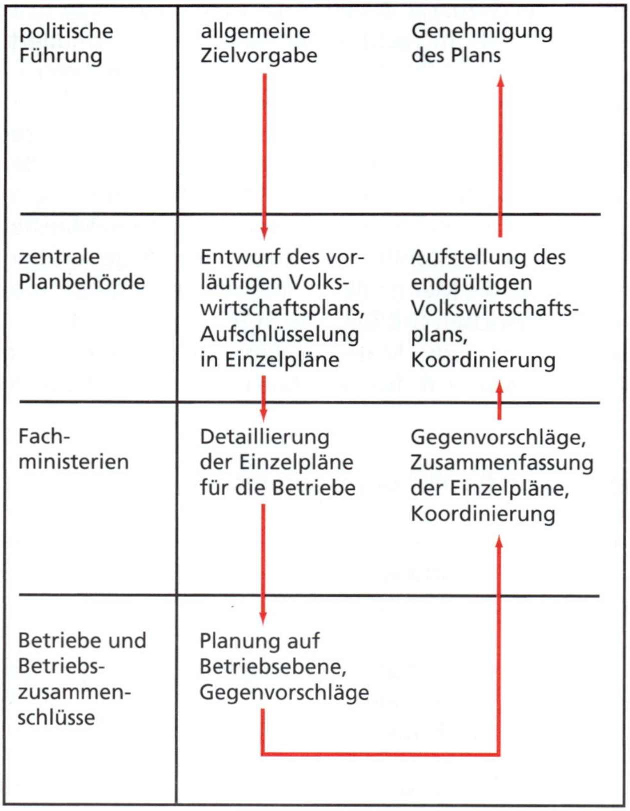

Wenn der Plan dann verkündet war, wurde er verbindlich. Die Unternehmen mussten das Plansoll erfüllen. Arbeit wurde durch Lohnunterschiede an die Stätten der Produktion gelenkt. Langfristig erfolgte die Lenkung der qualifizierten Arbeit durch Steuerung der Studienplätze und Ausbildungsmöglichkeiten in den einzelnen Studiengängen.
Mit diesem zentralen Planungsansatz waren eine Reihe von Problemen verbunden:

1. Das Anreizproblem. Jedes ökonomische System muss Anreize für die Gütererstellung enthalten. Diese Anreize beziehen sich nicht nur auf den Faktor Arbeit, sondern auch darauf, dass ein ökonomisches System technischen Fortschritt erzeugt (Problem der technischen Dynamik). Die Erfahrungen in Osteuropa und der ehemaligen UdSSR zeigen, dass die Vorgabe von Produktionssolls kein hinreichender Anreiz für die Durchsetzung technischen Fortschritts darstellt.

2. Das Informationsproblem. Die Zentrale hat keine hinreichende Information über die Tatbestände in den einzelnen Unternehmen, und zwar weder über die Produktionsbedingungen noch über die Absatzchancen. Die Zentrale kann auch nicht wissen, welche Produktionsverfahren Erfolg für die Zukunft versprechen. Jeder Betriebsleiter wird bestrebt sein, großzügig Inputs anzufordern und seine möglichen Produktionsmengen zu niedrig anzugeben. Denn auf diese Weise kann er ein »Übersoll« erfüllen. Die von den Betrieben »nach oben« fließende Information über notwendige Produktionsfaktoren und mögliche Produktionsergebnisse ist damit systematisch verzerrt. Dies führt zu einer falschen Zuweisung von Produktionsfaktoren.

3. Das Konsistenzproblem. Sind die Mengenplanungen der Betriebe und der Konsumenten konsistent? Die Zentrale kennt die Wünsche der Konsumenten nicht. Das Geldeinkommen, das Manager, Arbeiter und Bauern verdienen, kann frei ausgegeben werden. Aber die Anzahl der einzelnen Konsumgüter ist festgelegt. Der Konsument kann also nur zwischen den Gütern wählen, die die Regierung produzieren lässt. Er bestimmt nicht die Güter, die produziert werden.
Da die Konsumgüter knapp sind und nicht jeder ein Auto bekommen kann, müssen einige Individuen vom Konsum ausgeschlossen werden. Das wird teilweise über den Preis erreicht. Da der Preis aber politisch fixiert ist, wären zu den gegebenen niedrigen Preisen viele bereit, einen Wagen zu kaufen. Es müssen deshalb andere Ausschlussformen gefunden werden, z. B. die Warteschlange oder die Lieferfristen.

Wir können also festhalten: In einer Zentralplanwirtschaft entschied eine politische Instanz über die Prioritäten der Produktion, z. B. auch über die Frage, welche Güter für den Konsum und welche für die Investition (Kapitalbildung) produziert werden. In einer Zentralplanwirtschaft entschied auch eine politische Instanz über die Produktion der einzelnen Konsumgüter. Der Konsument hatte einen relativ geringen Einfluss auf die Produktionsrichtung. Die Abschätzung der Bedürfnisse durch staatliche Instanzen führte in aller Regel dazu, dass an den Konsumenten vorbeiproduziert wurde. Da die technische Dynamik des Wirtschaftssystems reduziert wurde und die Tendenz bestand, dass die Faktoren ineffizient eingesetzt wurden, erreichte das Wirtschaftssystem eine niedrigere Transformationskurve.

6.4 Preisbildung unter verschiedenen Marktbedingungen

Die Preisbildung hängt davon ab, durch welche Eigenschaften Märkte gekennzeichnet sind. Im Folgenden unterscheiden wir Märkte nach der Homogenität von Gütern und dem Informationsstand der Wirtschaftssubjekte, nach dem Marktzugang und dem Marktabgang.

1. Vollkommene und unvollkommene Märkte. Ein Markt ist vollkommen, wenn folgende Bedingungen erfüllt sind:

a) Die Güter müssen homogen, d. h. gleichartig sein. Das Homogenitätskriterium ist erfüllt, wenn

- die Güter sachlich gleichartig sind, d. h. es dürfen keine objektiv feststellbaren Unterschiede bestehen (keine sachlichen Präferenzen),
- keine personengebundenen Präferenzen vorliegen; es wird also der Fall ausgeschlossen, dass sich wegen persönlicher Präferenzen (z. B. gute Bekanntschaft mit dem Kaufmann) unterschiedliche Preise bilden,
- keine räumlichen Präferenzen vorhanden sind; es wird also der Fall ausgeschlossen, dass das gleiche Gut je nach räumlicher Lage verschiedene Preise erzielt,
- keine zeitlichen Präferenzen vorliegen; es wird also ausgeschlossen, dass das gleiche Gut je nach Leistungsterminen verschiedene Preise erzielt, dass der Preis z. B. für Sofortlieferungen höher ist als der Preis für spätere Lieferungen.

b) Der Markt muss für Marktteilnehmer transparent sein, d. h. die Marktteilnehmer müssen Information über das relevante Marktgeschehen haben (Markttransparenz).

Wenn diese Bedingungen gegeben sind, sprechen wir von einem vollkommenen Markt. Auf diesem Markt gilt das Gesetz der Unterschiedslosigkeit der Preise: Auf einem vollkommenen Markt gibt es zu jedem Zeitpunkt für jedes Gut nur einen Preis. Ist eine der oben genannten Bedingungen nicht erfüllt, so sprechen wir von einem unvollkommenen Markt. Auf einem unvollkommenen Markt kann es für ein und dasselbe Gut unterschiedliche Preise geben.

2. Offene und geschlossene Märkte. Neben einem vollkommenen und unvollkommenen Markt sprechen wir auch von einem offenen oder geschlossenen Markt. Ein Markt ist offen, wenn freier Eintritt in den Markt möglich ist. Ein Markt ist geschlossen, wenn Eintrittshemmnisse vorliegen. Bei den Ursachen eines mangelnden Marktzugangs unterscheiden wir:

a) *Ökonomische Ursachen.* Potentielle »newcomer« haben kein Wissen über die Produktionstechnik. Oder der Kapitalbedarf für den Markteintritt erfordert auf Grund der technischen Bedingungen eine hohe Mindestsumme (Bau einer neuen Eisenbahnlinie; Gründung einer Tageszeitung), die nicht leicht aufgebracht werden kann. Die Produktionstechnik ist durch langfristig abnehmende Produktionskosten

gekennzeichnet (Betriebsgrößendegression), so dass potentielle Neuankömmlinge sich in einer ungünstigen Kostensituation befinden (Fall des natürlichen Monopols).
b) *Institutionelle oder politische Ursachen.* Die Zugangsbeschränkungen können ohne staatliche Tätigkeit oder gerade auf Grund staatlicher Tätigkeit entstehen. Beispielsweise haben früher die amerikanischen Gewerkschaften die Politik des »closed shop« oder des »union shop« verfolgt. Durch Absprachen mit den Unternehmen stellten sie sicher, dass nur derjenige einen Arbeitsplatz erhielt, der Mitglied der Gewerkschaft war. Beim deutschen Arbeitsmarkt wird diskutiert, ob die institutionelle Regelung und die Tarifgestaltung nur diejenigen schützt, die bereits Arbeit haben – die Insider – und die anderen – die Outsider – ausschließt. Jedenfalls ist es einem Arbeitslosen nicht möglich, seine Arbeitskraft unter Tarif anzubieten.
Andere Beispiele für beschränkten Marktzugang sind die Zünfte des Mittelalters, die Schornsteinfeger, denen ein fester Bereich zugewiesen ist, der große Befähigungsnachweis als Voraussetzung für das Betreiben eines Handwerksbetriebes und die Notare. Bei den Apotheken stellt Niederlassungsfreiheit den Markteintritt sicher.
Sehr oft erwächst die Marktzugangsbeschränkung aus wohl erwogenen Gründen: Nicht jeder soll ohne Prüfung den Beruf des Arztes ausüben können. Dieser Schutz des Patienten aber beschränkt faktisch den Marktzugang. Beispielsweise wird behauptet, dass die American Medical Association – die Vereinigung der amerikanischen Ärzte – sich wie eine Zunft verhält und den Marktzugang beeinflusst. In der Bundesrepublik sind ähnliche Stimmen in Bezug auf den numerus clausus in Medizin und durch administrative Maßnahmen zur Kostenkontrolle im Gesundheitswesen laut geworden. Andere Beispiele für beschränkte Marktzugänge sind oder waren die Einräumung eines Monopols für die Eisenbahn, für die Post und für das Leitungsrecht bei der Elektrizitätsversorgung. Patente erteilen – zur Stimulierung der Innovation – einen Schutz gegen Marktzugang für eine begrenzte Zeit. Die Gewerbeaufsicht, die Flächennutzungsplanung, die Bebauungspläne und Importgenehmigungen sind mögliche Ursachen von Marktzugangsbeschränkungen. Immer wenn der Staat eine Genehmigung erteilt, ist die Frage angebracht, ob der Marktzugang erschwert wird.
Es ist zu erwarten, dass die Preisbildung in geschlossenen Märkten anders erfolgt als in offenen Märkten. Wirtschaftspolitisch stellt sich die Frage, ob die durch staatliche Vorschriften erteilten Genehmigungen nicht transferierbar gemacht werden sollen oder ob der Staat sein Regelungssystem nicht entregulieren soll. Beispielsweise hat man mit der Beseitigung staatlicher Genehmigungen im Luftverkehr der USA und der Öffnung dieses Verkehrsmarktes Ende der siebziger Jahre gute Erfahrungen gemacht. In Deutschland hat der verstärkte Wettbewerb im Telekommunikationsbereich zu einem vielfältigen Angebot geführt. Die Deregulierungskommission hat zahlreiche Vorschläge für neue institutionelle Regelungen in vielen Bereichen gemacht.

3. **Marktabgang.** Analog zu dem Kriterium des Marktzugangs kann man Märkte danach unterscheiden, ob in ihnen ein freier Marktabgang möglich ist oder nicht.

Damit ist die Frage angesprochen, ob Unternehmen ohne weiteres aus dem Markt ausscheiden können oder nicht. Beispielsweise wird von den Unternehmen ein Sozialplan zur Absicherung der Arbeitnehmer verlangt. In aller Regel hat die Einschränkung des Marktabgangs auch Konsequenzen für den Marktzugang. Unternehmen antizipieren den eingeschränkten Marktabgang, der Markt wird dadurch weniger attraktiv, der Marktzugang uninteressanter.

Kasten 6.2 Der große Befähigungsnachweis

Im Handwerk ist der Marktzugang in erheblichem Maße reguliert. Nach der Handwerksordnung von 1953 ist die selbständige Ausübung eines Handwerks an die Meisterprüfung gebunden (großer Befähigungsnachweis). Motiviert wird der große Befähigungsnachweis als Mittel der *Qualitätssicherung.* Es ist fraglich, ob diese Regulierung noch zu rechtfertigen ist, denn dem Verbraucher werden durch den großen Befähigungsnachweis überflüssige Kosten aufgebürdet. Die Verbraucher könnten sich selbst schützen, beispielsweise indem sie sich über die Qualität der Handwerker informieren.

Wie verästelt die Regulierung ist, zeigt sich im Verzeichnis der verwandten Handwerke. Bei verwandten Handwerken genügt der Befähigungsnachweis in einem dieser Handwerke, um das andere Handwerk ausüben zu dürfen. Wie ein Blick auf die Liste zeigt, werden diese verwandten Handwerke äußerst eng interpretiert, beispielsweise Herrenschneider und Damenschneider. Teilweise handelt es sich nur um norddeutsche oder süddeutsche Bezeichnungen der gleichen Tätigkeit. Eine enge Interpretation der verwandten Handwerke macht es etwa im Bausektor unmöglich, dass ein Handwerker gleichzeitig mehrere Gewerke durchführen kann. Den Bauherren entstehen unnötige Kosten für das Koordinieren verschiedener Handwerksarbeiten. Eine erweiterte Definition der verwandten Handwerke würde dagegen zu beachtlichen Kostensenkungen führen.

Die Konsequenz aus dem verringerten Marktzugang im Handwerksbereich ist, dass die Preise überhöht sind und deshalb die Nachfrager auf die Schattenwirtschaft ausweichen. Bei den neuen Berufen, etwa in den Informationsdienstleistungen, kommt die Handwerksordnung den Veränderungen in der wirtschaftlichen Wirklichkeit nicht rechtzeitig nach.

Verzeichnis der verwandten Handwerke

1 Bäcker	Konditoren
3 Beton- und Stahlbetonbauer	Maurer
4 Böttcher	Weinküfer
5 Bootsbauer	Schiffbauer
6 Damenschneider	Herrenschneider
7 Dreher	Maschinenbaumechaniker
7a Drechsler (Elfenbeinschnitzer)	Holzspielzeugmacher
8 Feinmechaniker	Maschinenbaumechaniker; Werkzeugmacher

4. Bestreitbare Märkte. Sind Märkte offen und besteht ein intensiver Wettbewerb, so sind Märkte bestreitbar (»contestable markets«). Vor allem durch den Markteintritt von Neuankömmlingen wird die Position etablierter Unternehmen bedroht; sie müssen in ihrer Preisgestaltung darauf achten. Dies gilt auch, wenn ein Marktzutritt grundsätzlich möglich ist. Ein potentieller Markteintritt schränkt also den Preisbildungsspielraum etablierter Unternehmen ein.

9 Feintäschner	Sattler
10 Galvanoplastiker	Stereotypeure
11 Glaser	Glasschleifer und Glasätzer
12 Glasveredler	Glaser
13 Graveure	Werkzeugmacher
14 Gürtler und Metalldrücker	Metallbauer; Silberschmiede
15 Herrenschneider	Damenschneider
16 Holzbildhauer	Steinmetzen und Steinbildhauer; Holzspielzeugmacher
16a Holzspielzeugmacher	Drechsler (Elfenbeinschnitzer); Holzbildhauer
17 Karosserie und Fahrzeugbauer	Wagner
18 Klempner	Kupferschmiede
19 Konditoren	Bäcker
20 Kupferschmiede	Klempner
21 Landmaschinenmechaniker	Metallbauer
22 Maschinenbaumechaniker	Dreher; Feinmechaniker; Zweiradmechaniker; Metallbauer; Werkzeugmacher
23 Maurer	Beton- und Stahlbetonbauer
24 Zweiradmechaniker	Maschinenbaumechaniker; Werkzeugmacher
26 Sattler	Feintäschner
27 Schiffbauer	Bootsbauer
28 Metallbauer	Gürtler und Metalldrücker; Maschinenbaumechaniker; Werkzeugmacher; Landmaschinenmechaniker
30 Silberschmiede	Gürtler- und Metalldrücker
31 Steinmetzen und Steinbildhauer	Holzbildhauer
32 Stereotypeure	Galvanoplastiker
32a Tischler	Holzspielzeugmacher
33 Wagner	Karosserie- und Fahrzeugbauer
34 Weinküfer	Böttcher
35 Werkzeugmacher	Graveure; Maschinenbaumechaniker; Feinmechaniker; Zweiradmechaniker; Metallbauer

6.5 Arbitrage

Ist der Markt vollkommen, so muss sich auf diesem Markt für ein Gut nur ein einziger Preis einstellen. Ist der Markt dagegen unvollkommen, so sind unterschiedliche Preise wahrscheinlich. Dies gilt insbesondere, wenn Informationshemmnisse vorliegen. Ein solcher Fall ist in Schaubild 6.4 dargestellt. In den Schaubildern a und b sind die Angebots- und Nachfragekurven zweier räumlich getrennter Märkte dargestellt. Angenommen die Wirtschaftssubjekte haben – bis auf den Arbitrageur – keine Information über die Preisdifferenzen p_0 und p_0^*. Für den Arbitrageur lohnt es sich, Güter auf dem Markt mit dem niedrigen Preis zu kaufen und sie auf dem Markt mit dem höheren Preis anzubieten. Arbitrage nutzt also Tauschpotential aus und wirkt in Richtung auf eine Preisangleichung. Der Gleichgewichtspreis liegt zwischen p_0 und p_0^*.
Ob letztlich nach der Arbitrage noch Preisunterschiede bestehen, hängt von der Höhe der Transportkosten und den Informationskosten ab, die dem Arbitrageur entstehen. Wenn diese Kosten der Arbitrage höher sind als die Preisdifferenz, wird keine Arbitrage mehr vorgenommen. Letztlich übernimmt der Arbitrageur eine Art Auktionatorfunktion bei unvollkommener Information. Beispielsweise gibt es auf dem Kapitalmarkt Zinsarbitrageure, die sich bei Zinsunterschieden von einem Hundertstel hinter dem Komma auskennen.
Je besser die Information zwischen verschiedenen Märkten allgemein gestreut ist, je geringer die Transportkosten zwischen Märkten, je geringer die institutionellen Marktbegrenzungen (z. B. Zollmauern), umso geringer ist die Bedeutung der Arbitrage. Schmuggel ist die Arbitrage des kleinen Mannes. Den Kaffeeschmuggel zwischen den Ländern Westeuropas nach dem 2. Weltkrieg haben nicht die Zöllner gestoppt, sondern er ist durch die Beseitigung künstlicher Marktabgrenzungen und die Schaffung eines gemeinsamen Marktes überflüssig geworden.

Schaubild 6.4: Arbitrage

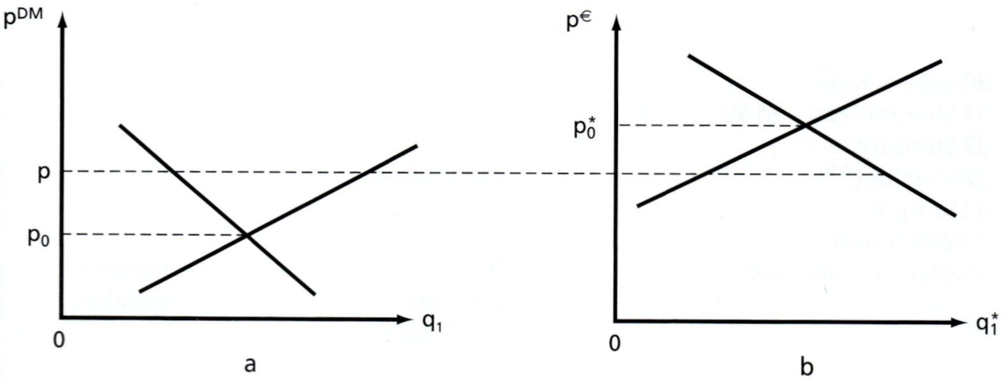

Arbitrage ist nicht mit Spekulation zu verwechseln. Unter Spekulation versteht man ein Marktverhalten (Nachfrage, Angebot), das auf Erwartungen gegründet wird. Wird z. B. von den Erdölanbietern eine zukünftige Verknappung des Erdöls erwartet, so werden sie ihr Angebot heute zurückhalten und das Erdöl erst in der Zukunft aus der Erde pumpen. War diese Erwartung objektiv richtig, so erfüllt diese Spekulation eine wichtige Funktion. Sie vergrößert heute die Knappheit, erhöht damit heute den Preis und zwingt zu einem sparsamen Umgang mit dem Erdöl. Damit wird über die Spekulation die zukünftige Verknappung bereits heute zum Ausdruck gebracht. War die Spekulation jedoch objektiv falsch, tritt also gar keine Verknappung in der Zukunft ein, so steigt heute der Preis, muss aber in Zukunft wieder sinken. Es ergeben sich Preisoszillationen. Spekulation, die sich nicht erfüllt, destabilisiert die Märkte.

Wichtige Begriffe in Kapitel 6

- Markt als Informationsprozess
- Interdependenz von Märkten
- Freiwilligkeit von Markttransaktionen
- Vorteilhaftigkeit von Markttransaktionen
- Zahlungsbereitschaft
- Konsumentenrente
- Produzentenrente
- Bewertungsfunktion des Nachfragepreises
- Anreizfunktion des Angebotspreises
- Informationsfunktion des Preises
- Koordinierungsfunktion des Preises
- Lenkungsfunktion des Preises
- Substitutionsfunktion des Preises
- Innovationsfunktion des Preises
- Vollkommener und unvollkommener Markt
- Offener und geschlossener Markt
- Markteintritt und Marktabgang
- Arbitrage

7 Eingriffe in die Preisbildung

Regierungen lernen nie.
Nur die Leute lernen.
Milton Friedman

Aus einer Vielzahl von Gründen wird in die Preisbildung eingegriffen. Sowohl private Wirtschaftssubjekte als auch der Staat versuchen, Preise und Mengen zu beeinflussen. In Abschnitt 7.1 wird die stärkste Form eines Eingriffs diskutiert, das Punktangebot. In Abschnitt 7.2 erörtern wir als Beispiel für eine mangelnde Marktlenkung den Spinnweb-Fall. In den folgenden Abschnitten dieses Kapitels werden insbesondere staatliche Eingriffe in die Preisbildung angesprochen, wie u. a. Höchst- und Mindestpreise (Abschnitte 7.3 und 7.4), Rationierung (Abschnitt 7.5) und Preisstopp (Abschnitt 7.6). Auch Steuern und Subventionen stellen Eingriffe in die Preisbildung dar (Abschnitt 7.9). Andere Abschnitte beschäftigen sich mit Kartellen und administrierten Preisen.

7.1 Punktangebot

Als Punktangebot kennzeichnen wir eine Marktsituation, in der sowohl die angebotene Menge als auch der Preis festgelegt werden. Ein solches Punktangebot kann von einem einzigen Anbieter (vgl. Monopol) bestimmt werden oder von einer Planungsinstanz.

1. Zu niedriger Preis, zu geringe Menge. In Schaubild 7.1a ist der Fall dargestellt, in dem die Menge q_0 zu einem Preis p_0 angeboten wird. Legt eine Behörde ein solches Punktangebot fest, so hat dies die folgenden Konsequenzen:

- Zu dem Preis p_0 besteht ein Nachfrageüberhang. Das Wirtschaftssystem verteilt die Güter nach dem Motto »wer zuerst kommt, mahlt zuerst« (Windhundprinzip). Schlangen sind die zwangsläufigen Erscheinungen eines solchen Wirtschaftssystems.
- Da es Nachfrager gibt, die – wie die Nachfragekurve in Punkt B zeigt – bereit sind, mehr zu zahlen als den Preis p_0, lohnt sich Arbitrage. Wer das Gut zuerst gekauft hat, kann es an ein Wirtschaftssubjekt mit einer höheren Zahlungsbereitschaft verkaufen. In der Regel wird diese Arbitrage unter Strafe gestellt. Tausch wird kriminalisiert (»Schwarzmarkt«).

- Wenn eine Planungsbehörde die Menge q_0 und den Preis p_0 vorgibt, besteht für die Unternehmen kein Anreiz, mehr von dem Gut zu produzieren, auch wenn Schlangen vor den Läden stehen oder eine Warteliste für den Kauf eines neuen Autos existiert. In diesem System gibt es keinen Anreiz, den Preis zu korrigieren, wenn ein Nachfrageüberhang besteht.
- Schaubild 7.1a kennzeichnet letztlich eine Fehllenkung der Ressourcen. Die Nachfrager bewerten ein Gut höher (um AB) als die Behörde. Es werden zu wenig Produktionsfaktoren in der Produktion dieses Gutes eingesetzt.

Schaubild 7.1: Punktangebot

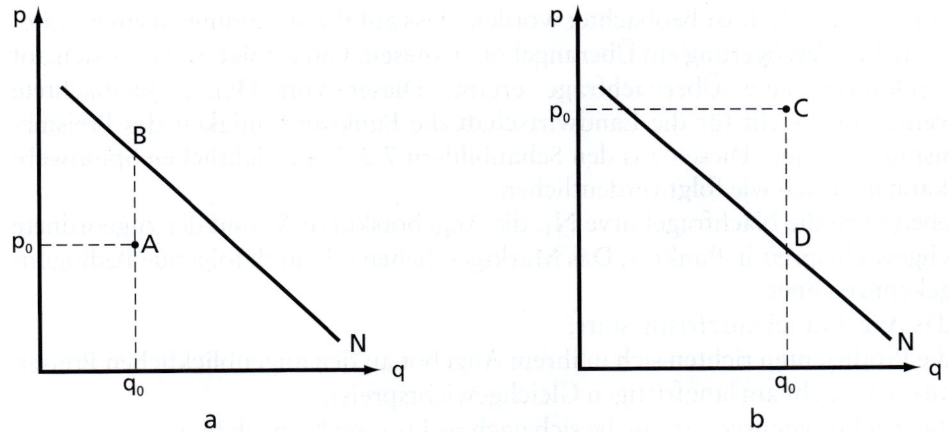

2. Zu hoher Preis, zu große Menge. In Schaubild 7.1b ist der Fall dargestellt, dass eine Menge q_0 und ein Preis p_0 festgelegt werden, der über der Zahlungsbereitschaft liegt. Punkt C stellt zwar einen starken Produktionsanreiz für die Unternehmen dar, da sie einen hohen Preis erzielen. Jetzt besteht aber ein Angebotsüberhang. Dies drückt sich durch eine übermäßige Lagerhaltung aus. Die Produzenten bleiben auf einem Teil ihrer Produkte sitzen. Es werden Produktionsfaktoren in der Produktion dieses Gutes vergeudet; diese Faktoren würden sinnvoller in einer anderen Verwendung eingesetzt.

3. Monopol und Punktangebot. Oben wurde behauptet, dass ein solches Punktangebot auch bei einem Alleinanbieter (Monopolist) in einem marktwirtschaftlichen System vorkommen kann. Dabei muss es sich allerdings um eine Art Schlafmützenmonopolist handeln. Der Fall des Schaubilds 7.1b bedeutet, dass das Unternehmen eine unnötige Lagerhaltung betreibt. Im Fall des Schaubilds 7.1a könnte der Alleinanbieter die Zahlungsbereitschaft voll ausschöpfen und seinen

Gewinn vergrößern, wenn er auf der Nachfragekurve anbietet. Wir dürfen also erwarten, dass der Monopolpreis auf der Nachfragekurve liegt.

7.2 Mangelnde Marktlenkung: Der Spinnweb-Fall

In der Landwirtschaft ist beobachtet worden, dass auf Preiserhöhungen eines Gutes mit zeitlicher Verzögerung ein Überangebot an diesem Gut erfolgt und dass sich auf Preissenkungen eine Übernachfrage ergibt. Dieser von Hanau beobachtete Schweinezyklus stellt für die Landwirtschaft die Funktionsfähigkeit des Preismechanismus in Frage. Diesen aus den Schaubildern 7.2–7.4 ersichtlichen Spinnweb-Fall kann man sich wie folgt verdeutlichen.

Gegeben seien die Nachfragekurve N_1, die Angebotskurve A_1 und der zugeordnete Gleichgewichtspreis in Punkt A. Das Marktgeschehen sei durch folgende Bedingungen gekennzeichnet:

(1) das Angebot sei kurzfristig starr;
(2) die Produzenten richten sich in ihrem Angebot an den augenblicklichen Preisen aus (und nicht am langfristigen Gleichgewichtspreis);
(3) die Nachfragekurve verschiebe sich nach rechts (von N_1 nach N_2).

Drei Verlaufsfälle. Es lässt sich zeigen, dass sich die Preisbildung unter diesen Bedingungen je nach den Steigungen der beiden Kurven unterschiedlich vollzieht.

1. Zunächst sei unterstellt, dass die Steigung der Nachfragekurve absolut größer ist als die Steigung der Angebotskurve (Schaubild 7.2).

Verschiebt sich die Nachfragekurve von N_1 auf N_2 und ist das Angebot kurzfristig starr, so stellt sich ein Preis bei Punkt B ein. Nehmen die Anbieter diesen hohen Preis als Dauerpreis an, so werden sie ihr Angebot ausdehnen (Punkt C). Bei diesem hohen Preis ist die Nachfrage jedoch zu gering, der Preis muss sinken (D). Bei einem niedrigen Preis (D) verringert sich wieder das Angebot (E). Ein niedriges Angebot hat den höheren Preis F zur Folge. Die Entwicklung geht also immer stärker vom Preis p_0 weg (explosiver Fall).

2. Wenn die Steigung der Nachfragekurve absolut geringer ist als die Steigung der Angebotskurve (Schaubild 7.3), so bewirkt eine Verschiebung von N_1 auf N_2 in diesem Fall eine Bewegung ABCDEF (implosiver Fall). Der Gleichgewichtspreis wird in einem Anpassungsprozess erreicht.

3. Wenn die Steigung der Nachfragekurve gleich der Steigung der Angebotskurve ist, so gilt: Der Preis schwankt immer in der Bewegung ABCD, p^0 wird nicht erreicht (Preisoszillation Schaubild 7.4).

Schaubild 7.2: Der explodierende Spinnweb-Fall

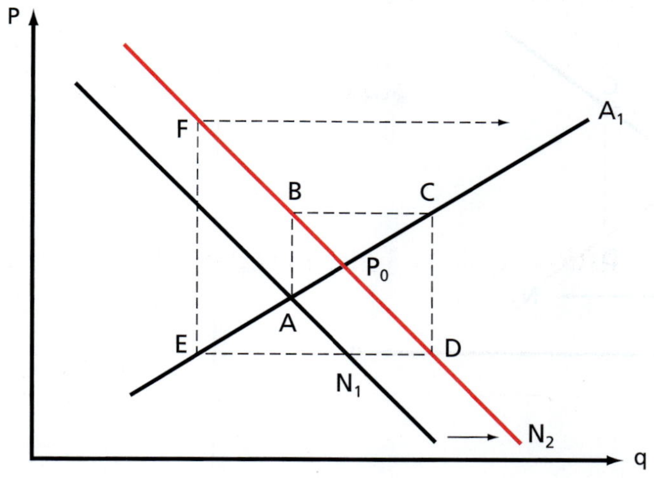

Schaubild 7.3: Der implodierende Spinnweb-Fall

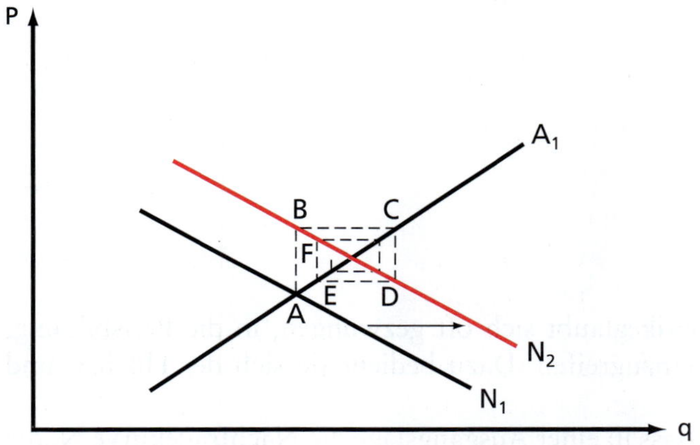

Wirtschaftspolitische Schlussfolgerungen. In den Fällen 1 und 3 werden wirtschaftspolitische Eingriffe gefordert. Heute werden landwirtschaftliche Preise durch die EU in Brüssel als Richtpreise gesetzt. Inwieweit die Probleme des »Schweinezyklus« durch die Brüsseler Bürokratie angesichts der Butterberge und der zeitweiligen Überschüsse von Schweinen und Kühen und den daraufhin gewährten »Abwrackprämien« für Kühe vermieden worden sind, bleibt dem Urteil des Lesers überlassen.

Schaubild 7.4: Preisoszillation

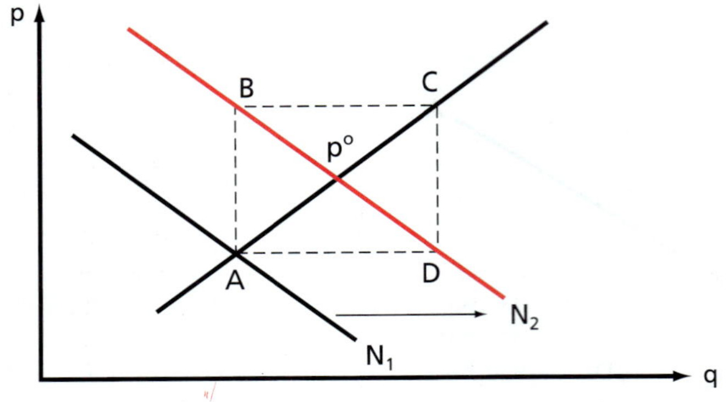

Bei kritischer Betrachtung muss es auffallen, dass auch bei der (dem Marktmechanismus völlig entzogenen) Bildungsplanung ähnliche Phänomene wie beim Schweinezyklus zu beobachten sind (Überschuss an Absolventen von pädagogischen Hochschulen im Vergleich zum Stellenangebot für Lehrer, Arbeitslosigkeit bei Jungakademikern).

7.3 Höchstpreis

Die staatliche Wirtschaftspolitik glaubt sich oft gezwungen, in die Preisbildung, z. B. aus sozialen Gründen, einzugreifen. Dazu bedient sie sich der Höchst- und Mindestpreise.

Im Folgenden sei unterstellt, dass in einer Ausgangslage die Nachfragekurve N, die Angebotskurve A und der Gleichgewichtspreis gegeben sind (Schaubild 7.5).

Ein Höchstpreis wird in der Regel festgelegt, um einen allzu hohen Preis, z. B. für lebenswichtige Güter, zu verhindern. Der Höchstpreis liegt unter dem Gleichgewichtspreis. Höchstpreise werden auch bei einer Preisstopppolitik angewandt (Deutschland ab 1936).

Bei einem Höchstpreis von p_1 ist die angebotene Menge q_1^A, die nachgefragte Menge q_1^N. Die Höchstpreispolitik führt zu einem Nachfrageüberhang. Der Staat muss deshalb im zweiten Schritt die Nachfrage auf irgendeine Weise einschränken. Sie muss auf q_1^A reduziert werden. Oft bedient man sich des Bezugschein-Systems. Da aber viele Nachfrager bereit sind, einen höheren Preis als p_1 zu zahlen, bildet sich ein grauer Markt.

Kasten 7.1 Erdgaspreisregulierung in den USA

Ein lehrreiches Beispiel für die Höchstpreispolitik aus der Vergangenheit ist die Regulierung des Erdgaspreises in den USA.
1938 entstand der Natural Gas Act, der der Federal Power Commission, dem Vorgänger der Federal Energy Regulatory Commission (FERC), das Recht einräumte, den Transport von Erdgas zwischen Bundesstaaten – das sog. »interstate gas« – zu regulieren. 1954 dehnte eine Entscheidung des Supreme Court die Regulierung von Erdgas ab Gasloch auch auf den Handel zwischen Bundesstaaten aus. Für »interstate gas« bestand eine Preisbindung. Bei dem innerhalb eines Bundeslandes gehandelten Gas – das sog. »intrastate gas« – gab es jedoch keine Preisbindung. Dies führte zwangsläufig zu Fehlallokationen: Der Nordosten wurde nur mangelhaft mit Erdgas versorgt, weil die Anbieter kein Interesse hatten, das Erdgas dort zu niedrigem Preis zu verkaufen. Dagegen war das Erdgas im Südwesten zwar teuer, aber reichlich. Damit kam es zu unechten Standortvorteilen und zu einer Verzerrung der Raumstruktur zu Gunsten des Südwestens. Diese Effekte waren bedeutend; Erdgas stellte in den siebziger Jahren etwa ein Viertel des amerikanischen Energieangebots dar. Durch eine teilweise Entregulierung im Natural Gas Policy Act (1978) sollte diese Entwicklung korrigiert werden. Dieses Gesetz legte für unterschiedliche Kategorien von Erdgas Höchstpreise ab Bohrloch fest, die monatlich mit einem Inflationsfaktor angepasst werden. Die im Folgenden beispielhaft aufgeführten Kategorien mussten also für jede Gasbohrung durch einen Verwaltungsakt präzisiert werden.

- Altes »interstate gas«, d. h. jedes Gasloch, das am 8. November 1978 dem Interstate Handel zugewiesen war, unterlag einer Preisgrenze ($ 1.45/MM Btu mit Stand von 1977) einschließlich monatlicher inflationsbedingter Anpassung. In dieser Kategorie wurden nochmals Untergruppen für ältere Gaslöcher gebildet, für die noch geringere Preise angesetzt waren.
- Altes »intrastate gas«, d. h. Gas, das innerhalb eines Bundesstaates gehandelt wurde (z. B. Texas). Hier wurde eine Preisgrenze eingeführt und eine ähnliche Preisgrenze wie bei neuem Gas eingesetzt.
- Neues Gas, d. h. solche Gasquellen, die vor dem 20. April 1977 nicht produziert haben einschließlich Offshore-Bohrungen. Hier wurde eine etwas großzügigere Preisgrenze gesetzt ($ 1.75/MM Btu mit Stand vom April 1977; inflationsbedingte Anpassung von 3,5 vH bis einschließlich April 1985 und 4,5 vH danach).

In der Realität wurde diese Kasuistik durch weitere Kategorien wie neue »Onshore Development«-Bohrungen, »besonders teures Erdgas«, Stripper Brunnen und Prudhoe Bay Gas (Alaska) verkompliziert. Letztlich ließ sich diese komplizierte Regelung nicht halten; die Regulierung musste inzwischen aufgegeben werden. Es ist aber gut, ein solches Beispiel vor Augen zu haben.

Schaubild 7.5: Höchstpreis

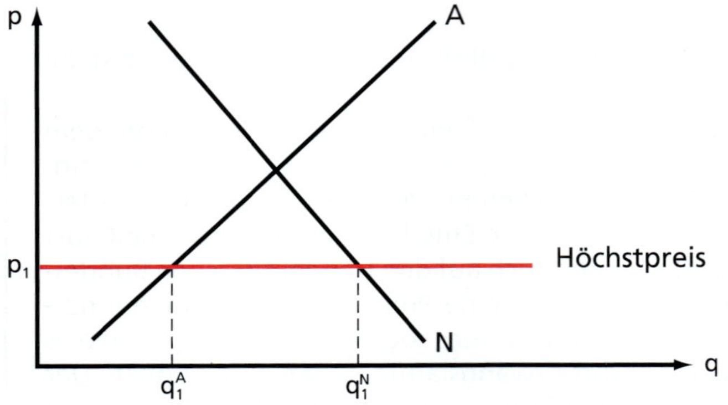

Höchstpreise sind z. B. vorgeschlagen worden im Rahmen der Energiekrisen 1973/74 und 1979/80. Diejenigen Länder wie Belgien und Italien, die dieser Höchstpreispolitik gefolgt sind, haben die Erfahrung gemacht, dass die angebotenen Mengen zurückgingen. Höchstpreise werden auch im Rahmen einer Mietzinskontrolle vorgeschlagen; sie wurden z. B. in Österreich praktiziert. An dem Beispiel der österreichischen Mietzinskontrolle kann man sehr gut erkennen, dass die Anreizfunktion der Preise außer Kraft gesetzt wird. Es ist heute unbestritten, dass Hausbesitzer keinen Anreiz haben, die Qualität der Wohnungen zu verbessern. Gleichzeitig zeigt sich, dass dem Vermieter eine »Ablöse« zu zahlen ist, wenn dieser »Investitionen« vorgenommen hat, so dass letztlich außerhalb der gesetzlichen Regelungen dennoch eine Allokation über die Preise erfolgt. Auch in der Bundesrepublik wird im Rahmen des Mieterschutzes eine Art Höchstpreispolitik betrieben. Es lässt sich nachweisen, dass der Neubau von Mietwohnungen außerhalb des sozialen Wohnungsbaus davon beeinflusst wird.

7.4 Mindestpreis

Ein Mindestpreis wird gesetzt, um einer Branche (z. B. der Landwirtschaft) ein bestimmtes Einkommen zu sichern. Der Mindestpreis liegt über dem Gleichgewichtspreis (Schaubild 7.6).

Bei einem Preis von p_2 wird nur q_2^N nachgefragt, aber q_2^A angeboten. Es besteht ein Angebotsüberhang. Der Staat führt also mit seiner Preispolitik eine zu starke Produktion herbei. In der Regel bleibt dem Staat nichts anderes übrig, als den Anbietern die zusätzlichen Mengen abzukaufen: der Staat muss die Produkte auf Lager legen. Dadurch entstehen zusätzliche Kosten.

Schaubild 7.6: Mindestpreis

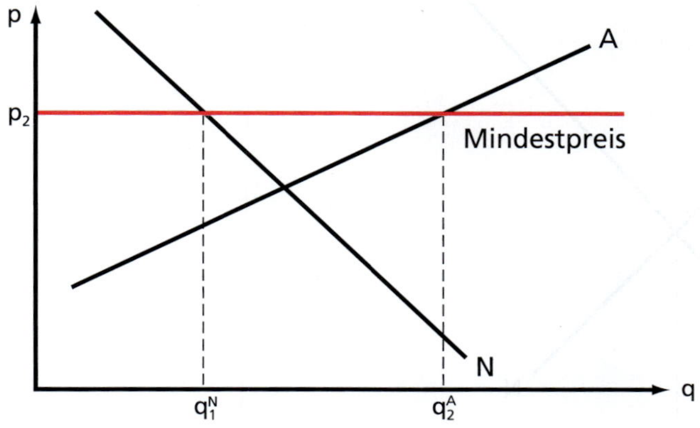

Der Mindestpreis ist in der Form von Richtpreisen das entscheidende Instrument der EU-Agrarmarktpolitik. Eine ganze Landschaft von Butterbergen, Zuckergipfeln, Weinseen und auch Olivenölmeeren ist die Folge. Überproduktion, d. h. die Vergeudung von Produktionsfaktoren, ist durch Mindestpreise vorprogrammiert. In jüngster Zeit sind auch Mindestpreise oder garantierte Festpreise für die Lösung der Probleme der rohstoffexportierenden Entwicklungsländer vorgeschlagen worden. Nach den bisherigen Erfahrungen muss man leider erwarten, dass eine solche Mindestpreispolitik zu einer weltweiten Überproduktion von Rohstoffen führt.

7.5 Rationierung

Rationierung stellt eine Kombination von Preis- und Mengeneingriffen dar. In der Regel liegt eine Situation vor, in der das Angebot zurückgeht, etwa auf Grund einer Missernte oder auf Grund einer politischen Entscheidung (Bewegung von A nach A′ in Schaubild 7.7). Es wird jedoch als ungerecht erachtet, den Preisanstieg an die Nachfrager weiterzugeben. Vielmehr versucht man, den Preis zu halten. Die zu diesem Preis $\overline{p}$ bestehende zu große Nachfrage BE muss man in diesem Fall durch andere Mechanismen einschränken; beispielsweise werden Bezugsscheine in Höhe von OB ausgegeben.

Schaubild 7.7: Rationierung

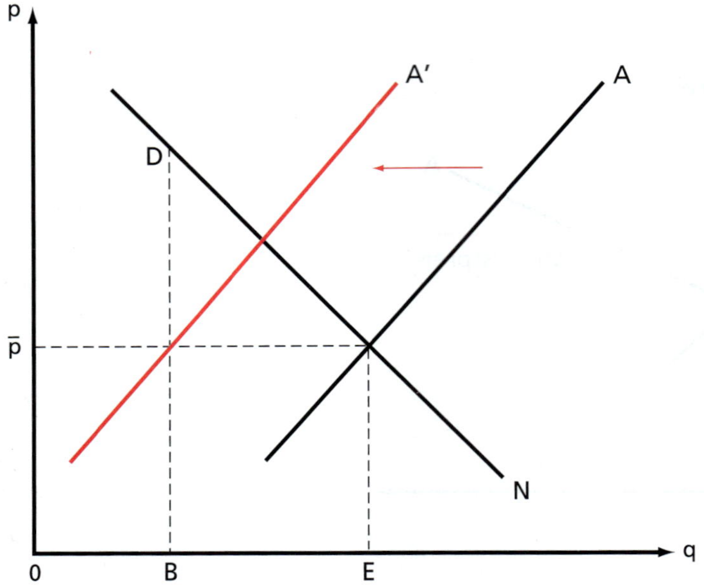

Mit einer Rationierung sind folgende Probleme verbunden:

1. Nachfrageüberhang. Zu dem niedrig gehaltenen Preis $\overline{p}$ besteht ein Nachfrageüberhang (BE). Da man den Preis als Zuteilungsmechanismus ausgeschlossen hat, muss die Menge OB durch andere Mechanismen verteilt werden. In der Regel müssen Verbrauchsschlüssel gefunden werden. In der Definition dieser Schlüssel liegt ein zentrales Problem des Rationierungsansatzes; denn

- oft orientieren sich die Schlüssel am bisherigen Verbrauch,
- der Staat hat keine hinreichende Information über den bisherigen Verbrauch,
- die Sammlung solcher Informationen stellt einen Eingriff des Staates in die Privatsphäre dar,
- die Verbrauchsschlüssel sind statisch orientiert, schreiben bestehende Strukturen fest und berücksichtigen nicht dynamische Veränderungen in der Wirtschaft wie die Gründung neuer Betriebe oder die Expansion von Wirtschaftszweigen.

2. Keine Anreizwirkung für das Angebot. Rationierung schaltet Preisfunktionen und damit wichtige Anpassungsprozesse aus. In Schaubild 7.7 erkennt man, dass ein Marktpreis eine größere Angebotsmenge als OB bewirken würde. Da eine Rationierung auf der Nachfrageseite weder zu einer sparsameren Verwendung des knapper gewordenen Gutes anregt noch auf der Angebotsseite eine größere Produktion (auch von Substituten) bewirkt, beseitigt die Rationierung nicht das langfristige Knappheitsproblem, sondern verschärft es.

3. Politisierung der Preise. Da der Preis niedrig gehalten wird, bewirkt die Rationierung eine Politisierung des Preises, denn der Preis wird bei einer Rationierung durch politische Prozesse bestimmt. Damit können Preise nicht mehr flexibel auf geänderte Bedingungen reagieren. Oft werden abrupte Korrekturen der Preise erforderlich. Dadurch werden Anpassungen hinausgezögert, aber die Anpassungen werden abrupter und gravierender.

4. Kriminalisierung der Arbitrage. Zu dem vorgegebenen Preis $\overline{p}$ besteht eine Zahlungsbereitschaft BD, die aber wegen der Rationierung nicht voll in Anspruch genommen wird. Es gibt also Wirtschaftssubjekte, die mehr zu zahlen bereit sind als $\overline{p}$. Damit setzt auf der Nachfrageseite Arbitrage ein. In aller Regel wird dieser Tausch kriminalisiert.

5. Ausdehnung auf andere Produkte. Rationierung bewirkt immer ausweichendes Verhalten der Wirtschaftssubjekte, die zwangsläufig versuchen, die Rationierung zu unterlaufen. Um dieses ausweichende Verhalten der Wirtschaftssubjekte zu vermeiden, muss die Rationierung auf andere Produkte ausgedehnt werden. Wenn Heizöl rationiert wird, muss über kurz oder lang auch Kohle rationiert werden. Die Rationierung muss also durch weitere Vorschriften nachbessern oder von vorneherein das ausweichende Verhalten der Wirtschaftssubjekte antizipieren. Damit hat die Rationierung eine Tendenz, sich auszudehnen.

6. Stärkung der Bürokratie. Letztlich macht es die Rationierung erforderlich, dass die Zuteilung über die Bürokratie erfolgt. Die Bürokratie erhält politische Macht. Damit kann sich eine Eigendynamik einstellen, die die Rechte des Einzelnen zurückdrängt.

7.6 Preisstopp

Während sich Höchstpreis, Mindestpreis und Rationierung in der Regel auf einzelne Märkte beziehen, wird ein Preisstopp in einer Situation der Inflationierung auf eine Vielzahl von Preisen (oft alle Preise) einer Volkswirtschaft angewandt. Die Motivation ist, die Inflation durch einen Preisstopp zu bremsen. Dies gelingt auch für die Dauer des Preisstopps.

Allerdings hat dies Folgen. Während der Zeit des Preisstopps verschieben sich die Knappheitsrelationen, ohne dass dies in den Preisen zum Ausdruck kommt. Geht ein Preisstopp zu Ende, so müssen die Preise abrupt geändert werden. Allokationsänderungen werden also während der Dauer des Preisstopps ausgeschaltet; wird der Preisstopp aufgelöst, so muss sich eine Volkswirtschaft abrupt an neue Konditionen anpassen – oft mit erheblichen Kosten.

Ein Preisstopp kann in aller Regel nicht auf Güterpreise beschränkt bleiben. Er muss auch einen Lohnstopp umfassen. Die Tarifautonomie wird also ausgeschaltet. Ein Lohn- und Preisstopp ist ein sicheres Anzeichen dafür, dass politische Instanzen (ihnen unliebsame) Marktkräfte ausschalten: 1936 verfügte Hitler einen Lohn- und Preisstopp in Deutschland; 1971 bediente sich Richard Nixon dieses Mittels; 1982 reihte sich Mitterrand in die Ahnengalerie des Preisstopps ein.

7.7 Spaltung von Konsumenten- und Produzentenpreis durch Steuern

Die Wirtschaftspolitik kann Nachfrage und Angebot durch Steuern und Subventionen beeinflussen.

1. Wirkung einer Produktsteuer. Durch Steuern auf Produkte kann der Staat eine Umlenkung der Nachfrage bei (nach Meinung der Wirtschaftspolitiker) nicht erwünschten Gütern anstreben (Verbrauchsteuer). Indem ein Produkt besteuert wird, spaltet der Staat Produzenten- und Konsumentenpreis. Damit wird die nachgefragte Menge reduziert und gleichzeitig auch der Produktionsanreiz eingeschränkt. Die Angebotskurve verschiebt sich nach links. Beispiele sind die Alkohol-, die Tabak- und die Ökosteuer.
In Schaubild 7.8 ist der Fall eingezeichnet, dass der Staat eine Steuer auf ein Produkt erhebt (Mengensteuer). Die für den Markt relevante Angebotskurve verschiebt sich um den Steuersatz von A auf A′. Da infolge des (durch die Steuer) gestiegenen Konsumentenpreises die nachgefragte Menge zurückgeht, können die Unternehmen nur die kleinere Menge q′ absetzen. Der Produzentenpreis sinkt auf p^P. Der Staat erhält die Fläche $p^P p^K WV$ als Steuereinnahmen.

2. Produktsteuer und Transformationskurve. Die Auswirkung einer indirekten Steuer kann auch mit Hilfe des Schaubilds 2.6 erörtert werden. Angenommen, es wird eine Steuer auf Gut 1 erhoben. Wie wir gesehen haben, steigt der Konsumentenpreis dieses Gutes, während der Produzentenpreis fällt. Da eine indirekte Steuer als Lenkungsinstrument auf »unerwünschte Produkte« (Alkohol, Umweltemissionen) erhoben wird, gibt nicht der Konsumentenpreis die »gesellschaftliche« Bewertung an, sondern der Produzentenpreis. Dies folgt auch daraus, dass der Produzentenpreis die Produktionskosten wiedergibt (Alternativ- oder Opportunitätskosten). Eine Steuer auf Gut 1 wirkt sich also in einem Steigen des relativen Produzentenpreises p_2/p_1 aus. Die Produktion des Gutes 1 geht zurück; gleichzeitig steigt die hergestellte Menge des Gutes 2. Eine indirekte Steuer auf Gut 1 führt also nicht allein zu einer

Kasten 7.2 Ökosteuer und die Ausnahmen

Nimmt man das Risiko einer globalen Klimaerwärmung durch Kohlendioxid (CO_2) als Ausgangspunkt der Umweltpolitik ernst, so müssten CO_2-Emissionen mit einem Preis belegt werden. Dies könnte eine Steuer pro Tonne emittiertes CO_2 sein; ein Preis für CO_2 könnte aber auch dadurch zustande kommen, dass von den Unternehmen (und Haushalten), die CO_2 freisetzen, eine Emissionslizenz verlangt wird, deren Preis sich auf den Markt einstellt.
Aus ökologischer Sicht müsste ein Preis für CO_2-Emissionen weltweit umgesetzt werden, da bei einer rein nationalen Anwendung eines CO_2-Preises Standortverlagerungen stattfinden werden. Dies kann zur Folge haben, dass in anderen Ländern, die keine CO_2-Politik betreiben, sogar verstärkt CO_2-Schadstoffe produziert werden, so dass letztlich global trotz nationaler CO_2-Politik mehr Schadstoffe entstehen als vorher. Von daher kann ein nationaler Alleingang ökologisch nicht gerechtfertigt werden, es sei denn, man baut darauf, dass andere Länder im Verlaufe der Zeit dieser nationalen Vorreiterrolle folgen.
Aus ökonomischer Sicht entstehen bei einem nationalen Alleingang jedoch erhebliche Wettbewerbsnachteile für die heimischen Produzenten. Dies bleibt nicht ohne Rückwirkung auf die Nachfrage nach Arbeitskräften. Bei der ökologischen Steuerreform in Deutschland setzt man nicht an den CO_2-Emissionen an, sondern man erhöht die bereits bestehende Mineralölsteuer und führt eine Stromsteuer ein. Damit erfüllt diese ökologische Steuerreform die ökologische Bedingung nicht, an der richtigen Bemessungsgrundlage anzusetzen. Vielmehr wird beispielsweise der Strom unabhängig davon besteuert, ob er mit CO_2-haltigen Energieträgern (Steinkohle, Braunkohle) oder mit CO_2-armen Energieträgern (Erdgas, Atomkraft) erzeugt wird. Zusätzlich zwingt beim nationalen Alleingang der Verlust an Wettbewerbsfähigkeit dazu, zahlreiche Bereichsausnahmen vorzusehen, und zwar vor allem solcher Sektoren, die besonders energieintensiv und damit auch CO_2-intensiv produzieren. Andere Bereichsausnahmen werden ökologisch begründet, so die Förderung der Kraft-Wärme-Kopplung und die Bevorzugung erdgasbetriebener Kraftwerke. Insgesamt ergibt sich damit ein dichtes Gestrüpp von Ausnahmeregelungen und Sonderbehandlungen, das im Einzelnen wie folgt aussieht:
In der Wirtschaft wird ein ermäßigter Steuersatz von 20 vH des Regelsatzes für Strom, Heizöl und Gas angewandt, unter anderem im Produzierenden Gewerbe (Bergbau, Verarbeitendes Gewerbe, Energie- und Wasserversorgung, Baugewerbe), in der Land- und Forstwirtschaft und verblüffenderweise auch in der Teichwirtschaft und Fischzucht. Außerdem findet ein Ausgleich für diejenigen Unternehmen statt, deren Belastung durch die Ökosteuern mehr als das 1,2-fache der Entlastung bei den Sozialversicherungsbeiträgen beträgt.
Ein ermäßigter Stromsteuersatz in Höhe von 50 vH des Regelsatzes gilt beispielsweise im Schienenbahnverkehr und für Oberleitungsbusse. In der Energieerzeugung werden insbesondere kleine Blockheizkraftwerke von der Stromsteuer befreit.
Man muss davon ausgehen, dass das Gestrüpp dieser Ausnahmebereiche zunimmt, wenn die Steuersätze für Mineralöl und für Strom ansteigen.

Produktionseinschränkung bei diesem Gut, sondern auch zu einer Produktionsausweitung bei Gut 2. Die sektorale Struktur der Volkswirtschaft ändert sich. Diese Umstrukturierung (Bewegung entlang der Transformationskurve) wird von einer Reallokation der Faktoren begleitet.

Schaubild 7.8: Mengensteuer

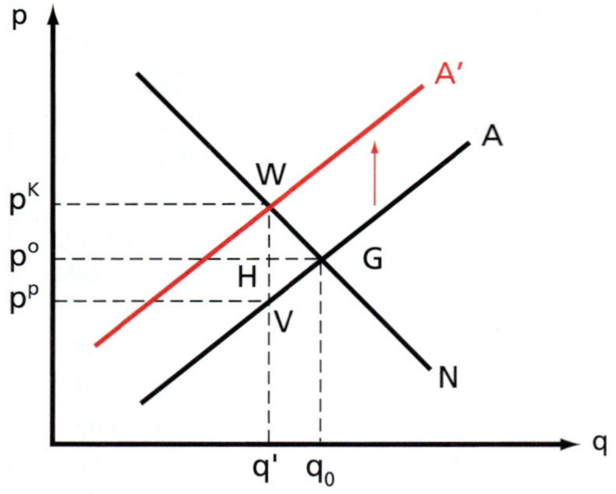

Schaubild 7.9: Mengensteuer bei starrer Nachfrage

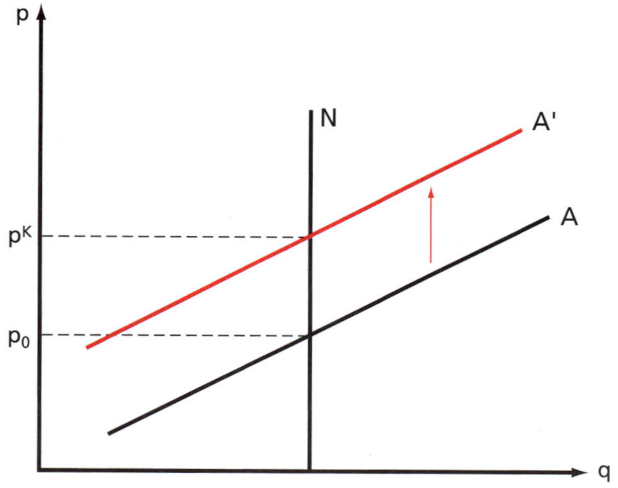

3. Verlust von Konsumenten- und Produzentenrente. Wer hat den Nutzen aus einer indirekten Besteuerung, wer trägt die Kosten dieser Maßnahme? Für die Konsu-

menten bewirkt die indirekte Steuer in Schaubild 7.8 einen Preisanstieg von p^0 auf p^K. Der Konsumentenpreis steigt, die Konsumentenrente sinkt, und zwar um die Fläche p^0p^KWG. Dagegen fällt der Produzentenpreis; auch die Produzentenrente sinkt, und zwar um p^Pp^0GV. Die Besteuerung eines Produkts »schadet« also sowohl den Konsumenten als auch den Produzenten. Die verlorene Konsumenten- und Produzentenrente kommt nicht voll beim Staat als Steuereinnahme in Höhe des Vierecks p^Pp^KVW an. Gesamtwirtschaftlich entsteht ein Wohlfahrtsverlust in Höhe des Dreiecks VWG (sog. »deadweight loss«).

4. Starre Nachfrage. Ein Sonderfall ergibt sich dann, wenn die Nachfrage nach dem Gut starr ist. Dann entspricht der Verlust an Konsumentenrente genau den Staatseinnahmen; die Veränderung der Produzentenrente ist null (Schaubild 7.9).

7.8 Transaktionskosten

Eine proportionale Steuer (z. B. Mengensteuer) wirkt wie Transaktionskosten, die proportional zur Transaktionsmenge entstehen. Entstehen z. B. für Transaktionen auf einem Markt Kosten pro Einheit von VW im Schaubild 7.8, so wird der Konsumenten- und Produzentenpreis gespalten. Transaktionskosten bestehen in Transportkosten, Informationskosten und Kosten zur Überprüfung der Qualität von Produkten.

7.9 Subventionen

1. Auswirkung einer Subvention. Ein Keil zwischen Konsumenten- und Produzentenpreis ergibt sich auch dadurch, dass der Staat eine Subvention zahlt. Diese kann den Konsumenten (z. B. Mietsubvention in Form der Individualsubvention) oder den Produzenten (z. B. Zuschüsse zum Wohnungsbau in Form der Objektsubvention) gewährt werden.

Durch eine Subvention verschiebt sich die (für den Markt relevante) Angebotskurve nach unten. Der Konsumentenpreis sinkt in Schaubild 7.10 von p^0 auf p^K, allerdings nicht um den vollen Betrag der Subventionierung. Der Produzentenpreis p^P – und damit der Produktionsanreiz – ist gestiegen. Die angebotene Menge nimmt zu. Der Staat muss eine Ausgabe in Höhe von p^Kp^PXY tätigen.

Durch indirekte Steuern oder Subventionen kann das Problem der Konsistenz der Mengenplanung der Nachfrager und Anbieter gelöst werden. Es tritt jedoch eine neue Restriktion für die staatliche Wirtschaftspolitik auf, und zwar die Bedingung des Haushaltsausgleichs für den Staat.

2. Subventionen machen nach einer Berechnung des Instituts für Weltwirtschaft 1998 rund 303 Mrd. DM aus (Tabelle 7.1). Dies sind 8 vH in Relation zum Bruttoinlandsprodukt und 36,4 vH der Steuereinnahmen. Dabei wird eine weite Abgrenzung der Subventionen zugrunde gelegt. So sehr willkommen den Subventionsempfängern die staatliche Unterstützung sein mag, man sollte nicht verdrängen, dass die Subventionen durch Steuern zu finanzieren sind, die bei den Steuerzahlern Belastungen darstellen.

Kasten 7.3 Subventionen – Eine historische Reminiszenz

Betrachten wir Polen im Jahr 1970. Die Regierung musste die Preise für landwirtschaftliche Produkte erhöhen, und zwar deshalb, weil man einen Produktionsanreiz für diese Produkte schaffen wollte. Man brauchte eine größere Menge dieser Produkte für den Export, weil zusätzliche Deviseneinnahmen erforderlich waren. Und diese wiederum waren notwendig, weil man Kapitalgüter mit neuer Technologie (Maschinen) importieren wollte, um die Produktion voranzubringen. Man sieht also, dass hier letztlich eine Restriktion, der Ausgleich der Zahlungsbilanz, ein wesentliches Element der Entwicklung war.

Hätte man »Luft« im staatlichen Budget gehabt, so hätte man die Preiserhöhung nicht durchzuführen brauchen. Man hätte dann die landwirtschaftlichen Produkte noch stärker subventioniert, und der Konsument hätte sich einem niedrigeren Konsumentenpreis gegenüber gesehen, während der Produzentenpreis für die Anbieter hoch gewesen wäre. Die Subventionierung schied aber deshalb aus, weil die Budgetrestriktion des öffentlichen Haushalts zog und die Preisstruktur ohnehin schon verzerrt war und einer Korrektur bedurfte.

Die Konsequenz dieser Preisanpassung, die sich in der Öffentlichkeit ja als politischer Akt darstellt und nicht als das Wirken von Angebot und Nachfrage auf dem Markt, war, dass bei gegebenen Nominallöhnen der Reallohn der Industriearbeiter sinken musste. Landwirtschaftliche Produkte wie Brot und Fleisch spielen im Warenkorb eines Industriearbeiters eine große Rolle. Die Industriearbeiter von Danzig traten in den Streik, und der Parteichef Gomulka musste gehen.

Nach den Preiserhöhungen bei Erdöl 1973 und auch in den folgenden Jahren haben die Ostblockländer die Preiserhöhung zunächst über Subventionen für die heimische Wirtschaft auffangen wollen. Einer solchen Politik waren aber letzten Endes durch die Budgetrestriktionen Grenzen gesetzt. Die zwangsläufige Revision dieser Preise scheint auch bei den Streiks 1976 und 1980 (Gierek geht) eine Rolle gespielt zu haben.

Schaubild 7.10: Subvention

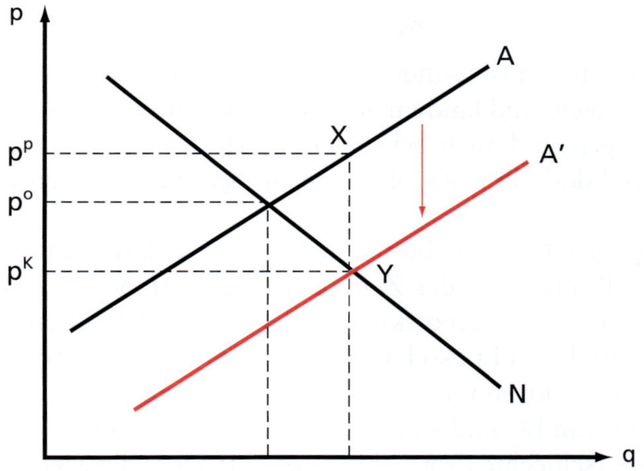

Tabelle 7.1: Subventionen in Deutschland in Milliarden DM, 1998

	1998
I. Finanzhilfen	229,4
Bund	64,1
Länder	90,2
Gemeinden	53,6[a]
EU	11,2
Bundesanstalt für Arbeit	10,3
II. Steuervergünstigungen	73,9
III. Subventionen insgesamt	303,3

[a] Geschätzt.

Quelle: A. Boss und A. Rosenschon, Subventionen in Deutschland. Kieler Diskussionsbeitrag 356. Institut für Weltwirtschaft, Kiel, 2000.

7.10 Rohstoffausgleichsläger

Bei einer Reihe von Produkten hat man insbesondere auf den Weltmärkten starke Preisoszillationen festgestellt. Beispiele sind landwirtschaftliche Produkte wie Kaffee oder Kakao. Preisschwankungen sind auch bei mineralischen Rohstoffen wie Erzen beobachtet worden. Es sind deshalb Rohstoffausgleichsläger vorgeschlagen worden.

Die Grundidee eines Rohstoffausgleichslagers (buffer stock) besteht darin, durch Mengeneingriffe den Preis eines Produkts in der Zeit zu stabilisieren. Sei p* ein angestrebter Preis und verschiebe sich die Angebotskurve in der Periode 0 durch eine sehr gute Ernte nach rechts (Schaubild 7.11a), so kauft der Manager des Rohstoffausgleichslagers die Menge BC auf und nimmt sie auf Lager. Er vermehrt in der Periode 1 die wirksame Nachfrage um BC und stützt damit den Preis. Wenn in der Periode 2 dann das Angebot sinkt (schlechte Ernte), bietet der Manager die Menge DE an und hält damit den Preis.

Schaubild 7.11: Rohstoffausgleichslager

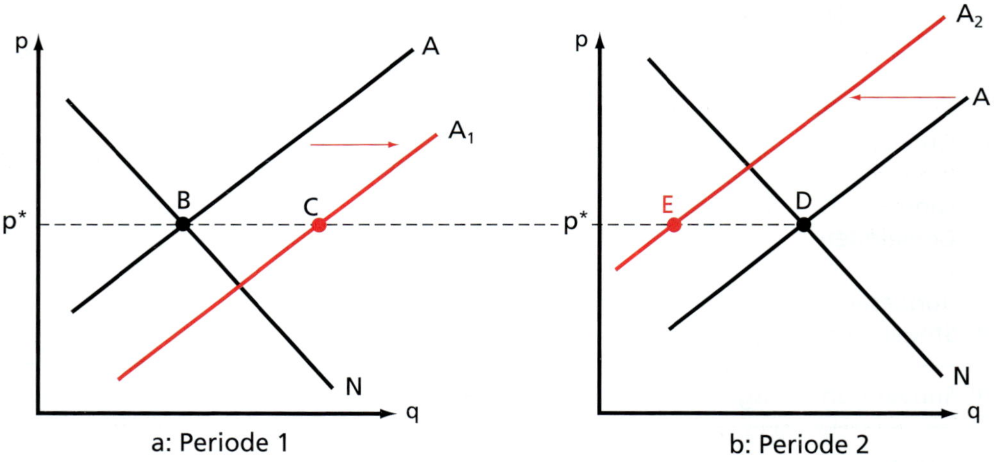

Eine Reihe von Argumenten lassen Zweifel entstehen, ob Rohstoffausgleichsläger ein geeignetes Instrument der Wirtschaftspolitik sind.

1. Es entstehen Lagerhaltungskosten, zu denen auch die entgangenen Zinsen für die Finanzmittel gehören, mit denen der Manager auf den Märkten eingreift. Wenn der Weltmarktpreis beeinflusst werden soll, muss ein Rohstoffausgleichslager mit einer nicht unerheblichen Finanzsumme ausgestaltet sein.

2. Wenn die Anbieter die Erwartung haben, dass der Manager durch Aufkäufe eingreift, wenn der Preis unter einen Richtpreis sinkt, lohnt es sich, verstärkt zu produzieren. Das System tendiert zur Überproduktion. In diesem Fall sind auch die rohstoffproduzierenden Länder benachteiligt, da sie zu viele Produktionsfaktoren in der Rohstoffgewinnung einsetzen und damit ihre Produktionsfaktoren vergeuden.

3. Der Rohstoffmanager hat keine Möglichkeit zu wissen, ob eine Mengenänderung auf der Nachfrage- oder Angebotsseite ein kurzfristiges oder ein langfristiges Phänomen ist. Angenommen, es handelt sich um einen langfristigen Nachfragerückgang. Dann sollten sich die Preise ändern, und die Produzenten sollten sich anpassen. Diese notwendige Anpassung wird durch Rohstoffausgleichsläger verschoben, aber dadurch dringlicher. Oft müssen die Korrekturen in der Mengenpolitik abrupt vorgenommen werden und führen dann zu Problemen, wie sie bei der Anpassung der Subventionen diskutiert wurden.

4. Da sich der Rohstoffmanager in der Regel nicht in einem politischen Vakuum bewegt, wird der Preis durch ein Rohstoffausgleichslager politisiert.

5. Der Rohstoffmanager kann sogar die Instabilität auf den Weltmärkten erhöhen und den Konjunkturzyklus verschärfen. Angenommen, es tritt eine konjunkturelle Schwankung der Weltnachfrage nach einem Rohstoff ein, z. B. eine konjunkturelle Nachfragezunahme. Der Manager verkauft in dieser Situation und stabilisiert damit den Preis. Wenn er genügend »Pulver« hat, gelingt die Stabilisierung. Hat er nicht genügend »Pulver«, so kann er den Preis nur für eine Weile stabil halten. Wenn das Lager leer ist und das Zusatzangebot des Managers aussetzt, müssen die Preise schlagartig steigen. Da durch die Marktintervention des Managers das Preissignal verzögert und mögliche graduelle Anpassungsprozesse ausgeschaltet werden, verschärft sich in diesem Fall der Konjunkturzyklus.

7.11 Preisstützung in der Europäischen Agrarpolitik

Die Preisstützung in der Europäischen Union erfolgt im Prinzip durch eine Festlegung von Mindestpreisen, und zwar durch Interventionskäufe zu Interventionspreisen. Die Preise werden auf einem Niveau stabilisiert, das langfristig über dem Weltmarktpreisniveau liegt.

Angenommen, auf einem Agrarmarkt sei der Gleichgewichtspreis p^* (Punkt C im Schaubild 7.12). Die Marktintervention erfolgt dergestalt, dass die Marktstützungsbehörde die Menge AB aufkauft, so dass an Stelle des Marktpreises p^* ein Preis bei C′ erreicht wird. Bei einer größeren Interventionsmenge AC″ würde sich der Preis $\overline{p}$ einstellen.

Kasten 7.4 Ausgerechnet Bananen

Die europäische Union importiert etwa 30 vH der in der Welt gehandelten Bananen (1998) und ist damit weltweit der bedeutendste Bananenimporteur. Mit der Vollendung des Binnenmarktes wurden die Regeln für den Bananenimport vereinheitlicht. 1993 trat eine neue Binnenmarktordnung in Kraft, welche die bisher geltenden nationalen Bananenpolitiken ersetzte. Das neue Regime begrenzte den Import von so genannten „Dollarbananen" aus Mittel- und Südamerika. Nach den im Jahre 1999 geltenden Regelungen dürfen Bananenimporte bis etwa 2,6 Millionen Tonnen mit einem (niedrigen) Zoll von 75 Euro pro Tonne importiert werden; Mengen, die darüber hinaus gehen werden mit 850 €/t belegt. Die bananenproduzierenden Gebiete der Europäischen Union (Kanarische Inseln und Überseegebiete Frankreichs) haben ein zollfreies Einfuhrkontingent von 0,85 Millionen Tonnen. Außerdem können die AKP-Staaten (im Wesentlichen mit Frankreich und England verbundene Länder, vor allem in Afrika) im Rahmen eines weiteren Kontingents von 0,86 Millionen Tonnen zollfrei Bananen einführen. Dadurch werden diese Anbieter geschützt. Die Einfuhrkontingente werden nach einem bestimmten Schlüssel unter den Importeuren aufgeteilt. Dabei werden die bisherigen Importeure begünstigt.
Die Bananenmarktordnung bedeutet eine Diskriminierung der Dollarbananenländer und steht im Widerspruch zu den Regeln der Welthandelsordnung. Der WTO-Streitschlichtungsausschuss hat die Europäische Union zu einer Änderung der Bananenmarktordnung verurteilt. Daraufhin wurde die Bananenmarktordnung 1995 leicht verändert. Ecuador, Honduras, Guatemala, Mexiko sowie die USA als weltgrößter Bananenhändler riefen den Streitschlichtungsausschuss der WTO abermals an. 1997 kam dieses WTO-Panel zu dem Schluss, dass das Vorgehen der EU gegen verschiedene WTO-Regeln verstoße. Nachdem die Europäische Union im Juni 1998 unwesentliche Änderungen vornahm und die USA sich erneut gegen die 1999 in Kraft getretene Bananenmarktordnung an die WTO wandten, erlaubte diese den USA, Strafzölle in Höhe von 191,4 Millionen US-Dollar auf Waren aus der EU zu verhängen. Die EU will nun ihre Bananenmarktordnung abermals anpassen.
Die Auswirkungen der Binnenmarktordnung waren Folgende:

- Die Bananenproduzenten der europäischen Überseegebiete sowie der AKP-Staaten werden gefördert; ihnen wird eine Rente verschafft.
- Gleichzeitig werden durch ein kompliziertes Importlizenzsystem die Importeure von Dollarbananen benachteiligt. Insbesondere in Deutschland müssen Lizenzen von anderen europäischen Importeuren zugekauft werden, um die heimische Nachfrage zu bedienen.
- Die Konsumenten in der Europäischen Union werden durch die Regulierungen geschädigt, besonders in Deutschland, wo vor 1993 Bananen frei importiert werden konnten (Freihandelssituation). Für die europäischen Haushalte wird der Verlust auf 700 Millionen Dollar im Vergleich zur alten Regelung und auf 2,3 Milliarden Dollar im Vergleich zur Freihandelssituation geschätzt.
- Aufgrund von einem um fast 50 Prozent höheren Endverbraucherpreis sank der Bananenkonsum in Deutschland pro Kopf von 15,5 kg (1991/92) auf 11,2 kg (1997/98).

Schaubild 7.12: Exportsubvention

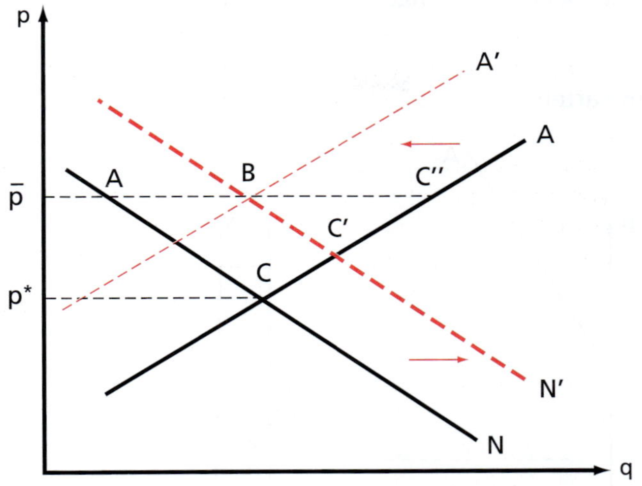

In der Praxis des europäischen Agrarmarktes spielt die Subventionierung von Exporten als Instrument der Preisstützung eine große Rolle. Hierbei drückt die EU die Preise der Exportgüter durch Subventionen auf (bzw. unter) Weltmarktpreisniveau. Durch diese Exportsubvention wird die Menge BC″ (Schaubild 7.12) aus dem europäischen Markt genommen und exportiert. Bei Aufkauf der Mengen AB für die Lagerhaltung stellt sich der Preis $\bar{p}$ ein.
Gegen Importe werden die Landwirte dadurch geschützt, dass die EU die Weltmarktpreise durch einen Zoll auf das EU-Niveau heraufschleust. Sie bedient sich dabei einer variablen Abschöpfung, die gerade so groß ist, dass der angestrebte EU-Preis erreicht wird.

7.12 Kartelle

Nicht nur der Staat greift in die Preisbildung ein. Auch Marktteilnehmer können versuchen, den Preis zu beeinflussen.

1. Kartell. Ein Kartell ist ein freiwilliger Zusammenschluss selbstständiger Unternehmen zur Kontrolle wichtiger Marktparameter. Ein Beispiel ist das Preiskartell, das einen Preis über dem Gleichgewichtspreis anstrebt. In Schaubild 7.13 kennzeichnen A_1 und A_2 die Angebotskurven zweier Unternehmen; A ist die Ange-

botskurve des gesamten Wirtschaftszweiges, der zur Vereinfachung nur aus zwei Unternehmen bestehe. P kennzeichnet den Gleichgewichtspreis vor Kartellierung.

Schaubild 7.13: Preisbildung im Kartell

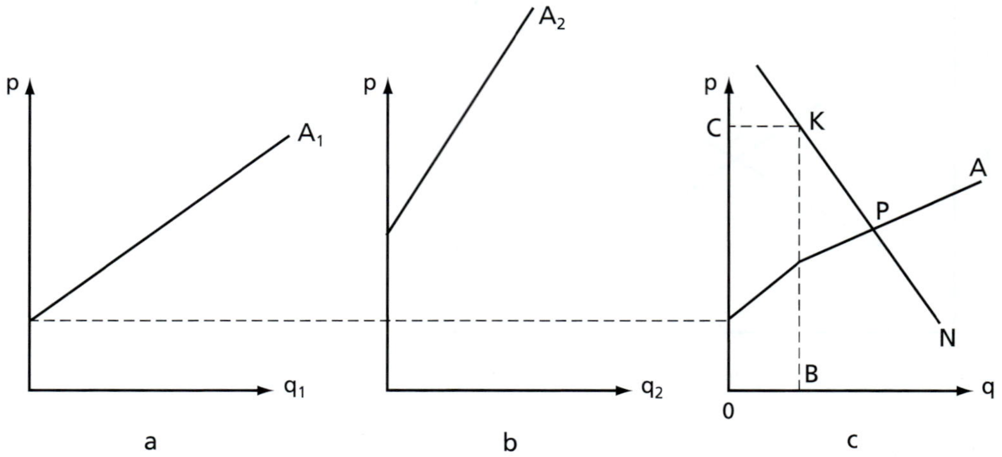

Das Kartell setzt einen Kartellpreis K, der über dem Marktpreis P liegt. Zu diesem hohen Preis ist aber nur die Menge OB abzusetzen. Ein Preiskartell setzt deshalb Absprachen darüber voraus, wie die Produktionsmenge auf die Anbieter aufgeteilt werden soll. Auf Dauer kann ein Preiskartell keinen Bestand haben, wenn nicht zugleich ein Quotenkartell abgeschlossen wird. Oft sind auch Absprachen darüber erforderlich, wie der höhere Gewinn angemessen verteilt wird. Je unterschiedlicher die Produktionsbedingungen der einzelnen Kartellmitglieder und je unterschiedlicher die Interessenlage, umso unsicherer ist der Bestand eines Kartells.

2. OPEC. Die OPEC (Organization of the Petrol Exporting Countries) bestritt zum Zeitpunkt ihrer größten Bedeutung mit 31 Millionen Fass pro Tag 55 vH der Welterdölproduktion. Der Listenpreis lag 1980 bei 40 US-Dollar. Die unterschiedliche Interessenlage im Kartell führte dazu, dass einzelne Länder ihre Produktionsquoten überschritten. Saudi-Arabien als größter Produzent sorgte zeitweise für die Stabilität des Kartells, indem es seine Förderkapazität von 10 Millionen Fass pro Tag nicht ausschöpfte. Auch in den neunziger Jahren produzierte Saudi-Arabien deutlich unterhalb seiner Kapazität. Zeitweise fielen die Preise pro Fass bis auf 10 US-Dollar. Die OPEC bestritt 1998 nur noch 38 vH der Welterdölproduktion (ca. 28 Millionen Fass pro Tag), die bei 75 Millionen Fass pro Tag lag. Aufgrund verschiedener Faktoren, insbesondere jedoch wegen einer stärkeren Förderdisziplin innerhalb der OPEC, stieg der Ölpreis 1999 und erreichte im November mit 27 US-Dollar den höchsten Stand seit dem Golfkrieg.

3. Der Rand der Kartelle. Für die Stabilität eines Kartells spielt auch der Kartellrand eine große Rolle. Sind nicht alle Anbieter erfasst, so stimuliert der hohe Kartellpreis langfristig zusätzliches Angebot des Kartellrandes (Mexico, Nordsee- und Alaska-Öl), und das Kartell kommt vom Kartellrand unter Druck. Schließlich bewirkt der hohe Kartellpreis in aller Regel Substitutionsprozesse (Energiesparen), und damit wird es schwieriger, die Quotenregelung im Kartell aufrechtzuerhalten.

7.13 Administrierte Preise

Mit dem Begriff »administrierte Preise« kennzeichnet man Preise, die auf Grund wirtschaftlicher und institutioneller Bedingungen auf längere Zeit fixiert sind und nur mit einer zeitlichen Verzögerung auf Mengenungleichgewichte reagieren.

Die Ursachen der administrierten Preise sind vielfältig. Preislisten können nicht jeden Tag neu gedruckt werden und gelten für ein Quartal oder ein halbes Jahr. Eine Werbekampagne für ein Produkt bedingt oft, dass der Preis für eine Zeit gehalten werden muss. Wenn die Preisbildung nicht allein Angebot und Nachfrage überlassen bleibt, werden die Preise »administriert«, etwa durch ein Preiskartell. Auch die Lohnfindung in den Verhandlungen zwischen Gewerkschaften und Arbeitgebern setzt »Preise«, nämlich die Löhne fest, in der Bundesrepublik in der Regel für zwölf Monate.

Auf einer Vielzahl von Märkten greift der Staat in die Preisbildung ein. Agrarproduktion, Wohnungsmarkt, Verkehrswesen, Briefbeförderung und Gesundheitsleistungen sind Bereiche mit weitgehend administrierten Preisen. Die konstanten Wechselkurse in der Nachkriegszeit bis 1973 sind ein weiteres Beispiel. Durch die staatliche Beeinflussung werden Preise zu politischen Preisen. Die Änderung dieser Preise erfolgt in einem politischen Prozess. Da Preisänderungen zwangsläufig zumindest eine Gruppe benachteiligen, tendieren die Preise dazu zu erstarren.

Die Konsequenz der administrierten Preise besteht darin, dass Änderungen in den Knappheiten nur mit erheblicher zeitlicher Verzögerung angezeigt werden. Damit werden mögliche Mengenanpassungen zeitweise ausgeschlossen. Das beste Beispiel hierfür ist die amerikanische Energiepolitik, die bis Ende der siebziger Jahre den Energiepreis niedrig hielt. Mangelnde Anpassung, etwa in den benzinfressenden Automotoren, waren die Folge. Nach der Deregulierung des Energiepreises sah sich die Automobilindustrie erheblichen Anpassungsschwierigkeiten gegenüber.

Neben der inflationsverstärkenden Wirkung, die man den administrierten Preisen nachsagt, besteht eine wichtige Folge darin, die Funktionen der Preise (vgl. Abschnitt 6.3) zu schmälern und die Anpassungsfähigkeit einer Volkswirtschaft an geänderte Bedingungen herabzudrücken. Die administrierten Preise wirken wie eine Verkalkung und Verstopfung der wirtschaftlichen Blutbahnen (Arteriosklerose), und die ökonomische Spontaneität droht den reifen Industrienationen der westlichen Welt verloren zu gehen.

7.14 Segmentierte Märkte

Sind zwei Märkte nicht voneinander durch Transaktionskosten getrennt, so gilt das Gesetz von der Unterschiedslosigkeit des Preises. Die Arbitrage bewirkt, dass sich die Preise zwischen beiden Märkten angleichen. Auf beiden Märkten gilt der gleiche Preis. Transaktionskosten segmentieren Märkte. Preise können voneinander abweichen. Transaktionskosten treten beispielsweise auf, wenn Transportkosten vorliegen, Information etwa über Produktqualität und Zuverlässigkeit des Vertragspartners gesucht werden muss und Kontrollkosten für die Vertragserfüllung relevant sind. Auch staatliche Regulierungen schränken die Arbitrage ein, denn Regulierungen bedeuten oft, dass Märkte voneinander abgeschottet werden.

Wichtige Begriffe in Kapitel 7

Punktangebot
Schweinezyklus
Spinnweb-Fall
Preisoszillation
Höchstpreis
Mindestpreis
Rationierung
Arbitrage
Preisstopp
Produktsteuer
Konsumentenrente
Produzentenrente
Effizienzverlust
Transaktionskosten
Subvention
Rohstoffausgleichslager
Preisstützung in der EU-Agrarpolitik
Exportsubventionen
Kartell
Administrierte Preise
Segmentierte Märkte

8 Spezielle Märkte

Economists understand by the term Market
not any particular market place in which things are bought and sold,
but the whole of any region in which buyers and sellers
are in such free intercourse with one another
that the price of the same goods tends to equality easely and quickly.
Augustin Cournot

In diesem Kapitel sollen einige der bisher entwickelten Konzepte der Preistheorie auf spezielle Märkte angewendet werden. Dabei werden einmal Märkte diskutiert, die durch starke Eingriffe des Staates gekennzeichnet sind wie der Wohnungsmarkt (Abschnitt 8.1) und der Kohlemarkt (Abschnitt 8.2) in Deutschland. Zum anderen werden Märkte skizziert, bei denen sich der Preis im Wesentlichen ohne staatliche Eingriffe bildet wie der Markt für Telekommunikationsdienste (Abschnitt 8.3), der Markt für Mikro-Chips (Abschnitt 8.4) und der Markt für Erdöl (Abschnitt 8.5). In diese Kategorie kann man auch den Weltkapitalmarkt einordnen (Abschnitt 8.6). Kapitalgüter und Bestandsgrößen (Abschnitt 8.7) stellen in dem Sinn eine Besonderheit dar, dass Bewertungen sich schnell ändern können. Abschließend werden zwei Märkte dargestellt, die sich erst herausbilden, der Markt für Landerechte (Abschnitt 8.8) und für Emissionsrechte (Abschnitt 8.9).

8.1 Der Wohnungsmarkt

In Deutschland gab es Ende 1997 etwa 37 Millionen Wohnungen, davon 29,7 Millionen Wohnungen in Westdeutschland und 7,4 Millionen Wohnungen in Ostdeutschland. In den alten Bundesländern ist der Wohnungsbestand von 9,4 Millionen 1950 auf mehr als das Dreifache gestiegen (Tabelle 8.1). Die Zahl der jährlich neu fertig gestellten Wohnungen hat im Zeitverlauf beträchtlich abgenommen (Tabelle 8.1).
Der Wohnungsmarkt wird durch eine Vielzahl staatlicher Förderungsmaßnahmen und Regulierungen beeinflusst. 1950 gab es in Westdeutschland 9,4 Millionen Wohnungen für 15 Millionen Haushalte. Da es nicht möglich war, das Angebot kurzfristig zu erhöhen, wurde die Nutzung der Wohnungen durch Zwangsbewirtschaftung geregelt. In den fünfziger Jahren wurden 5,2 Millionen Wohnungen gebaut. Anfang der sechziger Jahre hatte sich das Angebot so verbessert, dass der Wohnungssektor schrittweise in die Marktwirtschaft überführt werden konnte. In den sechziger und siebziger Jahren sind jeweils etwa 5 Millionen Wohnungen gebaut

worden; in den achtziger Jahren sind 3,3 Millionen neue Wohnungen hinzugekommen. In den neunziger Jahren sind wieder mehr Wohnungen gebaut worden. In Tabelle 8.2 ist die Struktur der Veränderung des Wohnungsangebots (in Ein- und Zweifamilienhäusern, in Mehrfamilienhäusern) dargestellt.

Tabelle 8.1: Wohnungen in Deutschland

	Wohnungsbestand	Fertig gestellte Wohnungen[a]	Private Haushalte		Bevölkerung	
Jahr	Mio.	Mio.	Mio.	Haushalte je Wohnung	Mio.	Personen je Wohnung
Früheres Bundesgebiet						
1950[b]	9,4	nv	15,4	1,6	47,7	5,1
1960	16,1	5,2	19,5[c]	1,2[c]	55,4	3,3
1970	20,8	5,6	22,0	1,1	60,7	2,9
1980	25,4	4,9	24,8	0,9	61,6	2,4
1990	26,8	3,3	28,2	1,1	63,3	2,4
1997	29,7	–	30,6	1,0	68,0	2,3
Deutschland						
1990	33,9	–	34,8	1,0	79,4	2,4
1997	37,1	–	37,5	1,0	82,1	2,2

[a] Im vorausgehenden Zehnjahreszeitraum. – [b] Ohne Berlin (West) und Saarland. – [c] Angaben für 1961.

Quelle: Statistisches Bundesamt, Statistisches Jahrbuch für die Bundesrepublik Deutschland; Statistisches Bundesamt, Bevölkerung und Erwerbstätigkeit, Fachserie 1, Reihe 3 (Haushalte und Familien); Statistisches Bundesamt, Bautätigkeit und Wohnen, Fachserie 4, Reihe 3 (Bestand an Wohnungen), jeweils verschiedene Jahrgänge und Internet-Seiten (www.statistik-bund.de).

Das zusätzliche Angebot an Wohnungen reagiert sensitiv auf gesetzliche Regelungen. Die Mietpreisregulierung und der weitgehende Kündigungsschutz verhindern ein zusätzliches Angebot an Wohnungen. Wie auf anderen Märkten auch schützen die staatlichen Eingriffe vor allem bestehende Mietverhältnisse. Dadurch wird das Angebot für die Wohnungssuchenden künstlich verringert. Vor allem sozial schwächere Bevölkerungsgruppen sind von der Wohnungsnot betroffen. Zwar gibt es eine große Zahl preisgünstiger Sozialwohnungen; aus einer Reihe von Gründen (Fehlbelegung) stehen sie den Bedürftigen aber nur in geringem Umfang zur Verfügung.

Tabelle 8.2: Fertig gestellte Wohnungen in Deutschland 1991–1997, in Tausend

Jahr	Fertig gestellte Wohnungen insgesamt		davon in Ein- und Zweifamilienhäusern		in Mehrfamilienhäusern[a]		Öffentlich geförderte Wohnungen in vH der genehmigten Wohnungen[b]	
1991	331	(314)[c]	–	(134)	–	(135)	22,5	(23,1)
1992	386	(375)	–	(137)	–	(185)	19,0	(22,3)
1993	455	(432)	164	(151)	230	(223)	21,2	(24,8)
1994	573	(505)	212	(182)	289	(262)	18,1	(22,7)
1995	603	(496)	205	(164)	319	(270)	20,0	(22,4)
1996	559	(416)	189	(142)	296	(218)	20,3	(21,0)
1997	578	(400)	211	(156)	290	(290)	18,5	(20,0)

[a] Einschließlich Wohnungen in Wohnheimen. – [b] Die genehmigten Wohnungen sind nicht identisch mit den fertig gestellten Wohnungen. – [c] Zahlen für das gesamte Bundesgebiet, Westdeutschland in Klammern.

Quelle: Statistisches Bundesamt, Fachserie 5, Reihe 1 (Bautätigkeit), Reihe 2 (Bewilligungen im sozialen Wohnungsbau), Wiesbaden, verschiedene Jahrgänge bis 1997.

8.2 Der Kohlemarkt in Deutschland

In Deutschland kostet es etwa 150 €, eine Tonne Steinkohle zu fördern. Der Weltmarktpreis frei Hamburg für die Tonne Steinkohle liegt bei 35 €. Bei der Förderung der deutschen Steinkohle werden mittlerweile Flöze in einer Tiefe von bis zu 1 500 Meter abgebaut; oft erreichen die Flöze nur eine Mächtigkeit von einem Meter. Dagegen kann man in Australien Kohlelagerstätten von einer Mächtigkeit von zehn Meter im offenen Tagebau in dreißig Meter Tiefe abbauen.
Wie kann angesichts dieser Unterschiede in den Produktionsbedingungen deutsche Steinkohle überhaupt noch abgesetzt werden? Dies ist nur dadurch möglich, dass der Staat die Märkte segmentiert und die deutsche Steinkohle schützt:

- Trotz der hohen Kosten der deutschen Steinkohle werden immer noch ungefähr 60 vH des Steinkohleverbrauchs in Deutschland aus heimischer Produktion gedeckt. Etwa 40 vH der benötigten Steinkohle werden importiert.
- Von 1973 bis 1998 wurde die deutsche Steinkohle mit insgesamt 187,5 Mrd. DM subventioniert. Der Staat subventioniert die Produkte der heimischen Steinkohle mit etwa 100 € pro Tonne. Die Subventionen belaufen sich auf ungefähr 65 000 €

je Beschäftigten (1998) im Jahr, d. h. der Staat gibt pro Beschäftigten im Bergbau mehr aus, als der Einzelne an Einkommen bezieht.
- Der Jahrhundertvertrag sicherte dem deutschen Steinkohlebergbau einen Absatz von gut 40 Millionen Tonnen pro Jahr an die Elektrizitätswirtschaft, indem die Stromkunden in Westdeutschland gezwungen wurden, pro Kilowattstunde einen Betrag von 1,7 Pf. zu zahlen. Dieser Betrag erhöhte die Strompreise um 8,5 vH, sicherte aber dem Bergbau einen Teil seiner Kosten ab. 1994 hat das Bundesverfassungsgericht den Kohlepfennig für verfassungswidrig erklärt.
- Im März 1997 einigten sich der Bund, die Steinkohleländer und die deutschen Kohleunternehmen im so genannten »Kohlekompromiss« auf eine Regelung der Subventionen bis zum Jahr 2005. Nach diesem Kompromiss werden die Beihilfen zwischen 1997 und 2005 schrittweise von 5,3 Mrd. € zu einem Teil abgebaut. Gleichzeitig soll die Zahl der Beschäftigten von 70 000 (1999) auf 35 000 reduziert werden. Die je Beschäftigten geleisteten Subventionen würden sich bis 2005 auf etwa 80 000 € im Jahr erhöhen.

Die Marktsegmentierung zu Gunsten der deutschen Steinkohle hat eine Reihe von Konsequenzen:
1. Der Energiepreis ist unnötig hoch; es findet eine Fehlallokation der Ressourcen statt.
2. Andere Primärenergien wie alternative Energien oder die Kernenergie werden in ihren Entwicklungschancen beeinträchtigt.
3. Die Steinkohle als fossiler Brennstoff trägt zum CO_2-Problem bei.

8.3 Der Telekommunikationsmarkt

Auf dem Telekommunikationsmarkt hat es eine beachtliche Deregulierung gegeben, die Deutschland allerdings nicht so sehr aus eigener Kraft in Gang gesetzt hat, die vielmehr vor allem durch entsprechende Richtlinien der Europäischen Union eingeleitet wurde. Nicht durch deutsche Innovationsbereitschaft, sondern durch praktische Erfahrungen anderswo und durch Zwang von außen kam das Telefon-Monopol ins Wanken. Die Ausgangslage war dadurch gekennzeichnet, dass Telefondienstleistungen als ein Element der Daseinsvorsorge interpretiert wurden, für die ein staatliches Monopol zu sorgen habe. Vor allem das Telefon-Netzwerk war das entscheidende Argument dafür, dass ein natürliches Monopol vorlag, das die Post inne hatte. Die Veränderung fing damit an, dass Verbraucher selbst ihre Endgeräte auf dem freien Markt erwerben konnten; technologische Entwicklungen wie Satellitenübertragungen machten potentielle andere Anbieter vom Netz unabhängig. Hinzu kam die auch in anderen Bereichen (Strom, Erdgas, Eisenbahn) verfolgte

Idee, dass die Infrastruktur eines Netzwerks und seine Nutzung zu trennen sind und dass Netzwerke als »common carrier« gemeinsam von mehreren Anbietern gegen Gebühr zu nutzen sind. Erforderlich wurde dementsprechend die Zergliederung der Post mit der Abspaltung der Telekom von der Gelben Post.
Bei der Trennung des Netzwerks und seiner Nutzung liegt ein entscheidendes Problem darin, die Preise beim Übergang von einem System zum anderen, also die »Gebühren« an den Schnittstellen zu bestimmen. Könnte der Eigentümer des Netzwerks diese Schnittstellenpreise alleine festlegen, so könnte er andere Anbieter vom Markt fern halten. Der Staat hat deshalb »nur noch« die Aufgabe, Bedingungen der Nutzung von Übergangsstellen verschiedener Netze zu definieren und die Gebühren zu genehmigen.
Inzwischen haben wir uns daran gewöhnt, dass mehrere Telefonanbieter am Markt anbieten und dass der Markt ein Produkt bereitstellen kann, das nunmehr vollständig privatisiert ist und nicht mehr zum Bereich der Daseinvorsorge gehört.

Kasten 8.1 Vier Modelle zur Deregulierung der Stromwirtschaft

In der Stromwirtschaft war das Netzwerk der Stromleitungen lange Zeit die Begründung für die Existenz eines Monopols, das in seiner Preisgestaltung kontrolliert werden musste. Dies ist ähnlich wie bei anderen Netzwerken (Gasnetze, Eisenbahnnetze, Telefonnetze). Inzwischen hat man erkannt, dass ein Netzwerk ein Monopol nicht begründen muss, da sich das Eigentum an Netzwerken und die Nutzung der Netzwerke trennen lassen. Zu unterscheiden sind dabei in der Stromwirtschaft drei unterschiedliche Aspekte: die Produktion von Strom in Kraftwerken, der Stromtransport durch die Leitungen und die Verteilung des Stroms an die Verbraucher. Für die Reorganisation der Stromwirtschaft werden vier verschiedene Modelle diskutiert:
Beim »Alleinabnehmermodell« erhalten bestimmte Stromerzeuger Netzzugangsrechte, so dass Alleinabnehmer wie beispielsweise Großkunden Strom direkt über das Netz beziehen können. Dieser Ansatz ermöglicht also, dass Produzenten und (große) Endabnehmer direkt in Kontakt treten können.
Das »Modell der spezifischen Durchleitungsrechte« ermöglicht Durchleitungen durch fremde Netze im Rahmen freier Kapazitäten, belässt dem Netzeigentümer aber das Recht der vorrangigen Nutzung.
Beim »Poolmodell« liefern alle Erzeuger in einen Pool ein, der dann Strom über Händler an die Verbraucher weiter verteilt. Aus Angebot und Nachfrage wird ein Preis bestimmt, zu dem die Abnehmer bedient werden (Börse). Der Pool bedarf einer gewissen Organisation.
Beim »Common-Carrier-Modell« steht das Netzwerk gegen Gebühr den Stromerzeugern zur Verfügung, die individuell ihre Abnehmer bedienen können. Die Höhe der Durchleitungsgebühr ist staatlich reguliert, sonst könnte der Netzwerkeigentümer durch die Gebühr seine Position ausnutzen.

8.4 Sinkende Preise bei PCs und Mikro-Chips

Es ist eine häufig zu hörende Klage, dass alles immer teurer würde. Dabei fallen jedem sofort viele Beispiele von Gütern ein, die früher billiger waren als heute, und die Statistik bestätigt, dass das allgemeine Preisniveau in der Bundesrepublik von Jahr zu Jahr gestiegen ist. Im Durchschnitt gesehen ist die D-Mark, wenn sie im Jahr 2002 endgültig in den Euro aufgeht, nicht einmal mehr ein Fünftel so viel wert wie bei der Einführung am 20. Juni 1948.

Kaum zur Kenntnis genommen wird dagegen, dass es auch zahlreiche Güter gibt, die im Zeitverlauf nicht teurer, sondern sogar billiger geworden sind. Ein Fotoapparat beispielsweise ist heute wesentlich leistungsfähiger als noch vor zehn oder zwanzig Jahren, kostet aber – je nach Ausstattung – nicht mehr oder sogar deutlich weniger als damals. Farbfernsehgeräte, Videorecorder, Flug-Tickets, Preise für Telefongespräche und der Strompreis sind weitere Beispiele dafür, dass im Laufe der Jahre keineswegs alles teurer werden muss. Besonders ausgeprägt ist der Preisverfall beim Personal-Computer, der zur Zeit der Markteinführung in den frühen achtziger Jahren deutlich über 10 000 DM kostete und heute bei wesentlich höherer Leistungsfähigkeit für etwa 1 000 € (2 000 DM) zu erhalten ist. In den neunziger Jahren ist der Preisindex für PCs um ein Drittel gesunken (Schaubild 8.1).

Ähnliches gilt für die Preisentwicklung von Bauelementen, der so genannten dynamischen Schreib-Lese-Speicher (DRAM, Dynamic Random Access Memory). Im Durchschnitt kommt alle drei Jahre eine neue Generation von DRAMs auf den Markt, die eine vierfache Kapazität gegenüber der jeweils vorangegangenen Generation hat. Nach einer Faustregel aus der Elektronik-Industrie, die als Bai-Regel bekannt ist, sind neue Generationen von DRAMs jeweils doppelt so teuer wie ältere Generationen (bai ist das japanische Wort für zwei). Aus der Verdoppelung des Preises pro Chip und der Vervierfachung der Kapazität ergibt sich demnach eine Halbierung des Preises pro Leistungseinheit, die bei Mikrochips in Bit gemessen wird.

Die wesentliche Ursache für derartige Preissenkungen ist ein rascher technischer Fortschritt. Durch die Einführung neuer Technologien wird es möglich, mehr Güter als bisher mit gleichem Faktoreinsatz herzustellen. Wenn etwa die Produktionsmenge pro Arbeitsstunde schneller steigt als die Kosten, die von den Unternehmen für diese Arbeitsstunde aufgewendet werden müssen, können die Güter billiger angeboten werden, ohne dass der Unternehmensgewinn zurückgeht. Tendenziell gilt: Je rascher der technische Fortschritt, desto stärker gehen die Preise der betreffenden Güter im Vergleich zu anderen Gütern zurück; je langsamer der technische Fortschritt, desto stärker steigen die Preise.

In den vergangenen beiden Jahrzehnten war es vor allem die Mikroelektronik, die einen besonders raschen technischen Fortschritt erlebte. Es ist daher kein Zufall, dass mehrere der oben aufgeführten Güter aus diesem Bereich kommen. Der Videorecorder oder der Personal-Computer beispielsweise enthalten mikroelektronische Bauelemente, deren Preis-Leistungs-Verhältnis im Zeitablauf drastisch gesunken ist.

Schaubild 8.1: Preisentwicklung von PCs, 1991 bis 2000

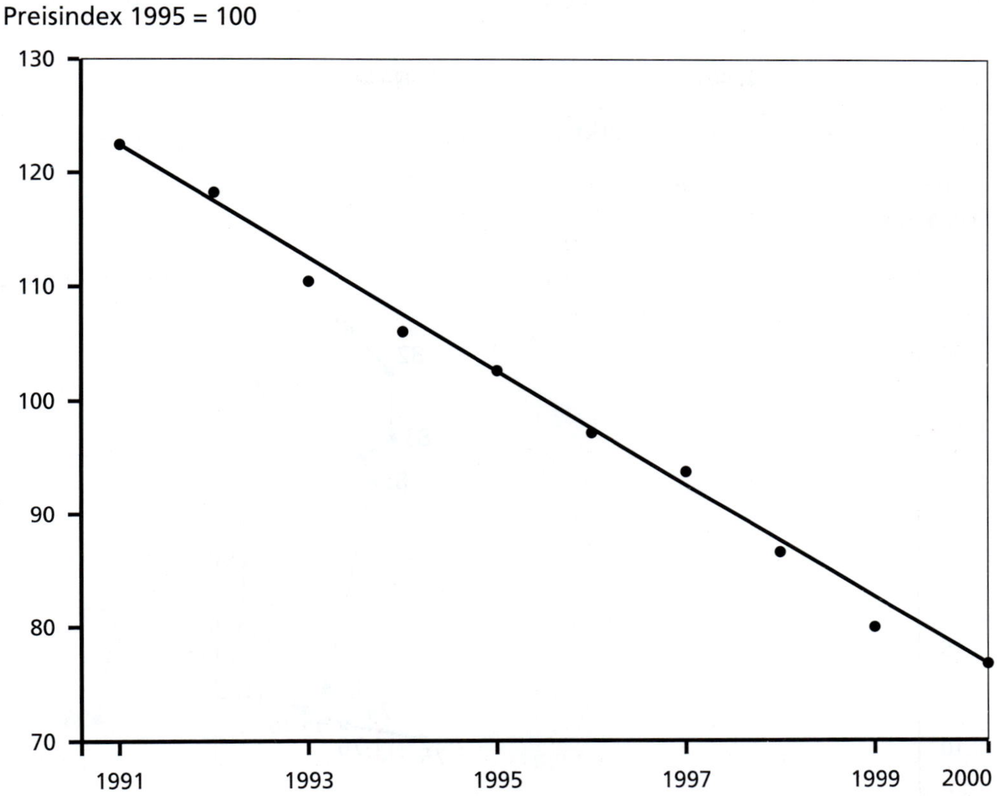

Quelle für Daten: Statistisches Bundesamt, Verbraucherpreise, PC IBM kompatibel, 1999.

8.5 Der Erdölmarkt

In Schaubild 8.2 wird die Entwicklung der Erdölpreise pro Fass und der Mengen in Millionen Fass pro Tag (million barrel per day) des Welterdölmarktes nachgezeichnet. Zur Vereinfachung sind die Gesamtproduktionsmengen für Rohöl in der Welt und die Preise für Arabian Light gewählt. In der Wirklichkeit ist der Welterdölmarkt wesentlich differenzierter, da es verschiedene Rohölsorten gibt und sich die Preise in den einzelnen Ländern, z. B. infolge staatlicher Eingriffe, unterscheiden. Die Jahreswerte geben die »Marktgleichgewichte«, also die Schnittpunkte zwischen Nachfrage- und Angebotskurven an. Man erkennt, dass sich in den sechziger Jahren die Nachfragekurve von Jahr zu Jahr nach rechts verschoben hat. Die Preise sind in dieser Phase relativ konstant geblieben; das Angebot hat also elastisch reagiert. In den Erdölkrisen 1973/74 und 1979/80 stieg der Preis bei nahezu konstanten Mengen. Nach 1982 beobachten wir einen sinkenden Erdölpreis; die Mengen nahmen seit 1986 wieder zu.

Schaubild 8.2: Der Welterdölmarkt

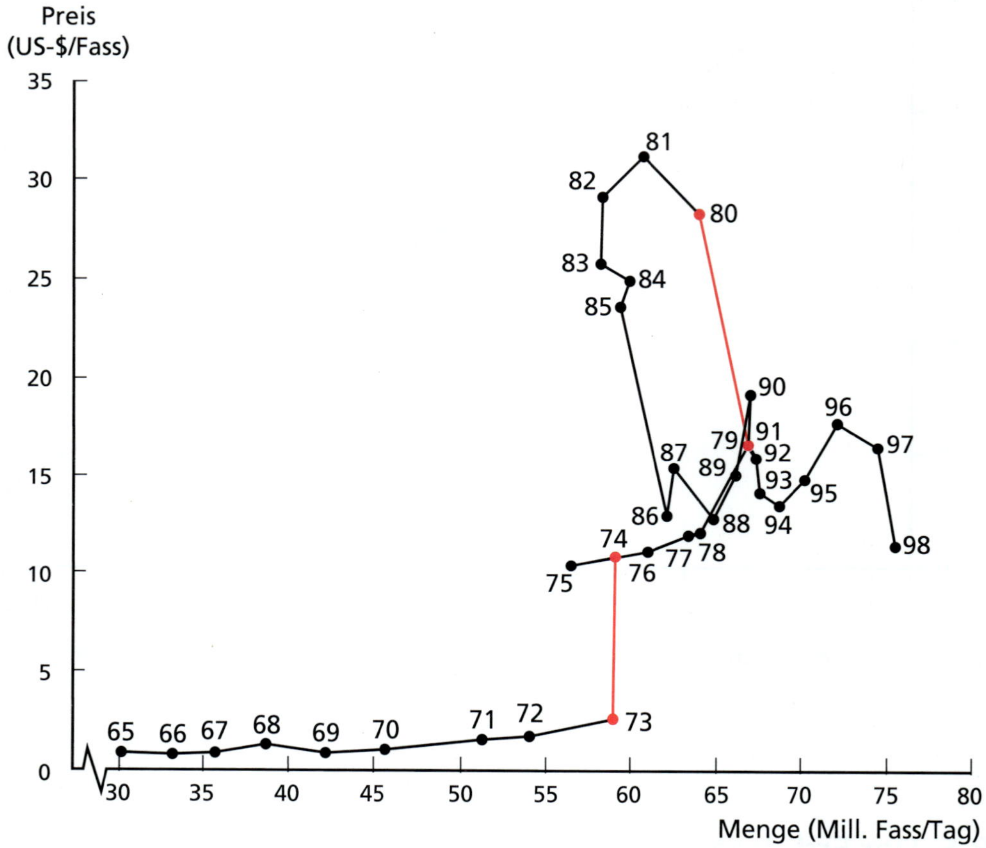

Quelle: OECD Economic Outlook, versch. Jahrgänge.

Der Welterdölmarkt ist durch bedeutende institutionelle Veränderungen gekennzeichnet. Vor der ersten Erdölkrise 1973/74 beherrschten die so genannten »sieben Schwestern«, die großen internationalen Erdölunternehmen, den Welterdölmarkt. Sie besaßen die Abbaurechte für Erdöl im mittleren Osten und konnten innerhalb der vertikalen Unternehmensorganisation von der Exploration über die Förderung und die Raffinerie bis zur Distribution das Erdöl vermarkten. Aber seitdem die Ressourcenländer die Eigentumsrechte an den Erdölreserven im Boden an sich gezogen haben, sind die sieben Schwestern von ihren Rohstoffquellen abgeschnitten. In dieser Situation verlor die Allokation »innerhalb der Hierarchie«, also innerhalb der Unternehmen, an Bedeutung; man brauchte den »Spot-Markt« in Amsterdam, um die Knappheit des Öls zum Ausdruck zu bringen. Für die Öl-Multis, aber auch für die rohstoffimportierenden Länder, bedeutete der volatile Spot-Markt von Amsterdam ein erhöhtes Risiko; dieses Risiko wurde durch die Terminmärkte für Erdöl verringert, die seit 1979 in New York und Tokio entstanden. Auf diesen Terminmärkten wird Öl per Termin gehandelt. Zeichnet sich in der Zukunft eine Verknappung ab, so steigt der Preis für Terminöl; dies aber signalisiert Knappheit auch für den »Spot-Markt«. Auch der Preis auf dem Spot-Markt geht in die Höhe.

8.6 Der Weltkapitalmarkt

Die Welt produziert insgesamt ein Bruttoinlandsprodukt von 36,5 Billionen US-$ (1998). Nicht das gesamte Produktionsergebnis dient dem Konsum; ein Teil der produzierten Güter muss für den Aufbau des Kapitalstocks eingesetzt werden, also für die Investitionen. Wenn die Unternehmen der Welt investieren wollen, müssen die Haushalte der Welt sparen. Insgesamt machen die Weltersparnisse 7,7 Billionen US-$ (1998) aus; das entspricht einer Sparquote von 21 vH. Gedanklich können wir uns einen Weltkapitalmarkt vorstellen, der die Investitions- und Sparentscheidungen ins Gleichgewicht bringt.
In der Realität besteht der Weltkapitalmarkt aus der Vielzahl der nationalen Kapitalmärkte, in denen sich nationale Ersparnisse und nationale Investitionen gegenüberstehen. Wenn ein Land mehr spart, als es investiert, stellt es der Welt Kapital zur Verfügung; es findet ein Nettokapitalexport statt und der Leistungsbilanzsaldo ist positiv. Wenn ein Land mehr investiert, als es spart, fragt es per Saldo Kapital nach; es findet ein Nettokapitalimport statt und der Leistungsbilanzsaldo ist negativ. Hat ein Land über mehrere Jahre Kapital exportiert, so ist es Gläubiger; hat ein Land über mehrere Jahre Kapital importiert, so ist es Schuldner. Es ist zu beachten, dass ein Land auch »Kapital« importieren kann, um seinen Konsum zu erhöhen.
In der Weltwirtschaft ist die USA ein Kapitalimporteur, Japan und auch die Europäische Union sind Kapitalexporteure (Schaubild 8.3). Im Verlauf der Zeit hat sich die Position einzelner Regionen verändert. So importierten die USA im letzten Jahrhundert Kapital, wurden aber 1917 zu einem Gläubiger, 1984 wieder zu einem Schuldner der Weltwirtschaft. Westdeutschland wies in der zweiten Hälfte der achtziger Jahre netto einen Kapitalexport (Leistungsbilanzdefizit) von rund 5 Mrd. € pro Jahr auf. Zu Anfang der neunziger Jahre dagegen betrug der Kapitalimport netto etwa 20 Mrd. €. Dieser Umschwung in Höhe von 150 Mrd. DM von einem Kapitalexporteur zu einem Kapitalimporteur erklärt sich dadurch, dass West-

deutschland seine Ersparnisse den neuen Bundesländern zur Verfügung stellt. Inzwischen ist Deutschland wieder ein Kapitalexporteur.

Schaubild 8.3: Leistungsbilanzsaldo in vH des BIP[a]

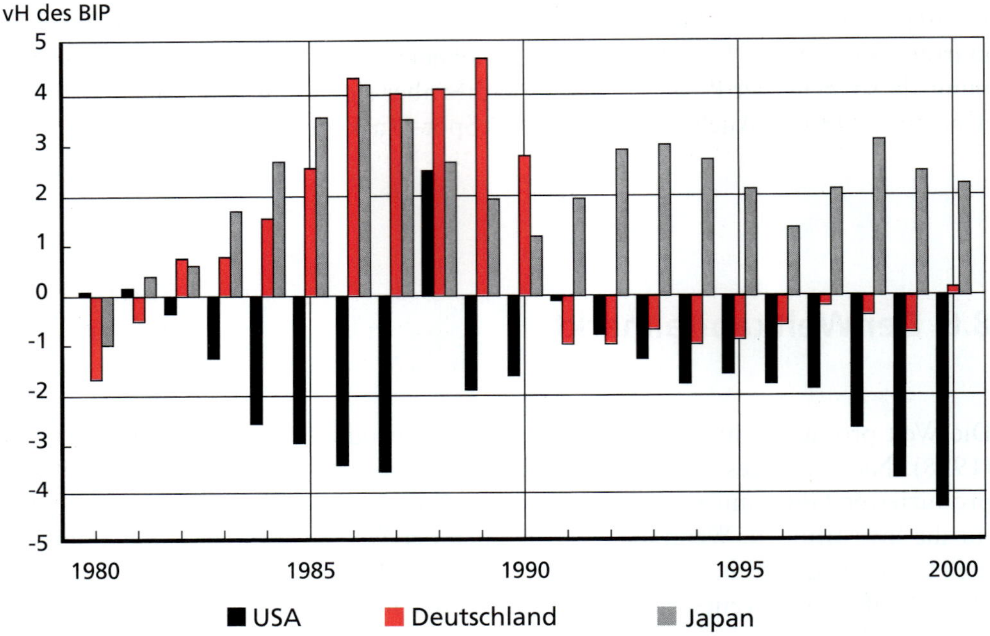

[a] 1999 und 2000 Prognose.

Quelle: International Monetary Fund, World Economic Outlook, Mai 1999.

8.7 Die Bewertung von Kapitalgütern und Bestandsgrößen

Märkte bewerten Güter, indem sie die Zahlungsbereitschaft der Nachfrager und die Produktionskosten der Anbieter im Preis der Güter ausdrücken. Viele Güter wie Konsumgüter, aber auch laufende Inputs in der Produktion, werden, sieht man von Lagerhaltung ab, mit der Menge verbraucht, in der sie auch produziert werden. Märkte bewerten aber nicht nur solche Güter aus der laufenden Produktion, sondern auch Bestandsgrößen, die sich in der Zeit durch zusätzliches Angebot nicht stark verändern. Ein Beispiel ist die Bewertung von Unternehmen, die etwa durch

die Bewertung von Eigentumstiteln an der Unternehmung – also Aktien – an der Börse vorgenommen wird. Andere Beispiele sind der Preis für Boden und Gebäude oder der Preis für ein Rohstofflager, etwa eine Erdöllagerstätte.
Die Preise für solche Bestandsgrößen werden entscheidend von Erwartungen beeinflusst. Wird beispielsweise erwartet, dass die Nachfrage nach Erdöl steigt oder das Angebot sich verknappt, so nimmt der Wert der Erdölreserven in einer Lagerstätte zu. In ähnlicher Weise steigt der Wert einer Unternehmung, also der Aktie, wenn eine günstige Erlösentwicklung in der Zukunft erwartet wird. Da Bestandsgrößen dadurch gekennzeichnet sind, dass sie sich mengenmäßig nur langsam verändern, können die Bewertungen sich stark verändern, wenn Erwartungen variieren. Die Preise von Bestandsgrößen sind deshalb starken Schwankungen unterworfen, die Preise sind durch eine hohe Volatilität gekennzeichnet.
»Bestände« spielen auf Finanzmärkten eine große Rolle. Hier halten Individuen, Produktionsunternehmen und institutionelle Anleger Wertpapier»bestände« wie Aktien, Anleihen, aber auch Bestände von Devisen. Die Änderung von Erwartungen kann zu einer schnellen Umbewertung dieser Bestände führen. Die Kurse von Wertpapieren, Aktienkurse, aber auch die Kurse der Währungen, die Wechselkurse, können sich deshalb schnell ändern.

8.8 Der Markt für Landerechte

Wenn neue Knappheiten auftreten, so kann die Einrichtung neuer Märkte dazu dienen, diese Knappheiten zum Ausdruck zu bringen. Ein Beispiel hierfür sind die Märkte für Landerechte im Luftverkehr, für so genannte *Slots*.
Landerechte sind ein knappes wirtschaftliches Gut. Ein Landerecht zu einer Tageszeit, zu der viele Passagiere ankommen oder abfliegen wollen, bedeutet für eine Fluggesellschaft, dass sie viele Kunden anlocken kann. Deshalb sind solche Landerechte sehr begehrt. In der Vergangenheit sind Landerechte oft nach der »Großvaterklausel« vergeben worden. Wer einmal ein Landerecht zu einer bestimmten Zeit besaß, bekam dieses in der Regel immer wieder zugeteilt. Auch bei der Verteilung der Slots durch Flugplankonferenzen spielte die Ausgangsverteilung der Landerechte in dem Sinne eine Rolle, dass bei einer Nichteinigung der betroffenen Fluggesellschaften dann doch die Großvaterrechte angewendet wurden. Im Zuge der zunehmenden Ausweitung des Luftverkehrs wurde es allerdings immer schwieriger, neue Wünsche der Fluggesellschaften nach bestimmten Landerechten zu erfüllen.
Dieses Allokationsverfahren nach dem bisherigen Besitzstand stellt keinen effizienten Umgang mit der Knappheit dar. Das zunehmend knapper werdende Gut Landerecht wird nicht den besten Verwendungen zugewiesen; eine Luftverkehrsgesell-

schaft mit Großvaterrechten kann die Landerechte benutzen, um unliebsame potentielle Konkurrenten vom Markt fern zu halten. Damit kann sich die Zuweisung der Landerechte nach dem Großvaterprinzip als eine Markteintrittsbarriere erweisen. In den USA hat man deshalb damit begonnen, Märkte für Landerechte einzurichten. Auf einigen Flughäfen kann eine Fluggesellschaft das ihr zugewiesene Landerecht an ein anderes Luftverkehrsunternehmen gegen einen Preis abgeben. Der Preis für einen Slot zu einer begehrten Tageszeit ist hoch. In den USA erzielten einige Fluggesellschaften durch den Verkauf eines Slots Einnahmen von über 1 Mio. US-$. Dadurch erhalten die Fluggesellschaften einen Anreiz, nicht unbedingt benötigte Landerechte an andere Unternehmen zu verkaufen oder zu vermieten. Allein in den ersten zwei Jahren nach der Einrichtung dieses Marktes wechselten ungefähr die Hälfte aller Landerechte den Besitzer.
Der Markt als Allokationsmechanismus für Landerechte könnte aber noch weitergehender genutzt werden, wenn man ihn nicht nur zur Allokation solcher Landerechte einsetzen würde, die bereits an Fluggesellschaften vergeben wurden, sondern wenn man die Verteilung der Landerechte an die Fluggesellschaften selbst auch über den Markt vornehmen würde. In diesem Fall könnte man die vorhandenen Landerechte auch versteigern. Beispielsweise könnten die Landerechte für einen bestimmten Zeitraum, etwa für fünf Jahre, im Rahmen einer Auktion an die Fluggesellschaften verkauft werden.
Die Gestaltung eines solchen Marktes für Landerechte ist in der Realität nicht ganz so einfach, wie er hier als Auktion dargestellt wurde. Vielmehr müssen auch die Wirkungen dieses Allokationsverfahrens auf das Verhalten der Fluggesellschaften berücksichtigt werden. So könnten diese die Landerechte auch mit dem Ziel ersteigern, einen Hebel in die Hand zu bekommen, um unliebsame Konkurrenten vom Markt fern zu halten. Außerdem bedeutet eine Auktionierung für eine Fluglinie ein erhebliches Risiko, da sie möglicherweise nicht den passenden Slot auf dem Zielflughafen erhält. Zudem besteht die Gefahr, ein jetzt genutztes Landerecht bei der nächsten Auktion nicht wieder zu erlangen. Dies könnte Auswirkungen auf das Angebot der Luftfahrtunternehmen haben. Nicht zuletzt haben Landerechte auch strategische Bedeutung für die Entwicklung des Netzsystems einer Fluggesellschaft. Bestehen in einem Land, wie z. B. in den USA, mehrere Flugunternehmen, so versuchen diese möglicherweise einzelne Flughäfen als Knotenpunkte (»Hubs«) zu nutzen, um die herum sie ihr gesamtes Liniennetz aufbauen (»Spokes«). Dann können die Zugangsmöglichkeiten zu einzelnen Flughäfen für diese Gesellschaften eine überragende Bedeutung erlangen.

8.9 Ein Markt für Emissionsrechte

Durch die Schaffung neuer Nutzungsrechte können neue Märkte etabliert werden. Ein Beispiel hierfür sind die Märkte für Emissionsrechte im Rahmen der Umweltpolitik. Angenommen, die Gesamtmenge der zulässigen Emissionen oder Schadstoffe wird durch die Umweltpolitik festgelegt ($\bar{S}$ in Schaubild 8.4). Damit ist das Angebot an Emissionsrechten für die gesamte Volkswirtschaft fixiert (Vertikale in Schaubild 8.4 c). Die Gesamtnachfrage nach Emissionsrechten resultiert aus der Nachfrage der einzelnen Unternehmen. Zur Vereinfachung unterstellen wir lediglich zwei Unternehmen, I und II, mit den Emissionsnachfragen S_I^n und S_{II}^n. Aggregiert man diese beiden Emissionsnachfragekurven horizontal, so ergibt sich die Gesamtnachfrage nach Emission S^n. Der Schnittpunkt von Gesamtnachfrage und Gesamtangebot ergibt den Preis für Emission (t), der beispielsweise auf einer Auktion ermittelt werden kann.

Zur Lösung des globalen Klimaproblems sind handelbare Emissionszertifikate vorgeschlagen worden. Dabei könnte man so vorgehen, dass den einzelnen Ländern Emissionsrechte für CO_2 zugewiesen werden. Volkswirtschaften, die Kohlendioxid kostengünstiger vermeiden können als andere Ländern, können ihre Emissionsrechte gegen Preis an diese Länder abtreten. Damit entsteht ein Mechanismus, der sicherstellt, dass Kohlendioxid global an der kostengünstigsten Stelle vermieden wird. Bei diesem Ansatz tritt ein Problem in der Zuweisung der Emissionsrechte auf. Sie könnten beispielsweise nach den tatsächlichen Emissionen zugewiesen werden. Dann wären aber Schwellen- und Entwicklungsländer, die noch kein hohes Produktionsniveau erreicht haben, benachteiligt. Sie müssten im Verlauf ihrer Entwicklung Emissionsrechte von den Industrienationen erwerben. Für ein Land wie China mit riesigen Kohlevorräten wäre eine solche Allokation der Emissionsrechte nicht akzeptabel. Eine alternativer Ansatz würde darin bestehen, die Emissionsrechte beispielsweise gemäß der Bevölkerungszahl zu verteilen und dann einen Handel zuzulassen.

Schaubild 8.4: Ein Markt für Emmissionsrechte

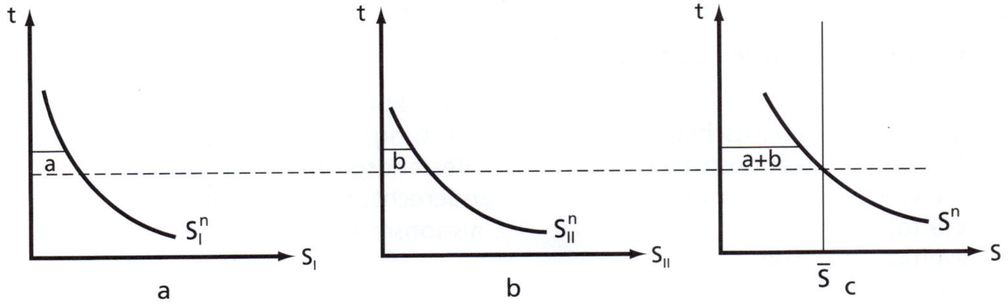

Wichtige Begriffe in Kapitel 8

Wohnungsmarkt
Kohlemarkt in Deutschland
Telekommunikationsmarkt
Preisverfall bei Mikro-Chips
Weltölmarkt
Weltkapitalmarkt
Kapitalimporteur
Kapitalexporteur
Bewertung von Kapitalgütern und Bestandsgrößen
Landerechte im Luftverkehr
Emissionsrechte

9 Preisbildung in verschiedenen Marktformen

Ein Monopol, das entweder an eine Einzelperson
oder eine Handelsgesellschaft vergeben wurde,
hat dieselben Auswirkungen wie ein Handels- oder Produktionsgeheimnis.
Die Monopolisten – indem sie den Markt auf Dauer unterversorgt halten
und indem sie nie der gesamten Nachfrage nachkommen –
verkaufen ihre Waren weit über dem üblichen Preis
und steigern ihre Einkünfte weit über das normale Maß.
Adam Smith

9.1 Grundbegriffe der Marktformenlehre

Die Bildung des Preises ist bisher durch Gegenüberstellung von Angebot und Nachfrage auf einem Markt erklärt worden. Ein Faktor, der vernachlässigt wurde, der aber auf die Preisbildung entscheidenden Einfluss hat, ist die Struktur der Angebots- und Nachfrageseite. Es wird sich ein anderer Preis herausstellen, wenn nur *ein* Anbieter eines Produkts auf dem Markt ist, als wenn viele Anbieter vorhanden sind. Die Zahl der Anbieter beeinflusst also das Angebotsverhalten der Unternehmen. Mit dieser Frage befasst sich die Marktformenlehre. Sie analysiert die Bildung des Preises unter verschiedenen Marktformen.

Die Marktform kennzeichnet die Struktur von Angebot und Nachfrage. In der Regel werden die unterschiedlichen Marktformen nach der Anzahl der Marktteilnehmer gebildet. Wir beschränken uns auf die Angebotsseite und unterscheiden:

Atomistische Konkurrenz:	viele Anbieter
Oligopol:	wenige Anbieter
Monopol:	ein Anbieter

Wenn wir uns nicht allein auf die Anzahl der Marktteilnehmer beschränken, sondern als weiteres Kriterium hinzuziehen, ob der Markt vollkommen oder unvollkommen ist (vgl. Abschnitt 6.4), so ergibt sich Tabelle 9.1.

Dieses Schema kann dadurch der Realität angenähert werden, dass wir als zusätzliches Kriterium einführen, ob der Markt offen oder geschlossen ist. Grundsätzlich können alle Marktformen des Schemas mit einem offenen Markt einhergehen. Oligopol und Monopol sind jedoch in Frage gestellt, wenn der Markt offen ist. Neben der Frage des Marktzugangs spielt auch die Möglichkeit des Marktabgangs eine Rolle.

Eine andere Unterscheidung ist, ob es sich um eine kurzfristige oder eine langfristige Analyse von Märkten handelt. Kurzfristig ist die Größe eines Betriebes (Kapazität) gegeben; zudem ist kurzfristig in vielen Bereichen ein Marktzugang nicht möglich. Langfristig dagegen können sowohl einzelne Betriebe ihre Kapazität ausdehnen als auch möglicherweise neue Unternehmen auf dem Markt auftreten. Wir unterscheiden deshalb auch zwischen kurzfristigen und langfristigen Marktgleichgewichten.

Tabelle 9.1: Die verschiedenen Marktformen

Beschaffenheit des Marktes	Anzahl der Marktteilnehmer		
	viele	wenige	einer
vollkommener Markt	homogene atomistische Konkurrenz	homogenes Oligopol	Monopol (sog. reines Monopol)
	vollständige Konkurrenz		
unvollkommener Markt	heterogene atomistische Konkurrenz	heterogenes Oligopol	Monopol mit Preisdifferenzierung
	unvollständige Konkurrenz		

9.2 Vollständige Konkurrenz

Die vollständige (= atomistisch homogene) Konkurrenz ist eine gedankliche Konstruktion, die in der Realität nur selten erfüllt ist. Dennoch kann diese Marktform dazu herangezogen werden, bestimmte Vorgänge der ökonomischen Wirklichkeit zu erklären.

1. Merkmale. Die vollständige Konkurrenz ist durch folgende Merkmale gekennzeichnet:

(1) große Zahl der Anbieter

(2) jeder Anbieter hat in etwa einen gleich großen Marktanteil. Diese Bedingung schließt aus, dass unter einer großen Zahl ein starker Anbieter mit großen Marktanteil ist. Die Bedingungen (1) und (2) beziehen sich auf den Begriff »atomistisch«

(3) vollkommener Markt, d. h.

   (a) keine zeitlichen, räumlichen, persönlichen und sachlichen Präferenzen

(b) Markttransparenz, d. h. vollkommene Information über das Marktgeschehen. Die Bedingung (3) bezieht sich auf den Begriff »homogen«.

2. Preis als Datum. Die Folge dieser Voraussetzungen ist, dass das einzelne Unternehmen in der vollständigen Konkurrenz den Preis nicht beeinflussen kann. Der Preis ist für das Unternehmen ein Datum. Es kann sich nur mit der Menge anpassen (Mengenanpasser). Um das Angebotsverhalten des Unternehmens zu analysieren, müssen wir die Frage beantworten, welche Menge das Unternehmen ausbringt.

3. Grenzkosten gleich Preis. Wir unterstellen, dass das Unternehmen seinen Gesamtgewinn maximieren will. Wie wir bei der Ableitung der Angebotskurve bereits beschrieben haben, ergibt sich der Gesamtgewinn als Differenz des Gesamterlöses und der Gesamtkosten

Gesamtgewinn = Gesamterlös – Gesamtkosten

Der Gesamtgewinn erreicht dort sein Maximum, wo Grenzerlös und Grenzkosten gleich sind. In diesem Fall ist der Grenzgewinn, d. h. der Gewinn einer zusätzlichen Einheit, gleich Null.

Grenzgewinn = Grenzerlös – Grenzkosten

Diese Aussage gilt für jede Marktform. Sie leitet sich aus der Annahme ab, dass das Unternehmen seinen Gewinn maximieren will.
Die erste Bedingung für die Preisbildung lautet demnach:

(1) Grenzerlös = Grenzkosten

Bei vollständiger Konkurrenz ist der Preis für das einzelne Unternehmen ein Datum. Wenn es eine zusätzliche Mengeneinheit ausbringt, dann erhält es für jede zusätzliche Menge den gleichen Preis. Der Preis stellt also den Grenzerlös dar.
Die zweite Bedingung ist also:

(2) Grenzerlös = Preis

Diese Bedingung gilt nur für die vollständige Konkurrenz.
Als Fazit ergibt sich: Da das Unternehmen so lange seine Produktion ausdehnt, bis Grenzerlös = Grenzkosten ist, der Grenzerlös aber gleich dem Preis ist, wird es in vollständiger Konkurrenz gerade die Menge ausbringen, bei der die Grenzkosten gleich dem Preis sind:

(3) Grenzkosten = Preis

Dieses Ergebnis gilt wegen Bedingung (2) nur für die vollständige Konkurrenz.

4. Gewinnmaximierung. Die Zusammenhänge verdeutlicht graphisch Schaubild 9.1. Das Unternehmen produziert die Menge q_1, weil der Gesamtgewinn bei der

Menge q_1 am größten ist. Links von q_1 ist der Grenzerlös höher als die Grenzkosten. Eine Produktionsausdehnung vermehrt den Gesamtgewinn. Wenn das Unternehmen seine Produktion über q_1 ausdehnen würde, lägen die Grenzkosten über dem Grenzerlös. Der Gesamtgewinn nähme dann ab.

Schaubild 9.1: Gewinnmaximale Angebotsmenge bei vollständiger Konkurrenz

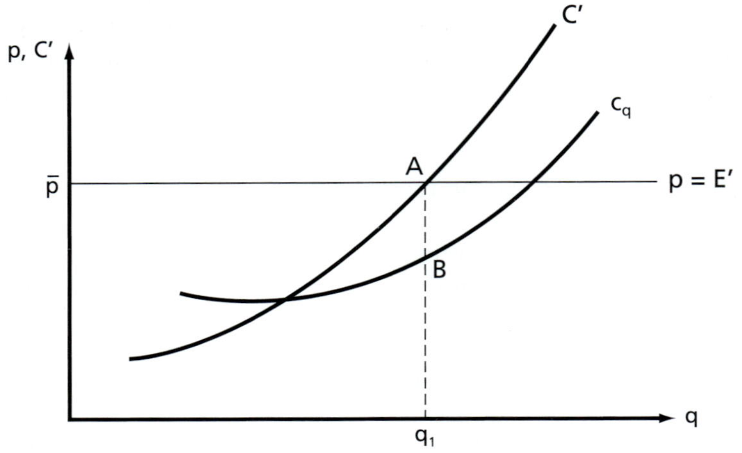

c_q kennzeichnet die Stückkostenkurve. Für q_1 beträgt der Stückgewinn AB. Wenn der Preis sinkt, die Preisgerade sich also nach unten verschiebt, passt sich das Unternehmen entlang seiner Grenzkostenkurve an. Der Stückgewinn wird kleiner. Wenn die Preisgerade die Stückkostenkurve in ihrem Minimum tangiert, ist der Gewinn pro Stück Null. Das Unternehmen kann in diesem Fall nur seine Kosten decken, die aber auch einen Unternehmerlohn sowie Grundrente und Zinsen für das eingesetzte Unternehmerkapital einschließen.

9.3 Langfristiges Konkurrenzgleichgewicht

Nimmt man eine langfristige Analyse vor, so kann sich jede Unternehmung mit einer Änderung ihrer Kapazität anpassen. Zudem werden freier Marktzugang neuer Unternehmen und Marktabgang von bestehenden Unternehmen unterstellt. Unter diesen Annahmen kann eine Situation wie in Schaubild 9.1 langfristig nicht bestehen.

Warum? Wenn ein Unternehmen – wie in Schaubild 9.1 unterstellt – einen Stückgewinn AB macht, lohnt es sich für ein anderes Unternehmen, seine Kapazität auszudehnen oder in den Markt einzudringen. Betrachtet man ein repräsentatives Unternehmen in einem langfristigen Gleichgewicht, so macht dieses Unternehmen keinen Gewinn, denn Expansionen von Unternehmen oder Neugründungen drücken den Gewinn langfristig auf null. In Schaubild 9.2 ist das langfristige Gleichgewicht einer solchen repräsentativen Unternehmung dargestellt. C′ kennzeichnet die langfristige Grenzkostenkurve; c_q ist die langfristige Stückkostenkurve. Man beachte, dass die Unternehmung den Preis vom Markt akzeptieren muss, wo er durch Nachfrage und Angebot bestimmt wird. Die Angebotskurve ist die aggregierte langfristige Grenzkostenkurve aller Anbieter (Schaubild 9.2 b).

Schaubild 9.2: Langfristiges Konkurrenzgleichgewicht

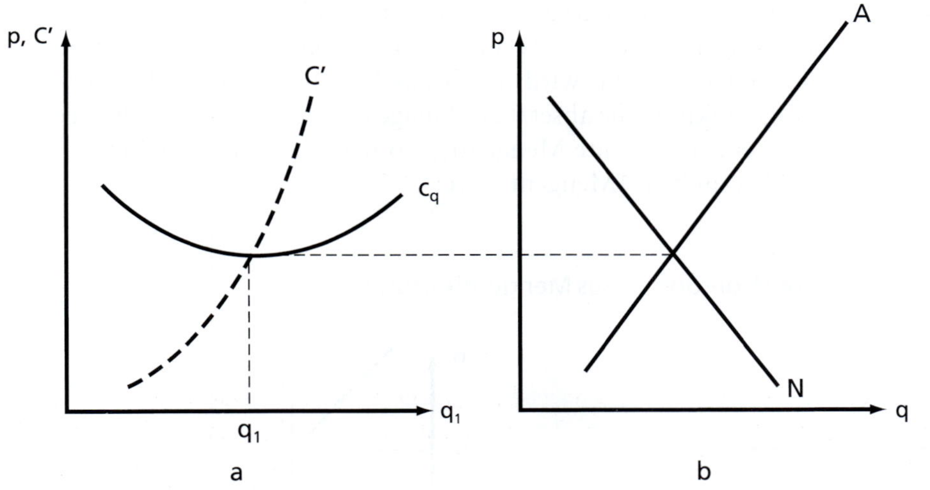

In der Realität kann man sich vorstellen, dass sich die langfristigen Produktionsbedingungen und Kostenkurven von Unternehmen unterscheiden und damit so genannte Differentialgewinne auftreten können. Dies ist etwa der Fall, wenn eine Unternehmung über technisches Wissen verfügt, das andere Unternehmen nicht haben (Innovationsvorsprung, Patente), günstigere Organisationsstrukturen hat, einen besseren Zugang zu knappen Produktionsfaktoren hat (Mineralquelle) oder über produktivere Faktoren verfügt (Fruchtbarkeit von Böden, Lage des Standorts in Bezug auf Absatzmärkte oder bessere Arbeitskräfte). Diese und eine Reihe anderer Faktoren begründen Differentialgewinne.

9.4 Monopol

Die vollständige Konkurrenz stellt den einen Grenzfall dar, bei dem viele kleine Anbieter auf dem Markt sind. Den anderen Grenzfall bildet das Monopol. Beim Monopol ist definitionsgemäß nur ein Anbieter auf dem Markt. In der Regel ist der Markt geschlossen. Da der Monopolist einziger Anbieter ist, stellt seine individuelle Angebotskurve die Gesamtangebotskurve auf dem Markt dar.
Ebenfalls trifft auf den Monopolisten die gesamte Nachfrage des Marktes. Die individuelle Absatzfunktion des Monopolisten ist also mit der gesamten Marktnachfrage identisch. Mit anderen Worten: Der Monopolist hat einen Marktanteil von 100 vH.

1. Preisfixierer oder Mengenfixierer. Das Unternehmen in vollständiger Konkurrenz muss den Preis vom Markt akzeptieren und sich mit seiner Menge anpassen. Der Monopolist kann eine dieser Größen selbst bestimmen. Hat er eine Größe festgelegt, so ist durch die Nachfragekurve (Absatzfunktion) die andere Größe determiniert. Der Monopolist hat also jeweils nur einen Aktionsparameter. Setzt er den Preis p_1 fest (Preisfixierer), dann wird durch das Verhalten der Nachfrager, also durch die Nachfragefunktion, die absetzbare Menge (q_1) bestimmt. Entscheidet sich der Monopolist für eine bestimmte Menge (q_1), so wird durch die Nachfragefunktion der Preis (p_1) determiniert (Mengenfixierer).

Schaubild 9.3: Preisfixierung versus Mengenfixierung

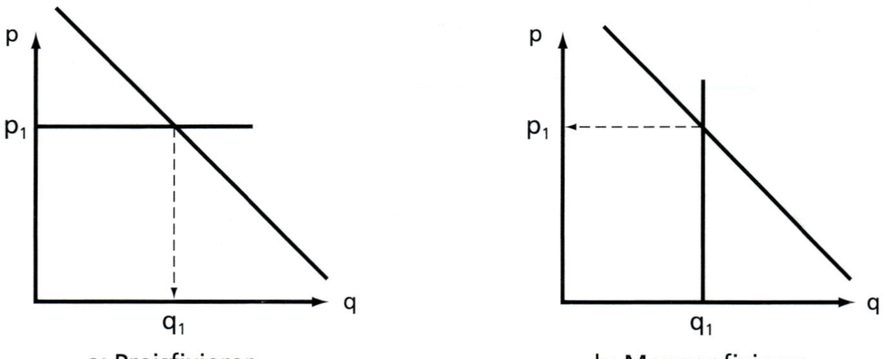

a: Preisfixierer b: Mengenfixierer

2. Preis über Grenzkosten. Wie bestimmt sich nun die gewinnmaximale Angebotsmenge des Monopolisten? Da der Monopolist nach unseren Annahmen seinen Gesamtgewinn maximieren will, gilt auch für ihn – wie für jedes Unternehmen – die Bedingung

(1) Grenzkosten = Grenzerlös

Im Gegensatz zur vollständigen Konkurrenz gilt im Monopol aber nicht, dass der Grenzerlös dem Preis entspricht. Dies lässt sich wie folgt erläutern:
Bei einer Menge q_1 ist der Gesamterlös: $q_1 \cdot p_1$. Wenn der Monopolist jetzt eine zusätzliche Einheit ausbringt, so erhält er für diese Einheit einen Preis p_2. Dieser neue Preis p_2 ist niedriger als p_1, da der Monopolist sich entlang der Nachfragekurve nach unten bewegen muss. Die Menge steigt, aber der Preis fällt. Der neue Preis p_2 stellt aber nicht den Grenzerlös dar. Denn der Monopolist kann jetzt auch die bisher abgesetzten Mengen nur zum niedrigeren Preis von p_2 verkaufen.

Beispiel:

Menge 100	zusätzliche Menge 1
Preis p_1 1,–	neuer Preis 0,95
Der alte Gesamterlös war:	$100 \times 1 = 100$

Der neue Gesamterlös ist:

100×1	$+ 0{,}95$	$- 100\,(1 - 0{,}95)$	$= 95{,}95$
alter Gesamterlös	+ zusätzlicher Erlös für die neue Einheit	– alte Menge mal Preisdifferenz (Preisverfall)	= neuer Gesamterlös

In diesem Beispiel macht sich der Preisverfall also sehr stark bemerkbar, der Gesamterlös nimmt ab, der Grenzerlös ist negativ – eine Produktionsausdehnung lohnt sich nicht.
Allgemein gilt für den neuen Gesamterlös:

$$E = q_1 \cdot p_1 + p_2\,(q_2 - q_1) - q_1\,(p_1 - p_2).$$

Der bisherige Erlös wird zwar um den Preis für die zusätzliche Einheit erhöht, gleichzeitig erzielt der Monopolist für die bisherigen Mengen aber einen niedrigeren Preis.
Für den Grenzerlös gilt:

$$E' = p_2 - q_1\,(p_1 - p_2)$$

Der Preis muss also im Monopol immer höher liegen als der Grenzerlös, da der Preisverfall $q_1 \cdot (p_1 - p_2)$ noch abgezogen werden muss.[1] Es gilt:

[1] Bei der Menge 1 sind Preis und Grenzerlös gleich, da bei einer Mengeneinheit kein Preisverfall auftreten kann.

(2) Preis > Grenzerlös

Im Monopol liegt der Preis also immer über dem Grenzerlös. Da für den Monopolisten der Grenzerlös mit den Grenzkosten übereinstimmt, der Preis aber höher als der Grenzerlös ist, muss auch gelten

(3) Preis > Grenzkosten.

Wir können also auf Grund dieser Überlegung feststellen, dass beim Monopolisten der Preis immer höher als die Grenzkosten liegt.

Schaubild 9.4: Preisbildung im Monopol

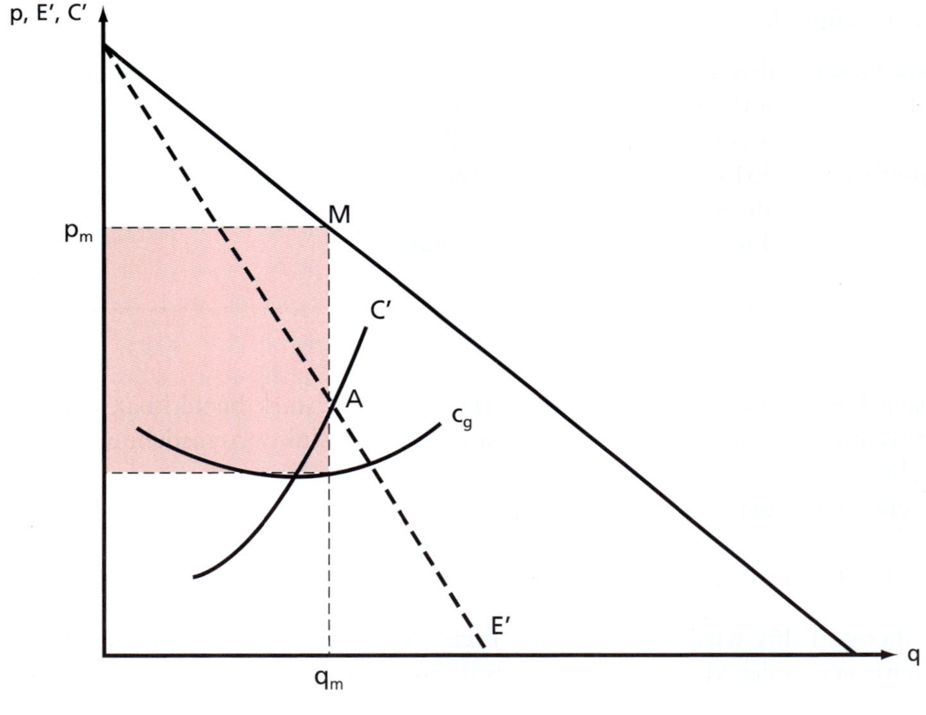

3. Gewinnmaximum im Monopol. In Schaubild 9.4 ist die Monopollösung dargestellt. Wir wissen bereits, dass der Grenzerlös (Kurve E′) unter der Preisabsatzfunktion liegen muss. Ist die Preisabsatzfunktion eine Gerade, so ist die Grenzerlöskurve ebenfalls eine Gerade. Ihr Steigungsmaß ist doppelt so groß wie das der Preisabsatzfunktion. Die gewinnmaximale Menge q_m wird durch den Schnittpunkt von Grenzerlös- und Grenzkostenkurve bestimmt. Für die Monopolmenge q_m bestimmt sich auf Grund der Nachfragefunktion (Preis-Absatz-Funktion), die ja das Verhalten der

Nachfrager charakterisiert, der Cournotsche Punkt M mit dem Monopolpreis p_m. Der Monopolpreis liegt über den Grenzkosten. Die farbig markierte Fläche kennzeichnet den Gewinn des Monopolisten.

9.5 Preisdifferenzierung

Betrachtet man einen Monopolisten, der sich zwei getrennten räumlichen Märkten gegenüber sieht, so stellt sich die Frage, ob der Monopolist dadurch seinen Gewinn maximieren kann, dass er seinen Preis zwischen den beiden Teilmärkten differenziert. Das Gewinnmaximum ist dadurch gekennzeichnet, dass der Grenzgewinn gleich null ist, dass also Grenzerlös auf dem Teilmarkt 1 (E_1') gleich den Grenzkosten (C') ist und dass der Grenzerlös auf dem Teilmarkt 2 (E_2') ebenfalls gleich den Grenzkosten ist. Es muss also gelten

$$E_1'(q_1) = E_2'(q_2) = C'(q).$$

Schaubild 9.5: Preisdifferenzierung

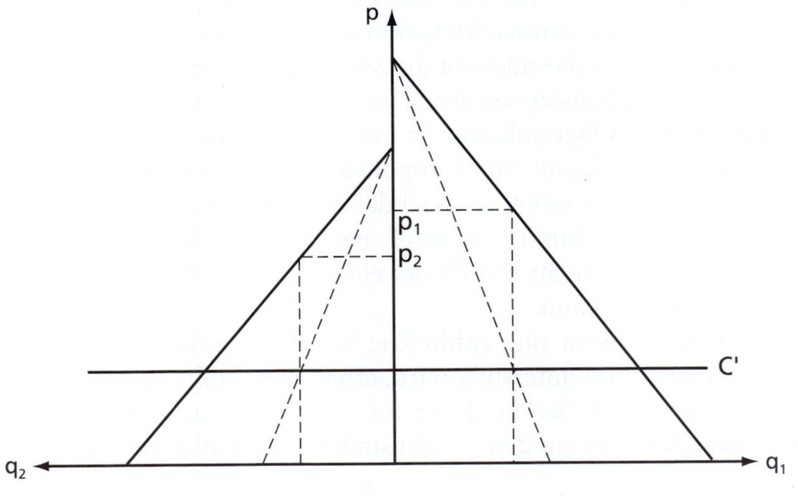

Auf dem Teilmarkt 1 stellt sich ein höherer Preis (p_2) ein als auf dem Teilmarkt 2 (p_2). Es ist wichtig zu beachten, dass der Grenzerlös auf dem Teilmarkt 1 von den auf dem Teilmarkt 1 verkauften Mengen abhängt und analog, dass der Grenzerlös auf dem Teilmarkt 2 von den auf dem Teilmarkt 2 verkauften Mengen abhängt. Die Grenzkosten dagegen variieren mit der Gesamtproduktionsmenge q, für die gilt $q = q_1 + q_2$. Es werden konstante Grenzkosten unterstellt (Schaubild 9.5).

9.6 Oligopol

Zwischen dem Grenzfall der vollständigen Konkurrenz (viele kleine Anbieter) und dem Grenzfall des Monopols (ein einziger Anbieter) ist der Fall des Oligopols einzuordnen. Unter einem Oligopol verstehen wir jene Marktform, die durch wenige Anbieter gekennzeichnet ist. Dem homogenen Oligopol liegt ein vollkommener Markt (Homogenität des Produktes, Markttransparenz), dem heterogenen Oligopol ein unvollkommener Markt zugrunde.

Wir haben gesehen, dass die angebotene Menge in der vollständigen Konkurrenz und im Monopol von den Gesamtkosten (Grenzkosten) und dem Gesamterlös (Grenzerlös) abhängt. Die Kostensituation ist in der Regel jedem Unternehmen unabhängig von der Marktform bekannt. Anders dagegen verhält es sich mit der Erlössituation. In vollständiger Konkurrenz ist das einzelne Unternehmen dadurch über die Erlössituation informiert, dass der Preis (Grenzerlös) vom Markt gegeben ist. Auch der Monopolist kann seine Erlössituation verhältnismäßig einfach bestimmen; er muss dazu »nur« die Gesamtnachfragekurve des Marktes kennen; diese stellt seine Preis-Absatz-Funktion dar und gibt die Mengenreaktion der Nachfrager auf Preisänderungen des Monopolisten wieder. Schwierig wird dagegen die Bestimmung der Erlössituation beim Oligopolisten: Er muss nicht nur die Reaktion der Nachfrager, sondern auch die der anderen Oligopolisten kennen. Denn das Verhalten der anderen Oligopolisten bestimmt, wie viel der gesamten Nachfrage auf den einen Oligopolisten entfällt und damit, wie groß sein Erlös ist. Bei vollständiger Konkurrenz liegt dieses Problem nicht vor, da der einzelne Anbieter definitionsgemäß den Preis nicht beeinflussen kann.

Bei der Reaktion der Oligopolisten sind zahlreiche Verhaltensweisen möglich. Je nachdem, welche Verhaltensweise unterstellt wird, erhält man völlig unterschiedliche Modelle. Die meisten Modelle stellen dabei auf einen vereinfachten Oligopol-Fall ab, bei dem nur zwei Anbieter auf dem Markt sind. Diesen Fall bezeichnet man als *Dyopol*.

Die Oligopol- und Dyopolsituation kann man mit dem Schachspiel vergleichen. Ähnlich wie der einzelne Schachspieler eine Fülle von unterschiedlichen Zügen auswählen kann, und ähnlich wie der Gegner unterschiedliche Zugfolgen anwendet, können auch die Oligopolisten verschiedenen Strategien folgen. Die Spieltheorie versucht, mit einer »Theorie der Spiele« die Oligopolsituation in den Griff zu bekommen.

Aus der Beobachtung der Wirklichkeit lassen sich folgende Verhaltensweisen der Oligopolisten herauskristallisieren:

1. Oligopolistische Verdrängungspolitik

Ein starker Anbieter sucht, seine »Unabhängigkeitsposition« zu realisieren und die anderen Anbieter vom Markt zu verdrängen. Diese Politik, die von den Unternehmen in den »Flegeljahren des Kapitalismus« verfolgt wurde, bestand darin, die eigene Kapazität auszubauen und den Preis zu senken, um so den Konkurrenten aus dem Markt zu werfen. War der Konkurrent verschwunden, so hatte man ein Monopol und konnte den Preis wieder heraufsetzen (Beispiel: US-amerikanische Eisenbahnen).

2. Preisführerschaft

Bei der Preisführerschaft setzt ein Oligopolist den Preis, die anderen bleiben in seinem »Preisschatten«. Der Preisführer ist so stark, dass die anderen Anbieter nicht anders können, als seinem Preisverhalten zu folgen. Der Preisführer hat z. B. einen Marktanteil von 50 vH oder mehr. Durchkreuzt ein Oligopolist die Preispolitik dieses Marktbeherrschers, so muss er mit Gegenmaßnahmen des Preisführers rechnen, die seinen Gewinn beeinträchtigen oder ihn vom Markt verdrängen können. Aus diesem Grund werden die Oligopolisten dem Marktbeherrscher folgen. Dieser wird jedoch oft – aus Furcht vor staatlicher Kontrolle – seine volle Macht nicht ausspielen.

Ein Sonderfall der Preisführerschaft ist der Fall der »Friedhofsruhe auf dem Oligopolmarkt« (Preisstarrheit). In diesem Fall gibt es einen Preisführer und mehrere Preisfolger. Gegeben ist der Preis p_0 in Schaubild 9.6. Wenn nun der Preisführer den Preis heraufsetzt, machen die anderen nicht mit. Die Nachfrage wandert vom Preisführer ab, die anderen Oligopolisten erhalten einen größeren Teil der Nachfrage. Links von P ist die Nachfragekurve des Preisführers also relativ flach, die Preiselastizitäten der Nachfrage in den einzelnen Punkten der Kurven sind sehr hoch. Senkt dagegen der Preisführer den Preis, ziehen die anderen Oligopolisten mit. Durch eine Preissenkung kann der Oligopolist also keine beachtlichen zusätzlichen Nachfragemengen gewinnen. Die Preiselastizität der Nachfrage wird in den einzelnen Punkten relativ gering sein. Es ergibt sich eine geknickte Nachfragekurve für den Preisführer.

Das Fazit dieser Überlegungen ist, dass der Preisführer in seinem Verhalten so eingeengt ist, dass er den Preis p_0 nicht ändern wird. So entsteht eine Preisstarrheit. Im Grunde genommen ist dieser Preisführer kein Preisführer mehr.

Schaubild 9.6: Geknickte Preisabsatzfunktion

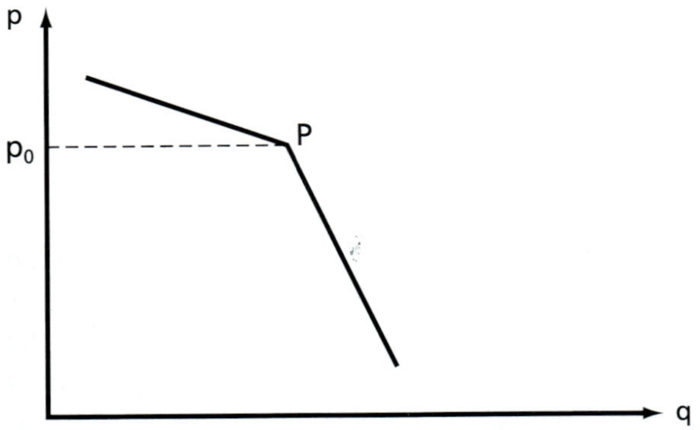

3. Zusammenarbeit

Offene oder versteckte Vereinbarungen über den Preis (oder andere Aktionsparameter) stellen eine weitere, oft geübte Verhaltensweise im Oligopol-Fall dar. Diese Art des Verhaltens reicht von den »informatorischen Gesprächen«, bei denen man erfährt, wie der andere die Marktlage beurteilt, über ein »Frühstückskartell« (Kegelabendkartell) bis hin zu fest organisierten Kartellen (Preiskartelle, meistens durch Quotenkartelle ergänzt, Syndikate). Mit diesen Verhaltensformen und ihrer wirtschaftspolitischen Beurteilung befasst sich die Wettbewerbspolitik.

9.7 Bestreitbare Märkte

Liegt kein reines Monopol vor und ist Marktzugang möglich, so lockt der Gewinn der Monopolisten zusätzliche Anbieter an. Nicht unrealistisch ist der Fall, dass Substitutionskonkurrenz möglich ist und die Nachfrager zumindest teilweise auf ein Substitut ausweichen können. Auch Konkurrenz aus dem Ausland schränkt den Monopolspielraum ein. Angenommen, wir gehen von einer Situation wie in Schaubild 9.4 aus und es tritt Substitutionskonkurrenz auf. Dann zieht der zusätzliche Anbieter einen Teil der für den Monopolisten relevanten Nachfrage ab. Dessen Preisabsatzfunktion verschiebt sich nach unten und verläuft flacher. Diese Verschiebung kann so lange erfolgen, bis der langfristige Monopolgewinn gegen Null geht. Diese Situation ist in Schaubild 9.7 dargestellt (Tangentenphänomen). Die Durchschnittskostenkurve ist tangential zu der Preisabsatzfunktion des Anbieters. In dem Punkt C macht der Monopolist langfristig keinen Gewinn.

Schaubild 9.7: Preisbildung im bestreitbaren Markt

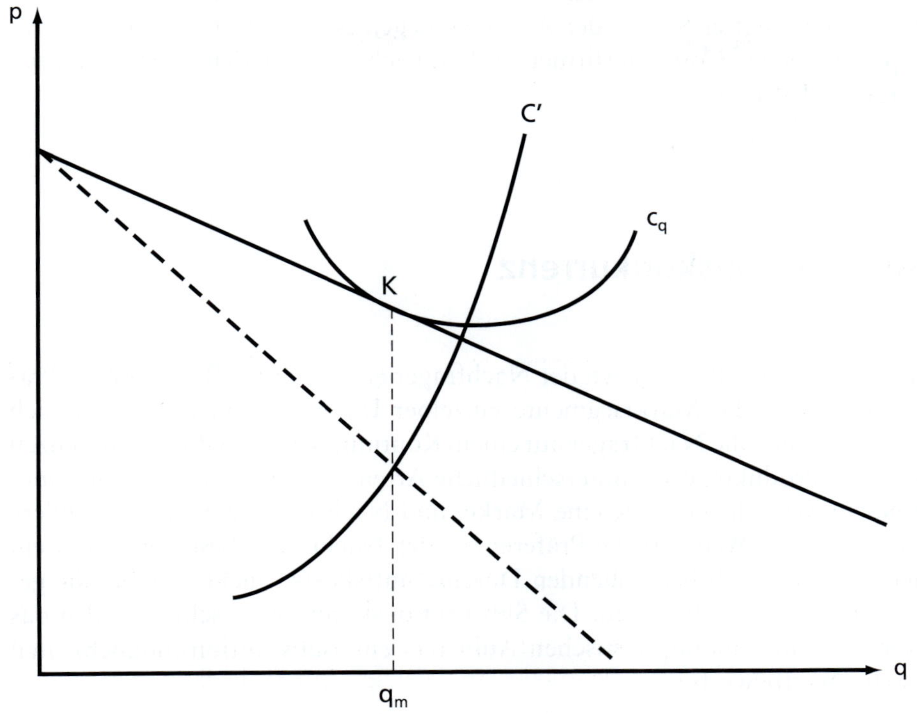

Man beachte, dass die Preisabsatzfunktion der hier betrachteten Unternehmung nicht identisch mit der Nachfragekurve auf dem Markt ist. Durch den Markteintritt eines Rivalen verschiebt sich die Preisabsatzfunktion einer Firma nach unten und wird flacher. Im Grunde liegt jetzt kein Monopol mehr vor; wir sprechen von einem bestreitbaren Markt.

Eine wichtige wirtschaftspolitische Konsequenz dieser Überlegungen ist, den Marktzugang offen zu halten und einem Anbieter nicht durch institutionelle Regelungen den Markt auch noch abzusichern. Vielmehr muss der Marktzugang erleichtert werden. Dazu gehört auch der Abbau von Regulierungen, die die etablierten Unternehmen schützen, und von protektionistischen Regelungen, wie z. B. Zölle, Kontingente und andere Maßnahmen. Ein offene Volkswirtschaft ist der beste Weg, Monopole in Schach zu halten.

Bei bestreitbaren Märkten spielen versunkene Kosten (sunk costs) eine wichtige Rolle. Darunter versteht man beispielsweise Aufwendungen für Investitionen, die in einem Unternehmen so spezifisch oder auch so fix gebunden sind, dass die investierten Summen etwa durch eine Veräußerung der geschaffenen Kapitalgüter nicht mehr wieder zu gewinnen sind. In diesem Sinn sind Kosten »versunken«. Für die am Markt etablierten Unternehmen – die Altsassen – bedeuten versunkene Kosten, dass sie temporär sich so verhalten können, als ob diese Kosten keine Rolle spielten. Sie können deshalb leichter einen Neuankömmling vom Markt fern halten. Allerdings besteht kein dauerhafter Schutz der Altsassen gegen neue Unternehmen wie etwa das Beispiel der neuen Computerfirmen im Vergleich zu der in den siebziger Jahren dominierenden IBM zeigt.

9.8 Substitutionskonkurrenz

In der Realität spielen Präferenzen der Nachfrager eine wichtige Rolle. Solche Präferenzen begrenzen die Marktsegmente einzelner Unternehmen. Man kann sich etwa vorstellen, dass die Nachfrager auf einem Kontinuum gemäß ihrer Präferenzen für bestimmte Produkte, etwa unterschiedliche Arten von Autos, angeordnet sind. Es gibt Nachfrager, die eher die eine Marke, und Nachfrager, die eher die andere Marke bevorzugen. Wenn solche Präferenzen der Nachfrager bestehen, kann ein einzelner Anbieter auch bei sinkenden Durchschnittskosten nicht beliebig die gesamte Nachfrage auf sich ziehen. Die Substitutionskonkurrenz schränkt also das Marktsegment eines monopolistischen Anbieters ein. Substitutionsmöglichkeiten sorgen so für Wettbewerb.

9.9 Marktphasen

Gemäß dem Produktzyklus lassen sich verschiedene Marktphasen in der Zeit unterscheiden: Wird ein neues Produkt auf dem Markt eingeführt, so hat oft ein einzelner Unternehmer, welcher dieses Produkt einführt, also im Sinne Schumpeters der Innovator, eine monopolistische Stellung. Im Verlauf der Zeit treten andere Anbieter, die Imitatoren, auf dem Markt auf; die monopolistische Stellung des Innovators wird abgebaut, und es stellen sich konkurrenzähnliche Verhältnisse ein. Nach diesem Ansatz verändert sich also die Marktform für einen spezifischen Wirtschaftszweig in der Zeit.

Wichtige Begriffe in Kapitel 9

Atomistische Konkurrenz
Oligopol
Monopol
Vollständige Konkurrenz
Mengenanpasser
Kurzfristiges Gewinnmaximum
Langfristiges Konkurrenzgleichgewicht
Preisfixierer
Mengenfixierer
Monopolpreisbildung
Preisdifferenzierung im Monopol
Preisführerschaft
Geknickte Preisabsatzfunktion
Bestreitbare Märkte
Versunkene Kosten
Substitutionskonkurrenz
Marktphasen

10 Preisbildung auf dem Faktormarkt: Der Lohn

Die Löhne sollten dem gerechten und freien Wettbewerb des Markts überlassen und niemals durch eine Einmischung der Regierung kontrolliert werden.
David Ricardo

In den bisherigen Kapiteln haben wir die Preisbildung auf den Gütermärkten analysiert. Die dabei gewonnenen Erkenntnisse müssen jetzt auf den Faktormarkt (Markt für Produktionsfaktoren) angewandt werden. Dabei sind die Preise für die Produktionsfaktoren Arbeit (Lohn), Kapital (Zins) und Boden (Grundrente) zu erklären.
Auch diese Preise werden durch das Zusammenwirken von Angebot und Nachfrage gebildet. Nimmt z. B. die Nachfrage nach Arbeit zu, so wird bei konstantem Arbeitsangebot der Lohn steigen. Vermindert sich die Nachfrage nach Kapital und bleibt das Angebot konstant, so sinkt der Zins. Steigt bei konstantem Bodenangebot die Nachfrage nach Boden, so nimmt die Grundrente zu.
Die Preisbildung auf dem Faktormarkt wird von den Preisen auf dem Produktmarkt beeinflusst. Wenn ein Unternehmen einen hohen Preis für sein Produkt erzielt, wird es zusätzliche Produktionsfaktoren nachfragen. Die Nachfrage nach Faktoren steigt, und damit steigt der Faktorpreis. Ist der Produktpreis niedrig, so wird die Nachfrage des Unternehmens nach Faktoren niedriger sein, der Faktorpreis fällt.
Da die Faktornachfrage der Unternehmen von dem Preis der Produkte (und damit von der Nachfrage nach Produkten) abhängt, wird die Faktornachfrage auch als *abgeleitete Nachfrage* bezeichnet.
Nimmt die Nachfrage nach einem Gut zu, so steigt der Preis dieses Gutes; es lohnt sich, mehr Produktionsfaktoren in der Produktion des Gutes einzusetzen. Bei rückläufiger Nachfrage nach dem Gut wird es weniger attraktiv, Faktoren zu seiner Produktion einzusetzen.
Wir wollen die Faktorpreisbildung ausführlicher bei der Lohnbildung analysieren. Dazu ist – ähnlich wie bei der Produktpreisbildung – erforderlich, die Nachfrage nach und das Angebot an Arbeit darzustellen.

10.1 Die Nachfrage nach Arbeit

Die Nachfrage nach Arbeit – in der Umgangssprache die Nachfrage nach Arbeitskräften – wird von den Unternehmen entfaltet. Wir müssen erklären, wie sich die Nachfrage eines einzelnen Unternehmens nach Arbeit bestimmen lässt.

1. Gewinnmaximum und Nachfrage nach Arbeit. Wir gehen wie auch bei der Analyse des Güterangebots davon aus, dass das Unternehmen seinen Gesamtgewinn maximieren will. Der Gesamtgewinn wird von zwei Komponenten bestimmt: Einmal von den Gesamteinnahmen, die dem Unternehmen aus der Beschäftigung seiner Faktoren zufließen, zum anderen von den Gesamtausgaben, die die Produktionsfaktoren verursachen. Bei der Produktpreisbildung hatten wir diese beiden Komponenten als Gesamterlös und Gesamtkosten bezeichnet. Diese Größen werden als von der ausgebrachten Produktmenge abhängig betrachtet. Die Begriffe »Gesamteinnahmen« und »Gesamtausgaben« sind dagegen in Bezug auf die eingesetzten Produktionsfaktoren definiert.
Der Gesamtgewinn ist die Differenz von Gesamteinnahmen und Gesamtausgaben für Faktoren. Also:

Gesamtgewinn = Gesamteinnahmen – Gesamtausgaben.

Der Gesamtgewinn ist dann am größten, wenn die Differenz zwischen Gesamteinnahmen und Gesamtausgaben am größten ist. Da die Steigung der Gesamteinnahmen durch die Grenzeinnahmen und die Steigung der Gesamtausgaben durch die Grenzausgaben gemessen wird, kann die obige Bedingung auch durch

Grenzeinnahme = Grenzausgabe

wiedergegeben werden. Die Grenzeinnahme ist ungleich dem Grenzerlös. Der Grenzerlös ist definiert als Erlös pro zusätzlich abgesetzter Mengeneinheit des Gutes. Die Grenzeinnahme ist definiert als Einnahme pro zusätzlich eingesetzter Faktoreinheit. Ebenso ist die Grenzausgabe ungleich den Grenzkosten. Die Grenzkosten sind definiert als Kosten pro zusätzlicher Ausbringungseinheit; die Grenzausgabe ist definiert als Ausgabe pro zusätzlich eingesetzter Faktoreinheit (z. B. pro zusätzlichem Arbeiter). Solange bei der Einstellung z. B. eines zusätzlichen Arbeiters die Grenzeinnahme größer ist als die Grenzausgabe, wird das Unternehmen Arbeiter einstellen.

2. Grenzeinnahme. Wovon hängt nun die Grenzeinnahme ab? Einmal davon, was der zusätzlich eingestellte Arbeiter zusätzlich produziert, also von seinem Grenzertrag (Grenzprodukt, Grenzproduktivität). Das Unternehmen wird z. B. eher einen

Arbeiter einstellen, wenn er täglich zehn Einheiten zusätzlich erstellt, als wenn er nur zwei zusätzliche Einheiten produziert.[1]
Die Grenzeinnahme hängt aber offenbar auch davon ab, wie teuer das Unternehmen die zusätzlichen Produkte des Arbeiters verkaufen kann, wie hoch also der Produktpreis ist.
Da die Einnahme immer als Produkt von Menge und Preis definiert ist, stellt die Grenzeinnahme das Produkt aus Produktpreis und Grenzertrag dar.

$$\text{Grenzeinnahme} = \text{Produktpreis} \times \text{Grenzertrag}$$

Aus diesen Überlegungen folgt, dass sich das Unternehmen bei der Einstellung eines zusätzlichen Arbeiters über die Entwicklung der folgenden Variablen klar werden muss:
1. Wie verändert sich der Produktpreis? – Mit steigendem Angebot z. B. kann der Produktpreis fallen (Frage des Absatzmarktes).
2. Wie verändert sich der Grenzertrag? – Mit zunehmendem Einsatz des variablen Faktors Arbeit z. B. kann der Grenzertrag fallen (Frage der Produktionsbedingungen).
3. Wie verändert sich die Grenzausgabe? – Mit zunehmender Nachfrage nach Arbeit kann der Faktorpreis (Lohn) steigen (Frage nach dem Beschaffungsmarkt).

Um seine Nachfrage nach Arbeit zu bestimmen, hat das Unternehmen also die rein produktionstechnischen Beziehungen (Ertragsgesetz) und den Absatz- und Beschaffungsmarkt zu berücksichtigen.
Um unsere Überlegung zu vereinfachen, führen wir folgende Annahme ein: Das Unternehmen befindet sich auf dem Bezugs- und Absatzmarkt in vollständiger Konkurrenz.

3. **Grenzeinnahme gleich Lohn.** Vollständige Konkurrenz auf dem Faktormarkt bedeutet, dass der Lohn für das Unternehmen ein Datum ist. Es muss also für jeden zusätzlichen Arbeiter den gleichen Lohn zahlen. Die Grenzausgabe ist gleich dem Lohn.

$$\text{Grenzausgabe} = \text{Lohn}$$

[1] Vorausgesetzt ist, dass das Unternehmen in seiner Produktion variabel ist. Wenn es sich um eine fixe Produktionsfunktion handelt, hat die Grenzüberlegung für einen zusätzlichen Arbeiter keine Bedeutung.

Tabelle 10.1: Arbeitseinsatz

(1)	(2)	(3)	(4)	(5)
Zahl der eingesetzen Arbeiter	Grenzausgabe	Grenzertrag	Grenzeinnahme = Grenzertrag × Produktpreis	Grenzgewinn
0	0	0	0	–
1	1 000	24	2 400	+ 1 400
2	1 000	16	1 600	+ 600
3	1 000	11	1 100	+ 100
4	1 000	7	700	– 300
5	1 000	6	600	– 400
6	1 000	2	200	– 800
7	1 000	0	0	– 1 000

Spalten 1 und 2 der Tabelle 10.1 verdeutlichen diesen Zusammenhang.
Bei einem Lohn von 1000 € pro Zeiteinheit ist die Grenzausgabe für jeden zusätzlichen Arbeiter 1000 €.
Graphisch ergibt sich Schaubild 10.1.

Schaubild 10.1: Grenzausgabe für Arbeit

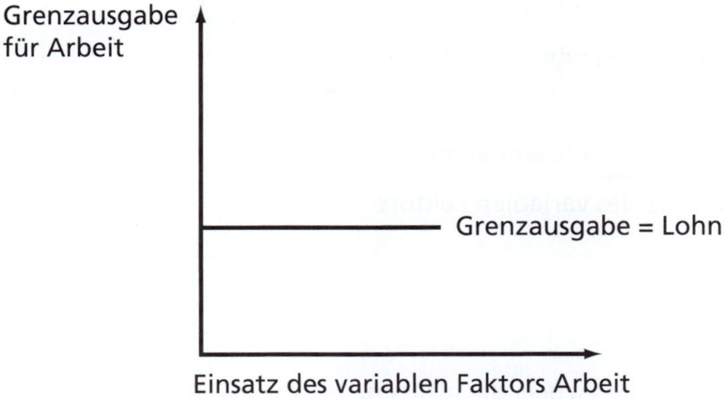

Vollständige Konkurrenz auf dem Produktmarkt bedeutet, dass der Produktpreis für das Unternehmen ein Datum ist. Da die Grenzeinnahme aus Produktpreis × Grenzertrag besteht, hängt die Grenzeinnahme bei gegebenem Produktpreis vom

Grenzertrag ab. Der Grenzertrag ist uns vom Ertragsgesetz bekannt. Ist der Grenzertrag hoch, so ist bei gegebenem Produktpreis auch die Grenzeinnahme groß. Bei zusätzlichem Einsatz von Arbeitern fällt der Grenzertrag. Und damit fällt auch bei konstant bleibendem Produktpreis die Grenzeinnahme. Die Kurve der Grenzeinnahme verläuft also ähnlich wie die Grenzertragskurve.

Um die Grenzeinnahmekurve zu zeichnen, müssen die einzelnen Punkte der Grenzertragskurve mit dem konstant bleibenden Produktpreis multipliziert werden. Ist z. B. der Produktpreis = 1, dann bleibt die Grenzertragskurve erhalten. Ist der Produktpreis = 2, so verdoppeln sich die Werte des Grenzertrages, bei einem Produktpreis von 3 verdreifachen sich die Werte der Grenzertragskurve (vgl. Schaubild 6.4). In Tabelle 10.1 ist ein Produktpreis von 100 € unterstellt. Die Grenzeinnahme (Spalte 4) wird ermittelt, indem der Grenzertrag mit dem Produktpreis multipliziert wird. Die Werte für den Grenzertrag sind aus Tabelle 6.1 entnommen. Sie stellen einen ertragsgesetzlichen Verlauf dar.

Die Spalten 2 und 4 aus Tabelle 10.1 können zeichnerisch wie folgt dargestellt werden:

Schaubild 10.2: Gewinnmaximale Arbeitsnachfrage

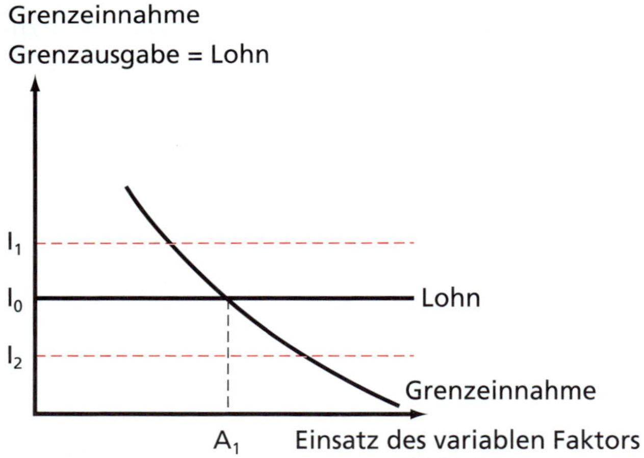

Das Unternehmen wird so lange Arbeit nachfragen, bis die Grenzeinnahme der Grenzausgabe, d. h. dem Lohn entspricht. Gegeben sei der Lohn l_0. Links von A_1 ist die Grenzeinnahme größer als die Grenzausgabe. Jeder zusätzliche Arbeiter führt zu einer größeren Zunahme in den Gesamteinnahmen als in den Gesamtausgaben. In Tabelle 10.1 trifft dies für die ersten 3 Arbeiter zu.

Bei einem Einsatz von Arbeitskräften im Punkt A_1 stellt das Unternehmen fest: Grenzeinnahme und Grenzausgabe decken sich. Hier liegt sein günstigster Punkt. In

der Tabelle 10.1 ist diese Situation zwischen dem 3. und 4. Arbeiter erreicht. Eine Nachfrage über A_1 hinaus bringt das Ergebnis, dass das Unternehmen für den zusätzlichen Arbeiter mehr ausgeben muss, als dieser ihm einbringt: Grenzausgabe (= Lohn) > Grenzeinnahme. Ist der Lohn l_0 gegeben, wird das Unternehmen also die Menge A_1 an Arbeitern nachfragen.
Bei einem Lohn von l_1 verringert sich die Nachfrage des Unternehmens nach Arbeit, weil seine Grenzausgabe höher liegt. Bei einem Lohn von l_2 wird die Nachfrage nach Arbeit zunehmen. Ähnlich wie die Grenzkostenkurve die individuelle Angebotsfunktion des Unternehmens auf dem Produktmarkt wiedergibt, so stellt die Grenzeinnahmekurve die individuelle Nachfragekurve des Unternehmens nach Arbeit dar.

4. Vergleich der Produkt- und Faktorpreisbildung. Die folgende Übersicht stellt die Produkt- der Faktorpreisbildung unter der Annahme vollständiger Konkurrenz noch einmal gegenüber.

Tabelle 10.2: Ein Vergleich der Produkt- und Faktorpreisbildung

Produktpreisbildung	**Faktorpreisbildung**
Die Bedingung der Gewinnmaximierung lautet:	
(1) Grenzerlös = Grenzkosten In vollständiger Konkurrenz auf dem Produktmarkt ist der Preis ein Datum. Es gilt dann:	(1) Grenzeinnahme = Grenzausgabe Befindet sich das Unternehmen in vollständiger Konkurrenz auf dem Faktormarkt, so gilt:
(2) Grenzerlös = Preis Daraus folgt:	(2) Grenzausgabe = Faktorpreis Daraus folgt:
(3) Grenzkosten = Preis. Die gewinnmaximale Produktionsmenge des Unternehmens in vollständiger Konkurrenz liegt also bei der Menge, bei der der Preis einer zusätzlichen Gutseinheit gleich den Grenzkosten ist (Erklärung der Angebotskurve an Produkten).	(3) Grenzeinnahme = Faktorpreis Die gewinnmaximale Beschäftigungsmenge eines Unternehmens in vollständiger Konkurrenz liegt also dann vor, wenn die zusätzliche Faktoreinheit (Arbeit) die gleiche Grenzeinnahme erbringt wie ihr Preis (Erklärung der Nachfragekurve nach einem Faktor).

5. Gesamtnachfrage nach Arbeit. Unter der Annahme der vollständigen Konkurrenz auf dem Beschaffungs- und Absatzmarkt stellt die Grenzeinnahmekurve die Nachfragekurve eines einzelnen Unternehmens nach Arbeit dar. Ähnlich wie wir bei der Bestimmung der Gesamtnachfrage die Nachfrage der einzelnen Haushalte horizontal addierten, um die Marktnachfrage zu gewinnen, so können wir die Nachfra-

ge aller Unternehmen ableiten, indem wir die individuellen Nachfragekurven addieren. Zur Vereinfachung sei unterstellt, dass nur zwei Unternehmen auf dem Markt seien. Das rechte Schaubild zeigt die Gesamtnachfrage nach Arbeit.

Schaubild 10.3: Gesamtnachfrage nach Arbeit

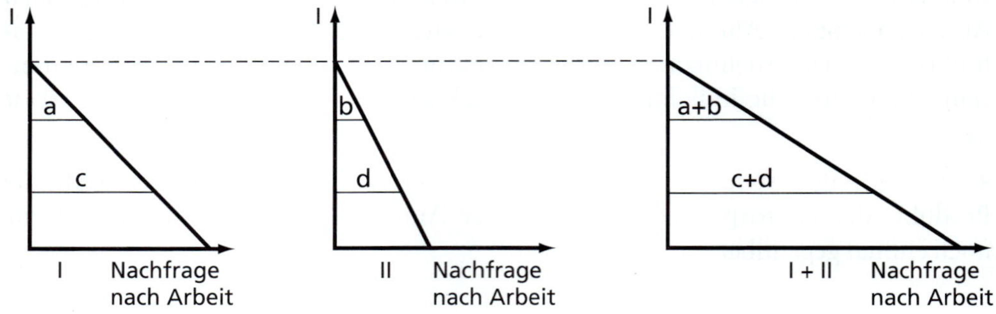

6. Andere Marktformen. Die Erklärung der Nachfrage nach Arbeit kann wirklichkeitsnäher gestaltet werden, wenn wir die Annahme der vollständigen Konkurrenz aufheben. Nehmen wir z. B. an, das Unternehmen sei auf seinem Absatzmarkt Monopolist. Dann fällt sein Produktpreis mit steigender Ausbringungsmenge. Das bedeutet, dass für die Bestimmung der Grenzeinnahmekurve jetzt der Grenzertrag mit dem sich verändernden (fallenden) Produktpreis multipliziert wird. Da der Produktpreis fällt, ist damit zu rechnen, dass die Grenzeinnahme jetzt stärker sinkt.

Der Unternehmer kann auch eine Monopolstellung auf dem Beschaffungsmarkt besitzen. Wir sprechen dann von einem Monopson. Der Faktorpreis ist dann für das Unternehmen nicht mehr gegeben: Da das Unternehmen als einziger Nachfrager auf dem Arbeitsmarkt auftritt, muss sein Faktorpreis bei zunehmender Nachfrage steigen. Es muss aber nicht nur für jeden zusätzlichen Arbeiter einen höheren Preis zahlen, sondern – da der neue Preis für alle Arbeiter gilt – auch für die anderen Arbeiter. Ähnlich wie der Angebotsmonopolist auf dem Warenmarkt einen Preisverfall verzeichnet, erfährt der Nachfragemonopolist auf dem Faktormarkt einen Preisanstieg.

Schließlich kann das Unternehmen Monopolist auf dem Beschaffungs- und Absatzmarkt sein. Dann ändern sich beide Preise.

10.2 Das Angebot an Arbeit

In einer ähnlich umfangreichen Analyse wie bei der Nachfrage müsste auch das Angebot an Arbeit erklärt werden. Zur Vereinfachung sollen aber folgende Überlegungen ausreichen: Der Anbieter von Arbeitskraft wird in der Regel eine Entscheidung zwischen Freizeit und Arbeitszeit treffen.

Mit zunehmendem Lohn nimmt zunächst das Arbeitsangebot auf dem Markt zu. Der höhere Lohn stellt einen Anreiz dar, auf Freizeit zu verzichten und damit das Arbeitsangebot zu vermehren. Bei einer weiteren Zunahme des Lohns kann aber eine Situation eintreten, in der die Freizeit, auf die man verzichten muss, höher bewertet wird als das zusätzliche Einkommen, das man durch längeres Arbeiten erhält. In diesem Fall verzichtet man auf weiteres Arbeitseinkommen (Kurve I).

Bei sehr hohem Lohn kann es sein, dass die Anbieter von Arbeitskraft in eine so hohe Einkommensgruppe vorstoßen können, dass sich ihnen neue Konsumgewohnheiten eröffnen. Um sich diese neuen Konsumgüter (Autos usw.) leisten zu können, dehnen die Anbieter von Arbeitskraft ihr Angebot aus (Kurve II) und verzichten auf einen Teil ihrer Freizeit.

Schaubild 10.4: Das Angebot an Arbeit

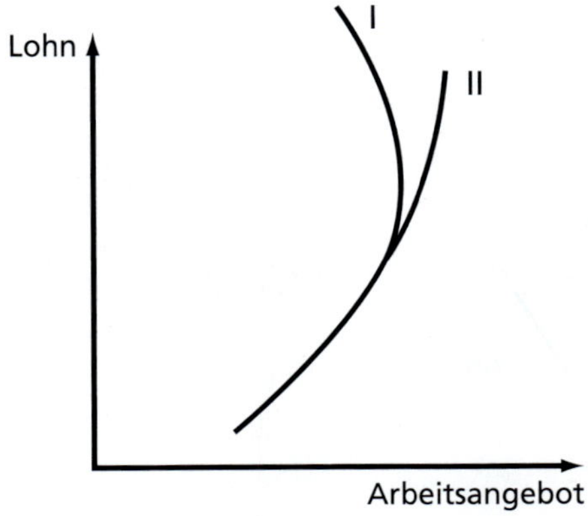

10.3 Die Bildung des Lohnes aus Angebot und Nachfrage

Gesamtnachfragekurve und Gesamtangebotskurve müssen nun einander gegenübergestellt werden. Dann ist der Lohn im Schnittpunkt der beiden Kurven bestimmt. Dabei sind zwei Interpretationen der Nachfragekurve nach Arbeit und der Angebotskurve von Arbeit möglich, in Abhängigkeit vom Nominallohn oder vom Reallohn.

1. Nominallohn. Wird auf der vertikalen Achse der Nominallohn abgetragen, so werden beide Kurven in Abhängigkeit vom Nominallohn interpretiert (Schaubild 10.5). Wenn die Arbeitnehmer keine Geldillusion haben und in einer inflationären Situation erkennen, dass ihr Nominallohn real weniger wert wird, weil die Güterpreise steigen, würde sich die Angebotskurve von Arbeit nach links verschieben. Ein Anstieg der Güterpreise führt also zu einer Linksverschiebung der Arbeitsangebotskurve. Entsprechend muss dann auch die Grenzeinnahmekurve des Unternehmens interpretiert werden. Jeder Punkt der Grenzeinnahmekurve geht zum einen auf die Grenzproduktivität zurück – also auf eine reale Größe – und wird zum anderen von dem Preis beeinflusst, den das Unternehmen für seine Produkte erwirtschaftet, also von einer nominalen Größe. Steigen die Preise für das Produkt des Unternehmens, so verschiebt sich die Grenzeinnahmekurve nach rechts. Ein Anstieg der Güterpreise verschiebt die Nachfragekurve nach Arbeit nach rechts.

Schaubild 10.5: Arbeitsmarkt und Nominallohn

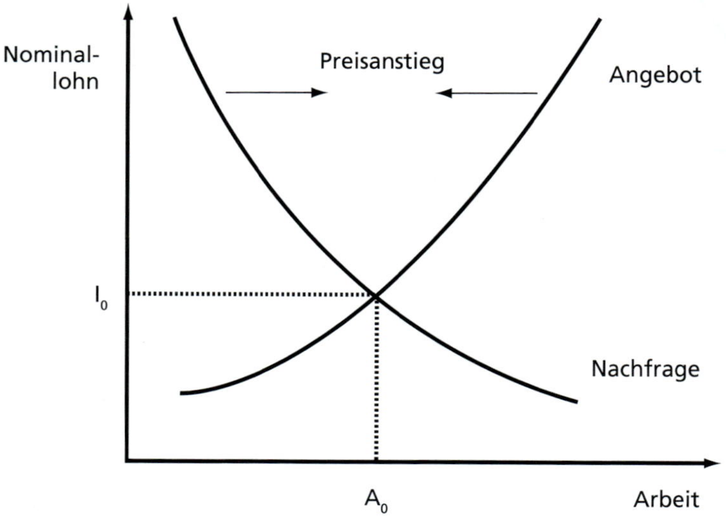

2. Reallohn. Um diesen Einfluss der Preissteigerungen auf Arbeitsangebot und Arbeitsnachfrage aus der Betrachtung zu isolieren, kann man die Bedingung Grenzausgabe = Lohn, also

$$p \cdot F_A = l$$

umschreiben, so dass gilt

$$F_A = \frac{l}{p}$$

Schaubild 10.6: Arbeitsmarkt und Reallohn

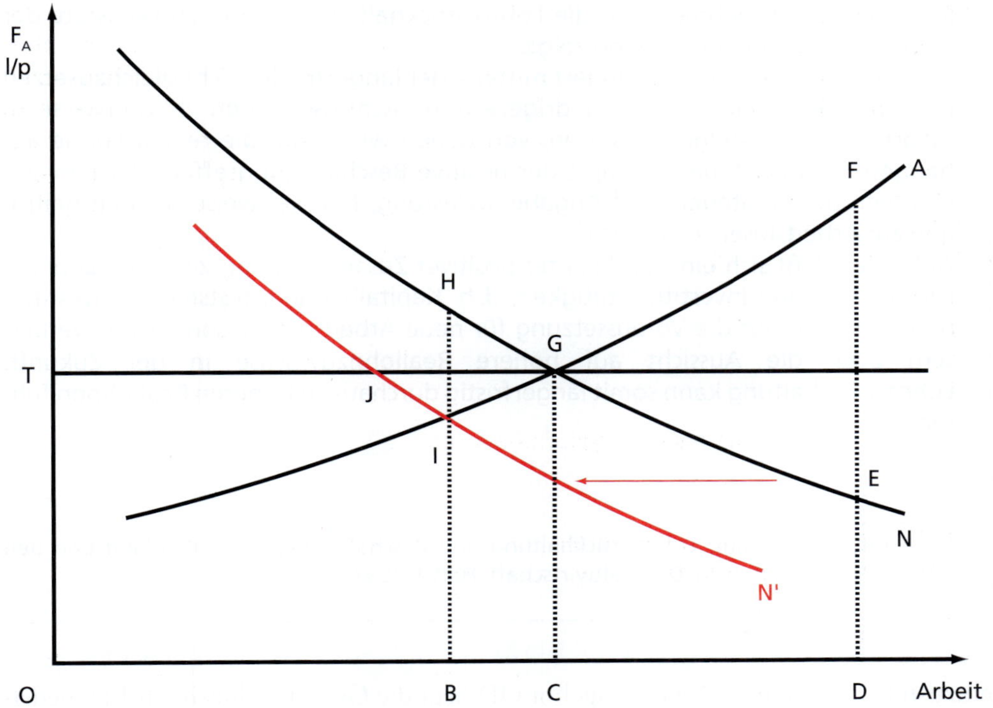

Das heißt: Die Grenzproduktivität der Arbeit muss dem Reallohn entsprechen. Liegt die Grenzproduktivität der Arbeit über dem Reallohn, so lohnt es sich, zusätzliche Arbeitnehmer einzustellen. In Schaubild 10.6 entspricht die Nachfragekurve nach Arbeit der Grenzproduktivität der Arbeit. Bei einem Arbeitsangebot OB liegt die Grenzproduktivität BH über dem Reallohn BI, zu dem das Arbeitsangebot OB angeboten wird. Es lohnt sich also für die Unternehmen, zusätzliche Arbeitnehmer

Kasten 10.1 Bringt Lohnzurückhaltung Arbeitsplätze?

In einer empirischen Untersuchung kommen S. Lapp und H. Lehment[1] für die Jahre 1971–1996 für Deutschland zu dem Ergebnis, dass ein markanter Zusammenhang zwischen dem Grad der Lohnzurückhaltung und der Veränderung der Beschäftigtenzahl besteht. Dabei weist die Lohnzurückhaltung einen zeitlichen Vorlauf auf.
In dieser Untersuchung wird Lohnzurückhaltung definiert als die Differenz zwischen dem Nominallohnzuwachs je Beschäftigten und dem Anstieg des nominalen Volkseinkommens. Aus einer Regressionsschätzung ergibt sich ein signifikanter, zeitlich verzögerter Effekt der Lohnzurückhaltung auf die Beschäftigung. Bleibt der Lohnanstieg in Deutschland um 1 Prozentpunkt hinter dem Anstieg des nominalen Volkseinkommens zurück, erhöht sich die Beschäftigung innerhalb von drei Jahren um ungefähr 1 vH. Dieser Zusammenhang ist auch dem Schaubild zu entnehmen, das die Lohnzurückhaltung und die Zuwachsrate der Erwerbstätigen in Deutschland zeigt.
Lohnzurückhaltung ist, zumindest mittel- oder längerfristig, nicht gleichzusetzen mit einem Reallohnverzicht. Niedrigere Tarifabschlüsse führen üblicherweise zu niedrigeren Preissteigerungsraten, von denen wiederum die realen Löhne abhängen. Darüber hinaus dämpft der positive Beschäftigungseffekt der Lohnzurückhaltung die Steuer- und Abgabenbelastung, beispielsweise bei den Beiträgen zur Arbeitslosenversicherung.
Außerdem läßt sich ein signifikanter positiver Zusammenhang zwischen Lohnzurückhaltung und Investitionstätigkeit, d. h. Kapitalbildung, feststellen. Investitionen sind nicht nur die Voraussetzung für neue Arbeitsplätze, sondern sie verbessern auch die Aussicht auf höhere Reallohnzuwächse in der Zukunft. Lohnzurückhaltung kann somit längerfristig durchaus zu höheren Reallöhnen führen.

[1] S. Lapp, H. Lehment, Lohnzurückhaltung und Beschäftigung in Deutschland und den Vereinigten Staaten. In: Die Weltwirtschaft, Heft 1, 1997.

einzustellen. Bei einem Arbeitsangebot OD liegt die Grenzproduktivität ED niedriger als der dem Arbeitsangebot zugeordnete Reallohn DF. Eine solche Beschäftigung kann nicht aufrecht erhalten werden.

3. Andere Faktoren. In der Realität spielen bei der Lohnbildung eine Fülle anderer Faktoren eine Rolle. Die Arbeiter sind in Gewerkschaften, die Unternehmer in Arbeitgeberverbänden organisiert. Der Lohn wird also heute von Verbänden ausgehandelt (Bilaterales Monopol, Kartell). Auch der Staat beeinflusst durch gesetzliche Regelungen, z. B. durch die Sicherung der Koalitionsfreiheit, durch die Regulierung der Arbeitszeit, durch gesetzliche Lohnnebenkosten und andere Maßnahmen Lohnbildung und Beschäftigung.

Schaubild Kasten 10.1: Lohnzurückhaltung und Beschäftigungszuwachs in Deutschland (in vH)

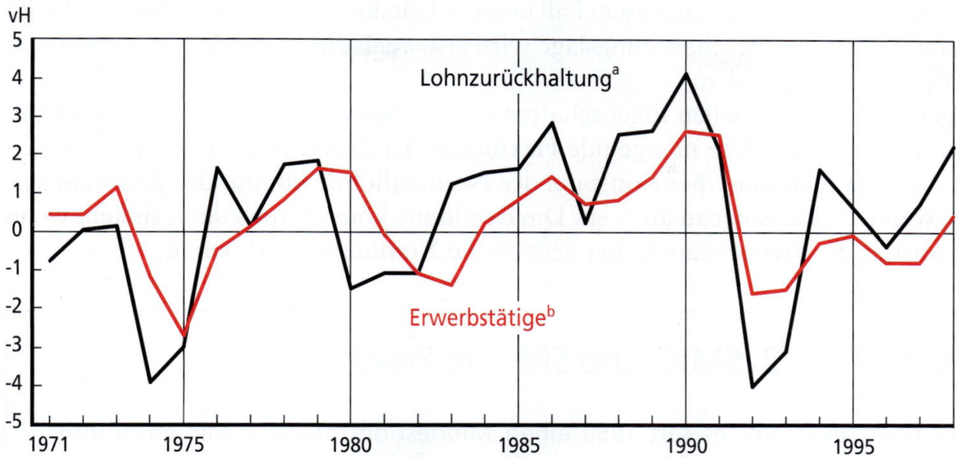

[a] Lohnzurückhaltung: Differenz zwischen der Zuwachsrate des Nettoinlandsprodukts und der Zuwachsrate des Arbeitnehmerentgelts je Beschäftigten. – [b] Erwerbstätige: Zuwachsrate der Erwerbstätigen. – Bis 1991: Westdeutschland.

Quelle: Lapp und Lehment, a.a.O., eigene Berechnungen; Quelle für Daten: Statistisches Bundesamt, 1999.

10.4 Mindestlohn

Auch für den Arbeitsmarkt können wir unsere Aussagen über den Mindestpreis aus Abschnitt 8.5 anwenden. Wird auf dem Arbeitsmarkt z. B. durch die Verhandlung der Tarifparteien ein Mindestlohn (Tariflohn) gesetzt, so *kann* der Fall eintreten, dass gesamtwirtschaftliches Angebot und die Nachfrage nach Arbeit differieren. Es entsteht ein Überschuss an Arbeitsangebot und ein Defizit an Arbeitsnachfrage, d. h. Arbeitslosigkeit.

Angenommen, in einer konjunkturellen Flaute sinke die Nachfrage nach Arbeit. Dies drückt sich in Schaubild 10.6 durch eine Linksverschiebung der Nachfragekurve von N auf N′ aus. Durch die Verhandlungen der Tarifpartner sei real ein Tariflohn OT festgelegt. In diesem Fall muss Arbeitslosigkeit in Höhe der Strecke JG eintreten. Über die Beschäftigungslage wird also auch durch die Verhandlungen der Tarifpartner entschieden.
Wegen der institutionellen Eigenschaften unseres Systems sind die Löhne nach unten nicht flexibel. Diese mangelnde Flexibilität der Löhne nach unten bezieht sich auf die Nominallöhne. Bei Konstanz der Nominallöhne könnte der Reallohn sinken, wenn das Preisniveau ansteigt. Die Reallöhne können auch dann sinken, wenn der Anstieg des Preisniveaus höher liegt als die Nominallohnerhöhung.

Kasten 10.2 SMIG und SMIC in Frankreich

In Frankreich gibt es seit 1950 einen Mindestlohn (Salaire Minimum Interprofessionel Garanti, SMIG) für alle Wirtschaftsbereiche, der seit 1970 stärker auf die Zunahme der Kaufkraft abstellt (Salaire Minimum Interprofessionel de Croissance, SMIC). Der Mindestlohn ist auf den Stundenlohn bezogen. Er ist teilweise an einen Preisindex für einen bestimmten Güterkorb gebunden. Die Idee ist, den Arbeitnehmern ein Mindesteinkommen zu sichern und dieses Mindesteinkommen am Wachstum der Wirtschaft partizipieren zu lassen. Es gibt eine intensive politische Diskussion darüber, wie hoch dieser Mindestlohn gesetzt werden soll und wie stark er im Verlaufe der Zeit zunehmen soll. Die Empfänger des SMIC – die »smicards« – haben ein garantiertes Mindesteinkommen aus Arbeit, das die Unternehmen bezahlen müssen. Zeitweise stieg der SMIC stärker als das reguläre Lohneinkommen.
Im Zusammenhang mit der offiziellen Politik der französischen Regierung, die wöchentliche Arbeitszeit von 39 auf 35 Wochenstunden zu verringern, reichte der SMIC nicht mehr aus, ein Mindesteinkommen zu sichern. Zusätzlich musste auch eine Regelung über das monatliche Mindesteinkommen eingeführt werden (RMM: Rénumération Mensuelle Minimale).
Die ökonomische Theorie sagt voraus, dass – wenn ein solcher Mindestlohn bindet – die Nachfrage nach Arbeitskräften zurückgeht. Vor allem wirkt sich ein solcher Mindestlohn negativ für diejenigen aus, die vom Arbeitsmarkt nicht intensiv nachgefragt werden. Dazu gehören auch die Jugendlichen, wenn sie noch nicht über eine hinreichende Produktivität verfügen. In Frankreich ist Ende der neunziger Jahre nahezu jeder vierte Jugendliche zwischen 16 und 25 Jahren arbeitslos. Dies ist ein Negativrekord unter den Industrienationen. Es ist nicht von der Hand zu weisen, dass dabei der Mindestlohn eine entscheidende Rolle spielt. Im Jahr 1994 versuchte die Regierung Balladur, die Mindestlohnregelung zu ändern. Sie stieß jedoch auf heftigen politischen Protest und musste von ihrem Vorhaben Abstand nehmen, obwohl mit einer Änderung eine wichtige Ursache der Jugendarbeitslosigkeit in Frankreich hätte beseitigt werden können.

Im Gegensatz zu einer mangelnden Flexibilität der Nominallöhne nach unten existiert diese Flexibilität nach oben. Angenommen, es wird ein relativ zu geringer Lohn tariflich festgelegt, und die Nachfragekurve nach Arbeit verschiebt sich nach rechts (z. B. in einer Hochkonjunktur). Dann steigen trotz institutionell festgelegter Tariflöhne die Effektivverdienste, da die Unternehmen bereit sind, höhere Löhne zu zahlen. Diese Diskrepanz von Effektiv- und Tariflöhnen nach oben ist empirisch beobachtet und festgestellt worden; man spricht in diesem Fall von der *Lohndrift*.
Die Mindestlohnproblematik stellt sich dann ein, wenn man unterschiedliche Arbeitsarten mit einer Abstufung der Qualifikation unterscheidet. Dann bedeuten Lohnerhöhungen um einen festen Sockelbetrag eine relative Einkommensverbesserung der unteren Lohngruppen. Diese relative Einkommensverbesserung impliziert aber auch eine Verteuerung der unteren Lohngruppen. Aus der Sicht der Unternehmen wird es uninteressanter, Arbeit nachzufragen. Man darf sich deshalb nicht wundern, dass die Nachfrage nach Arbeit bei Lohnerhöhungen um feste Sockelbeträge zurückgeht. Bei den in Deutschland üblichen Tarifverhandlungen werden Pilotabschlüsse von einem Tarifbezirk auf alle Tarifbezirke und in der Regel auf andere Branchen übertragen. Dieses so genannte Geleitzugverfahren wirkt einer Lohndifferenzierung entgegen.

10.5 Regulierung des Arbeitsmarktes

1. Lohnnebenkosten. Beiträge der Unternehmen zur Sozialversicherung, sog. Lohnnebenkosten, stellen aus der Sicht der Unternehmen Lohnkosten dar. Die Lohnnebenkosten, die sich in der Bundesrepublik auf etwa 80 vH des Lohns belaufen, reduzieren also das (beim Unternehmen anfallende) Wertgrenzprodukt der Arbeit; die Nachfragekurve nach Arbeit verschiebt sich nach unten. Dieser Effekt wird im Schaubild 10.7 dargestellt. Lohnnebenkosten in Höhe von DF reduzieren die Nachfrage nach Arbeit von N auf N′; der gleichgewichtige Reallohn sinkt von l/p_0 auf l/p_1. Ist der Reallohnsatz l_0 fixiert, so stellt sich infolge der Lohnnebenkosten Arbeitslosigkeit in Höhe von A_0A'' ein. Lohnnebenkosten wirken ähnlich wie eine Steuer auf den Faktor Arbeit.

2. Schutz der Insider. Kündigungsschutz und Sozialpläne beim Konkurs von Unternehmen sollen den Arbeitnehmer schützen. Kündigungsschutz verlangt, dass Arbeitnehmer nicht ohne weiteres entlassen werden können. Sozialpläne fordern, dass eine Unternehmung nur dann aus dem Markt ausscheiden kann, wenn sie den arbeitslos werdenden Mitgliedern eine Abschlagszahlung leisten kann. Diese Abschlagszahlung beträgt in der Bundesrepublik etwa ein Jahresgehalt. Welche Anreize gehen von einer solchen Regelung aus? Man darf erwarten, dass die Unterneh-

men die Stilllegungskosten antizipieren und ihre Nachfrage nach Arbeitnehmern von vornherein reduzieren.

Viele Regulierungen des Arbeitsmarktes schützen die Arbeitnehmer davor, dass sie ihre Arbeit verlieren. Diese Regelungen schützen also die so genannten »Insider«, da die Unternehmen die Schutzvorschriften bei der Neueinstellung vorwegnehmen. Wenn es dann darum geht, zusätzliche Arbeitnehmer einzustellen oder ausscheidende Arbeitnehmer durch neue zu ersetzen, verringern sie ihre Nachfrage nach Arbeit. Diejenigen, die keine Arbeit haben oder in Zukunft neu auf den Arbeitsmarkt kommen, werden also nicht geschützt. Das sind die »Outsider«. Manche institutionelle Regelung schützt also nur die Insider, wirkt aber zum Nachteil der Outsider.

Eine ähnliche Auswirkung lässt sich beim Mieterschutz und bei der Regulierung für Wohnungsmieten beobachten. Wer eine Wohnung hat, wird geschützt; per Saldo wird aber der Anreiz verringert, zusätzliche Wohnungen zu bauen.

Schaubild 10.7: Regulierungen des Arbeitsmarktes

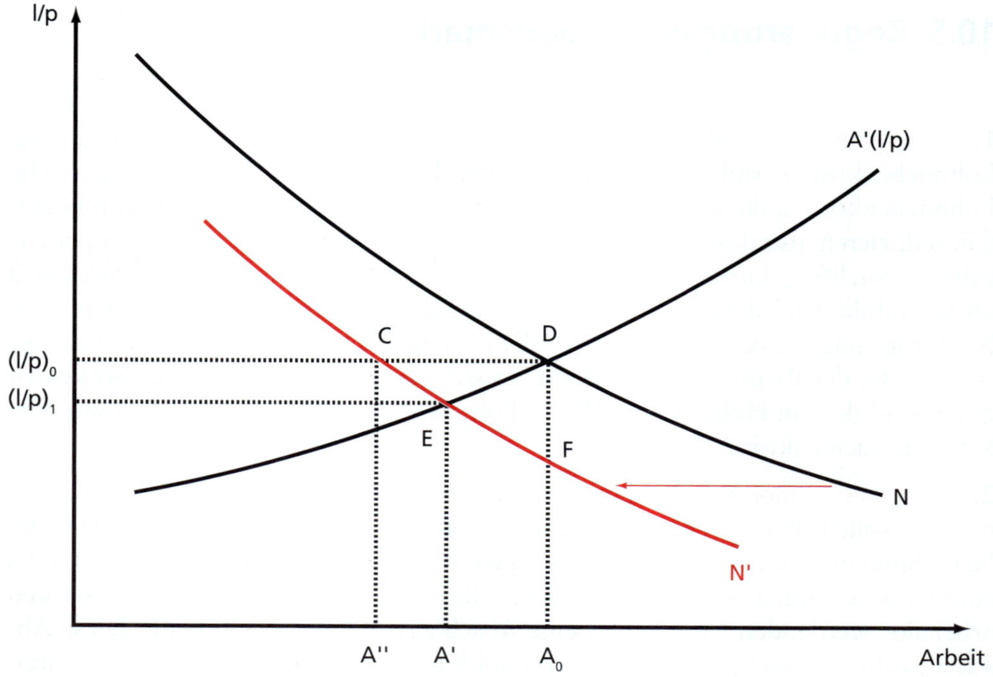

10.6 Das Insider-Outsider-Modell

Schaubild 10.8: Die Marktzutrittsschranken im Insider-Outsider-Modell

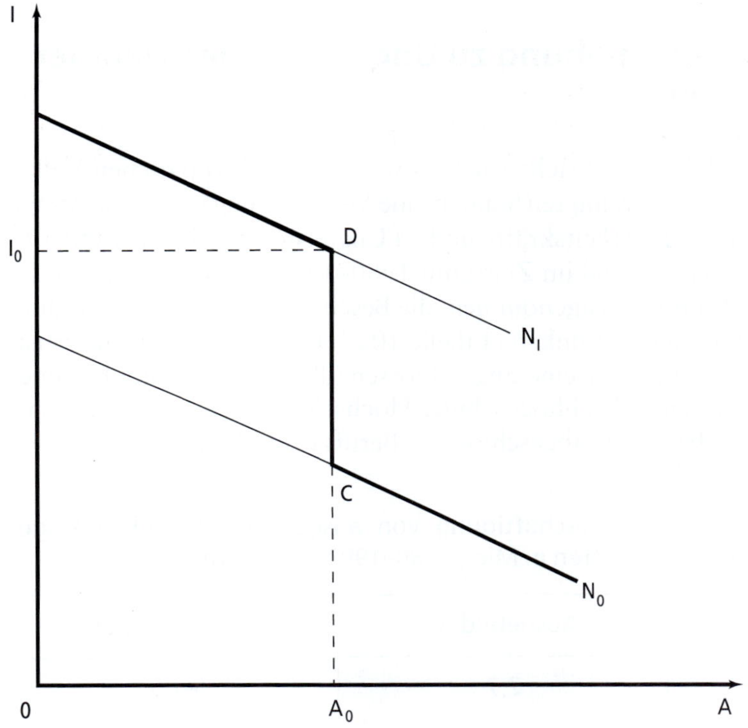

Viele Regulierungen des Arbeitsmarktes schützen die Beschäftigten (vgl. Kasten 22.2). Dadurch haben es diejenigen, die einen Arbeitsplatz finden wollen, schwerer. Die Arbeitslosen haben auch in anderer Hinsicht im Vergleich zu den Beschäftigten einen Nachteil. Wer beschäftigt ist, erfährt durch das »Training-on-the-Job« eine Verbesserung seines Humankapitals, er eignet sich betriebsspezifisches Humankapital an. Zudem ist er über die Aufstiegschancen in seinem Betrieb informiert; das Unternehmen ist über seine Qualifikation informiert. Durch diese Vorteile und die relative Absicherung haben die Arbeitsplatzbesitzer einen künstlichen Schutz. Würde der Arbeitslose den gleichen Lohn verlangen, so hätte er nur geringe Chancen, einen Arbeitsplatz zu finden. Dies wird in Schaubild 10.8 erläutert. Es kennzeichne N_I die Nachfragekurve der Unternehmen nach Insidern. In der Ausgangslage sind A_0 Insider beschäftigt (Punkt D). Die Arbeitsplatzbesitzer sind gegen die Outsider geschützt; die Außenstehenden müssten schon ihre Arbeitskraft zu einem Lohn anbieten, der um DC niedriger liegt, um gegen die Insider wettbewerbsfähig zu sein. Letztlich führt dies zu einer Spaltung des Arbeitsmarktes zwischen Insidern und

Outsidern. Ganz lassen sich die Nachteile der Außenseiter nicht beheben. Die Nachteile sollten aber nicht künstlich durch die gesetzlichen Regelungen hergestellt und verstärkt werden. Diese institutionell bedingten Nachteile sind zu beseitigen.

10.7 Nachfrageverschiebung zu Ungunsten der weniger Qualifizierten

In den letzten zwanzig Jahren beobachtet man sowohl in den europäischen Volkswirtschaften als auch in den Vereinigten Staaten eine Verschiebung in der Nachfrage zu Gunsten der qualifizierten Arbeitskräfte und zu Ungunsten der weniger Qualifizierten. So hat in Westdeutschland im Zeitraum 1980–1998 die Beschäftigung der Qualifizierten um 2,7 Millionen zugenommen, die Beschäftigung der weniger Qualifizierten ist um 1,5 Millionen gesunken (Tabelle 10.3). Ob jemand qualifiziert ist, wird dabei daran gemessen, ob er eine abgeschlossene Berufsausbildung hat und/oder einen Abschluss an einer Fachhochschule, Hochschule oder Universität hat. Weniger Qualifizierte haben keine abgeschlossene Berufsausbildung.

Tabelle 10.3: Veränderung der Beschäftigung von ausgebildeten und unausgebildeten Arbeitskräften in Mio., 1980–1998, Westdeutschland

	Ausgebildet[a]	Unausgebildet[b]
Insgesamt	2,7	–1,5
darunter:		
Verarbeitendes Gewerbe	1,6	–1,5
Dienstleistungen	3,2	0,4

[a] Ausgebildet: Abgeschlossene Berufsausbildung und/oder Abschluss einer Fachhochschule, Hochschule oder Universität. – [b] Unausgebildet: Keine abgeschlossene Berufsausbildung; Ausbildung unbekannt.

Quelle: Bundesanstalt für Arbeit.

In Schaubild 10.9 ist die Auswirkung einer solchen Verschiebung in der Nachfrage nach Arbeitskräften graphisch erläutert. Die gesamten Arbeitskräfte der Volkswirtschaft sind durch die Strecke OO′ dargestellt. Von O aus wird die Nachfragekurve nach Qualifizierten dargestellt, sie sei in der Ausgangslage durch die Kurve N_Q gegeben. Von O′ wird die Nachfrage nach weniger Qualifizierten N_{WQ} abgetragen. Die Arbeitskräfte teilen sich also in qualifizierte (OC) und weniger Qualifizierte (CO′) auf. In der Ausgangslage besteht ein Lohnunterschied zwischen Qualifizierten und weniger Qualifizierten in Höhe von AB.

Nimmt nun die Nachfrage nach Qualifizierten zu, so verschiebt sich die Nachfragekurve N_Q nach rechts. Dies bedeutet, dass der Reallohn der Qualifizierten steigt. Geht gleichzeitig die Nachfrage nach weniger Qualifizierten zurück, so sinkt der Reallohn dieser Gruppe. Die Lohndifferenz weitet sich aus und beträgt nach der Nachfrageverschiebung A′B′. Insoweit es gelingt, die weniger Qualifizierten zusätzlich auszubilden, können sie in den Bereich der Qualifizierten überwechseln. Insoweit dies nicht möglich ist, wird eine stärkere Lohndifferenzierung erforderlich.

Schaubild 10.9: Verschiebung der Nachfrage zu Ungunsten der weniger Qualifizierten

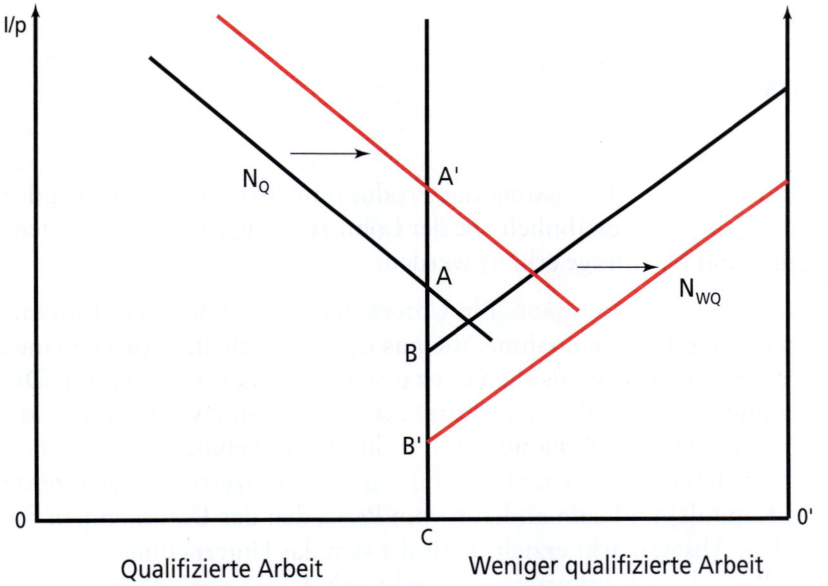

Wichtige Begriffe in Kapitel 10

- Faktormarkt
- Abgeleitete Nachfrage
- Gewinnmaximale Arbeitsnachfrage
- Ertragsgesetz
- Produktpreisbildung
- Faktorpreisbildung
- Gesamtnachfrage nach Arbeit
- Arbeitsangebot
- Nominallohn
- Reallohn
- Grenzproduktivität der Arbeit
- Lohnzurückhaltung und Arbeitsplätze
- Mindestlohn
- Regulierung des Arbeitsmarkts
- Lohnnebenkosten
- Insider/Outsider-Problematik
- Qualifizierte/weniger qualifizierte Arbeit

11 Preisbildung auf dem Faktormarkt: Andere Faktoreinkommen

Unternehmerische Gewinne ... sind der Ausdruck des Wertes, den der Unternehmer zur Produktion beisteuert ...
Joseph Alois Schumpeter

11.1 Der Zins

Der Zins ist der Preis für die Überlassung des Produktionsfaktors Kapital. Da der Zins einen Preis darstellt, kann er ähnlich wie der Lohn auch durch das Zusammenwirken von Angebot und Nachfrage erklärt werden.

1. Grenzeinnahme gleich Grenzausgabe. Ein Unternehmen wird dann ein Kapitalgut nachfragen, wenn die Grenzeinnahme, die aus dem zusätzlichen Einsatz eines Kapitalgutes erwächst, höher liegt als die Grenzausgabe für dieses Kapitalgut. Die Grenzeinnahme hängt wie beim Produktionsfaktor Arbeit von zwei Faktoren ab: einmal von der mengenmäßigen Zunahme des Produktionsergebnisses, die auf den Einsatz einer Faktoreinheit Kapital zurückzuführen ist (Grenzertrag oder Grenzproduktivität des Kapitals) und zum anderen vom Preis, den das Unternehmen für sein Produkt auf dem Absatzmarkt erzielt. Befindet sich das Unternehmen auf dem Absatzmarkt in vollständiger Konkurrenz, so ergibt sich die Grenzeinnahme – ähnlich wie beim Faktor Arbeit – durch Multiplikation des Grenzertrags mit dem konstanten Produktpreis.
Wenn das Unternehmen auf seinem Beschaffungsmarkt – hier dem Kapitalmarkt – in vollständiger Konkurrenz steht, so ist die Grenzausgabe für das Unternehmen ein Datum. Es kann den Marktzins nicht beeinflussen. Aus der Gegenüberstellung der Grenzausgabenkurve und der Grenzeinnahmenkurve bestimmt sich die gewinnmaximale Nachfrage des einzelnen Unternehmens nach Kapital (K_1 in Schaubild 11.1). Eine Addition der Nachfragekurven aller Unternehmen ergibt die Gesamtnachfrage nach Kapital.
Ähnlich wie beim Arbeitsmarkt kann auch auf Realgrößen abgestellt werden. Dann wird der Realzins (Nominalzins minus Preissteigerungsrate) mit der Grenzproduktivität des Kapitals verglichen. Es lohnt sich zu investieren, wenn die Grenzproduktivität des Kapitals größer ist als der Realzins.

2. Marktgleichgewicht. Diese Gesamtnachfrage muss der Angebotskurve gegenübergestellt werden. Die Angebotskurve zeigt einen normalen Verlauf: Mit zunehmendem Marktzins werden die Sparer eine größere Menge Kapital anbieten. Die

Gegenüberstellung der Gesamtnachfrage und der Gesamtangebotskurve ergibt den Zinssatz auf dem Kapitalmarkt.

Schaubild 11.1: Gewinnmaximale Nachfrage nach Kapital

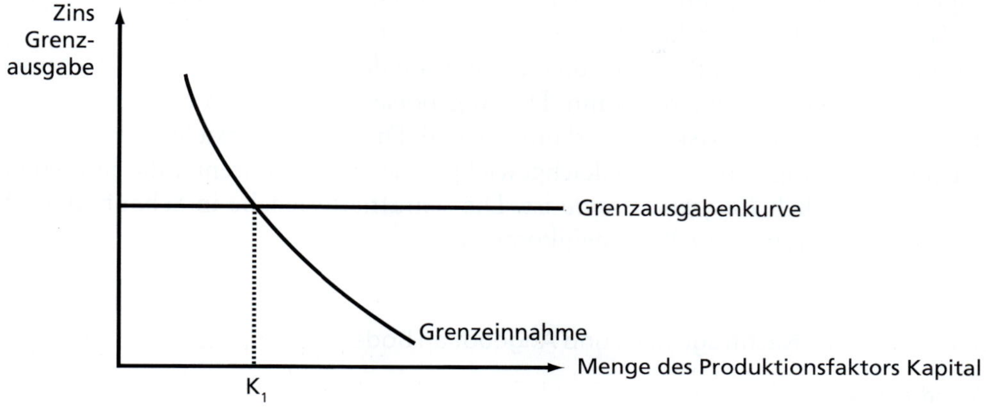

Die Grenzproduktivität des Kapital gibt an, welches zusätzliche Produktionsergebnis eine Einheit Kapital, also die Investition, ermöglicht. Davon zu unterscheiden ist der Preis für ein Kapital- oder Investitionsgut. Dieser Preis stellt die Bewertung eines Kapitalgutes am Markt dar.
Ein anderer Ansatz zur Bestimmung eines Gleichgewichts geht von der Investitionsrechnung des einzelnen Unternehmens aus. Danach fallen die Ausgaben für ein Kapitalgut bei der Installierung einer neuen Anlage an, die Einnahmen werden in zukünftigen Perioden erzielt. Dann muss man berechnen, wie sich das investierte Kapital verzinst. Dieser interne Zins oder die Grenzleistungsfähigkeit des Kapitals ist dann dem Marktzins gegenüberzustellen.

11.2 Die Grundrente

Die Grundrente ist der Preis für die *zeitweilige Überlassung* des Produktionsfaktors Boden. Sie ist zu unterscheiden vom Bodenpreis, der für den *Erwerb* des Produktionsfaktors gezahlt wird.

1. Bodenrente als Knappheitsindikator. Ebenso wie Lohn und Zins kann auch die Rente aus dem Zusammenwirken von Nachfrage und Angebot erklärt werden. Die

Nachfrage nach diesem Produktionsfaktor lässt sich wieder durch die Bedingung Grenzeinnahme = Grenzausgabe bestimmen. So werden Unternehmen so lange Boden nachfragen, wie die Grenzeinnahme höher liegt als die Grenzausgabe.
Die Grenzeinnahmekurve stellt wieder die individuelle Nachfragekurve eines Unternehmens dar. Auch die Haushalte fragen Boden nach, z. B. für Wohnungen. Die Aggregation dieser Nachfragekurven aller Unternehmer und aller Haushalte ergibt die Gesamtnachfrage für die Überlassung von Boden.
Das Gesamtangebot an Boden ist unabhängig von der Grundrente, da der Gesamtboden nicht vermehrt werden kann. Die Angebotselastizität ist in diesem Fall also starr (null). Die Angebotskurve verläuft vertikal. Die Gegenüberstellung von Angebot und Nachfrage ergibt die Gleichgewichtshöhe der Grundrente, die in diesem Fall ausschließlich *Knappheitsrente* ist. Die schraffierte Fläche in Schaubild 11.2 kennzeichnet das gesamte Renteneinkommen.

Schaubild 11.2: Nachfrage nach und Angebot an Boden

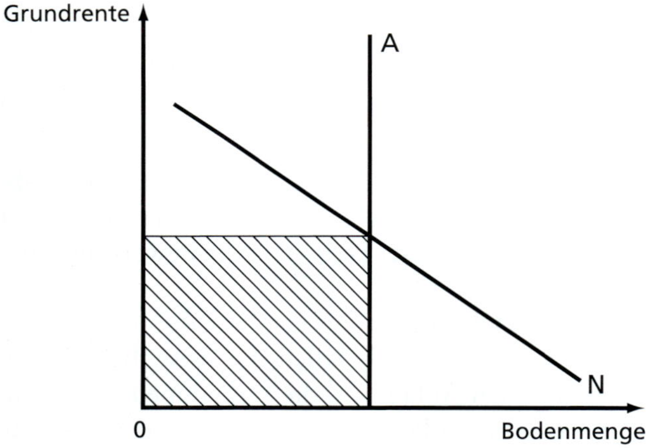

2. Steigende Nachfrage und Bodenrente. Falls sich die Nachfrage nach Boden nach rechts verschiebt, fällt den Bodenbesitzern eine höhere Rente zu. Da für die zeitweilige Überlassung des Bodens den Bodenbesitzern keine Produktionskosten entstehen (diese Kosten sind in früheren Zeiten einmal bei der Bodengewinnung, wie z. B. Rodungen, aufgetreten), unterscheidet sich die Grundrente von allen anderen Preisen dadurch, dass sie keine Kostenelemente enthält. Während eine Zunahme im Preis eines Gutes in der Regel zu einer Ausdehnung der Produktion führt, hat eine Erhöhung der Grundrente diese Wirkung nicht, da der Boden nicht vermehrt werden kann. Aus diesem Grund ist an der Grundrente immer wieder Kritik geübt worden. Es ist aber zu betonen, dass die Grundrente die Produktionsfaktoren in die optimale Verwendung lenkt. Indem eine hohe Grundrente Nachfrager mit einer

niedrigen Zahlungsbereitschaft ausschließt und den Boden dem Höchstbietenden zuschlägt, wird in der Regel sichergestellt, dass der Boden den Verwendungen mit dem höchsten Ertrag zugeführt wird.

3. Unterschiedliche Bodenqualitäten. Schaubild 11.2 unterstellt, dass der Boden gleichartig ist, also keine sachlichen und räumlichen Präferenzen bestehen. In diesem Fall existiert in einer Volkswirtschaft eine einheitliche Grundrente. Die Annahme eines gleichartigen Bodenangebots ist jedoch kaum realistisch. So können sich bei der Nutzung landwirtschaftlichen Bodens unterschiedliche Grundrenten ergeben, wenn wir unterschiedliche Bodenqualitäten I und II unterstellen.
Im Folgenden sei ein landwirtschaftliches Unternehmen betrachtet, das zehn Landarbeiter beschäftigt und über einen bestimmten Boden- und Kapitalbestand (Maschinen, Kühe) verfügt. Diese Faktoren seien konstant und verursachen fixe Kosten. Die fixen Kosten seien gedeckt. Das Unternehmen will mit der gegebenen Kapitalausstattung und dem gegebenen Arbeiterstamm zusätzlichen Boden pachten. Böden I und II stehen zur Wahl. Das Angebot dieser Böden ist auf A_I und A_{II} begrenzt.
Die Nachfragekurve des Unternehmens wird durch die Grenzeinnahmekurve angegeben. Unterstellen wir, dass der Produktpreis gleich 1 ist, so ist die Grenzeinnahmekurve des Unternehmens gleich seiner Grenzertragskurve. Wegen der niedrigeren Qualität des Bodens II ist die Grenzeinnahmekurve (Grenzertragskurve) für diesen Boden niedriger. Das Unternehmen ist also bereit, den Boden I zu einer höheren Grundrente nachzufragen als den Boden II. Werden Böden mit einer immer geringeren Qualität in der Produktion eingesetzt, so muss die Grundrente für diese Böden fallen: Die Grundrente r_{II} ist niedriger als r_I.
Diese Zusammenhänge können nicht nur von der Nachfrageseite, sondern auch vom Blickwinkel des Bodenbesitzers erklärt werden. Nehmen wir an, es gebe vier Bodenarten, auf denen Weizen angebaut werden kann. Die Bodenart I ist durch eine hohe Produktivität gekennzeichnet. Bei dem gegebenen Weizenpreis deckt der Eigentümer nicht nur seine Produktionskosten einschließlich seiner Arbeitsstunden, sondern er behält als eine Restgröße noch einen Gewinn übrig. Auf Boden der Qualität II ist der Gewinn pro ha niedriger. Auf dem Boden der Güte III deckt der Eigentümer gerade noch seine Produktionskosten. Auf dem schlechtesten Boden IV schließlich kann er seine Produktionskosten nicht mehr decken; der Boden IV wird also nicht bewirtschaftet. Auf dem Boden I und II wird eine Grundrente erwirtschaftet, die auf die Qualität des Bodens zurückzuführen ist. Wir bezeichnen sie als *Qualitätsrente*. Die Qualitätsrente für III ist null.
Wenn nun die Eigentümer ihren Boden einem Nachfrager zur Verfügung stellen, so werden sie darauf bestehen, dass die Grundrente, die sie erhalten, der Qualität ihres Bodens entspricht. Der Eigentümer von I würde in diesem Fall eine hohe Qualitätsrente erhalten; dem Eigentümer von III dagegen würde niemand etwas zahlen wollen. Die Differentialrente ist also eine Knappheitsrente für unterschiedlich gutes Bodenangebot.
Wenn der Preis für Weizen steigt, so steigen auch die Grundrenten der Bodenqualitäten I und II; gleichzeitig wird jetzt III eine Grundrente erzielen. Der Preisanstieg kann so stark sein, dass es jetzt auch lohnt, den Boden IV für die Produktion zu nutzen.

Ähnlich verhält es sich, wenn die Böden I, II, III, IV landwirtschaftliche Böden mit unterschiedlicher Entfernung zum Markt sind und Boden III im Preis seiner Produkte gerade noch die Transportkosten vergütet erhält. Die Böden I und II liegen so günstig, dass sie wegen der niedrigen Transportkosten eine (unterschiedliche) Grundrente beziehen. Boden IV kann nicht bewirtschaftet werden. In diesem Fall geht die Rente der Böden I und II nicht auf die Qualität des Bodens, sondern auf seine Lage zurück. Wir sprechen deshalb von einer *Lagerente*. Wie aus dem Beispiel zu ersehen ist, ist die Lagerente von den Transportkosten abhängig. Eine Verringerung der Transportkosten lässt auch für den Boden III eine Rente entstehen.

Schaubild 11.3: Rente bei heterogener Bodenqualität

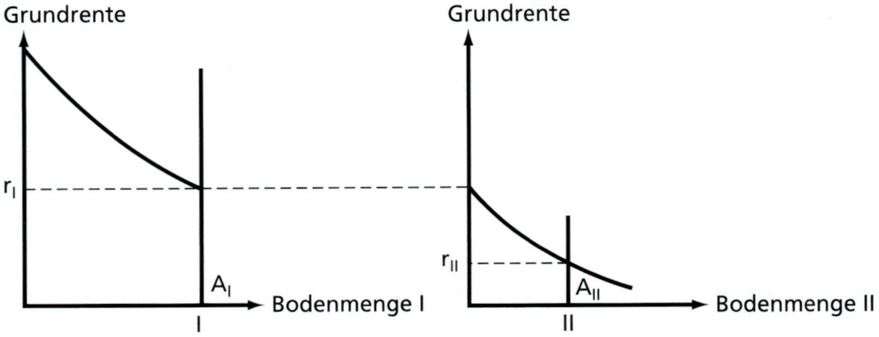

11.3 Der Unternehmensgewinn

1. Begriff. Der Unternehmensgewinn ist die Differenz zwischen dem Gesamterlös und den Gesamtkosten. Die Gesamtkosten enthalten alle Lohn-, Zins- und Rentenzahlungen eines Unternehmens. Bestandteil der Gesamtkosten ist auch die Entlohnung des eigenen Kapitals, das ein Unternehmen einsetzt. In der Regel wird hierfür ein so genannter kalkulatorischer Zins berechnet, der eine durchschnittliche Verzinsung des Kapitals in alternativen Verwendungen wiedergibt. Die Gesamtkosten umschließen ebenfalls eine kalkulatorische Grundrente (Pacht) für den im Unternehmen eingesetzten eigenen Boden. Und die Gesamtkosten umfassen ferner einen Unternehmerlohn, der die Entlohnung für die Arbeit des Unternehmers (Leitung und Kontrolle, Verfahrens- und Produktinnovation) darstellt. Dieser Unternehmerlohn kann etwa in der Art berechnet werden, dass der Unternehmer die Lohnkosten eines Geschäftsführers, den er einstellen müsste, ansetzt oder seine Verdienstmöglichkeit in einer vergleichbaren Position als seine Lohnkosten betrachtet. Zins,

Grundrente und Unternehmerlohn sind also Bestandteile der Gesamtkosten. Sie werden von dem Gesamterlös genau wie alle anderen Kosten abgezogen, um den Unternehmensgewinn zu erhalten. Schematisch ergibt sich:

Gesamterlös	–	Kosten für fremde Produktionsfaktoren	–	Kosten für eigene Produktionsfaktoren (Zins, Grundrente, Unternehmerlohn)	=	Unternehmensgewinn

2. Unterschiedliche Gewinnsituationen. Der Unternehmensgewinn kann ähnlich wie die Qualitätsrente als eine Größe gedeutet werden, die bestimmte Unternehmen auf Grund größerer Wirtschaftlichkeit (ihrer »Qualität«) gegenüber anderen beziehen. Stellen wir uns drei Unternehmen A, B, C vor, wobei A die günstigste und C die schlechteste Kostensituation hat, und unterstellen wir die Marktform der vollständigen Konkurrenz, so kann man sich den Unternehmensgewinn zeichnerisch wie folgt verdeutlichen:

Unternehmen A erhält einen Preis, der nicht nur seine Kosten deckt, sondern auch einen Stückgewinn von DE übrig lässt (Schaubild 11.4a). Wir bezeichnen dieses Unternehmen als intramarginalen Anbieter. B kann gerade seine Kosten decken (einschließlich der Elemente (1)–(3) des Unternehmereinkommens), es macht aber keinen Gewinn. B ist ein marginaler (Grenz-)Anbieter (Schaubild 11.4b). Unternehmen C kann seine Kosten nicht erwirtschaften. Es ist ein submarginaler Anbieter und würde mit Verlust arbeiten (Schaubild 11.4c).

Schaubild 11.4: Der Unternehmensgewinn bei vollständiger Konkurrenz

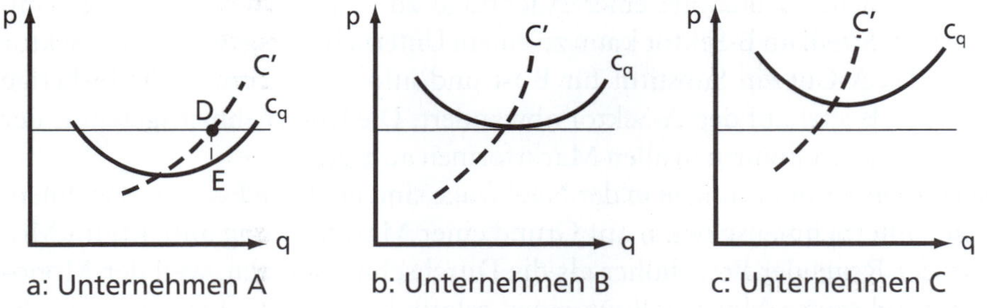

3. Ursachen des Unternehmensgewinns. Der Unternehmensgewinn kann auf folgende Ursachen zurückzuführen sein.

(1) Die entscheidende Ursache für den Unternehmensgewinn sind die Innovationen. Unter einer Innovation verstehen wir die Anwendung neuen technischen Wissens. Die Innovation kann die Verbesserung eines bestehenden oder die Einführung eines neuen Produktionsverfahrens darstellen (Verfahrensneuerung). Sie kann die Verbesserung der Qualität eines bereits erzeugten Gutes oder die Erstellung eines neuen Gutes bedeuten (Produktneuerung). Eine Innovation kann auch in der Auffindung neuer oder besserer Rohstoffe gesehen werden (Rohstoffneuerung). Schließlich können die Organisation eines Betriebes, der Produktionsfluss, die Lagerhaltung und die Verwaltung neu gestaltet werden (Organisationsneuerung). Alle diese Neuerungen können vom Unternehmer durchgesetzt werden. Sie führen zu einer Senkung der Kosten (Verschiebung der Kostenkurve nach unten) und damit zu einem Unternehmensgewinn.
(2) Eine weitere Ursache für Unternehmensgewinne liegt in der Bereitschaft, Risiken zu übernehmen. Der traditionelle Unternehmer des 19. Jahrhunderts setzte für Innovationen sein Kapital »aufs Spiel«. Auch heute übernehmen Firmen Risiken, etwa das Risiko, das im Unternehmen eingesetzte Kapital bei der Verfolgung neuer Produktionslinien – in der Durchsetzung neuer Faktorkombinationen im Sinne Schumpeters – zu verlieren. Beispiele sind die Erschließung neuer Erdölfelder oder die Forschungs- und Entwicklungsausgaben für neue Produkte. Solche Risiken werden nicht ohne entsprechende Risikoprämien übernommen. Der Unternehmensgewinn muss also auch als Preis für die Übernahme von Risiken interpretiert werden.
(3) Ein Unternehmensgewinn kann auch durch externe, nicht im Unternehmen begründete Faktoren verursacht werden. Dieser Fall tritt dann ein, wenn sich die Nachfragekurve des Unternehmens nach oben verschiebt. So steigt im Konjunkturzyklus infolge der gestiegenen Nachfrage der Preis des von einem Unternehmen abgesetzten Gutes und falls die Kosten, z. B. die Lohnkosten, nachhinken, stellt sich ein Unternehmensgewinn ein. Eine plötzliche Änderung in dem Präferenzsystem der Haushalte zu Gunsten eines Gutes führt zu einem Unternehmensgewinn. Neue Regierungsausgaben, die auf eine besondere Gruppe von Unternehmen treffen, können ebenfalls wegen der plötzlichen Zunahme einer Nachfrage zu einem Unternehmensgewinn führen. Oder ein Streik im B-Sektor kann zu einem Unternehmensgewinn im A-Sektor führen, falls das A-Gut ein Substitut für B ist und infolge des Streiks die bisherige Nachfrage nach B jetzt auf den A-Sektor abwandert. Die Unternehmensgewinne der hier besprochenen Art können in allen Marktformen auftreten.
(4) Neben diesen Veränderungen in der Nachfrage sind noch die Fälle zu erwähnen, in denen ein Unternehmensgewinn auf Grund einer Marktstellung auftritt: Im Monopol ist in der Regel der Preis höher als die Durchschnittskosten, weil der Monopolist auf Grund seiner Marktstellung einen relativ hohen Preis fordern kann. Es stellt sich ein Unternehmensgewinn ein, der auch im Oligopol aus ähnlichen Gründen auftreten kann. Ebenso ist es in diesen Marktformen möglich, durch Marketing die Nachfragekurve nach rechts zu verschieben und damit einen Unternehmensgewinn herbeizuführen. Im abstrakten Grenzfall der vollständigen Konkurrenz ist diese Möglichkeit gedanklich ausgeschlossen, da ein vollkommener Markt (keine Präferenzen) vorausgesetzt wird.

Das Auftreten des Unternehmensgewinns wird in einer gut funktionierenden Marktwirtschaft mit intensivem Wettbewerb allerdings nicht zu einem Dauerzustand: Treten in einer Branche Gewinne auf, so werden sich dort andere Unternehmen für diese Branche interessieren und den Unternehmensgewinn verringern (imitatorischer Wettbewerb).

11.4 Substitutionsprozesse und Faktornachfrage

Unterstellt man, dass ein Produkt mit unterschiedlichen »Mixturen« aus Produktionsfaktoren erstellt werden kann, so steuern die technologischen Bedingungen der Faktorintensität und das Faktorpreisverhältnis die Produktion. Ein kapitalintensives Gut wird etwa in einem kapitalreichen Land reichlich, in einem kapitalarmen Land dagegen spärlich erstellt. Unterstellt man nun, dass das Lohnzinsverhältnis exogen zunimmt, so wird Arbeit durch Kapital substituiert und die Kapitalintensität nimmt zu. Der höhere Preis für Arbeit reduziert den Arbeitseinsatz; der Kapitaleinsatz wird stimuliert. Dieser Zusammenhang ist im Schaubild 11.5 für Westdeutschland empirisch belegt.
Langfristig ist das Faktorpreisverhältnis Arbeit zu Kapital in Deutschland (West) gestiegen. Dabei wird das Lohnzinsverhältnis durch das Verhältnis der realen Lohnkosten und der realen Kapitalnutzungskosten gemessen. Beide Größen lassen sich aus der Gewinn-Erlös-Relation des Sachverständigenrates ermitteln. Dabei sind die realen Lohnkosten gegeben durch das Bruttoeinkommen aus unselbstständiger Arbeit je beschäftigten Arbeitnehmer, und zwar korrigiert mit dem Deflator des Bruttoinlandsprodukts. Die Kapitalnutzungskosten sind gegeben durch die Zinskosten und Abschreibungen in vH des Vermögensbestandes (Anlage- und Vorratsvermögen zu Anschaffungspreisen). Die Daten beziehen sich auf Unternehmen ohne Landwirtschaft, Forstwirtschaft, Fischerei, Kreditinstitute, Versicherungsunternehmen und Wohnungsvermietung.
Besonders stark war die relative Verteuerung des Faktors Arbeit in der zweiten Hälfte der siebziger und achtziger Jahre. In den Jahren danach scheint sich der Trend der relativen Verteuerung des Faktors Arbeit etwas abgeflacht zu haben, wobei die Entwicklung des Faktorpreisverhältnisses – vor allem durch das Auf und Ab der Zinsen – durch größere Schwankungen gekennzeichnet war.
Mit steigendem Lohnzinsverhältnis ist auch die Kapitalintensität, gemessen am Kapitalstock (durchschnittliches Bruttoanlagevermögen in Preisen von 1991 je beschäftigten Arbeitnehmer) angestiegen. Betrug die Kapitalausstattung eines Arbeitsplatzes im Jahre 1960 etwa 62 000 DM (31 000 €) (Unternehmen ohne Wohnungsvermietung), wenn man das Preisniveau des Jahres 1991 zugrundelegt, so war 1997 ein »durchschnittlicher« Arbeitsplatz mit einem Kapitalaufwand von etwa

Schaubild 11.5: Faktorpreisverhältnis und Kapitalintensität

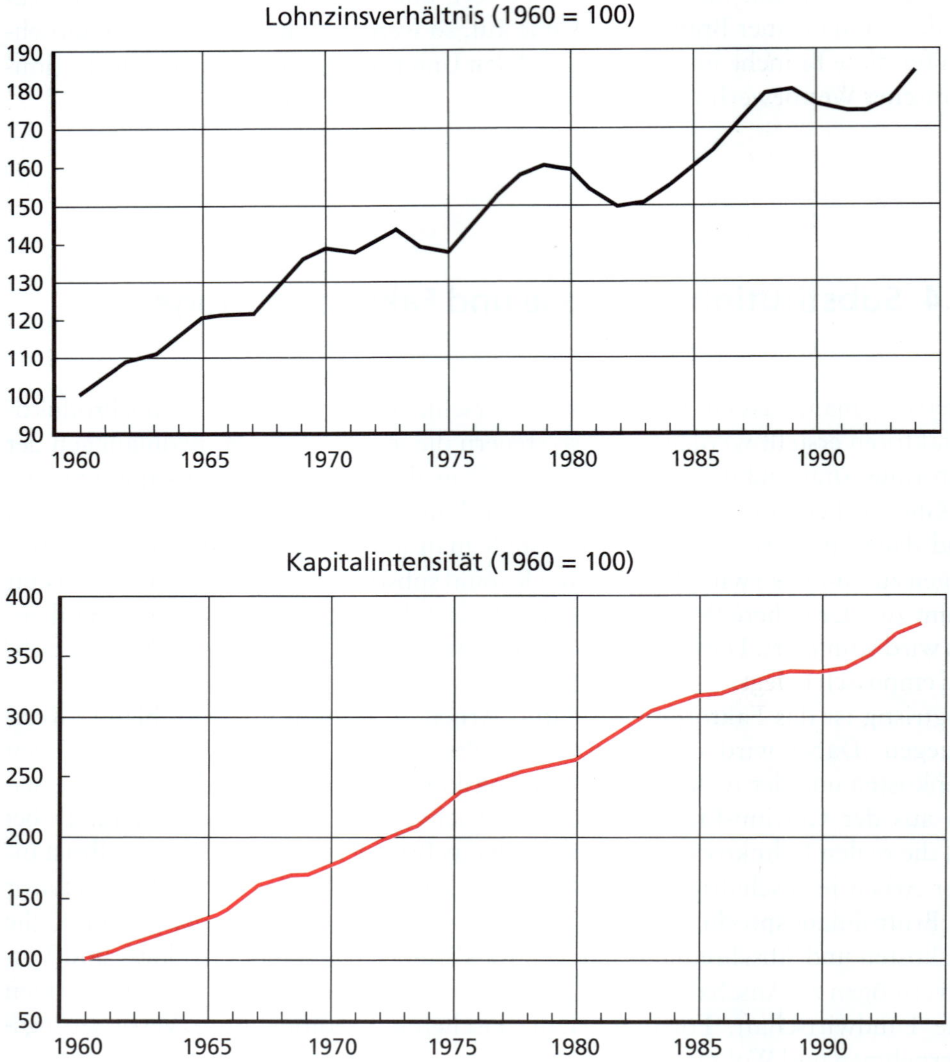

Quelle: Berechnungen des Sachverständigenrates.

255 000 DM (130 000 €) verbunden. Die Kapitalintensität streut allerdings beträchtlich zwischen den Wirtschaftsbereichen. In der Energie- und Wasserversorgung müssen mehr als 1,5 Millionen DM pro Arbeitsplatz aufgebracht werden, im Bereich Verkehr, Nachrichtenübermittlung sind es über 490 000 DM, in der Chemischen Industrie rund 340 000 DM (Werte für 1994). Eine niedrige Kapitalintensität

weisen dagegen Bereiche wie das Baugewerbe (rund 51 000 DM), Elektrotechnik und Maschinenbau (rund 155 000 DM) auf (Werte für 1994).
Von der Tendenz her hat sich der Anstieg der Kapitalintensität in den Jahren nach 1975 verringert. Über den Zeitraum der letzten beiden Konjunkturzyklen von 1975 bis 1993 nahm die Kapitalausstattung je Arbeitsplatz durchschnittlich um knapp 2,5 vH zu, während sie von 1960 bis 1975 noch um 5,3 vH gestiegen war. Eine ähnliche Tendenz ist für die Entwicklung des Faktorpreisverhältnisses zu verzeichnen. Vom Tiefpunkt 1975 bis zum Tiefpunkt 1993 verteuerte sich der Arbeitseinsatz relativ zum Kapitaleinsatz um rund 1,5 vH, in dem Zeitraum von 1960 bis 1975 um 2 vH.

Wichtige Begriffe in Kapitel 11

Zins
Gewinnmaximale Kapitalnachfrage
Bodenrente
  Knappheitsrente
  Qualitätsrente
  Lagerente
Unternehmensgewinn
Ursachen des Unternehmensgewinns
  Innovation
  Risikoübernahme
  konjunkturelle Entwicklung
  Präferenzveränderungen
Unternehmereinkommen
Faktorsubstitution
Faktorpreisverhältnis
Kapitalintensität

12 Faktorallokation und Sektorstruktur

Capitalism ... is by nature a form or method of economic change and not only never is but never can be stationary.
Joseph Alois Schumpeter

12.1 Zusammenhang zwischen Güter- und Faktormarkt

Nach der Analyse der Preisbildung auf dem Güter- und Faktormarkt sind wir nun in der Lage, den Zusammenhang zwischen beiden Märkten näher zu beleuchten. Schaubild 12.1 stellt diesen Zusammenhang dar. Es macht deutlich, dass die Faktornachfrage eine abgeleitete Nachfrage ist. Güternachfrage und Güterangebot bestimmen den Produktpreis. Der Produktpreis determiniert zusammen mit der Grenzproduktivität der Ressource die Grenzeinnahme, und diese legt zusammen mit dem Faktorpreis die Faktornachfrage eines einzelnen Unternehmens fest. Die Aggregation der Faktornachfragekurven der einzelnen Unternehmen ergibt die gesamte Faktornachfrage, die zusammen mit dem Faktorangebot den Faktorpreis bestimmt. Schaubild 12.1 zeigt auch, dass sich der Faktorpreis ändern muss, wenn der Produktpreis variiert, denn mit zunehmendem Produktpreis steigt ceteris paribus die Grenzeinnahme und damit nimmt die Faktornachfrage zu.
Mit Hilfe des Schaubildes 12.1 kann man sich einen weiteren Aspekt des Konsistenzproblems verdeutlichen. Wenn der Produktpreis festliegt, so ist damit auch bestimmt, welche Ressourcenmenge die Unternehmen nachfragen. Damit ergibt sich auch der zugeordnete Faktorpreis. Wird für einen Produktionsfaktor, z. B. für Arbeit, der Faktorpreis außerhalb des Marktes, z. B. durch Verhandlung zwischen den Tarifpartnern, festgelegt, so kann das Konsistenzproblem wie folgt umschrieben werden: Angenommen der Faktorpreis werde relativ zum Gleichgewichtslohn »zu hoch« fixiert. Dann werden bei gegebenen Güterpreisen die Unternehmen eine relativ geringere Ressourcenmenge nachfragen. Es kann Unterbeschäftigung der Ressourcen eintreten. An dieser Stelle wird die These erkennbar, dass über die Beschäftigungslage durch die Verhandlungen der Tarifparteien entschieden wird. Wenn es den Unternehmen gelingt, die höheren Faktorpreise auf die Produktpreise abzuwälzen, reduziert sich die Unterbeschäftigung. Die Abwälzungschance hängt u. a. auch davon ab, wie die Liquidität einer Volkswirtschaft durch Geld- und Budgetpolitik beeinflußt wird.
Im Übrigen kennzeichnet Schaubild 12.1 auch die zentrale Stellung der Produktionsfunktion, die einmal die Angebotskurve (über die Kostenfunktion) und zum anderen die Grenzeinnahme (über die Grenzproduktivitätskurve) bestimmt.

Schließlich sei daran erinnert, dass die Produktionsfunktion im Fall zweier Sektoren auch die Transformationskurve festlegt.

Schaubild 12.1: Zusammenhang zwischen Güter- und Faktormarkt

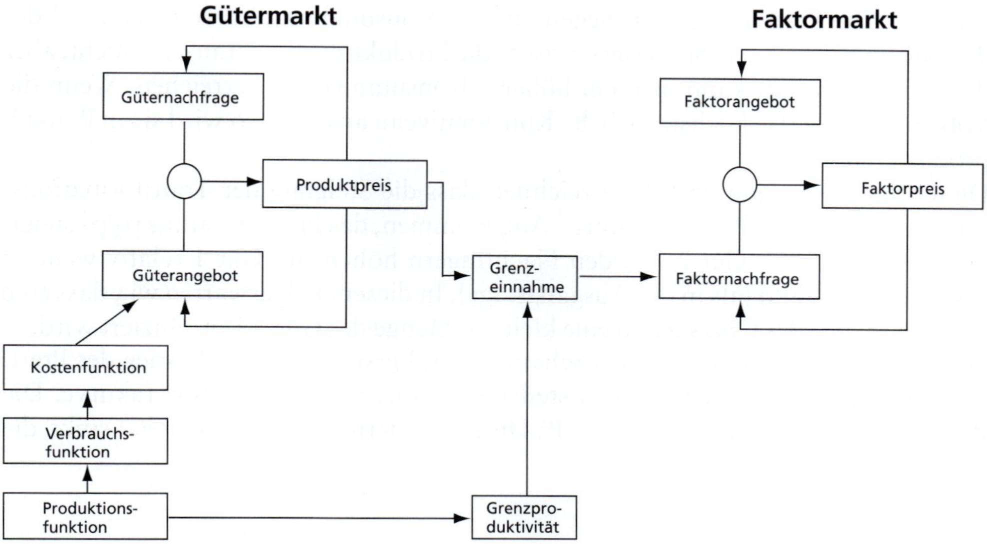

12.2 Die Steuerung in einem marktwirtschaftlichen System

In einem marktwirtschaftlichen System erfolgt die Abstimmung der Produktion auf die Nachfrage über die Güterpreise. Dies bedeutet, dass der Produktionspunkt auf der Transformationskurve durch die Güterpreise festgelegt wird. Diese Abstimmung kann man sich wie folgt verdeutlichen.
Man betrachte den Ausdruck:

$$\bar{c} = p_1 q_1 + p_2 q_2,$$

wobei p_1, p_2 die Güterpreise und c ein Konsumniveau, ausgedrückt in €, kennzeichnen. Die rechte Seite gibt die bewerteten Gütermengen an, wenn die Preise p_1, p_2 vorgegeben sind. Man kann sich unterschiedliche Konsumniveaus c, c′, c″ usw. vorstellen, wobei z. B. c′ ein höheres Konsumniveau kennzeichnet als c (und c″ ein höheres Konsumniveau als c′). Die Gleichung ist als eine Konsumniveaukurve zu

interpretieren. In Schaubild 12.2a sind die Konsumniveaukurven c, c′, c″ eingezeichnet. Die Steigung dieser Konsumniveaukurve (tg α) wird bestimmt durch das Preisverhältnis p_2/p_1.[1]
Wir nehmen an, dass die Volkswirtschaft die höchste Konsumniveaumöglichkeit anstrebt. Aber die Produktionsmöglichkeiten sind begrenzt. Der Konsumraum wird durch die Transformationskurve eingeschränkt. Diese ist in Schaubild 12.2b eingezeichnet. Die Punkte A und B liegen auf der Konsumniveaukurve c′ und auf der *Transformationskurve.* Sie verletzen zwar die Produktionsbeschränkung nicht, aber die Volkswirtschaft kann in P ein höheres Konsumniveau c″ erreichen. Wenn die Volkswirtschaft das höchstmögliche Konsumniveau anstrebt, so wird sie in Punkt P produzieren.
Dieser Punkt ist dadurch gekennzeichnet, dass die Steigung der Transformationskurve gleich ist dem Preisverhältnis.[2] Angenommen, das Preisverhältnis p_2/p_1 steigt. Dies bedeutet, dass Gut 2 von den Nachfragern höher und Gut 1 relativ weniger hoch bewertet wird (als in der Ausgangslage). In diesem Fall erwarten wir, dass eine größere Menge des Gutes 2 und eine kleinere Menge des Gutes 1 produziert wird.
Genau diese Anpassung wird aus Schaubild 12.3 ersichtlich. Ein Anstieg des Preisverhältnisses p_2/p_1 bedeutet einen steileren Anstieg der Konsumniveaukurve. Die Produktion verschiebt sich von P zu P′. Die produzierte Menge des Gutes 1 sinkt, die

---

[1] Dies folgt aus der Umformung in

$$q_1 = \frac{\bar{c}}{p_1} - \frac{p_2}{p_1} q_2$$

[2] Dies lässt sich aus dem folgenden Lagrange-Ansatz zeigen. Die Volkswirtschaft maximiere ihr Konsumniveau $c = p_1 q_1 + p_2 q_2$. Als Restriktion ist die Transformationskurve $q_1 = T(q_2)$ zu beachten. Schreibt man diese Gleichung in die implizite Form, so erhält man den Lagrange-Ausdruck:
$L = p_1 q_1 + p_2 q_2 - \lambda [q_1 - T(q_2)]$.
Daraus ergeben sich die Bedingungen:

$$(1) \quad \frac{\partial L}{\partial q_1} = p_1 - \lambda = 0$$

$$(2) \quad \frac{\partial L}{\partial q_2} = p_2 + \lambda \frac{\partial q_1}{\partial q_2} = 0$$

Aus (1) und (2) folgt

$$-\frac{p_2}{p_1} = \frac{\partial q_1}{\partial q_2} .$$

Das Preisverhältnis der Güter 2 und 1 ist gleich dem Steigungsmaß der Transformationskurve, der sogenannten Grenzrate der Transformation. Diese Grenzrate der Transformationskurve gibt die Opportunitätskosten des Gutes 2 an, nämlich den Verzicht auf das Gut 1, der erforderlich wird, wenn man eine zusätzliche Einheit des Gutes 2 haben möchte.

hergestellte Menge des Gutes 2 steigt. Die sektorale Struktur der Volkswirtschaft ändert sich. Die Produktionsausdehnung bei Gut 2 ist begleitet von einer Reallokation der Faktoren, die aus Sektor 1 abwandern und in den Wirtschaftszweig 2 gehen. Die Produktion der Güter und die dafür erforderliche Allokation der Faktoren wird also über die relativen Preise gesteuert.

Schaubild 12.2: Konsumniveaus und Transformationskurve

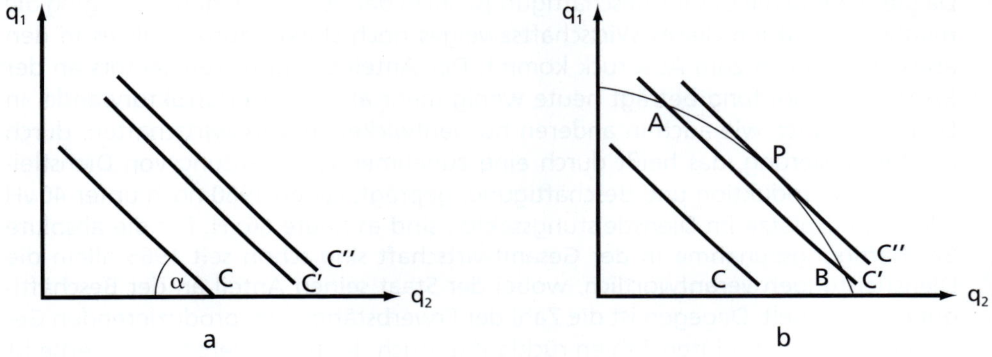

Schaubild 12.3: Änderung des Güterpreisverhältnisses

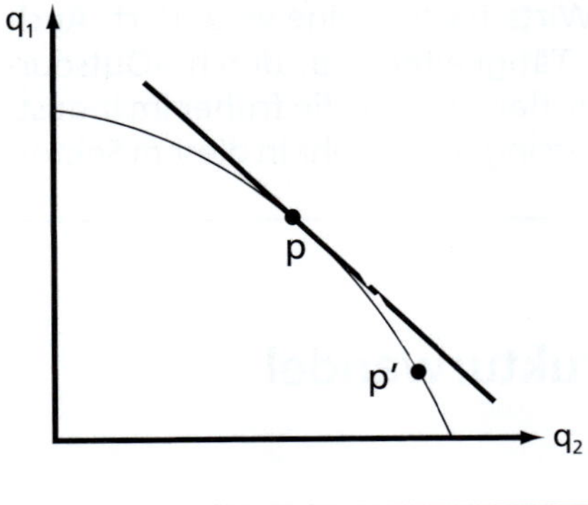

Kasten 12.1 Strukturwandel in Westdeutschland

Seit 1950 hat sich in Westdeutschland ein beachtlicher struktureller Wandel vollzogen. Gemessen an der Anzahl der Erwerbstätigen hat sich die relative Position der Sektoren im Zeitablauf erheblich verschoben. Sehr deutlich ist der Strukturwandel weg vom primären Sektor und auch vom sekundären Sektor hin zum tertiären Sektor. Aus dem Schaubild lässt sich für die Land- und Forstwirtschaft ein markanter Rückgang von fast fünf Mio. Beschäftigten (1950) auf 0,7 Mio. (1998) entnehmen. Da gleichzeitig die Gesamtbeschäftigungszahl in der Volkswirtschaft stieg, ging die relative Bedeutung dieses Wirtschaftszweiges noch stärker zurück, als es in den absoluten Zahlen zum Ausdruck kommt. Der Anteil des primären Sektors an der Bruttowertschöpfung beträgt heute wenig mehr als 1 vH. Der Strukturwandel in Deutschland ist, wie auch in anderen hochentwickelten Volkswirtschaften, durch die Tertiarisierung, das heißt durch eine zunehmende Bedeutung von Dienstleistungen in Produktion und Beschäftigung, geprägt. Lagen 1960 noch unter 40 vH aller Arbeitsplätze im Dienstleistungssektor, sind es heute 66 vH. Für die absolute Beschäftigungszunahme in der Gesamtwirtschaft sind schon seit 1965 allein die Dienstleistungen verantwortlich, wobei der Staat seinen Anteil an der Beschäftigung verdoppelt. Dagegen ist die Zahl der Erwerbstätigen im produzierenden Gewerbe selbst in absoluten Zahlen rückläufig. Auch das produzierende Gewerbe ist durch starke Veränderungen gekennzeichnet. Die Zunahme um vier Mio. Beschäftigte im Verlauf der fünfziger Jahre spiegelt den Wiederaufbau wider. Seit den sechziger Jahren ist ein Rückgang zu verzeichnen; die Relativposition fällt von 49 vH (1970) auf 31 vH (1998). In der Industrie, dem verarbeitenden Gewerbe (einem Teilbereich des produzierenden Gewerbes) ist dieser Rückgang wesentlich ausgeprägter. Hier ist ein Rückgang von 38 vH (1970) auf 22 vH (1998) zu verzeichnen.
Das Schaubild kann nur die großen Entwicklungslinien skizzieren. So haben sich häufiger die statistischen Abgrenzungen der Wirtschaftszweige verändert. Auch hat sich die organisatorische Zuordnung von Tätigkeiten z. B. durch »Outsourcing« verändert. Beispielsweise erscheinen Dienstleistungen, die früher im Industrieunternehmen angesiedelt waren, bei Outsourcing nicht mehr in diesem Sektor.

12.3 Allokation und sektoraler Strukturwandel

Eine für den Ökonomen sehr interessante Frage ist, wie sich die Allokation der Faktoren oder die sektorale Struktur in einer Volkswirtschaft verschiebt, wenn sich wichtige Größen im Verlauf der wirtschaftlichen Entwicklung ändern. Solche Faktoren sind z. B. Präferenzverschiebungen zu Gunsten eines Gutes, die Subventionierung oder Besteuerung eines Produkts und technischer Fortschritt. Letzten Endes bewirken die erwähnten Faktoren (und zahlreiche andere) eine Änderung des Güterpreisverhältnisses. Unsere Frage lautet damit, wie sich die sektorale Allokation mit sich veränderndem Güterpreisverhältnis verschiebt.

Schaubild Kasten 12.1: Strukturwandel in Westdeutschland, Erwerbstätige[a] nach Wirtschaftsbereichen

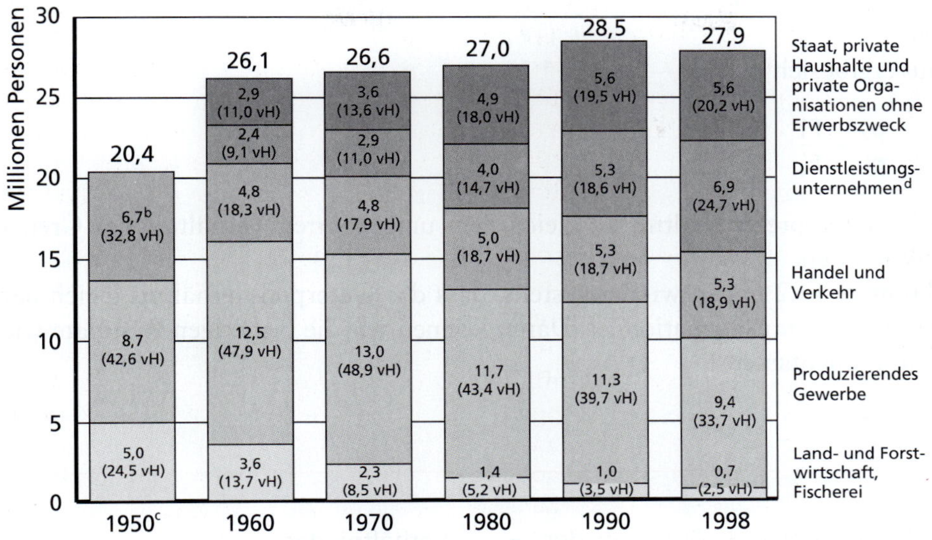

[a] In Millionen. – [b] Übrige Bereiche einschließlich Staat. – [c] Für 1950 andere Abgrenzung der Sektoren: Gesamtes produzierendes Gewerbe. – [d] Kreditinstitute, Versicherungsunternehmen, sonstige Dienstleistungen.

Quelle: Statistisches Bundesamt.

1. **Sektorallokation bei gegebenem Güterpreisverhältnis.** Aus Schaubild 12.3 wissen wir, dass der Produktionspunkt P auf der Transformationskurve durch das Güterpreisverhältnis bestimmt wird. Der Produktionspunkt gibt dabei die sektorale Struktur einer Volkswirtschaft an. Aus der Konstruktion der Transformationskurve in Schaubild 2.3 geht hervor, dass dem Punkt P auf der Transformationskurve die Punkte p_1 und p_2 auf den Produktionsfunktionen mit eindeutig bestimmten Ressourceneinsätzen A_1 und A_2 in den beiden Sektoren entsprechen. Schließlich wissen wir aus Kapitel 11, dass eine Ressource in jedem Sektor so lange nachgefragt wird, bis die Grenzausgabe (d. h. Lohnsatz l) gleich der Grenzeinnahme ($p_1 F'_1$) ist. Aus der Überlegung, dass der Ressourcenpreis gleich der Grenzeinnahme eines Sektors ist

und dass in vollständiger Konkurrenz der Ressourcenpreis in beiden Sektoren gleich sein muss, folgt, dass

$$l = p_1 F_1' = p_2 F_2'$$

Daraus ergibt sich

$$\frac{p_2}{p_1} = \frac{F_1'}{F_2'}$$

d. h. das Güterpreisverhältnis ist gleich dem umgekehrten Verhältnis der Grenzproduktivitäten.

In Abschnitt 12.2 haben wir festgestellt, dass das Güterpreisverhältnis gleich der Grenzrate der Transformation ist. Damit können wir die bisherigen Resultate wie folgt zusammenfassen:

Güterpreisverhältnis	=	Grenzrate der Transformation	=	Verhältnis der Grenzproduktivitäten
$\frac{p_2}{p_1}$	=	$-\frac{dQ_1}{dQ_2}$	=	$\frac{F_1'}{F_2'}$

In Schaubild 12.4 kennzeichnet tg α das Preisverhältnis p_2/p_1 und das Steigungsmaß der Transformationskurve im Punkt P. Das Steigungsmaß der Tangenten an die Produktionskurven in den Punkten P_1 und P_2 gibt die Grenzproduktivität der Ressourcen in beiden Sektoren an.

2. **Sektoraler Strukturwandel.** Nehmen wir an, im Verlauf der wirtschaftlichen Entwicklung sinke das Preisverhältnis p_2/p_1. Dies ergibt sich dann, wenn sich die Präferenz der Nachfrager zu Gunsten des Gutes 1 und/oder zu Ungunsten des Gutes 2 verschiebt. Ein Sinken des relativen Produzentenpreises p_2/p_1 erfolgt übrigens auch dann, wenn Gut 2 mit einer Steuer (Produkt- oder Erlössteuer) belegt wird oder wenn Gut 1 subventioniert wird. Wie passt sich eine Volkswirtschaft in ihrer sektoralen Struktur durch eine Reallokation der Faktoren an diese geänderten Bedingungen an?

Schaubild 12.4 zeigt die Anpassung in der Faktorallokation. Wenn das Preisverhältnis p_2/p_1 sinkt, wird eine geringere Menge des Gutes 2 und eine größere Menge des

Gutes 1 erstellt. Der Produktionspunkt der Volkswirtschaft bewegt sich auf der Transformationskurve von P auf P′. Dieser Bewegung entspricht eine Reallokation der Faktoren. Der Faktoreinsatz in Sektor 1 steigt (Bewegung von P_2 nach P_1'); der Faktoreinsatz in Sektor 2 geht zurück (Bewegung von P_2 nach P_2').

Schaubild 12.4: Anpassung in der Faktorallokation

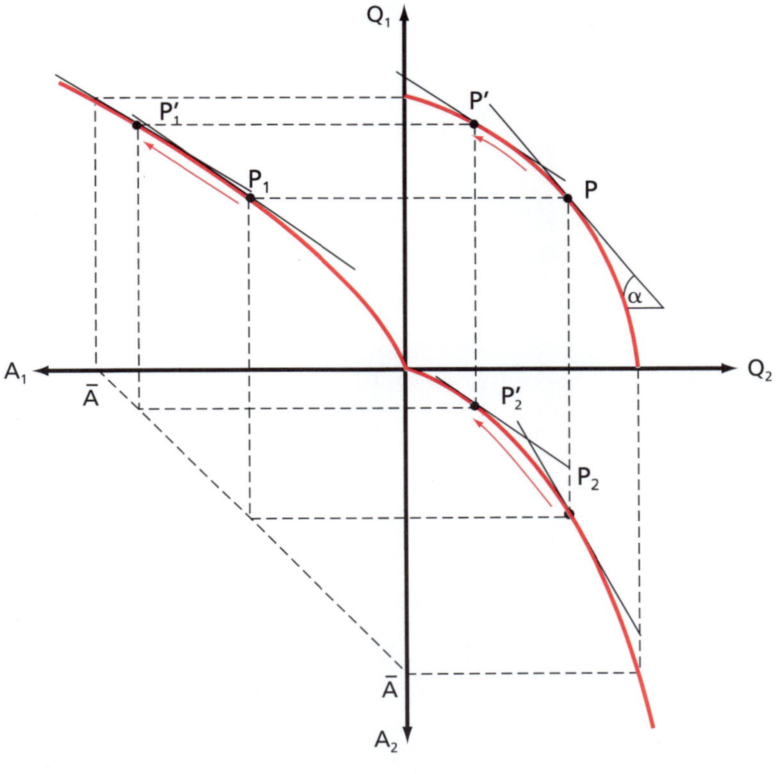

Gleichzeitig wird deutlich, dass mit sinkendem Preisverhältnis das Verhältnis der Grenzproduktivitäten geringer wird:

$$\frac{p_2}{p_1}(\downarrow) = \frac{F_1'(\downarrow)}{F_2'(\uparrow)}(\downarrow)$$

Denn mit zunehmendem Ressourceneinsatz in Sektor 1 sinkt die Grenzproduktivität (ertragsgesetzlicher Verlauf); und mit abnehmendem Ressourceneinsatz in Sektor 2 steigt die Grenzproduktivität.

3. Weitere Ursachen sektoralen Strukturwandels. Der Vollständigkeit halber sollen andere Fälle sektoralen Wandels erwähnt werden. Bei technischem Fortschritt wird

sich sowohl das Güterpreisverhältnis als auch die Lage der Transformationskurve verändern (vgl. Schaubild 2.5b). Eine weitere Anwendung wäre, wie sich die Faktorallokation ändert, wenn der Ressourcenbestand zunimmt (vgl. Schaubild 2.5a). Weitere Fälle sektoralen Strukturenwandels, die mit Hilfe des Schaubildes 12.4 nicht erörtert werden können, sind z. B. außenwirtschaftliche Entwicklungen, geänderte Exportchancen und Importbedingungen, Änderungen in der staatlichen Wirtschaftspolitik wie z. B. in der Umweltpolitik.

Wichtige Begriffe in Kapitel 12

Zusammenhang zwischen Güter- und Faktormarkt
Konsumniveaukurve
Transformationskurve
Sektoraler Strukturwandel
Allokation der Faktoren
Güterpreisverhältnis
Grenzrate der Transformation
Verhältnis der Grenzproduktivitäten

13 Preismechanismus und marktwirtschaftliches System

Es ist irreführend, von einem Profitsystem zu sprechen.
Wir haben ein Gewinn- und Verlustsystem.
Der Gewinn ist das Zuckerbrot, das als Leistungsanreiz dient,
und der Verlust ist die Peitsche als Strafe
für den Einsatz ineffizienter Produktionsverfahren
oder den Einsatz von Rohstoffen in Produkten,
die die Konsumenten mit ihren Geldausgaben nicht honorieren.
Paul A. Samuelson

Die in den bisherigen Kapiteln diskutierten Aussagen zur Preisbildung erhalten ihren Stellenwert aus der spezifischen Bedeutung des Preismechanismus als Steuerungsinstrument. Die Ausführungen zur Preisbildung würden deshalb in einem wirtschafts- und gesellschaftspolitischen Vakuum bleiben, wenn es nicht gelingt, die Bedeutung dieser Überlegungen für bestehende Wirtschaftsordnungen zu verdeutlichen.

13.1 Dezentrale Autonomie oder zentrale Lenkung?

Wirtschaftssysteme können in unterschiedlicher Weise institutionell verfasst sein. Ein wesentliches Unterscheidungsmerkmal liegt darin, mit welchem Ausmaß von *Autonomie* Subsysteme eines Wirtschaftssystems ausgestattet sind. Die Frage der Autonomie bezieht sich darauf, ob die folgenden Entscheidungen von einer zentralen Instanz (Planbüro, Staat, Politik) oder von dezentralen Einheiten, z. B. einzelnen Haushalten oder Unternehmen, gefällt werden:
- Was wird produziert?
- Was wird konsumiert?
- Wie wird das Produktionsergebnis verteilt?
- Wie viel Kapital wird gebildet?
- Welches Arbeitsangebot wird zur Verfügung gestellt?

Bei diesen (und anderen) Entscheidungen in der Ökonomie sind verschiedene Subsysteme betroffen, etwa beim Arbeitsangebot und bei den Konsumentscheidungen die Haushalte, bei der Kapitalbildung die Sparer (und der Investor) und bei der Produktion von Gütern die Unternehmen *und* die Haushalte. Die Frage, *wer* die

Entscheidungen über diese Fragen fällen soll, ist eine Wertfrage par excellence, möglicherweise die zentrale Wertfrage der politischen Ökonomie.

Es ist heute unbestritten, dass die Entscheidung über das Arbeitsangebot nicht von einer zentralen Instanz gefällt werden kann, die jedem einzelnen Individuum eine Arbeitspflicht vorgibt. Ansätze einer direkten Arbeitslenkung hat es in größerem Ausmaß vorübergehend in der UdSSR gegeben. Es käme heute wohl auch niemand auf die Idee, den Haushalten den Konsum durch ein zentrales Planbüro vorschreiben zu lassen. Die grundsätzliche Autonomie der Konsumentscheidung und des Arbeitsangebotsverhaltens kann deshalb als allgemein akzeptierte Norm unterstellt werden. Da Sparen identisch ist mit Nichtkonsum, muss auch die Entscheidung über das Sparverhalten in diese Autonomie mit einbezogen werden.

Die Frage der Autonomie bezieht sich u. a. auf die Produktionsentscheidungen. Eine dezentral organisierte Volkswirtschaft hat gegenüber einem System zentraler Lenkung einen wesentlichen Vorteil: Die Subsysteme der Produktion können wesentlich schneller als eine zentrale Planungsinstanz auf geänderte Datenkonstellationen reagieren. Die Zeit für die Informationsweitergabe von dezentralen Einheiten an die zentrale Planungsinstanz und für die Weitergabe der Signale von oben nach unten entfällt. Ferner sind dezentrale Einheiten im Vergleich zu einer Zentrale durch eine größere Problemnähe gekennzeichnet, die ein wesentlicher Bestimmungsfaktor des Problemlösungsverhaltens und der technischen Dynamik (technischer Fortschritt) ökonomischer Systeme darstellt. Die Erfahrung mit Zentralplanungssystemen hat gezeigt, dass die Zentrale nicht hinreichend über die ökonomischen Bedingungen bei den einzelnen Einheiten informiert sein kann. Die dezentralen Einheiten haben keinen Anreiz, Information bereitzustellen, sie verzerren vielmehr die Information, etwa über die Inputs, die sie zur Produktion von Gütern brauchen. Nicht zuletzt an diesem Informationsproblem ist die Planwirtschaft gescheitert. Die Dezentralisierung ökonomischer Aktivitäten bringt dagegen eine erhebliche Flexibilität und Anpassungsfähigkeit ökonomischer Systeme mit sich.

These: Eine dezentral organisierte Volkswirtschaft kann schnell und flexibel auf geänderte Datenkonstellationen reagieren. In einer dezentral organisierten Volkswirtschaft, in der die Produktionsentscheidungen in den einzelnen Unternehmen fallen, spielt der Preismechanismus die wichtige Rolle eines Informationssystems.

Letztlich ist die Autonomie im Freiheitsziel, also außerökonomisch, begründet. Autonomie weist den dezentralen Einheiten wie Haushalten und Unternehmen Entscheidungen zu, die diese auf freiwilliger Basis fällen. Der Gegenfall einer Zentralplanung entzieht den dezentralen Einheiten Entscheidungsbefugnisse und schränkt damit deren Freiheitsspielraum ein. Hinzu kommt, dass dezentrale Autonomie, verkörpert in einem vielfältigen System von Entscheidungseinheiten, das Entstehen bürokratischer Strukturen und großer Entscheidungsgebilde vermeidet. Dezentrale Autonomie kontrolliert damit Macht. Im Übrigen zeigen die Wirtschaftssysteme mit zentraler Planung neben Ineffizienz, dass die Zentrale sehr oft eigene Zielsetzungen entwickelt, die mit den Wünschen von Individuen keineswegs identisch sein müssen.

These: Eine dezentral organisierte Volkswirtschaft gestattet den einzelnen Mitgliedern einer Gesellschaft autonome Entscheidungsspielräume und erlaubt damit die Artikulierung individueller Präferenzen.

13.2 Dezentrale Autonomie und Superauktionator

Wird unterstellt, dass eine Ökonomie dezentral organisiert ist, so kann man sich (theoretisch) einen Super-Auktionator für eine Volkswirtschaft vorstellen, der hervorragend informiert und sozusagen ökonomisch allwissend die Preise aller Güter kennt und die Preise »ausruft«. Die dezentralen Einheiten reagieren mit ihren Produktions- und Konsumentscheidungen auf diese Preisnennungen. Dieser gesamtwirtschaftliche »Versteigerer« kennt sich nicht nur auf dem Kunstmarkt oder dem Viehmarkt aus, sondern er ist ein Experte für alle Märkte. Außerdem hat dieser Generalbundesversteigerer *alle* Informationen über das Mengenverhalten von Nachfragern und Anbietern, ohne eine Versteigerung abhalten zu müssen. Zum Verständnis des Preismechanismus ist es wichtig zu fragen, wie dieser Super-Auktionator die Preise zu setzen hätte.

Konsistenz autonomer Entscheidungen. Von zentraler Bedeutung ist, welche Restriktionen oder ökonomische Sachzwänge der Auktionator zu beachten hat. An diesen Restriktionen oder Sachzwängen kann leider keine politische Instanz etwas ändern. Es sind Grundtatbestände.
Die entscheidende Restriktion für den Super-Auktionator ist, dass er die Preise so auszurufen hat, dass alle Entscheidungen der verschiedenen, autonom handelnden Subsysteme *konsistent* sind, d. h. dass sich die Entscheidungen der verschiedenen Individuen decken. Im Einzelnen ergeben sich die folgenden Bedingungen:

1. **Mengenkonsistenz bei Gütern.** Der Preis für Güter ist so festzulegen, dass die nachgefragte Menge eines jeden einzelnen Gutes genau der angebotenen Menge entspricht, das Verhalten der Nachfrager und der Anbieter muss sich also decken. Der Auktionator muss den Gleichgewichtspreis ausrufen.
Wird der Preis relativ zum Gleichgewichtspreis zu hoch festgelegt, so ist der Anreiz zu produzieren zu groß, und es entsteht ein Angebotsüberschuss. Die Einzelpläne der Nachfrager und der Anbieter sind nicht koordiniert. Die Fehlabstimmung ist in diesem Fall daran zu erkennen, dass sich die Läger füllen und die Produkte keinen Absatz finden. Die Volkswirtschaft hat ihre knappen Produktionsfaktoren für die Herstellung von Produkten eingesetzt, die die Nachfrager gar nicht haben wollen.
Wird dagegen der Preis zu niedrig ausgerufen, so liegt ein Angebotsdefizit vor. Es wird im Vergleich zur Nachfrage eine zu geringe Menge angeboten. Die Fehlallokation zeigt sich darin, dass die Konsumenten Schlange stehen. Wirtschaftspolitisch gewinnt in solchen Fällen wie z. B. in sozialistischen Volkswirtschaften das »Ziel der

Warensicherheit«, d. h. der hinreichenden Bereitstellung von Gütern, Bedeutung. Ein perfekter Auktionator erfüllt dieses Ziel sozusagen durch die »richtige« Setzung der Preise automatisch. Mit dem Ausrufen des Gleichgewichtspreises durch den Auktionator ist zugleich sichergestellt, dass die in Abschnitt 6.3 beschriebenen Funktionen des Preismechanismus (Bewertungs-, Anreiz-, Informations-, Koordinierungs-, Markträumungs- und Lenkungsfunktion) wirksam werden.

2. Interdependenz der Gütermärkte. Der Auktionator hat nicht nur das Gleichgewicht auf einem Markt zu beachten, er muss auch die Interdependenz der Märkte in Rechnung stellen. Diese Wechselbeziehung zwischen Märkten erklärt sich durch Substitutions- oder Komplementaritätsbeziehungen sowohl in der Nachfrage als auch in der Produktion. Ruft der Auktionator etwa einen hohen Preis für Heizöl aus, z. B. weil Heizöl relativ knapp ist, so hat er damit zu rechnen, dass die Nachfrager auf das Substitutionsgut Kohle ausweichen. Würde der Preis für Kohle zu niedrig ausgerufen werden, so wäre der Produktionsanreiz für Kohle zu gering und alle potentiellen Käufer könnten nicht bedient werden.
Analog hat der Auktionator Komplementaritätsbeziehungen in der Nachfrage zu berücksichtigen. Wenn der Preis für Benzin zu hoch festgelegt ist, wird die Nachfrage nach Automobilen relativ niedrig sein, und es bilden sich Autohalden. Auch die Reaktionen der Produzenten in Bezug auf Substituierbarkeit oder Komplementarität im Güterangebot sind zu beachten.

3. Zusammenhang von Güter- und Faktormärkten. Der Auktionator muss auch den Zusammenhang zwischen Güter- und Faktorpreisen beachten. Dieser Zusammenhang besteht in zweierlei Richtung:
Einmal stellen – wie wir gesehen haben – die bewerteten Faktoreinsätze Produktionskosten für die Unternehmung dar. Steigen also die Faktorpreise, so müssen sich auch die Güterpreise ändern. Ist dies nicht der Fall, so wirtschaftet ein Unternehmen mit Verlust. Ein Verlust zeigt an, dass der bewertete Einsatz der Faktoren höher ist als der Wert des Produktes, das durch den Faktoreinsatz erzielt wird. Die Faktoren sind »falsch« eingesetzt. Sie würden in einer anderen Verwendung einen gesellschaftlich höher bewerteten Beitrag zur Produktion erbringen.
Zum anderen sind die Faktorpreise den Änderungen der Güterpreise anzupassen. Nehmen Sie an, der Preis für das Gut X steigt, etwa weil die Nachfrage sich zu Gunsten dieses Gutes verschoben hat. Damit nimmt der Produktionsanreiz für dieses Gut zu. Dann muss aber auch die Faktorentlohnung in dieser Produktion steigen. Ferner verschiebt sich die Einkommensverteilung zu Gunsten des in dieser Produktion intensiv verwendeten Faktors (z. B. Lohn bei arbeitsintensiver Produktion).
Bei der Festlegung der Güter- und Faktorpreise steht der Superauktionator in einem beachtlichen Informationsdilemma (das wir durch die Annahme seiner ökonomischen Allwissenheit hinwegdefiniert haben). Denn wenn er die Preise für ein Gut an den Produktionskosten dieses Gutes festlegt, so muss er diese Kosten kennen. Da Kosten bewerteter »Inputverzehr« sind, hängen die Kosten bei gegebenen Preisen des Inputs von der Produktionsmenge eines Gutes ab. Die produzierte (abgesetzte)

Menge variiert aber mit dem Preis, der erst festzulegen ist. Ferner kann man nicht isoliert davon ausgehen, dass die Preise des Inputs festliegen. Im Gegenteil: der Auktionator hat auch diese zu bestimmen. Also muss er *alle* Preise *aller* Güter gleichzeitig festsetzen, und zwar so, dass die Einzelpläne konsistent sind – eine hehre Aufgabe.

4. Gleichgewicht auf dem Arbeitsmarkt. Auch auf dem Arbeitsmarkt muss Gleichgewicht herrschen. Wenn etwa Arbeitslosigkeit vorliegt, muss der Lohn sinken, damit alle Arbeitnehmer Beschäftigung finden. Inwieweit diese Bedingung in Bezug auf andere Ziele der Wirtschaftspolitik akzeptabel ist, muss noch untersucht werden.

5. Gleichgewicht auf dem Kapitalmarkt. Die Bedingung vom Gleichgewicht auf allen Märkten gilt auch für den Kapitalmarkt. Der Auktionator muss den Preis für Kapital (Zins) so setzen, dass die angebotenen Kapitalmengen (Ersparnisse der Haushalte, nicht ausgeschüttete Gewinne) genau den nachgefragten Kapitalmengen (Investitionsnachfrage) entspricht.

6. Sektorales Preisgefüge. Der ideale »Auktionator« würde, da er lediglich auf Marktgleichgewichte geeicht ist, auch sektorale Verschiebungen (Strukturwandel) im Preisgefüge einer Volkswirtschaft weitergeben, etwa wenn sich die Nachfragepräferenzen zu Gunsten eines Wirtschaftszweiges verschieben oder ein Sektor technischen Fortschritt realisiert, indem er neue Produkte herstellt, ein neues Produktionsverfahren anwendet oder Organisationsneuerungen durchsetzt.

7. Export- und Importpreise im Gleichgewicht. In einer offenen Volkswirtschaft, die nicht durch Importkontingente oder sonstige Handelshemmnisse von der Weltwirtschaft abgeschlossen ist, kann der Preis eines Gutes nicht unabhängig von den Weltmarktpreisen festgelegt werden. Dieses Phänomen zeigt sich heute in den Reformländern Osteuropas, die Weltmarktpreise als Orientierungsdaten für ihr internes Preissystem betrachten und zumindest langfristig die Weltmarktpreise auch intern anwenden müssen.
Setzt ein Auktionator die Preise für ein zu exportierendes Gut relativ zu niedrig, so wird eine zu große Menge dieses Gutes an das Ausland weggegeben, und der dafür als Gegenwert empfangene Import ist wertmäßig zu gering. Das Land verschenkt Güter, d. h. man beraubt sich einer besseren Konsumversorgung. Das Austauschverhältnis der Güter (die sog. terms of trade) wäre für das betrachtete Land sehr ungünstig.
Wird der Preis für zu importierende Güter zu niedrig festgelegt, so wird das Inland keine Importgüter erhalten, da es für die Anbieter auf dem Weltmarkt lohnend ist, ihre Güter anderen Volkswirtschaften anzubieten. Es muss daher als eine Illusion betrachtet werden, durch die Festlegung niedrigerer Preise für Heizöl die Energieversorgung der Bundesrepublik in einer funktionierenden Weltwirtschaft sicherstellen zu können.

8. Budgetrestriktion des Landes. Ist der Wechselkurs[1] heute und in Zukunft konstant, so bestimmt die Festlegung der Preise der Export- und Importgüter die Zahlungseingänge und -ausgänge, die das Land vom Ausland empfängt oder an das Ausland abgibt. Exportpreise und Importpreise müssen deshalb auch so festgesetzt werden, dass der Devisenbedarf eines Landes für Importe gerade durch die Exporterlöse gedeckt wird. In diesem Fall ist die Handelsbilanz (bei Nichtberücksichtigung anderer Quellen der Devisennachfrage und des Devisenangebots auch die Zahlungsbilanz) ausgeglichen. Übersteigt dagegen der Devisenbedarf die Exporterlöse, kann ein Land die gewünschten Importe nicht durchführen. Oder anders ausgedrückt: Bei gegebenen Wechselkursen sind die Importpreise zu niedrig festgelegt. Das Land fragt eine zu große Menge ausländischer Güter nach. Die Zahlungsbilanz ist defizitär.

9. Gleichgewicht auf dem Devisenmarkt. Um diesem Problem zu entgehen, muss der Auktionator auch den Preis für ausländische Währungen, den Wechselkurs, richtig festsetzen. Der Wechselkurs gibt an, wie viel Euro man für eine Einheit der ausländischen Währung, z. B. Dollar, erhält oder bezahlen muss. Wird der Wechselkurs niedrig festgelegt, muss man also wenig Euro aufwenden, um 1 Dollar zu erhalten, so sind Waren aus den USA für Deutsche relativ billig, und wir werden viel importieren. Umgekehrt müssen die Amerikaner relativ viel $ aufwenden, um 1 Euro zu erhalten. Die Amerikaner kaufen deshalb ungünstig bei uns ein. Unsere Exporte sind gering. Die Zahlungsbilanz ist möglicherweise defizitär, und damit hat der Auktionator eine wichtige Restriktion verletzt.

10. Der Markt als Auktionator. In der wirtschaftspolitischen Praxis gibt es den idealen Super-Auktionator nicht. Es würde in der Regel ein Preisamt sein, das bei der Vielzahl der in einer modernen Volkswirtschaft hergestellten Produkte – man denke an die über 6 000 Produktgruppen in der Warenstatistik (vgl. Tabelle 1.1) – ein relativ schwerfälliger, wenig flexibler, bürokratischer Apparat sein dürfte, der der Komplexität ökonomischer Nachfrage- und Produktionsentscheidungen relativ hilflos gegenüberstehen würde. Ein solches Preisamt benötigte ein unvorstellbares Ausmaß an Information. Die bestehende Agrarmarktregelung der EU ist ein Beispiel in dieser Richtung. Ein anderes Exempel sind die Erfahrungen, die die osteuropäischen Länder mit der Planwirtschaft gesammelt haben. Im Übrigen wird die Preissetzung zum Objekt von pressure groups, man denke etwa an den Wechselkurs und die Interessen der Exportwirtschaft. Es ergibt sich die These:
Die bisher diskutierten Aufgaben des Super-Auktionators können vom Markt übernommen werden – einem Koordinierungsmechanismus, der die Informationskosten einzelner Tausch- und Kaufakte den betroffenen Individuen zuweist und mit staatlichen Koordinierungskosten von Null arbeitet. Der Markt leistet die Aufgaben des Super-Auktionators.

[1] Vgl. dazu Kapitel 30.

In den kommunistischen Planwirtschaften spielte das wirtschaftspolitische Ziel der »Warensicherheit« eine wichtige Rolle, d. h. das Ziel, dass Güter in der richtigen Menge, zur rechten Zeit, am richtigen Ort und in der richtigen Qualität zur Verfügung stehen sollten. Es ist verblüffend, dass in marktwirtschaftlichen Systemen niemand auf den Gedanken kommt, diesen Tatbestand als Ziel der Wirtschaftspolitik zu nennen. Offenbar leistet der Markt diese Aufgabe.

13.3 Institutionelle Regeln und ökonomische Anreize

In einer marktwirtschaftlich organisierten Volkswirtschaft entscheiden Haushalte autonom über die Konsummengen, die Ersparnisse und das Arbeitsangebot. Die Unternehmen entscheiden autonom über Produktion, Güterangebot, Faktornachfrage und Investition. Der Markt koordiniert über Preise diese Einzelpläne.

Das Verhalten der autonomen Entscheidungseinheiten und die Koordinierung über den Preismechanismus hängt entscheidend von den »institutionellen« Regeln ab, die informell oder formell (etwa: per Gesetz) festlegen, wie Dinge zu geschehen haben. Zu den institutionellen Regeln zählen die Wirtschaftsverfassung einschließlich der Eigentumsordnung sowie die Nutzungsrechte von Ressourcen und soziale Absicherungen.

Die Wirtschaftsverfassung (Wirtschaftsordnung) legt fest, welche organisatorischen Einheiten welche Entscheidungen fällen dürfen. So enthält die Wirtschaftsverfassung eine Regel darüber, welche Entscheidungen den Privaten (Haushalten, Unternehmen) überlassen bleiben und welche Entscheidungen vom Staat zu fällen sind. In einem föderativen System wird auch die Rolle der Zentralregierung und der Länder geregelt (Kanada, Bundesrepublik, Schweiz, USA).

Die Eigentumsordnung spezifiziert, welche Verfügungsrechte ein Eigentümer über eine Sache hat. Privateigentum hat sich als ein wichtiger Anreiz erwiesen, sparsam mit Gütern und Ressourcen umzugehen. Das Eigentum an einer Unternehmung ist ein Anreiz dafür, diese Unternehmung weiter zu entwickeln, z. B. neues technisches Wissen zu realisieren oder die Kosten zu senken. Wenn ein Eigentümer den Wert einer Unternehmung durch seine Anstrengungen vermehrt, kann er durch Verkauf der Unternehmung den Kapitalwert erlösen. Die Transferierbarkeit ist also eine wichtige Voraussetzung dafür, dass Menschen motiviert werden. Wie das Beispiel Mittel- und Osteuropas zeigt, lässt sich ohne Privateigentum eine Volkswirtschaft nicht effizient entwickeln.

Die Eigentumsordnung kann als ein spezieller Aspekt der Nutzungsrechte interpretiert werden, welche festlegen, wie man über Ressourcen verfügen kann. Die in jüngster Zeit diskutierte Theorie der Nutzungsrechte stellt die Frage, wie Nutzungsrechte für Ressourcen, Produktionsfaktoren und Güter in einer Gesellschaft

Kasten 13.1 Nutzungsrechte folgen der Knappheit

Nutzungsrechte oder Verfügungsrechte bestimmen, wie dezentrale Einheiten über knappe Güter oder knappe Produktionsfaktoren verfügen dürfen. Nutzungsrechte sind also die Gesamtheit der rechtlichen und auch der informellen Regelungen, die die Art und Weise determinieren, wie man Güter und Produktionsfaktoren einsetzen kann. Ein wichtiger Aspekt ist dabei, dass das Verfügungsrecht eines Einzelnen allgemein respektiert wird. Dieses Verfügungsrecht schließt ein, unter welchen Bedingungen das Recht selbst veräußerbar ist.

In der Entwicklung der Menschheitsgeschichte folgen die Nutzungsrechte den Knappheiten. Die Jagd stand zunächst jedem offen; im Verlauf der Zeit haben sich jedoch Regeln entwickelt, die das Jagdrecht in den meisten Ländern der Erde – mit Ausnahme von Frankreich und Italien – an bestimmte Bedingungen knüpfen. Ein anderes Beispiel für die Entwicklung von Nutzungsrechten ist das Eigentumsrecht am Wasser, das ursprünglich ein freies Gut mit freiem Nutzungszugang war. Im Verlauf der Menschheitsgeschichte haben sich komplizierte Nutzungsrechte für Wasser entwickelt. Dabei gewannen diese Nutzungsrechte besondere Bedeutung in den wasserarmen Regionen der Welt, etwa im Westen der USA. Im mittleren Osten haben sich auf der Basis von Wasser- oder Brunnenrechten ganze Dynastien entwickelt.

Ein weiteres interessantes Beispiel von Nutzungsrechten ist die rechtliche Regelung der Bebauung von Grundstücken. So fand sich im englischen Recht des 17. Jahrhunderts eine Vorschrift, dass ein Gebäude – unter bestimmten Bedingungen – keinen Schatten auf das Nachbargrundstück werfen dürfe. Dies limitierte zwangsläufig die Höhe der Gebäude. Diese Vorschrift ging mit nach den USA und wirkte sich in Manhattan, wo Boden besonders knapp war, bald als eine Restriktion aus. Nicht zuletzt infolge dieser Verknappung des Standortbodens wurde die Vorschrift aufgegeben; damit konnten höhere Gebäude errichtet werden.

zu definieren sind, damit die Ziele der Wirtschafts- und Gesellschaftspolitik erreicht werden. Die Festlegung institutioneller Regeln muss so erfolgen, dass die gesamtwirtschaftlichen Zwänge den Teilsystemen einer Volkswirtschaft verdeutlicht werden. Der Preismechanismus als Signal für Knappheiten stellt eine solche Regelung dar. Aber auch andere institutionelle Regelungen wie etwa das Verfügungsrecht über natürliche Ressourcen müssen die Knappheiten signalisieren. Im Paradies braucht man keine Nutzungsrechte für Wasser und Luft. In der komplexen Welt von heute müssen die Nutzungsrechte über Wasser und Luft (etwa Begrenzung der Abgabe von Schadstoffen) den Knappheitsbedingungen Rechnung tragen.

Institutionelle Regelungen müssen also so beschaffen sein, dass die Anreize für die einzelnen Teilsysteme so gesetzt sind, dass die Teileinheiten (Haushalte, Unternehmen) sich im Gesamtinteresse verhalten und damit die Ziele der Gesellschaft durch das Handeln einer Vielzahl von Wirtschaftssubjekten zustande kommen. Diese Fra-

In den siebziger Jahren wurde die Flächennutzungsplanung noch einmal geändert. Es wurde erlaubt, dass ein Eigentümer den Luftraum über seinem Grundstück veräußern darf. Damit wurde ein transferierbares Eigentumsrecht an dem Luftraum über einem Grundstück geschaffen. So hat Tiffany an der Fifth Avenue den Luftraum über seinem Grundstück an Donald Trump verkauft. Für Trump hatte der Erwerb deshalb einen Wert, weil er damit zu dem Tiffany-Grundstück hin Fenster bauen konnte.
Die Entwicklung von Nutzungsrechten spielt auch bei der Nutzung natürlicher Ressourcen eine Rolle, insbesondere bei den Abbaurechten für energetische und mineralische Rohstoffe. So verkauften beispielsweise vor der ersten Ölkrise die Öllländer ihre Ölreserven im Rahmen von Konzessionsverträgen an die multinationalen Ölunternehmen. Diese Konzessionsverträge liefen in der Regel über siebzig Jahre und erstreckten sich auf die gesamten Ölreserven des Ressourcenlandes. Nach der ersten Ölkrise hat sich die Ausgestaltung dieser Eigentumsrechte verändert. Die Ressourcenländer gewährten Entnahmerechte nur unter der Bedingung, dass sie an den geförderten Mengen mit einem bestimmten Prozentsatz beteiligt werden (so genanntes »production sharing«). Mit der Verknappung des Erdöls haben sich also die Nutzungsrechte verändert.
Auch für das Gut Umwelt sind neue Nutzungsrechte entwickelt worden. Nachdem sich Ende der sechziger Jahre die Verknappung der Umwelt herausstellte, ist man vor allem in den Industrienationen dabei, neue Nutzungsrechte für die Umwelt zu spezifizieren. Insbesondere wird die Umwelt als Aufnahmemedium von Schadstoffen – als Senke – neuen rechtlichen Regelungen unterworfen. Während die Umwelt in dieser Eigenschaft bis Ende der sechziger Jahre als so genanntes freies Gut eingesetzt werden konnte, werden heute für die Abgabe von Schadstoffen neue rechtliche Regelungen formuliert. Diese Regelungen beziehen sich darauf, dass bestimmte Entsorgungstechnologien angewendet werden müssen; die Regelungen können auch spezifizieren, dass für die Abgabe von Schadstoffen ein Preis zu entrichten ist.

ge geeigneter Anreize wird in der neueren Literatur auch als »Principal-agent«-Problem bezeichnet. Der Prinzipal, also der »Wirtschaftspolitiker«, will die von ihm angestrebten Ziele erreichen. Damit stellt sich für ihn die Frage, durch welche institutionellen Regeln und Maßnahmen er das Verhalten der Agenten, also der Haushalte und Unternehmen, so beeinflussen kann, dass die Ziele ereicht werden. Dabei ist davon auszugehen, dass der Prinzipal nur ungenügende Informationen über das Verhalten der Agenten hat und dass die Agenten alle ihnen zur Verfügung stehenden Handlungsspielräume mit Phantasie ausschöpfen. Die Konzipierung institutioneller Regeln muss »anreizkompatibel« sein; sie darf nicht Reaktionen stimulieren, welche Ausweichverhalten darstellen. Institutionelle Mechanismen müssen also potentielles Ausweichverhalten antizipieren.

13.4 Konsistenz, Auktionator und wirtschaftspolitische Ziele

Wir wollen das Bild des Auktionators noch etwas weiter verfolgen. Soll der Auktionator bei seiner Preissetzung die Ziele der Wirtschaftspolitik berücksichtigen, so werden zusätzliche Restriktionen deutlich.

1. Budgetrestriktion bei der Bereitstellung öffentlicher Güter. Will der Auktionator das ihm durch politische Entscheidung vorgegebene Angebot an öffentlichen Gütern sicherstellen, so sind die Preise so zu setzen, dass für die Bereitstellung der öffentlichen Güter Produktionsfaktoren gewonnen werden, die aus anderen Verwendungen abgezogen werden müssen. Damit muss zwangsläufig das Angebot an privaten Gütern zurückgehen. Um die Produktionsfaktoren in die Bereitstellung öffentlicher Güter zu lenken, müssen z. B. die Löhne in den öffentlichen Verwendungen so hoch gesetzt werden, dass Arbeitskräfte dorthin abwandern. Andererseits muss der Auktionator gewährleisten, dass den staatlichen Instanzen hinreichende Mittel bereitstehen, um diese Ausgaben zu bestreiten. Durch die Finanzierung des Staates über Steuern und Anleihen ist gleichzeitig sicherzustellen, dass den Privaten genau die Kaufkraft entzogen wird, die der Staat in dem System entfaltet. Wird die Finanzierung nicht über Steuern (Zwangszahlungen) getätigt, sondern erfolgt sie über Anleihen, so ist der Zins für Anleihen des Staates durch den Auktionator so zu setzen, dass die privaten Wirtschaftssubjekte dem Staat genau die Kreditmenge zur Verfügung stellen, die dieser nachfragt, und überdies aber auch das Angebot an Kredit für die privaten Wirtschaftssubiekte (z. B. für Unternehmen) genau der Kreditmenge entspricht, die auf dem Kapitalmarkt angeboten wird.

2. Finanzierungsrestriktion bei Subventionen. Angenommen, es wird aus sozialpolitischen Gründen eine Trennung von Produzenten- und Konsumentenpreis vorgenommen. In diesem Fall werden die Konsumentenpreise für lebenswichtig betrachtete Güter für den Konsumenten niedrig gehalten. Da jedoch bei diesem niedrigen Preis nicht hinreichend große Mengen produziert werden (der Anreizeffekt der Produktion ist zu gering), wird der Produzentenpreis durch eine Subvention höher gesetzt. Bei nach politischen Kriterien nicht so erwünschten Produkten (Alkohol, Luxusgüter) kann durch Besteuerung der Konsumentenpreis höher gesetzt werden als der Produzentenpreis. Folgt der Auktionator einer solchen Politik, so tritt für ihn eine neue Restriktion auf, die zu beachten ist: Subventionen für zu fördernde Produkte belasten den Staatshaushalt und sind durch Steuern, auch solche auf unerwünschte Produkte, oder andere Staatseinnahmen zu decken. Eine solche Strategie der Trennung von Konsumenten- und Produzentenpreis findet also ihre Grenze in der Verletzung des Budgetausgleichs.

3. Rückwirkungen der Verteilungspolitik. Angenommen, der Auktionator soll auch verteilungspolitische Ziele berücksichtigen. In diesem Fall muss er etwa die Zinsen zur relativen Reduzierung der Kapitaleinnahmen niedriger setzen, als es seinen

Konsistenzvorstellungen entspricht. Dann kann der Fall eintreten, dass nicht die gewünschte Menge Ersparnisse zur Verfügung gestellt wird. Oder angenommen, er setzt die Löhne höher an, als es der Gleichheit von angebotener und nachgefragter Arbeitsmenge entspricht. Es kann dann Arbeitslosigkeit auftreten. Die hier aufgeworfene Frage der Interdependenz ökonomischer Faktoren, insbesondere des Zusammenhangs zwischen Allokation (Ziel der effizienten Produktion) und Distribution, zeigt sich auch in sozialistischen Volkswirtschaften, wie z. B. bei den Streiks in Gdansk (Polen), die 1970 zum Rücktritt Gomulkas führten. Als Stimulus für Produktionssteigerungen in der Landwirtschaft wurden die Preise landwirtschaftlicher Güter erhöht. Bei konstanten Nominallöhnen musste dies das Realeinkommen der Industriearbeiter reduzieren.

4. Ölflecktheorie des Interventionismus. Ein anderer Aspekt des Konsistenzproblems wird im Rahmen der sog. Ölflecktheorie des Interventionismus aufgegriffen. Greift der Staat in die Preisbildung auf *einem* Markt ein, so hat dies auf Grund der Interdependenz der Märkte, der vertikalen Struktur der Produktion usw. Rückwirkungen auf andere Preise, die dann ebenfalls fixiert werden müssen. Die These lautet, dass der Interventionismus letztlich total sein muss.

13.5 Dynamische Funktionen des Wettbewerbs

In der bisherigen Darstellung herrscht eine eher statische Beschreibung von Märkten vor. Beispielsweise haben wir erarbeitet, dass Märkte Informationssignale an Haushalte und Unternehmen aussenden und über Preise die Mengenplanungen von Haushalten und Unternehmen koordiniert werden.

1. Märkte als Informationsprozess liefern auch Information bei geänderten Bedingungen. Nimmt die Nachfrage nach einem Gut zu, so steigt – bei kurzfristig gegebenem Angebot – sein Preis. Damit entsteht ein Anreiz, das Gut verstärkt zu produzieren. Sinkt das Angebot eines Produktes, so steigt der Preis, und es setzen Substitutionsprozesse auf der Nachfrageseite ein (Erdölprodukte). Zudem wird es lohnend, Substitutionsprodukte auf der Angebotsseite zu entwickeln.

2. Wettbewerb kann aber auch als ein Mechanismus zur Entdeckung neuen Wissens, als Entdeckungsverfahren, begriffen werden (Hayek). Indem Wettbewerb einen Anreiz liefert, neues technisches Wissen zu finden, trägt er dazu bei, den technischen Informationshorizont einer Volkswirtschaft zu erweitern. Schumpeter[2]

---

[2] J. Schumpeter, Theorie der wirtschaftlichen Entwicklung, München 1926, 5. Auflage, Berlin 1952, S. 100 ff.

entwickelte das Konzept des dynamischen Unternehmers. Ein Unternehmer ist nach Schumpeter dadurch gekennzeichnet, dass er neue Faktorkombinationen, also technischen Fortschritt, durchsetzt. Der dynamische Unternehmer verschafft sich gegenüber seinen Konkurrenten immer wieder einen Vorsprung, indem er neue Verfahren realisiert. Die hohen Gewinne des Innovators locken die Nachahmer an, so dass der Wettbewerbsvorsprung durch Imitation abgebaut wird. Dieser Ansatz betont die Rolle des Wettbewerbs zur Aufdeckung neuer technischer Verfahren. Der Gewinn ist der entscheidende Stimulator für die Aufdeckung neuen Wissens. Marktkräfte bauen (bei offenen Märkten) die Gewinne des Innovators ab.

3. Die in den achtziger Jahren diskutierte angebotsorientierte Wachstumspolitik stellt ebenfalls auf die langfristigen Wirkungen des Wettbewerbs ab. Insbesondere soll die Entregulierung Marktzugangshemmnisse beseitigen, damit monopolistische Positionen auf den Gütermärkten abbauen und die Märkte »bestreitbarer« machen.

13.6 Zur Bewertung der Marktprozesse

In den vorstehenden Kapiteln ist bereits an mehreren Stellen deutlich geworden, dass der Preismechanismus gegebenenfalls einer Korrektur bedarf, wenn wichtige vorgegebene Ziele der Wirtschaftspolitik anders nicht zu erreichen sind. Im Folgenden sollen diejenigen Problembereiche angesprochen werden, die möglicherweise eine Korrektur des Preis- und Marktmechanismus erfordern. Eine abschließende Würdigung dieser Probleme ist hier nicht möglich. Die beiden folgenden Fragen sind zu unterscheiden:
(1) Bisher ist die These vertreten worden, dass der Marktmechanismus bei gegebenen Ressourcen die maximale Produktion privater Güter sicherstellt und auch über eine beachtliche technische Dynamik verfügt. Gibt es Faktoren oder Entwicklungen, die dem Funktionieren des Marktmechanismus entgegenwirken, oder gibt es Fälle, in denen er versagt?
(2) Wie erfüllt der Marktmechanismus andere Ziele der Wirtschaftspolitik außer dem Ziel der maximalen Güterproduktion (effiziente Produktion)?

1. Immanente Tendenzen zur Beschränkung des Wettbewerbs. Das Funktionieren des Preismechanismus setzt zwar nicht notwendigerweise vollständige Konkurrenz, aber doch einen funktionsfähigen Wettbewerb, d. h. Märkte mit einer relativ starken Wettbewerbsintensität, voraus. Die Märkte müssen bestreitbar sein (contestable markets). Dies kann durch folgende Phänomene in Frage gestellt werden:
- Durch internes Unternehmenswachstum, begünstigt durch Betriebsgrößendegression, entstehen zunehmend größere Unternehmenseinheiten mit relativ starken Marktanteilen (Konzentration durch Unternehmenswachstum).

- Durch Unternehmenszusammenschlüsse (Kartelle, Fusionen) wird die Konzentration begünstigt und die Wettbewerbsintensität wird möglicherweise reduziert.
- Die Politik der administrierten Preise stellt die Preisflexibilität in Frage.

Diese Tendenzen, die die Funktionen des Preismechanismus tangieren, erfordern staatliches Tätigwerden im Rahmen der Wettbewerbspolitik (Fusionskontrolle, Kartellpolitik), wie es etwa im deutschen Gesetz gegen Wettbewerbsbeschränkungen und in der Wettbewerbspolitik der Europäischen Union gemäß EG-Vertrag vorgesehen sind.

2. Private und volkswirtschaftliche Kosten. Wenn einzelwirtschaftliche (oder private) und volkswirtschaftliche Kosten auseinander fallen, stellen Preise falsche Informationssignale dar. Unter einzelwirtschaftlichen Kosten z. B. der Produktion verstehen wir dabei diejenigen Kosten bei der Erstellung eines Gutes, die in der Kostenrechnung eines einzelnen Betriebs erfasst werden, während volkswirtschaftliche Kosten die Kosten der Produktion sind, die der gesamten Volkswirtschaft entstehen. Das Umweltproblem ist ein Beispiel für das Auseinanderklaffen von privaten und volkswirtschaftlichen Kosten. Indem z. B. ein Betrieb Schadstoffe an die Umwelt abgibt und die Qualität des öffentlichen Konsumgutes »Umweltqualität« beeinträchtigt, verursacht er der Gesellschaft Umweltschäden, die seinen Produktionskosten nicht zugerechnet werden, die er folglich nicht trägt und die auch nicht in den Preisen der von ihm produzierten Güter eingerechnet sind.[3]

Damit werden umweltschädigend produzierte Güter zu billig produziert, zu einem zu niedrigen Preis verkauft und in einer zu großen Menge nachgefragt und auch produziert.

Zur Lösung dieses Problems ist es erforderlich, den privaten Verursachern alle volkswirtschaftlichen Kosten, z. B. durch Einführung einer Emissionssteuer, zuzurechnen.

3. Öffentliche Güter. Wie bereits betont wurde, kann die Bereitstellung öffentlicher Güter nicht dem Preismechanismus überlassen werden. Über das Angebot öffentlicher Güter ist deshalb im Rahmen politischer Prozesse zu entscheiden.

4. Allokation in der Zeit. In dieser Einführung haben wir uns im Wesentlichen mit statischen Allokationsproblemen beschäftigt und sind nur hin und wieder auf die Veränderung der Faktorallokation eingegangen. Es ist gezeigt worden, dass der Preismechanismus beim sektoralen Strukturwandel eine wichtige Rolle spielen kann. Offen blieb jedoch das Problem, ob der Preismechanismus die günstigste Nutzung langfristig knapper Ressourcen (Energie, Rohstoffe) sicherstellt. So wird die These vertreten, dass die Preise von heute nicht die Knappheitsrelationen in der Zukunft widerspiegeln, zukünftige Knappheiten unterschätzt werden und damit heute eine zu starke Nutzung langfristig knapper Ressourcen erfolgt. Allerdings

[3] Vgl. H. Siebert, Economics of the Environment. Theory and Policy, Heidelberg 1998, 5. Aufl., Kap. 2.

Kasten 13.2 Wie baut man die russische Wirtschaft um?

Die Länder Mittel- und Osteuropas haben den Übergang von einer zentralen Planwirtschaft in eine Marktwirtschaft bereits bewältigt. In Russland ist die Anpassung noch nicht geleistet. Dabei bestehen drei große Problembereiche: die Schaffung der institutionellen Infrastruktur, die monetäre Stabilisierung und die reale Anpassung der Volkswirtschaft.
Bei der Schaffung der institutionellen Infrastruktur handelt es sich um die Ausgestaltung der Anreizstruktur eines Wirtschaftssystems, also der Regeln, unter denen Private handeln können. Zu diesen Regeln zählen die Eigentumsordnung, das Rechtssystem einschließlich des Unternehmensrechts, die Rechtssicherheit, die Abgrenzung von privatem Sektor und Staat, die Bedingungen der staatlichen Finanzierung und der Ausgabentätigkeit und die institutionellen Arrangements für die Märkte, auch für die Faktormärkte, für die Stellung der Notenbank und für das Bankensystem. Ein zentrales Element der Wirtschaftsverfassung ist die Eigentumsordnung; es besteht weitgehend Einigkeit darüber, dass eine Volkswirtschaft ohne privates Eigentum nicht erfolgreich umgebaut werden kann. Auch die Einhaltung der rechtlichen Regelungen ist eine wichtige Bedingung. Mangelt es daran und besteht hier ein institutionelles Vakuum, so machen sich andere Mechanismen breit (Korruption, Erpressung, Mafia). Ohne geeignete institutionelle Infrastruktur kann die Transformation nicht gelingen.
Die monetäre Stabilisierung beinhaltet die Herstellung eines stabilen Geldes. Hier ist eine neue institutionelle Ordnung des Geldwesens zu schaffen, der die Wirtschaftssubjekte vertrauen. Die monetäre Stabilisierung ist deshalb untrenn-

können zukünftige Knappheiten in die Erwartungen der Anbieter und damit auch in deren aktuelles Angebotsverhalten eingehen. An dieser Stelle wird die Frage einer Ressourcenpolitik als mögliche Ergänzung des Preismechanismus deutlich.

5. **Konsumentensouveränität.** Eine wesentliche Prämisse des marktwirtschaftlichen Systems, das ja den Anspruch erhebt, dass Individuen in ihren ökonomischen Entscheidungen vom ökonomischen System her einen Freiheitsspielraum haben, ist die Annahme der Konsumentensouveränität. Diese Frage kann sich nicht darauf beziehen, dass die Konsumentscheidung eines einzelnen Individuums *auch* sozial, also gesellschaftlich (z. B. vom Konsumverhalten der Bezugsgruppen eines Individuums), beeinflusst ist. Dies steht außer Frage. Entscheidend ist vielmehr, dass die Konsumnachfrage unabhängig von den Produktionsentscheidungen ist, dass letztlich die Produktion über den Markt an den Konsumentscheidungen ausgerichtet wird und auszurichten ist. Es gibt die These, dass die Werbung diesen Zusammenhang umdrehen kann. Abschließend können wir diese These hier nicht diskutieren. Es gibt jedenfalls eine Reihe von Ansatzpunkten, wie beispielsweise Konsumenteninformation, die eine Absicherung der Konsumentensouveränität gestatten. Zudem darf man auch darauf setzen, dass die Menschen irgendwann merken, wenn sie an der Nase herumgeführt werden.

bar mit der geeigneten institutionellen Infrastruktur verknüpft, also mit der Unabhängigkeit der Notenbank, dem Verbot der Alimentierung des Staates durch die Notenpresse, einem zweistufigen Bankensystem und einem funktionsfähigen Kapitalmarkt. Außerdem ist ein Steuersystem zu entwickeln, so dass der Staat nicht auf eine monetäre Alimentierung angewiesen ist.
Die reale Anpassung in der Volkswirtschaft bezieht sich darauf, wie sich die wirtschaftlichen Aktivitäten an die neue Situation anpassen. Im Vordergrund stehen dabei Produktion, Investition und Beschäftigung, also der Anpassungsprozess in den Unternehmen und seine Implikation für die Beschäftigung. Eine zentrale Frage ist, wie schnell und in welchem Ausmaß neue Unternehmen gegründet werden und wie der Umbau der alten Unternehmen gelingt. Bei der Anpassung der alten Unternehmen geht es auch um die Herstellung neuer Eigentumsverhältnisse; in Russland haben sich zu einem großen Teil die ehemaligen Manager die Unternehmen angeeignet (»Insider-Privatisierung«).
Bei der Transformation der Planwirtschaft in Ostdeutschland wurden zwei dieser drei großen Problembereiche mit einem Schlag gelöst. Durch den Beitritt der neuen Bundesländer gemäß Artikel 23 der Verfassung wurde die westdeutsche institutionelle Infrastruktur, also die Wirtschaftsverfassung, übernommen. Durch die Währungsunion, bei der der Währungsraum der DM auf Ostdeutschland ausgedehnt wurde, wurde die monetäre Stabilität hergestellt. In Ostdeutschland war (und ist) damit »nur noch« die reale Anpassung zu leisten, also die Privatisierung der Unternehmen und die Anpassung der Unternehmen an die neuen Marktbedingungen. Ostdeutschland ist damit im Geschichtsbuch ein Sonderfall der Transformation einer Planwirtschaft, bei dem nur noch die reale Anpassung zu lösen war.

6. Gerechte Verteilung und soziale Absicherung. Der Markt kann zu einer Faktorentlohnung führen, die gesellschaftlich als unerwünscht betrachtet werden kann. Aus diesem Grund erklären sich staatliche Maßnahmen der sozialen Absicherung (Arbeitslosenunterstützung, obligatorische Alterssicherung usw.) sowie staatliche Einflüsse auf die Preisbildung (Mindest- und Höchstpreise, Trennung von Produzenten- und Konsumentenpreisen durch Steuern und Subventionen) und staatliche Maßnahmen der Verteilungs- und Vermögensbildungspolitik. Allerdings kann sich Verteilungspolitik negativ auf die Höhe des Produktionsergebnisses auswirken.

7. Ziele der Wirtschaftspolitik. Es ist heute umstritten, inwieweit der Staat zur Erreichung von Zielen der Wirtschaftspolitik wie Vollbeschäftigung, Stabilisierung des Konjunkturzyklus, Ausgleich der Zahlungsbilanz aktiv intervenieren soll. Diese im Wesentlichen auf die Erreichung makroökonomischer Ziele ausgerichtete Wirtschaftspolitik wirft die sehr schwierige Frage auf, wie makroökonomische Zielgrößen in einer dezentral organisierten Ökonomie in einzelwirtschaftliche Entscheidungen umgesetzt werden können. Diese Problematik wird in der Makroökonomie und in der Wirtschaftspolitik diskutiert, wo die Frage zur Debatte steht, mit welchen Instrumenten makroökonomische Ziele wie Vollbeschäftigung, Preisniveaustabilität und Zahlungsbilanzausgleich erreicht werden können.

8. Zielkonflikt. Bei der Bewertung der Resultate des Marktmechanismus sollte nicht vergessen werden, dass die Bewertungsmaßstäbe in der Realität im Zielkonflikt stehen können. Diese Zielkonflikte aufzudecken, Knappheiten der Güter und die Verwendungskonkurrenz der Produktionsfaktoren aufzuzeigen, ist die zentrale Aufgabe der ökonomischen Theorie.

Wichtige Begriffe in Kapitel 13

Preismechanismus
Autonomie
Zentralplansystem
Dezentral organisierte Volkswirtschaft
Auktionator-Modell
Mengenkonsistenz
Interdependenz der Gütermärkte
Zusammenhang von Güter- und Faktormärkten
Budgetrestriktion
Devisenmarkt
Institutionelle Regeln
Wirtschaftsverfassung
Eigentumsordnung
Nutzungsrechte
Wirtschaftspolitische Ziele
Ölflecktheorie des Interventionismus
Dynamische Funktion des Wettbewerbs
 Markt als Informationsprozess
 Markt als Entdeckungsverfahren
Marktzugang
Bestreitbare Märkte
Beschränkung des Wettbewerbs
Private und volkswirtschaftliche Kosten
Öffentliche Güter
Allokation in der Zeit
Konsumentensouveränität
Gerechte Verteilung und soziale Absicherung
Zielkonflikt

14 Grundlegende Zusammenhänge der Preistheorie

To treat variables as constants
is the characteristic vice of the unmathematical economist.
F. Y. Edgeworth

In diesem Kapitel werden einige wichtige Zusammenhänge der Preistheorie formal dargestellt. Vier Annahmen sind hinreichend, um einige wichtige Konzepte und Zusammenhänge zu verdeutlichen.

14.1 Annahmen

1. Die Produktionsfunktion der Sektoren i = 1,2 sei durch einen ertragsgesetzlichen Verlauf gekennzeichnet. Bezeichne Q das Produktionsergebnis und A den Faktoreinsatz, so gilt

$$Q_i = F_i\,(A_i), \quad F_i' > 0;\ F_i'' < 0.$$

In Schaubild 5.4 ist eine Produktionsfunktion mit ertragsgesetzlichem Verlauf eingezeichnet. Der Output nimmt mit zunehmendem Faktoreinsatz zu, aber die Zuwächse werden immer kleiner. Zur Vereinfachung unterstellen wir, dass nur mit einem einzigen Faktor Arbeit produziert wird.

2. Der Faktorbestand sei gegeben mit $\overline{A}$. Der Faktor kann in Sektor 1 und Sektor 2 eingesetzt werden, so dass

$$A_1 + A_2 = \overline{A}.$$

3. Die Unternehmen befinden sich auf den Güter- und Faktormärkten in vollständiger Konkurrenz, d. h. sie nehmen Güter- und Faktorpreise vom Markt. Die Unternehmen verhalten sich als Mengenanpasser.

4. Unternehmen maximieren ihren Gewinn.

14.2 Produktions- und Verbrauchsfunktion

Die Verbrauchsfunktion gibt den (erforderlichen) Faktoreinsatz in Abhängigkeit vom Output an. Die Verbrauchsfunktion kann als Umkehrfunktion zur Produktionsfunktion interpretiert werden. Im Folgenden werden die Subskripte für die Sektoren zur Vereinfachung weggelassen. Die Verbrauchsfunktion wird geschrieben als

$$A = F^{-1}(Q).$$

In Tabelle 5.2 ist die Verbrauchsfunktion in der Weise enthalten, dass man für gewünschte Produktionsergebnisse (Spalte 2) die erforderlichen Einsatzmengen des Faktors (Spalte 1) erkennt. Interpretiert man in Schaubild 5.6b die senkrechte Achse als Arbeitseinsatz (mit $l = 1$), so gibt die Kurve in Schaubild 5.6b die Verbrauchsfunktion an.
Wenn die Produktionsfunktion durch abnehmende Grenzerträge gekennzeichnet ist, muss die Verbrauchsfunktion dieser Produktionsfunktion durch zunehmende Inputerfordernisse gekennzeichnet sein. Der erforderliche Faktoreinsatz nimmt mit zunehmendem Output überproportional zu. Die Verbrauchsfunktion ist konvex; ihre zweite Ableitung ist also positiv.[1] Dies lässt sich wie folgt zeigen:

$$\frac{dA}{dQ} = \frac{1}{\frac{dQ}{dA}} = \frac{1}{F'} > 0$$

$$\frac{d^2A}{dQ^2} = \frac{d\left(\frac{1}{F'}\right)}{dQ} = \frac{-\frac{dF'}{dQ}}{F'^2}.$$

Wegen

$$\frac{dF'}{dQ} = \frac{dF'}{dA}\,\frac{dA}{dQ} = F'\,\frac{1}{F'}$$

folgt

$$\frac{d^2A}{dQ^2} = -\frac{F''}{F'^3} > 0.$$

[1] Nach der Differentiationsregel über inverse Funktionen gilt

$$\frac{dA}{dQ} = \frac{1}{F'}$$

14.3 Transformationskurve

Aus den Produktionsfunktionen der beiden Sektoren und der Ressourcenrestriktion ergibt sich die Transformationskurve, die die maximalen Produktionsmöglichkeiten einer Volkswirtschaft darstellt (Schaubild 2.3).

$$Q_1 = T(Q_2).$$

Die Grenzrate der Transformation (T') ist negativ. Denn: Totale Differentiation der Produktionsfunktion ergibt

$$dQ_i = F_i' \, dA_i$$

so dass man nach Division der endlichen Veränderung dQ_1 durch dQ_2 erhält

$$\frac{dQ_1}{dQ_2} = \frac{F_1' \, dA_1}{F_2' \, dA_2}.$$

Da $dA_2 = d(\bar{A} - A_1) = -dA_1$, gilt

$$T' = \frac{dQ_1}{dQ_2} = -\frac{F_1'}{F_2'} < 0.$$

Das bedeutet: Will man eine Einheit eines Gutes mehr erzeugen, so geht die Produktion des anderen Gutes zurück. Zudem erkennen wir, dass die Grenzrate der Transformation dem Verhältnis der Grenzproduktivitäten entspricht. Bei Produktionsfunktionen mit ertragsgesetzlichem Verlauf und einem Produktionsfaktor ist die Transformationskurve konkav. Denn für die zweite Ableitung erhalten wir

$$T'' = \frac{d^2 Q_1}{dQ_2^2} = \frac{d\left(-\frac{F_1'}{F_2'}\right)}{dQ_2} = -\frac{F_2' \frac{dF_1'}{dQ_2} - F_1' \frac{dF_2'}{dQ_2}}{F_2'^2}$$

$$\frac{dF_2'}{dQ_2} = \frac{dF_2'}{dA_2} \; \frac{dA_2}{dQ_2} = F_2'' \frac{1}{F_2'}$$

$$\frac{dF_1'}{dQ_2} = \frac{dF_1'}{dA_1} \; \frac{dA_1}{dA_2} \; \frac{dA_2}{dQ_2} = F_1''(-1) \frac{1}{F_2'} = -\frac{F_1''}{F_2'}$$

$$T'' = \frac{d^2 Q_1}{dQ_2^2} = -\frac{-\frac{F_2' F_1''}{F_2'} - \frac{F_1' F_2''}{F_2'}}{F_2'^2} = \frac{F_1'' + \frac{F_2'' F_1'}{F_2'}}{F_2'^2} < 0,$$

da $F_1'' < 0, F_2'' < 0, F_1' > 0$ und $F_2' > 0$.
Da $T' < 0$ und $T'' < 0$, fällt die Transformationskurve und ist konkav.

14.4 Kostenfunktion

Aus der Produktionsfunktion lässt sich bei gegebenem Faktorpreis die Kostenfunktion ableiten. Die Kostenfunktion stellt eine Abhängigkeit der Kosten von der Produktionsmenge dar (Schaubild 5.5).

$$C_v = lA = lF^{-1}(Q).$$

Kosten sind bewerteter Faktorverzehr. Der Faktoreinsatz wird mit dem (als konstant unterstellten) Faktorpreis multipliziert. Der Faktoreinsatz schließlich bestimmt sich gemäß der Verbrauchsfunktion und hängt von dem gewünschten Produktionsergebnis ab. Die Verbrauchsfunktion F^{-1} ist die Umkehrfunktion zur Produktionsfunktion.
Den Zusammenhang zwischen Produktionsfunktion und Kostenkurve kann man sich auch mit Hilfe des Schaubilds 5.6a verdeutlichen. Die Kurve F_1 stellt die Produktionsfunktion, d. h. die Abhängigkeit des Outputs vom Einsatz des variablen Faktors dar. Multipliziert man die eingesetzten Arbeitsmengen mit dem Lohnsatz, so erhält man für jede Menge Q den zugeordneten Arbeitseinsatz als monetäre Größe. Die Multiplikation mit dem Lohnsatz verschiebt die ursprüngliche Kurve. Die Verschiebung hängt von der Höhe des Lohns (und der Wahl der Maßeinheiten auf den Achsen) ab.
Die neue Kurve gibt an, wie viel Faktoreinheiten in Euro man aufwenden muss, um bestimmte Gütermengen zu produzieren. Diese Kurve stellt also eine Zuordnung des bewerteten Arbeitseinsatzes zum Produktionsergebnis dar. Da bewertete Arbeitsinputs Kosten sind, hat man also eine Zuordnung von Kosten zum Output, oder eine Kostenfunktion. Durch Übertragung der einzelnen Punkte in Schaubild 5.6b erhält man die Kurve der variablen Kosten.

14.5 Gewinnmaximales Güterangebot

Sind Produktionsfunktion sowie Güter- und Faktorpreise gegeben und maximiert ein Unternehmen seinen Gewinn, so lässt sich das gewinnmaximale Güterangebot bestimmen.
Der Gewinn ist definiert als Erlös minus Kosten, also

$$G = pQ - lA$$

Als notwendige Bedingung für das Gewinnmaximum ergibt sich – da $A = F^{-1}(Q)$ – bei gegebenem Güter- und Faktorpreis für den Grenzgewinn

$$\frac{dG}{dQ} = p - \frac{1}{F'} = 0$$

oder

$$p = \frac{l}{F'}$$

p gibt den Grenzerlös an. Der Grenzerlös ist definiert als die Veränderung des Gesamterlöses bei Verkauf einer zusätzlichen Mengeneinheit.
$\frac{l}{F'}$ kennzeichnet die Grenzkosten. Dies ergibt sich aus folgender Überlegung:
$\frac{1}{F'}$ gibt die erste Ableitung der Verbrauchsfunktion an und kennzeichnet damit den Verbrauch des Faktors bei Produktion einer Gütereinheit. Multipliziert man diesen marginalen Faktorverbrauch mit l, so kennzeichnet $\frac{l}{F'}$ die Grenzkosten.
Das Unternehmen in vollständiger Konkurrenz wird also sein Angebot so lange verändern, bis Grenzerlös gleich Grenzkosten sind. Schaubild 5.10 stellt diesen Zusammenhang dar.

14.6 Angebotskurve

Die Angebotskurve gibt die Abhängigkeit der angebotenen Menge von der Höhe des Preises an, also

$$Q_A = f(p).$$

Mit sich veränderndem Preis p variiert die Angebotsmenge (Schaubild 5.10). Fällt der Marktpreis auf p_1, so muss sich das Unternehmen mit seiner Menge anpassen, wenn es auch in dieser Situation seinen Gewinn maximieren will. Es reduziert seine Menge. Steigt der Preis auf p_2, so wird der Unternehmer seine Menge ausdehnen. Der Unternehmer passt sich also auf Preisänderungen seines Produkts entlang seiner Grenzkostenkurve an. Die Grenzkostenkurve gibt damit die Reaktionskurve des Unternehmens auf Preisänderungen wieder. Sie zeigt das Angebotsverhalten des einzelnen Unternehmens an. Der aufsteigende Ast der Grenzkostenkurve kann folglich als Angebotskurve des Unternehmens angesehen werden.

14.7 Gewinnmaximale Faktornachfrage

Aus einer gegebenen Produktionsfunktion und gegebenen Preisen auf Güter- und Faktormarkt sowie der Verhaltensannahme der Gewinnmaximierung folgt nicht nur das gewinnmaximale Angebot, sondern auch die gewinnmaximale Faktornachfrage.
Die Gewinndefinition kann wegen Q = F(A) auch geschrieben werden als

$$G = pF(A) - lA$$

Als notwendige Bedingung für die gewinnmaximale Faktornachfrage ergibt sich bei gegebenem Güter- und Faktorpreis

$$pF' = l \qquad \text{oder} \qquad F' = l/p$$

Diese Bedingung erhält man auch durch Umformung der Gewinnmaximierungsbedingung für den Gütermarkt. Der Lohnsatz l gibt an, wie sich die Gesamtausgaben eines Unternehmens verändern, wenn das Unternehmen eine zusätzliche Arbeitseinheit einsetzt (Grenzausgaben). F′ ist die Grenzproduktivität; pF′ gibt die bewertete Zunahme des Produktionsergebnisses infolge der Beschäftigung einer zusätzlichen Ressourceneinheit an (Grenzeinnahme) (vgl. dazu die Diskussion in Schaubild 10.2). Diese Bedingung kann dahingehend interpretiert werden, dass Grenzproduktivität und Reallohn gleich sein müssen (vgl. dazu die Diskussion in Schaubild 10.6).

14.8 Faktornachfragekurve

Die Bedingung, dass im Gewinnmaximum Lohnsatz und Grenzwertprodukt gleich sein müssen, informiert auch darüber, wie sich die Faktornachfrage bei variierendem Lohn verändert. Denn wenn z. B. der Lohn sinkt und der Produktpreis gegeben ist, muss im Unternehmensoptimum das Grenzprodukt sinken: die Nachfrage nach Arbeit nimmt zu (vgl. Schaubilder 10.2 und 10.6).

14.9 Relativpreis und vollständige Konkurrenz

Für die Allokation der Faktoren und die Sektorstruktur spielt der Relativpreis eine große Rolle. Der Relativpreis ist z. B. definiert als p_2/p_1 und hat dann die Dimension

$$\frac{[€/ME_2]}{[€/ME_1} = \left[\frac{ME_1}{ME_2}\right],$$

gibt also das Tauschverhältnis zwischen zwei Gütern (Mengeneinheiten) an. Aus der Bedingung des Gewinnmaximums $p_i = l/F_i'$ folgt für den Relativpreis

$$\frac{p_2}{p_1} = \frac{lF_1'}{lF_2'},$$

d. h. das Güterpreisverzeichnis entspricht in vollständiger Konkurrenz dem umgekehrten Verhältnis der Grenzproduktivitäten.
Wir wissen aber bereits, dass F_1'/F_2' gleich der Grenzrate der Transformation ist. Damit gilt in vollständiger Konkurrenz

$$\frac{p_2}{p_1} = \frac{F_1'}{F_2'} = -\frac{dQ_1}{dQ_2}.$$

Angenommen das Preisverhältnis p_2/p_1 steige, weil das Gut 2 höher bewertet wird. Wie passt sich die Volkswirtschaft in diesem Fall an? Diese Frage wird in Schaubild 12.3 verdeutlicht.
Kennzeichne Punkt P eine Ausgangssituation mit gegebenem Relativpreis p_2/p_1. Der Anstieg der Tangente kennzeichnet die Grenzrate der Transformation und das Preisverhältnis. Steigt das Preisverhältnis p_2/p_1, so wird eine neue Situation P′ realisiert. Die Produktionsmenge des Sektors 1 nimmt ab, die Produktionsmenge des Sektors 2 nimmt zu. Die Sektorstruktur verschiebt sich zu Gunsten des Sektors 2.
Da p_2/p_1 steigt, muss auch F_1'/F_2' steigen. Dies ist leicht zu erklären. Die Expansion der Produktionsmengen des Sektors 2 ist nur möglich, wenn A_2 zunimmt. Damit

sinkt aber auch F_2'. Andererseits nimmt A_1 ab und F_1' zu. Die Ressource wandert von Sektor 1 nach 2 (vgl. Schaubild 12.4).

Wichtige Begriffe in Kapitel 14

Produktionsfunktion
Ertragsgesetz
Faktorbestand
Mengenanpasser
Gewinnmaximierer
Verbrauchsfunktion
Transformationskurve
Grenzrate der Transformation
Verhältnis der Grenzproduktivitäten
Kostenfunktion
Gewinnmaximales Güterangebot
Grenzerlös
Grenzkosten
Angebotskurve
Gewinnmaximale Faktornachfrage
Relativpreis
Tauschverhältnis

Teil II: Makroökonomische Theorie

The division of Economics between the Theory of Value
and Distribution on the one hand
and the Theory of Money on the other hand,
is, I think, a false division.
John Maynard Keynes

In der *Mikroökonomie* befasst man sich vorwiegend mit dem wirtschaftlichen Verhalten einzelner Entscheidungseinheiten und richtet damit sein Interesse auf den Einzelhaushalt, die Einzelunternehmung und auf die Wechselbeziehung zwischen Haushalten und Unternehmen auf dem Markt für das einzelne Gut. So werden in der Mikroökonomie die Fragen gestellt, von welchen Faktoren die Nachfrage eines Haushalts abhängt, wie die Angebotsfunktion für ein einzelnes Gut aussieht oder wie die Preisbildung auf einzelnen Märkten zu erklären ist. Außerdem interessiert man sich in der Mikroökonomie für die Frage, ob die Entscheidungen einer Vielzahl von selbständig handelnden Einheiten in dem Sinn miteinander »konsistent« sind, dass die einzelnen Märkte geräumt werden, und durch welche Abstimmungsmechanismen die Übereinstimmung der Einzelpläne erreicht werden kann. Demgegenüber ist die *Makroökonomie* dadurch gekennzeichnet, dass nicht das wirtschaftliche Verhalten einzelner Entscheidungseinheiten der Gegenstand der Analyse ist, sondern das Hauptaugenmerk auf gesamtwirtschaftliche Aggregat-Größen gerichtet ist. Solche gesamtwirtschaftliche Variablen sind z. B. der Gesamtkonsum einer Volkswirtschaft, die gesamte Investition, das Volkseinkommen, die Beschäftigungssituation, das Preisniveau, die Konjunkturlage und wirtschaftliches Wachstum. Während die Mikroökonomie sich also auf einzelne Entscheidungseinheiten und ihre Interdependenz bezieht, steht in der Makroökonomie die Erklärung des gesamtwirtschaftlichen Geschehens im Vordergrund.

Die Trennungslinie zwischen Mikro- und Makroökonomie ist nicht eindeutig zu ziehen. Da in beiden Gebieten jedoch unterschiedliche Fragestellungen vorliegen, die z. T. unterschiedliches methodisches Vorgehen und auch andere theoretische Instrumente erforderlich machen, hat sich diese Unterscheidung eingebürgert. Da die Makroökonomie sich an der gesamtwirtschaftlichen Situation orientiert und da die Beeinflussung der gegebenen gesamtwirtschaftlichen Lage eine zentrale Aufgabe der Wirtschaftspolitik ist, stellt die makroökonomische Theorie eine bedeutende theoretische Grundlage für wirtschaftspolitische Entscheidungen dar.

In der Makroökonomie werden vor allem folgende Fragen beantwortet:

- Wie vollzieht sich der Kreislauf der Wirtschaft und durch welche Kreislaufschemata ist er zu erfassen?
- An welcher Größe kann man die Leistungskraft einer Volkswirtschaft messen? Wie wird das Volkseinkommen definiert und wie wird es statistisch ermittelt?
- Welche Faktoren beeinflussen die Höhe des Volkseinkommens? Warum kann sich in einer Volkswirtschaft Arbeitslosigkeit einstellen? Von welchen Einflussfaktoren hängen die Konsumausgaben einer Volkswirtschaft ab? Wie ist das Sparen zu erklären? Welche Determinanten bestimmen die Investitionstätigkeit?
- Weshalb verändert sich die Kaufkraft des Geldes? Warum kommt es zur Inflation? Welche Aufgaben hat das Geldwesen in einer Volkswirtschaft? Wie kann die Notenbank die Geldmenge einer Volkswirtschaft bestimmen? Welche Instrumente eignen sich zur Inflationsbekämpfung?
- Wie entwickelt sich das Volkseinkommen kurz- und langfristig? Wie sind Konjunkturbewegungen zu erklären? Wie vollzieht sich der Prozess wirtschaftlicher Entwicklung? Welches sind die Bestimmungsfaktoren wirtschaftlichen Wachstums? Inwieweit stellen Umwelt- und Rohstoffknappheit Grenzen des Wachstums dar?
- Welche Verflechtungen bestehen zwischen einzelnen Volkswirtschaften über Güterströme, Faktorwanderungen und Geldbewegungen? Von welchen Größen wird die Zahlungsbilanzsituation eines Landes bestimmt? Warum streben Volkswirtschaften eine ausgeglichene Zahlungsbilanz an, und welche Probleme ergeben sich, wenn die Zahlungsbilanz nicht ausgeglichen ist? Durch welche Maßnahmen kann ein Ausgleich der Zahlungsbilanz herbeigeführt werden?
- Welchen Einfluss übt der Staat auf das wirtschaftliche Geschehen aus, indem er z. B. öffentliche Güter bereitstellt, Steuern erhebt und durch sein Ausgaben- und Einnahmenverhalten die konjunkturelle Situation zu beeinflussen sucht?

Diese Fragestellungen machen deutlich, dass die Makroökonomie – ähnlich wie die Mikroökonomie – ihren Ausgangspunkt von wirtschaftspolitischen Problemen nimmt. Die wirtschaftspolitischen Ziele sind letzten Endes der Suchscheinwerfer, mit dem der Wirtschaftstheoretiker in das Dunkel der Unwissenheit über ökonomische Zusammenhänge leuchtet. Die »positive« Theorie bezieht – wie auch in der Problemstellung in Kapitel 1 gezeigt – ihre Fragestellungen aus dem normativen Bereich. Während die Mikroökonomie sich wesentlich am Ziel der effizienten Produktion (Allokationsziel) orientiert, stehen in der Makroökonomie die Ziele der Preisniveaustabilität, der Vollbeschäftigung, des Wachstums und des Zahlungsbilanzausgleichs im Vordergrund.[1]

Die Ausrichtung einzelner Fragestellungen der ökonomischen Theorie an spezifischen wirtschaftspolitischen Problemen, wie z. B. am Problem der Arbeitslosigkeit, darf nicht darüber hinwegtäuschen, dass wirtschaftspolitische Probleme miteinan-

[1] Das Verteilungsproblem kann sowohl mikroökonomisch als auch makroökonomisch analysiert werden.

der in Beziehung stehen. Eine hohe Inflationsrate kann sich z. B. auf die Beschäftigungslage und die Zahlungsbilanz auswirken. Neben der Darstellung der einzelnen Probleme in den Kapiteln 15–25 wird deshalb in Kapitel 26 diese Interdependenz der wirtschaftspolitischen Fragestellungen charakterisiert.

15 Das gesamtwirtschaftliche Produktionsergebnis

As every economist knows, calculations of GNP…
are largely exercises in the statistical imagination
and even if they were accurate,
the GNP itself can be a very poor measure of welfare.
Kenneth E. Boulding

15.1 Kreislauf zwischen Haushalten und Unternehmen ohne Spartätigkeit

1. Geld- und Güterkreislauf. Eine moderne Volkswirtschaft ist durch einen hohen Grad der Arbeitsteilung und einen intensiven Austausch der Güter gekennzeichnet: Die Entscheidungseinheit A produziert ein Gut, das B braucht; B stellt ein Produkt her, das C benötigt usw. Wir können uns das Marktgeschehen als eine Vielzahl von Tauschakten zwischen Haushalten und Unternehmen vorstellen. Dabei wird der Tausch in einer modernen Wirtschaft durch die Existenz des Geldes erheblich erleichtert. Das Grundschema des Tauschaktes ist unter Berücksichtigung des Geldes in Schaubild 15.1 dargestellt.

Schaubild 15.1: Grundschema des Tauschaktes

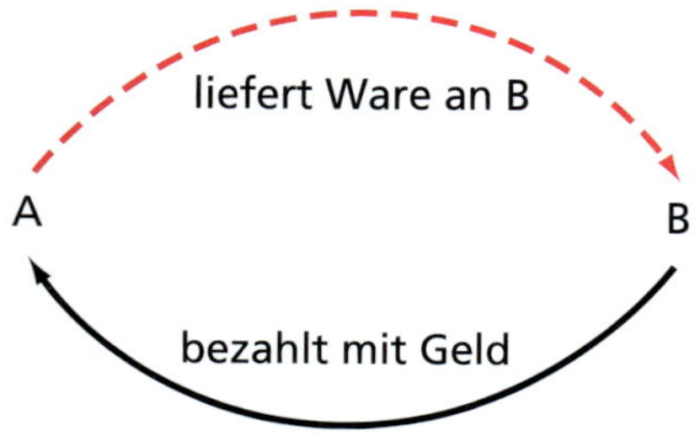

Jedem Güterstrom steht in entgegengesetzter Richtung ein Geldstrom gegenüber. Wir müssen deshalb *Güterströme* von *Geldströmen* unterscheiden. Die Makroökonomie interessiert sich nun nicht für den Güter- und Geldkreislauf zwischen einzelnen Entscheidungseinheiten (→ Mikroökonomie), sondern versucht, die einzelnen Entscheidungseinheiten zu aggregaten Gebilden zusammenzufassen. Dabei unterscheidet man die Gruppe der Produktionseinheiten (d. h. die Unternehmen) von der Gruppe der Haushalte. Die Unternehmen stellen Produkte her und bieten diese auf dem Gütermarkt an. Die Haushalte fragen diese Produkte nach. Gleichzeitig bieten die Haushalte ihre Arbeitskraft an; die Produktionseinheiten fragen diese Arbeitskraft nach. Im Folgenden werden einige einfache Kreislaufschemata dargestellt.

Schaubild 15.2: Kreislauf zwischen Haushalten und Unternehmen ohne Spartätigkeit

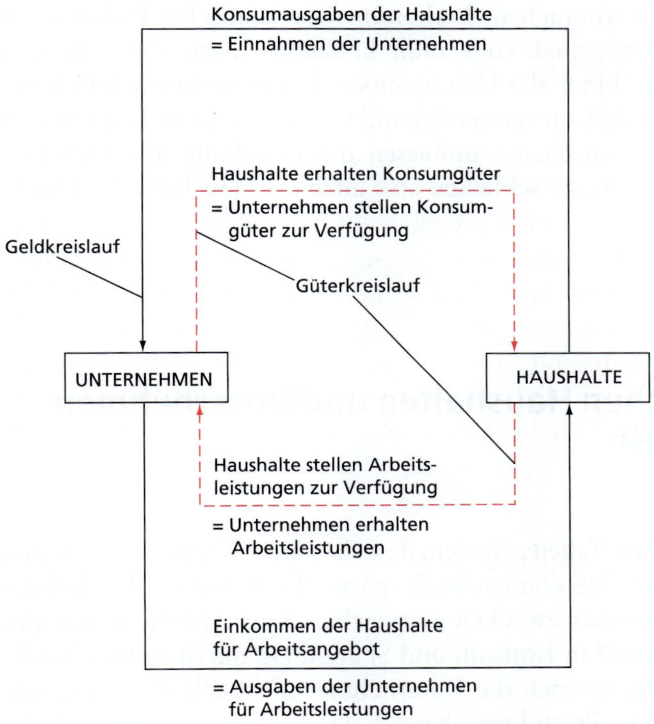

2. Einfaches Kreislaufschema ohne Sparen. Wir unterstellen zunächst eine Volkswirtschaft,

- die nach außen geschlossen ist, also weder exportiert noch importiert,
- in der kein Staat existiert,
- in der die Haushalte nicht sparen (d. h. die Haushalte konsumieren ihr gesamtes Einkommen),

– in der die Unternehmen nicht investieren, d. h. es wird kein zusätzliches Kapital gebildet, die Unternehmen nehmen lediglich Ersatzinvestionen vor, um einen gegebenen Kapitalbestand zu erhalten.

Unter diesen Annahmen können die wirtschaftlichen Beziehungen zwischen dem Unternehmens- und Haushaltssektor durch Schaubild 15.2 verdeutlicht werden.
Die Haushalte bieten den Unternehmen ihre Arbeitskraft an, die Unternehmen zahlen dafür einen Lohn. Diese Lohnzahlungen stellen das Einkommen der Haushalte dar. Da die Haushalte annahmegemäß nicht sparen, fragen sie mit diesem Einkommen Konsumgüter nach, die von den Unternehmen bereitgestellt werden. Dem Strom der Arbeitsleistung entspricht monetär die Faktorentlohnung. Dem realen Fluss von Konsumgütern stehen die Ausgaben der Haushalte gegenüber.
Den Geldkreislauf bezeichnen wir auch als Einkommenskreislauf: Die Einkommen der Haushalte werden annahmegemäß vollständig konsumiert; und damit werden die Konsumausgaben zu Einnahmen der Unternehmen. Die Einnahmen der Unternehmen werden für Arbeitsleistungen verwendet und werden damit zu Einkommen der Haushalte. In dem Kreislaufschema umfassen die Haushalte alle Entscheidungseinheiten, die konsumieren; sie schließen also auch die Haushalte der Unternehmer ein.

15.2 Kreislauf zwischen Haushalten und Unternehmen bei Spartätigkeit

Im Folgenden wird die Annahme fallen gelassen, dass die Haushalte ihr Einkommen nur für den Konsum ausgeben: sie können auch sparen. Ersparnis ist der Teil des Einkommens, der nicht zu Konsumzwecken ausgegeben wird. Die Ausgaben des Haushalts werden also aufgeteilt in Konsum und Sparen. Da durch Sparen Nachfrage nach Produkten entfällt, können die Unternehmer nicht alle ihre Produkte absetzen: Es verbleiben Güter im Produktionsbereich. Diese nicht in den Bereich der Haushalte gelangten Güter bezeichnet man als Investition. Dabei kann es sich einmal um Lagerinvestitionen handeln, also um die Erweiterung der Lager; zum anderen können die nicht abgesetzten Produkte als Kapitalgüter benutzt werden, also als Güter, die in der Zukunft zur Produktion verwandt werden. Unter diesen Annahmen ergibt sich Schaubild 15.3.
Die Haushalte bieten Arbeitsleistungen an und schaffen damit ein Produktionsergebnis von beispielsweise 100 Stück. Jedes Stück habe einen Preis von 1 €. Für ihre Produktionstätigkeit erhalten die Haushalte (einschließlich der Unternehmerhaushalte) ein Einkommen von 100 €. Das Produktionsergebnis (also das Bruttoinlandsprodukt) beträgt 100 €. Von dem Gesamteinkommen der Haushalte in Höhe von 100 € wird nur ein Teil für den Konsum ausgegeben, z. B. 90 €. Der Rest (10 €)

wird für Ersparnisse abgezweigt und damit – für unsere vereinfachte Betrachtung – dem bisherigen Einkommenskreislauf entzogen. Die Unternehmen können nur 90 Einheiten der produzierten Güter absetzen. Ein Teil der produzierten Güter wird von dem Konsumstrom abgezweigt. Auf einem Zwischenkonto können wir nun die Investition (d. h. die bei den Unternehmen verbleibenden Produkte) und Ersparnisse (d. h. von den Haushalten nicht ausgegebenes Einkommen) gegenüberstellen.

Schaubild 15.3: Kreislauf mit Spartätigkeit

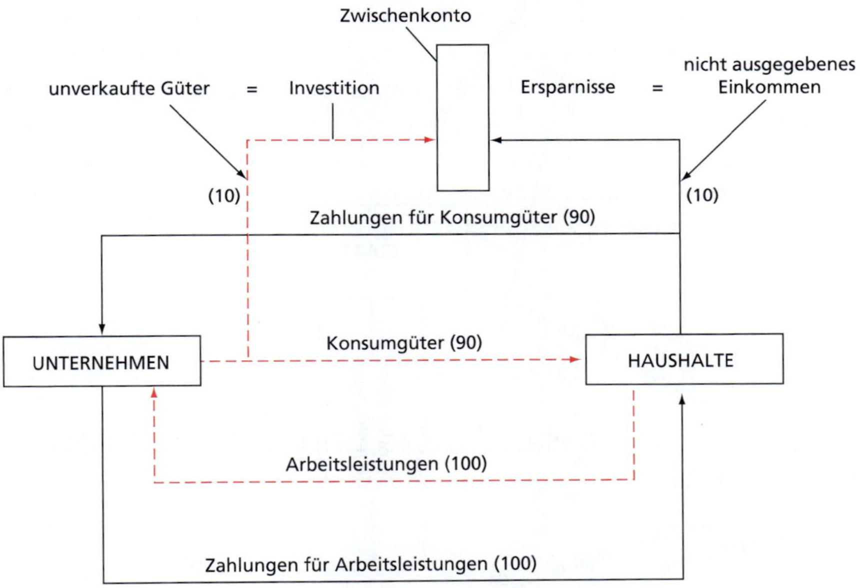

An dieser Stelle können wir bereits erkennen, wie ein »Ungleichgewicht« in der Volkswirtschaft entstehen kann: Wenn die Unternehmen z. B. planen, nicht neu zu investieren, wenn sie also alle ihre Produkte an die Haushalte verkaufen wollen, die Haushalte dagegen in dieser Periode sparen wollen, so stimmen geplante Ersparnisse und geplante Investitionen nicht überein. Die Unternehmen werden zu unfreiwilligen Investitionen gezwungen: Sie müssen die Produkte auf Lager nehmen. Die geplanten Entscheidungen der Unternehmen und Haushalte stimmen nicht überein. Durch die unfreiwilligen Investitionen der Unternehmen werden die tatsächlichen Ersparnisse und Investitionen für das Ende der Periode zur Übereinstimmung gebracht, aber nur dadurch, dass die Unternehmen zu einer nicht beabsichtigten Investition (d. h. Lagerhaltung) von 10 Einheiten gezwungen werden.

15.3 Kreislauf zwischen Haushalten, Unternehmen

Schaubild 15.4: Kreislauf zwischen Haushalten, Unternehmen und Staat

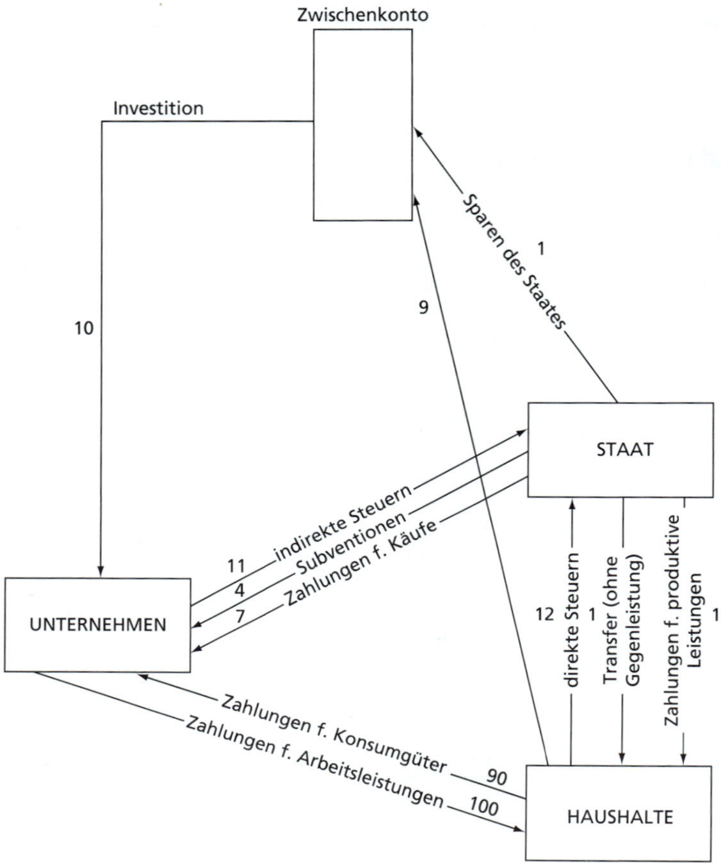

Die bisherige Annahme, die von der Existenz des Staates absieht, ist für die Kreislaufanalyse moderner Volkswirtschaften, in denen etwa 40–50 vH des Bruttoinlandsproduktes durch die öffentliche Hand fließen, nicht zulässig. In Deutschland stieg die Staatsquote (Ausgaben des Staates in vH des Bruttoinlandsprodukts) von 33 (1960, Westdeutschland) auf 50 vH (1995); sie lag 1999 bei 48,3 vH. Der Staat tritt in einem Kreislaufschema in vielerlei Formen auf: Er entzieht den Haushalten durch direkte Steuern Einkommen (z. B. Lohnsteuer). Andererseits erhalten die Haushalte vom Staat wieder Einkommen als Entlohnung dafür, dass sie dem Staat ihre produktiven Dienste zur Verfügung stellen. Schließlich nimmt der Staat auch Transfers (Zahlungen) an solche Personen vor, die auf Grund sozialer Zielsetzungen

Unterstützung erhalten (Zuschuss des Bundes zur Rentenversicherung, Finanzierung der Arbeitslosenhilfe durch den Bund).

Im Verhältnis Staat–Unternehmen fließen indirekte Steuern (Mehrwertsteuer) von den Unternehmen an den Staat, während der Staat den Unternehmen Subventionen gewährt (z. B. der Landwirtschaft). Der Staat fragt von den Unternehmen Produkte nach. Schließlich geht ein Teil der Ausgaben des Staates auf ein Zwischenkonto. Dies ist die Ersparnis des Staates, d. h. der Budgetsaldo. In der letzten Zeit ist dieser Saldo negativ, 1999 lag er bei 1,4 vH des Bruttoinlandsprodukts.

Wird die Existenz des Staates berücksichtigt, so ergibt sich Schaubild 15.4, in dem zur Vereinfachung nur Geldströme enthalten sind. Ist die Ersparnis des Staates negativ, d. h. verschuldet sich der Staat, so muss der Geldstrom zwischen Staat und Zwischenkonto in umgekehrter Richtung eingezeichnet werden. In Tabelle 15.1 sind die in Schaubild 15.4 unterstellten Zahlungsströme in Matrixform enthalten, wobei in den Zeilen die von einer Organisationseinheit (Haushalte usw.) geleisteten Zahlungen (Lieferungen) stehen und in den Spalten die empfangenen Zahlungen. Das Konto jeder der Organisationseinheiten muss ausgeglichen sein. So summieren sich die erste Zeile und die erste Spalte, also das Konto der Haushalte, zu 111. Diese Zahl 111 weist auch das Unternehmenskonto auf. Das Produktionsergebnis, also das Bruttoinlandsprodukt, beträgt 111 €. Das Konto des Staates weist Zahlungseingänge in Höhe von 23 auf (dritte Spalte) und ebenfalls Zahlungsausgänge in Höhe von 23. Es wird dem Leser empfohlen, zur gedanklichen Durchdringung des Problems ein anderes Zahlenbeispiel zu konstruieren.

Das Kreislaufschema in Schaubild 15.4 und Tabelle 15.1 kann noch erweitert werden, indem zusätzliche Überlegungen eingeführt werden. Wenn z. B. die Annahme aufgegeben wird, dass die Volkswirtschaft geschlossen ist, so müssen die Güterströme mit dem Ausland (Exporte und Importe) und die entsprechenden Geldströme (Kapitalimporte und Kapitalexporte) berücksichtigt werden. Für unsere Zwecke reichen die bisherigen Kreislaufschemata aus.

Tabelle 15.1: Ströme zwischen Haushalten, Unternehmen und Staat

Bezüge Lieferungen	Haushalte	Unternehmen	Staat	Zwischenkonto	Summe Bezüge
Haushalte	–	90	12	9	111
Unternehmen	100	–	11	–	111
Staat	10	7	–	1	23
	1	4			
Zwischenkonto	–	10	–	–	10
Summe Lieferungen	111	111	23	10	

15.4 Ex-post-Charakter der Kreislaufströme

Die Kreislaufschemata stellen keine Theorie dar, denn sie enthalten keine Hypothesen (Gesetzmäßigkeiten); sie beruhen auf Definitionen. So ist die Aussage »Das Volkseinkommen (Y) wird von den Haushalten für Konsum (C) und Sparen (S) verwendet« eine Definitionsgleichung, nämlich $Y = C + S$. Diese Gleichung stellt keine Gesetzmäßigkeit dar, wie sie etwa in der Nachfragefunktion formuliert wird. Kreislaufschemata sind also Systeme von Definitionen, die es ermöglichen, die Einkommens- und Güterströme einer Volkswirtschaft in einer Periode zu erfassen. Auf diese Weise können die Ströme am Ende eines Jahres, also im Nachhinein, festgestellt werden. Man spricht in diesem Fall von einer ex-post-Erfassung der Ströme des Volkseinkommens.

Die ex-post-Ermittlung der Geld- und Güterströme einer Volkswirtschaft kann statistisch in Kontenform erfolgen. Für diese Vorgehensweise haben sich die Begriffe nationale Buchhaltung oder volkswirtschaftliche Gesamtrechnung eingebürgert.

Der Leser sollte sich immer darüber im Klaren sein, dass die Kreislaufschemata nicht die Ströme und die Höhe des Volkseinkommens im Voraus bestimmen können. Sie erklären nichts. Sie halten ökonomische Geschehnisse nur statistisch fest. Für die Erklärung, d. h. die ex-ante-Analyse, brauchen wir Hypothesen, die in den folgenden Kapiteln entwickelt werden.

15.5 Das Bruttoinlandsprodukt

Der Zweck des Wirtschaftens ist die Erstellung von Gütern für die Mitglieder einer Gesellschaft. Um zu wissen, wie einzelne Volkswirtschaften dieses zentrale Problem der Gütererstellung lösen, brauchen wir ein Maß für die Gesamtproduktion und das Gesamteinkommen einer Volkswirtschaft. Wir interessieren uns jetzt also nicht mehr für die Güter- und Geldströme, sondern wir suchen nach einer Gesamtgröße, die uns Aufschluss über den Stand der wirtschaftlichen Lage, über die Höhe der Gesamtproduktion und ihre Entwicklung gibt.

1. Wertschöpfung. Bei der Ermittlung der in einem Jahr geschaffenen Werte sind Doppelzählungen zu vermeiden. Dies soll an einem Beispiel erläutert werden:

Ein Auto werde für 40 000 € verkauft. Zur Produktion des Wagens werde für 4 000 € Blech, 2 000 € Kunststoff und 1 000 € Farbstoff verwandt. Dann ist der Beitrag zum Inlandsprodukt nicht 40 000 + 4 000 € + 2 000 + 1 000 €. Denn in dem Verkaufspreis des Autos von 40 000 € sind die Materialkosten von 7 000 € bereits enthalten. Wollen wir die Faktoreinkommen ermitteln, die in der Automobilproduktion entstehen, so müssen wir die Vorleistungen der anderen Sektoren vom

Verkaufspreis abziehen. Das in der Automobilindustrie geschaffene Faktoreinkommen (z. B. Arbeit einschließlich Unternehmerleistung) beträgt also 40 000 € minus 7 000 €, also 33 000 €.
Dieses Faktoreinkommen ist der Beitrag der Autoindustrie zum Volkseinkommen. Wir bezeichnen diesen Beitrag als Wertschöpfung. Die Wertschöpfung erhalten wir also, indem wir den Wert der Vorleistungen (Inputs, Materialkosten) vom Verkaufspreis abziehen. In den anderen Bereichen ist eine Wertschöpfung von 2000 € zu verzeichnen. In vereinfachter Darstellung ergibt sich Tabelle 15.2:

Tabelle 15.2: Vorleistung und Wertschöpfung

Vertikaler Aufbau der Produktion	Verkauf	Vorleistung	Wertschöpfung
Stahlindustrie an Automobilindustrie	4 000	3 000	1 000
Kunststoffindustrie an Automobilindustrie	2 000	1 500	500
Farbstoffindustrie an Automobilindustrie	1 000	500	500
Autoindustrie an Konsument	40 000	7 000	33 000
Summe	47 000	12 000	35 000

Im Inlandsprodukt darf jedes Produkt also nur mit der Wertschöpfung angesetzt werden, die bei seiner Produktion entsteht.

2. Bruttoinlandsprodukt. Was eine Volkswirtschaft in einem Jahr produziert, wird im Bruttoinlandsprodukt erfasst. Dieses ist ein Maß für die wirtschaftliche Leistung eines Landes. Es gibt an, welchen Wert die Produktionsfaktoren Arbeit, Kapital und natürliche Ressourcen bei gegebener Technologie produziert haben. Gleichzeitig beschreibt es den Geldwert der gesamten Verwendung des Produktionsergebnisses für den Konsum, und zwar für die privaten Konsumausgaben und die Konsumausgaben des Staates, für die Investition und die Nettoexporte. Das Bruttoinlandsprodukt ist die Gesamtheit aller in einem Jahr im Inland erzeugten Endprodukte einer Volkswirtschaft. Es umfasst alle Konsum-, aber auch alle Investitionsgüter, die in einem Jahr erstellt wurden, nicht jedoch die Zwischenprodukte.

3. Entwicklung des Bruttoinlandsprodukts. Schaubild 15.5 zeigt die Entwicklung des Bruttoinlandsprodukts für Westdeutschland seit 1970, und zwar in laufenden Preisen (nominal) sowie in konstanten Preisen von 1991, also real. Da bei Westdeutschland für die reale Rechnung die Basis 1991 verwendet wird, schneiden sich die Kurven in diesem Punkt. Man erkennt, dass ab 1991 die nominale Entwicklung und die reale Entwicklung stark auseinander laufen. Dies würde auch sichtbar, wenn man das Jahr 1970 als eine gemeinsame Basis wählen würde. Ab 1991 ist auch

das Bruttoinlandsprodukt für Deutschland insgesamt in realer Rechnung in das Schaubild aufgenommen. Dabei liegt eine neuere Version der Volkswirtschaftlichen Gesamtrechnungen (Europäisches System der Volkswirtschaftlichen Gesamtrechnungen, ESVG 95) zugrunde, welche als Basis für die realen Preise das Jahr 1995 verwendet. Insofern besteht ein Strukturbruch in den Daten. Tabelle 15.3 gibt die Entwicklung des Bruttoinlandsprodukts seit 1960 wieder.

Schaubild 15.5: Entwicklung des Bruttoinlandsprodukts (real und nominal)[a]

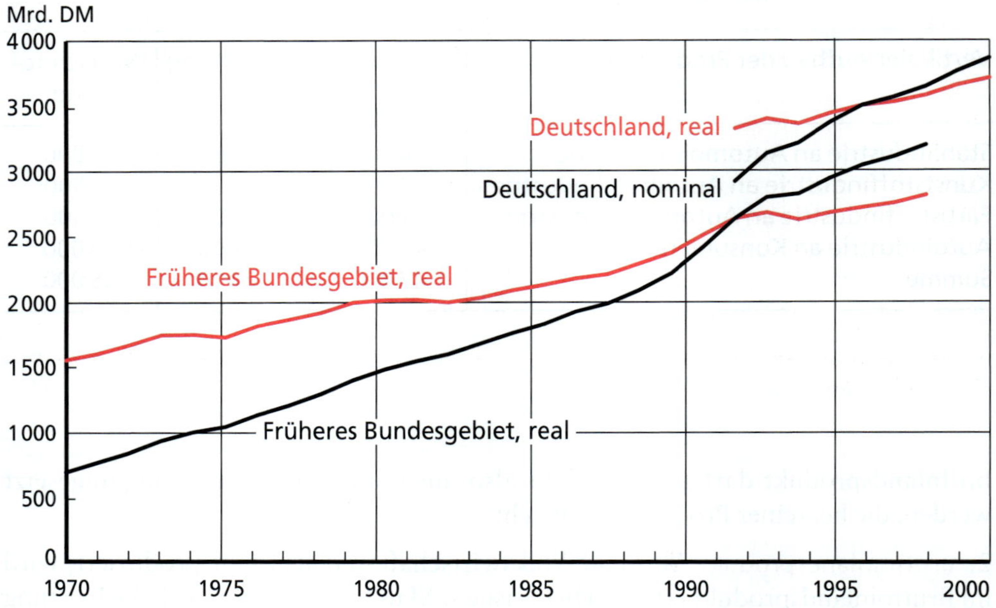

[a] Daten für früheres Bundesgebiet: Reale Werte in Preisen von 1991 (ESVG 79). Daten für Deutschland: Reale Werte in Preisen von 1995 (ESVG 95). Für 1999: Sachverständigenrat.

Quelle: Sachverständigenrat, verschiedene Jahresgutachten; Statistisches Bundesamt, Volkswirtschaftliche Gesamtrechnungen, Fachserie 18, Reihe 3.

Statistische Angaben über das Bruttoinlandsprodukt finden Sie im Statistischen Jahrbuch der Bundesrepublik Deutschland, in laufenden Veröffentlichungsreihen des Statistischen Bundesamts oder in dem Jahresgutachten des Sachverständigenrates. Dort werden z. B. auch die Verwendung des Inlandsprodukts, die Anteile einzelner Sektoren an der Gesamtproduktion usw. aufgeführt.

Tabelle 15.3: Entwicklung des Bruttoinlandsprodukts (Mrd. DM)

	in jeweiligen Preisen	in konstanten Preisen[a]
1960	302,7	1000
1965	459,2	1 265,2
1970	675,3	1 543,2
1975	1 026,6	1 718,6
1980	1 472,0	2 018,0
1985	1 823,2	2 136,0
1990	2 426,0	2 520,4
1991	2 938,0	3 346,0
1992	3 155,2	3 421,0
1993	3 235,4	3 383,8
1994	3 394,4	3 463,2
1995	3 523,8	3 523,8
1996	3 586,8	3 550,4
1997	3 675,8	3 612,6
1998	3 799,4	3 694,0

[a] 1960–1990: reale Preise von 1991; ab 1991: reale Preise von 1995.

Quelle: Statistisches Bundesamt, Fachserie 18; Sachverständigenrat, Jahresgutachten 1998/99, Tabelle 21*; bis 1990: früheres Bundesgebiet, ab 1991 Deutschland.

15.6 Inlandsprodukt, Volkseinkommen und entsprechende Begriffe

Im Folgenden werden einige zentrale Begriffe erörtert. Gleichzeitig werden wichtige Fragen bei der Bestimmung des Bruttoinlandsprodukts behandelt.

1. Entstehungsrechnung. Bei einer Berechnung des gesamtwirtschaftlichen Produktionsergebnisses von der Entstehungsseite her geht man von den Produktionswerten der Unternehmen zu Herstellungspreisen aus. Das ist der Wert der Verkäufe von Waren und Dienstleistungen aus eigener Produktion sowie von Handelswaren an andere Wirtschaftseinheiten abzüglich aller zu zahlenden Gütersteuern (u. a. Mehrwertsteuer, Importabgaben, Mineralöl-, Branntwein- und Tabaksteuer), aber zuzüglich der empfangenen Produktsubventionen. Von diesem Produktionswert werden die Vorleistungen abgezogen. Die dadurch erhaltene Bruttowertschöpfung muss noch bereinigt werden, indem unterstellte Entgelte für Bankdienstleistungen

abgezogen werden. Da die Wertschöpfung die Gütersteuern und die Einfuhrabgaben noch nicht enthält, müssen diese hinzuaddiert werden, um die Produktionsleistung insgesamt, das Bruttoinlandsprodukt, zu erhalten.

2. Verwendungsrechnung. Das auf diese Weise von der Entstehungsseite konstruierte Bruttoinlandsprodukt lässt sich auch von der Verwendungsseite erstellen. Denn der Wert der tatsächlichen Produktion muss der gesamtwirtschaftlichen Nachfrage und damit der Summe ihrer Komponenten private Konsumausgaben, Konsumausgaben des Staates, Bruttoinvestitionen und Außenbeitrag (Exporte abzüglich Importe) entsprechen.

3. Investitionen. Bei den Investitionen handelt es sich um Güter, die aus dem Unternehmensbereich nicht in den Bereich der Haushalte gelangen. Zu den Investitionen zählen nicht nur Sachanlagen wie Bauten oder Ausrüstungen, sondern auch immaterielle Anlagegüter, z. B. Computersoftware oder Urheberrechte in den Bereichen Musik, Film und Fernsehen. Sofern ein Unternehmen die von ihm produzierten Zwischen- oder Fertigprodukte im betrachteten Zeitraum nicht verkauft, müssen sie als Vorratsveränderungen zu den Investitionen hinzugezählt werden. Man bezeichnet dies auch als Lagerinvestitionen. Wir unterscheiden zwischen Brutto- und Nettoinvestitionen. Zu den Bruttoinvestitionen zählen die Ersatzinvestitionen. Das sind diejenigen Investitionen, die zur Erhaltung des Produktionsapparates bestimmt sind. Wenn eine Maschine zehn Jahre benutzt wird, so verringert sich in jedem Jahr ihr Wert. Das Unternehmen muss also in jedem Jahr eine Abschreibung von dem Anschaffungswert der Maschine vornehmen. Nehmen wir eine lineare Abschreibung von 10 vH pro Jahr an, so werden bei einem Anschaffungswert von 100 000 € in jedem Jahr 10 000 € abgeschrieben. Im 10. Jahr kann das Unternehmen mit der Summe der Abschreibungen eine neue Maschine für 100 000 € erwerben. Diese neue Anlage erweitert aber nicht den Produktionsapparat: Sie ersetzt nur eine alte Anlage (Ersatzinvestitionen).
Um einen anderen Sachverhalt handelt es sich, wenn in der Periode ein neues Kapitalgut für die Volkswirtschaft erzeugt, aber keine alte Anlage außer Betrieb gesetzt wird. Dann ist dem Produktionsapparat eine Maschine hinzugefügt worden. Wir sprechen von einer Nettoinvestition. Nettoinvestitionen und Ersatzinvestitionen ergeben zusammen die Bruttoinvestitionen:

Bruttoinvestitionen = Nettoinvestitionen + Ersatzinvestitionen (Abschreibungen)

4. Inlandsprodukt versus Nationaleinkommen. Das Bruttoinlandsprodukt ist das Produktionsergebnis des Inlandes. Zum gesamten, von allen Inländern erwirtschafteten *Bruttonationaleinkommen,* das auch als Bruttosozialprodukt bezeichnet wird, gelangt man, indem man zum Bruttoinlandsprodukt den Saldo der Primäreinkommen aus der übrigen Welt addiert. Dies ist die Differenz zwischen den Erwerbs- und Vermögenseinkommen, die die Inländer von der übrigen Welt bezogen haben, und den Erwerbs- und Vermögenseinkommen, die an die übrige Welt geleistet wurden. Ferner zählt dazu der Saldo aus empfangenen Subventionen (der Europäischen

Union) und den vom Inland geleisteten Produktions- und Importabgaben (an die Europäische Union).

5. Brutto- versus Nettonationaleinkommen. Im Bruttonationaleinkommen sind die Bruttoinvestitionen enthalten. Das Bruttonationaleinkommen umfasst also auch die in einer Periode erstellten Güter, die dazu dienen, bisherige Anlagen zu ersetzen. Zieht man vom Bruttonationaleinkommen die verbrauchsbedingten Abschreibungen, d. h. den Gegenwert für die Ersatzinvestitionen ab, so erhält man das *Nettonationaleinkommen.*

6. Marktpreise versus Herstellungspreise. Das Bruttonationaleinkommen wie auch das Nettonationaleinkommen setzen sich aus einer Vielzahl unterschiedlicher Güter zusammen. Da man nicht unterschiedliche Güterarten mengenmäßig addieren kann (z. B. 5 Autos und 3 Fahrräder), müssen die Güter zu Marktpreisen bewertet werden. Wir sagen deshalb genauer: *Bruttonationaleinkommen zu Marktpreisen* und *Nettonationaleinkommen zu Marktpreisen.*

In die Marktpreise gehen als ein Element die Herstellungspreise ein. Als Herstellungspreis bezeichnet man den Betrag, den der Produzent je Einheit eines Gutes erhält. Im Normalfall werden durch den Herstellungspreis die Kosten für die in der Produktion eingesetzten Faktoren (Arbeit, auch für Unternehmerleistung, und Kapital) gedeckt. Der Herstellungspreis stellt damit das Einkommen der Produktionsfaktoren dar. In den Marktpreisen sind zusätzlich zu den Herstellungspreisen aber auch die Gütersteuern enthalten. Gütersteuern, die auch als indirekte Steuern bezeichnet werden, sind solche Belastungen, die vom Steuerzahler (dem Unternehmen) über höhere Marktpreise auf andere Wirtschaftssubjekte (die Käufer) abgewälzt werden können. Dazu zählen die Mehrwertsteuer, Verbrauchsteuern wie die Mineralöl-, die Branntwein- oder die Tabaksteuer, die Ökosteuer, aber auch Importabgaben. Die Marktpreise liegen im Allgemeinen über den Herstellungspreisen, zur Ermittlung der Herstellungspreise müssen die Gütersteuern von den Marktpreisen abgezogen werden.

Es kann aber auch der Fall eintreten, dass die Herstellungspreise höher liegen als die Marktpreise, wenn nämlich der Staat den Unternehmen Subventionen zahlt. In diesem Fall erhält man die Herstellungspreise, indem man zu den Marktpreisen die Gütersubventionen hinzuzählt.

7. Volkseinkommen. Wenn man vom Nettonationaleinkommen zu Marktpreisen die Produktions- und Importabgaben abzieht und die Subventionen hinzuzählt, so erhält man das Nettonationaleinkommen zu Herstellungspreisen oder das Volkseinkommen. Es umfasst die Gesamtheit aller Faktoreinkommen in der Volkswirtschaft. Es ist die Summe aller Erwerbs- und Vermögenseinkommen, die die inländischen Wirtschaftssubjekte in einer Periode empfangen haben.

8. Einkommen aus Arbeit und Unternehmertätigkeit. Von der Verteilungsseite her werden das Arbeitnehmerentgelt (das ist das Bruttoeinkommen aus unselbstständiger Arbeit) und die Unternehmens- und Vermögenseinkommen unterschieden. Das Arbeitnehmerentgelt umfasst die Bruttolohn- und Bruttogehaltssumme

Kasten 15.1 Die Lücke zwischen Nachfrage und Produktion, Ostdeutschland im Jahr 1994

Ein inzwischen historisches Beispiel für die Anwendung der volkswirtschaftlichen Gesamtrechnung ist die gesamtwirtschaftliche Betrachtung Ostdeutschland. Allerdings sind Daten nur bis zum Jahr 1994 vorhanden, danach wurde die Verwendungsseite für die neuen Bundesländer nicht mehr berechnet. 1994 klafften in Ostdeutschland die gesamtwirtschaftliche Nachfrage von 562,4 Mrd. DM und das Bruttoinlandsprodukt von 340,6 Mrd. DM auseinander. Die gesamtwirtschaftliche Nachfrage resultierte aus den privaten Konsumausgaben von 261,6 Mrd. DM, den Konsumausgaben des Staates von 119,7 Mrd. DM, den Anlageinvestitionen von 177,6 Mrd. DM und den Vorratsveränderungen von 3,5 Mrd. DM. Die Differenz zwischen gesamtwirtschaftlicher Nachfrage und Produktion ist der Außenbeitrag, also der Importüberschuss, der 221,8 Mrd. DM betrug. Finanziert wurde dieser Importüberschuss durch Transfers aus Westdeutschland.

Tabelle Kasten 15.1: Volkswirtschaftliche Gesamtrechnung Ostdeutschland

	1994 (Mrd. DM)[a]
Private Konsumausgaben	261,6
Konsumausgaben des Staates	119,7
Anlageinvestitionen	177,6
Ausrüstungen	54,2
Bauten	123,4
Vorratsveränderung	3,5
Letzte inländische Verwendung	562,4
Außenbeitrag	–221,8
Ausfuhr	67,6
Einfuhr	289,4
Bruttoinlandsprodukt	340,6

[a] In laufenden Preisen.

Quelle: Statistisches Bundesamt, Volkswirtschaftliche Gesamtrechnungen, Fachserie 18.

und die Sozialbeiträge der Arbeitgeber. Die Unternehmens- und Vermögenseinkommen werden ermittelt, indem vom Volkseinkommen das Arbeitnehmerentgelt abgezogen wird. Zieht man vom Bruttoeinkommen aus unselbstständiger Tätigkeit die Sozialbeiträge der Arbeitnehmer und die Lohnsteuer ab, so erhält man die Nettolohn- und Gehaltssumme.

9. Verfügbares Einkommen und Sparen. Vom Volkseinkommen zu unterscheiden ist das verfügbare Einkommen. Es ist derjenige Teil des gesamtwirtschaftlichen Einkommensstroms, der Personen (Haushalte) erreicht. Von den Bruttoeinkommen aus unselbstständiger Tätigkeit müssen die Sozialbeiträge der Arbeitgeber, die Sozialbeiträge der Arbeitnehmer und die Lohnsteuer abgezogen werden. Andererseits leistet der Staat Transferzahlungen an die Haushalte (Arbeitslosengeld, Arbeitslosenhilfe, Sozialhilfe). Diese Zahlungen müssen zum Faktoreinkommen hinzugezählt werden. Beim Unternehmensbereich gelangen die nichtausgeschütteten Gewinne nicht an die Haushalte. Auch die direkten Steuern, die ein Unternehmen zu tragen hat (Körperschaftsteuer), werden vom Staat abgeschöpft, bevor Einkommen bei den Personen ankommen. Zieht man von diesem verfügbaren Einkommen der Haushalte die privaten Konsumausgaben ab, so erhält man das Sparen der privaten Haushalte.

10. Offene Volkswirtschaften. Für offene Volkswirtschaften, die Faktoreinkommen aus dem Ausland beziehen oder an das Ausland abgeben, ist die Unterscheidung zwischen Nationaleinkommen und Inlandsprodukt wichtig. Zum Nationaleinkommen zählen alle Güter, die von Produktionsfaktoren erzeugt werden, die Inländern gehören, und zwar auch dann, wenn diese Produktionsfaktoren im Ausland eingesetzt werden. Das Nationaleinkommen wird deshalb auch als Inländerprodukt bezeichnet. Dagegen ist das Inlandsprodukt das Produktionsergebnis, das mit den im Inland vorhandenen Produktionsfaktoren (auch Gastarbeitern, auch mit Kapital, das Ausländern gehört) erstellt wird. Das Inlandsprodukt enthält also auch die Faktoreinkommen für diejenigen Produktionsfaktoren, die Ausländern gehören.

11. Drei Methoden der Berechnung. Das Inlandsprodukt kann nach folgenden drei Methoden berechnet werden (Tabelle 15.4):

a) nach der Wertschöpfungsmethode (Entstehungsrechnung):

Diese Methode ist oben dargestellt. Es werden die Wertschöpfungen aller Unternehmen, des Staates und der Haushalte aufsummiert. Das Brutto- oder Nettoinlandsprodukt wird so an der Stätte des Entstehens ermittelt. Es ergibt sich das Brutto- oder Nettoinlandsprodukt zu Marktpreisen.

b) nach der Verwendungsrechnung:

Das Volkseinkommen wird nach seiner Verwendung berechnet. Es ist dann in einer geschlossenen Wirtschaft die Summe aller privaten und staatlichen Konsumausgaben, der Investitionsausgaben und der Nettonachfrage des Auslandes. Es ergibt sich das Bruttoinlandsprodukt zu Marktpreisen.

c) nach der personellen Methode (Verteilungsrechnung):

Das Volkseinkommen wird bei der Verteilung erfasst. Nach der Verteilungsmethode werden die Faktoreinkommen (Zins, Grundrente, Lohn und Unternehmergewinn) aufaddiert. Es ergibt sich das Nettonationaleinkommen zu Herstellungspreisen (= Volkseinkommen).

Die drei Methoden der Berechnung unterscheiden sich vor allem dadurch, an welcher Stelle des Kreislaufschemas die Berechnung ansetzt: bei der Produktion, bei der Verwendung oder bei der Verteilung.

Tabelle 15.4: Drei Berechnungsarten in den Volkswirtschaftlichen Gesamtrechnungen

I.	Entstehungsrechnung	II.	Verwendungsrechnung
	Produktionswert		Private Konsumausgaben
–	Vorleistungen	+	Konsumausgaben des Staates
=	Bruttowertschöpfung (unbereinigt)	+	Ausrüstungsinvestitionen
–	unterstellte Bankgebühr	+	Bauinvestitionen
=	Bruttowertschöpfung (bereinigt)	+	sonstige Anlagen
+	Gütersteuern	+	Vorratsveränderungen
–	Gütersubventionen	+	Nettozugang an Wertsachen
		+	Exporte
		–	Importe

	=	Bruttoinlandsprodukt
	+	Saldo der Primäreinkommen aus der übrigen Welt
	=	Bruttonationaleinkommen
	–	Abschreibungen
	=	Nettonationaleinkommen
	–	Produktions- und Importabgaben
	+	Subventionen
III. Verteilungsrechnung	=	Volkseinkommen
	–	Arbeitnehmerentgelt
	=	Unternehmens- und Vermögenseinkommen

Die wichtigsten Schritte in der Konstruktion des Bruttoinlandsprodukts und der verwandten Größen sind im Schaubild 15.6 dargestellt. Der Leser vergleiche auch den Anhang »Erläuterungen von Begriffen der volkswirtschaftlichen Gesamtrechnungen für die Bundesrepublik Deutschland«, der in dem Jahresgutachten des Sachverständigenrates zur Begutachtung der gesamtwirtschaftlichen Entwicklung enthalten ist.

Tabelle 15.5 fasst die entscheidenden Begriffe nochmals in anderer Form zusammen.

Tabelle 15.5: Inlandsprodukt, Volkseinkommen und verwandte Begriffe

Produktionswert = Gesamtsumme aller Verkäufe (bewertet zu Herstellungspreisen: ohne Gütersteuern, inkl. Gütersubventionen) – Käufe bei anderen Unternehmen (Vorleistungen, bewertet zu Anschaffungspreisen)
= Bruttowertschöpfung – unterstellte Bankdienstleistungen
= Bereinigte Bruttowertschöpfung + Nettogütersteuern (Gütersteuern, einschl. Einfuhrabgaben, abzüglich Gütersubventionen)
= Bruttoinlandsprodukt (zu Marktpreisen) + Saldo der Primäreinkommen zwischen Inländern und der übrigen Welt
= Bruttonationaleinkommen (Bruttosozialprodukt) – Abschreibungen
= Nettonationaleinkommen (zu Marktpreisen) – Gütersteuern (z. B. Mehrwertsteuer) + Gütersubventionen
= Nettonationaleinkommen (zu Herstellungspreisen) = Volkseinkommen – nicht entnommene Gewinne aus Kaptialgesellschaften – direkte Unternehemensteuern (z. B. Körperschaftsteuer) – Sozialbeiträge (so weit von den Arbeitgebern entrichtet) + Transfers
= Einkommen der Haushalte – direkte Steuern – Sozialbeiträge (so weit von den Arbeitnehmern entrichtet)
= verfügbares Einkommen der Privaten Haushalte

Schaubild 15.6: Bruttoinlandsprodukt und Volkseinkommen 1998 (in Mrd. DM)

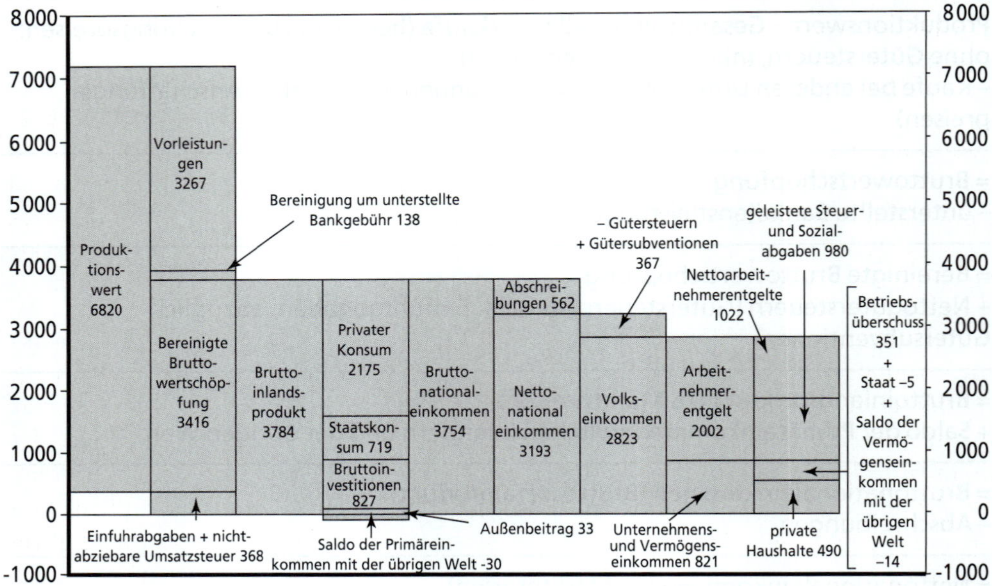

Quelle: Sachverständigenrat, Jahresgutachten 1999/2000.

15.7 Einige Probleme bei der statistischen Messung des Volkseinkommens

Bei der vorliegenden Darstellung der Begriffe handelt es sich um Definitionen und nicht um Theorie. Die Begriffe sind heute weitgehend durch Übereinkunft international für die Statistik festgelegt. Das Volkseinkommen und das Bruttoinlandsprodukt können für eine Wirtschaftsperiode statistisch nur nach Ablauf dieser Periode – d. h. ex-post – festgestellt werden. Erst im Nachhinein sind die Größen bekannt. In der Theorie wird dagegen eine ex-ante-Bestimmung versucht.

1. Bereiche ohne Marktpreise. Die Bewertung des Sozialproduktes mit Preisen wirft noch eine weitere Frage auf: Es gibt auch in einer Marktwirtschaft viele Bereiche, deren Produkte keinen Marktpreis haben. So wird z. B. die bäuerliche Eigenversorgung nicht erfasst, da sie nicht über den Markt läuft. Auch die Arbeit der Hausfrau wird nicht mitgezählt, da hierfür kein Preis besteht. Dagegen wird die Dienstleistung einer Hausangestellten berechnet. Statistisch nimmt das Volkseinkommen also ab, wenn der eingefleischte Junggeselle seine Hausangestellte heiratet.

Auch für Staatsleistungen existiert oft kein Preis. Deshalb muss man zu einer Hilfskonstruktion greifen: die Staatsleistungen werden zu den Herstellungspreisen, d. h. mit dem Faktoreinkommen der vom Staat angestellten Personen einschließlich der Sozialbeiträge angesetzt.

2. Maß der Nettowohlfahrt? Das Inlandsprodukt ist der Wert der jährlichen Produktion, gibt also eine Stromgröße an. Sein Anstieg ist aus einer Reihe von Gründen nicht notwendigerweise mit der Zunahme der Nettowohlfahrt gleichzusetzen. Es werden nur marktmäßige Transaktionen erfasst; Bestandsgrößen oder Kapitalwerte wie die Qualität der Natur sind in diesem Index nicht enthalten (vgl. Abschnitt 24.1).

3. Preissteigerungen. Da das Bruttoinlandsprodukt in Preisen ausgedrückt wird, sind in den Jahreswerten auch die Preissteigerungen (inflationäre Entwicklung) enthalten. In der Regel interessieren wir uns aber für die Frage, wie sich das Inlandsprodukt real entwickelt hat, etwa dann, wenn wir die Entwicklung des Inlandsproduktes in Deutschland in der Zeit vergleichen. In diesem Fall muss man die Preisentwicklung herausrechnen, um die Werte vergleichbar zu machen. Das Inlandsprodukt wird dann in konstanten Preisen bzw. in Preisen eines Basisjahres angegeben.
Setzt man die nominalen Werte des Inlandsprodukts zu den realen Größen, die in konstanten Preisen eines Basisjahres – derzeit 1995 – berechnet werden, in Relation, so erhält man den Preisindex auf der Basis 1995. Dieser Preisindex ist der so genannte BIP-Deflator. Ihm liegt der Warenkorb des jeweiligen Jahres zugrunde, er enthält also eine wechselnde Wägung. Dieser BIP-Deflator erfasst die Veränderungen des Preisniveaus für die in einem Jahr produzierten Güter, also für die Stromgrößen. Nicht enthalten sind Preisänderungen von Variablen, die im Bruttoinlandsprodukt nicht erfasst sind, wie etwa so genannte Bestandsgrößen, z. B. Immobilien.
Das Preisniveau wird in der Regel nicht am BIP-Deflator gemessen, sondern am Preisindex für die Lebenshaltung aller privaten Haushalte. Dabei wird ein Warenkorb zugrunde gelegt, der den Verbrauch eines repräsentativen Haushalts angibt. In diesem Warenkorb sind auch die Preise für Bestandsgrößen enthalten. Der Preisindex für die Lebenshaltung wird nicht nur für Deutschland, sondern auch für den Euroraum berechnet (Harmonisierter Preisindex).

Wichtige Begriffe in Kapitel 15

Güterströme
Geldströme
Kreislauf zwischen Haushalten und Unternehmen
Kreislauf zwischen Haushalten, Unternehmen und Staat
Definitionsgleichung
Ex-post-Erfassung
Ex-ante-Analyse
Bruttoinlandsprodukt
Volkseinkommen
Wertschöpfung
Vorleistung
Entstehungsrechnung
Verwendungsrechnung
Bruttonationaleinkommen
Immaterielle Anlagegüter
Nettoinvestition
Bruttoinvestition
Ersatzinvestitionen
Nettonationaleinkommen
Bruttonationaleinkommen zu Marktpreisen
Nettonationaleinkommen zu Marktpreisen
Nettonationaleinkommen zu Herstellungspreisen
Nachfragelücke
Einkommen aus Arbeit
Einkommen aus Unternehmertätigkeit
Verfügbares Einkommen
Privater Verbrauch
Privates Sparen
Inländerprodukt
Inlandsprodukt
Verteilungsrechnung
Reales Inlandsprodukt
Harmonisierter Preisindex

16 Gesamtwirtschaftliche Nachfrage, gesamtwirtschaftliches Angebot, Beschäftigung und Preisniveau: Ein Überblick

The whole world may be looked upon as a vast general market made up of diverse special markets where social wealth is bought and sold.
Léon Walras

16.1 Produktionspotential und Kapazitätsauslastung

In Schaubild 16.1 ist die Entwicklung des Produktionspotentials und des Bruttoinlandsprodukts in Westdeutschland seit 1970 verzeichnet. Man erkennt, dass die Auslastung des Produktionspotentials in der Zeit schwankt. In den Rezessionen 1974/75, 1981/82 und 1993 war die Kapazitätsauslastung gering. Auch in den achtziger Jahren divergieren Produktionskapazität und Bruttoinlandsprodukt. Folgende Begriffe sind zu unterscheiden:

Bruttoinlandsprodukt. Das Bruttoinlandsprodukt (BIP) ist der Wert aller Güter und Leistungen, die in einer Volkswirtschaft in einem Jahr erstellt werden. Es drückt die Produktion von Waren und Dienstleistungen im Inland nach Abzug der Vorleistungen und Importe aus. Dieser Begriff stellt auf die tatsächliche Produktion ab und ist ein Produktionsindikator.

Produktionspotential. Das Produktionspotential ist das Inlandsprodukt, das sich bei Vollbeschäftigung aller im Inland verfügbaren Produktionsfaktoren einstellen würde. Es wird auch als Kapazitäts-BIP bezeichnet. Der Sachverständigenrat hat in der Vergangenheit das Produktionspotential Westdeutschlands berechnet, indem die Werte für den Kapitalstock mit der potentiellen Kapitalproduktivität multipliziert wurden. Die Veränderung der potentiellen Kapitalproduktivität wurde für Stützzeiträume geschätzt, die einen abgeschlossenen Konjunkturzyklus umfassen. Durch die Umstellung der Statistik (ESVG 95) lagen für 1999 keine hinreichenden Daten für die Berechnung des Produktivitätspotentials vor.
Die Kapazitätsauslastung sagt etwas darüber aus, inwieweit die Produktionskapazität nicht voll ausgelastet ist, inwieweit also Produktionsfaktoren brach liegen.

Produktionslücke. Der Abstand zwischen Produktionspotential und tatsächlicher Produktion wird auch als *Produktionslücke* (oder auch als Outputlücke) bezeich-

Kasten 16.1 Produktionslücke und Beschäftigungslücke

Für die USA hat Okun einen Zusammenhang zwischen Produktionslücke und Beschäftigungslücke empirisch beobachtet: Für jede zwei Prozentpunkte, die das Bruttoinlandsprodukt relativ zum Produktionspotential fällt, steigt die Arbeitslosigkeit um einen Prozentpunkt (Schaubild). Dies wird als Okuns Gesetz bezeichnet. Zwar gilt auch in Deutschland, dass die Arbeitslosigkeit mit der Schwankung des gesamtwirtschaftlichen Produktionsergebnisses variiert, aber die Resultate für die USA lassen sich nicht ohne weiteres auf Deutschland übertragen. In den USA folgt die Beschäftigungslücke eng der Produktionslücke. Die Kurve der Arbeitslosigkeit ist nahezu identisch der Kurve der Beschäftigung.
In Deutschland läuft die Beschäftigungslücke der Produktionslücke nach. Sie ist also zeitverzögert. In den beiden letzten Rezessionen 1981/82 und 1993 dauert die Beschäftigungslücke länger an und ist auch größer als die Produktionslücke (der Ausschlag nach unten ist stärker). In den neunziger Jahren zieht der Abbau der Arbeitslosigkeit der Produktionsverbesserung deutlich hinterher. Zudem zeigt sich, dass in Zeiten der Hochkonjunktur in Deutschland die Arbeitslosigkeit nicht so stark abgebaut wird, wie es der Produktionslücke entspricht. Ferner ist zu beachten, dass sich in Deutschland Outputlücke und Beschäftigungslücke dadurch entkoppelt haben, dass der Sockel der Arbeitslosigkeit angestiegen ist.

Schaubild Kasten 16.1: Okuns Gesetz für die USA und Deutschland

Quelle für Daten: OECD, eigene Berechnungen.

net. Entsprechend wird der Begriff *Beschäftigungslücke* für den Abstand zwischen Vollbeschäftigung und tatsächlicher Beschäftigung angewandt. Grundsätzlich sollte man erwarten, dass die Beschäftigungslücke der Produktionslücke folgt. Weicht die tatsächliche Produktion stark vom Produktionspotential ab, so wird auch die tatsächliche Beschäftigung von der Vollbeschäftigung abweichen.
Bei der Frage, wie sich die gesamtwirtschaftlichen Aggregate wie Bruttoinlandsprodukt und Beschäftigung in der Zeit entwickeln, spielen die Begriffe »gesamtwirtschaftliche Nachfrage« und »gesamtwirtschaftliches Angebot« eine zentrale Rolle.

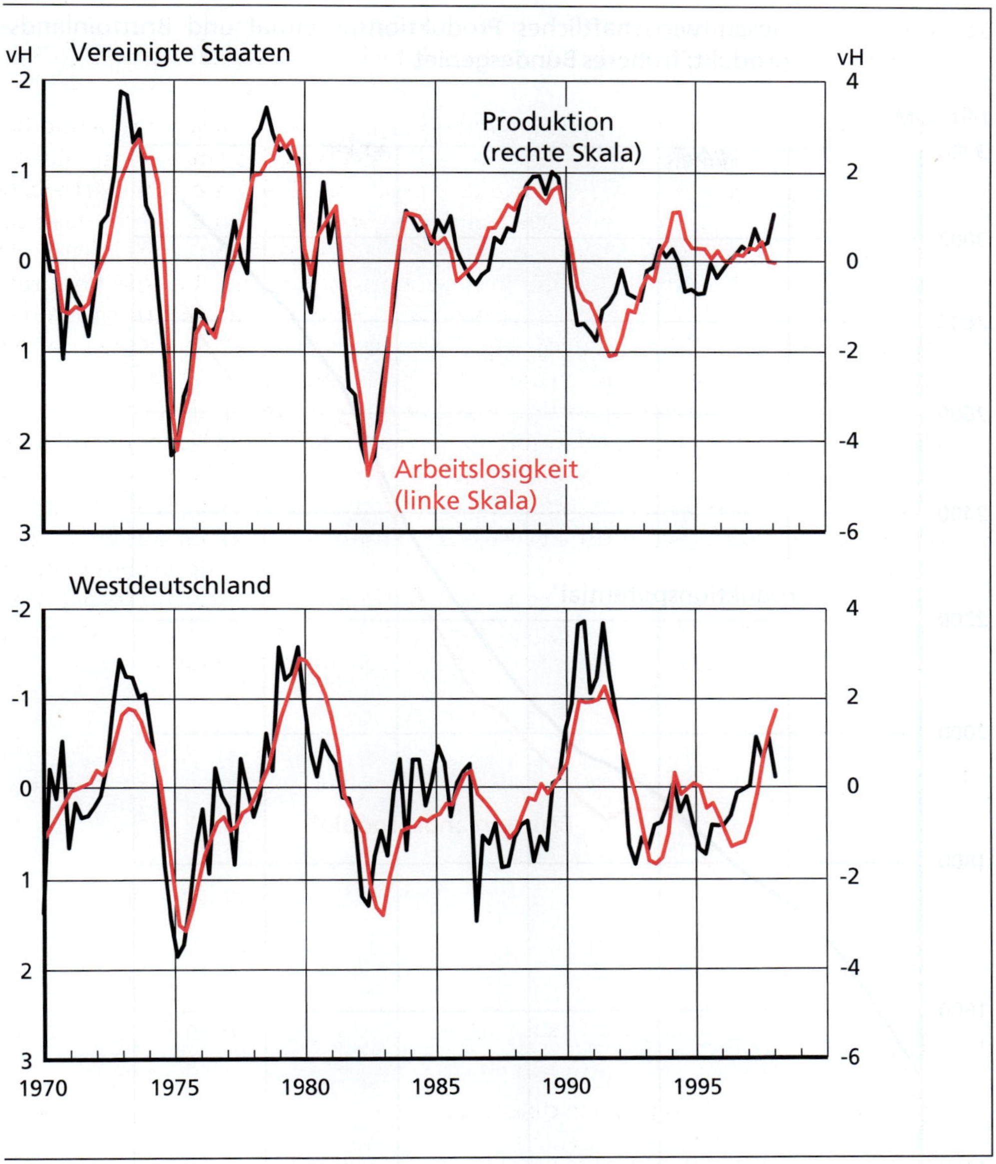
vH
Vereinigte Staaten
vH
Produktion
(rechte Skala)
Arbeitslosigkeit
(linke Skala)
-2
-1
0
1
2
3
4
2
0
-2
-4
-6
Westdeutschland
-2
-1
0
1
2
3
4
2
0
-2
-4
-6
1970
1975
1980
1985
1990
1995

Schaubild 16.1: Gesamtwirtschaftliches Produktionspotential und Bruttoinlandsprodukt; früheres Bundesgebiet

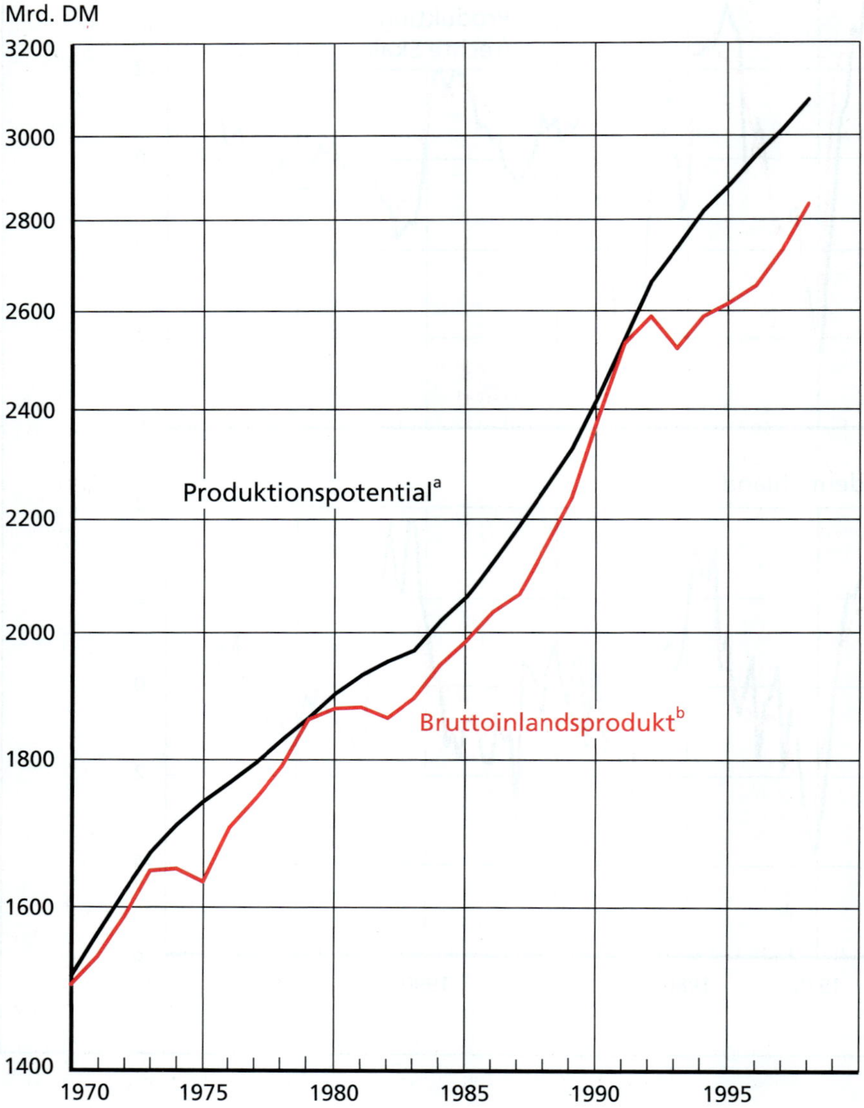

[a] Bei gleicher Auslastung der Sachkapazitäten wie 1960. – [b] In Preisen von 1991.

Quelle für Daten: Sachverständigenrat, Jahresgutachten 1998/99, Tabelle A1.

16.2 Gesamtwirtschaftliche Nachfrage und gesamtwirtschaftliches Angebot

1. Die gesamtwirtschaftliche Nachfrage ist die gesamte Nachfrage nach Gütern (einschließlich Dienstleistungen) in einer Volkswirtschaft. Die gesamtwirtschaftliche Nachfrage (Y^n) besteht aus der privaten Konsumnachfrage (C), den Konsumausgaben des Staates (G), der Investitionsnachfrage (I), sowie der Nettonachfrage des Auslands, die sich als Differenz von Exporten und Importen ergibt und auch als Außenbeitrag bezeichnet wird (X–IM). Es gilt

$$Y^n = C + G + I + X - IM.$$

Diese Beschreibung der Nachfrageseite stellt eine erhebliche Vereinfachung dar: Man aggregiert alle Güter zu einem einzigen Gut, das für Konsumzwecke der Privaten oder des Staates und für Investitionszwecke verwendet werden kann. Ferner fasst man das Nachfrageverhalten der Vielzahl der Haushalte in einer einzigen Größe, der privaten Konsumnachfrage, und das Nachfrageverhalten der Vielzahl der Unternehmen in den Investitionsausgaben zusammen. Auch hinter der Variablen G – den Konsumausgaben des Staates – verbergen sich eine Vielzahl von Entscheidungseinheiten wie von Bund, Ländern und Gemeinden.
In Schaubild 16.2 ist eine gesamtwirtschaftliche Nachfragekurve Y^n mit fallendem Verlauf in Abhängigkeit vom gesamtwirtschaftlichen Preisniveau eingezeichnet.[1]

2. Das gesamtwirtschaftliche Angebot bezeichnet die Angebotsmenge eines aggregierten Produkts der gesamten Volkswirtschaft – also aller Waren und Dienstleistungen ohne Vorleistungen und Importe. Die verschiedenen Güter werden zu einem einzigen Produkt zusammengefasst. Dieses gesamtwirtschaftliche Angebot hängt von den eingesetzten Produktionsfaktoren ab. Je mehr Produktionsfaktoren eingesetzt werden, desto mehr kann in der Gesamtwirtschaft produziert und angeboten werden. Das volkswirtschaftliche Angebot (Y^a) ist also u. a. durch eine gesamtwirtschaftliche Produktionsfunktion zu beschreiben. Die gesamtwirtschaftliche Angebotsmenge (Y^a) variiert mit dem Preisniveau (p) in einer Volkswirtschaft. Sind die Produktionsfaktoren Arbeit (A), Kapital (K) und technisches Wissen (T) nicht voll ausgeschöpft, so kann das Angebot einer Volkswirtschaft ausgedehnt werden, ohne dass die Preise steigen, d. h. ohne dass Preisniveaueffekte eintreten. Die gesamtwirtschaftliche Angebotskurve hat also unterhalb der gesamtwirtschaftlichen Kapazitätsschranke einen horizontalen Verlauf (Schaubild 16.2). Ist die Produktionskapazität (Y_v) erreicht, so steigt das Preisniveau (vertikaler Ast der gesamtwirtschaftlichen Angebotskurve). Ein Zwischenbereich der gesamtwirtschaftlichen

[1] Es wird noch zu zeigen sein, daß diese Nachfragekurve eine gegebene Geldmenge unterstellt.

Angebotskurve liegt vor, wenn die Volkswirtschaft bei steigender Nachfrage an die Kapazitätsschranke stößt. Für die Angebotsfunktion gilt also

$$Y^a = Y^a\,(p, A, K, T).$$

Schaubild 16.2: Gesamtwirtschaftliche Nachfrage und gesamtwirtschaftliches Angebot

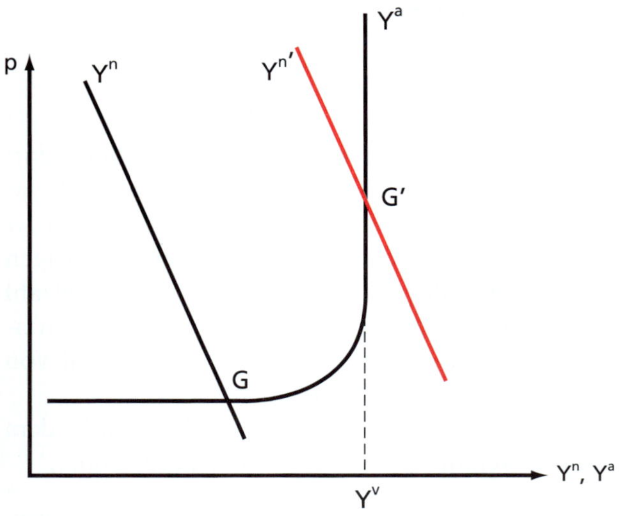

3. Das Gleichgewicht zwischen gesamtwirtschaftlicher Nachfrage und gesamtwirtschaftlichem Angebot ist erreicht, wenn beide Größen gerade gleich sind, wenn also

$$Y^n = Y^a.$$

Bei einer gesamtwirtschaftlichen Nachfragekurve (Y^n) ist dies in Schaubild 16.2 in Punkt G der Fall. Punkt G kennzeichnet jedoch ein *Gleichgewicht bei Unterbeschäftigung*. Das Produktionspotential Y^a wird nicht ausgeschöpft (Keynes-Fall). Bei einer gesamtwirtschaftlichen Nachfragekurve Y^n dagegen wird der Gleichgewichtspunkt G′ erreicht. Das Kapazitätseinkommen Y^a stellt eine Schranke dar; und die gesamtwirtschaftliche Überschussnachfrage wirkt sich in einem Anstieg des Preisniveaus aus.

4. Wachstum bezeichnet die langfristige Zunahme des aktuellen oder potentiellen Bruttoinlandsprodukts. Wird das gesamte Produktionspotential ausgeschöpft, so kann sich weiteres Wachstum nur einstellen, wenn auf der Angebotsseite Wachs-

tumsfaktoren wirksam werden, wenn also die Produktionsfaktoren zunehmen (Kapitalakkumulation, technischer Fortschritt). Eine offene Frage ist, unter welchen Bedingungen die Zunahme der gesamtwirtschaftlichen Nachfrage das Angebotspotential stimuliert (Beispiel Bundesrepublik in den fünfziger Jahren durch eine Unterbewertung der DM).

5. Konjunkturelle Schwankungen von Gesamtangebot und Gesamtnachfrage können sich im Verlauf der Zeit einstellen. Das maximal mögliche Angebot einer Volkswirtschaft wird langfristig von der Produktionskapazität bestimmt. Die gesamtwirtschaftliche Nachfrage kann im Verlauf der Zeit um diese Produktionskapazität schwanken. Bleibt die gesamtwirtschaftliche Nachfrage unterhalb der Produktionskapazität, so liegt eine Unterauslastung der Produktionsfaktoren vor. Im Konjunkturzyklus ist eine Rezession gegeben. Stößt dagegen die gesamtwirtschaftliche Nachfrage real an die Produktionskapazität, so handelt es sich um Vollbeschäftigung oder Überbeschäftigung (oder um eine Hochkonjunktur).

16.3 Drei wichtige Märkte

Bei einer gesamtwirtschaftlichen Betrachtung wird eine Vielzahl der Entscheidungseinheiten und der Märkte »aggregiert«. Dabei gewinnen drei Märkte besondere Bedeutung:

1. Gütermarkt: Auf dem Gütermarkt treffen die Nachfrage aller Haushalte und das Angebot aller Unternehmen aufeinander. Es wird also vereinfachend unterstellt, dass nur ein einziges Gut nachgefragt und angeboten wird. Wie wir in Abschnitt 16.2 gesehen haben, ist das Preisniveau ein Bestimmungsfaktor von Nachfrage und Angebot, so dass wir schreiben können

$$Y^n(p, ..) = Y^a(p, ..).$$

Die Punkte deuten an, dass die gesamtwirtschaftliche Nachfrage und das gesamtwirtschaftliche Angebot noch von anderen Faktoren beeinflusst werden.

2. Geldmarkt: Auf dem Geldmarkt treffen Nachfrage nach und Angebot an Geld aufeinander. Das nominelle Geldangebot M wird durch die Notenbank und das Bankensystem bestimmt. Wirtschaftssubjekte fragen Geld nach, weil sie Transaktionen durchführen wollen; ob sie Geld halten, hängt auch davon ab, welche alternativen Anlagemöglichkeiten ihnen etwa bei Wertpapieren entgehen, also letztlich vom Zins i. Wirtschaftssubjekte sind an dem realen Wert ihres Geldes interessiert. Interpretiert man also die Geldnachfrage L als die Nachfrage nach Realkasse, so ist das Gleichgewicht auf dem Geldmarkt bestimmt durch die Gleichheit von nomi-

nalem Geldangebot und dem Produkt aus realer Geldnachfrage und Preisniveau (nominale Geldnachfrage).

$$pL(i, ..) = M.$$

Auch hier deuten Punkte an, dass noch andere Faktoren bei der Bestimmung des Gleichgewichts auf dem Geldmarkt eine Rolle spielen.

3. Arbeitsmarkt: Die Nachfrage nach Arbeit (Angebot an Arbeitsplätzen) und das Angebot an Arbeit (Nachfrage nach Arbeitsplätzen) treffen auf dem Arbeitsmarkt zusammen. Sowohl die Nachfrage nach Arbeit (A^n) als auch das Angebot (A^a) hängen vom realen Lohnsatz l/p (und anderen Faktoren) ab, so dass wir für das Gleichgewicht schreiben können

$$A^n (l/p, ..) = A^a (l/p, ..).$$

Übersteigt die Nachfrage nach Arbeit das Angebot, so herrscht Überbeschäftigung. Ist dagegen die Nachfrage nach Arbeit geringer als das Arbeitsangebot, so liegt Arbeitslosigkeit vor.
Gütermarkt, Geldmarkt und Arbeitsmarkt haben also zentrale Bedeutung für die Bestimmung der gesamtwirtschaftlichen Aggregate. Der Güterpreis – das Preisniveau – spielt eine besondere Rolle bei der Bestimmung des Gleichgewichts auf dem Gütermarkt. Der Zinssatz ist für das Geldmarktgleichgewicht relevant, und der Lohn ist dem Arbeitsmarkt zugeordnet.

Wichtige Begriffe in Kapitel 16

Bruttoinlandsprodukt
Produktionspotential
Kapazitätsauslastung
Produktionslücke
Beschäftigungslücke
Okuns Gesetz
Gesamtwirtschaftliche Nachfrage
Konsumnachfrage (privater Verbrauch)
Investitionsnachfrage
Nachfrage des Staates
Außenbeitrag
Gesamtwirtschaftliches Angebot
Gesamtwirtschaftliche Produktionsfunktion
Gleichgewicht
Gleichgewicht bei Unterbeschäftigung (Keynes-Fall)
Wachstum
Konjunkturelle Schwankungen
Gütermarkt
Geldmarkt
Arbeitsmarkt

17 Gesamtwirtschaftliche Nachfrage und Volkseinkommen: Der Gütermarkt

So schuf Gott am vierten Tag Keynes,
Und es herrschte eine große Depression im Lande,
Und die Reservearmee der Arbeitslosen seufzte ob der rigiden Lohnsätze,
Und Keynes sah, dass die aggregierte Nachfrage nicht hinreichte
Und dass die unsichtbare Hand zu schwach war.
So sandte Keynes die Regierung aus, die unsichtbare Hand zu ersetzen,
Und die Regierung trachtete danach, Gottes Güte auf Erden zu vertreten,
Aber Gott sah, dass es deprimierend war.
Lawrence H. Hadley[1]

17.1 Das Ziel der Vollbeschäftigung

Zur Zeit der Weltwirtschaftskrise in den 30er Jahren herrschte in den meisten hochentwickelten Volkswirtschaften eine andauernde, sehr hohe Arbeitslosigkeit. 1931 waren im Deutschen Reich 34 vH, im Jahr 1932 30,4 vH und 1933 26,2 vH der Arbeitskräfte ohne Arbeitsplatz. Von ungefähr 18 Mio. Arbeitskräften waren rund 6 Mio. ohne Arbeit – jeder dritte Arbeitnehmer war unbeschäftigt. Diese Unterbeschäftigung der Arbeitskräfte ging einher mit einer Unterbeschäftigung der anderen Produktionsfaktoren und einer Nichtausnutzung der Produktionskapazität. Zugleich sank das Niveau des Volkseinkommens, so z. B. im Deutschen Reich in konstanten Preisen von 75 Mrd. Mark (1928) auf 56 Mrd. Mark (1932).
Die Arbeitslosenquote Deutschlands ist in Tabelle 1.4 für die Zeit ab 1950 festgehalten. Man erkennt, dass die Arbeitslosigkeit von 10,4 vH (1950) in den fünfziger Jahren abgebaut wurde – und dies trotz der immensen Zuwanderung in diesem Zeitraum. In den sechziger Jahren lag die Arbeitslosigkeit im Durchschnitt bei 1 vH. In den siebziger Jahren zog dann die Arbeitslosenquote an. Im Gefolge der Rezession zu Beginn der achtziger Jahre stieg die Quote explosionsartig auf bis zu 8,9 vH (1985) an. Der wirtschaftliche Aufschwung hatte die Entstehung von ungefähr 2,6 Millionen neuen Stellen zwischen 1983 und 1991 zur Folge, jedoch blieb die Arbeitslosenquote bis 1988 auf einem hohen Niveau. In der Rezession 1993 stieg die Arbeitslosigkeit an; 1998 erreichte sie einen historischen Höchststand. Über die Entwicklung der Arbeits-

[1] Eine Geschichte der ökonomischen Lehrmeinungen, entnommen aus: Nationalökonomologie, Hrsg. v. Orestes V. Trebeis, 7. Aufl., Tübingen 1995.

losigkeit in einigen ausgewählten Industrienationen (Deutschland, Frankreich, Großbritannien, USA, gesamte OECD) informiert Tabelle 1.5.
Das hohe Ausmaß der Arbeitslosigkeit in den dreißiger Jahren führte zu einem Umdenken in der ökonomischen Theorie und in der staatlichen Wirtschaftspolitik. Die ökonomische Theorie wendete vor dem Hintergrund der gravierenden Unterbeschäftigung von Produktionsfaktoren und eines relativ niedrigen Volkseinkommens ihre Aufmerksamkeit darauf, das Phänomen der Arbeitslosigkeit zu erklären. Die staatliche Wirtschaftspolitik nahm zur Kenntnis, dass Arbeitslosigkeit in marktwirtschaftlichen Systemen auftreten kann, und erkannte, dass ein solcher Zustand gesellschaftlich und politisch nicht erwünscht ist, und zwar aus den folgenden Gründen:

1. Für den Betroffenen stellt der Verlust eines Arbeitsplatzes ein schweres Schicksal dar. Er bedroht seine ökonomische Basis und damit seine menschliche Existenz. Die Arbeitslosigkeit beraubt den Einzelnen der Möglichkeit, sich in einer sinnvollen Weise an der gesellschaftlichen Arbeitsteilung zu beteiligen und damit seinen Beitrag zu der Leistung einer Volkswirtschaft zu erbringen. In einer Gesellschaft, in deren Normensystem Bereitschaft zur Arbeit und Arbeitsleistung positiv bewertet werden, muss dies für den Einzelnen zu einem schweren seelischen Konflikt führen.

2. Für das soziale System bringt Arbeitslosigkeit einer größeren Anzahl von Mitgliedern der Gesellschaft erhebliche Probleme mit sich. Der Einzelne ist nicht mehr in der Lage, die gesellschaftlichen Normen zur Arbeitsleistung zu erfüllen, und die persönlichen Frustrationen führen zur sozialen und politischen Instabilität. Für das Überleben einer Gesellschaft ist deshalb die Lösung dieses Problems erforderlich.

3. Von der ökonomischen Dimension her liegen Arbeitskräfte brach, und das Gleiche gilt für die anderen Produktionsfaktoren. Dies bedeutet, dass das Produktionspotential einer Volkswirtschaft nicht ausgeschöpft wird und damit der erstellte Güterberg geringer wird als er sein könnte. Aus diesen und anderen Gründen ist die Vollbeschäftigung ein allgemein akzeptiertes Ziel der Wirtschaftspolitik.

17.2 Die Bedeutung der gesamtwirtschaftlichen Nachfrage

Betrachtet man die Produktionskapazität einer Volkswirtschaft als gegeben, so gewinnt die gesamtwirtschaftliche Nachfrage nach Gütern eine entscheidende Rolle als Bestimmungsfaktor der Kapazitätsauslastung, des tatsächlichen Volkseinkommens und letztlich auch der Beschäftigung.

1. **Die These von der unzureichenden Nachfrage.** Vor dem Hintergrund einer gravierenden Unterbeschäftigung von Produktionsfaktoren und einem relativ niedrigen Volkseinkommen in den dreißiger Jahren versuchte der englische Nati-

Kasten 17.1 Bestandteile der gesamtwirtschaftlichen Nachfrage

Das Schaubild vermittelt einen Eindruck von der Entwicklung und der Bedeutung der vier Komponenten der gesamtwirtschaftlichen Nachfrage: private Konsumausgaben, Konsumausgaben des Staates, Bruttoinvestitionen und Außenbeitrag. Den größten Anteil erreichen die privaten Konsumausgaben mit 56 vH des Bruttoinlandsprodukts. Die Konsumausgaben des Staates – die Nachfrage des Staates ohne Investitionen und ohne die Umlenkungsfunktion des Staates durch Transfers – macht etwa 19 vH aus. Die Ausgaben für den Konsum insgesamt, privater Konsum plus Staatskonsum, erreichen also 75 vH. Die Bruttoinvestitionen liegen bei 23 vH; der Außenbeitrag macht nicht ganz 2 vH aus.

Schaubild Kasten 17.1: Komponenten der gesamtwirtschaftlichen Nachfrage in Deutschland, 1991–1999[a]

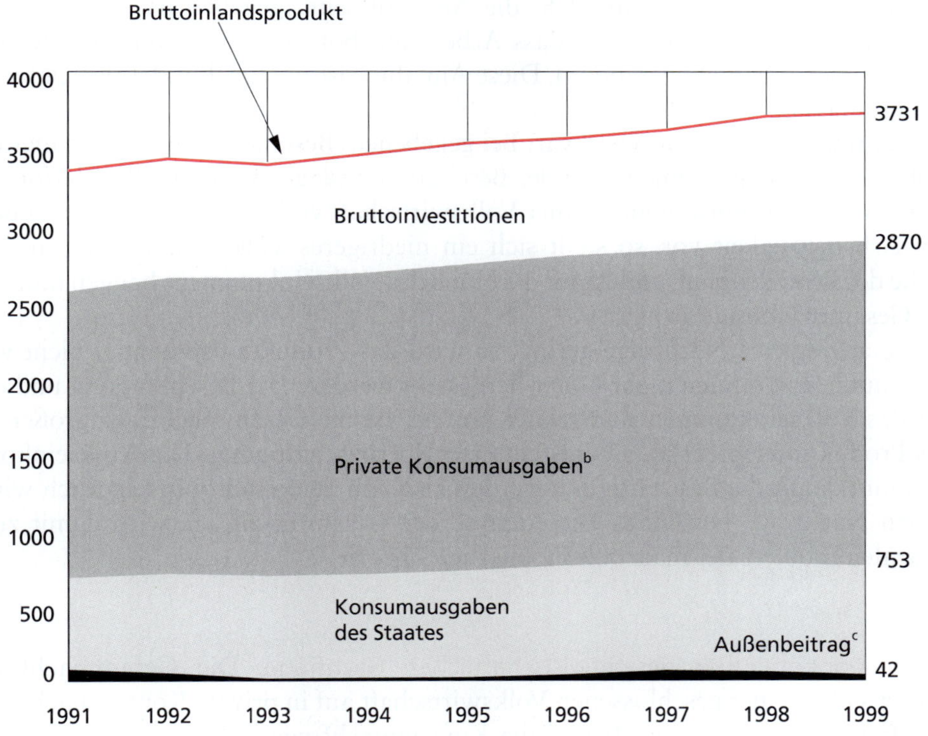

[a] Angaben in Preisen von 1995. – [b] Konsumausgaben der privaten Haushalte und der privaten Organisationen ohne Erwerbszweck. – [c] Einschließlich der an die übrige Welt gezahlten Primäreinkommen.

Quelle: Sachverständigenrat, Jahresgutachten 1999/2000, Tabelle 22* und 45*. Für 1999: Schätzung des Sachverständigenrates.

onalökonom John Maynard Keynes, eine Theorie für die Bestimmung von Volkseinkommen und Beschäftigung aufzustellen.[2]
Die keynesianische Position behauptet, dass infolge eines Nachfrageeinbruchs auf dem Gütermarkt eine zu geringe gesamtwirtschaftliche Nachfrage herrscht, dass also die Anbieter auf dem Gütermarkt rationiert werden. Da die Nachfrage nach Arbeit eine abgeleitete Nachfrage ist, entsteht als Folgewirkung Arbeitslosigkeit (Angebotsüberhang auf dem Arbeitsmarkt).
Eine zentrale Frage der keynesianischen Analyse ist also, ob die gesamtwirtschaftliche Nachfrage ausreichend ist, das Produktionspotential auszuschöpfen. In einer Situation, in der ein Teil der Produktionsfaktoren brachliegt und in der das Produktionspotential einer Volkswirtschaft nicht ausgeschöpft ist, kann die Frage, ob die Produktionsfaktoren Arbeit, Kapital und technisches Wissen z. B. durch Bevölkerungswachstum, Kapitalbildung und Erfindungen vermehrt werden, notwendigerweise in den Hintergrund des Interesses treten. Die zentrale Frage lautet, warum die gegebenen Produktionsfaktoren nicht beschäftigt sind.
Zur Vereinfachung wird deshalb die Annahme eingeführt, dass das Produktionspotential einer Volkswirtschaft, d. h. die Angebotsseite, gegeben ist und konstant bleibt. Es wird also unterstellt, dass Arbeitsangebot, Kapitalbestand und technisches Wissen sich nicht verändern. Diese Annahme ist für eine kurzfristige Untersuchung zulässig.
Die zentrale These von Keynes war: Bei gegebenem Bestand an Faktoren hängt die Höhe des Volkseinkommens von der Beschäftigungslage ab. Bei Vollbeschäftigung wird das Produktionspotential einer Volkswirtschaft voll ausgeschöpft. Liegt dagegen Arbeitslosigkeit vor, so stellt sich ein niedrigeres Volkseinkommen ein. Die Höhe der Beschäftigung und damit die Höhe des Volkseinkommens hängen nun von der Gesamtnachfrage ab.
Ist die aggregierte Nachfrage gering, so wird das Produktionspotential nicht voll ausgenutzt, es könnten mehr Güter hergestellt werden: Die Beschäftigung und damit das Volkseinkommen sind relativ niedrig. Ist die Gesamtnachfrage größer als das Produktionspotential, so entsteht eine Überbeschäftigung. Das Volkseinkommen und damit die Beschäftigung werden also von der gesamtwirtschaftlich wirksamen Nachfrage bestimmt. Die Analyse der Gesamtnachfrage wird damit zum zentralen Problem der makroökonomischen Theorie.

2. Komponenten der gesamtwirtschaftlichen Nachfrage. Die Gesamtnachfrage spaltet sich in einer geschlossenen Volkswirtschaft auf in private Konsumnachfrage (C), Investitionsnachfrage (I) und die Konsumnachfrage des Staates (G). Die Investitionsnachfrage beinhaltet private und staatliche Investitionsnachfrage. In einer offenen Volkswirtschaft ist zusätzlich die Netto-Nachfrage des Auslandes zu be-

[2] J. M. Keynes, Allgemeine Theorie der Beschäftigung, des Zinses und des Geldes, 1936. Aus dem Englischen übersetzt, Berlin 1952.

rücksichtigen. Dieser Außenbeitrag ist definiert durch die Exporte des Inlandes (X) minus die Importe aus dem Ausland (IM), also X – IM.

$$Y^n = C + G + I + (X - IM).$$

Ob die Gesamtnachfrage ausreicht, ein gegebenes Produktionspotential auszuschöpfen, hängt davon ab, ob diese einzelnen Bestandteile der Nachfrage in Bezug auf das Angebotspotential groß genug sind. Folglich muss das Verhalten dieser Nachfragekomponenten untersucht werden, wenn man die Frage nach der Beschäftigungslage und der Höhe des Volkseinkommens beantworten will.
Vereinfachend gehen wir zunächst von einer geschlossenen Volkswirtschaft ohne staatliche Aktivitäten aus. Dann sind die entscheidenden makroökonomischen Größen die Konsum- und Investitionsfunktionen. Diese Funktionen sind im Folgenden zu erklären. Wird das Produktionspotential einer Volkswirtschaft nicht ausgeschöpft, so verläuft die Angebotskurve (Schaubild 16.2) horizontal; das Preisniveau verändert sich nicht, wenn das Volkseinkommen unterhalb des Kapazitätseinkommens steigt. Dabei wird von sektoralen Engpässen (Flaschenhals) abgesehen. Es wird also zunächst ein konstantes Preisniveau unterstellt.

17.3 Die Konsum- und Sparfunktion

In der Mikroökonomie haben wir die Nachfragefunktion eines einzelnen Haushalts nach einem einzigen Gut kennen gelernt. Aus einer Menge solcher Nachfragefunktionen einzelner Haushalte haben wir die Nachfragefunktion aller Haushalte nach einem einzigen Gut durch Addition der Gütermengen erhalten.[3] Diesen Aggregationsprozess können wir noch einen Schritt weitertreiben, indem wir die Konsumnachfrage aller Haushalte nicht nach einem einzigen Konsumgut, sondern nach allen Konsumgütern einer Volkswirtschaft bestimmen. Wir interessieren uns also für die gesamtwirtschaftliche Konsumnachfrage. Diese erhält man, indem man wertmäßig die Konsumnachfrage nach allen Gütern aller Haushalte aggregiert. Die Konsumfunktion drückt nun die Abhängigkeit der Konsumnachfrage (C), also der gesamtwirtschaftlichen Ausgaben für Konsumgüter, von ihren Bestimmungsfaktoren aus.

[3] Vgl. Abschnitt 4.4.

1. Bestimmungsfaktoren des Konsums

1. Verfügbares Einkommen. Eine wichtige Bestimmungsgröße der Konsumausgaben aller Haushalte ist das Einkommen, über das die Haushalte in einer Periode verfügen (verfügbares Einkommen). Mit einer Zunahme des verfügbaren Einkommens steigt die Konsumnachfrage; sie fällt, wenn das verfügbare Einkommen geringer wird.

2. Bezugsgruppe. Der Konsum einer Gruppe von Haushalten hängt aber auch von der Stellung dieser Gruppe in der Gesellschaft ab. In einer Gesellschaft mit vertikaler sozialer Mobilität, d. h. mit Aufstiegschancen in Gruppen mit höherem Sozialprestige, richten Haushalte ihr Konsumverhalten an den Bezugsgruppen aus, in die sie aufsteigen wollen (Bezugsgruppenkonsum). Das Konsumverhalten der angestrebten Bezugsgruppe (z. B. Zweitwagen) wird bereits vorweggenommen, bevor man in die höhere soziale Gruppe aufsteigt. Dieses Konsumverhalten ist auch darauf zurückzuführen, dass der Konsumgütermarkt vor allem bei langlebigen Konsumgütern dem Haushalt Statussymbole vermittelt und sein soziales Ansehen beeinflusst. Aus der Orientierung des Konsums an Bezugsgruppen mit höheren Einkommen folgt, dass Haushalte ihre Konsumausgaben erhöhen, selbst wenn ihr Einkommen nicht ansteigt. Das Sparen wird dann eingeschränkt. Bei einem solchen gruppenbezogenen Konsumverhalten führt eine kurzfristige Reduzierung des verfügbaren Einkommens nicht zu einer Einschränkung des Konsums, da das Individuum den zu seiner Gruppe gehörigen Statuskonsum nicht aufgeben möchte. In diesem Fall wird ein einmal erreichter Konsumstandard durch Verringerung der Ersparnisse aufrechterhalten.

3. Permanentes Einkommen. Der Konsum einer Gruppe kann aber auch von dem permanenten Einkommen des Individuums abhängen. Das permanente Einkommen ist eine Durchschnittsgröße über eine Reihe von Zeiträumen. Eine vorübergehende Einkommensverringerung führt ähnlich wie beim Bezugsgruppenkonsum nicht zu einer Reduzierung der Konsumausgaben. Eine Erhöhung des Einkommens vermehrt die Konsumausgaben, sofern die Einkommenserhöhung dauerhaft ist. So hat man z. B. festgestellt, dass Familien mit stark variierenden Einkommen wie die amerikanischen Farmer bei zufällig hohen Einkommen ihren Konsum konstant halten und die Ersparnisse erhöhen.

4. Vermögen. Die Konsumausgaben können auch mit zunehmenden Vermögen (d. h. mit angesammelten Ersparnissen) größer werden. Es ist anzunehmen, dass von zwei Haushalten A und B mit gleichem Einkommen und unterschiedlichen Geldvermögen der Haushalt mit dem höheren Geldvermögen die größeren Konsumausgaben tätigt.

5. Zins. Auch der Zins kann die Konsumausgaben beeinflussen. Wenn der Zins die Belohnung für die Preisgabe von Liquidität, d. h. für den Nicht-Konsum ist, so bewirkt ein hoher Zins größere Ersparnisse und damit einen niedrigeren Konsum.

Es wird auch Haushalte geben, die sich verschulden, um konsumieren zu können, etwa weil sie in Zukunft ein höheres Einkommen erwarten. In diesem Fall erzwingt ein höherer Zins bei gegebenem Einkommen infolge der Budgetrestriktion des Haushalts eine Reduzierung der Konsumausgaben.

6. Lebenszyklus. Der Konsum variiert auch über den Lebenszyklus eines Haushalts. Junge Familien werden beispielsweise in Erwartung steigenden gesamtwirtschaftlichen Einkommens einen größeren Anteil ihres Einkommens verbrauchen. Außerdem fragen sie dauerhafte Konsumgüter (z. B. ein eigenes Haus) in jungen Jahren nach, und sie müssen sich in der Regel verschulden. Andererseits müssen Familien für die Zeit des Alters Vermögen ansammeln. Damit variiert die Konsumnachfrage auch mit dem *Altersaufbau* einer Gesellschaft.

7. Weitere Faktoren. Konsumausgaben hängen von einer Reihe weiterer Faktoren ab. So sind Erwartungen über *Preissteigerungen* ein Bestimmungsfaktor der Konsumausgaben.[4] Auch *neue Güter* können zu einem vermehrten Konsum führen. Ferner hängt die Höhe des Konsums von der *Einkommensverteilung* ab. Haushalte mit niedrigerem Einkommen geben relativ viel für den Konsum aus, während Haushalte mit hohem Einkommen einen kleineren Anteil ihres Einkommens konsumieren. Wenn diese These zutrifft, bewirkt eine Umverteilung des Volkseinkommens zu Gunsten niedriger Einkommen eine Erhöhung des Konsums. Ferner wird die gesamtwirtschaftliche Konsumnachfrage auch von den *Kreditmöglichkeiten* bestimmt. Schließlich hängt der Konsum auch vom Bevölkerungswachstum ab.

2. Die Konsumfunktion

Aus der Fülle der Bestimmungsfaktoren wählen wir zur Vereinfachung das Einkommen Y als wichtigste Determinante aus. Die Konsumfunktion lautet dann:

$$C = C(Y)$$

Mit zunehmendem Volkseinkommen steigen die gesamtwirtschaftlichen Ausgaben für Konsumzwecke. Diese Konsumfunktion wird anhand eines Zahlenbeispiels in Tabelle 17.1 erläutert.

[4] Erwarten viele Konsumenten Preissteigerungen und handeln sie danach, so erfüllen sich die Erwartungen, indem die Verbraucher die Nachfrage erhöhen und dadurch die Preise in die Höhe treiben. Wir sprechen dann von einem Selbsterfüllungseffekt.

Tabelle 17.1: Konsum und Sparen

Y	C geplant	S geplant
0	25	–25
50	62,50	–12,50
100	100	0
150	137,50	+12,50
200	175	+25

In dem Beispiel wird unterstellt, dass das Einkommen jeweils um 50,00 € zunimmt. Die Konsumausgaben veränderten sich um 37,50 €. Das Verhältnis der Zunahme des Konsums (ΔC) zur Zunahme des Einkommens (ΔY) wird als *Grenzneigung zum Konsum* (ΔC) $\frac{\Delta C}{\Delta Y}$ bezeichnet. Sie ist im Beispiel konstant $\frac{37{,}5}{50} = 0{,}75$.

Die Grenzneigung zum Konsum gibt an, wie sich der Konsum bei einer Veränderung des Einkommens verändert. Die in Tabelle 17.1 enthaltenen Werte sind im Schaubild 17.1 zeichnerisch dargestellt. Die Konsumkurve in Schaubild 17.1 unterstellt, dass bei einem Einkommen von Null für 25 € konsumiert wird. Diese Ausgabe wird z. B. durch Verschuldung ermöglicht. Die Steigung der Konsumkurve ist konstant. Sie wird durch die Grenzneigung zum Konsum angegeben.

Schaubild 17.1: Konsumfunktion

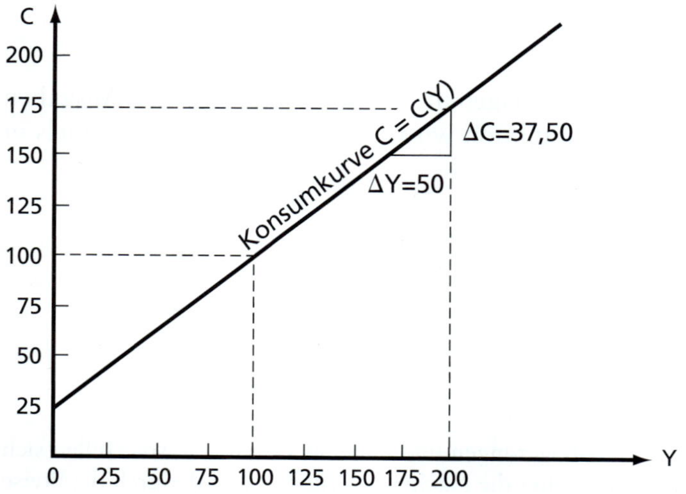

Die Konsumfunktion erfasst nur den Zusammenhang der Größen C und Y. Die anderen Bestimmungsfaktoren des Konsums wie z. B. das Vermögen wirken sich in einer Verschiebung der Konsumkurve aus. Eine Zunahme des Vermögens verschiebt die Konsumkurve nach oben.

3. Die Sparfunktion

Ähnlich wie die Konsumfunktion kann auch die Sparfunktion bestimmt werden. Die Ersparnisse sind definiert als der Teil des Einkommens, der nicht konsumiert wird:

$$S = Y - C$$

Sie hängen wie der Konsum vom Einkommen ab:

$$S = S(Y)$$

d. h., mit steigendem Volkseinkommen nehmen auch die gesamtwirtschaftlichen Ersparnisse zu. Das Verhältnis der Zunahme der Ersparnisse (ΔS) zur Zunahme des Volkseinkommens (ΔY) wird als *Grenzsparneigung* bezeichnet:

$$\frac{\Delta S}{\Delta Y}.$$

In dem obigen Beispiel ist

$$\frac{\Delta S}{\Delta Y} = 0{,}25.$$

Da zusätzliches Einkommen entweder zu Konsum- oder zu Sparzwecken verwendet werden kann, addieren sich die marginale Konsumneigung und die marginale Sparneigung zu 1. Das folgt aus

$$\frac{\Delta C}{\Delta Y} + \frac{\Delta S}{\Delta Y} = \frac{\Delta C + \Delta S}{\Delta Y} = \frac{\Delta Y}{\Delta Y} = 1.$$

Um den Zusammenhang zwischen Konsum- und Sparfunktion zu verdeutlichen, wird in Schaubild 17.2a eine Winkelhalbierende eingezeichnet. Das ist eine Gerade vom Nullpunkt mit einem Steigungsmaß von 45 Grad. Für alle Punkte dieser Kurve gilt: Der Abstand von der Ordinate (senkrechte Achse) und von der Abszisse (waagerechte Achse) ist gleich. Auf allen Punkten der Winkelhalbierenden wird also das gesamte Einkommen konsumiert: Für diese Punkte gilt C = Y. Alle Punkte oberhalb der Winkelhalbierenden stellen Situationen dar, in denen eine Volkswirtschaft mehr als ihr Einkommen konsumiert. Bei allen Punkten unterhalb der Winkelhalbierenden wird weniger konsumiert als das Einkommen.

Kasten 17.2 Ein stabiler Zusammenhang zwischen Konsum und verfügbarem Einkommen

Die makroökonomische Konsumfunktion weist für Deutschland einen stabilen Zusammenhang zwischen dem privaten Konsum und dem verfügbaren Einkommen der privaten Haushalte auf. Diese Beziehung wird auf der Grundlage von Quartalsdaten für den Zeitraum von 1983 bis 1998 geschätzt. Es wird eine einfache Kleinstquadrateschätzung vorgenommen.
Die marginale Konsumneigung der privaten Haushalte ist in diesem Zeitraum 0,87, d. h. von einer zusätzlichen Einkommenseinheit werden 0,87 für den Konsum ausgegeben. Die marginale Sparneigung beträgt entsprechend 0,13. Die geschätzte Konsumfunktion lautet:

$$C = 0{,}87\, Y_v$$

Ein Kriterium für die Strenge des geschätzten Zusammenhangs ist das so genannte zentrierte Bestimmtheitsmaß, das Werte zwischen 0 und 1 annehmen kann. In dieser Regression beträgt es 0,98, d. h. 98 vH der Variation des privaten Konsums werden durch das verfügbare Einkommen beschrieben. Dies ist ein gutes Ergebnis.
Die Schätzung kann zur Veranschaulichung grafisch dargestellt werden. Auf der Abszisse wird das verfügbare Einkommen abgetragen und auf der Ordinate der private Konsum. Die in der Realität beobachteten Ausprägungen sind als Punktwolke abgebildet, die geschätzte Konsumfunktion ist eine Gerade, deren Steigung der marginalen Konsumneigung entspricht. Das hohe zentrierte Bestimmtheitsmaß zeigt sich in der guten Entsprechung von Punktwolke und Gerade.

Aus Schaubild 17.2a lässt sich die Sparfunktion ableiten.[5] Bei einem Einkommen von 200 € werden 175 € konsumiert. Der Rest, 25 €, wird gespart. Bei einem Einkommen von 150 € und einem Konsum von 137,50 € belaufen sich die Ersparnisse auf 12,50 €. Sinkt das Einkommen auf 100 €, so werden die Ersparnisse Null. Fällt das Einkommen noch weiter auf 50 €, so wird mehr für den Konsum ausgegeben als das vom Produktionsergebnis her möglich ist. Die Volkswirtschaft verschuldet sich in Höhe von 12,50 € oder löst Vermögen der Vorperioden auf. Es liegt negatives Sparen (Entsparen) vor. Bei einem Einkommen von Null schließlich beträgt die Verschuldung oder der Vermögensabbau 25 €.
Aus der Konsumfunktion kann die Sparfunktion abgeleitet werden, indem die Differenz zwischen Winkelhalbierender und Konsumfunktion in ein neues Schaubild eingetragen wird. Dann ergibt sich das Schaubild 17.2b.

[5] Vgl. dazu die Angaben in Tabelle 17.1.

In der Grafik kann man sehr gut den Effekt der deutschen Einheit beobachten. Sowohl der Konsum als auch das Einkommen sind durch die Wiedervereinigung sprunghaft angestiegen; die Punktwolke wandert nach oben. Trotz dieses Schocks bleibt der dargestellte Zusammenhang stabil.

Schaubild Kasten 17.2: Eine Konsumfunktion für Deutschland

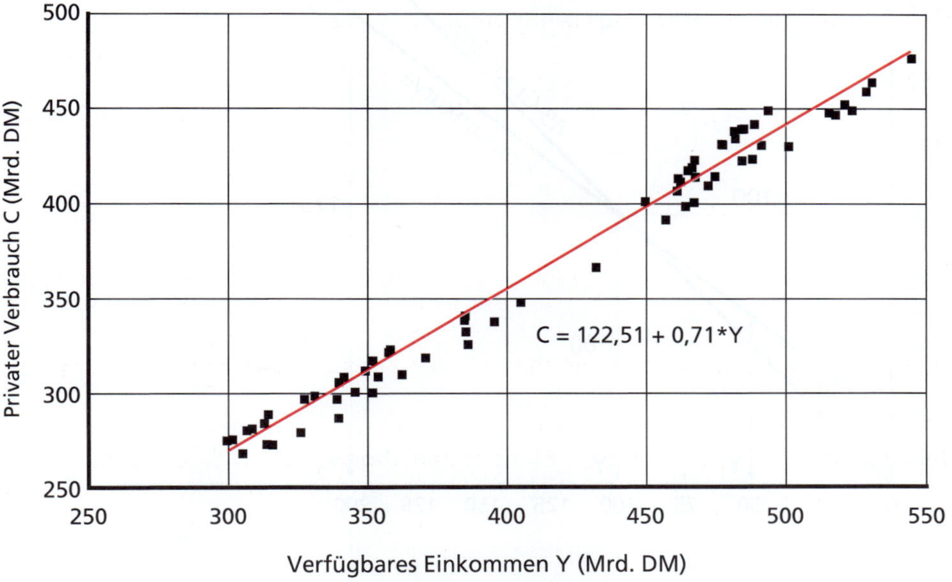

Quelle für Daten: Deutsche Bundesbank, saisonbereinigte Quartalszahlen.

17.4 Die Investitionsfunktion

Neben der Konsumnachfrage ist die Investitionsnachfrage eine weitere Komponente der gesamtwirtschaftlichen Nachfrage.

1. Produktivität und Kapitalnutzungskosten. Investitionen dienen dazu, den Kapitalstock zu vergrößern oder zu erhalten. Ob eine Unternehmung investiert, also Kapital bildet, hängt davon ab, ob eine zusätzliche Einheit des Kapitals den Gewinn erhöht, ob sie einen positiven Grenzgewinn hat. Es gilt also eine analoge Überlegung wie bei der Einstellung eines zusätzlichen Arbeitnehmers. Ein positiver Grenzgewinn liegt dann vor, wenn die Grenzproduktivität des Kapitals, also das zusätzliche Produktionsergebnis, das durch die zusätzliche Einheit Kapital entsteht, die Kosten übersteigt, die durch die Nutzung der Kapitaleinheit anfallen. Dies sind die Kapitalnutzungskosten.

Schaubild 17.2: Ableitung der Sparfunktion

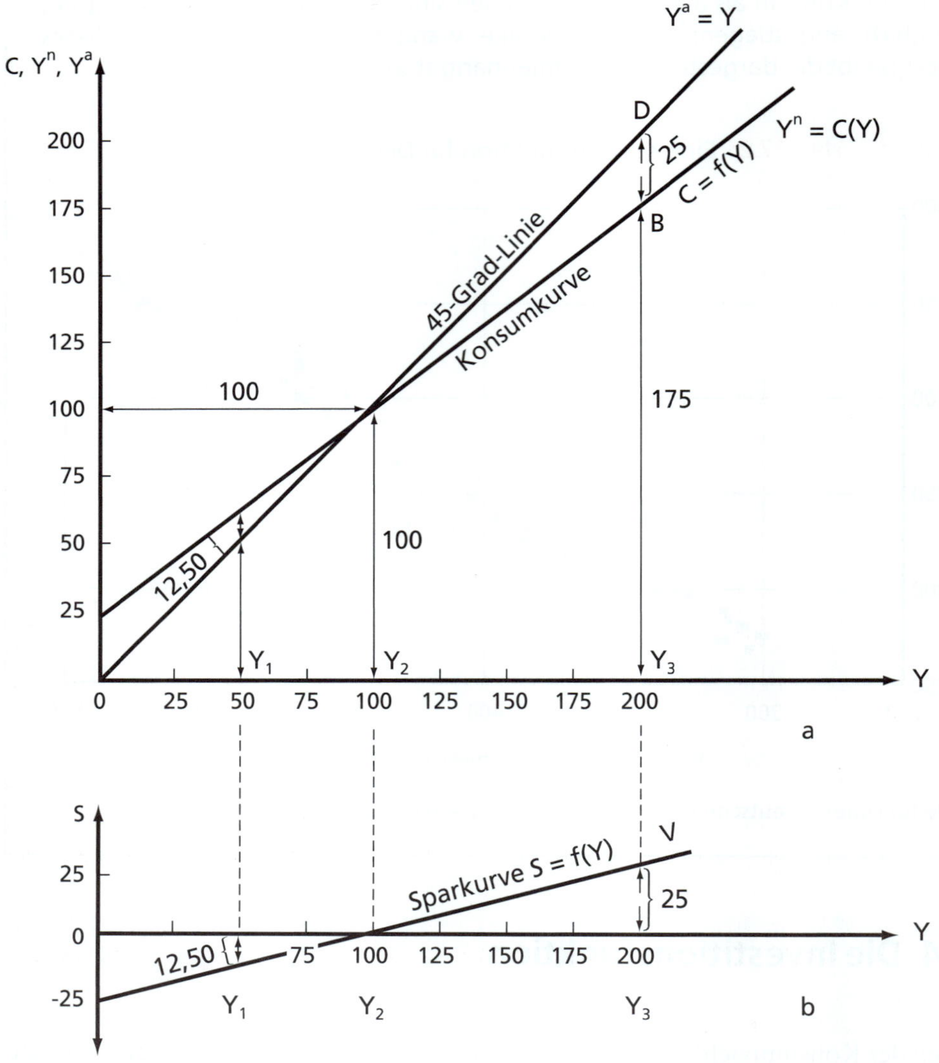

Es ist realistisch anzunehmen, dass nicht jedes Investitionsprojekt die gleiche Produktivität hat, sondern dass die Produktivität mit zunehmender Investitionstätigkeit (oder steigendem Kapitalstock) abnimmt. Schaubild 17.3a stellt eine solche Kurve abnehmender Grenzproduktivitäten dar. Wenn dies für alle Unternehmen gilt, so verläuft die Kurve der Grenzproduktivität des Kapitals in der Gesamtwirtschaft fallend, wie in Schaubild 17.3b gezeichnet.

Schaubild 17.3: Interner Zins

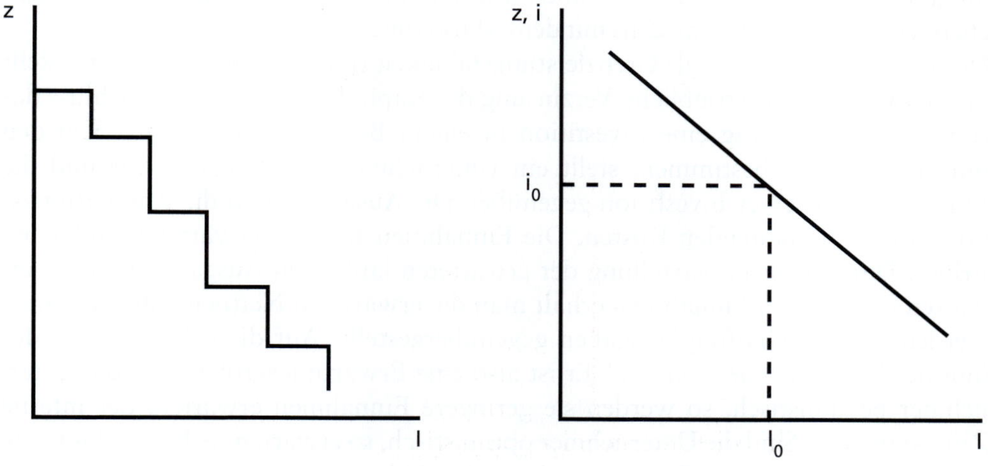

(a) (b)

Kapitalnutzungskosten bestehen darin, dass eine Unternehmung einen Zins pro Einheit Kapital bezahlen muss. Selbst wenn sie ihre Investitionen aus zurückbehaltenen Gewinnen finanziert, so entstehen ihr Kosten – so genannte Opportunitätskosten –, da sie die finanziellen Mittel auf dem Kapitalmarkt hätte anlegen können. Würde das physische Kapital auf ewig bestehen, so würde die Unternehmung alleine die Grenzproduktivität des Kapitals mit dem Zinssatz vergleichen. Diese Regel haben wir bereits in Kapitel 11 abgeleitet – offenbar unter der Annahme, dass das Kapitalgut ewig besteht. Da der Kapitalstock aber im Verlaufe der Zeit obsolet wird, beinhalten die Kapitalnutzungskosten zusätzlich auch die Abschreibungsrate (δ).
In einer Welt ohne Inflation wird also die Grenzproduktivität des Kapitals (z) mit dem Zinssatz (i) und der Abschreibungsrate (δ) verglichen; die Investition wird vorgenommen, wenn die Grenzproduktivität des Kapitals größer ist als der Zinssatz plus Abschreibungsrate

$$z > i + \delta.$$

Wenn die Preise steigen, so kann die Unternehmung ihre Produkte in aller Regel zu höheren Verkaufspreisen absetzen; ihre Verschuldung wird aber durch den Preisanstieg real entwertet, so dass sie am Ende eines Jahres in realer Rechnung entsprechend der Inflationsrate weniger für ihre Schulden bezahlt. Die Kapitalnutzungskosten sind also um den Preisanstieg ($\hat{p}$) zu korrigieren. Mit anderen Worten: es ist der Realzins (Nominalzins minus Preissteigerungsrate) bei den Kapitalnutzungskosten heranzuziehen, so dass der Vergleich lautet

$$z > I - \hat{p} + \delta t.$$

2. **Interner Zins versus Marktzins.** Dieser Sachverhalt wird in der älteren Literatur mit anderen Begriffen dargestellt, und zwar mit Hilfe des »internen Zinses«. Verglichen wird dann der interne Zins mit dem Marktzins.

Der interne Zins – auch als Grenzleistungsfähigkeit des Kapitals bezeichnet – stellt die erwartete innerbetriebliche Verzinsung des Kapitals dar. Er gibt Aufschluss darüber, welchen Ertrag eine Investition in einem Betrieb erwirtschaftet. Um den internen Zins zu bestimmen, stellt ein Unternehmen die Ausgaben für und die Einnahmen aus einer Investition gegenüber. Die Ausgaben sind die Anschaffungskosten und die laufenden Kosten. Die Einnahmen sind die erwarteten laufenden Erlöse. Durch Gegenüberstellung der erwarteten laufenden Ausgaben und der erwarteten laufenden Einnahmen erhält man die erwarteten Nettoeinnahmen. Diese werden den Anschaffungsausgaben gegenübergestellt. Auf diese Weise kann der interne Zins berechnet werden.[6] Er ist also eine Erwartungsgröße: Sind die Unternehmer pessimistisch, so werden sie geringere Einnahmen erwarten; der interne Zins ist niedrig. Sind die Unternehmer optimistisch, so erwarten sie höhere laufende Einnahmen. Der interne Zins ist ceteris paribus höher.

Der interne Zins wird dem Marktzins gegenübergestellt. Ist er höher als der Marktzins, so wird der Unternehmer seine Investitionen im Betrieb tätigen. Im umgekehrten Fall lohnt es sich, die Geldmittel dem Kapitalmarkt zur Verfügung zu stellen.

Wenn alle Unternehmer nach dieser Hypothese handeln, so ist zu erwarten, dass der interne Zins mit zunehmender Investitionssumme fällt. Wenn z. B. nur eine Anlage auf dem Markt ist, so werden die erwarteten Einnahmen hoch sein. Werden zusätzliche Anlagen eingesetzt, so nimmt der interne Zins ab. Wenn immer mehr Unternehmer Investitionen durchführen, müssen sie sich die Nachfrage teilen. Die Einnahmen und damit der interne Zins werden fallen. Ferner können wir annehmen, dass mit zunehmender Investition die Grenzerträge abnehmen (vgl. Ertragsgesetz). Auch aus diesem Grunde muss der interne Zins (z) fallen. Es ergibt sich also, dass der interne Zins mit zunehmender Investition sinkt (Schaubild 17.3a).

Ist der Marktzins i_0 gegeben, so bestimmt die Kurve des internen Zinses die Höhe der geplanten Investition (I_0) (Schaubild 17.3b).

---

[6] Der interne Zins, auch Grenzleistungsfähigkeit des Kapitals genannt, ist derjenige Zins z, der den Gegenwartswert der erwarteten Nettoeinnahmen E der Perioden i = 1, 2, …, n mit den Anschaffungskosten A_0 gleich werden lässt. Die erwarteten Nettoeinnahmen sind die erwarteten Bruttoeinnahmen (Erlöse) minus den laufenden Kosten, es gilt also

$$A_0 = \frac{E_1}{(1+z)} + \frac{E_2}{(1+z)^2} + \ldots + \frac{E_n}{(1+z)^n}$$

3. Weitere Investitionshypothesen. Zur Erklärung der Investitionen sind auch unterschiedliche Hypothesen herangezogen worden.
Die Nettoinvestition (I) kann von der Höhe der *Gewinne* (G) abhängig betrachtet werden. Die Investitionsfunktion lautet dann:

$$I = f(G)$$

Diese Funktion kann einmal dahingehend interpretiert werden, dass hohe Gewinne eine günstige Finanzierungsquelle für unternehmerische Investitionen darstellen und das Unternehmen mit einer breiten Kapitalbasis versorgen. Durch die Selbstfinanzierung wird das Unternehmen unabhängiger vom Kapitalmarkt; es ist damit nicht mehr so stark auf Fremdkapital angewiesen.
Eine andere Interpretation dieser Investitionshypothese sieht die Investitionen von den erwarteten Gewinnen (G^*) abhängig, die mit diesen Investitionen erzielt werden sollen. Je höher die erwarteten Gewinne, umso höher wird auch die Investition sein. Damit bleibt festzuhalten, dass die Investitionstätigkeit in einer Volkswirtschaft von den Erwartungen, d. h. der Stimmung der Unternehmer abhängt.
Eine zweite Hypothese beschäftigt sich mit der möglichen Abhängigkeit der Investitionen von der *Konsumnachfrage*. Eine hohe Konsumnachfrage stellt einen starken Anreiz für die Unternehmer dar zu investieren; eine niedrige Konsumnachfrage wird die Unternehmer nicht zu Investitionen anregen. Die Hypothese bezieht sich jedoch nicht auf die absolute Höhe der Konsumausgaben, sondern auf ihre Veränderung. Nehmen die Konsumausgaben stark zu, so müssen die Unternehmer bei voll ausgelasteter Kapazität ihre Produktionsmöglichkeiten durch Investitionen erweitern, um die wachsende Konsumnachfrage bedienen zu können. Eine schwache Zunahme der Konsumnachfrage erfordert nur eine geringe Ausdehnung der Kapazitäten, d. h. eine geringe Investitionstätigkeit. U. U. ist die Netto-Investition auch negativ: Die Unternehmer nehmen dann keine Ersatzinvestitionen mehr vor. Das ist z. B. dann der Fall, wenn die Konsumnachfrage abnimmt.
Diese Hypothese, die auch als Akzelerationsprinzip bezeichnet wird, kann in der Form

$$I = f(\Delta C)$$

dargestellt werden, wobei ΔC die zeitliche Veränderung des Konsums angibt. Der Akzelerator wird in Kapitel 23 dargestellt.

17.5 Die Höhe des Volkseinkommens ohne geplante Investitionen

Nachdem wir die wichtigsten Bausteine des gesamtwirtschaftlichen Systems, die Konsum- und Investitionsfunktion, kennen gelernt haben, können wir die Frage beantworten, wie durch Konsum- und Investitionsfunktion die Höhe des Volkseinkommens bestimmt werden kann. Zunächst wird zur Vereinfachung unterstellt, dass die Unternehmen nichts investieren wollen. Die geplanten Investitionen seien also Null.

1. Gleichgewicht des Gütermarktes. Wir suchen das Gleichgewichtseinkommen. Dieses ist erreicht, wenn gesamtwirtschaftliches Angebot Y^a und gesamtwirtschaftliche Nachfrage Y^n gerade gleich sind; wenn also gilt:

$$Y = Y^a = Y^n.$$

In Schaubild 17.2a kennzeichnet die 45-Grad-Linie eine Situation, in der das Volkseinkommen Y gleich dem Güterangebot Y^a ist. Dieser Zusammenhang ergibt sich aus der volkswirtschaftlichen Gesamtrechnung: dem Wert der Produktion entspricht das Faktoreinkommen.
Güterwirtschaftliches Gleichgewicht liegt dann vor, wenn die geplante gesamtwirtschaftliche Nachfrage Y^n dem geplanten Güterangebot Y^a entspricht, wenn also gilt: $Y^a = Y^n$. Aus der gesamtwirtschaftlichen Nachfrage

$$Y^n = C + I$$

folgt für den Fall, dass die Investitionen null sind, als Gleichgewichtsbedingung

$$Y^n = C = Y^a$$

Gleichgewicht liegt in Schaubild 17.2 also bei einem Volkseinkommen von $Y^2 = 100$ vor (siehe auch Tabelle 17.1). Im Punkt Y_3 in Schaubild 17.2a liegt die Gesamtnachfrage (die auf Grund unserer Annahmen nur aus dem Konsum besteht) niedriger als die Gesamtproduktion. Die Konsumnachfrage beträgt 175 €, das Angebot 200 €. Die Strecke BD kennzeichnet die Ersparnisse in Höhe von 25 €. Da wir eine geplante Investition von Null unterstellt haben, entstehen ungeplante Investitionen (Lagerinvestitionen). Die Unternehmen schränken die Produktion ein, die Entwicklung geht in Richtung Y_2.
Im Punkt Y_1 liegt die Gesamtnachfrage dagegen über dem Angebot. Der geplante Konsum (62,50 €) ist größer als das tatsächlich vorhandene Angebot (50 €). Die Unternehmen werden sich bemühen, mehr zu produzieren, das Volkseinkommen steigt in Richtung Y_2. In Y_2 wird ein Gleichgewicht erreicht, da C und Y den Wert 100 haben.

Dieses Gleichgewicht zwischen gesamtwirtschaftlicher Konsumnachfrage und gesamtwirtschaftlichem Angebot kann nun ein Einkommen sein, das nicht mit einer Vollbeschäftigung der Faktoren einhergeht. Ist das Vollbeschäftigungseinkommen aber etwa Y_3, so wird bei Y_2 ein Gleichgewicht bei Unterbeschäftigung erreicht. Die Wirtschaft befindet sich dann auf einem Beschäftgungsniveau, das keine Vollbeschäftgung des Produktionsfaktors Arbeit und der anderen Produktionsfaktoren erlaubt. Es stellt sich also ein Gleichgewicht bei Unterbeschäftigung ein.
Diese Zusammenhänge können auch mit Hilfe der Sparfunktion im Schaubild 17.2b dargestellt werden.
Es bleibt unterstellt, dass die geplanten Investitionen Null sind. Trägt man sie auf der Ordinate ein, so fallen geplante Investitionen von Null mit der x-Achse zusammen.
Bei Y_3 sind die geplanten Ersparnisse höher als die geplanten Investitionen, und zwar um die Strecke VY_3. Es entstehen ungeplante Investitionen (Lagerinvestitionen) in Höhe von 25 €. In der nächsten Periode sinkt das Volkseinkommen Y und damit die Beschäftigung.
Bei Y_1 sind die geplanten Investitionen von Null höher als die geplanten Ersparnisse, die ja negativ sind und damit unter Null liegen. Die Unternehmer erfahren eine stärkere Konsumnachfrage. Das Volkseinkommen und die Beschäftigung nehmen zu. Im Punkt Y_2 sind geplante Ersparnisse und geplante Investitionen gleich (Gleichgewicht).

2. Geplante und realisierte Ersparnisse und Investitionen. Bei den Ersparnissen und den Investitionen müssen wir scharf zwischen geplanten und realisierten Größen unterscheiden. Die geplanten Größen sind auf den Anfang einer Periode, die realisierten Größen auf das Ende einer Periode bezogen. Eine realisierte Investition liegt dann vor, wenn am Ende der Wirtschaftsperiode nicht alle Güter aus dem Bereich der Unternehmen in den Bereich der Haushalte gelangt sind. Eine realisierte Ersparnis liegt vor, wenn die Haushalte am Ende der Periode einen Teil ihres Einkommens nicht ausgegeben haben. Geplante Investitionen sind solche Investitionen, die von den Unternehmern zu Beginn einer Wirtschaftsperiode geplant sind. Geplante Ersparnisse sind die Ersparnisse, die die Haushalte zu Beginn einer Periode planen.
Es gilt nun, dass die realisierten Ersparnisse und die realisierten Investitionen immer übereinstimmen. Das erklärt sich aus Folgendem: Die realisierte Ersparnis S ist der Teil des Einkommens, der von den Haushalten am Ende der Periode nicht ausgegeben worden ist (z. B. auch »gehortetes« Geld). Es gilt:

$$S = Y - C.$$

Die realisierte Investition (I) ist die Gesamtheit aller der Güter, die am Ende der Periode noch nicht in den Bereich der Haushalte gelangt sind. Es gilt:

$$I = Y - C.$$

Kasten 17.3 Ausrüstungsinvestitionen und Gewinn-Erlös-Relation

Die Bruttoinvestitionen werden in der volkswirtschaftlichen Gesamtrechnung in Anlageinvestitionen und Vorratsveränderungen (einschließlich Nettozugang an Wertsachen) unterteilt. Die Bruttoinvestitionen lagen 1999 bei 849,8 Mrd. DM. Die Anlageinvestitionen machten 817,9 Mrd. DM aus. Bei den Anlageinvestitionen werden Ausrüstungen (318,6 Mrd. DM), Bauinvestitionen (455,1 Mrd. DM) und sonstige Anlagen (darunter Computersoftware) unterschieden. Vorratsveränderungen erfassen die Veränderungen der Lagerbestände.

Bruttoinvestitionen 1999	849,8 Mrd. DM
Anlageinvestitionen	817,9 Mrd. DM
Ausrüstungsinvestitionen	318,6 Mrd. DM
Bauinvestitionen	455,4 Mrd. DM
Sonstige Anlagen	43,8 Mrd. DM
Vorratsveränderungen	31,9 Mrd. DM

Quelle: Sachverständigenrat, Jahresgutachten 1999/2000, Tabelle 45, Tabelle 22*

Die Ausrüstungsinvestitionen reagieren auf die Veränderung der Gewinn-Erlös-Relation, die die Gewinne in vH der Erlöse angibt und als ein grobes Maß für die Rentabilität der Investitionen angesehen werden kann (Sachverständigenrat, 1998, Tabelle B1, S. 287). Die Gewinn-Erlös-Relation unterliegt starken zyklischen Schwankungen. Sie ist in den drei Rezessionen Mitte der 70er, Anfang der 80er Jahre und 1993 stark zurückgegangen und nach den Rezessionsjahren wieder angestiegen. Man erkennt, dass die Ausrüstungsinvestitionen in Westdeutschland mit rückläufiger Gewinn-Erlös-Relation zurückgehen – so Mitte der 70er, Anfang der 80er und Anfang der 90er Jahre – und dass sie sich mit einer Verbesserung der Gewinn-Erlös-Relation erholen, so Ende der 70er Jahre und im Verlauf der 80er Jahre. Die Tiefpunkte der Gewinn-Erlös-Relation stimmen nahezu mit den Tiefpunkten der Ausrüstungsinvestitionen überein. Das zyklische Verhalten der Ausrüstungsinvestition folgt also der Gewinn-Erlös-Relation. Für 1999 hat der Sachverständigenrat wegen Datenproblemen keine Gewinn-Erlös-Relation ausgewiesen.

Schaubild Kasten 17.3: Ausrüstungsinvestitionen und Gewinn-Erlös-Relation

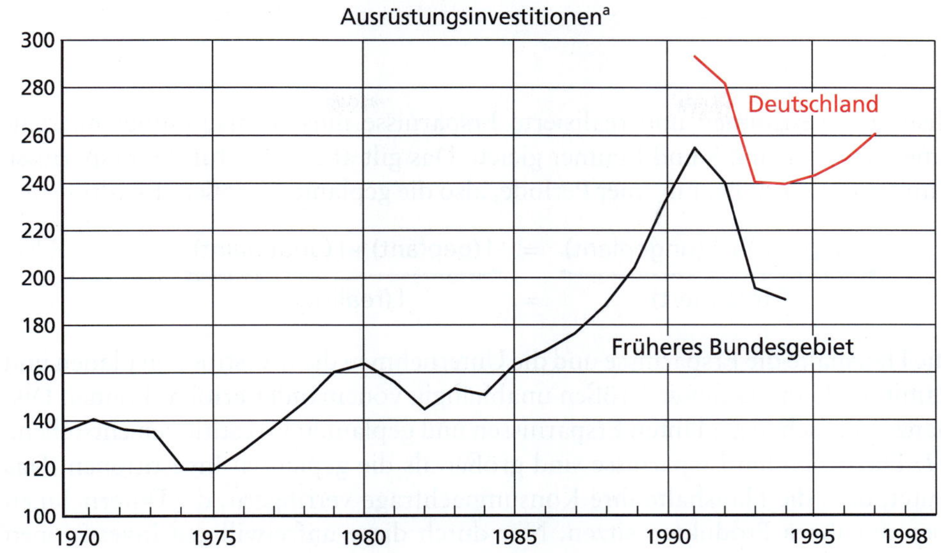

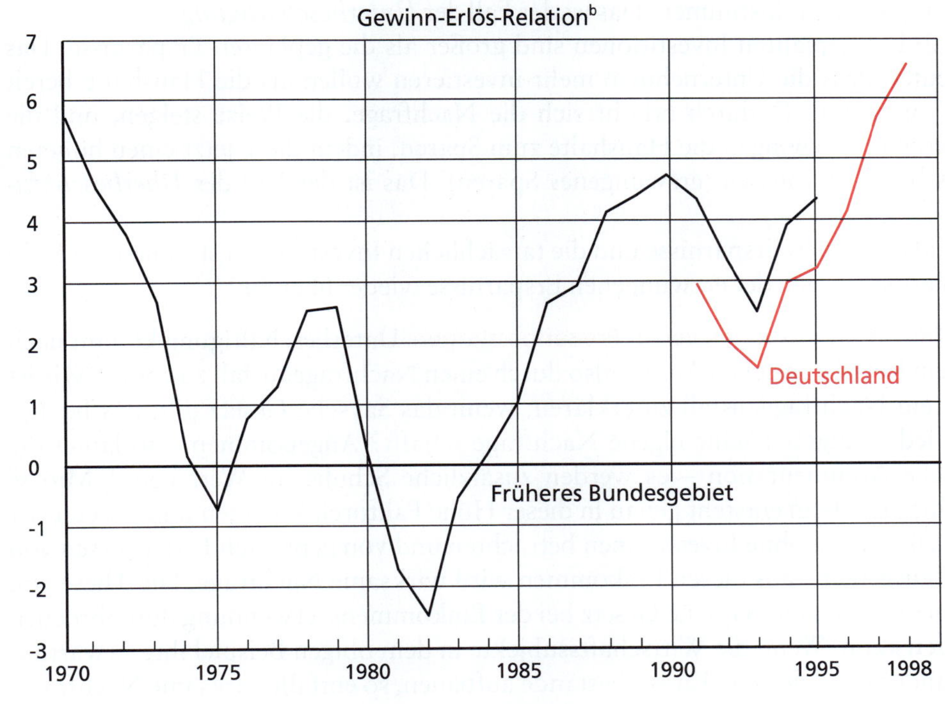

[a] Gesamtwirtschaft ohne Staat; Jahresdaten in Preisen von 1991 in Mrd. DM. – [b] Gewinne in vH der Erlöse; Jahresdaten für Produktionsunternehmen, Wohnungsvermietung, Kreditinstitute und Versicherungsunternehmen.

Quelle: Sachverständigenrat, Jahresgutachten 1998/99.

Folglich ist

$$I = S$$

Realisierte Investitionen und realisierte Ersparnisse müssen also immer übereinstimmen; ex post sind S und I immer gleich. Das gilt aber nicht für die Ersparnisse und Investitionen zu Beginn einer Periode, also die geplanten Größen. Es gilt:

$$\underbrace{S\,(\text{geplant}) + S\,(\text{ungeplant})}_{S\,(\text{realisiert})} = \underbrace{I\,(\text{geplant}) + I\,(\text{ungeplant})}_{I\,(\text{realisiert}}$$

Da die Haushalte die Ersparnisse und die Unternehmen die Investitionen planen und da damit die Planung dieser Größen unabhängig voneinander erfolgt, können Diskrepanzen zwischen geplanten Ersparnissen und geplanten Investitionen entstehen:
Fall 1: Die geplanten Ersparnisse sind größer als die geplanten Investitionen. Das bedeutet, dass die Haushalte ihre Konsumnachfrage verringern, die Unternehmen bleiben auf ihren Produkten sitzen. Nur durch diese unfreiwilligen Investitionen können am Ende der Periode die tatsächlichen Investitionen und die tatsächlichen Ersparnisse übereinstimmen. Das ist der Fall der *Unterbeschäftigung.*
Fall 2: Die geplanten Investitionen sind größer als die geplanten Ersparnisse. Das bedeutet, dass die Unternehmen mehr investieren wollen als die Haushalte bereit sind zu sparen. Dadurch erhöht sich die Nachfrage, die Preise steigen, und die Unternehmen zwingen die Haushalte zum Sparen, indem diese jetzt einen höheren Preis bezahlen müssen (erzwungenes Sparen). Das ist der Fall der *Überbeschäftigung.*
Die tatsächlichen Ersparnisse und die tatsächlichen Investitionen stimmen am Ende der Periode wegen der erzwungenen Ersparnisse wieder überein.

3. Mengenanpassungen versus Preisanpassungen. Unterbeschäftigung kommt nach diesem Keynesiansichen Ansatz also durch einen Nachfrageausfall zustande. Wie ist aber ein Nachfrageausfall zu erklären, wenn das Saysche Gesetz gilt, das besagt, dass jedes Angebot seine eigene Nachfrage schafft? Angenommen – so lautet die Saysche Argumentation – es werden zusätzliche Schuhe im Wert von 1 Mio. € produziert. Dann entsteht genau in dieser Höhe Faktoreinkommen und – wenn wir eine Ökonomie ohne Investitionen betrachten und von geplanten Ersparnissen von Null ausgehen – aus diesen Einkommen wird wirksame Nachfrage. Die These von Keynes ist, dass das Saysche Gesetz bei der Einkommensverwendung durchbrochen werden kann. Wenn die Wirtschaftssubjekte in dem obigen Beispiel ihre Erwartungen ändern und deshalb Kassenbestände aufbauen, so entfällt wirksame Nachfrage. Den Aufbau der Kassenbestände bezeichnen wir auch als Horten. Die Frage, warum Wirtschaftssubjekte horten und damit dem System Güternachfrage entziehen, ist ein zentraler Ansatzpunkt des Keynesschen Systems.

4. Grund für den Nachfrageausfall. Aus der Diskussion der Ungleichgewichte im Schaubild 17.2 erkennt man, dass bei Keynes ein Gleichgewicht nicht über Güt-

erpreise erreicht wird, die ja als gegeben unterstellt sind, sondern über Mengenanpassungen, also Änderungen in der Höhe des Volkseinkommens und letztlich der Beschäftigung. Der Zusammenhang zwischen Volkseinkommen und Beschäftigung ergibt sich daraus, dass mit größerem Volkseinkommen mehr Produktionsfaktoren eingesetzt werden und damit auch die Beschäftigung steigt.

17.6 Die Höhe des Volkseinkommens mit geplanten Investitionen

Wir geben jetzt die Annahme auf, dass die geplanten Investitionen Null sind. Vielmehr nehmen wir geplante Investitionen in einer bestimmten Größenordnung an, die unabhängig von der Höhe des Einkommens sind. Diese Annahme kann dadurch in Einklang mit unserer Investitionsfunktion gebracht werden, dass wir unterstellen, der Zinssatz i sei fixiert. Bei konstantem Zinssatz ergibt sich eine konstante Investition. Zur Vereinfachung nehmen wir an, die Höhe der Investitionen sei mit 12,50 € vorgegeben.
Das Einkommen Y entspricht dem Angebot Y^a; dies wird durch die 45°-Linie dargestellt. Das gleichgewichtige Volkseinkommen Y ist dadurch bestimmt, dass Y^n gleich sind.

$$Y = Y^a = Y^n$$

Da die gesamtwirtschaftliche Nachfrage aus Konsum und (hier als konstant unterstellter) Investition besteht, also

$$Y^n = C(Y) + I,$$

ist das Gleichgewicht dort gegeben, wo sich die gesamtwirtschaftliche Nachfrage und das Angebot treffen (Punkt B in Schaubild 17.4b).
Zeichnerisch kann man sich die Zusammenhänge wie folgt klarmachen. Die Investition ist unabhängig von der Höhe des Volkseinkommens (Schaubild 17.4a).
Im Vergleich zu Tabelle 17.1 ergibt sich in Tabelle 17.2 bei konstanten Investitionen von 12,50 € ein gleichgewichtiges Einkommen, wenn das Angebot Y von der Gesamtnachfrage C + I ausgeschöpft wird. Dies ist jetzt bei einem Volkseinkommen von 150 € der Fall.
Die Determinanten des Einkommens sind jetzt die Konsum- und die Investitionsnachfrage, da sich die Gesamtausgaben aus Konsum- und Investitionsausgaben zusammensetzen. Um zu einer Kurve der Gesamtnachfrage zu kommen, müssen C und I addiert werden.

Schaubild 17.4: Investition, Konsumfunktion und gesamtwirtschaftliches Gleichgewicht

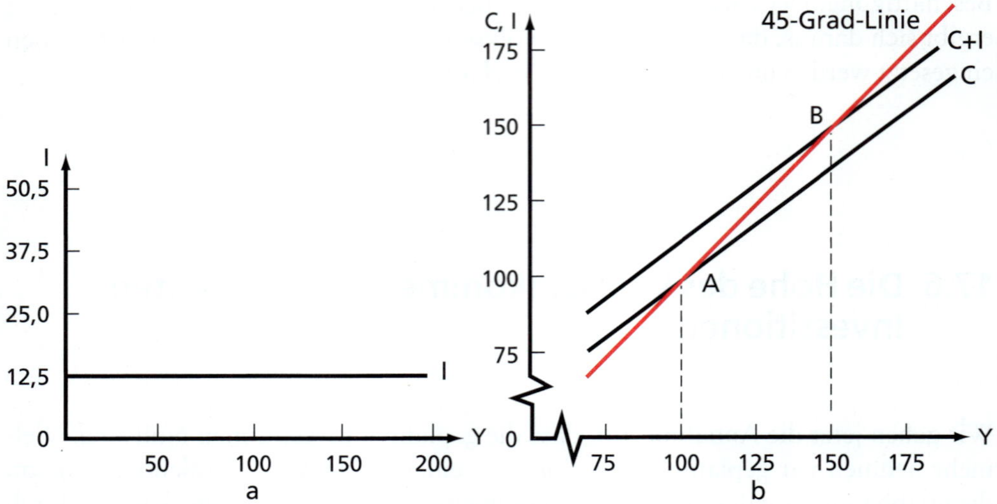

Tabelle 17.2: Konsum, Sparen und Investition

Y	C	S*	I*	I ungeplant
–	25	–25	12,50	–37,50
50	62,50	–12,50	12,50	–25
100	100	0	12,50	–12,50
150	137,50	+12,50	12,50	0
200	175	+25	12,50	+12,50

Auf der Ordinate werden in Schaubild 17.4b Konsum C und Investition I aufgetragen, auf der Abszisse wie bisher Y. Es handelt sich um eine Vertikaladdition.
Die Gesamtausgabenkurve C + I wird wieder mit der 45-Grad-Linie zum Schnitt gebracht. Der Schnittpunkt kennzeichnet das Gleichgewichtseinkommen, das auch jetzt bei Unterbeschäftigung gegeben sein kann. Die Begründung für die Bewegung zum Gleichgewicht ist die gleiche wie bei der Darstellung mit geplanten Investitionen von Null.

17.7 Der Multiplikator

Bei der Darstellung des Systems von Keynes haben wir die Frage gestellt, von welchen Faktoren die Höhe des Volkseinkommens abhängt. Dabei haben wir gesehen, dass die Höhe des Volkseinkommens von den einzelnen Komponenten der Gesamtnachfrage bestimmt wird.

1. Multiplikatorwirkung der Investition. Im Folgenden soll nun nicht gefragt werden, wie hoch das Volkseinkommen ist, wenn die Ausgaben eine bestimmte Höhe haben. Im Gegensatz zu der Betrachtung dieser beiden Größen zu einem Zeitpunkt wollen wir jetzt etwas über die Veränderung des Volkseinkommens wissen: Wir fragen, wie sich das Volkseinkommen ändert, wenn sich die Ausgaben für Investitionen dauerhaft ändern. Wir beschränken uns dabei auf die Abhängigkeit des Volkseinkommens von autonomen Investitionen, also solchen Investitionen, die unabhängig von der Rendite der Investitionen sind. Diese Frage ist z. B. für die Wirtschaftspolitik in einer unterbeschäftigten Wirtschaft von großem Interesse. Wenn eine solche Beziehung bekannt ist, kann man ersehen, wie sich eine Investitionsspritze unter den vereinfachten Annahmen des keynesianischen Systems auf die Höhe des Volkseinkommens auswirkt.
In Schaubild 17.4b ist das gleichgewichtige Volkseinkommen bei einer Investitionstätigkeit von Null mit 100 € gegeben (Punkt A). Erhöhen die Unternehmer die Investition von Null auf 12,50 ($\Delta I = 12{,}50$), Periode für Periode, so resultiert daraus ein höheres gleichgewichtiges Volkseinkommen von 150 €. Die Veränderung des Volkseinkommens ΔY beträgt 50 €. Die Veränderung des Volkseinkommens ist also um ein Vielfaches größer als die Zunahme der Investition. Im Beispiel gilt:

$$\Delta Y = 4 \cdot \Delta I$$

Die Zahl 4 gibt die Multiplikatorwirkung einer Investitionszunahme an. Da die Zunahme des Volkseinkommens auf die Veräußerung der Investition zurückzuführen ist, sprechen wir vom *Investitionsmultiplikator.*[7]
Um den Investitionsmultiplikator zu verdeutlichen, gehen wir davon aus, dass die Grenzkonsumneigung $\frac{\Delta C}{\Delta Y} = 0{,}75$ ist. Dann muss die Grenzsparneigung $\frac{\Delta S}{\Delta Y} = 0{,}25$ sein, da Konsumneigung und Sparneigung sich zu 1 addieren. In der Periode 1 steige die Investitionsnachfrage um 12,50 €. Dieses Investitionsniveau gilt für alle folgenden Perioden. Die Unternehmen fragen eine Maschine zu diesem Wert nach. Entsprechend der Gleichung $\Delta Y = \Delta C + I$ stellt diese zusätzliche Investitionsnachfrage ein zusätzliches Einkommen für die Produktionsfaktoren dar, die an der Produktion dieser Maschine beteiligt waren. Das zusätzliche Volkseinkommen in der ersten

[7] Vgl. die Darstellung des Geldschöpfungsmultiplikators in Kapitel 18.

Periode beträgt dementsprechend 12,50 €. Dann entfallen bei einer Grenzkonsumneigung von 0,75 auf den Konsum 9,38 € und auf die Ersparnisse 3,12 €. Die Konsumausgaben von 9,38 € stellen aber wieder Nachfrage und damit auch Einkommen in der nächsten Periode dar. Zusammen mit der zusätzlichen Investition von 12,50 € ergibt sich in der zweiten Periode für $\Delta Y = 9{,}38 + 12{,}5 = 21{,}88$. Die weiteren Wege für ΔY, ΔC und ΔS sind aus Tabelle 17.3 zu ersehen. In dieser Tabelle ist I autonom und damit vorgegeben. ΔC wird berechnet nach der Formel: $\Delta C = 0{,}75\, \Delta Y$. Dabei ist ΔY gegeben durch $\Delta Y = I + \Delta C$ der Vorperiode. ΔS ist definiert als $\Delta S = \Delta Y - \Delta C$.

Tabelle 17.3: Der Investitionsmultiplikator

	I	ΔY	ΔC	ΔS
1	12,5	12,5	9,38	3,12
2	12,5	21,88	16,41	5,47
3	12,5	28,91	21,68	7,23
4	12,5	34,18	25,63	8,55
5	12,5	38,13	28,59	9,54
6	12,5	41,09	30,82	10,27
	.	.	.	.
	.	.	.	.
	.	.	.	.
	12,5	50	37,5	12,5

Bei diesem Prozess entsteht aus einem Investitionsstoß von 12,50 € in jeder Periode nach einer unendlichen Serie von Runden ein zusätzliches Einkommen von 50 €. Der Multiplikator m beträgt in diesem Fall 4. Also $50 = m \cdot 12{,}5$ oder: Die Veränderung des Volkseinkommens (ΔY) ist gleich dem Multiplikator (m) mal der Investition (I):

$$\Delta Y = m \cdot I$$

Wir wollen jetzt annehmen, dass nicht $^3/_4$ des zusätzlichen Einkommens konsumiert und gespart, sondern dass die Grenzkonsumneigung $^1/_2$ und die Grenzsparneigung $^1/_2$ betragen. Dann ergibt sich Tabelle 17.4.

Aus einer Investition von 12,50 € resultiert in diesem Fall ein zusätzliches Einkommen von 25 €. Der Multiplikator ist 2. Offenbar ist der Multiplikator also geringer, wenn viel gespart wird. Ist die Sparneigung $^1/_4$, so ergibt sich ein Multiplikator von 4. Bei einer Sparneigung von $^1/_2$ ist der Multiplikator 2. Der Multiplikator ist also der Kehrwert der Sparneigung: Wir können schreiben:

$$\Delta Y = \frac{1}{s} \cdot I \text{ oder, da } s = 1 - c,$$

$$\Delta Y = \frac{1}{1 - c} \cdot I$$

Tabelle 17.4: Investitionsmultiplikator mit geringerer Konsumneigung

	I	ΔY	ΔC	ΔS
1	12,5	12,5	6,25	6,25
2	12,5	18,75	9,37	9,375
3	12,5	21,88	10,94	10,94
4	12,5	23,44	11,72	11,72
	.	.	.	.
	.	.	.	.
	.	.	.	.
	12,5	25	12,5	12,5

Als Ergebnis können wir festhalten: Je größer die Neigung zum Sparen, desto geringer ist der Multiplikatoreffekt. Oder anders formuliert: Je größer die Konsumneigung, desto größer ist der Investitionsmultiplikator. Die Ersparnisse (S) können wir auch als Absickerverluste ansehen: Zusätzliches Einkommen, das gespart wird, entfaltet keine Nachfrage; damit wird kein neues Einkommen geschaffen.
Der Multiplikatorprozess verläuft bei Unterbeschäftigung anders als bei Vollbeschäftigung. In einer unterbeschäftigten Volkswirtschaft führt eine Einkommenssteigerung zu erhöhter Nachfrage, diese wiederum zu höherem Angebot. Durch diesen Prozess wird also das Realeinkommen vermehrt; wir sprechen deshalb von einem *Realeinkommensmultiplikator.* Sind die Kapazitäten aber bereits voll ausgenutzt, muss eine Einkommenssteigerung Preissteigerungen nach sich ziehen. In diesem Fall wird nur noch das Nominaleinkommen erhöht.
Der Multiplikator wird in der Regel auf die staatliche Investitionsnachfrage angewandt. Er gibt dann Aufschluss darüber, wie sich eine staatliche Ausgabe auf die Veränderung des Volkseinkommens auswirkt. Es ist allerdings zu beachten, dass unsere Analyse in vielfältiger Weise vereinfacht ist.

2. Weitere Einflussfaktoren des Multiplikatoreffekts. In der vorstehenden einfachen Formulierung des Multiplikators bleibt die Veränderung des Zinses unberücksichtigt. Dies ist eine stark vereinfachende Annahme. Angenommen, der Staat erhöht seine Investitionen und das Volkseinkommen steigt aufgrund der Investitions-

zunahme, dann steigt – wie wir im nächsten Kapitel sehen werden – auch die Nachfrage nach Transaktionskasse und bei gegebener Geldmenge muss die Spekulationskasse sinken, der Zins steigt. Der steigende Zins bremst jedoch die Investitionen, so dass wir im Vergleich zu einer Situation mit konstantem Zins erwarten können, dass der Multiplikatorprozess abgeschwächt wird. Flexible Zinsen reduzieren also die Multiplikatorwirkung. Die privaten Investitionen werden dann zurückgedrängt (crowding out).

Die Multiplikatoreffekte einer staatlichen Ausgabenerhöhung hängen auch von der Art der Finanzierung ab. Finanziert der Staat die Ausgaben über Kredite, so entzieht er mit dieser zusätzlichen Kreditnachfrage den privaten Investitionen Finanzmittel; der Zins steigt und bremst den Multiplikator. Finanziert sich der Staat über Steuern, so können diese Steuern die Anreize für private Tätigkeit reduzieren. Finanziert sich der Staat wie in einigen lateinamerikanischen Ländern über die Notenpresse, so führen die Staatsausgaben zur Inflation.

Der Multiplikator kann auch auf eine offene Volkswirtschaft angewandt werden. Dann wird z. B. diskutiert, wie eine Zunahme der Exporte sich auf das Volkseinkommen auswirkt.

Der Multiplikator stellt nur auf den *Einkommenseffekt* einer Investition ab. Die Investition stellt aber langfristig einen Zuwachs des Kapitalbestandes dar. Sie vermehrt also das Produktionspotential. In einer langfristigen Betrachtung muss auch dieser *Kapazitätseffekt* einer Investition berücksichtigt werden, der die Wirkung einer Investition auf die Angebotsseite zum Ausdruck bringt. Mit diesem bei Keynes vernachlässigten Aspekt, nämlich der Analyse der Angebotsseite, beschäftigen wir uns in der Wachstumstheorie (Kapitel 24).

17.8 Die Stimulierung der gesamtwirtschaftlichen Nachfrage

Als Zwischenfazit können wir festhalten, dass in dem bisher dargestellten Modell eine Nachfrageexpansion das Volkseinkommen zunehmen lässt. Da vereinfacht angenommen wurde, dass die Beschäftigung direkt mit dem Volkseinkommen gekoppelt ist, ja dass Volkseinkommen und Beschäftigung synonym verwandt werden können, nimmt damit auch die Beschäftigung zu.

In Schaubild 17.5 ist dieses vorläufige Ergebnis dargestellt. Die Volkswirtschaft befindet sich unterhalb der Kapazitätsgrenze Y^v. Die gesamtwirtschaftliche Nachfrage ist unabhängig vom Preisniveau. Auch für die Angebotsseite spielt das Preisniveau keine Rolle. Wenn unter diesen sehr vereinfachenden Prämissen die gesamtwirtschaftliche Nachfrage von G nach G′ steigt, so nimmt das Volkseinkommen zu. Ein Anstieg der Konsumnachfrage, der Investitionsnachfrage, der Nachfrage des Staates oder der Nettonachfrage des Auslandes würde also stimulierend wirken und dazu beitragen, dass eine Volkswirtschaft sich der Kapazitätsgrenze nähert.

Schaubild 17.5: Gesamtwirtschaftliche Nachfrage und gesamtwirtschaftliches Gleichgewicht

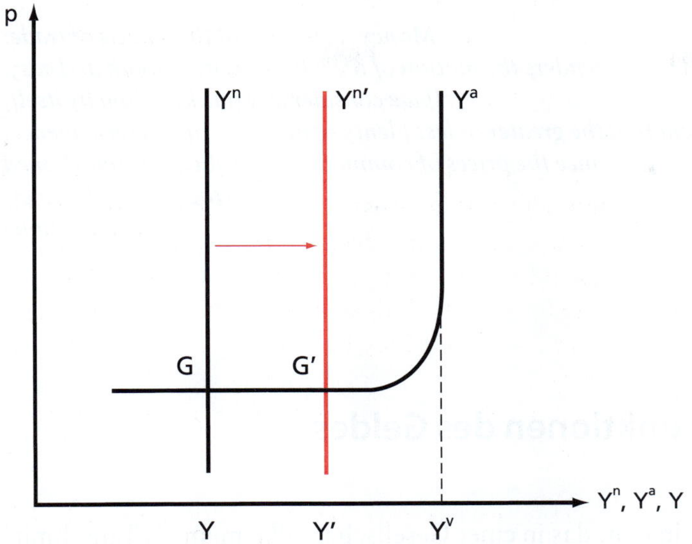

Es sollte deutlich sein, dass dies eine sehr einfache Betrachtung ist, die die Veränderung der Nachfragekomponenten als exogen betrachtet. Dies ist jedoch ohne weiteres nicht zulässig. So ist die Budgetrestriktion des Staates, aber auch die Budgetrestriktion einer Volkswirtschaft – die Zahlungsbilanzrestriktion – zu beachten. Ferner spielt das Ziel der Preisniveaustabilität eine Rolle.

Wichtige Begriffe in Kapitel 17

Gesamtwirtschaftliche Nachfrage
Volkseinkommen
Konsumfunktion
Verfügbares Einkommen
Grenzneigung zum Konsum
Sparfunktion
Grenzsparneigung
Investitionsfunktion
Grenzproduktivität des Kapitals
Kapitalnutzungskosten
Grenzleistungsfähigkeit des Kapitals
Realzins
Investitionshypothesen
Interner Zins
Akzelerationsprinzip
Geplante und ungeplante Investitionen
Unterbeschäftigung
Überbeschäftigung
Gewinn-Erlös-Relation
Multiplikator

18 Geldmenge und Zins: Der Geldmarkt

Money... is none of the wheels of trade:
it is the oil which renders the motion of the wheels more smooth and easy.
If we consider any one kingdom by itself,
it is evident that the greater or less plenty of money is of no consequence,
since the prices of commodities are always proportioned
to the plenty of money.
David Hume

18.1 Begriff und Funktionen des Geldes

Unter Geld versteht man ein Gut, das in einer Gesellschaft allgemein als Tauschmittel, als Recheneinheit (Wertausdrucksmittel) und als Wertaufbewahrungsmittel akzeptiert wird, oder in Kurzformel: »Geld ist, was gilt«.

1. Funktionen des Geldes

Die *Tauschmittelfunktion* erleichtert den Austausch der Güter; sie ermöglicht die Arbeitsteilung und Spezialisierung in der Produktion. Ohne die Existenz eines allgemein akzeptierten Tauschmittels würde sich der Austausch der Güter wesentlich komplizierter vollziehen. Angenommen, der Haushalt A brauche ein Gaspedal für einen Audi 100 und er habe einen Tennisschläger. Dann muss er nicht nur jemanden finden, der ein Gaspedal hat; sein Tauschpartner muss auch bereit sein, sein Gaspedal gegen einen Tennisschläger einzutauschen. Die Wünsche der Tauschparteien müssen also zusammenfallen. Außerdem ist fragwürdig, ob ein Tennisschläger wertmäßig einem Gaspedal entspricht. U. U. müsste der Haushalt A seinen Tennisschläger mit einem Haushalt C gegen ein anderes Gut eintauschen, das Haushalt B akzeptieren würde. Aus diesem Beispiel wird deutlich, dass die Arbeitsteilung und Spezialisierung der modernen Wirtschaft zusammenbrechen müssten, wenn nicht ein Gut existieren würde, das jeder als Gegenleistung akzeptiert. Die Einführung des Geldes kann deshalb als eine große Innovation betrachtet werden, mit der die Transaktionskosten erheblich gesenkt wurden.
Geld dient ferner als *Recheneinheit,* d. h. durch Geld werden die Güter wertmäßig vergleichbar. Auch diese Funktion des Geldes wird am besten deutlich, wenn man sich vorstellt, dass sie nicht erfüllt sei. Unterstellen wir einmal vier Güter: Gaspedal, Tennisschläger, Weizen und Radio. In einer Wirtschaft ohne Geld müssten für diese

vier Güter bereits sechs Austauschverhältnisse bekannt sein, nämlich Gaspedal: Tennisschläger, Gaspedal: Weizen, Gaspedal: Radio, Tennisschläger: Weizen, Tennisschläger: Radio und Weizen: Radio. Bei 1 000 Gütern, die heute von einem einzigen großen Mehrproduktunternehmen hergestellt werden, müssten eine halbe Million Austauschverhältnisse bekannt sein.[1] Das Informationsbedürfnis der modernen Wirtschaft würde also ohne eine zentrale Recheneinheit ins Unermessliche steigen und wäre auch mit Hilfe von Computern nicht mehr zu bedienen.
Schließlich dient Geld auch als *Wertaufbewahrungsmittel.* Das bei einem Verkauf erhaltene Geld braucht nicht direkt zum Kauf eines Gutes verwandt zu werden, sondern kann auch für den Wert einer Gegenleistung in der Zukunft, für einen zukünftigen Kauf, benutzt werden. Die Wertaufbewahrungsfunktion ist aber an einen stabilen Geldwert gebunden. Verschlechtert sich der Geldwert, so wird die Wertaufbewahrungsfunktion beeinträchtigt.

2. Währung

Geld ist in der Wirtschaftsgeschichte in vielerlei Erscheinungsformen aufgetreten. In alten Gesellschaften[2] bestand Geld aus wertvollen Gegenständen oder Metallen. Wir sprechen von Stoffgeld oder *Metallgeld.* Da die Währung an ein anderes Gut wie Gold und Silber gebunden war, handelte es sich um eine gebundene Währung. In der Regel handelt es sich um Münzen (Münzgeld), die durch eine hoheitliche Stelle geprägt wurden. Die Münzen waren mit dem Zeichen des Landesherrn als Garantie für eine bestimmte Metallmenge versehen.
Im Mittelalter tauchen zum ersten Mal Vorformen des *Papiergeldes* auf. Geld in der Form des Goldes wurde in der Regel den sicheren Tresoren der Goldschmiede anvertraut. Die Goldschmiede stellten über die Einlage eine Quittung aus, in der sie sich zur Auszahlung einer Goldmenge verpflichteten. Anstatt bei dem Kauf eines Gutes das Gold bei dem Goldschmied herauszuholen und mit Gold zu bezahlen, bürgerte sich die Sitte ein, den Kaufpreis mit der Quittung des Goldschmieds zu begleichen, die ja eine Anweisung auf eine Goldmenge darstellte. Die Anweisung war also ein Vorläufer des Papiergeldes. Nach und nach bildeten sich aus den Goldschmiedeläden Banken heraus, die Anweisungen auf Goldeinlagen der Kunden ausstellten. Es zeigte sich bald, dass nicht alle Marktteilnehmer gleichzeitig ihre Quittungen in Gold umtauschen wollten. Die Goldschmiede und Banken konnten

---

[1] Genau sind es 499 500 Preisverhältnisse. Die Zahl berechnet sich nach der Formel

$\frac{N^2 - N}{2}$, wobei N die Anzahl der Güter angibt.

[2] Vgl. dazu: W. Gerloff, Die Entstehung des Geldes und die Anfänge des Geldwesens, Frankfurt/M. 1962; B. Laum, Heiliges Geld. Eine historische Untersuchung über den sakralen Ursprung des Geldes, Tübingen 1924.

also mehr Anweisungen auf Gold ausgeben als Gold bei ihnen deponiert war. Das von den Banken ausgegebene Papiergeld war damit nur teilweise gedeckt.
In der weiteren Entwicklung erkannte der Staat, dass die Papiergeldbeschaffung nicht den einzelnen Banken überlassen werden sollte. Deshalb entstanden Zentralbanken als staatliche Institutionen, die allein das Recht der Papiergeldherstellung und der Münzausgabe hatten.
Obwohl eine volle Deckung des Papiergeldes durch Gold nicht mehr erfolgte, blieb die Einlösepflicht des Papiergeldes in Gold lange Zeit erhalten. Diese so genannte *Goldkernwährung* gab man nach dem ersten Weltkrieg auf, weil sie eine autonome Konjunkturpolitik einzelner Länder nicht zuließ.
Die heute übliche *Papierwährung* ist eine freie Währung, die nicht an ein Metall gebunden ist. Banknoten sind also nichts anderes als ein Stück Papier, das als Zahlungsmittel allgemein akzeptiert wird. Dies gilt auch analog für das Buchgeld. Die Zentralbank hat die Aufgabe, die Ausgabe an Papier- und Buchgeld so zu gestalten, dass der Wert des Geldes nicht beeinträchtigt wird. Von einer Deckung der Währung kann keine Rede sein. Letztlich hängt der Wert des Geldes an dem Vertrauen in die Zentralbank.
Seit einigen Jahren gewinnt eine neue Erscheinungsform, das *elektronische Geld,* zunehmend an Bedeutung. Hierunter versteht man im Allgemeinen elektronisch gespeicherte Werteinheiten, die zu Zahlungszwecken verwendet werden können. Man unterscheidet dabei zwischen kartengestützten Produkten, wie beispielsweise der »elektronischen Geldbörse«, welche reale Kaufkraft auf einer Plastikkarte speichert, und softwaregestützten Produkten, bei denen elektronisch gespeicherte Werteinheiten (»Cyber money«) über Telekommunikationsnetze wie das Internet übertragen werden. In beiden Fällen muss der Benutzer für das in elektronischer Form gespeicherte Guthaben eine Vorabzahlung entrichten, bevor es – als Bits und Bytes verschlüsselt – zu Zahlungszwecken genutzt werden kann.

18.2 Die Geldmenge

Wie die Geldmenge abzugrenzen ist, hängt davon ab, welche Funktionen dem Geld definitionsmäßig zugewiesen werden. Stellt man auf die Tauschmittelfunktion ab, so ist Geld das Medium, mit dem Zahlungen geleistet werden können. Folglich muss die Geldmenge – bei sehr vorläufiger Abgrenzung – alle für Tauschzwecke bereitstehenden Tauschmittel umfassen. Die Geldmenge gibt demnach so etwas wie den Zahlungsmittelbestand der Nichtbanken an. Folgende Begriffe sind zu unterscheiden:

1. Zentralbankgeld (Z) ist das von der Zentralbank geschaffene Geld, und zwar das Bargeld und Sichtguthaben bei der Zentralbank.

Dieses Zentralbankgeld kann von Nichtbanken und Banken gehalten werden. Insoweit es von Banken gehalten wird, steht es nicht für die Tauschmittelfunktion zur Verfügung. Der Begriff des Zentralbankgeldes kann also das Geldangebot nicht hinreichend erfassen.

2. Zahlungsmittel sind einerseits die per Gesetz als Zahlungsmittel deklarierten Zentralbank- oder Notenbankgeldbestände der Nichtbanken. Andererseits können die Nichtbanken jederzeit über ihre Sichteinlagen (Depositen) bei Geschäftsbanken verfügen und daher per Scheck oder Überweisungen Zahlungen leisten. Je nach Abgrenzung ergeben sich unterschiedliche Geldmengenkonzepte (Schaubild 18.1).

Schaubild 18.1: Verschiedene Geldmengenabgrenzungen in Mrd. Euro[a], 1999

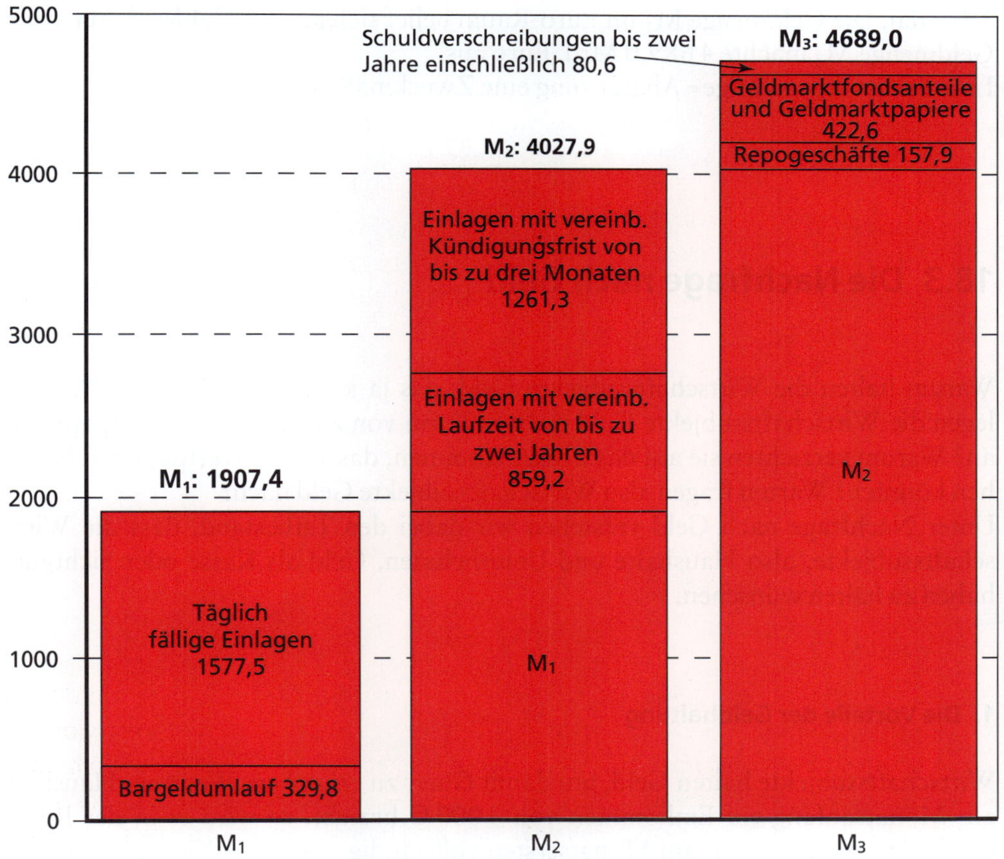

[a] Nicht saisonbereinigter Bestand Ende November 1999.

Quelle: Europäische Zentralbank, Monatsbericht Januar 2000.

3. Geldmenge M_1. Die Geldmenge M_1 ist definiert als die Summe aus dem Bargeldumlauf der Nichtbanken und den täglich fälligen Einlagen der Nichtbanken, die Bargeld gleichstehen. Die durch M_1 abgegrenzte Geldmenge erfasst also dasjenige Geld, das die Nichtbanken direkt als Tauschmittel verwenden können.

4. Geldmenge M_2. Eine zweite Version des Geldmengenbegriffs erfasst zusätzlich Einlagen mit einer Laufzeit von bis zu zwei Jahren sowie Einlagen mit vereinbarter Kündigungsfrist von bis zu drei Monaten.

5. Geldmenge M_3. Die weit abgegrenzte Geldmenge (M_3) umfaßt zusätzlich von den Monetären Finanzinstituten (MFI-Sektor, dazu zählen Zentralbanken, Kreditinstitute und Geldmarktfonds) ausgegebene marktfähige Geldmarktinstrumente, bei denen es sich aufgrund des hohen Liquiditätsgrads und der Kurssicherheit um enge Substitute für Einlagen handelt (Repogeschäfte, Geldmarktfondsanteile, Geldmarktpapiere und Schuldverschreibungen bis zwei Jahre einschließlich).
Schaubild 18.1 stellt die verschiedenen Geldmengenkonzepte für Ende November 1999 dar. Die Geldmenge M_1 im Euro-Raum belief sich auf 1 907,4 Mrd. Euro, die Geldmenge M_3 machte 4 689,0 Mrd. Euro aus.
Letztlich ist die »richtige« Abgrenzung eine Zweckmäßigkeitsfrage.

18.3 Die Nachfrage nach Geld

Warum halten die Wirtschaftssubjekte Geld, das ja keine Zinsen bringt? Warum legen die Wirtschaftssubjekte Geld nicht in Form von zinstragenden Wertpapieren an? Warum verzichten sie auf das Zinseinkommen, das sie aus Wertpapieren beziehen könnten? Warum fragen also Wirtschaftssubjekte Geld nach?
Unter Nachfrage nach Geld verstehen wir dabei den Tatbestand, dass die Wirtschaftssubjekte, also Haushalte und Unternehmen, Geld als Kasse oder Sichtguthaben zu halten wünschen.

1. Die Vorteile der Geldhaltung

Wirtschaftssubjekte halten Geld, um damit Güter zu erwerben. Wenn ein Haushalt am Monatsanfang ein Einkommen von 3 000 € bezieht, so wird er in der Regel dieses Einkommen nicht am Monatsersten vollständig ausgeben. Vielmehr muss er mit Ausgaben im gesamten Monat rechnen. Der Haushalt ist deshalb gezwungen, für laufende Ausgaben oder geplante einmalige Ausgaben eine Kasse oder Sichteinlagen zu halten. Wenn das Ausgabenprofil gleichmäßig über alle dreißig Tage des Monats verteilt ist, gibt der Haushalt an jedem Tag 100 € aus. Die Kurve AB in

Schaubild 18.2 gibt dann an, wie viel Kasse ein Haushalt halten würde, wenn er sein Geld vorübergehend nicht anderweitig anlegt. Im Monatsdurchschnitt beträgt die Geldhaltung 1 500 €. Wenn das Einkommen sich erhöht, die Ausgaben im gleichen Ausmaß steigen und das Ausgabenprofil gleichmäßig über den Monat verteilt ist, verschiebt sich diese Kurve entsprechend nach oben. Bei einer nominalen Verdoppelung des Einkommens auf 6 000 € würden pro Tag 200 € ausgegeben; die durchschnittliche Geldhaltung betrüge dann 3 000 €.

Schaubild 18.2: Transaktionsnachfrage nach Kasse

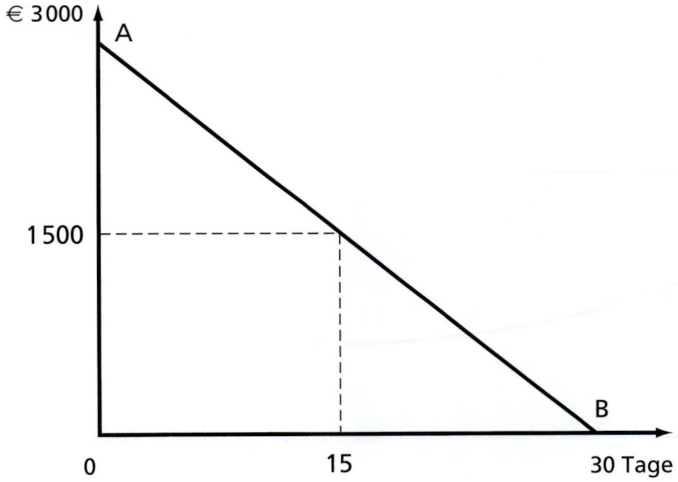

Der Haushalt hat also einen Vorteil davon, Geld für seine Transaktionen zur Hand zu haben. Man kann sich diesen Vorteil oder Nutzen pro gehaltener Einheit Euro auch dadurch klarmachen, dass man sich als Alternative vorstellt, der Haushalt müsse für jeden Euro, den er ausgeben will, zur Bank laufen und den Euro von einem Wertpapierkonto abheben. Dann würden ihm Zeitkosten entstehen; außerdem würden Gebühren bei der Bank anfallen. Es ist also vorteilhaft, Geld zu halten. Wie hoch der Grenzvorteil aus dem Halten von Geld ist, hängt von einer Reihe von Faktoren ab; von den Kosten und Mühen, die es macht, eine Einheit Euro von der Bank abzuholen, der Höhe der Gebühren, aber auch von dem zeitlichen Ausgabenprofil des Haushaltes.

Es scheint realistisch zu sein, dass der Grenzvorteil einer gehaltenen Einheit Euro besonders groß ist, wenn man nur eine geringe Menge Kasse hält, und dass dieser Grenzvorteil mit zunehmender Kassenhaltung abnimmt. Eine solche fallende Kurve des Grenzvorteils ist in Schaubild 18.3 durch die Kurve AV dargestellt.

Ähnlich wie ein Haushalt muss auch ein Unternehmen liquide Mittel bereithalten. Wir sprechen bei dieser Geldhaltung für Transaktionszwecke auch von der Transaktionskasse.

Schaubild 18.3: Zins und optimale Geldhaltung

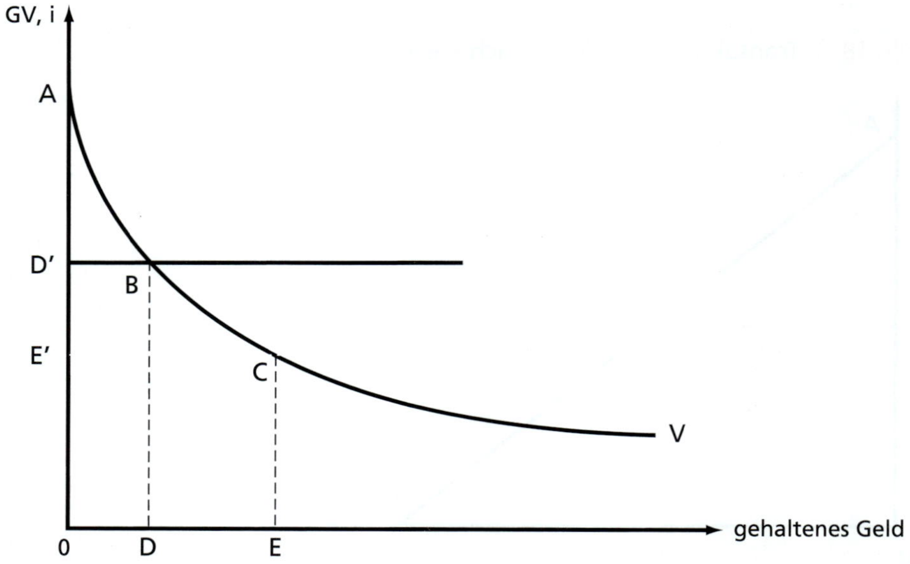

2. Die Kosten der Geldhaltung

Wenn ein Wirtschaftssubjekt Geld hält, verzichtet es darauf, Anleihen zu halten. Dadurch entgeht ihm Zinseinkommen. Der Vorteil aus der Haltung einer Geldeinheit ist also mit dem Zinsverlust pro gehaltener Geldeinheit zu vergleichen. Der entgangene Zins stellt die Kosten der Geldhaltung dar. Würde ein Haushalt bei einem Zins OD′ in Schaubild 18.3 eine größere Geldmenge als OD halten, so wäre der Zinsverlust größer als der Grenzvorteil des gehaltenen Geldes. Bei einem Zins OD′ lohnt es sich also nicht, eine größere Geldmenge als OD zu halten. Es wäre aber auch nicht optimal, eine geringere Geldmenge als OD zu halten, da der Grenzvorteil der Geldhaltung dann die entgangenen Zinsen übersteigen würde. Ist der Zins hoch, so verliert der Haushalt ein relativ hohes Zinseinkommen. Die Kosten der Geldhaltung sind hoch. Bei einem hohen Zins wird man eine geringe Geldmenge halten (Punkt B). Ist dagegen der Zins niedrig, wie z. B. OE′, so verliert das einzelne Wirtschaftssubjekt weniger Zinseinkommen. Es lohnt sich, mehr Geld nachzufragen (Punkt C).

Die Nachfrage nach Geld erklärt sich also aus einem Vergleich des Vorteils aus der Haltung des Geldes mit den Opportunitätskosten.

3. Eine vereinfachte Funktion für die Transaktionskasse

Die Geldhaltung für Transaktionszwecke hängt außerdem von der Höhe des Einkommens ab. Wird der Einfluss des Zinses vernachlässigt, so gilt: Je höher das Einkommen, umso größer ist die gewünschte Kassenhaltung. Diese Hypothese resultiert daraus, dass der Grenzvorteil aus dem Halten einer Geldeinheit von den Restriktionen eines einzelnen Haushalts, also auch von seinem Einkommen abhängt. Beispielsweise beeinflusst das monatliche Einkommen das zeitliche Ausgabenprofil. Interessieren wir uns für die Transaktionskasse aller Haushalte und aller Unternehmen (aggregierte Nachfrage nach Transaktionskasse), so können wir entsprechend annehmen, dass die gewünschte Geldmenge der Volkswirtschaft, die für Transaktionszwecke gehalten wird, von der Höhe des gesamten Einkommens in einer Volkswirtschaft, dem Volkseinkommen (Y), abhängt. Mit zunehmendem Volkseinkommen nimmt die Transaktionskasse (L_T) zu (Schaubild 18.4a).
Für ein gegebenes Volkseinkommen Y wird eine Transaktionskasse L_T gehalten, gleichgültig wie hoch der Zins ist.
Schaubild 18.4b kennzeichnet die Nachfrage nach Transaktionskasse L_T in Abhängigkeit von Zins i. Die Nachfrageelastizität dieser Kurve in Bezug auf den Zins ist Null. Die Nachfrage L_{T0} bleibt für ein gegebenes Einkommen Y_0 konstant. Sie verschiebt sich nach rechts (L_{T1}), wenn wir ein höheres Volkseinkommen (Y_1) unterstellen. In Schaubild 18.3 verschiebt sich die Kurve des Grenzvorteils nach rechts.

Schaubild 18.4: Transaktionsnachfrage und Einkommen

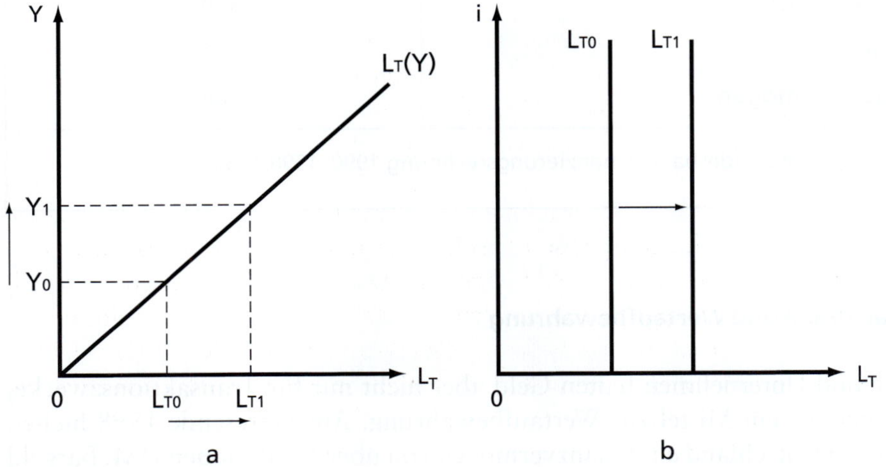

Kasten 18.1 Geldvermögen der privaten Haushalte

Die privaten Haushalte in Deutschland hatten im Jahr 1998 ein Geldvermögen von 5,7 Mrd. DM, das zu etwa zwei Dritteln langfristig und zu einem Drittel kurzfristig angelegt war. Die Verpflichtungen lagen bei 0,4 Bill. DM, so dass das Nettogeldvermögen rund 5,3 Mrd. DM ausmachte.

Tabelle Kasten 18.1: Geldvermögen und Verpflichtungen der privaten Haushalte 1998 (in Mrd. DM)

	1998
Geldvermögen	
Längerfristig	
darunter:	
Geldanlage bei Banken	439
Geldanlage bei Bausparkassen	179
Geldanlage bei Versicherungen	1 081
Geldanlage in Rentenwerten	763
Geldanlage in Investmentzertifikaten	566
Geldanlage in Aktien	492
Zusammen	3 868
Kurzfristig	
darunter:	
Geldanlage bei Banken	1 618
Insgesamt	5 683
Verpflichtungen	
darunter:	
Bankkredite	390
Insgesamt	417
Nettogeldvermögen	5 266

Quelle: Deutsche Bundesbank, Finanzierungsrechnung 1990–1998, S. 50.

4. Geldnachfrage und Wertaufbewahrung

Haushalte und Unternehmen halten Geld aber nicht nur für Transaktionszwecke, sondern auch als ein Mittel zur Wertaufbewahrung. Am Jahresende 1998 hielten Haushalte in Deutschland ein Finanzvermögen von über 5,7 Billionen DM. Bargeld und Sichteinlagen machten davon 0,5 Billionen DM aus. Geld ist in diesem Portfolio verschiedener Wertpapiere ein möglicher Kandidat. Zwar bringt es, je nach Abgrenzung der Geldmenge, keine oder nur geringe Zinsen, aber es unterliegt auch keinen Kursschwankungen, wenn man einmal davon absieht, dass es über eine kontinuierliche Inflation entwertet wird. Dagegen bringen Wertpapiere eine höhere Verzinsung, sind aber Kursschwankungen ausgesetzt.

Die einzelnen Haushalte wählen bei der Bestimmung ihres optimalen Portfolios zwischen verschiedenen Anlageformen, wobei die Risiken dieser Anlageformen eine wichtige Rolle spielen. Auch Erwartungen sind von erheblicher Bedeutung. Keynes bezeichnete diese Begründung der Nachfrage nach Geld aus dem Motiv der Wertaufbewahrung als Spekulationsmotiv.

Bei Wertpapieren unterscheidet man den Effektivzins (i) – auch Rendite genannt –, den Nominalzins (r) und den Kurs (k), zu dem das Wertpapier gekauft und verkauft wird. Der Effektivzins (i) eines Wertpapieres wird wie folgt berechnet:

$$i = \frac{r \cdot 100}{k}$$

Ist z. B. der Kurs eines Wertpapiers, das für 100,– € ausgegeben wurde, 105,– und beträgt die Nominalverzinsung 6 vH des Ausgabewertes, so ist die Effektivverzinsung

$$i = \frac{6 \cdot 100}{105} = 5{,}7\ \%$$

Kurs und Effektivzins verhalten sich also bei festverzinslichen Wertpapieren umgekehrt zueinander. Ist der Kurs eines Wertpapiers hoch, so muss der Anleger einen relativ großen Betrag an Liquidität aufgeben. Gleichzeitig ist aber der Effektivzins niedrig, d. h. das Zinseinkommen gering. Bei hohem Kurs und niedrigem Effektivzins ist die Anlage der Liquidität in festverzinslichen Wertpapieren kein allzu interessantes Geschäft. Der Kauf eines Wertpapiers wird insbesondere von den Erwartungen des Wirtschaftssubjekts über die Höhe des Kurses bestimmt. Bei gegebenem Nominalzins lohnt sich der Kauf eines Wertpapiers dann nicht, wenn der Verlust aus dem Kursverfall den Zinsgewinn übersteigt. Erwartet man sinkende Kurse, so wird man weniger geneigt sein, Wertpapiere zu kaufen. Sinkende Kurse bedeuten aber eine steigende Effektivverzinsung. Wir können auch sagen: Erwartet man eine steigende Effektivverzinsung, so wird man weniger geneigt sein, Wertpapiere zu kaufen. Die Erwartung über die Effektivzinsen in der Zukunft wird auch von dem gegebenen Gegenwartszins bestimmt. Ist dieser niedrig, so erwarten die Wirtschaftssubjekte steigende Effektivzinsen (sinkende Kurse) und sie werden es vorziehen, keine Wertpapiere zu kaufen und auf günstigere Kurse zu warten. Folglich halten sie eine große Spekulationskasse. Ist der Gegenwartszins jedoch hoch, so nimmt die Wahrscheinlichkeit ab, dass man noch höhere Effektivzinsen in der Zukunft erwartet. Die Kurse sind in diesem Moment günstig für den Erwerb von Wertpapieren; die Spekulationskasse ist gering.

Die Spekulationskasse wird also bei hohem Kurs und niedrigem Zins groß sein, da sich eine Anlage der Gelder kaum lohnt. Steigt dagegen der Zins, so werden die Wirtschaftssubjekte ihre Liquidität in Wertpapieren anlegen. Sie verringern die Spekulationskasse. Die Spekulationskasse L_s ist damit abhängig von der Höhe des Effektivzinses i. Schaubild 18.3 kann also auch im Keynesschen Sinn als Nachfrage nach Spekulationskasse interpretiert werden. Bei Punkt A ist ein solch hoher Zins erreicht, dass die Spekulationskasse Null wird. Die Kurse der Wertpapiere sind bei gegebener Nominalverzinsung so tief gesunken, dass die Wirtschaftssubjekte zu einem günstigeren Kurs nicht mehr in Wertpapiere einsteigen wollen.

5. Vorsichtsmotiv

Der Vollständigkeit halber sei erwähnt, dass die Nachfrage nach Geld auch aus dem Vorsichtsmotiv erklärt wird. Haushalte und Unternehmen sind mit der Unsicherheit konfrontiert, dass unvorhergesehene Ereignisse Liquidität erfordern. Liquidität wird deshalb nicht gerne aufgegeben. Der Zins stellt eine Belohnung für die Preisgabe der Liquidität dar. Die Bereitschaft, liquide Mittel aufzugeben, wird mit steigendem Zins größer, da die Opportunitätskosten der Geldhaltung steigen. Mit anderen Worten: Mit steigendem Zins nimmt bei gegebenem Risiko die Nachfrage nach Geld aus dem Vorsichtsmotiv ab. Dieses Vorsichtsmotiv wird im Folgenden nicht weiter verfolgt.

6. Gesamtnachfrage nach Geld

Vereinfacht man die bisherige Diskussion, so resultiert die Nachfrage nach Geld aus dem Grenzvorteil aus der Haltung des Geldes und den Kosten der Geldhaltung. Dieser Zusammenhang ist für ein gegebenes Einkommen definiert. Mit zunehmendem Einkommen verschiebt sich die Geldnachfrage weiter nach rechts.
Die Gesamtnachfragekurve nach Geld können wir nun zeichnerisch konstruieren, indem wir die beiden Nachfragekurven aus Schaubild 18.3 und 18.4b horizontal addieren. Es gibt einen Zins, der so hoch ist, dass die zinsabhängige Geldnachfrage L_S Null ist [Punkt A in Schaubild 18.5 (a)]. Da aber die Transaktionskasse L_T unabhängig von der Zinshöhe ist, wird die Gesamtnachfrage nicht Null. Der entsprechende Punkt der Gesamtnachfrage in Schaubild 18.5 ist A′. Ähnlich wie bei der Konstruktion der Gesamtnachfragekurve auf dem Gütermarkt ergibt sich die Gesamtnachfrage nach Geld.
Die Nachfragekurve nach Geld L resultiert also aus den beiden Kurven in Schaubild 18.3 und 18.4b. Die zinsabhängige Kurve (Spekulationskasse) L_S setzt bei Punkt A′ in Schaubild 18.5c an. Sie gibt die Abhängigkeit der Gesamtnachfrage nach Geld vom Zins i wieder. Da die Transaktionskasse L_T für ein bestimmtes Einkommen definiert ist, muss auch die Gesamtnachfragekurve für ein bestimmtes Einkommen

interpretiert werden. Und da die L_T-Kurve sich bei einem höheren Einkommen nach rechts verschieben würde, muss sich auch die L-Kurve entsprechend verschieben, wenn ein höheres Einkommen unterstellt wird.

Schaubild 18.5: Die Gesamtnachfrage nach Geld

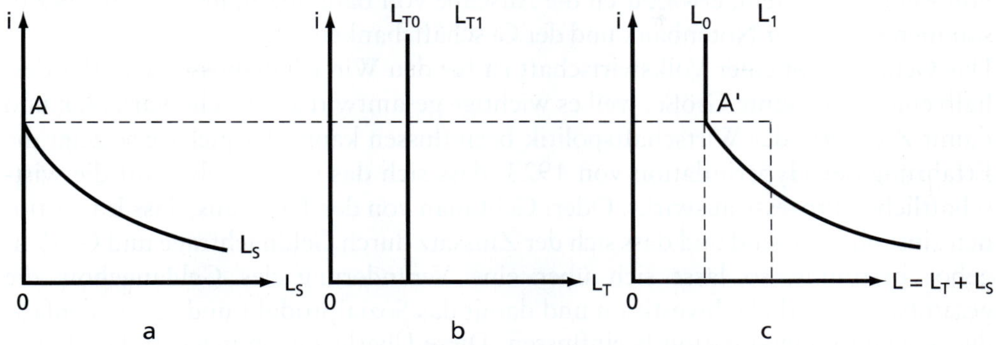

7. Erwartungen

Die Nachfrage nach Geld (Kasse) variiert mit den Erwartungen der Wirtschaftssubjekte. Sind die Erwartungen über das Einkommen pessimistisch (z. B. unsichere Beschäftigungssituation), so wird die Tendenz bestehen, eine höhere Kasse zu halten. Sind die Erwartungen über das Einkommen optimistisch, so wird die Geldnachfrage geringer sein. Eine Änderung in den Erwartungen kann sich also auf die Geldnachfrage und – wie noch zu zeigen sein wird – auf andere makroökonomische Variablen auswirken.

8. Geldnachfrage und Preisniveau

Die Haushalte und Unternehmen sind an realer Kasse interessiert. Betrachten wir das Transaktionsmotiv und lassen nun einen Anstieg des Preisniveaus zu. Dann hätten Haushalte und Unternehmen real weniger Geld, als sie zu halten wünschten. Eine Verdopplung des Preisniveaus würde ihre Geldbestände real halbieren. Haushalte und Unternehmen müssen also ihre Ausgabenplanung in realen Größen vornehmen; folglich müssen wir die Geldnachfrage real interpretieren.

18.4 Das Angebot an Geld

Während die Haushalte und Unternehmen Geld nachfragen und die Geldnachfrage aus dem Verhalten von Haushalten und Unternehmen zu erklären ist, wird das Geldangebot vom Bankensystem determiniert, und zwar durch die Bereitstellung von Zentralbankgeld, etwa durch die Ausgabe von Banknoten, und durch das Zusammenwirken der Notenbank und der Geschäftsbanken.
Das Geldangebot einer Volkswirtschaft ist für den Wirtschaftswissenschaftler deshalb eine interessante Größe, weil es wichtige gesamtwirtschaftliche Variablen und damit Zielwerte der Wirtschaftspolitik beeinflussen kann. Beispielsweise zeigt die Erfahrung der Hyperinflation von 1923, dass sich das Geldangebot auf die wirtschaftlichen Prozesse auswirkt. Oder: Geht man von der These aus, dass Investitionen zinsabhängig sind und dass sich der Zinssatz durch Geldnachfrage und Geldangebot bestimmt, so lässt sich über eine Veränderung des Geldangebots die gesamtwirtschaftliche Investition und damit das Sozialprodukt und gegebenenfalls die Beschäftigungssituation beeinflussen. Diese Überlegungen machen die ökonomische Bedeutung des Geldangebots deutlich.

1. Geldangebot und Geldmenge

Die Begriffe Geldangebot und Geldmenge sind klar zu unterscheiden. Das Geldangebot ist in einer engen Interpretation die Zentralbankgeldmenge, also das von der Zentralbank geschaffene Geld, und zwar das Bargeld und Sichtguthaben bei der Zentralbank. Dagegen ist die Geldmenge der Zahlungsmittelbestand der Nichtbanken. Die Geldmenge ist das Resultat aus dem Geldangebot und der Geldnachfrage.

2. Notenbank und Geschäftsbanken

Inwieweit kann die Notenbank das Geldangebot kontrollieren?

1. Eine Notenbank wie die Europäische Zentralbank hat die Befugnis der Ausgabe von Banknoten und der Beeinflussung der Geldmenge durch ihre geldpolitischen Elemente. Um Aussagen über die Kontrollierbarkeit der Geldmenge durch die Notenbank treffen zu können, ist es notwendig, die Bestimmungsgründe für die Geldmenge M näher zu analysieren. Die Notenbank kann durch eine geeignete Versorgung der Geschäftsbanken und Nichtbanken mit Zentralbankgeld (Bargeld und Sichtguthaben bei der Notenbank) Einfluss auf das Geldangebot M nehmen. Die Zentralbank kann im einfachsten Fall dadurch Zentralbankgeld schaffen, dass sie von den Geschäftsbanken und den Nichtbanken Aktiva erwirbt und mit Zentralbankgeld bezahlt.

2. Um die Frage beantworten zu können, inwieweit die Notenbank die Geldmenge M bestimmen kann, betrachten wir die vereinfachte Bilanz einer Notenbank:

Aktiva	Notenbank		Passiva
Währungsreserven	W	Zentralbankgeld	Z
Refinanzierungskredite an die Geschäftsbanken	R		
Sonstige Aktiva	A		

Vereinfachend lassen sich also drei Bestandteile des Zentralbankgeldes Z unterscheiden:

$$Z = W + R + A$$

wobei die Zentralbankgeldmenge Z aus dem Bargeld und den Reserven (Einlagen) der Banken bei der Zentralbank besteht. Der Zentralbank auf der Passivseite stehen als Aktiva die Währungsreserven W, die Refinanzierungskredite an die Geschäftsbanken R und sonstige Aktiva A gegenüber.
Konkret stellt sich die Bilanz des Eurosystems wie folgt dar (Tabelle 18.1):

Tabelle 18.1: Aggregierte Bilanz des Eurosystems[a]

Aktiva		**Passiva**	
Kredite	508,4	Bargeldumlauf	362,9
Wertpapiere ohne Aktien	92,6	Einlagen	443,0
Aktien und sonstige Dividendenwerte, Beteiligungen	8,8	Geldmarktpapiere	3,3
		Begebene Schuldverschreibungen	4,6
		Kapital und Rücklagen	150,3
Aktiva gegenüber nicht im Euro-Währungsgebiet Ansässigen	410,3	Passiva gegenüber nicht im Euro-Währungsgebiet Ansässigen	69,5
Sachanlagen	9,9		
Sonstige Aktivposten	56,0	Sonstige Passivposten	52,4
Insgesamt	**1 086,0**	**Ingesamt**	**1 086,0**

[a]Mrd. €; nicht saisonbereinigter Stand Ende November 1999.

Quelle: Europäische Zentralbank, Monatsbericht Januar 1999.

Im Folgenden stellen wir auf die Summe aus dem gesamten Zentralbankgeld der Geschäftsbanken und dem Bargeldbestand der Nichtbanken ab. Diese Summe wird als Geldbasis oder monetäre Basis bezeichnet. Die monetäre Basis umfasst also nicht die Guthaben der öffentlichen (und privaten) Nichtbanken bei der Zentralbank.[3]
Die Notenbank kann den Geschäftsbanken einen unbaren Kredit einräumen, indem sie ihnen ein Guthaben eröffnet. Auf der Aktivseite der Bilanz der Notenbank erscheint dann eine Forderung an die Geschäftsbank, z. B. in Höhe von 10 000 €. Auf der Passivseite steht das Guthaben der Geschäftsbank in gleicher Höhe. Zur Vereinfachung erfassen wir nur die Veränderung der Bilanz.

Aktiva	– Notenbank –		Passiva
Neue Forderungen	10 000,–	Neue Verbindlichkeiten	10 000,–

Die Bilanzsumme der Notenbank verlängert sich um die neuen Verbindlichkeiten. In der Bilanz der Geschäftsbank hat sich ebenfalls eine Bilanzverlängerung ergeben:

Aktiva	– Geschäftsbank –		Passiva
Guthaben bei der Notenbank	10 000,–	Verpflichtung gegenüber der Notenbank	10 000,–

Die Guthaben bei der Notenbank und die Verpflichtung haben um 10 000 € zugenommen.

3. In der Praxis kann die Notenbank die Geldmenge über das von ihr angebotene Zentralbankgeld (Mengenpolitik) oder über die von ihr festgesetzten Zinsen für Wertpapiere, die sie hereinnimmt oder verkauft (Preispolitik), steuern. So kauft sie z. B. Offenmarktpapiere von den Banken auf und verschafft damit den Banken Liquidität (Offenmarktpolitik). In diesem Fall vermehren sich die Aktiva der Zentralbank, und gleichzeitig nehmen auch die Passiva zu (Bilanzverlängerung). Oder die Notenbank verkauft Offenmarktpapiere und entzieht damit den Banken Liquidität. Die Notenbank kann aber auch durch andere Instrumente die Liquidität des Bankensektors steuern, so durch die Refinanzierungsfazilitäten der Europäischen Zentralbank. Dann überlässt die Zentralbank den Geschäftsbanken Liquidität gegen einen Preis, nämlich den Refinanzierungssatz (siehe Kapitel 19). Sowohl über die Mengenpolitik als auch über die Preispolitik kann die Zentralbank die Geldbasis (monetäre Basis), d. h. die Summe aus dem Bargeldbestand der Nichtbanken und aus dem Zentralbankgeld der Kreditinstitute, kontrollieren.

[3] Zur Abgrenzung der Begriffe vgl. O. Issing, Einführung in die Geldtheorie, 11., überarb. Aufl., München 1998.

3. Geldmenge und Devisenangebot

Neben der Schaffung von Zentralbankgeld durch Kreditgewährung an die Banken kann auch dadurch Zentralbankgeld entstehen, dass Geschäftsbanken der Zentralbank Devisen (oder Gold) verkaufen und dafür Zentralbankgeld erhalten. In diesem Fall findet bei der Geschäftsbank ein Aktivtausch statt, während bei der Notenbank eine Bilanzverlängerung erfolgt. Damit kann in einer offenen Volkswirtschaft mit Güter- und Kapitalverkehr die Zentralbankgeldmenge auch durch die Transaktionen mit dem Ausland beeinflusst werden.
Betrachten wir beispielsweise den internationalen Warenaustausch, d. h. Exporte und Importe, des Euroraums mit der übrigen Welt. Es sei ein konstanter Wechselkurs des Euro zum US-Dollar unterstellt. Liegt ein Leistungsbilanzüberschuss des Euroraums vor, d. h. übersteigen Exporte wertmäßig die Importe, so kommen mehr Devisen nach Euroland als Euroland für die Bezahlung seiner Importwünsche braucht. Die Devisenbilanz von Euroland weist einen Überschuss auf (Kapitalverkehr wird vernachlässigt). Die Exporteure können die bei den Exporten verdienten Devisen bei den Geschäftsbanken umtauschen. Die Geschäftsbanken wiederum tauschen die Devisen bei der Europäischen Zentralbank um. In Höhe des Leistungsbilanzüberschusses wird also die Geldmenge vermehrt (sog. »outside money«).
Berücksichtigt man auch den Kapitalverkehr und unterstellen wir neben einem Exportüberschuss einen Überschuss der Kapitalimporte des Euroraums (d. h. es finden Nettokapitalimporte statt), so weist die Devisenbilanz einen Überschuss auf. In Höhe dieses Überschusses vermehrt sich die Zentralbankgeldmenge des Inlandes, da die Inländer die erhaltenen Devisen in Euro umtauschen können. Angenommen wir betrachten einen Devisenüberschuss in Höhe von 10 000 €, dann wird die Geldmenge um 10 000 € erhöht. Analog wird bei einem Defizit in der Zahlungsbilanz (d. h. Devisenbilanz) die Zentralbankgeldmenge verringert.
Die Notenbank kann die extern bedingte Vermehrung der Geldmenge durch Devisenswapgeschäfte neutralisieren, d. h. durch ein gleichzeitiges Kassa- und Termingeschäft. So wird Liquidität (temporär) absorbiert, indem die Notenbank Devisen verkauft und zu einem festgelegten Datum zu einem Terminkurs zurück kauft. Der Swapsatz ist die Differenz zwischen Terminkurs und Kassakurs. Durch Devisentermingeschäfte kann auch Liquidität zugeführt werden, indem die Notenbank Devisen Kassa kauft und per Termin verkauft.
Ist die Notenbank verpflichtet, einen Wechselkurs zu verteidigen, beispielsweise eine Relation Euro zu US-Dollar, so bedeutet dies bei einer unter Aufwertungsdruck stehenden heimischen Währung (Euro), dass die Notenbank eigenes Zentralbankgeld anbieten muss, um damit fremdes Geld zu kaufen. Damit steigt die heimische Geldmenge. Die Verteidigung eines Wechselkurses bedeutet in diesem Fall, dass die Notenbank die Geldmenge nicht mehr autonom steuern kann. Würde die Verpflichtung, einen Wechselkurs durch Interventionen am Devisenmarkt zu verteidigen, unbeschränkt gelten, so könnte die Notenbank die Geldmenge nicht mehr kontrollieren. In aller Regel haben deshalb Interventionsverpflichtungen zur Verteidigung von Wechselkursen Grenzen. Dies gilt auch für Europäische Zentralbank (siehe Kapitel 19).

4. Budgetüberschüsse oder -defizite

Schließlich kann die Geldmenge einer Volkswirtschaft auch von Überschüssen oder Defiziten im Budget des Staates beeinflusst werden. Angenommen das Budget des Staates weist ein Defizit auf, und er finanziert dieses Defizit durch die Aufnahme einer Anleihe bei Privaten (die Staatsobligationen kaufen), dann lösen Private Kasse oder Sichtguthaben auf und die Geldmenge in der M_1-Definition nimmt zunächst ab. Die Verwendung der Mittel durch den Staat im privaten Sektor lässt die Geldmenge M_1 jedoch wieder zunehmen. Wird dagegen das Defizit durch die Notenbank finanziert, und führen die Einnahmen zu Ausgaben im privaten Sektor, so nimmt die Geldmenge in der M_1-Definition zu. Man spricht in diesem Fall von der Monetarisierung des Budgetdefizits. In den meisten Ländern ist eine solche Monetarisierung nicht zulässig. Dies gilt auch für die Europäische Währungsunion.

5. Notenbank, Geschäftsbanken und die Geldschöpfung

Bisher wurde die Frage erörtert, inwieweit die Zentralbank die Zentralbankgeldmenge (monetäre Basis) beeinflussen kann. Mit unserer Analyse dieser Frage ist aber noch nicht geklärt, welcher Zusammenhang zwischen Zentralbankgeldmenge (Geldbasis) und der Geldmenge besteht, wenn wir neben der Zentralbank Geschäftsbanken berücksichtigen. Diese Privatbanken haben nicht die Möglichkeit, Geld durch Ausgabe eigener Banknoten zu schaffen. Für den Barverkehr sind nur die Zahlungsmittel der Zentralbank zugelassen. Damit bleibt aber die Frage offen, ob die Geschäftsbanken Buchgeld oder Giralgeld schaffen können.
Sichtguthaben entstehen etwa, wenn eine Geschäftsbank von einer Nichtbank ein festverzinsliches Wertpapier kauft und den entsprechenden Betrag auf dem Girokonto des Kunden gutschreibt. Sichtguthaben entstehen auch, wenn eine Geschäftsbank einem Kunden einen Kredit einräumt. Da die Sichteinlagen ein Bestandteil der Geldmenge sind, stellt sich die Frage, ob durch die Einräumung von Sichteinlagen durch die Geschäftsbanken die Geldmenge beeinflusst wird.
Eine Geschäftsbank will Gewinn erzielen. Sie nimmt liquide Mittel als Einzahlungen entgegen und bietet ihren Kunden bestimmte Dienste, wie z. B. die unbare Verfügungsmöglichkeit über Guthaben durch Schecks und Überweisungen. Ferner gibt sie gegen Zinsen Kredite. Dabei muss die Geschäftsbank, um solvent oder zahlungsfähig zu bleiben – ähnlich wie andere Unternehmen und Haushalte – in gewissem Umfang Zahlungsmittel – also Zentralbankgeld – halten. Die von den Geschäftsbanken gehaltenen Zentralbankgeldbestände werden *Barreserve* der Geschäftsbanken genannt. Da die Zentralbankgeldbestände der Geschäftsbanken nicht verzinst werden und damit eine ertragslose Vermögensanlage darstellen, sind die Geschäftsbanken bestrebt, ihre Barreserve möglichst gering zu halten. Um die Zahlungsunfähigkeit einer Bank zu vermeiden, kann es jedoch ratsam

sein, von den Geschäftsbanken – im Ausmaß bestimmter Verbindlichkeiten der Geschäftsbanken – gewisse *Mindestreserven* an Zentralbankgeld zu fordern. So haben etwa Geschäftsbanken in der Europäischen Währungsunion bei der Europäischen Zentralbank Mindestreserven zu halten. Die Berechnungsbasis für die Mindestreserve (Mindestreservebasis) bestimmt sich durch Sichteinlagen, Termineinlagen und Spareinlagen der Nichtbanken. 1999 müssen 2 vH der Mindestreservebasis als Mindestreserve gehalten werden, welche zum Satz für Hauptrefinanzierungsgeschäfte verzinst wird. Mindestreserven sind ein Kontrollinstrument der Notenbank gegenüber den Geschäftsbanken; sie helfen in der Steuerung der Geldmenge. Die (positive) Differenz zwischen Reserven bei der Zentralbank und Mindestreserven einer Geschäftsbank wird ihre *Überschussreserve* genannt.

Angenommen, ein Kunde kommt zur A-Bank und begehrt einen Kredit von 10 000 €. Die A-Bank habe z. Z. keine liquiden Mittel frei; sie habe alle liquiden Mittel, d. h. alles Zentralbankgeld, beispielsweie in Wertpapieren angelegt. Wir können auch sagen, die A-Bank habe keine Überschussreserve. Wenn die A-Bank die Wertpapiere nicht in Zentralbankgeld umtauschen kann, ist es ihr nicht möglich, den gewünschten Kredit in Form von Giralgeld einzuräumen. Denn wenn sie dem Kunden einen Kredit und damit ein Sichtguthaben einräumt, so wird der Kunde umgehend entweder bar oder mit einem Scheck über ein Sichtguthaben verfügen. Bei einer Barabhebung des Kunden braucht die Geschäftsbank Banknoten, die sie annahmegemäß nicht hat. Folglich kann die A-Bank den Kredit wegen der Gefahr einer Barabnahme nicht gewähren. Aber selbst wenn der Kunde über das eingeräumte Sichtguthaben nur mittels Scheck oder Überweisung verfügen würde, treten für die A-Bank Liquiditätsprobleme auf. Denn der Scheck, mit dem der Bankkunde ein neues Fernsehgerät bezahlt, wird von dem Fernsehverkäufer seiner Bank, der B-Bank, zur Gutschrift präsentiert, die nun die A-Bank um Einlösung bittet. Da die A-Bank keine überschüssige Liquidität hat, kann sie den Scheck nicht einlösen. Ähnliches gilt für die Überweisung. Die A-Bank darf den Kredit also nicht geben.

Anders liegt der Fall, wenn die B-Bank zur gleichen Zeit einem ihrer Kunden ebenfalls einen Kredit einräumt, der dann als Scheck bei der A-Bank eintrifft und ihr eine Forderung gegen die B-Bank einträgt. Dann können beide Banken gegenseitig verrechnen. Wir halten fest: Falls kein Barverkehr vorliegt, können Geschäftsbanken nur dann Buchgeld schaffen, wenn alle im Gleichschritt vorgehen.

Die Gefahr, dass die B-Bank oder eine andere Bankengruppe der A-Bank einen Scheck zur Einlösung präsentiert, der auf einen Kredit der A-Bank zurückgeht, ist allerdings umso kleiner, je größer die A-Bank ist. Denn mit zunehmender Größe der A-Bank nimmt die Wahrscheinlichkeit zu, dass der Scheck nicht bei der B-Bank, sondern bei der A-Bank selbst zur Gutschrift präsentiert wird. Je größer die A-Bank, umso größer ist bei unbarer Zahlungsweise die Fähigkeit der Bank, Buchgeld zu schaffen. Infolge der realistischen Gefahr der Barabhebung kann jedoch aus dem Nichts kein Buchgeld geschaffen werden, wenn die A-Bank laut Annahme über keine freien liquiden Mittel verfügt.

Aber dennoch kann das Bankensystem »Geld machen«,[4] also die Giralgeldmenge – die Sichteinlagen der Nichtbanken bei den Geschäftsbanken – erhöhen. Nehmen wir an, die A-Bank vermehre ihre Bestände an Zentralbankgeld um 10 000 €, indem sie z. B. Devisen an die Notenbank verkauft. Der Verkauf der Devisen bedeutet eine Umschichtung auf der Aktivseite der Bank. Der Devisenbestand nimmt um 10 000 € ab; die Barreserve und die Überschussreserve der Geschäftsbank nehmen um diesen Betrag zu. In Höhe dieses Betrages kann die A-Bank einen Kredit in Form der Einräumung eines Sichtguthabens gewähren. Auf der Aktivseite erscheint die Forderung der A-Bank an den (Kredit-)Kunden; auf der Passivseite stehen die Sichteinlagen des Kunden.

A-Bank			
Forderung aus Kreditvertrag	10 000,–	Sichteinlagen	10 000,–

Da mit der Kreditgewährung die Höhe der Sichteinlagen der Nichtbanken und damit die Zahlungsmittelbestände der Nichtbanken zugenommen haben, vermehrt sich die Geldmenge der Volkswirtschaft um 10 000 €. Der Prozess der Geldschöpfung ist aber noch nicht beendet; der Kreditkunde der A-Bank wird über seinen Kredit verfügen. Die A-Bank verliert Sichtguthaben in Höhe von 10 000 € und gibt die Überschusskasse entweder bar an ihren Kreditkunden ab oder verliert diese Kasse, wenn sie die Schecks oder Überweisungen des Kreditkunden honoriert, die ihr von anderen Banken präsentiert werden.
Die A-Bank verliert ihre Barreserve, weil der Kaufmann, bei dem ihr Bankkunde mit Scheck einen Fernsehapparat usw. bezahlt, diesen Scheck bei der B-Bank zur Verrechnung auf sein Sichtguthaben gibt. Was die A-Bank an Barreserve verliert, gewinnt also die B-Bank, die auf der Passivseite ihre Sichteinlagen und auf der Aktivseite ihre liquiden Mittel um 10 000 € erhöht.

Die B-Bank hat die Vermehrung ihrer Barreserve nicht durch eine Umschichtung ihrer Aktiva erhalten; sie kann über den Zugang an Barreserven nicht in vollem Umfang verfügen, da eine gesetzliche Mindestreserve auf Sichteinlagen vorgeschrieben ist. Diese Mindestreserve ist als zinsloses Guthaben bei der Notenbank zu halten. Wir wollen annehmen, dass der Mindestreservesatz 5 vH sei. Dann ergibt sich folgende Bilanz der B-Bank:

B-Bank			
Mindestreserve	500,–	Sichteinlage	10 000,–
Überschussreserve	9 500,–		

[4] Zur Darstellung vgl. O. Issing, Einführung in die Geldtheorie, 11. überarb. Aufl., München, 1998.

Da die Überschussreserve eine ertragslose Vermögensanlage ist, wird die B-Bank versuchen, in Höhe der Überschussreserve nun ebenfalls wieder Kredite zu geben. Der Prozess der Geldschöpfung, der sich bereits bei der A-Bank vollzogen hat, spielt sich bei der B-Bank noch einmal ab, allerdings mit einem geringeren Betrag. Die B-Bank erhöht die Geldmenge der Volkswirtschaft um 9 500 €.

Das aus Kredit geschaffene Sichtguthaben der B-Bank wird abgebaut, sobald der Kunde mit einem Scheck über sein Guthaben verfügt. Die B-Bank verliert ihre Überschussreserve von 9 500 €; der C-Bank fließt dieser Betrag aber als neue Barreserve zu, der eine zusätzliche Sichteinlage in dieser Höhe gegenübersteht. Die C-Bank muss für diese neue Sichteinlage eine Reserve von 475 € halten. Sie hat eine Überschussreserve von 9 025 €, mit der sie ebenfalls einen Kredit geben kann, der sich bei der D-Bank niederschlägt. Der Prozess setzt sich über eine Reihe von Runden fort. Da auf jeder Stufe immer wieder eine Mindestreserve gehalten werden muss, wird die Menge des zusätzlichen Buchgeldes auf jeder Stufe kleiner. Addiert man das in den einzelnen Runden geschaffene Buchgeld auf (10 000 + 9 500 + 9 025 + 8 573,75 + 8 145,06 + ...), so resultiert im gesamten Bankensystem aus einer anfänglichen Überschusskasse von 10 000 € bei der A-Bank eine Buchgeldschöpfung von 200 000 €. Tabelle 18.2 fasst den Geldschöpfungsmultiplikator zusammen:

Tabelle 18.2: Der einfache Geldschöpfmultiplikator

Periode	ΔKredite	ΔSichteinlagen	ΔMindestreserven
1 (A-Bank)	10 000,–	10 000,–	–
2 (B-Bank)	9 500,–	9 500,–	500,–
3 (C-Bank)	9 025,–	9 025,–	475,–
4 (D-Bank)	8 573,75	8 573,75	452,25
5 (E-Bank)	8 145,06	8 145,06	428,69
.	.	.	.
.	.	.	.
.	.	.	.
	200 000,–	200 000,–	10 000,–

In unserem Beispiel hat das Bankensystem aus der anfänglichen Überschussreserve die zwanzigfache Geldmenge geschaffen. Bezeichnen wir die Änderung der Barreserve – die ja der Erhöhung der Zentralbankgeldmenge entspricht – mit ΔZ und die Änderung der Sichteinlagen mit ΔD, so besteht eine Abhängigkeit zwischen ΔD und ΔZ, die wir durch $\Delta D = f(\Delta Z)$ abkürzen.

In unserem Beispiel ist ΔD ein Vielfaches von ΔZ. Wir sprechen vom Multiplikator. Der Wert des Multiplikators (im Beispiel 20) hängt mit dem Mindestreservesatz von

5 vH = 1/20 zusammen. Bei einem Mindestreservesatz von 1/5 ist der Multiplikator 5; bei einem Mindestreservesatz von 1/10 ist der Multiplikator 10. Es gilt:

$$\Delta D = \frac{1}{\text{Mindestreservesatz}} \cdot \Delta Z$$

In unserem Beispiel:

$$\Delta D = \frac{1}{1/20} \cdot 10\,000$$

$$\Delta D = 20 \cdot 10\,000 = 200\,000$$

Da die Multiplikatorwirkung der obigen Gleichung sich auf die Geldschöpfung bezieht, sprechen wir vom Geldschöpfungsmultiplikator. Die Multiplikatorwirkung beruht auf der Annahme, dass die Kunden Sichteinlagen, die nicht aus Kredit entstehen, nicht abheben. Verfügt z. B. der Kunde, der bei der A-Bank ein Guthaben eröffnet, über einen Teil seines Guthabens in bar, so wird die Überschussreserve reduziert. Die Geldschöpfung wird dann wesentlich geringer sein. In Tabelle 18.3 ist angenommen, dass jeder Kreditnehmer 10 vH seines Kredits in bar abhebt. Von dem Kredit, den die A-Bank in Höhe von 10 000 € gewährt, hebt der Kunde also 1 000 € ab. Folglich erreicht die B-Bank nur eine Überschussreserve von 9 000 €. Von diesem Betrag muss die B-Bank eine Mindestreserve von 450 € halten, so dass sie einen Kredit nur in Höhe von 9 000 – 450 = 8 550 € vergeben kann. Bei einem Barabzug von 855 € erreicht die C-Bank nur eine Überschussreserve von 8 550 – 855 = 7 695 €. Der Bargeldabzug reduziert also die Geldschöpfungskapazität des Geschäftsbankensystems.

Tabelle 18.3: Geldschöpfungsmultiplikator mit Barabhebung

Periode	ΔKredite	ΔBarabzüge	ΔSichteinlagen	ΔMindestreserven
1 (A-Bank)	10 000,–	1 000,–	9 000,–	–
2 (B-Bank)	8 550,–	855,–	7 695,–	450,–
3 (C-Bank)	7 310,25	731,02	6 579,23	384,75
4 (D-Bank)	6 250,27	625,03	5 625,24	328,96
.	.	.	.	.
.	.	.	.	.
.	.	.	.	.

Bezeichnen wir den Mindestreservesatz mit r und den Anteil, der bar von den Krediten abgehoben wird, mit b, so lautet die Formel für die Veränderung der Geldmenge

$$\Delta M = \frac{1}{r + b\,(1 - r)} \cdot \Delta Z$$

Diese Formel gibt an, um welches Vielfache sich die Geldmenge M verändert, wenn die Überschussreserve der Geschäftsbanken zunimmt. Da der Mindestreservesatz r und die Barabzugsquote b beide weniger als 100 vH sind, ist der Multiplikator immer größer als 1. Da die Vermehrung von Zentralbankgeld die Barreserve der Geschäftsbanken (um den gleichen Betrag) erhöht, gibt die Formel auch Auskunft darüber, um welchen Betrag die Geldmenge M durch die Tätigkeit der Geschäftsbanken bei Vermehrung der monetären Basis zunimmt.[5]

Geht man also davon aus, dass die Nichtbanken ihre Zahlungsmittelbestände in Zentralbankgeld und Giralgeld halten wollen, davon einen bestimmten Anteil (Barabzugsquote) in bar, steht das Geldangebot einer Volkswirtschaft über den Geld-

---

[5] Der Geldschöpfungsmultiplikator lässt sich wie folgt ableiten. Im folgenden bezeichne M die Geldmenge, Z die Zentralbankgeldmenge (monetäre Basis), die sich aus dem Zentralbankgeld des Bankensektors Z^B und des Nichtbankensektors Z^N zusammensetzt, und D die Sichteinlagen der Nichtbanken bei Banken, so gilt:

$$Z = Z^B + Z^N \tag{1}$$

Die Zentralbankgeldmenge besteht aus dem Zentralbankgeld im Bankensektor und im Nichtbankensektor.

Die Geldmenge M setzt sich zusammen aus dem Zentralbankgeld bei Nichtbanken und den Sichteinlagen der Nichtbanken bei den Banken.

$$M = Z^N + D \tag{2}$$

Die Banken sind verpflichtet, Mindestreserven als Zentralbankgeld (Z^B) in einem bestimmten Prozentsatz r der von ihnen geschaffenen Buchgeldmenge (D) zu halten

$$Z^B = rD \tag{3}$$

Schließlich halten die Wirtschaftssubjekte einen bestimmten Prozentsatz b der Geldmenge M in Form von Bargeld (Z^N), so dass $b = Z^N/M$oder

$$Z^N = bM \tag{4}$$

Setzt man (3) und (4) in Gleichung (1) ein, so erhält man

$$Z = bM + rD \tag{5}$$

Aus Gleichung (2) folgt unter Beachtung von (4)

$$M = bM + D$$

oder

$$D = (1 - b)\,M \tag{6}$$

Setzt man (6) in (5) ein, so ergibt sich nach Umformung

$$Z = [r + b\,(1 - r)]\,M$$

schöpfungsmultiplikator mit der Zentralbankgeldmenge in Verbindung. Bei gegebenem Mindestreservesatz und gegebener Barzahlungsquote kann demnach die Notenbank durch entsprechende Steuerung der Zentralbankgeldmenge das Geldangebot der Volkswirtschaft beeinflussen. Zu beachten ist hierbei, dass bei gegebenen Größen r und b über den Geldschöpfungsmultiplikator die zu einer bestimmten Zentralbankgeldmenge korrespondierende Geldmenge errechenbar ist.

6. Zur Steuerbarkeit der Geldmenge

Nach den bisherigen Ausführungen kann man zusammenfassen, dass die Zentralbankgeldmenge oder die Geldbasis von der Notenbank gesteuert werden kann. Wenn sie Wertpapiere aufkauft oder verkauft, so hängt die Geldmengenveränderung zwar vom Angebots- und Nachfrageverhalten der Geschäftsbanken auf dem Wertpapiermarkt ab, aber bei der Kreditierung oder beim Kauf von Wertpapieren kann die Notenbank die Finanzierungsmodalitäten bestimmen. Obwohl sich durch außenwirtschaftliche Einflüsse Restriktionen für die Notenbank ergeben, hat sie grundsätzlich zahlreiche Möglichkeiten, die Zentralbankgeldmenge und die Geldbasis zu steuern.

Zwar kann die Notenbank die Zentralbankgeldmenge steuern. Diese ist sozusagen ihr Angebotsparameter. Aber die Geldmenge M_3 ist auch das Resultat des Geldschöpfungsprozesses im Bankensektor und das Ergebnis des Nachfrageverhaltens der Wirtschaftssubjekte nach Geld. Die statistisch beobachtete Geldmenge reflektiert also sowohl das Angebot als auch das Nachfrageverhalten nach Geld, sie entzieht sich somit teilweise dem Einfluss der Notenbank. Wenn die Notenbank eine bestimmte Geldmenge anstrebt, so muss sie die Nachfrage der Wirtschaftssubjekte nach Geld in ihr Kalkül als Datum einbeziehen. Sie muss ihre Angebotsinstrumente so wählen, dass unter Berücksichtigung des Geldnachfrageverhaltens der Wirtschaftssubjekte die von der Notenbank angestrebte Geldmenge sich letztlich auf den Markt einstellt.

$$M = \frac{1}{r + b\,(1 - r)} \cdot Z$$

oder

$$M = mZ$$

$$\Delta M = m\Delta Z$$

wobei m den Geldschöpfungsmultiplikator kennzeichnet.

18.5 Die Bestimmung des Zinses aus Geldangebot und Geldnachfrage

In Abschnitt 18.3 haben wir die Nachfragekurve nach Geld konstruiert. Dieser Nachfragekurve muss die Geld-Angebotskurve gegenübergestellt werden. Dann lässt sich der Zins als Preis für die Liquidität determinieren.

1. Geldmarktgleichgewicht. Unterstellt man, dass die Notenbank das Geldschöpfungsverhalten der Geschäftsbanken direkt beeinflussen kann, so kann das von der Notenbank bestimmte Geldangebot ($\overline{M}$) als vom Zins unabhängig betrachtet werden. Denn die Ausgabe von Banknoten durch die Notenbank und ihre Kontrolle des Buchgeldangebots der Geschäftsbanken richtet sich nicht nach dem Zins, sondern nach anderen Gesichtspunkten wie dem Bedarf an Zahlungsmitteln einer wachsenden Wirtschaft. Das Geldangebot ist also unabhängig vom Zins. Schaubild 18.6 stellt die Angebotskurve dar. Man beachte, dass M die nominelle Geldmenge bezeichnet; dividiert man die nominelle Geldmenge M durch das Preisniveau p, so erhält man die reale Geldmenge $\overline{M}$. Wir hatten bei der Diskussion der Geldnachfrage gesehen, dass die Geldnachfrage auf die Realkasse abstellt. Folglich muss auch das Geldangebot real gefasst werden.

Schaubild 18.6: Das Geldangebot

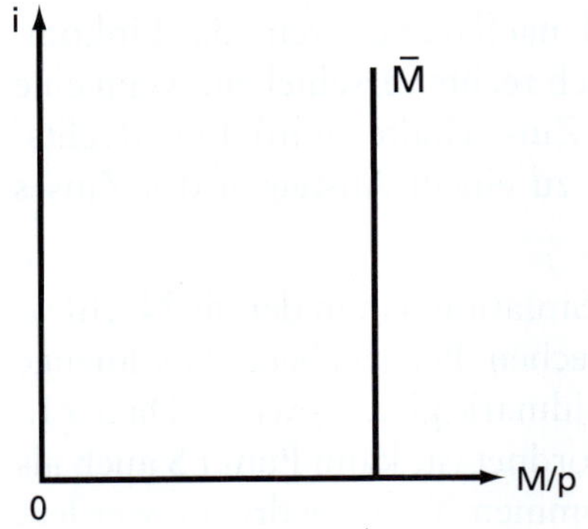

Der Zins bestimmt sich nun durch die Gegenüberstellung von Nachfrage- und Angebotskurve nach Liquidität, ähnlich wie sich der Produktpreis aus Angebot und Nachfrage ergibt (Schaubild 18.7). Gleichgewicht liegt dann vor, wenn sich Geldangebot und Geldnachfrage entsprechen bei einem Zinssatz i_0, wenn also

$$L(Y, i) = M/p,$$

wobei die Geldnachfrage L real zu interpretieren ist und M/p das reale Geldangebot kennzeichnet.

Schaubild 18.7: Geldmarktgleichgewicht

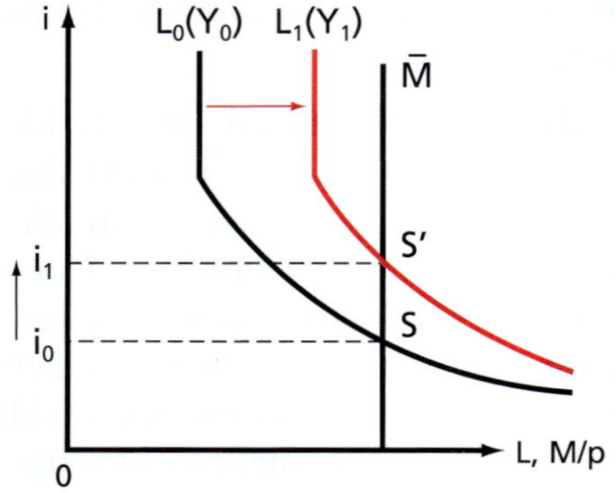

Der Zins als Preis kann sich ändern, wenn sich Angebots- und/oder Nachfragekurven verschieben. Die Angebotskurve M verschiebt sich nach rechts, wenn die Notenbank die Geldmenge vergrößert. In diesem Fall muss der Zins fallen. Die Nachfragekurve nach Liquidität L kann sich verschieben, wenn sich ihre Komponenten L_T und L_S verändern; L_T verschiebt sich z. B. nach rechts, wenn das Einkommen größer wird. Auch die L_S-Kurve kann sich nach rechts verschieben, wenn eine gegebene Spekulationskasse nur zu einem höheren Zins gehalten wird. Eine Rechtsverschiebung der Gesamtnachfragekurve L muss zu einem Ansteigen des Zinses führen.

2. LM-Kurve. Punkt S in Schaubild 18.7 stellt eine Situation dar, in der die Nachfrage nach Geld und das Angebot an Geld sich entsprechen. Bei gegebener Geldmenge und gegebener Geldnachfragefunktion herrscht Geldmarktgleichgewicht. Da der L-Kurve ein ganz bestimmtes Volkseinkommen zugeordnet ist, kann Punkt S auch als eine Zuordnung von Zinssatz i_0 und Volkseinkommen Y_0 ausgedrückt werden. Angenommen, wir betrachten ein höheres Volkseinkommen, dann ist die Transaktionsnachfrage größer, und die neue Geldnachfragekurve verläuft weiter rechts. Das neue Geldmarktgleichgewicht mit höherem Volkseinkommen und höherem Zins ist durch Punkt S′ gekennzeichnet. Offenbar gibt es eine Vielzahl von Geldmarktgleichgewichten bei gegebener Geldmenge mit unterschiedlichen Kombinationen von Zinssatz und Volkseinkommen. Die Menge der Geldmarktgleichgewichte wird durch die LM-Kurve dargestellt.
Die LM-Kurve wird in Schaubild 18.8 abgeleitet. Im Südost-Quadranten wird die Nachfrage nach Transaktionskasse eingetragen. Mit steigendem Einkommen steigt die Nachfrage nach Transaktionskasse. Im Nordwest-Quadranten wird die Nach-

frage nach Spekulationskasse eingetragen. Mit steigendem Zinssatz geht die Nachfrage nach Spekulationskasse zurück.

Schaubild 18.8: Zins und Einkommen im Geldmarktgleichgewicht

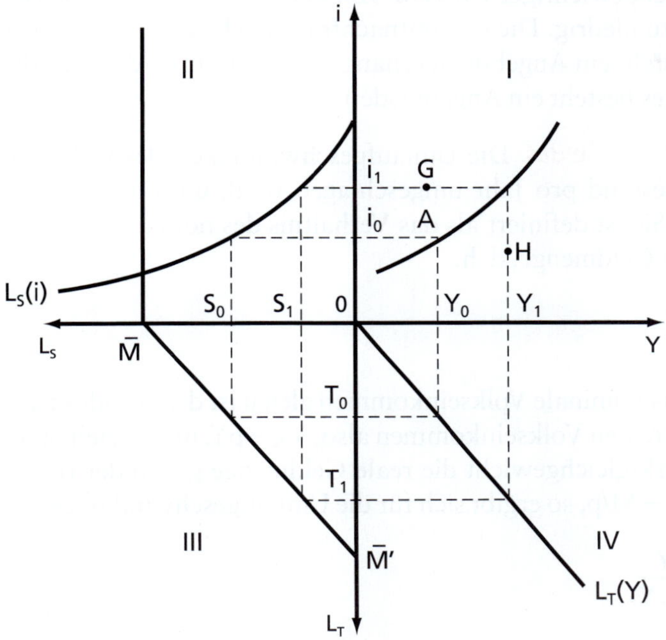

Es wird eine gegebene Geldmenge $O\overline{M}$ unterstellt, die auf der Westachse aufgetragen wird; diese Geldmenge wird ebenfalls auf der Südachse ($O\overline{M}'$) aufgetragen. Es gilt also $O\overline{M} = O\overline{M}'$.

Bei einem Volkseinkommen Y_0 wird die Transaktionskasse OT_0 nachgefragt. Von der gegebenen Geldmenge ($O\overline{M}'$) steht dann $T_0\overline{M}' = OS_0$ für Spekulationszwecke als Angebot zur Verfügung.[6] Diese Geldmenge OS_0 wird aber nur bei einem Zinssatz i_0 nachgefragt. Folglich stellt Punkt A mit einem Volkseinkommen Y_0 und einem Zinssatz i_0 ein geldwirtschaftliches Gleichgewicht dar. Analog sind andere Punkte der LM-Kurve zu finden.

Die LM-Kurve kennzeichnet also alle diejenigen Kombinationen des Volkseinkommens Y und des Zinssatzes i, bei denen Geldnachfrage und Geldangebot gleich sind. Die LM-Kurve stellt also Gleichgewicht auf dem Geldmarkt dar. Dieses Gleichge-

6 Man beachte, dass die Gerade $\overline{MM}'$ ein Steigungsmaß von 45° hat. Von daher folgt $OT_0 = \overline{M}S_0$ und $T_0\overline{M}' = OS_0$.

wicht ist mit einer Vielzahl von Kombinationen von Y und i vereinbar. Offenbar brauchen wir noch andere Märkte wie den Güter- und Arbeitsmarkt, um das Gesamtgleichgewicht und damit den gleichgewichtigen Zinssatz und »das« gleichgewichtige Volkseinkommen für die gesamte Volkswirtschaft zu bestimmen.
Bei den Punkten G und H herrscht kein Gleichgewicht auf dem Geldmarkt. Bei Punkt G liegt zwar ein gleichgewichtiger Zinssatz vor, aber die Transaktionskasse (das Volkseinkommen) ist zu niedrig. Die Gesamtnachfrage nach Geld ist niedriger als das Geldangebot. Es besteht ein Angebotsüberhang. Bei Punkt H ist dagegen die Spekulationskasse zu groß; es besteht ein Angebotsdefizit.

3. Umlaufsgeschwindigkeit des Geldes. Die Umlaufgeschwindigkeit des Geldes V gibt an, wie oft der Geldbestand pro Jahr umgeschlagen wird, um den Einkommensstrom zu finanzieren. Sie ist definiert als das Verhältnis des nominalen Volkseinkommens zur nominalen Geldmenge, d. h.

$$V = Y_N/M$$

Berücksichtigt man, dass das nominale Volkseinkommen gleich ist dem Produkt aus dem Preisniveau p und dem realen Volkseinkommen also, $Y_N = pY$, und bezieht man ferner ein, dass im Geldmarktgleichgewicht die reale Geldmenge gleich der realen Kassenhaltung ist, also $L(\cdot) = M/p$, so ergibt sich für die Umlaufgeschwindigkeit

$$V = \frac{Y_N}{M} = \frac{pY}{M} = \frac{Y}{L(i, Y)}$$

Die Umlaufgeschwindigkeit des Geldes kann also auch als das Verhältnis des realen Sozialprodukts und der realen Geldnachfrage interpretiert werden.
Die Umlaufgeschwindigkeit V verändert sich mit diesen beiden Größen. Zum einen variiert sie mit dem realen Bruttoinlandsprodukt. Eine Zunahme des Bruttoinlandsprodukts würde die Umlaufgeschwindigkeit dann nicht verändern, wenn die Einkommenselastizität der realen Geldnachfrage gerade gleich 1 ist. Zum anderen variiert sie mit dem Zinssatz. Steigt der Zinssatz, so sinkt die reale Nachfrage nach Geld, und die Umlaufgeschwindigkeit steigt. Sinkt der Zinssatz, so nimmt die reale Kassenhaltung zu, und die Umlaufgeschwindigkeit geht zurück. In Deutschland beobachtete man in den letzten 25 Jahren einen abnehmenden Trend in der Umlaufgeschwindigkeit des Geldes. Dieser Trend folgt einem stabilen Muster.

4. Kreditmarkttheorie des Zinses. Ein alternativer Ansatz zur Liquiditätstheorie des Zinses besteht darin, den Zins als Preis für die Überlassung eines Kredits zu erklären. Der Zins ergibt sich dann durch die Gegenüberstellung der Nachfrage und des Angebots an Kredit. Beide Erklärungsversuche schließen sich aber nicht aus. Wenn die Haushalte Wertpapiere kaufen, erhöhen sie das Kreditangebot und verringern ihre eigene Kasse. Wenn sie Wertpapiere verkaufen, erhöhen sie ihre Kassenbestände und verringern das Kreditangebot. Die Nachfrage nach Geld (L) verhält sich also umgekehrt wie die Nachfrage nach Wertpapieren und damit das Angebot an Kredit.

Folglich lässt sich der Zins auch auf dem Wertpapiermarkt oder auf dem Kreditmarkt ermitteln.

18.6 Die Wirkung der Geldpolitik

Wirkungskette der Geldpolitik. Die Zusammenhänge auf der Angebotsseite des Geldmarktes sowie die möglichen Steuerungsinstrumente sind im Schaubild 18.9 zusammengefasst.

Schaubild 18.9: Wirkungskette der Geldpolitik

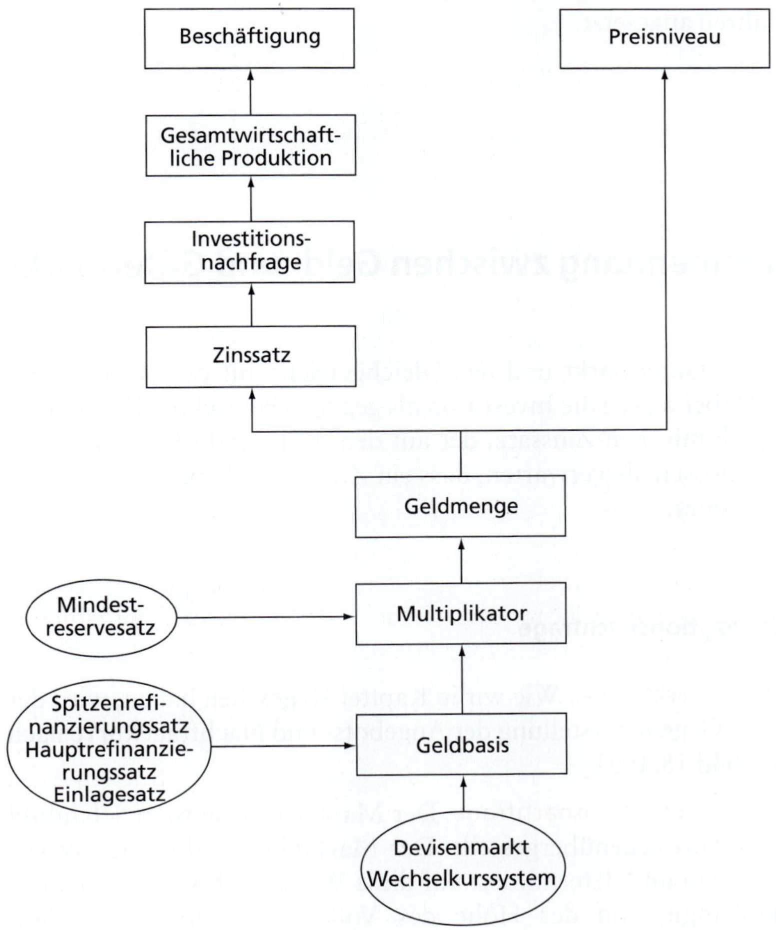

Zeitliche Wirkungsverzögerungen. Bei der Anwendung geldpolitischer Maßnahmen verstreicht – wie bei anderen wirtschaftspolitischen Instrumenten – Zeit, bis sie wirken. Bei diesen sog. »timelags« unterscheidet man einen »Entscheidungslag« und einen »Wirkungslag«. Bei geldpolitischen Maßnahmen ist der Entscheidungslag in der Regel sehr gering, da der Zentralbankrat, als kleines und alle zwei Wochen tagendes Gremium, zügig entscheiden kann. Bis eine geldpolitische Maßnahme sich auf die ins Visier genommene Variable – etwa das Preisniveau – auswirkt, kann viel Zeit verstreichen. Dabei ist zu unterscheiden, ob es sich um die Auswirkung auf die gesamtwirtschaftliche Produktion oder um die Auswirkung auf das Preisniveau handelt. Bei der Auswirkung auf die gesamtwirtschaftliche Produktion lautet die Wirkungskette: Einlagesatz – Geldmarktzins – Kapitalmarktzins – Investitionsentscheidung – gesamtwirtschaftliche Produktion. Diese Wirkungsverzögerung wird etwa mit 9 bis 12 Monaten angegeben. Bei einer Auswirkung auf das Preisniveau (siehe im Folgenden) lautet die Wirkungskette: größere Geldmenge – Störung des Portfoliogleichgewichts – gewünschter Abbau der überschüssigen Geldmenge – erhöhte Güternachfrage – Anstieg des Preisniveaus. Dafür wird in der Regel ein Zeitraum von 2,5 Jahren angesetzt.

18.7 Der Zusammenhang zwischen Geld- und Gütermarkt

In Kapitel 17 sind der Gütermarkt und das Gleichgewicht auf dem Gütermarkt dargestellt worden. Dabei wurde die Investition als gegeben betrachtet. Die Investitionen variieren jedoch mit dem Zinssatz, der auf dem Geldmarkt bestimmt wird (dieses Kapitel). Wir müssen also erwarten, dass ein Zusammenhang zwischen Güter- und Geldmarkt besteht.

1. Geldmarkt und Investitionsnachfrage

1. Die Bestimmung des Marktzinses. Wie wir in Kapitel 18 gesehen haben, wird der Marktzins i_0 durch die Gegenüberstellung der Angebots- und Nachfragekurve nach Geld ermittelt (Schaubild 18.10a).

2. Die Bestimmung der Investitionsnachfrage. Der Marktzins i_0 wird in Schaubild 18.10b dem internen Zins gegenübergestellt. Der Marktzins wird in die Investitionsfunktion eingetragen und determiniert auf diese Weise die Investition i_0. Die Investition ist unabhängig von der Höhe des Volkseinkommens (Schaubild 18.10c).

Schaubild 18.10: Zusammenhang zwischen Geldmarkt und Gütermarkt

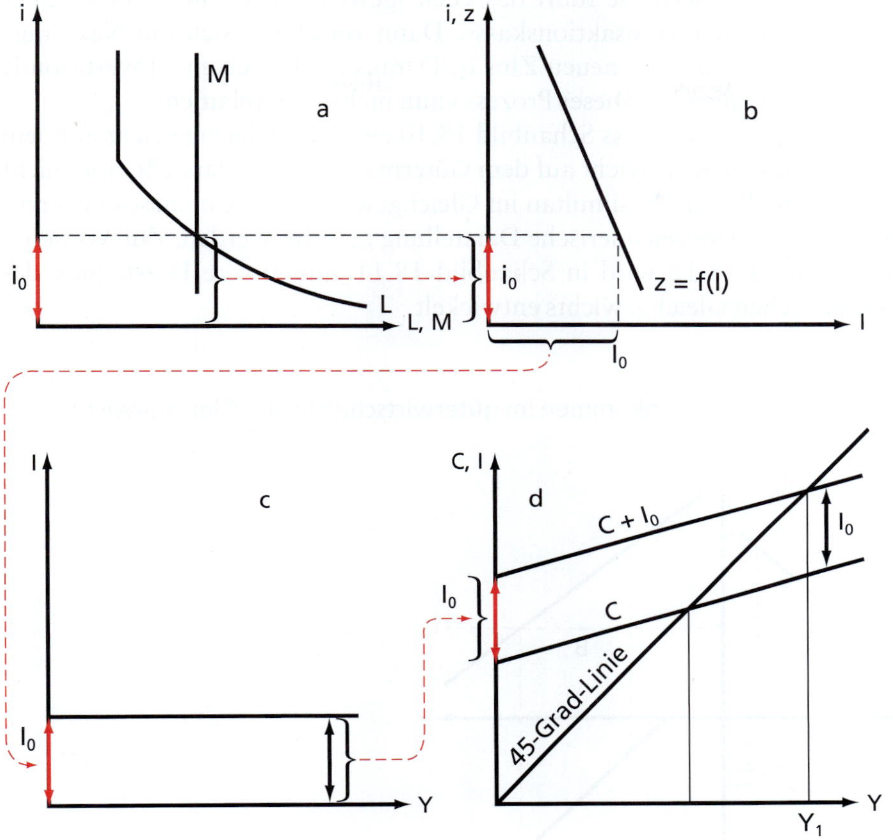

3. Die Bestimmung des Volkseinkommens. Neben der Investitionsfunktion ist auch die Konsumfunktion gegeben. Beide Funktionen werden in Schaubild 18.10d vertikal zu einer Gesamtausgabenkurve addiert; der Schnittpunkt der Gesamtausgabenkurve mit der Winkelhalbierenden bestimmt das gleichgewichtige Volkseinkommen (Y_1). Wie bereits ausgeführt, kann dieses Volkseinkommen ebenso das Vollbeschäftigungseinkommen wie auch ein Volkseinkommen bei Unterbeschäftigung sein.

Schaubild 18.10a–d gibt vereinfacht die Zusammenhänge des Systems von Keynes wieder. In Schaubild 18.10 ist folgender Modellzusammenhang dargestellt: Ein gegebenes Geldangebot bestimmt zusammen mit einer gegebenen Geldnachfragekurve, die einem Volkseinkommen Y_0 zugeordnet ist, den Zinssatz i_0, der die Investitionen I_0 festlegt, die wiederum zusammen mit den Konsumausgaben die Höhe des Volkseinkommens determinieren. Dieses Volkseinkommen kann zufällig das der Geldnachfrage zugeordnete Volkseinkommen Y_0 sein, es kann aber auch ein

Volkseinkommen Y_1 sein. In diesem Fall stellt sich jedoch eine andere Geldnachfragekurve ein. Möglicherweise führt das Gleichgewichtseinkommen Y_1 zu einer größeren oder kleineren Transaktionskasse. Dann verschiebt sich die Nachfrage nach Geld. Wir erhalten einen neuen Zins i_1. Daraus ergibt sich eine Investition I_1 und ein Volkseinkommen Y_2. Dieser Prozess kann mehrmals ablaufen.
Diese Überlegungen zeigen, dass Schaubild 18.10 zwar das Gleichgewicht auf dem Geldmarkt und das Gleichgewicht auf dem Gütermarkt isoliert darstellt, aber nicht garantiert, dass beide Märkte simultan im Gleichgewicht sind. Um dieses sicherzustellen, muss eine andere zeichnerische Darstellung gewählt werden. Zur Vorbereitung von Schaubild 18.12 wird in Schaubild 18.11 eine andere Darstellung des güterwirtschaftlichen Gleichgewichts entwickelt.

Schaubild 18.11: Zins und Einkommen im güterwirtschaftlichen Gleichgewicht

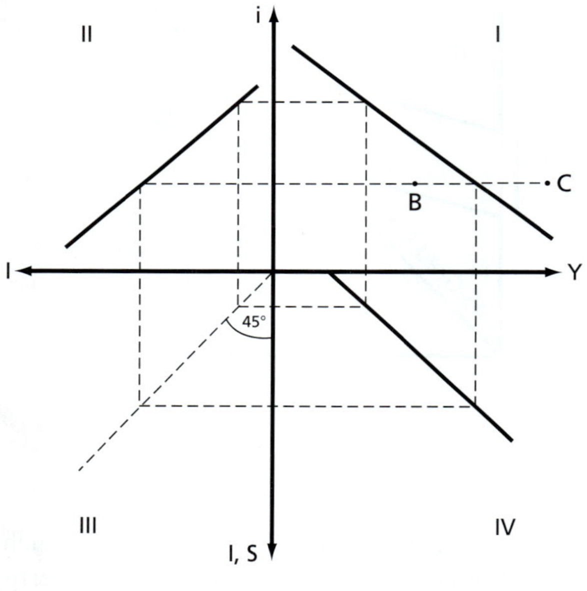

2. Die IS-Kurve

Güterwirtschaftliches Gleichgewicht liegt vor, wenn die Gesamtausgaben C + I dem Volkseinkommen Y entsprechen oder wenn geplante Investitionen und geplantes Sparen gleich sind: wenn gilt $I\,(i) = S\,(Y)$. In Schaubild 18.11 zeigt der Südost-Quadrant Ersparnisse in Abhängigkeit vom Volkseinkommen; der Nordwest-Quadrant gibt die Investitionen in Abhängigkeit vom Zins an. Im Nordost-Qua-

dranten werden diejenigen Kombinationen von i und Y angegeben, bei denen I = S gilt, d. h. bei denen güterwirtschaftliches Gleichgewicht vorliegt (IS-Kurve).
Die Punkte B und C stellen Situationen dar, bei denen das Gleichgewicht auf dem Gütermarkt verletzt ist. Bei einer durch Punkt B gekennzeichneten Kombination von Zinssatz und Volkseinkommen ist die Investition größer als die Ersparnis. Es besteht ein Nachfrageüberhang auf dem Gütermarkt. Bei einer durch Punkt C gekennzeichneten Kombination von Zinssatz und Volkseinkommen wird zu viel gespart; es besteht ein Nachfragedefizit auf dem Gütermarkt. Man beachte, dass auf der Geraden BC der Zinssatz i und damit die Investitionen gegeben sind, aber das Volkseinkommen Y und damit die Ersparnisse variieren.

3. Güter- und geldwirtschaftliches Gleichgewicht

Die IS-Kurve in Schaubild 18.11 gibt diejenigen Kombinationen von Zinssatz und Volkseinkommen an, bei denen güterwirtschaftliches Gleichgewicht herrscht. Die LM-Kurve in Schaubild 18.8 gibt diejenigen Kombinationen von i und Y an, bei denen geldwirtschaftliches Gleichgewicht herrscht, d. h. Geldnachfrage und Geldangebot übereinstimmen.
Güter- und geldwirtschaftliches Gleichgewicht liegt dann vor, wenn sowohl der Gütermarkt (IS-Kurve) als auch der Geldmarkt (LM-Kurve) im Gleichgewicht sind. Diese Situation ist in Schaubild 18.12 dargestellt. Bezeichnet Y_v das Vollbeschäftigungseinkommen, so kennzeichnet E eine Situation, in der bei güter- und geldwirtschaftlichem Gleichgewicht auch Vollbeschäftigung herrscht.

Schaubild 18.12: Güter- und Geldmarktgleichgewicht

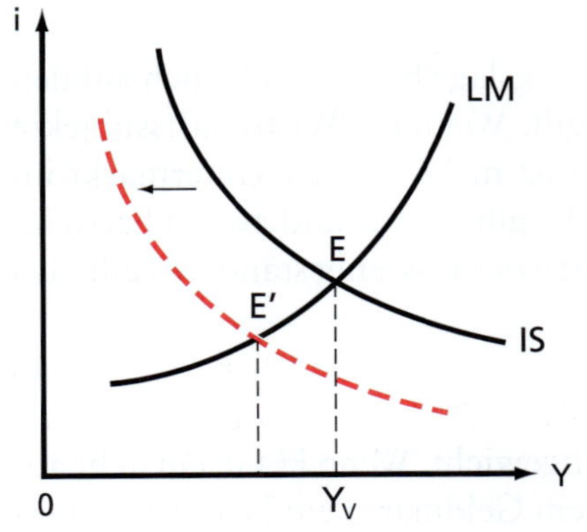

4. Wie entsteht Arbeitslosigkeit?

Wir können uns jetzt auch klarmachen, warum in diesem noch immer einfachen System Arbeitslosigkeit auftritt. Angenommen, in einer Ausgangssituation herrsche Gleichgewicht bei Vollbeschäftigung (E in Schaubild 18.12). Arbeitslosigkeit entsteht dann, wenn die effektive Nachfrage zurückgeht, sich die IS-Kurve also nach links verschiebt. Wodurch kann das geschehen?

Angenommen, die Konsumenten ändern ihre Erwartungen und reduzieren ihre Konsumnachfrage. Auf dem Gütermarkt entfällt dann Nachfrage (das Volkseinkommen sinkt), und die tatsächlichen Einnahmen der Unternehmen – und damit auch die erwarteten Einnahmen – werden abnehmen. Der interne Zins fällt, und die Investitionen gehen zurück. Damit sinkt auch das Volkseinkommen. In Schaubild 18.11 wirkt sich eine Reduzierung der Konsumnachfrage als Verschiebung der Sparfunktion nach links aus, d. h. bei gegebenem Einkommen wird mehr gespart. Die IS-Kurve verschiebt sich nach links.

In Höhe der reduzierten Konsumausgaben bauen die Wirtschaftssubjekte Kassenbestände auf (sie horten). Dies bedeutet auf dem Geldmarkt, dass die Nachfrage nach Geld steigt, die LM-Kurve verschiebt sich nach links und die Bewegung des Systems führt weg von der Vollbeschäftigung.

Die Verringerung der Gesamtnachfrage nach Gütern bedeutet eine Abnahme der Nachfrage nach Arbeitskräften. Wären Löhne nach unten flexibel, so würde tendenziell die Arbeitslosigkeit durch flexible Löhne aufgefangen. Bei nach unten starren Löhnen verschärft sich jedoch die Arbeitslosigkeit.

Im Keynesschen System kommt es zu Arbeitslosigkeit, weil in einer gegebenen Ausgangslage im Gleichgewicht die Gesamtnachfrage zurückgeht. Betrachten wir eine geschlossene Volkswirtschaft und bezeichnen wir mit $A = C + I$ die Gesamtnachfrage oder Absorption, so gibt $Y - A$ an, welcher Teil des Güterbergs durch die Gesamtnachfrage nicht absorbiert wird. Wenn $Y > A$, so liegt ein Nachfrageausfall vor, und zwar genau in dem Betrag, um den die Wirtschaftssubjekte ihre Kassenbestände aufgebaut, also gehortet haben. Damit gilt

$$H = Y - A.$$

Das oben angenommene Gleichgewicht der Ausgangslage bezieht sich auch auf den Geldmarkt, auf dem in der Ausgangslage $L = M$ gilt. Wenn die Wirtschaftssubjekte in dieser Situation Kassenbestände aufbauen, so ist nicht nur der Gütermarkt im Ungleichgewicht, sondern auch der Geldmarkt. Es gilt $L > M$, und zwar übersteigt die Geldnachfrage das Geldangebot um den Aufbau der Kassenbestände, es gilt also

$$H = L - M.$$

Wenn $H = 0$, sind Güter- und Geldmarkt im Gleichgewicht. Wenn $H > 0$, entsteht auf dem Gütermarkt ein Nachfrageausfall und auf dem Geldmarkt ein Nachfrageüberhang. Horten, bedingt z. B. durch geänderte Erwartungen der Wirtschaftssubjekte, ist damit der zentrale Anstoß für das Auftreten von Arbeitslosigkeit im Keynesschen System. Arbeitslosigkeit ist also nach diesem Ansatz letztlich auf Erwartungsänderungen der Wirtschaftssubjekte (»Vertrauen«) zurückzuführen. Zugleich wird deutlich, dass das Phänomen »Horten« das Saysche Gesetz aus den Angeln hebt.[7] Berücksichtigt man nun auch den Staat in diesem System, so gehen mit sinkendem Volkseinkommen die Staatseinnahmen (Steuern in Abhängigkeit von der Höhe des Einkommens) zurück. Wenn der Staat sich in dieser Situation um einen Budgetausgleich bemüht, muss er seine Ausgaben senken. Damit tritt eine weitere Nachfragereduzierung in dem System auf, und die Situation verschlechtert sich. Entsprechend könnte man von der Theorie her fordern, dass das Budget nicht unbedingt für eine einzelne Periode ausgeglichen sein müsste, sondern dass der Budgetausgleich über den Konjunkturzyklus zu interpretieren ist. In der Depression könnte der Staat ein Defizit machen, während das Budget in der Hochkonjunktur einen Überschuss aufweisen sollte. Allerdings hat sich in der Praxis gezeigt, dass die antizyklische Finanzpolitik von der Politik nicht durchgehalten wird (vgl. Kapitel 22).

18.8 Geldmenge und Preisniveau

Bei gegebener Geldnachfrage der Wirtschaftssubjekte beeinflusst die Geldmenge das Preisniveau. Sei im einfachsten Fall die Nachfrage nach Geld nicht vom Zins, sondern nur vom Volkseinkommen abhängig und lasse sich die Nachfrage für Transaktionszwecke durch eine Konstante k beschreiben, so bestimmt bei gegebenem Vollbeschäftigungseinkommen Y die Geldmenge das Preisniveau p nach der so genannten Cambridge-Gleichung

$$M = kpY$$

Dieser Frage nach der Bestimmung des Preisniveaus durch die Geldmenge gehen wir in Kapitel 20 nach.

[7] Horten kann auch auf andere Ursachen zurückgeführt werden, z. B. auf institutionelle Änderungen etwa in der Kassenhaltung (z. B. Übergang von wöchentlicher zu monatlicher Lohnzahlung wird Ceteris paribus zu einer Erhöhung der Kassenbestände führen).

Wichtige Begriffe in Kapitel 18

- Geld
- Währung
- Geldmenge
- Zentralbankgeld
- Geldnachfrage
- Transaktionskasse
- Opportunitätskosten
- Spekulationskasse
- Erwartungen
- Preisniveau
- Geldangebot
- Notenbank
- Überschussreserve
- Geldschöpfungsmultiplikator
- Geldmarktgleichgewicht
- LM-Kurve
- Umlaufgeschwindigkeit des Geldes
- Stabilität der Geldnachfragefunktion
- IS-Kurve
- Güter- und Geldmarktgleichgewicht
- Cambridge-Gleichung

19 Der Euro und die Europäische Zentralbank

A currency, to be perfect, should be absolutely invariable in value.
David Ricardo

19.1 Stellung und Ziele der Europäischen Zentralbank

Am 1. Januar 1999 begann die Europäische Währungsunion. Mit der Einführung des Euro als gemeinsamer Währung – zunächst im bargeldlosen Zahlungsverkehr, ab 2002 auch als Bargeld – wurde die Zuständigkeit für die Geldpolitik im Euro-Währungsgebiet (11 der 15 EU-Staaten) an das Europäische System der Zentralbanken (ESZB, kurz: Eurosystem) übertragen. Dieses umfasst die Europäische Zentralbank (EZB) sowie die nationalen Zentralbanken (NZB), darunter die Deutsche Bundesbank (Schaubild 19.1).
Die EZB ist dafür verantwortlich, dass alle geldpolitischen Aufgaben des Eurosystems erfüllt werden. Der EZB-Rat, das oberste Beschlußorgan der EZB, ist verantwortlich für
- die Festlegung der Geldpolitik des Euro-Währungsgebietes, darunter geldpolitische Zwischenziele, Leitzinssätze und die Bereitstellung von Zentralbankgeld,
- Entscheidungen über die Anwendung weiterer Instrumente der Geldpolitik,
- die Festlegung der Berechnung und Bestimmung des Mindestreservesolls,
- die Genehmigung der Ausgabe von Euro-Banknoten und -Münzen.

Das Direktorium besteht aus dem Präsidenten und dem Vizepräsidenten der EZB und vier weiteren Mitgliedern, die als anerkannte Experten in Währungs- oder Bankfragen einvernehmlich durch die Regierungen der Mitgliedstaaten ernannt werden. Die Hauptaufgabe des Direktoriums ist die Ausführung der Geldpolitik und die Führung der laufenden Geschäfte der EZB gemäß den Leitlinien und Entscheidungen des EZB-Rates. Solange nicht alle EU-Mitgliedstaaten den Euro eingeführt haben, besteht als drittes Organ der Erweiterte Rat, dem der Präsident und der Vizepräsident der EZB sowie die Präsidenten der nationalen Zentralbanken aller 15 Mitgliedstaaten angehören, er hat eine primär beratende Funktion im ESZB.
Wie jede Notenbank bestimmt die Europäische Zentralbank die Zentralbankgeldmenge (monetäre Basis) Ihres Währungsgebiets, des Euro-Raums. Vier Fragen treten dabei auf:
1. Welche Ziele verfolgt die Europäische Zentralbank?

2. Welche Position hat die Europäische Zentralbank im Verhältnis zu den nationalen Regierungen?
3. Welche geldpolitische Strategie ist im Hinblick auf das Ziel der Sicherung der Währung optimal?
4. Welche Instrumente stehen der Europäischen Zentralbank zur Verfügung, um ihre geldpolitische Strategie umzusetzen?

Schaubild 19.1: Struktur der Europäischen Zentralbank im Eurosystem

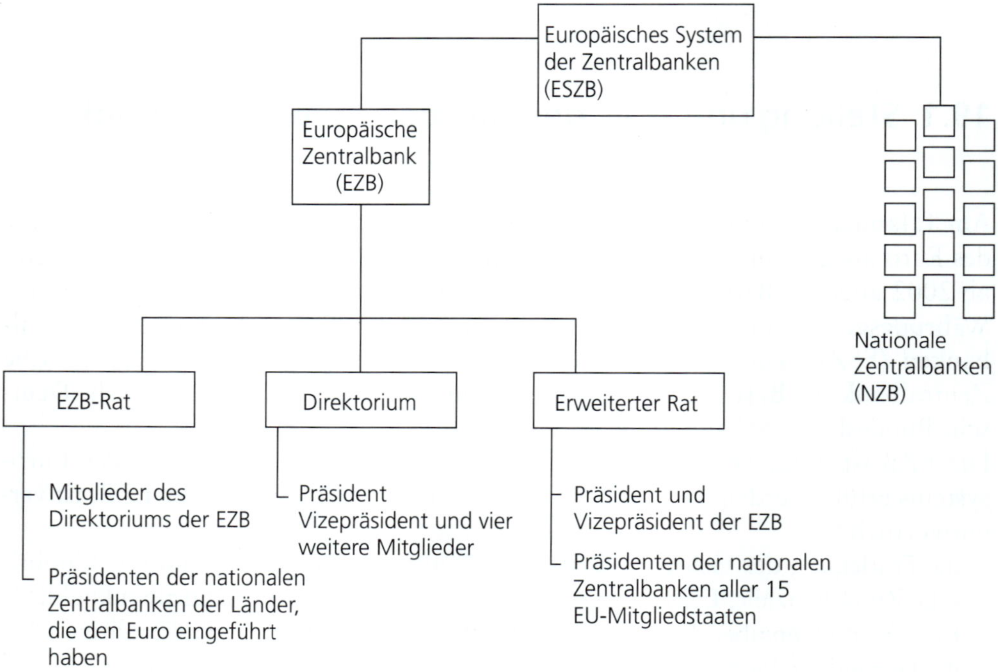

1. Ziele der Europäischen Zentralbank. Die Europäische Zentralbank ist dem Ziel der Preisniveaustabilität verpflichtet. Ihre Aufgabe ist in Artikel 105 Absatz 1 EG-Vertrag definiert. Dort heißt es: »Das vorrangige Ziel des ESZB ist es, die Preisstabilität zu gewährleisten. Soweit dies ohne Beeinträchtigung des Zieles der Preisstabilität möglich ist, unterstützt das ESZB die allgemeine Wirtschaftspolitik in der Gemeinschaft, um zur Verwirklichung der in Artikel 2 festgelegten Ziele der Gemeinschaft beizutragen.«
Vorrangiges Ziel der Geldpolitik des Eurosystems ist es, Preisniveaustabilität zu gewährleisten. Preisstabilität wird von der EZB als Anstieg des Harmoniserten Verbraucherpreisindex (HVPI) von weniger als 2 vH gegenüber dem Vorjahr definiert. 2 vH gibt die Obergrenze für den Preisanstieg an. Der HVPI basiert auf der

Entwicklung der Verbraucherpreise, die in allen Ländern des Eurogebietes auf einheitliche Weise berechnet wird, so daß auf unterschiedlichen statistischen Messstandards beruhende Fehler ausgeschlossen werden. Die Verwendung eines Preisindikators, der vor allem die Verbraucherpreise berücksichtigt, bietet außerdem den Vorteil, für die Öffentlichkeit leicht nachvollziehbar zu sein.

2. Die Rolle des Wechselkursziels. Nach Artikel 111 Abs. 2 EG-Vertrag kann der Europäische Rat »mit qualifizierter Mehrheit allgemeine Orientierungen für die Wechselkurspolitik ... aufstellen«. Zwar gilt die Einschränkung, dass diese Orientierungen »das vorrangige Ziel der ESZB, die Preisstabilität zu gewährleisten, nicht beeinträchtigen«. Dennoch wirft dies für die Europäische Zentralbank Probleme auf, denn die Geldpolitik kann nicht gleichzeitig zwei nominale Anker haben, ein stabiles Preisniveau und einen stabilen Wechselkurs. Ist die Notenbank verpflichtet, unter bestimmten Bedingungen einen Wechselkurs zu verteidigen, so bedeutet dies bei einer unter Aufwertungsdruck stehenden Währung, dass die Notenbank eigenes Zentralbankgeld anbieten muss, um damit fremdes Geld zu kaufen. Damit steigt die Geldmenge. Die Verteidigung eines Wechselkurses bedeutet in diesem Fall, dass die Notenbank die Geldmenge nicht mehr autonom steuern kann. Würde die Verpflichtung, einen Wechselkurs durch Interventionen am Devisenmarkt zu verteidigen, unbeschränkt gelten, so könnte die Notenbank die Geldmenge nicht mehr kontrollieren.

3. Unabhängigkeit der Europäischen Zentralbank. Die EZB ist von politischen Weisungen der nationalen Regierungen unabhängig. Gemäß Art. 108 des EG-Vertrages »darf weder die EZB noch eine nationale Zentralbank noch ein Mitglied ihrer Beschlussorgane Weisungen von Organen oder Einrichtungen der Gemeinschaft, Regierungen oder Mitgliedstaaten oder anderen Stellen einholen oder entgegennehmen«. In Deutschland war die Vorgängerin der EZB, die Deutsche Bundesbank, ebenfalls unabhängig. Die institutionelle Regelung der Unabhängigkeit erklärt sich aus den schlechten Erfahrungen, die man mit weisungsgebundenen Notenbanken in Deutschland und in anderen Ländern gemacht hat. Die Finanzierung von Staatsausgaben durch Notenbankkredite bei weisungsgebundenen Notenbanken ist für Regierungen immer wieder eine Versuchung gewesen. Auch bei einer Anleihefinanzierung bei Privaten kann eine Regierung nicht der Versuchung widerstehen, bei der weisungsgebundenen Notenbank niedrige Zinsen durchzusetzen, um so ihre Finanzierungskosten zu drücken. Jeder, der an der Unabhängigkeit der Notenbank rütteln möchte, sollte sich die historischen Erfahrungen des Deutschen Reiches in den dreißiger Jahren ansehen. In Europa ist die Unabhängigkeit umso wichtiger, da die Geldpolitik europäisiert ist und da die europäische Geldpolitik nicht zum Spielball der nationalen Regierungen werden darf.

4. Befugnisse. Das ESZB hat das ausschließliche Recht, Banknoten auszugeben und die Prägung von Münzen zu genehmigen. Das Recht zur Emission von Münzen, das sog. *Münzregal,* verbleibt bei den nationalen Regierungen, der Umfang der Münzprägung bedarf aber der Genehmigung durch die EZB.

19.2 Die geldpolitische Strategie der Europäischen Zentralbank

Für die Geldpolitik werden zwei unterschiedliche geldpolitische Strategien diskutiert, mit denen ein stabiles Preisniveau angestrebt werden kann, die Geldmengensteuerung und die Inflationssteuerung.

1. Geldmengensteuerung. Um ihre Aufgabe, die Währung zu sichern, durchführen zu können, muss sich die Notenbank Vorstellungen darüber machen, wie sie die Geldmenge einer Volkswirtschaft steuern soll. In der Regel kann man davon ausgehen, dass in einer wachsenden Wirtschaft von Jahr zu Jahr größere Mengen Zahlungsmittel gebraucht werden; andererseits kann eine zu große Ausdehnung der Geldmenge zur Inflation führen.
Von der Geldmengenpolitik wird eine langfristige Orientierung gefordert. Kurzfristige Variationen in der Geldmengenpolitik, etwa eine Ausrichtung der Zielvorgaben an Quartalsdaten, nehmen der Geldpolitik die Kontinuität. Da zeitliche Verzögerungen (time lags) bei den Instrumenten der Notenbank auftreten, ist darauf zu achten, dass heute eingesetzte geldpolitische Instrumente nicht aus der aktuellen Situation heraus beurteilt werden, sondern nach ihrer Wirkung in der Zukunft. Wird etwa berücksichtigt, dass eine Geldmengenexpansion, die über die Zunahme des Produktionspotentials hinausgeht, erst mit erheblicher zeitlicher Verzögerung – für Deutschland betrug diese etwa zehn Quartale – auf das Preisniveau durchschlägt, so kann eine niedrige Preissteigerungsrate heute keine Begründung dafür sein, die Geldmenge heute stärker zunehmen zu lassen.
Die Orientierung an der langfristigen Zunahme des Produktionspotentials soll die Geldpolitik verstetigen. Nach diesem Konzept ist die Geldpolitik für die Preisniveaustabilität verantwortlich. Sie ist also nicht für die Konjunkturstabilisierung zuständig. Würde die Geldversorgung in den Dienst der Konjunkturstabilisierung gestellt, so müsste in der Rezession die Geldmenge über das Produktionspotential hinaus ausgedehnt werden, was mit einer zeitlichen Verzögerung zum Verlust der Preisniveaustabilität führen würde. In einer Hochkonjunktur dagegen würde die Geldmengenpolitik bremsend gefahren, so dass sich mit einer zeitlichen Verzögerung eine Deflation ergeben würde. Die Geldpolitik würde dann konjunkturelle Schwankungen verschärfen.
Bei der Geldmengensteuerung wird eine Zielgröße für die Geldmenge des nächsten Jahres festgelegt. Die Notenbank muss darauf hinwirken, diese Zielgröße mit ihren geldpolitischen Instrumenten auch zu erreichen. Mit der Zielvorgabe gibt sie den Märkten ein Signal und stellt damit auch die Erwartungen der Marktteilnehmer ein. Gleichzeitig bindet sie sich selbst auch intern, diesen Zielbereich einzuhalten. Die Begründung für diese Strategie liegt darin, dass zwischen Geldmenge und dem Preisniveau in der Zukunft ein enger Zusammenhang besteht.

Kasten 19.1 Warum die Geldnachfrage stabil sein muss

Aus der Gleichung für das Geldmarktgleichgewicht $p = M/L\ (Y,i)$ folgt, dass eine Aussage darüber, wie die Geldmenge M auf das Preisniveau p wirkt, nur dann möglich ist, wenn die Geldnachfrage L einigermaßen stabil ist. Würde sich die Geldnachfrage im Verlauf der Zeit erratisch verändern, so ließe sich aus der obigen Gleichgewichtsbedingung kein Zusammenhang zwischen einer Geldmengenänderung und dem Preisniveau herstellen. Die Geldmengenpolitik könnte dann nicht als Grundlage der Geldpolitik einer Zentralbank dienen.

Die Nachfrage nach Geld – oder auch die Umlaufgeschwindigkeit des Geldes – kann aus einer Reihe von Gründen nicht stabil sein. So können Finanzinnovationen dazu führen, dass die Marktteilnehmer auf andere Zahlungsmöglichkeiten wie Kreditkarten und Geldmarktfonds ausweichen, so dass die Umlaufgeschwindigkeit des Geldes steigt und die Geldhaltung, die Nachfrage nach Geld, zurückgeht. Elektronisches Geld kann die Umlaufsgeschwindigkeit verändern. Auch wenn sich das Vertrauen der Wirtschaftssubjekte in das Geld ändert, kann es dazu kommen, dass das vorhandene Geld, wie das Beispiel der Hyperinflation zeigt, schneller umläuft. Ferner kann sich die statistisch beobachtete Geldnachfrage dann verändern, wenn eine Währung verstärkt im Ausland als Wertaufbewahrungs- oder Transaktionsmittel verwendet wird oder wenn eine etablierte Leitwährung in anderen Ländern wegen Vertrauensverlust verstärkt durch eine neue Leitwährung ersetzt wird.

Allerdings kommt es nicht auf eine Stabilität der Geldnachfragefunktion in dem Sinne an, dass über einen längeren Zeitraum betrachtet diese Geldnachfragefunktion vollständig gleich sein muss, sondern es ist hinreichend, wenn die Geldnachfragefunktion einem Trend folgt. In einigen Industrienationen ist in Zweifel gezogen worden, ob die Geldnachfragefunktion noch stabil ist. So geht man heutzutage allgemein von einer Instabilität der Geldnachfragefunktion für die USA aus. Für Deutschland wie für eine Reihe von Ländern des Euroraums lässt sich ein stabiler Trend in der Umlaufgeschwindigkeit beobachten. Da die Europäische Währungsunion aber einen neuen institutionellen Rahmen darstellt, ist zunächst offen, ob die Geldnachfrage im Euroraum stabil ist.

2. Inflationssteuerung. Bei der Inflationssteuerung (»inflation targeting«) liegt eine Inflationsprognose über die Inflationsrate in der Zukunft, z. B. in zwei Jahren, zugrunde. Kommt diese Prognose zu dem Ergebnis, dass die Inflationsrate höher liegt als von der Notenbank toleriert, so muss die Geldpolitik restriktiver werden. Der Nachteil dieses Verfahrens ist, dass die Qualität der Geldpolitik von der Qualität der Inflationsprognose abhängt. Schlagen Inflationsprognosen fehl, so gelingt es der Notenbank weniger gut als bei der Geldmengensteuerung, die Erwartungen der Marktteilnehmer zu stabilisieren. Zudem entfällt die Selbstbindung der Notenbank, die Verlässlichkeit erzeugt und zur Reputation beiträgt.

3. Zwei-Säulen-Strategie. Die Europäische Zentralbank verfolgt eine andere geldpolitische Strategie als die Deutsche Bundesbank. Die Bundesbank praktizierte die Geldmengensteuerung. Wenn die aktuelle Geldmengenentwicklung nicht der Zielvorgabe entsprach, musste die Bundesbank der Öffentlichkeit erklären, warum dies nicht der Fall war. Sie tat dies unter Hinweis auf Sonderfaktoren. In der Regel ist es ihr gelungen, die Märkte zu überzeugen.
Dagegen verfolgt die Europäische Zentralbank eine Zwei-Säulen-Strategie, bei der einerseits die Geldmenge und andererseits weitere Faktoren, darunter die erwartete Preissteigerungsrate, in Betracht gezogen werden. Begründet wird diese Strategie unter anderem damit, dass zu Beginn der Europäischen Währungsunion noch eine erhebliche Unsicherheit über die monetären Grundrelationen besteht und insbesondere die Stabilität der Geldnachfragefunktion noch nicht genügend etabliert ist. Deshalb reiche es nicht aus, alleine die Geldmengenentwicklung zu betrachten, sondern man müsse auch auf andere Faktoren schauen, die als monetäre Indikatoren gelten können.

Schaubild 19.2: Geldmengenpolitik der Deutschen Bundesbank

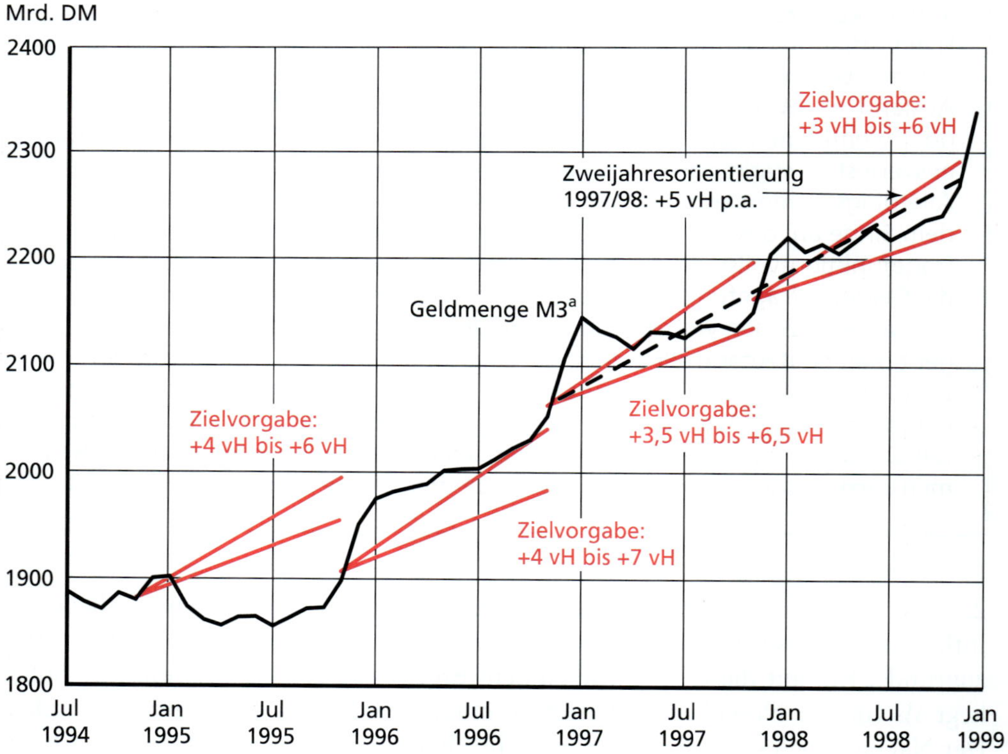

[a] Saisonbereinigt.

Quelle: Deutsche Bundesbank, Monatsberichte, verschiedene Jahrgänge.

Aber auch für die erste Säule in der geldpolitischen Konzeption der Europäischen Zentralbank gibt es einen beachtlichen Unterschied zur Strategie der Deutschen Bundesbank. In Schaubild 19.2 ist dargestellt, wie die Deutsche Bundesbank das Geldmengenziel definiert hat. Sie machte eine Zielvorgabe für die angestrebte Geldmengenentwicklung in einer Bandbreite, beispielsweise von 3 vH bis 6 vH für 1998. Dabei setzte sie die Zielvorgabe an dem Wert der Geldmenge an, die im IV. Quartal des Vorjahres gegeben war. Damit entstand ein Zieltrichter, in dem sich die Geldmenge zu bewegen hatte. Für die Jahre 1998 und 1999 gab die Bundesbank im Vorfeld der Europäischen Währungsunion zusätzlich eine Zwei-Jahres-Orientierung vor.

Schaubild 19.3: Geldmengenaggregate: Veränderung gegenüber Vorjahr und Referenzwert

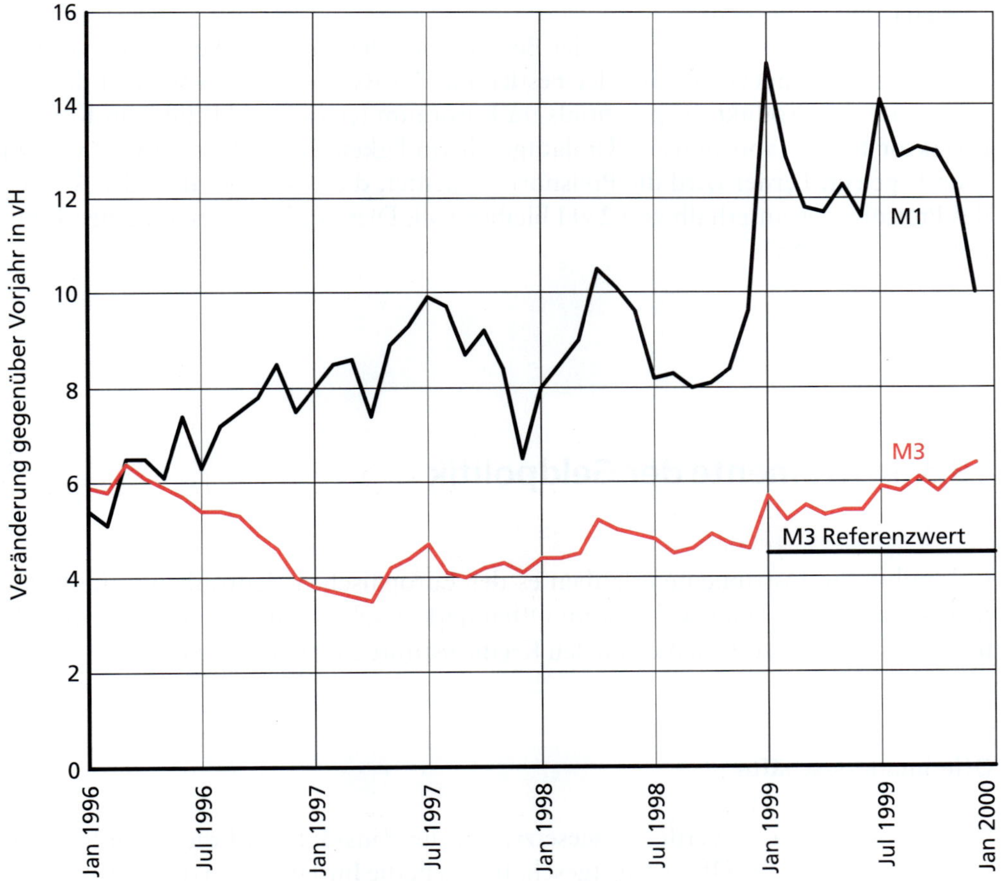

Basis: Nicht saisonbereinigter Stand zum Ende des Berichtszeitraums.

Quelle: Europäische Zentralbank, Monatsberichte.

Das Schaubild 19.2 zeigt die von der Deutschen Bundesbank angekündigten Zielkorridore für die Jahre 1995–1999 und die Entwicklung der Geldmenge M_3. Man erkennt, dass diese Zielvorgaben nicht immer eingehalten werden konnten. Es wird deutlich, dass die Deutsche Bundesbank den Startpunkt eines Zielkorridors an der aktuellen Geldmenge festmachte und nicht an der angestrebten Geldmenge des vergangenen Jahres.
Demgegenüber legt die Europäische Zentralbank lediglich einen Referenzwert für die Veränderungsrate fest; für 1999 und 2000 betrug dieser jeweils 4,5 vH. Ein Korridor oder ein Trichter werden nicht angegeben. Auch wird der Referenzwert nicht auf einen Ausgangswert bezogen. Damit wird nicht mehr die später beobachtete Geldmenge mit dem (im Trichter erfassten) Geldmengenzielwert in Beziehung gesetzt. Es geht also nicht um Niveaus. Verglichen werden nur noch die aktuelle Veränderungsrate der Geldmenge und die im Referenzwert festgelegte Rate. Die Ausgangsniveaus der Geldmenge, an der die Bundesbank ihren Trichter ansetzte, spielen keine Rolle mehr.
Ansonsten geht die EZB aber bei der Bestimmung der Zielvorgabe ähnlich vor wie die Deutsche Bundesbank. Bei der Festlegung des Referenzwertes werden die Zuwachsrate des Produktionspotentials im Euroraum (etwa 2,5 vH) und ein Korrekturfaktor für die abnehmende Umlaufgeschwindigkeit des Geldes (etwa 1 vH) zu grunde gelegt. Ferner wird die Preisnorm beachtet, die bestimmt, dass der Anstieg des Preisniveaus unterhalb von 2 vH bleiben soll. Dies ergibt insgesamt einen Referenzwert von 4,5 vH.

19.3 Instrumente der Geldpolitik

Geldpolitische Instrumente erlauben es der Europäischen Zentralbank, die Geldmenge zu steuern. Dabei geht es um Offenmarktgeschäfte, um ständige Fazilitäten und um Mindestreserven, die von den Kreditinstituten verlangt werden.

Offenmarktgeschäfte

Offenmarktgeschäfte werden eingesetzt, um die Zinssätze und die Liquidität am Markt zu steuern. Bei Offenmarktgeschäften geht die Initiative von der EZB aus, die auch über das einzusetzende Instrument und die Bedingungen für die Durchführung der Geschäfte entscheidet. Offenmarktgeschäfte können in Form von Standardtendern, Schnelltendern oder bilateralen Geschäften durchgeführt werden. Standardtender werden (von der Bekanntmachung des Tenders bis zur Bestätigung

des Zuteilungsergebnisses) innerhalb von 24 Stunden durchgeführt, Schnelltender innerhalb von einer Stunde.
Man unterscheidet je nach Zielsetzung und Rhythmus vier verschiedene Kategorien von Offenmarktgeschäften, nämlich Hauptrefinanzierungsinstrumente, längerfristige Refinanzierungsgeschäfte mit einer Laufzeit bis zu drei Monaten, kurzfristige Feinsteuerungsoperationen und strukturelle Operationen.
Das Hauptrefinanzierungsinstrument wird im wöchentlichen Abstand und mit einer Laufzeit von zwei Wochen von den nationalen Zentralbanken als »befristete Transaktion« durchgeführt. Bei dem Hauptrefinanzierungsinstrument kann die EZB zwischen *Mengentendern* und *Zinstendern* wählen. Bei einem Mengentender bietet die EZB den Kreditinstituten insgesamt eine bestimmte Menge an Zentralbankgeld an; der Zinssatz (Refi-Satz) ist vorgegeben. Die Kreditinstitute melden ihre Mengenwünsche an. Übersteigen diese Meldungen das insgesamt bereitgestellte Zentralbankgeld (Überbietungen), so wird das Volumen repartiert. Bei einem *Zinstender* geben die Geschäftsbanken sowohl die Zinsen als auch die Mengen an, zu denen sie Wertpapiere gegen Zentralbankgeld tauschen wollen. Es kommen nur diejenigen Gebote zum Zug, deren Zinsgebot den Gleichgewichtszins nicht unterschreitet. Gleichgewichtszins heißt, dass sich Angebot und Nachfrage in bezug auf Zentralbankgeld und auf Wertpapiere ausgleichen und die mit dem Zinstender von der Zentralbank beabsichtigte Menge an Zentralbankgeld nicht überschritten wird.
In der konkreten Ausgestaltung stehen folgende fünf verschiedene Instrumente zur Verfügung:

Befristete Transaktionen sind Geschäfte, bei denen die nationalen Zentralbanken (oder die EZB) refinanzierungsfähige Titel entweder mit Rückkaufsvereinbarung kaufen oder verkaufen (»Pensionsgeschäfte«) oder beleihen. Dabei überlässt das ESZB den Geschäftsbanken Liquidität, in der Regel für zwei Wochen, und nimmt als Besicherung Wertpapiere herein. Die Notenbank »tauscht« kurzfristig das von ihr geschaffene Zentralbankgeld gegen Papiere (Wertpapiere) der Geschäftsbanken. Diese Papiere gehen später wieder an die Geschäftsbanken zurück.

Definitive Käufe bzw. Verkäufe (definitive Offenmarkttransaktionen) sind Geschäfte, bei denen die nationalen Zentralbanken (oder die EZB) zentralbankfähige Wertpapiere endgültig am Markt kaufen oder verkaufen.

Schuldverschreibungen können emittiert werden, um die strukturelle Liquiditätsposition des ESZB gegenüber dem Bankensystem zu beeinflussen und damit eine Liquiditätslücke am Markt herbeizuführen (oder zu vergrößern).

Devisenswapgeschäfte sind Geschäfte, bei denen die nationalen Zentralbanken (oder die EZB) Euro per Kasse gegen eine Fremdwährung kaufen (oder verkaufen) und diese gleichzeitig per Termin zu einem festgelegten Datum zurückverkaufen (oder zurückkaufen).
Ferner kann das ESZB den Geschäftspartnern die Möglichkeit anbieten, verzinsliche Termineinlagen hereinzunehmen. Die Geschäftspartner tätigen dann bei den NZBen unbesicherte Einlagen mit fester Laufzeit und festem Zins.

Ständige Fazilitäten

Die ständigen Fazilitäten dienen dazu, Übernachtliquidität bereitzustellen oder zu absorbieren. Sie setzen Ober- und Untergrenze der Geldmarktsätze für Tagesgelder. Diese Fazilitäten können auf Initiative der Gesellschaftsbanken in Anspruch genommen werden.

Schaubild 19.4: Zinssätze

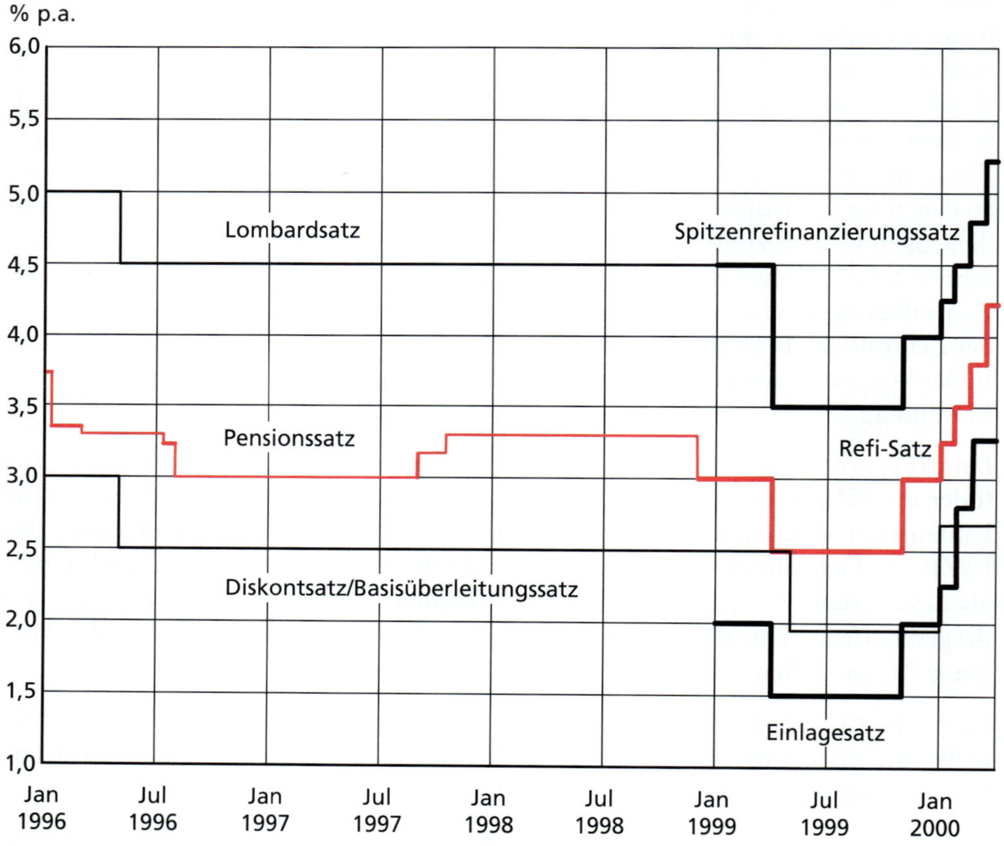

Quelle: Deutsche Bundesbank; Europäische Zentralbank, Monatsberichte.

Die Spitzenrefinanzierungsfazilität erlaubt den Kreditinstituten, sich von den nationalen Zentralbanken Übernachtliquidität zu einem vorgegebenen Zinssatz gegen refinanzierungsfähige Sicherheiten zu beschaffen. In der Regel gibt es keine Kredithöchstgrenzen, und die Inanspruchnahme dieser Fazilität durch die Geschäftspart-

ner unterliegt auch keinen sonstigen Beschränkungen mit Ausnahme der Bedingung, dass ausreichende Sicherheiten zur Verfügung stehen müssen. Der Zinssatz für die Spitzenrefinanzierungsfazilität liegt über dem Hautrefinanzierungssatz und bildet im Allgemeinen die Obergrenze des Tagesgeldsatzes; er lag im April 2000 bei 4,75 %.
Die Einlagefazilität ermöglicht es, bei den nationalen Zentralbanken Guthaben bis zum nächsten Geschäftstag anzulegen. In der Regel gibt es keine Betragsbegrenzungen für die entsprechenden Einlagekonten, und die Inanspruchnahme dieser Fazilität durch die Geschäftspartner unterliegt auch keinen sonstigen Beschränkungen. Der Zinssatz für die Einlagefazilität bildet im Allgemeinen die Untergrenze des Tagesgeldsatzes. Er lag im April 2000 bei 2,75 %.

Mindestreserven

Die Kreditinstitute müssen bei der ESZB Mindestreserven halten, die mit dem Satz für die ESBZ-Hauptrefinanzierungsgeschäfte verzinst werden. Die Reservepflicht des einzelnen Kreditinstituts wird anhand bestimmter Positionen seiner Bilanz wie Sichteinlagen, Termineinlagen und Spareinlagen der Nichtbanken festgelegt (Mindestreservebasis). Ende 1999 mussten 2 vH der Mindestreservebasis als Mindestreserve gehalten werden. Die Mindestreserven werden nach dem Hauptrefinanzierungssatz verzinst. Mit Mindestreserven ist es möglich, die Geldmarktzinsen zu stabilisieren.
In Schaubild 19.4 ist die Entwicklung der Zinssätze dargestellt.

19.4 Zusammenhang von Geldmarktzins und Kapitalmarktzins

Der Geldmarkt ist der Markt, auf dem die kurzfristige Nachfrage und das kurzfristige Angebot an Geld (z. B. für Tage, bis zu 3 Monaten) gegenübertreten. Anbieter und Nachfrager auf dem Geldmarkt sind hauptsächlich die Geschäftsbanken, die mit Hilfe des Geldmarktes kurzfristige Spitzen abdecken. Angenommen, die Notenbank erhöht den Refisatz und der Geldmarktzins steigt. Dann muss grundsätzlich auch der Kapitalmarktzins, d. h. der Zins für die langfristige Überlassung von Geld steigen. Dies ist wie folgt zu erklären: Mit steigendem Geldmarktzins kann es zum einen lohnend werden, Geldangebot vom Kapitalmarkt abzuziehen und dieses Geld kurzfristig zur Verfügung zu stellen. Damit verknappt sich das Angebot auf dem Kapitalmarkt (die Geldangebotskurve auf dem Kapitalmarkt verschiebt sich nach links) und der langfristige Zins muss steigen. Mit steigendem Geldmarktzins kann es zum anderen für die Nachfrager nach (kurzfristigem) Geld sinnvoll sein, auf die noch preiswerteren langfristigen Kredite auszuweichen. Damit erhöht sich die Nachfrage nach langfristigen Krediten (die Nachfragekurve auf dem Kapitalmarkt verschiebt sich nach rechts), und der Kapitalmarktzins muss auch aus diesem Grund steigen. Eine Erhöhung des Geldmarktsatzes wirkt sich über den Geldmarktzins auf den Kapitalmarktzins aus. Unterstellt man, dass die Investitionen von der Höhe des Kapitalmarktzinses abhängen, so wird deutlich, dass die Notenbank über die Variation des Geldmarktzinssatzes die Möglichkeit hat, auf die Investitionstätigkeit in einer Volkswirtschaft einzuwirken.

Schaubild 19.5: Geld- und Kapitalmarktzinsen

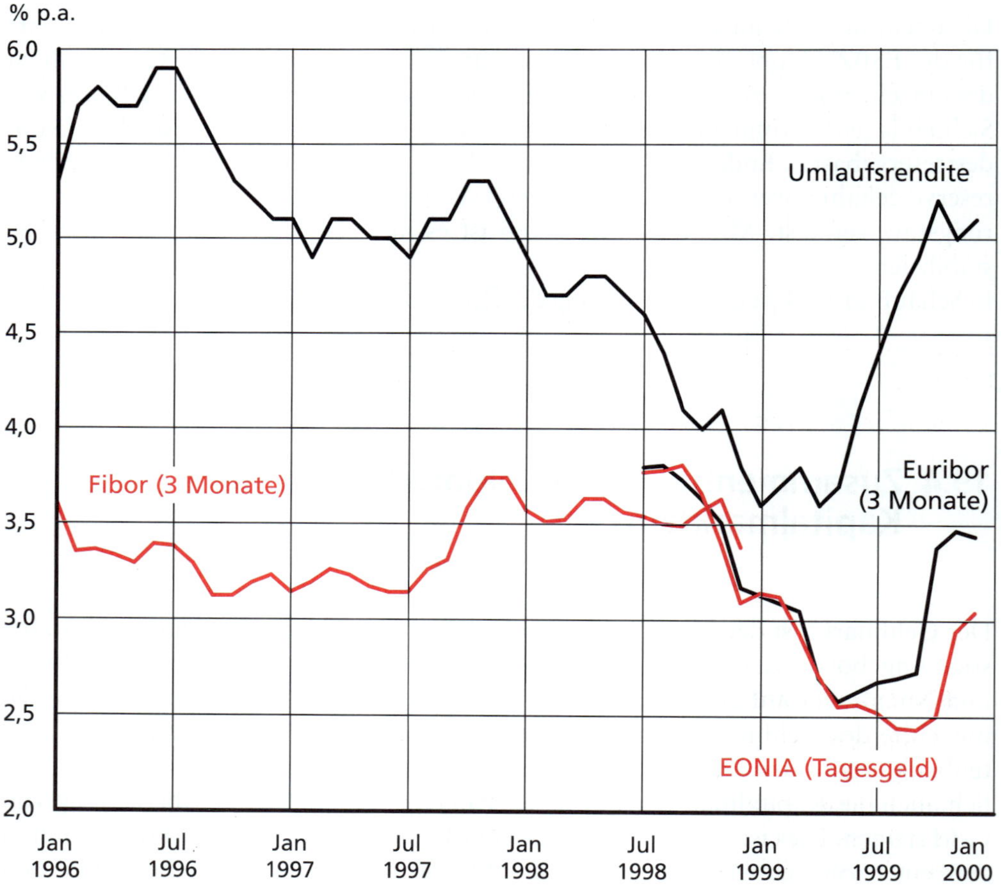

Quelle: Deutsche Bundesbank; Europäische Zentralbank, Monatsberichte.

Es besteht jedoch kein zwingend enger Zusammenhang zwischen kurzfristigem Zins und Kapitalmarktzins. Erstens gibt es eine Reihe von Institutionen, die am Kapitalmarkt Kredite vergeben, aber nicht von der Zentralbank durch ihre geldpolitischen Instrumente beeinflusst werden können. Dies sind die so genannten Kapitalsammelstellen (Hypothekenbanken, Lebensversicherungen, Rentenversicherungen), die gewissermaßen außerhalb des von der Zentralbank kontrollierten Bankensystems operieren, beispielsweise keine Mindestreserven halten müssen. Zweitens kann die Zinspolitik der Zentralbank dann wirkungslos werden, wenn sich Wechselkurse verändern oder Änderungen erwartet werden. Angenommen, die Notenbank erhöht den Zinssatz und im Ausland liegen niedrige Zinssätze vor. Die Erhöhung des Zinssatzes und die damit verbundene Erhöhung des Kapitalmarktzinses lockt jedoch ausländisches Kapital an, wodurch die Geldmenge im Inland erhöht wird. Drittens können Erwartungen den hier unterstellten Zusammenhang zwischen kurzfristigem Geldmarktzins und langfristigem Kapitalmarktzins unterbrechen. Ein expansive Geldpolitik, die den kurzfristigen Geldmarktzins eigentlich senken müsste, kann im Sinne einer Theorie rationaler Erwartungen dazu führen, dass die Wirtschaftsteilnehmer eine Inflation erwarten und deshalb einen höheren langfristigen Nominalzins verlangen. Viertens wird der Kapitalmarktzins bei internationaler Kapitalmobilität weitgehend auf dem Weltkapitalmarkt bestimmt.
In Schaubild 19.5 ist zu erkennen, dass es keine eindeutige Anbindung des langfristigen Zinses an den kurzfristigen Zins gibt. Inflationserwartungen, Wechselkursänderungserwartungen und zahlreiche andere Faktoren wirken sich aus. Geldmarktzins und Kapitalmarktzins sind lediglich mit einem sehr elastischen Gummiband verbunden. EONIA kennzeichnet den Euro-Tagesgeldstatz, Euribor die Interbankrate (Euro Interbank Offered Rates), Fibor die Interbankrate Frankfurt (Frankfurt Interbank Offered Rates). Die Umlaufsrendite ist der Zinssatz von Inhaberschuldverschreibungen mit einer Laufzeit von über 4 Jahren, soweit ihre mittlere Restlaufzeit mehr als 3 Jahre beträgt .

Wichtige Begriffe in Kapitel 19

- Europäisches System der Zentralbanken
- Geldmengensteuerung
- Inflationssteuerung
- Stabilität der Geldnachfrage
- Offenmarktgeschäft
- Mengentender
- Zinstender
- Finanzierungsfazilität
- Mindestreserven
- EONIA
- Euribor
- Umlaufsrendite

20 Preisniveau

Inflation is always and everywhere a monetary phenomenon.
Milton Friedman

20.1 Das Ziel der Preisniveaustabilität

1923 erreichte in Deutschland die galoppierende Inflation einen heute unvorstellbaren Höhepunkt: Die Mark war so entwertet, dass man für einen US-Dollar 4,2 Billionen Mark aufwenden musste. Bei dieser bis dahin unbekannten Hyperinflation stieg das Preisniveau von August 1922 bis November 1923 auf das $1{,}02 \cdot 10^{10}$fache, in Österreich von Oktober 1921 bis August 1922 auf das 70fache, in Polen von Januar 1923 bis Januar 1924 auf das 699fache. Der Geldwert verfiel so schnell, dass die Löhne täglich ausgezahlt wurden und die Kaufkraft des Lohnes bereits in der Zeit halbiert war, die man brauchte, um den Lohn auszugeben. Ein anderes Beispiel für die Inflation erlebte Deutschland nach dem zweiten Weltkrieg: Papiergeld wurde als Zahlungsmittel nur noch in begrenztem Umfang akzeptiert; es kam zur Repudiation (Ablehnung) des Papiergeldes, und andere handliche und leicht transportierbare Güter nahmen die Aufgaben des Papiergeldes wahr (Zigarettenwährung). Am 20. Juni 1948 wurde bei der Währungsreform das Geld für ungültig erklärt; das alte Geld war wertlos geworden. Jeder Bundesbürger erhielt 20 DM des neuen Geldes.
Die Inflationsrate Westdeutschlands in den Jahren 1950–1999 ist in Tabelle 1.4 erfasst. Die Preissteigerungsrate überstieg in den sechziger Jahren nicht 1,5 vH, zog dann während der ersten Ölkrise auf knapp 4 vH und in der zweiten Ölkrise auf nahezu 5 vH an und überschritt die 4 vH-Marke auch wieder während des deutschen Vereinigungsbooms. Im internationalen Vergleich ist die Inflationsrate in den siebziger und frühen achtziger Jahren angestiegen (Tabelle 1.6). Seit Mitte der achtziger Jahre geht international die Inflationsrate zurück (vgl. Schaubild 1.5).
In den Extremfällen der Hyperinflation und der Repudiation des Geldes wird deutlich, dass das Geldsystem sich auf die ökonomischen Prozesse auswirkt, und zwar in einer unerwünschten Weise. Dies gilt auch für weniger dramatische inflationäre Prozesse. Die schleichende Inflation mit einem Prozentsatz um 5 vH kann eine Eigendynamik entwickeln und in eine sog. trabende Inflation umschlagen, die möglicherweise in einer Hyperinflation enden kann, und zwar einmal deshalb, weil die Wirtschaftssubjekte in Erwartung höherer Preise ihre aktuelle Nachfrage erhöhen und ihr Angebot reduzieren. Zum anderen induziert ein Anstieg des Preisniveaus Forderungen nach Lohnerhöhungen, um die Reallohnsituation wieder herzustellen,

und diese Lohnerhöhungen wirken sich als Kostenfaktor und als Nachfragefaktor in einem Anstieg der Güterpreise aus.
Aber auch ohne die Gefahr des Umschlagens in eine neue »Qualität« der Preissteigerung ist die Inflation ein unerwünschtes Ereignis. Inflation ist in der Regel mit einer unterschiedlichen Erhöhung der Preise für verschiedene Sektoren verbunden. Die Funktion der Preise wird dadurch beeinträchtigt, und sie können die in Teil I besprochene Bewertungs-, Anreiz-, Informations-, Koordinierungs- und Lenkungsfunktionen nicht mehr hinreichend erfüllen. Es kann nicht ausgeschlossen werden, dass die Inflation eine Fehlallokation der Ressourcen bewirkt. Eine Inflation kann in einer offenen Volkswirtschaft bei relativer Preisniveaustabilität im Ausland dazu führen, dass die Exporte des Inlandes nicht konkurrenzfähig bleiben, ein Land seine Exporte und damit Arbeitsplätze verliert und die Zahlungsbilanzsituation des Landes sich verschlechtert. Schließlich hat die Inflation unerwünschte Verteilungseffekte, da sie die Besitzer von Sachwerten begünstigt und die Bezieher von (festen) Nominaleinkommen (Renten) und die Besitzer von Geldvermögen benachteiligt. Da die Reichen in der Regel Sachwerte besitzen, bewirkt die Inflation eine Vermögensumverteilung zu Ungunsten der armen Bevölkerungsschichten. Zu den Verteilungswirkungen der Inflation gehört bei progressiv gestalteten Steuertarifen auch eine Umverteilung zwischen privatem und öffentlichem Sektor. Infolge der Inflation und der Nominallohnerhöhungen geraten Steuerzahler in eine höhere Progressionsstufe; die Staatsquote steigt an, und der private Sektor wird zurückgedrängt. Aus den hier genannten Gründen ist die Preisniveaustabilität heute ein allgemein akzeptiertes Ziel der Wirtschaftspolitik.

20.2 Preisniveau, gesamtwirtschaftliche Nachfrage und gesamtwirtschaftliches Angebot

1. Preisniveau

Unter dem Preisniveau verstehen wir den Index der Preise einer Reihe von Gütern einer Volkswirtschaft. Der Preisindex kann sich auf diejenigen Güter beziehen, die ein Durchschnittshaushalt mit vier Personen üblicherweise nachfragt; wir sprechen dann vom Lebenshaltungskostenindex. Das Preisniveau kann aber auch auf alle Güter bezogen werden, die eine Volkswirtschaft herstellt (Bruttoinlandsprodukt-Index). Eine Erhöhung des Preisniveauanstiegs ist gleichbedeutend mit einer Verschlechterung der Kaufkraft des Geldes, die wir auch als *Inflation* bezeichnen. Die Frage nach den Ursachen eines Preisniveauanstiegs ist also gleichbedeutend mit der Suche nach Erklärungsansätzen der Inflation.

Schaubild 20.1: Preisniveau und gesamtwirtschaftliche Nachfrage

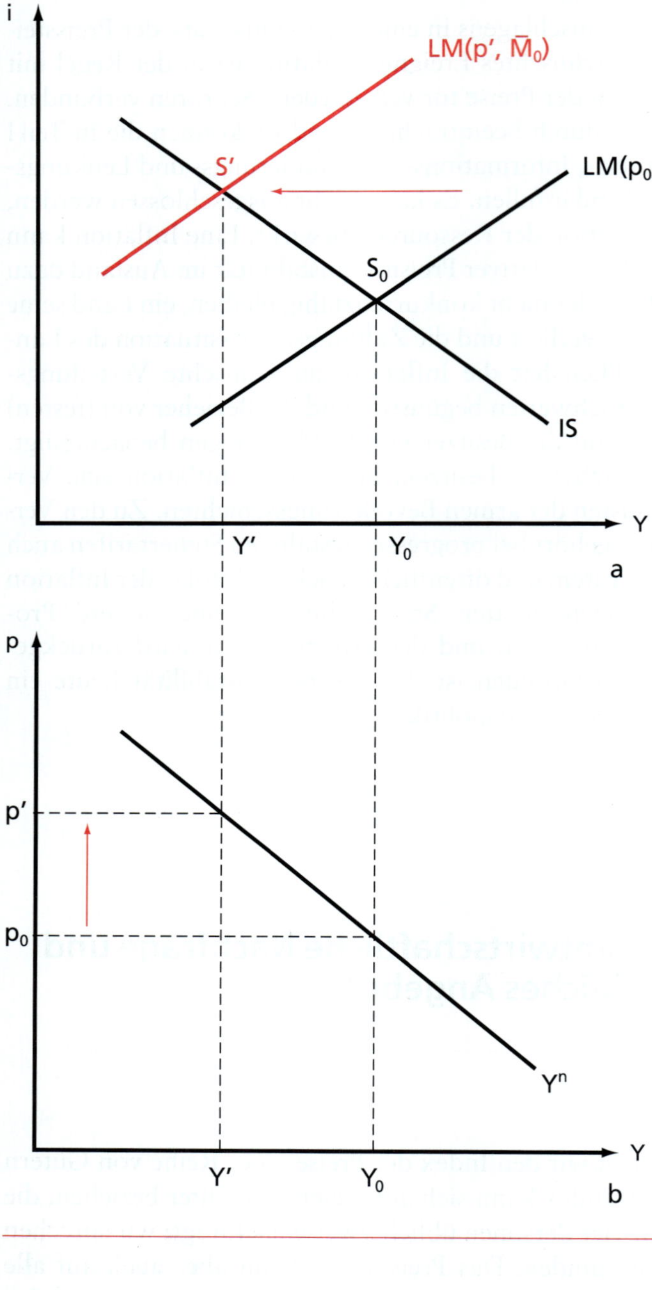

Schaubild 20.2: Geldmenge und gesamtwirtschaftliche Nachfrage

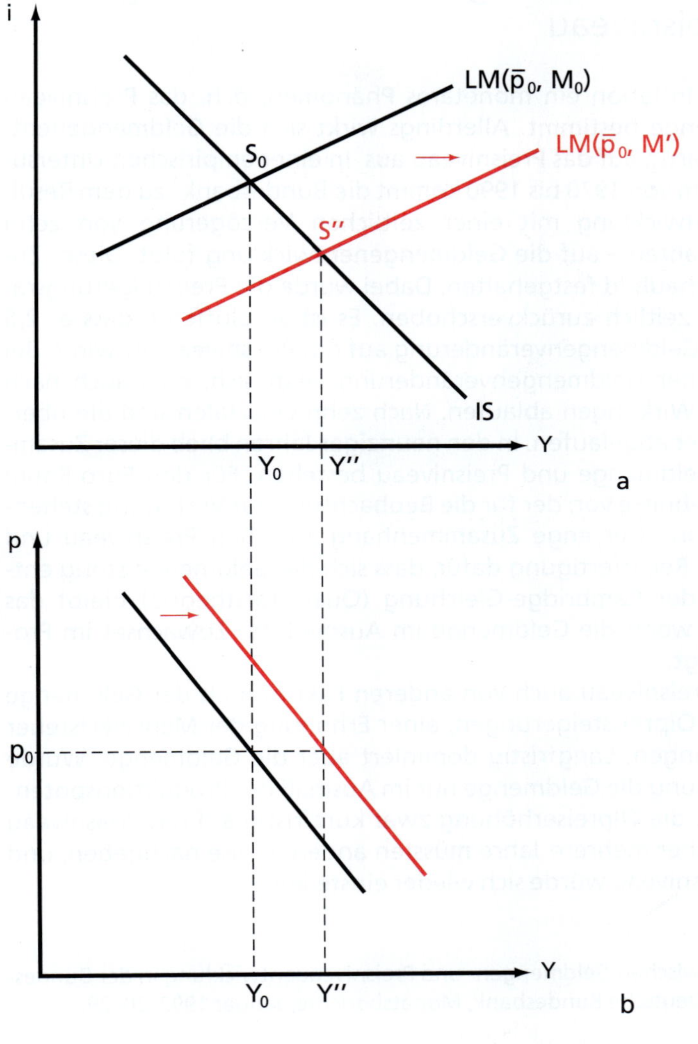

2. Gesamtwirtschaftliche Nachfrage

Im System von Keynes ist das Preisniveau als konstant unterstellt worden. Diese Annahme wollen wir jetzt aufgeben. Lässt man zu, dass sich das Preisniveau verändert, so ergibt sich, dass die reale Geldmenge mit dem Preisniveau variiert. Ein Anstieg des Preisniveaus lässt bei gegebener nominaler Geldmenge die reale Geldmenge sinken. Damit aber verschiebt sich die LM-Kurve nach links (Schaubild 20.1) Es ergibt sich ein neuer Schnittpunkt S′, der güterwirtschaftliches und geldwirtschaftliches Gleichgewicht kennzeichnet. Den Punkten S_0 und S′ sind also un-

Kasten 20.1 Zusammenhang zwischen Geldmenge und Preisniveau

Auf längere Sicht ist Inflation ein monetäres Phänomen, d. h. das Preisniveau wird von der Geldmenge bestimmt. Allerdings wirkt sich die Geldmengenentwicklung nicht schlagartig auf das Preisniveau aus. In einer empirischen Untersuchung für den Zeitraum von 1970 bis 1990 kommt die Bundesbank[1] zu dem Resultat, dass die Preisentwicklung mit einer zeitlichen Verzögerung von zehn Quartalen – also 2,5 Jahren – auf die Geldmengenentwicklung folgt. Dieser Zusammenhang ist im Schaubild festgehalten. Dabei wurde die Preissteigerungsrate um zehn Quartale zeitlich zurückverschoben. Es ist verblüffend, dass es 2,5 Jahre braucht, bis die Geldmengenveränderung auf das Preisniveau auswirkt. Bei genauerer Analyse einer Geldmengenveränderung zeigt sich, dass auch nach zehn Quartalen noch Wirkungen ablaufen. Nach zehn Quartalen sind die überwiegenden Effekte aber abgelaufen. In den neunziger Jahren blieb dieser Zusammenhang zwischen Geldmenge und Preisniveau bestehen. Für den Euro-Raum liegen noch keine Ergebnisse vor; der für die Beobachtung zur Verfügung stehende Zeitraum ist zu kurz. Der enge Zusammenhang zwischen Preisniveau und Geldmenge liefert die Rechtfertigung dafür, dass sich die Geldmenge stetig entwickeln soll. Gemäß der Cambridge-Gleichung (Quantitätstheorie) bleibt das Preisniveau konstant, wenn die Geldmenge im Ausmaß des Zuwachses im Produktionspotential steigt.

Kurzfristig wird das Preisniveau auch von anderen Faktoren als der Geldmenge beeinflusst, etwa von Ölpreissteigerungen, einer Erhöhung der Mehrwertsteuer oder von Lohnerhöhungen. Langfristig dominiert aber die Geldmenge. Würde bei einer Ölpreiserhöhung die Geldmenge nur im Ausmaß des Produktionspotentials steigen, so würde die Ölpreiserhöhung zwar kurzfristig auf das Preisniveau durchschlagen, aber über mehrere Jahre müssten andere Preise nachgeben, und das ursprüngliche Preisniveau würde sich wieder einstellen.

[1] Zum Zusammenhang zwischen Geldmengen- und Preisniveauentwicklung in der Bundesrepublik Deutschland. Deutsche Bundesbank, Monatsberichte, Januar 1992, 20–29.

terschiedliche Preisniveaus p_0 und p' sowie unterschiedliche Volkseinkommen Y_0 und Y' zugeordnet. Überträgt man diese Information in Schaubild 20.1b, so ergibt sich die gesamtwirtschaftliche Nachfragekurve Y^n in Abhängigkeit vom Preisniveau. Man beachte, dass die Bewegung von S_0 nach S' mit einem Anstieg des Zinssatzes verbunden ist. Diese Information ist in der gesamtwirtschaftlichen Nachfragekurve nicht mehr enthalten.

Schaubild Kasten 20.1: Längerfristige Geldmengen- und Preisentwicklung

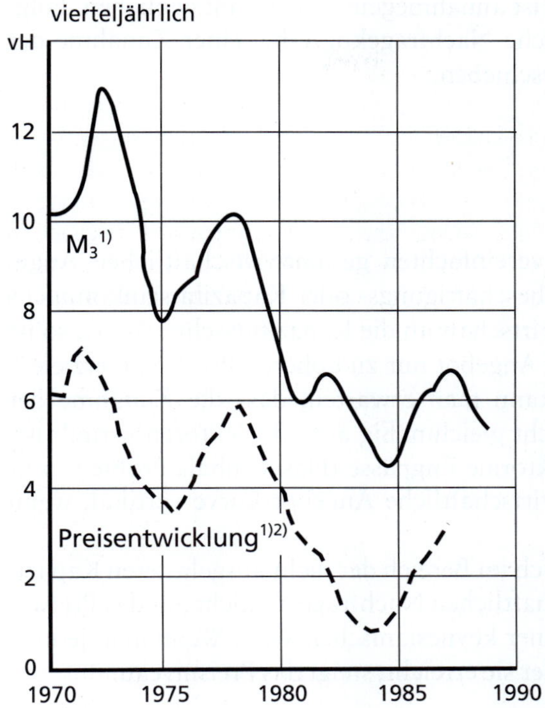

1 Veränderungen gegenüber Vorjahr, geglättet mit einem 10-Periodendurchschnitt.
2 Deflator der Inlandsnachfrage, geglättete Wachstumsraten um 10 Quartale zeitlich zurückverschoben.

Quelle: Deutsche Bundesbank, Monatsbericht Januar 1992, S. 21.

3. Nominelle Geldmenge und gesamtwirtschaftliche Nachfrage

In Schaubild 20.1 ist dargestellt, wie sich bei gegebener nomineller Geldmenge (M_0) eine Veränderung des Preisniveaus auf die reale Geldmenge auswirkt. Im oberen Schaubild verschiebt sich die LM-Kurve nach links. Durch die Zunahme des Preisniveaus sinkt die reale Geldmenge. Als Resultat erhalten wir die gesamtwirtschaftliche Nachfragekurve, die offenbar für eine gegebene nominale Geldmenge definiert ist. Sie gibt an, dass die gesamtwirtschaftliche Nachfrage mit sinkendem Preisniveau steigt. Halten wir nun das Preisniveau konstant und vermehren wir die nominale

Geldmenge, so verschiebt sich die LM(p_0)-Kurve nach rechts (Schaubild 20.2a), und anstelle von S_0 wird ein neuer Gleichgewichtspunkt S″ mit höherem Volkseinkommen Y″ erreicht. Aber das Preisniveau ist annahmegemäß konstant geblieben. Folglich muss sich die gesamtwirtschaftliche Nachfragekurve bei einer Zunahme der nominalen Geldmenge nach rechts verschieben.

4. Die Bestimmung des Preisniveaus

Im Folgenden gehen wir von einer vereinfachten gesamtwirtschaftlichen Angebotskurve aus, die innerhalb des Vollbeschäftigungs- oder Kapazitätseinkommens horizontal verläuft. Stößt eine Volkswirtschaft an die Kapazitätsschranke Y_v, so ist das zusätzliche gesamtwirtschaftliche Angebot nur zu höheren Preisen zu erzielen. Bei realistischer Betrachtungsweise kann man erwarten, dass die Zunahme der gesamtwirtschaftlichen Nachfrage nicht gleichmäßig auf alle Sektoren verteilt ist, sondern dass sich unterschiedliche sektorale Engpässe (Flaschenhals-Problem) zeigen. Schließlich verläuft die gesamtwirtschaftliche Angebotskurve vertikal, wenn die Kapazitätsschranke erreicht ist.
In Schaubild 20.3 erkennt man, dass sich im Bereich der nicht ausgelasteten Kapazitäten eine Zunahme der gesamtwirtschaftlichen Nachfrage Y^n nicht auf das Preisniveau auswirkt. Wir befinden uns in einer keynesianischen Welt. Wenn man jedoch der Kapazitätsgrenze näher kommt oder sie erreicht, steigt das Preisniveau.

Schaubild 20.3: Preisniveau, gesamtwirtschaftliches Angebot und gesamtwirtschaftliche Nachfrage

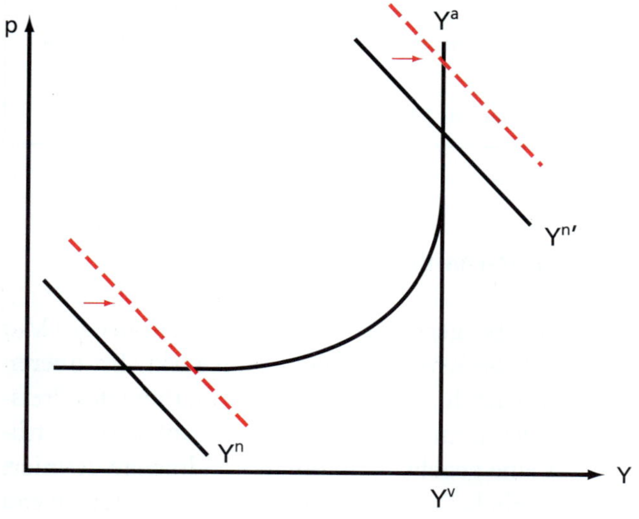

Der Anstieg des Preisniveaus wird in Schaubild 20.3 zwar durch gesamtwirtschaftliches Angebot und gesamtwirtschaftliche Nachfrage erklärt und damit prima vista durch den Gütermarkt; die Zunahme der gesamtwirtschaftlichen Nachfrage wird aber hier auf die Zunahme der Geldmenge zurückgeführt. Es gibt also einen Zusammenhang zwischen gesamtwirtschaftlichem Preisniveau und nominaler Geldmenge

$$p = f(M).$$

20.3 Quantitätstheorie

Die Klassiker haben den Zusammenhang zwischen Preisniveau und Geldmenge in der bereits in Kapitel 18 angesprochenen Cambridge-Gleichung dargestellt.

$$kpY = M$$

Diese Quantitätsgleichung wird auch in der Form

$$pY = MV$$

geschrieben. Dabei kennzeichnet $V = 1/k$ die Umlaufgeschwindigkeit des Geldes, wie sie in Abschnitt 18.5 definiert ist.
Diese Gleichung stellt das Geldmarktgleichgewicht im klassischen System dar, wobei der Zins annahmegemäß nur für den Gütermarkt relevant ist. Schreibt man die Cambridge-Gleichung um, so ergibt sich der Zusammenhang zwischen Preisniveau p und der Geldmenge M

$$p = \frac{1}{kY} M = \frac{V}{Y} M,$$

wobei Y das reale Bruttoinlandsprodukt und k ein Kassenhaltungskoeffizient ist. Aus der Gleichung folgt, dass eine Zunahme der Geldmenge bei konstantem Kassenhaltungskoeffizienten eine Zunahme des Preisniveaus mit sich bringt, wenn das Bruttoinlandsprodukt konstant ist. Nimmt das Bruttoinlandsprodukt in einer wachsenden Wirtschaft zu, so kann die Geldmenge im gleichen Ausmaß steigen, ohne dass sich das Preisniveau verändert. Dies ist die Grundlage einer potentialorientierten Geldmengenpolitik, nach der die Notenbank die Geldmenge im Ausmaß des Potentialwachstums steigen lassen kann.
Inflation ist durch einen gesamtwirtschaftlichen Nachfrageüberhang gekennzeichnet. Dieser Nachfrageüberhang kann durch die Vermehrung der Geldmenge ausgelöst werden. Er kann sich aber auch bei konstanter Geldmenge ergeben. Unterstel-

len wir einmal, dass die Wirtschaftssubjekte in einer bestimmten Situation das Vertrauen in die Währung verloren haben; sie werden dann ihre Kassenhaltung abbauen und ihre Nachfrage nach Gütern erhöhen (k sinkt). Die Verringerung der Kassenhaltung bedeutet, dass eine gegebene Geldmenge schneller umläuft. Ein Nachfrageüberhang kann sich also auch dadurch ergeben, dass die Kassenhaltung verringert wird und die Umlaufgeschwindigkeit des Geldes steigt.
Wir können mit der Quantitätstheorie festhalten: Inflation setzt einen Nachfrageüberhang voraus. Ein Nachfrageüberhang geht immer mit der Änderung der Geldseite einher. Entweder nimmt die Geldmenge zu, oder die Umlaufgeschwindigkeit steigt oder beide Größen ändern sich gleichzeitig.
Die Klassiker gingen davon aus, dass die Existenz des Geldes keine Auswirkungen auf die realen wirtschaftlichen Prozesse ausübt. Ihre Vorstellung war, dass Geld wie ein »Schleier« über der Volkswirtschaft liege. Würde man diesen Schleier entfernen, so blieben die realen Preise unverändert. Diese Vorstellung eines Geldschleiers ist jedoch fragwürdig. Ein wichtiges Problem, das in diesem Zusammenhang in der ökonomischen Theorie behandelt wurde, ist die Frage, ob das Geldsystem konjunkturelle Bewegungen auslösen oder beeinflussen kann. Ferner wissen wir, dass eine Zunahme der Geldmenge den Zins sinken lässt und dass mit sinkendem Zins die Investitionen zunehmen, so dass eine Geldmengenveränderung durchaus reale Auswirkungen hat.

20.4 Arten der Inflation

Wenn die Inflation sich in einem Nachfrageüberhang ausdrückt, so müssen die Erklärungsversuche der Inflation darauf abstellen, wie ein solcher Nachfrageüberhang zustande kommen kann. Entsprechend den Ursachen, die für das Entstehen des Nachfrageüberhangs verantwortlich sind, unterscheiden wir in einer geschlossenen Volkswirtschaft die Nachfragesoginflation und die Kostendruckinflation. In einer offenen Volkswirtschaft wird zusätzlich die importierte Inflation relevant. Allerdings können diese Impulse ohne Alimentierung von der Geldseite nicht wirksam werden. Eine andere Form der Inflation ist die zurückgestaute Inflation. In diesem Fall kommt der Preisanstieg zunächst nicht zum Zug, weil die Regierung die Preise und die Löhne einfriert (Deutschland ab 1936). Es bildet sich ein schwarzer Markt. Wird der Preisstopp aufgehoben, tritt die Inflation offen zutage (Bundesrepublik 1948).

1. Die Nachfragesoginflation

Die reine Nachfragesoginflation lässt die Preise auf Grund einer autonomen, vom Kostendruck unabhängigen Nachfrageerhöhung ansteigen. Die Nachfragesoginflation »zieht« bei konstant unterstelltem Gesamtangebot die Gesamtnachfrage »in die Höhe«. Die Gesamtnachfragekurve verschiebt sich in Schaubild 20.4 von N_1 auf N_2. Das Preisniveau muss von p_0 auf p' steigen. Die Angebotskurve ist vertikal gezeichnet, um zum Ausdruck zu bringen, dass eine Steigerung der Produktion nicht möglich ist.

Schaubild 20.4: Nachfragesoginflation

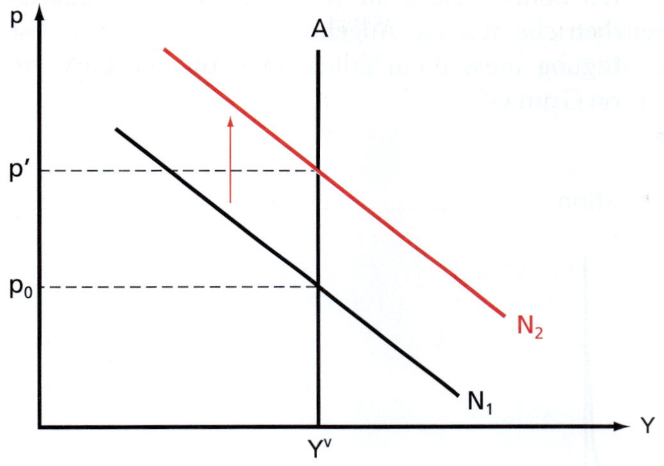

Da sich die Gesamtnachfrage aus dem Konsum, den Investitionen, den Staatsausgaben und der Nachfrage des Auslandes zusammensetzt, kann die Vermehrung der Gesamtnachfrage auf eine Zunahme dieser *einzelnen* Bestandteile der Nachfrage zurückzuführen sein. Bei zunehmender Staatsnachfrage spricht man von Fiskal-Inflation, bei zunehmenden Exporten (Exportüberschüsse bei stabilen Wechselkursen) von importierter Inflation. Eine Ursache für die Zunahme der Nachfrage kann die bereits besprochene Vermehrung der Geldmenge sein, die zu einer Zunahme der Liquidität bei den Nichtbanken führt und damit die Komponenten der Gesamtnachfrage steigen lässt. Oft haben Staaten gerade für die Kriegsfinanzierung die Notenpresse bedient und so über die Geldmengenvermehrung und die Inflation ihre Ausgaben finanziert. Das war im Übrigen einer der Gründe, die Deutsche Bundesbank als unabhängige Institution zu organisieren.

2. Die Kostendruckinflation

Die Kosteninflation bezieht sich auf die Angebotsseite. Die Preise werden in diesem Fall von der Kostenseite, etwa durch Lohnstöße, in die Höhe gedrückt. Man spricht deshalb auch von Kostendruckinflation. Mit diesem Begriff will man die Tatsache kennzeichnen, dass Kostenerhöhungen, besonders Lohnsteigerungen und Preissteigerungen bei den Rohstoffen (Energie), zu den Preiserhöhungen beigetragen haben. Bei der Lohnkosteninflation sind zwei Effekte zu unterscheiden, der Angebots- und der Nachfrageeffekt. Der Angebots- oder Kosteneffekt besteht darin, dass die Gewerkschaften höhere Löhne durchsetzen. Dabei verbreiten sich die Lohnerhöhungen in der Regel von der Industrie mit der größten Produktivitätszunahme auf die gesamte Wirtschaft, also auch auf Sektoren, in denen die Produktivität in geringem Maße wächst. Durch die höheren Löhne steigen die Kosten allgemein. Dadurch scheiden möglicherweise Grenzbetriebe aus, die Angebotsmenge geht zumindest kurzfristig zurück, die Beschäftigung muss dann fallen. Die Angebotskurve in Schaubild 20.5 verschiebt sich von G auf G′.

Schaubild 20.5: Kostendruckinflation

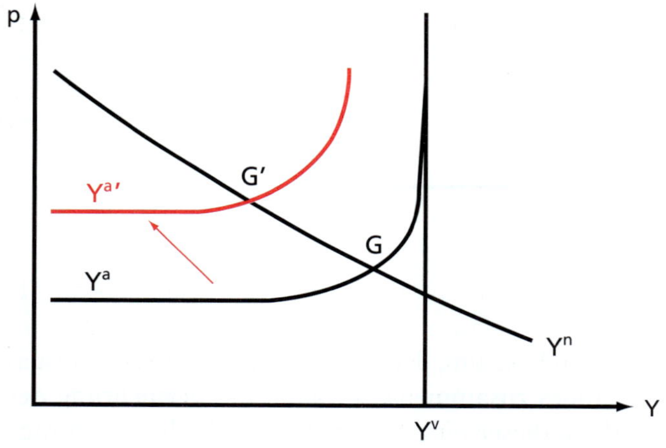

Es kann ein Einkommens- oder Nachfrageeffekt auftreten, der sich daraus erklärt, dass höhere Löhne höheres Einkommen darstellen. Größeres Einkommen bedeutet eine Vermehrung der Nachfrage, d. h. eine Verschiebung der Nachfragekurve von N_1 auf N_2 (Schaubild 20.4).

Ob sich die Nachfragekurve nach rechts verschiebt, hängt von der jeweiligen Lage ab. Zwei Wirkungen sind zu unterscheiden: (1) Durch die Lohnerhöhung steigt das Einkommen der Arbeitnehmer. Damit wird in der Regel mehr nachgefragt (Rechtsverschiebung der Nachfragekurve). (2) Durch die Lohnerhöhung können aber auch Grenzbetriebe aus der Produktion ausscheiden. Einige Arbeitnehmer werden arbeitslos, ihr Einkommen sinkt. Die Nachfragekurve muss sich nach links verschieben. Die Nettoverschiebung hängt davon ab, welche der beiden Wirkungen überwiegt. Man kann nun allerdings argumentieren, dass durch die Arbeitslosen-

unterstützung ein Teil des Nachfrageausfalls durch die arbeitslos gewordenen Arbeitnehmer kompensiert wird.
Nur wenn der Nachfrageanstieg genauso groß ist wie der Kostenanstieg (bzw. unter Berücksichtigung der Arbeitslosenunterstützung sogar größer), können die Unternehmen ihre Produkte zu erhöhten Preisen absetzen. Die Beschäftigung kann also nur dann erhalten werden, wenn durch eine Vermehrung der Geldmenge genügend Gesamtnachfrage auftritt. Da sich die staatliche Politik keine Unterbeschäftigung erlauben kann, wird – bei weisungsgebundenen Notenbanken – durch die Vermehrung der Liquidität die Kostendruckinflation ohne Arbeitslosigkeit ermöglicht.
Die Unterscheidung der Nachfrage- und Kosteninflation ist problematisch. Denn mit einem Kostendruck ist in einer geschlossenen Volkswirtschaft auch immer ein Nachfrageeffekt verbunden. Das Problem besteht darin, festzustellen, ob der Nachfragesog eine Folge des Kostendrucks ist oder die Nachfrageexpansion einen Kostendruck nach sich zieht.
Bei einer Kosteninflation, die auf Steigerung der Preise importierter Rohstoffe zurückgeht, entsteht der Kosteneffekt im Inland, der Nachfrage- oder Einkommenseffekt jedoch beim Anbieterland des Rohstoffs. In diesem Fall sprechen wir auch von einer importierten Inflation.

3. Die importierte Inflation

In einer offenen Volkswirtschaft kann bei konstantem Wechselkurs die Inflation aus dem Ausland importiert werden, wenn im Ausland ein höherer Anstieg des Preisniveaus gegeben ist als im Inland. Man unterscheidet drei Mechanismen, durch die die Inflation aus dem Ausland übertragen werden kann: den internationalen Preiszusammenhang, den Liquiditätseffekt und den Einkommenseffekt.

1. Internationaler Preiszusammenhang: Exportpreiseffekt. Die Inflation im Ausland kann als eine Rechtsverschiebung der Nachfragekurve des Auslandes interpretiert werden. Die Inflation wird über den Exportmarkt importiert:
- Die Preise der Exportgüter steigen, da diese wegen der Auslandsinflation konkurrenzfähiger werden und die Nachfrage nach diesen Exportgütern steigt. Für das Inland kann der Inflationsimport über den Exportmarkt als eine Nachfragesoginflation gekennzeichnet werden.
- Die inländischen Nachfrager weichen wegen steigender Preise des Exportgutes auf Substitute des Exportgutes aus. Folglich müssen auch die Preise von Substitutionsgütern steigen.
- Die Erweiterung der Exportproduktion ist nur möglich, wenn zusätzliche Produktionsfaktoren in den Exportbereich gelockt werden. Folglich müssen im Exportsektor Löhne und Zinsen nominal steigen. Dieser Lohn- und Zinseffekt pflanzt sich auf die anderen Sektoren der Volkswirtschaft fort, für die das Faktorangebot verknappt wird.

– Wenn Sektorgewerkschaften eine starke Stellung haben, kann der für die Reallokation der Produktionsfaktoren erforderliche Lohneffekt verschärft werden. Die hohen Gewinne im Exportsektor bedingen Lohnforderungen der Gewerkschaften, die ohne großen Widerstand gewährt werden. Die Gewerkschaft im Exportbereich übernimmt eine Lohnführerrolle; die Gewerkschaften anderer Sektoren werden versuchen, ähnliche Lohnforderungen durchzusetzen.

2. Internationaler Preiszusammenhang: Importpreiseffekt. Die Inflation wird auch über den Importmarkt importiert. Während der Inflationsimport über den Exportmarkt für das Inland als eine Nachfragesoginflation interpretiert werden kann, ist der Importpreiseffekt ein Beispiel für eine Kostendruckinflation.
Handelt es sich bei den Importen um Konsumgüter, so steigt infolge der zunehmenden Preise der Importgüter direkt das Preisniveau.
Handelt es sich dagegen bei den Importen um Rohstoffe oder Zwischenprodukte, so steigen die Produktionskosten, und die Preissteigerung wird in der vertikalen Kette der Produktion weitergegeben. Die Preissteigerung pflanzt sich über die Inputkosten auf die anderen Sektoren fort.
Die Stärke des Importpreiseffekts hängt u. a. von der Preiselastizität der Importnachfrage des Inlandes ab. Bei einer elastischen Importnachfrage, d. h. einer Elastizität absolut größer 1, kann das Inland seine Nachfrage nach Importen relativ stark reduzieren; die Preissteigerung ist ceteris paribus schwächer. Ist dagegen die Preiselastizität der Importnachfrage unelastisch, d. h. ist das Inland auf das Importgut stark angewiesen, so kann die Importmenge nicht merklich eingeschränkt werden. Der Importpreiseffekt ist dann größer.
Kann das Inland Importsubstitute herstellen, so mildert diese Tatsache zwar die Preissteigerung bei den Importgütern. Aber die Preise der Importsubstitute steigen. Steigende Preise für Importsubstitute stellen Produktionsanreize in diesen Bereichen dar. Eine vermehrte Produktion dieser Güter ist aber nur möglich, wenn Produktionsfaktoren angelockt werden können. Dazu müssen die Faktorpreise steigen (Lohn- und Zinseffekt). Der Lohneffekt kann durch gewerkschaftliche Aktivität verstärkt werden.
Schließlich resultiert auch deshalb ein Preisanstieg, weil die verstärkte Produktion der Importsubstitute in der Regel zunehmende Grenzkosten verursacht (z. B. ungünstige Flöze im Kohlebergbau).

3. Liquiditätseffekt. Ein Exportüberschuss hat bei konstanten Wechselkursen Devisenzuflüsse zur Folge. Durch die Umtauschpflicht der Zentralbank wird – wenn Exporteure ihre Devisenerlöse gegen € eintauschen – die Geldmenge um den Betrag des Leistungsbilanzsaldos vermehrt. Dieser Primäreffekt kann durch die erweiterten Kreditschöpfungsmöglichkeiten der Banken verstärkt werden.

4. Einkommenseffekt. Unterstellt man eine vollbeschäftigte inländische Wirtschaft, so führt ein sich einstellender Exportüberschuss im Inland zur Inflation, wenn er nicht durch eine Zunahme der Ersparnisse und damit der Abnahme des Konsums kompensiert wird.

Wichtige Begriffe in Kapitel 20

Preisniveaustabilität	Quantitätstheorie
Währungsreform	Kassenhaltungskoeffizient
Schleichende Inflation	Umlaufgeschwindigkeit
Trabende Inflation	Inflationsarten
Hyperinflation	– Nachfragesoginflation
Geldmenge und gesamtwirtschaftliche Nachfrage	– Kostendruckinflation
	– importierte Inflation
Geldmenge und Preisniveau	Internationaler Preiszusammenhang

21 Gesamtwirtschaftliche Nachfrage und Beschäftigung: Der Arbeitsmarkt

If the Treasury were to fill old bottles with banknotes,
bury them at suitable depths in disused coalmines
which are then filled up to the surface with town rubbish,
and leave it to private enterprise on well-tried principles of laissez-faire
to dig the notes up again ...
there need be no more unemployment and,
with the help of the repercussions,
the real income of the community, and its capital wealth also,
would probably become a good deal greater than it actually is.
John Maynard Keynes

In der bisherigen Argumentation ist das gesamtwirtschaftliche Produktionsergebnis mit der Beschäftigung gleichgestellt worden. Wenn das Bruttoinlandsprodukt steigt, nimmt auch die Beschäftigung zu. Gesamtwirtschaftliche Produktion und Beschäftigung wurden also als Synonym behandelt. Dabei wurden lediglich der Gütermarkt und der Geldmarkt betrachtet. Der Arbeitsmarkt war explizit nicht berücksichtigt.

21.1 Ungleichgewicht am Arbeitsmarkt

In Deutschland lag 1999 die Arbeitslosenquote bei 10,5 vH. Rund 4,1 Millionen Menschen waren ohne Arbeit; nahezu zwei Millionen wurden zusätzlich durch arbeitsmarktpolitische Maßnahmen des Staates in der einen oder anderen Form aufgefangen. Nahezu 15 vH der Erwerbstätigen waren offen oder verdeckt arbeitslos. Die Arbeitslosigkeit ist im Verlaufe der Zeit beachtlich angestiegen, in Westdeutschland von 150 000 Personen im Jahre 1970 auf 2,8 Millionen 1999. In jeder der drei Rezessionen in den siebziger, achtziger und neunziger Jahren hat sich die Arbeitslosigkeit um etwa eine Million nach oben verschoben (Schaubild 21.1).
Der Anteil der Langzeitarbeitslosen an den Arbeitslosen ist von unter 10 vH im Jahre 1970 auf über 30 vH angestiegen. Es scheint ein Sperrklinken-Effekt zu bestehen, so dass der Sockel der Arbeitslosigkeit sich im Verlauf der Zeit nach oben schiebt. Diese Tendenz ist auch in den anderen westeuropäischen Ländern zu beobachten, nicht jedoch in den USA.

Schaubild 21.1: Entwicklung der Arbeitslosigkeit in Westdeutschland

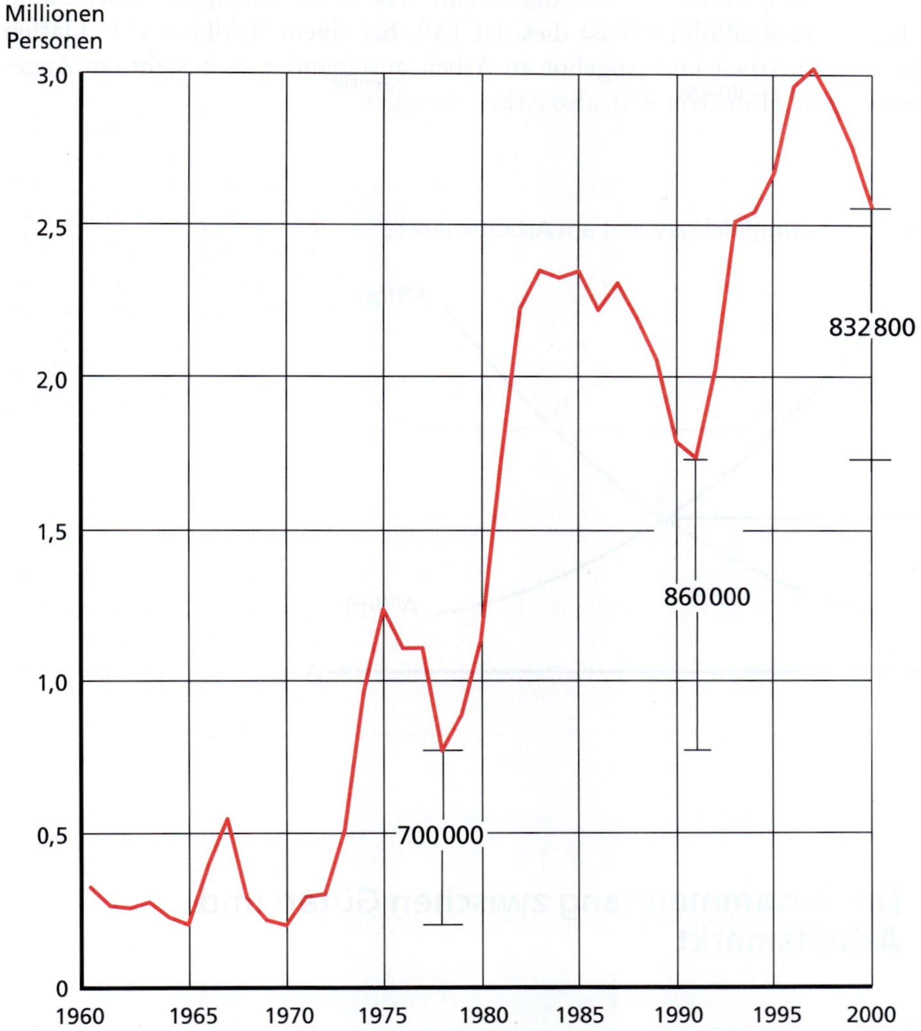

Quelle: H. Siebert, Arbeitslos ohne Ende? Strategien für mehr Beschäftigung, Wiesbaden 1998, S. 21; aktualisiert.

Wir haben uns bisher an zwei Stellen mit der Frage der Arbeitslosigkeit und der Beschäftigung auseinandergesetzt. Dabei ging es in den Kapiteln 18–20 um die gesamtwirtschaftliche Nachfrage nach Gütern und den möglichen Einfluss auf die Beschäftigungssituation, und es ging zum anderen um die Erklärung eines Ungleichgewichts am Arbeitsmarkt in Kapitel 10. Beide Bausteine sind nun zusammenzuführen. Dabei ist in Schaubild 21.2 das Resultat aus Kapitel 10 noch einmal festgehalten. Ob am Arbeitsmarkt Ungleichgewicht herrscht, hängt davon ab, ob die Nachfrage nach Arbeit und das Angebot an Arbeit zusammenpassen (Schaubild 21.2). Bei einem Reallohn OT ist dies der Fall, bei einem Reallohn OT′ klaffen Nachfrage nach Arbeit und Angebot an Arbeit auseinander, es besteht ein Angebotsüberhang (in Höhe von AB), also Arbeitslosigkeit.

Schaubild 21.2: Ungleichgewicht am Arbeitsmarkt

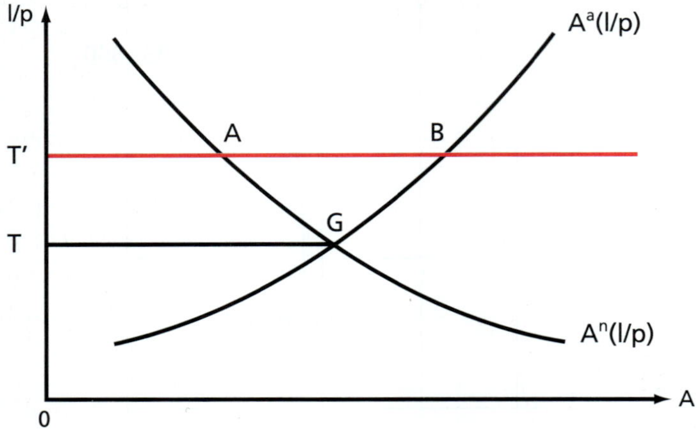

21.2 Der Zusammenhang zwischen Güter- und Arbeitsmarkt

Beim Zusammenhang zwischen Güter-, Geld- und Arbeitsmarkt werden folgende Aspekte berücksichtigt:

1. Gesamtwirtschaftliche Produktionsfunktion. Um zunächst den Zusammenhang zwischen Güter- und Arbeitsmarkt beschreiben zu können, muss die Angebotsseite der Volkswirtschaft erklärt werden.
Ist der Kapitalstock gegeben und ist Arbeit ein variabler Faktor, kann man die Angebotsseite durch eine makroökonomische Produktionsfunktion erfassen (Schaubild 21.3). Diese gesamtwirtschaftliche Produktionsfunktion habe einen ertragsgesetzlichen Verlauf. Mit zunehmendem Arbeitseinsatz steige das Produktionsergebnis, aber die Ertragszuwächse (= Grenzerträge) sinken (Schaubild 21.3). Y^a kennzeichnet das mit Arbeit produzierte und damit von der Angebotsseite bestimmte Sozialprodukt.

Schaubild 21.3: Gesamtwirtschaftliche Produktionsfunktion

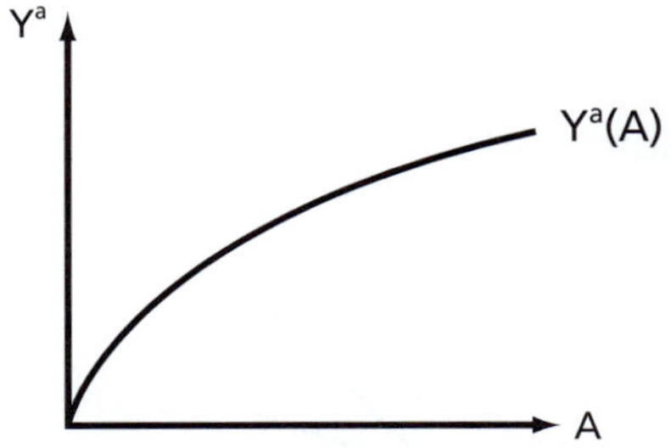

Diese gesamtwirtschaftliche Produktionsfunktion verknüpft nun den Güter- und Arbeitsmarkt. Dieser Zusammenhang ist in Schaubild 21.4 dargestellt.

2. Arbeitsmarkt. In Schaubild 21.4a ist der Arbeitsmarkt dargestellt. Wie in Teil I abgeleitet, verändert sich die Nachfrage nach Arbeit mit dem Reallohn. Mit sinkendem Reallohn (l/p) nimmt die Nachfrage nach Arbeit zu. Die in der Preistheorie abgeleiteten Nachfragegesetzmäßigkeiten werden hier also nicht für einzelne Märkte, sondern für die gesamtwirtschaftliche Nachfrage betrachtet.

3. Gleichgewicht. Durch das gleichgewichtige Arbeitsangebot A_1, bei dem Angebot gleich Nachfrage ist, wird das gesamtwirtschaftliche Produktionsergebnis Y_1^a bestimmt. Liegt eine Nachfrage $Y^n = C + I^a$ – wie in Schaubild 21.4c gezeichnet – vor, so ist Y_1 das gleichgewichtige Volkseinkommen, bei dem auch Vollbeschäftigung herrscht.

4. Klassische Arbeitslosigkeit. Geht man von einem Gleichgewicht auf Arbeits- und Gütermarkt mit dem Arbeitseinsatz A_1, dem Lohnsatz OR und dem Volkseinkommen Y_1 aus und erhöht man nun durch Verhandlungen der Tarifpartner den Lohn auf OS, so fragen die Unternehmen weniger Arbeit nach. Mit dem verringerten Arbeitseinsatz A_2 wird ein geringeres Produktionsergebnis Y_2 erstellt (siehe Schaubild 21.4b). Es liegt zum Lohn OS ein Überschussangebot auf dem Arbeitsmarkt vor, d. h. es herrscht Arbeitslosigkeit. Bei gegebenem gesamtwirtschaftlichem Nachfrageverhalten übersteigt die Nachfrage auf dem Gütermarkt das Angebot Y_2^a. Es liegt ein Nachfrageüberhang vor. Der Fall der klassischen Arbeitslosigkeit besteht also in einem Überschussangebot an Arbeit auf dem Arbeitsmarkt (und in einem Nachfrageüberhang auf dem Gütermarkt).

5. Bekämpfung der klassischen Arbeitslosigkeit. Die klassische Arbeitslosigkeit kann beseitigt werden, indem der Lohnsatz sinkt oder der Güterpreis steigt. Beide Entwicklungen lassen den Reallohn sinken; damit steigt die Nachfrage nach Arbeit. Gleichzeitig wird die Überschussnachfrage auf dem Gütermarkt abgebaut.

6. Keynesianische Arbeitslosigkeit. Durch eine kleine Variation des Schaubilds 21.4 lässt sich die Keynesianische Arbeitslosigkeit darstellen. Ausgangspunkt der Über-

legung ist wieder ein Gleichgewicht auf dem Güter- und Arbeitsmarkt mit dem Volkseinkommen Y_1 und dem Arbeitseinsatz A_1 (Schaubild 21.5).

Schaubild 21.4: Zusammenhang von Arbeits- und Gütermarkt

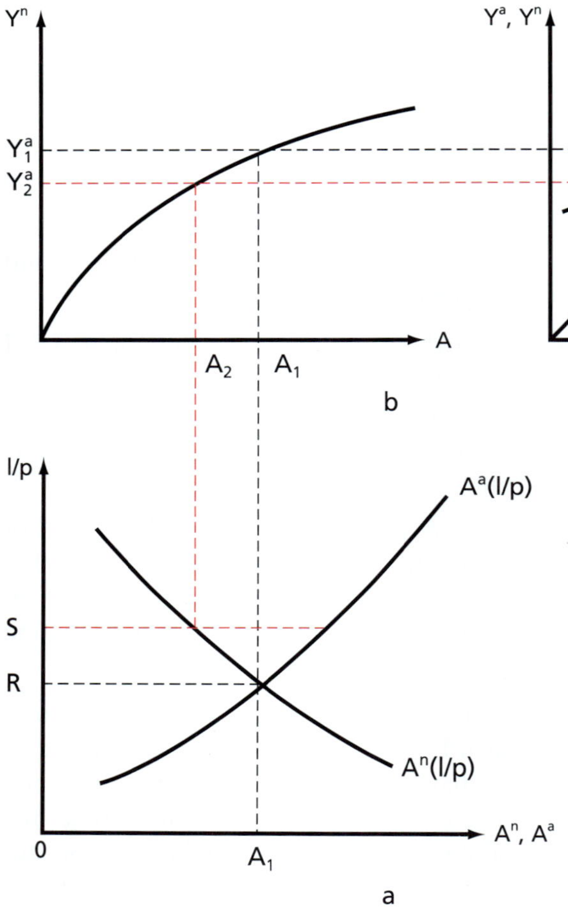

Die zentrale Prämisse ist jetzt, dass exogen ein gesamtwirtschaftlicher Nachfrageausfall erfolgt, sei es z. B. bei der Konsumnachfrage oder bei den Investitionen. Die gesamtwirtschaftliche Nachfragefunktion Y^n verschiebt sich parallel nach unten (Schaubild 21.5 c). Sind die Preise nach unten starr, so erfolgt die Anpassung über die Mengen. Die Produzenten nehmen Mengen auf Lager und drosseln ihre Produktion. Sie bieten jetzt die Menge Y_2 an. Dieses gesamtwirtschaftliche Angebot erfordert aber einen geringeren Arbeitseinsatz A_2, so dass die Nachfrage nach Arbeit bei dem Arbeitseinsatz A_2 abknickt. Die Nachfrage nach Arbeit wird nicht allein durch den Lohnsatz l und den Preis p bestimmt; die effektive Gesamtnachfrage erweist sich als eine Schranke für die Höhe der Nachfrage nach Arbeit und damit für die Höhe der Beschäftigung. Sowohl auf dem Gütermarkt als auch auf dem Arbeitsmarkt herrscht ein Angebotsüberhang. Unterbeschäftigung tritt auf, weil die Preise starr sind und weil die effektive Nachfrage zurückgeht.

Schaubild 21.5: Keynesianische Arbeitslosigkeit

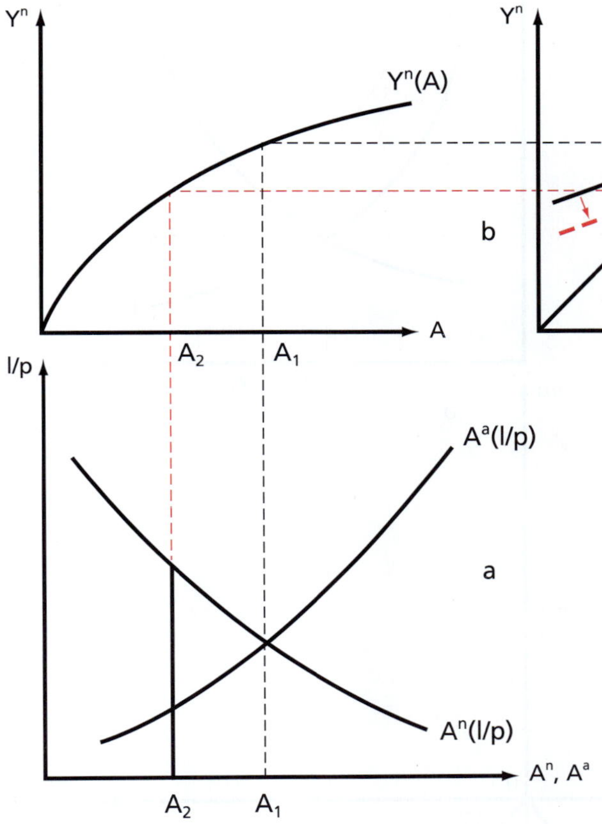

7. Bekämpfung keynesianischer Arbeitslosigkeit. Akzeptiert man die Erklärung der keynesianischen Arbeitslosigkeit und geht man von starren Preisen auf dem Gütermarkt aus, so liegt die beschäftigungspolitische Strategie in der Stimulierung der gesamtwirtschaftlichen Nachfrage, etwa durch fiskalpolitische Maßnahmen (Staatsausgaben).

21.3 Der Zusammenhang zwischen Güter-, Geld- und Arbeitsmarkt

Schaubild 21.6: Gesamtwirtschaftliches Gleichgewicht bei Nachfragebeschränkung

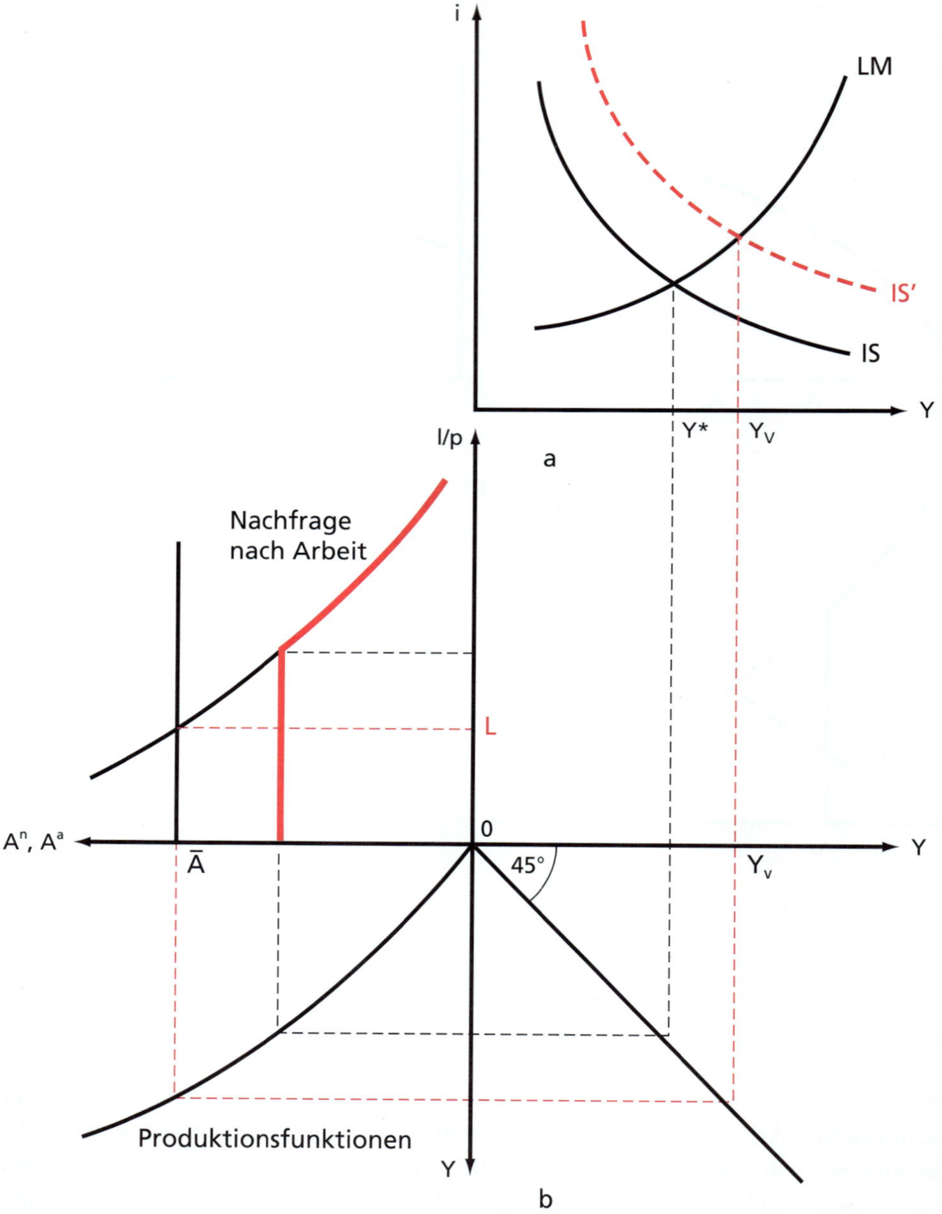

In Schaubild 18.13 ist ein güter- und geldwirtschaftliches Gleichgewicht im System von Keynes dargestellt. In diesem Schaubild ist nun noch der Arbeitsmarkt einzubeziehen. Zu diesem Zweck greifen wir auf Schaubild 21.5 zurück. Zur Vereinfachung unterstellen wir ein konstantes Arbeitsangebot $\bar{A}$, das unabhängig vom Reallohn ist. In Schaubild 21.6a ist das bereits erörterte güter- und geldwirtschaftliche Gleichgewicht verdeutlicht. Bei einem durch die IS′-Kurve dargestellten güterwirtschaftlichen Gleichgewicht wird das Vollbeschäftigungseinkommen Y_v erreicht. Die Nachfrage nach Arbeit (im Nordwest-Quadranten von Schaubild 21.6b) ist bei einem Lohnsatz OL hinreichend, um alle Arbeitskräfte $\bar{A}$ nachzufragen. Aufgrund der gesamtwirtschaftlichen Produktionsfunktion (Südwest-Quadrant in Schaubild 21.6b) wird ein Volkseinkommen in Höhe von Y_v produziert.
Wenn jedoch eine geringere Nachfrage auf dem Gütermarkt vorliegt (Kurve IS anstatt IS′), so bricht die effektive Nachfrage nach Arbeit ab einem bestimmten Niveau ab; es wird nicht das gesamte Arbeitsangebot nachgefragt. Damit wird auch ein geringeres gesamtwirtschaftliches Produktionsergebnis erstellt.

21.4 Eine einfache Philosophie: Beschäftigungssteigerung durch Stimulierung der Nachfrage

Übersichtsartig ist in Schaubild 21.7 das Modell von Keynes mit den wichtigsten Zusammenhängen und den drei (durch Kreise gekennzeichneten) Märkten Geld-, Güter- und Arbeitsmarkt nochmals dargestellt. Um die Zusammenhänge des Modells zu verstehen, wird dem Leser empfohlen, dieses Schaubild sowohl von »unten nach oben« als auch von »oben nach unten« zu interpretieren.
Zwangsläufig vereinfacht Schaubild 21.7 stark, da im Modell (und in der wirtschaftlichen Wirklichkeit) alle drei Märkte zusammenhängen und alle Größen gleichzeitig bestimmt werden.
Geht man von starren Preisen aus, so kann man mit Hilfe von Schaubild 21.7 analysieren, durch welche wirtschaftspolitischen Maßnahmen eine Volkswirtschaft stärker an die Vollbeschäftigung herangeführt werden kann. Die Maßnahmen sind so zu wählen, dass sich entweder die LM-Kurve oder die IS-Kurve nach rechts verschiebt.
Die LM-Kurve verschiebt sich nach rechts, wenn die Notenbank die Geldmenge vermehrt oder wenn aufgrund von geänderten Erwartungen die Nachfrage nach Transaktionskasse oder nach Spekulationskasse abnimmt. Die IS-Kurve verschiebt sich nach rechts, wenn aufgrund geänderter Erwartungen bei gegebenem Zins mehr investiert wird, wenn der Staat zusätzlich autonome Investitionen tätigt, wenn z. B.

Schaubild 21.7: Geld-, Güter- und Arbeitsmarkt im Keynesianischen System

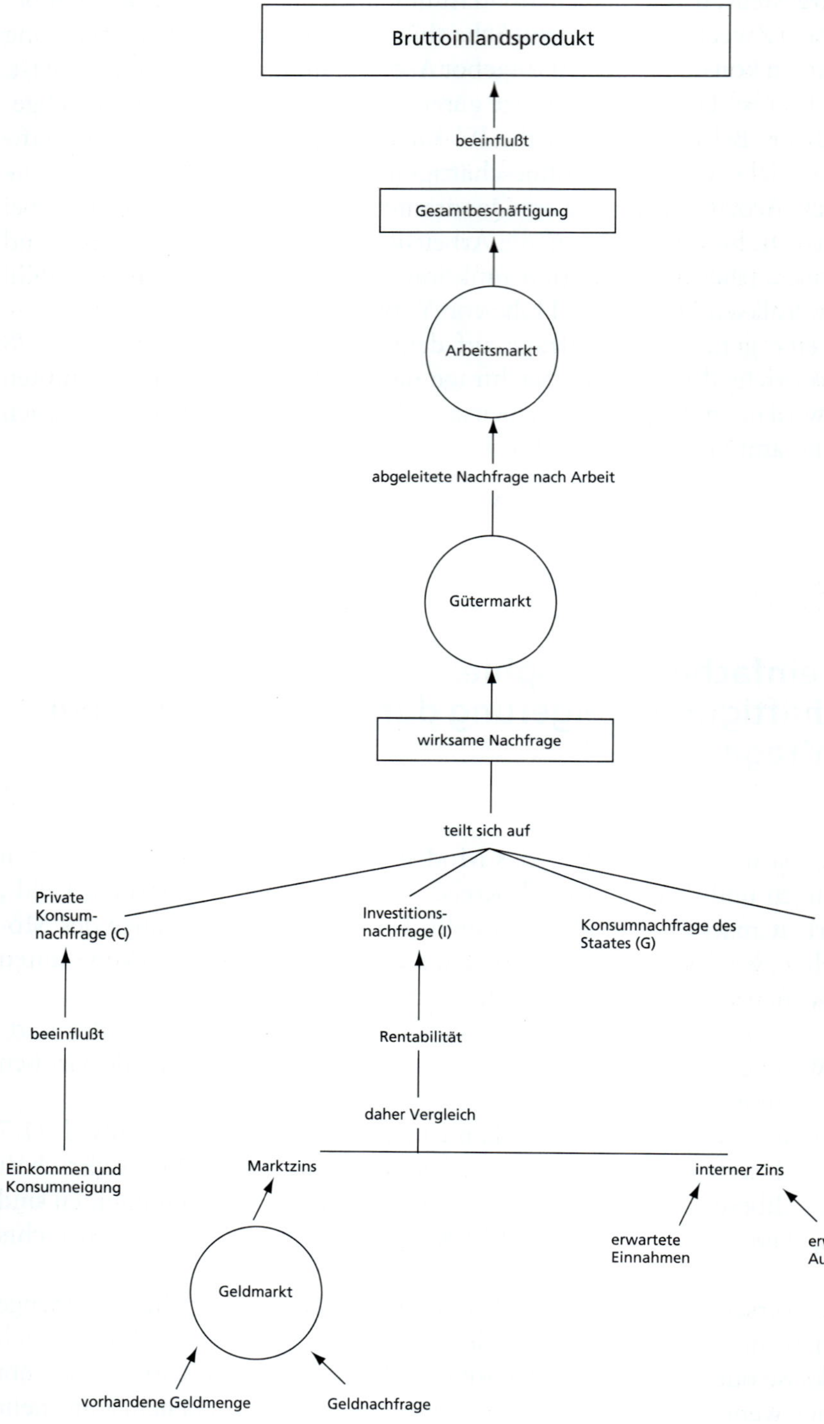

infolge technischen Fortschritts oder infolge steigender Nachfrage nach Konsumgütern der interne Zins zunimmt oder die Ersparnisse sinken.
Man sollte erwarten, dass in einer Situation, in der die Geldnachfrage größer ist als das Geldangebot, also $L(.) > M/p$, die Notenbank in der Lage ist, durch eine Vermehrung der Geldmenge M das Gleichgewicht auf dem Geldmarkt wieder herzustellen und damit das Horten (und den Nachfrageausfall auf dem Gütermarkt) auf Null zu reduzieren. Mit Hilfe des Schaubilds 21.3 kann sich der Leser jedoch verdeutlichen, dass eine Geldmengenvermehrung im völlig elastischen Bereich der LM-Kurve (Liquiditätsfalle) keine positiven Effekte auf Volkseinkommen und Beschäftigung hat.
Wird die Stimulierung der gesamtwirtschaftlichen effektiven Nachfrage durch Staatsausgaben angestrebt, so kann nach dem keynesianischen System in einer Situation der Arbeitslosigkeit (Depression) ein Defizit im staatlichen Haushalt in Kauf genommen werden, wenn dieses über den Konjunkturzyklus in einer Hochkonjunktur wieder ausgeglichen wird.

21.5 Das formale Modell

Formal kann das keynesianische System durch die folgenden Gleichungen dargestellt werden:

1. Gütermarktgleichgewicht ist gegeben, wenn die geplanten Ersparnisse und die geplanten Investitionen übereinstimmen.

$$S(Y) = I(i)$$

2. Geldmarktgleichgewicht liegt vor, wenn die Geldmenge M und Geldnachfrage $pL(Y, i)$ im Gleichgewicht sind.

$$M = pL(Y, i)$$

3. Arbeitsmarktgleichgewicht ist gegeben, wenn Arbeitsnachfrage und Arbeitsangebot übereinstimmen. Zur Vereinfachung kann das Arbeitsangebot $\bar{A}^a$ als konstant unterstellt werden. Der allgemeine Fall ist, dass das Arbeitsangebot vom Reallohn abhängt.

$$A^n(l/p, Y) + A^u = A^a(l/p).$$

Die Nachfrage nach Arbeit wird durch die Nachfrage auf dem Gütermarkt rationiert. Die Arbeitslosigkeit A^u ergibt sich als Differenz von Arbeitsangebot und Arbeitsnachfrage.

4. Schließlich bestimmt die Nachfrage nach Arbeit über eine Produktionsfunktion

$$Y = F(A^n)$$

das Volkseinkommen.

In diesem Gleichungssystem mit vier Gleichungen werden die Geldmenge M und die autonomen staatlichen Investitionen als exogene Größen interpretiert. Auch das Preisniveau p ist konstant. Ferner wird der Nominallohn l als gegeben betrachtet. Zu bestimmen sind dann der Zins i, das Volkseinkommen Y, die Beschäftigung A^n und die Arbeitslosigkeit A^u.

Wichtige Begriffe in Kapitel 21

Arbeitslosigkeit
Arbeits- und Gütermarkt
Klassische Arbeitslosigkeit
Keynesianische Arbeitslosigkeit
Güter-, Geld- und Arbeitsmarkt
Gesamtwirtschaftliches Gleichgewicht bei Nachfragebeschränkung
Nachfrageorientierte Fiskalpolitik
Keynesianisches Modell

22 Die Alternative zur Nachfrageorientierung: Die Angebotstheorie

Supply creates its own demand.
Jean Baptiste Say

In der bisherigen Darstellung herrschte die Überlegung vor, dass die Arbeitslosigkeit vorwiegend von der Nachfrageseite her erklärt werden kann. Entsprechend lautet dann die wirtschaftspolitische Schlussfolgerung, dass an der Nachfrageseite anzusetzen ist, um Arbeitslosigkeit zu verringern und die Beschäftigungssituation zu verbessern. Dieser Ansatz ist aus einer Reihe von Gründen auf Kritik gestoßen. Diese Kritik resultiert vor allem aus der großen Simplizität einer reinen Nachfrageorientierung, bei der wichtige gesamtwirtschaftliche Interdependenzen nicht berücksichtigt werden. Werden diese Interdependenzen beachtet, so lassen sich die Empfehlungen einer rein nachfrageseitig angelegten Makroökonomie nicht halten.
Folgende Aspekte sind zu berücksichtigen.
Erstens: Es gibt keinen einfachen Zusammenhang zwischen gesamtwirtschaftlicher Produktion und Beschäftigung. Es kommt vielmehr auf die Beschäftigungsintensität der Produktion an, die von zahlreichen Faktoren, etwa den Lohnstrukturen, beeinflusst wird.
Zweitens: Die Fiskalpolitik als Stimulanz der gesamtwirtschaftlichen Nachfrageseite ist mit beachtlichen Folgewirkungen verbunden. Werden diese Folgewirkungen beachtet, so verringert sich der Gestaltungsspielraum erheblich.
Drittens: Wenn die Geldpolitik in den Dienst der Beschäftigungspolitik gestellt wird, würde das Ziel der Preisniveaustabilität verletzt. Außerdem würde dies von den Marktteilnehmern antizipiert. Letzten Endes müsste, um die Inflation wieder zurückzudrehen, die Geldpolitik restriktiv gefahren werden, was in eine Rezession münden kann (Stabilisierungsrezession).
Schließlich ist der gesamte Ansatz der Nachfrageseite kurzfristig orientiert und berücksichtigt nicht die langfristig in der Angebotsseite angelegten Fragen des wirtschaftlichen Wachstums, etwa der Verbesserung des Humankapitals oder der Stärkung des technischen Wissens durch Innovationen, was mittel- und langfristig die Arbeitsproduktivität erhöhen und damit die Nachfrage nach Arbeitskräften stärken kann.

22.1 Mengenrationierung auf den Gütermärkten – ein sinnvolles Konzept?

Die neuere Ungleichgewichtstheorie führt die von den Unternehmen erwartete gesamtwirtschaftliche Güternachfrage Y^n als Bestimmungsfaktor der Nachfrage nach Arbeit ein. Wir wissen ja bereits aus der Markt- und Preistheorie, dass die Nachfrage nach Arbeit eine abgeleitete Nachfrage ist. Sie ist aus der Güternachfrage abgeleitet. Ein Rückgang der Nachfrage nach Arbeit muss also bei gegebenen Preisen seine Ursache im Rückgang der Nachfrage nach Gütern haben.
Erwarten die Unternehmen einen Rückgang der gesamtwirtschaftlichen Güternachfrage, so werden sie bei gegebenen Preisen für Güter und Faktoren weniger Arbeit nachfragen. Die Nachfragekurve nach Arbeit A^n (l/p, Y) knickt – etwa bei Punkt B – nach unten ab (Schaubild 22.1). Auch bei flexiblen Löhnen kann *innerhalb* des Intervalls BC – so die These – die Arbeitslosigkeit nicht beseitigt werden. Knickt die Nachfrage in der in Schaubild 22.1 angegebenen Weise ab, so reicht infolge der Erwartung einer zu geringen Güternachfrage auch die Flexibilität des Lohnsatzes nicht aus, die Vollbeschäftigung zu erreichen. Diese Keynesianische Arbeitslosigkeit tritt also selbst dann auf, wenn die Nominallöhne – innerhalb eines Bereichs – nach unten flexibel sind; zu den Gegenargumenten vgl. Abschnitt 22.5.

Schaubild 22.1: Mengenrationierung auf den Gütermärkten und Arbeitsnachfrage

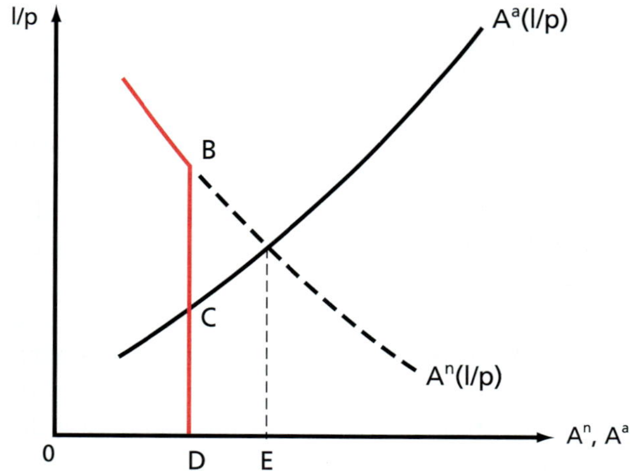

Mit dem hier diskutierten Begriff der Keynesianischen Arbeitslosigkeit ist der Begriff der konjunkturellen Arbeitslosigkeit weitgehend deckungsgleich (vorausgesetzt man erklärt konjunkturelle Bewegungen durch das Gedankengebäude von Keynes).

Man beachte, dass hier eine Rationierung auf dem Gütermarkt vorliegen muss und die Produzenten erwarten, buchstäblich auf ihren Gütern sitzen zu bleiben. Folglich passen sie sich mengenmäßig an und produzieren weniger. Die Rationierung auf dem Gütermarkt schlägt auf den Arbeitsmarkt durch. Entscheidend ist, dass die Produzenten sich nicht durch eine Senkung der Güterpreise anpassen können. Zentral ist also die unterstellte mangelnde Flexibilität der Güterpreise.
Diese Prämisse der Preisstarrheit muss man jedoch in Frage stellen: Sind die Märkte offen und bestreitbar, so sorgt der Wettbewerb dafür, dass die Güterpreise nachgeben; monopolistische Positionen lassen sich nicht halten. Besonders in einer offenen Volkswirtschaft wie der Bundesrepublik bringt der Wettbewerb von außen flexible Preise mit sich. Auch die Entregulierung kann rigide Preise (Tarife) wie bei der Telekommunikation, der Elektrizitätsversorgung oder im Verkehrswesen flexibler machen. Aber nicht nur die Absatzpreise geben nach, auch die Preise für Zwischenprodukte und Produktionsfaktoren können zurückgehen.
Hebt man die Annahme der Preisstarrheit auf, so passt sich die Volkswirtschaft an eine Reduzierung der gesamtwirtschaftlichen Nachfrage an, indem die Preise sinken. Dann aber hat die Mengenanpassung eine geringere Bedeutung. Bei sinkenden Preisen und gegebener Geldmenge M nimmt außerdem die reale Geldmenge M/p zu. Die LM-Kurve verschiebt sich nach rechts, die Zinsen sinken; es besteht eine Tendenz zur Vollbeschäftigung. Bei flexiblen Preisen verliert der Ansatz einer Mengenrationierung an Legitimation. Man muss also erwarten, dass sich eine effektive Nachfrageschranke auf den Gütermärkten nicht hält, sondern dass vielfältige Mechanismen einsetzen, die diese Nachfrageschranke aufheben. Im Übrigen muss eine nachfrageseitig orientierte Erklärung der Arbeitslosigkeit motivieren, wie es zu einer Schwächung der Nachfrage auf den Gütermärkten kommen kann. Wir kehren zu diesem Problem an anderen Stellen des Buches zurück (vgl. Kapitel 23).

22.2 Die Ohnmacht der Fiskalpolitik

Eine Stimulierung der gesamtwirtschaftlichen Nachfrage durch höhere Staatsausgaben hat erhebliche Konsequenzen, die in einem umfassenden Ansatz zu berücksichtigen sind.

1. Der Verdrängungseffekt

Die Ankurbelung der gesamtwirtschaftlichen Nachfrage durch Staatsausgaben kann auf verschiedene Weise stimuliert werden. Nimmt der Staat Budgetdefizite in Kauf, selbst wenn beabsichtigt ist, diese später, also über mehrere Jahre (Konjunk-

turzyklus), auszugleichen, so werden die Defizite durch Anleihen bei den Privaten finanziert. Da der Staat auf dem Wertpapiermarkt Kredite nachfragt, treibt er den Zinssatz in die Höhe. Damit verdrängt er private Investitionen und macht seine beschäftigungspolitischen Maßnahmen (zumindest teilweise) wieder zunichte.
Der Verdrängungseffekt (crowding out) bezieht sich nicht nur auf die Anleihepolitik. Auch wenn sich der Staat über Steuern finanziert, ergibt sich ein Verdrängungseffekt. Denn mit den Steuern schöpft der Staat Kaufkraft ab; und er erwirbt Ansprüche auf Produktionsfaktoren, die im privaten Bereich nicht mehr eingesetzt werden können. Diese Reallokation zu Gunsten des Staates erzielt deshalb Aufmerksamkeit, weil der Anteil der Staatsausgaben am Sozialprodukt, die Staatsquote, – nicht zuletzt wegen der redistributiven Aufgaben des Staates – seit den siebziger Jahren erheblich gestiegen ist. Im Jahr 1970 lag die Staatsquote in Westdeutschland bei 38,6 vH. Sie erreichte 1996 mit 50,3 vH ihr Maximum, seitdem geht sie leicht zurück (48,3 vH 1999). Auch im Zusammenhang mit den höheren Staatsausgaben bei der deutschen Vereinigung ist diese Staatsquote angestiegen. Es ist also in Rechnung zu stellen, dass in einem Staat mit starkem Anteil der Staatsausgaben am Sozialprodukt staatliche Nachfrageankurbelungen sich durch den Verdrängungseffekt selbst behindern.

2. Die Opportunitätskosten der Staatsverschuldung

In der Realität zeigt sich, dass der anvisierte Budgetausgleich über einen Konjunkturzyklus hinweg in der Regel nicht durchgehalten wird. Die politische Ökonomie macht deutlich, dass Politiker in guten Konjunkturlagen in der Regel die Staatsschuld nicht reduzieren, so dass die Staatsschuld ansteigt. Dann aber wird infolge der Zinslasten der finanzpolitische Bewegungsspielraum zukünftiger Generationen eingeschränkt. Auch besteht in Ländern, in denen die Notenbank nicht unabhängig ist, die Gefahr, dass Staatsdefizite über die Notenpresse finanziert werden (Russland, Lateinamerika).
Zudem zeigt sich, dass eine Anleihefinanzierung dann problematisch wird, wenn die Akkumulation der Staatsschuld irgendwann zu einer Revision dieser Politik zwingt – etwa in einer ungünstigen beschäftigungspolitischen Situation. Wird der Staat gezwungen, angesichts eines zu hohen Schuldenstandes seine Nachfrage zu reduzieren, so kann er seinerseits einen Rückgang der gesamtwirtschaftlichen Nachfrage verursachen und damit Arbeitslosigkeit auslösen. Wir können dann von einer *politikverursachten* Arbeitslosigkeit sprechen.

Kasten 22.1 Staatsquote in Deutschland

Die Staatsquote gibt an, welchen Anteil die Staatsausgaben am Bruttoinlandsprodukt erreichen. Sie ist ein Maß dafür, wie viel des gesamtwirtschaftlichen Produktionsergebnisses eines Jahres der Staat für seine Zwecke beansprucht. Damit zeigt die Staatsquote an, welcher Raum für den privaten Sektor in einer Volkswirtschaft verbleibt.
Die Staatsquote erfasst Staatsausgaben im weitesten Sinne und nicht nur die Konsumausgaben des Staates. Zu den Staatsausgaben im Sinne der Staatsquote zählen auch die gesamten Sozialleistungen, wie die Ausgaben im Rahmen der Sozialversicherung und der Arbeitslosenversicherung.
Die Staatsquote ist in Westdeutschland in der ersten Hälfte der siebziger Jahre um 10 Prozentpunkte auf 50 vH angestiegen (Schaubild). In den achtziger Jahren ist es gelungen, die Staatsquote um etwa 4 Prozentpunkte zurückzuführen. In der Folge der deutschen Vereinigung ist die Staatsquote dann wieder auf über 50 vH angestiegen. Mit der Staatsquote ist auch die Abgabenquote angestiegen. Außerdem wurde ein größerer Teil der Staatsausgaben durch Verschuldung finanziert.

Schaubild Kasten 22.1: Staatsquote in Deutschland[a]

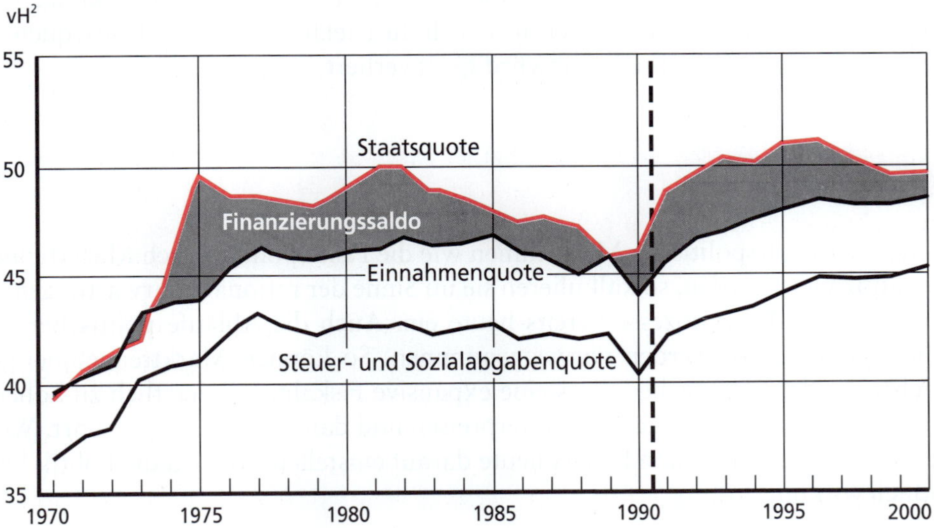

[a] Angaben in Relation zum Bruttoinlandsprodukt in jeweiligen Preisen; bis 1990: früheres Bundesgebiet, Strukturbrüche durch Änderung der volkswirtschaftlichen Gesamtrechnung.

Quelle: Sachverständigenrat, Jahresgutachten von 1998/99, Tabelle 33*, 1999/2000, Tabelle 27*.

3. Rationale Erwartungen

Die Keynesianische globale Nachfragesteuerung ist auch durch die Theorie der rationalen Erwartungen »unter Beschuss« gekommen. Nach der Theorie rationaler Erwartungen bilden Marktteilnehmer Erwartungen aufgrund des Wissens, das sie über den ökonomischen Prozess haben. Spitzt man die These der rationalen Erwartungen in einer wirtschaftspolitischen Diskussion zu, so kennen die Marktteilnehmer die in einer Volkswirtschaft vorherrschenden Gesetzmäßigkeiten. Die Marktteilnehmer antizipieren also die Auswirkungen wirtschaftspolitischer Maßnahmen und richten ihr Verhalten so ein, als ob die durch diese Maßnahme initiierten Effekte bereits voll eingetreten sind. Für die Finanzpolitik bedeutet dies, dass die Bürger bei einer ansteigenden und hohen Staatsverschuldung damit rechnen, dass in Zukunft die Steuern erhöht werden müssen, um den Schuldendienst zu finanzieren und die Schulden zurückzuzahlen. Wenn die Menschen sich auf diese Steuererhöhung heute bereits einstellen, nehmen sie einen Teil ihrer zukünftigen Anpassungen heute vorweg, etwa indem sie mit ihren Investitionen in das Ausland ausweichen. Unter einer Reihe von Prämissen ist dann die Staatsverschuldung heute einer zusätzlichen Besteuerung heute äquivalent (Ricardianisches Äquivalenz-Theorem). Vor allem wenn die Finanzpolitik ihre Glaubwürdigkeit verliert und Marktteilnehmer (wie etwa in lateinamerikanischen Ländern) der Wirtschaftspolitik nicht glauben, dass sie ein Budgetdefizit beseitigen wird, werden sie sich entsprechend einstellen. Solche Erwartungen über die Finanzpolitik haben zwangsläufig auch Rückwirkungen auf Inflationserwartungen. Aber auch in den Industrieländern hat es Konsequenzen, wenn die Finanzpolitik ihre Glaubwürdigkeit verliert.

4. Politikineffizienz

Wenn wirtschaftspolitische Maßnahmen wie die Fiskalpolitik durch Marktteilnehmer antizipiert werden, so kalkulieren sie im Sinne der rationalen Erwartungen das Resultat der Marktprozesse bereits heute ein. Auch die Abläufe politischer Entscheidungsprozesse werden vorweggenommen. So können Marktteilnehmer beispielsweise davon ausgehen, dass eine expansive Fiskalpolitik letztlich zu höheren Lohnabschlüssen, zu steigenden Güterpreisen und damit zur Inflation führt. Wenn sie sich in ihrem Verhalten bereits heute darauf einstellen, so wird die Politik letztendlich wirkungslos.

22.3 Geldpolitik und Inflation

In einem einfachen makroökonomischen Modell mit einer nicht ausgeschöpften Produktionskapazität wird für eine Geldmengenexpansion ein stimulierender Effekt unterstellt. Allerdings gilt dies nicht, wenn die empirisch beobachtete Wirkungsverzögerung zwischen Geldmengenexpansion und Anstieg des Preisniveaus von etwa 8–10 Quartalen auftritt. Außerdem: Ist Vollbeschäftigung bereits erreicht, so wirkt sich die Geldmengenexpansion auch in dem einfachen gesamtwirtschaftlichen Ansatz in einem Anstieg des Preisniveaus aus – ein Zusammenhang, der bei der einfachen Keynesianischen Argumentation vernachlässigt wird. Geldmengenexpansion kann also zur Inflation führen (Kapitel 19).
Vor allem die Theorie rationaler Erwartungen weist auf die Notwendigkeit hin, eine mittelfristige Konzeption der Geldpolitik zu verfolgen. Die Marktteilnehmer antizipieren die Auswirkungen einer Geldmengenveränderung. Angenommen, die Notenbank erhöht die Geldmenge, um den Zinssatz zu senken und damit die Beschäftigung zu stimulieren, und angenommen, diese Geldmengenexpansion übersteige stark die Zunahme des Produktionspotentials. Nach der Theorie der rationalen Erwartungen antizipieren die Marktteilnehmer, dass Geldmengenwachstum letztlich das Preisniveau erhöht. Diese Inflationserwartungen setzen die Marktteilnehmer in ihrem Kalkül ein. Sie lassen sich deshalb nicht von dem nominal gesunkenen Zinssatz beirren, sondern betrachten den realen Zinssatz unter Berücksichtigung der erwarteten Inflationsrate. Der Anreiz zu investieren ist reduziert, und im Grenzfall ändert sich die Investition durch Geldmengenausdehnung nicht.

22.4 Die Phillips-Kurve

Der Engländer A. W. Phillips hatte für die erste Hälfte dieses Jahrhunderts einen Zusammenhang zwischen der Änderungsrate des Nominallohns und der Arbeitslosenquote festgestellt. Führt man in diesem Zusammenhang die Vorstellung einer sogenannten »natürlichen« Arbeitslosenquote $\overline{U}$ ein, das heißt einer Arbeitslosigkeit, die auf Dauer bei stabilem Preisniveau nicht unterschritten werden kann, und bezeichnet U die tatsächliche Arbeitslosenquote, so gilt ein Zusammenhang zwischen der prozentualen Veränderung des Reallohns (l/p) und dem Überhang der Arbeitslosigkeit über die natürliche Arbeitslosenrate

$$\frac{\Delta\,(l/p)}{l/p} = \lambda\,(\overline{U} - U).$$

Bei Überbeschäftigung ($U < \overline{U}$) steigt der Reallohn, bei Unterbeschäftigung ($U > \overline{U}$) sinkt er. λ gibt die Reaktionsgeschwindigkeit an.
Da die Reallohnänderung aus einer Nominallohnänderung und der Änderung des Preisniveaus zu definieren ist, kann diese Gleichung auch geschrieben werden als

$$\frac{\Delta l}{l} = \frac{\Delta p^e}{p} + \lambda(\overline{U} - U),$$

wobei $\Delta p^e/p$ die von den Arbeitnehmern erwartete Inflationsrate ist. Unterstellt man, dass die Nominallöhne der entscheidende Bestimmungsfaktor der Preise sind, so folgt ein Zusammenhang zwischen Inflationsrate (d. h. Änderung des Preisniveaus), der erwarteten Inflationsrate und der Beschäftigungssituation:

$$\frac{\Delta p}{p} = \frac{\Delta p^e}{p} + (\overline{U} - U)$$

In Schaubild 22.2 ist diese Phillips-Kurve dargestellt. Ist die Inflationsrate null, so entspricht die Arbeitslosigkeit der natürlichen Arbeitslosenquote in Punkt $\overline{U}$. Wird die Arbeitslosigkeit kurzfristig auf das Niveau OA zurückgeführt (Punkt T), so steigt das Preisniveau, bei höherer Arbeitslosigkeit sinkt es (Punkt B). Will man nur eine Arbeitslosenquote OA haben, so muss man also demnach eine Preissteigerungsrate OD in Kauf nehmen.

Schaubild 22.2: Die Phillipskurve

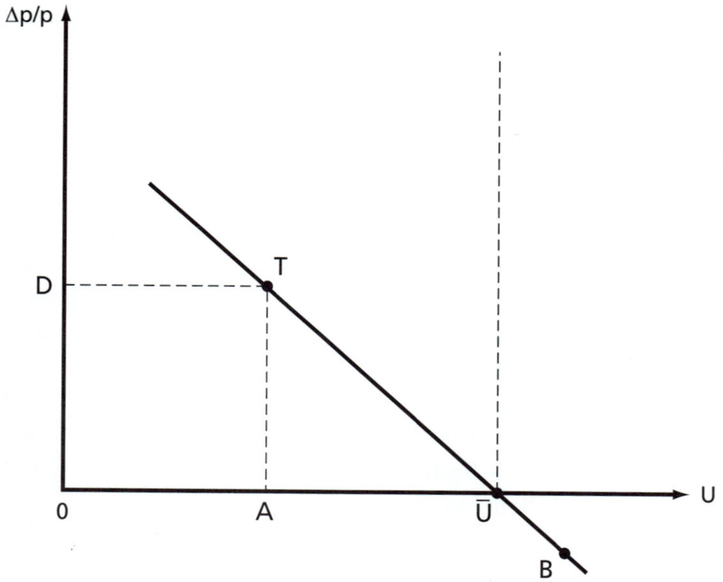

Die Phillipskurve lässt sich aus Schaubild 22.3 ableiten, in dem Preisviveau p und Produktionsniveau Y dargestellt sind. In der Ausgangslage $\overline{U}'$ sei ein niedriges Produktionsniveau gegeben; dies entspricht einer relativ hohen Arbeitslosigkeit $\overline{U}$ in Schaubild 22.2. Wird nun die Geldmenge ausgedehnt, so verschiebt sich die gesamtwirtschaftliche Nachfragekurve nach rechts, und es wird ein höheres Produktionsniveau T′ realisiert, dem mit Punkt T eine niedrigere Arbeitslosenquote in Schaubild 22.2 entspricht.

Schaubild 22.3: Ableitung der Phillips-Kurve

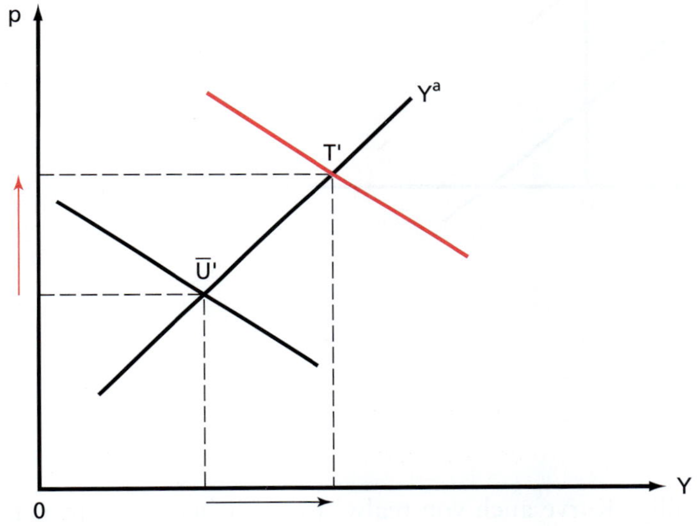

Punkt T in Schaubild 22.2 ist aber keine Dauersituation, wenn die Marktteilnehmer rationale Erwartungen haben. Wird z. B. in einer Situation der natürlichen Arbeitslosigkeit (Schaubild 22.4) die Geldmenge erhöht und erwarten die Marktteilnehmer, dass sich eine Geldmengenerhöhung in einer höheren Inflationsrate OD niederschlägt, so stellen sie sich auf die höhere Inflationsrate ein, sie antizipieren diese höhere Preissteigerungsrate, indem sie etwa in den Lohnverhandlungen entsprechend höhere Löhne verlangen. Die Vermieter fordern höhere Mieten, die Hausverkäufer höhere Immobilienpreise. Damit steigt das Preisniveau, ohne dass sich an der Arbeitslosigkeit etwas ändert. Der Zusammenhang zwischen Inflation und Arbeitslosigkeit wird nicht mehr durch die Gerade ST, sondern durch die Gerade EF dargestellt. Die kurzfristige Phillips-Kurve hat sich nach oben verschoben. Langfristig verläuft sie senkrecht. Die Geldpolitik ist beschäftigungspolitisch wirkungslos.

Schaubild 22.4: Kurz- und langfristige Phillipskurve

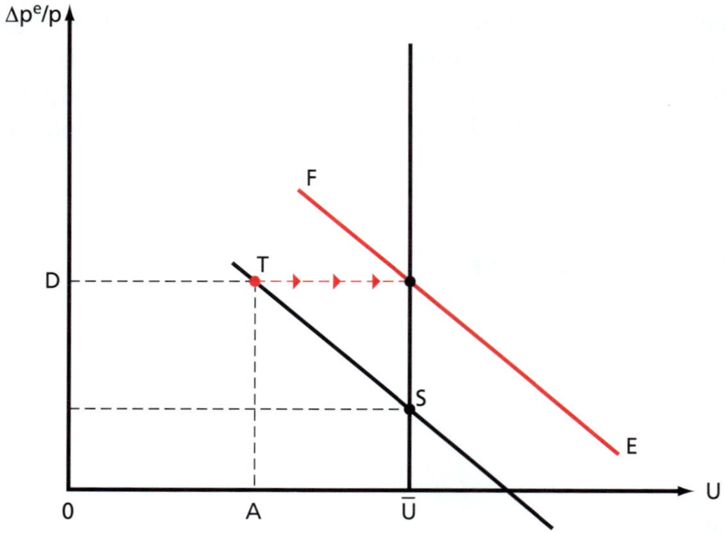

Man beachte, dass die Phillips-Kurve auch von realwirtschaftlichen Phänomenen wie einem Angebotsschock beeinflusst wird. Bei einem Angebotsschock verschiebt sich die Phillips-Kurve nach rechts. Die natürliche Arbeitslosenquote wird ferner von den institutionellen Bedingungen des Arbeitsmarktes beeinflusst. Man kann vermuten, dass sie sich für die Bundesrepublik in den siebziger und achtziger Jahren nach rechts verschoben hat. Im Fall der Bundesrepublik sind die Werte der Phillips-Kurve (Schaubild 1.7) in den fünfziger Jahren nach links, und in den siebziger und achtziger Jahren in jeweils zwei Schleifen nach rechts gewandert.
Der hier dargestellte Zusammenhang kann auch dazu verwendet werden, die Kosten der Inflationsbekämpfung zu verdeutlichen. Man betrachte eine Volkswirtschaft, die sich an eine hohe Preissteigergungsrate gewöhnt hat und durch eine Phillips-Kurve IJ in Schaubild 22.5 gekennzeichnet ist. Soll jetzt die Inflation auf OC zurückgeführt werden, d. h. es wird versucht, die kurzfristige Phillips-Kurve in die Position KL zu verschieben, so geht dies – wenn man der Phillips-Kurve folgt – nur, indem die Arbeitslosigkeit zunimmt (Punkt J). Die Marktteilnehmer müssen sich unter hohen Kosten an eine niedrigere Inflationsrate gewöhnen, bevor in Punkt L langfristig wieder das alte Niveau der Arbeitslosigkeit erreicht werden kann. Die hohe Arbeitslosigkeit in J kann dann als Kosten der Inflationsbekämpfung interpretiert werden.

Schaubild 22.5: Kosten der Inflationsbekämpfung

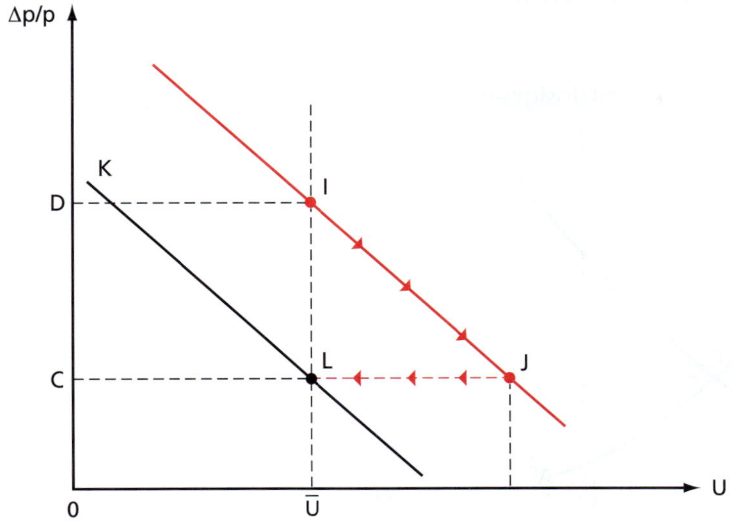

22.5 Flexible Reallöhne

1. Die einfache Version eines Keynesianisch orientierten gesamtwirtschaftlichen Modells führt Arbeitslosigkeit auf starre und zu hohe *Nominallöhne* zurück. Sind die Löhne nach unten starr, so ist bei gegebenem Preisniveau der Reallohn fixiert, und es muss *Keynesianische* Arbeitslosigkeit einsetzen. Dies gilt nicht nach der Argumentation der Klassiker. Denn bei nach unten beweglichen Löhnen müsste der Lohn sinken, falls Arbeitskräfte ohne Beschäftigung sind. Durch den niedrigeren Lohn würde die Vollbeschäftigung hergestellt. Dieser Zusammenhang ist in Schaubild 22.6 für den gesamtwirtschaftlichen Arbeitsmarkt dargestellt. Bei einer gesamtwirtschaftlichen Nachfrage nach Arbeit A^n muss Arbeitslosigkeit in Höhe von XY eintreten, wenn der Lohn OL′ gehalten werden soll. Da der Lohn institutionell durch die Verhandlungen der Tarifpartner und die Festlegung der Tariflöhne nach unten fixiert ist, scheidet ein möglicher Mechanismus aus, der die Arbeitslosigkeit beseitigen könnte. Wir können jetzt auch eine Nachfrageschwäche, wie sie in Schaubild 22.1 durch eine Nachfrageschranke dargestellt ist, erklären. Bei flexiblen Güterpreisen würde sich eine Nachfrageschwäche in der Volkswirtschaft in fallenden Absatzpreisen ausdrücken. Folglich steigt der Reallohn (l/p) aus der Sicht der Unternehmen; z. B. von OL auf OL′ in Schaubild 22.6. Die Nachfrage nach Arbeit geht zurück (Bewegung entlang der Kurve A^n von G nach X). Diesem unerwünsch-

ten Rückgang der Beschäftigung kann aber entgegengewirkt werden, wenn die Nominallöhne sich nach unten anpassen.

Schaubild 22.6: Friktionelle Arbeitslosigkeit

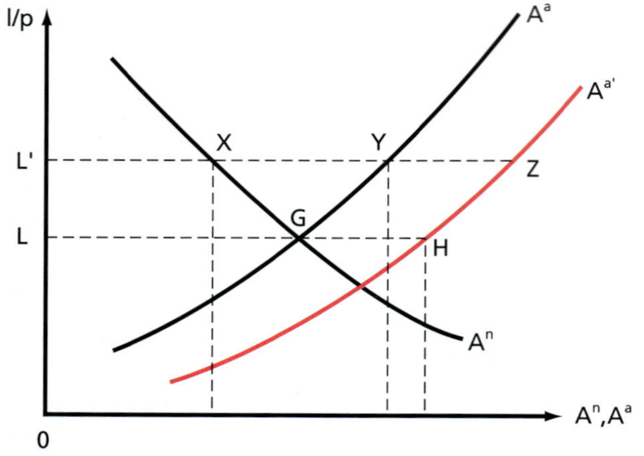

2. An dieser Stelle lässt sich auch die vom Sachverständigenrat verfolgte Regel für die Lohnerhöhungen verdeutlichen. Betrachten wir eine Ausgangssituation mit einem Lohnsatz OL und Gleichgewicht am Arbeitsmarkt im Punkt G in Schaubild 22.6. Steht eine neue Tarifrunde bevor, so stellt sich die Frage, welche Lohnerhöhungen möglich sind, ohne dass Arbeitslosigkeit eintritt. Hier folgt der Sachverständigenrat der Grenzproduktivitätsorientierung. Bezeichnet F_A die Grenzproduktivität der Arbeit, l den Nominal- oder Tariflohn und p das Preisniveau, so folgt aus der Formel $F_A = l/p$, also der Gleichheit von Grenzproduktivität der Arbeit und Reallohn, für die Veränderungen dieser Größen in der Zeit, dass der Anstieg des Nominallohns ($\hat{l}$) den Anstieg der Produktivität der Arbeit, den Produktivitätsfortschritt ($\hat{F}_A$), und den Anstieg des Preises für die abzusetzenden Güter ($\hat{p}$) nicht übersteigen darf.

$$\hat{F}_A + \hat{p} > \hat{l}.$$

Der Produktivitätsfortschritt und der Überwälzungsspielraum der Unternehmen in Bezug auf die Güterpreise sind also die Schranke für die Nominallohnerhöhungen. Wird diese Schranke überschritten, so stellt sich Arbeitslosigkeit ein.[1] Insoweit sich

[1] H. Siebert, Arbeitslos ohne Ende? Strategien für mehr Beschäftigung. Wiesbaden, Frankfurt/Main 1998.

die Grenzproduktivität nicht ermitteln lässt, sollte sich die Lohnpolitik an der Zuwachsrate der Durchschnittsproduktivität orientieren.

3. Neben einer reallohnbedingten Arbeitslosigkeit lässt sich in diesen Ansatz auch eine friktionelle Arbeitslosigkeit integrieren, die daraus resultiert, dass sich in einer wachsenden Wirtschaft Preisverschiebungen ergeben und sich Unternehmen und Sektoren, aber auch die Arbeitnehmer an langfristige Trends anpassen müssen (z. B. im Rahmen des sektoralen Strukturwandels), dass jedoch die kurzfristige Mobilität der Arbeitskräfte nicht hinreichend groß ist. Außerdem treten Suchkosten, Kosten des Anlernens an einer neuen Stelle etc. auf. Der Arbeitsmarkt ist bereits unter statischen Bedingungen – also ohne strukturelle Verschiebungen – durch einen komplexen »Matching-Prozess« gekennzeichnet, bei dem es darauf ankommt, dass die Anforderungsprofile, welche die Unternehmen aus ihrer Sicht formulieren, und die Profile der Arbeitnehmer zusammenpassen. Dabei geht es einmal um ein Matching in Bezug auf Qualifikation, es handelt sich aber zum anderen auch um ein Matching bezüglich des räumlichen Angebots und der räumlichen Nachfrage und möglicherweise auch um ein Matching in Bezug auf die Zeitvorstellungen. Insgesamt ist der Arbeitsmarkt durch ein hohes Maß an Fluktuation gekennzeichnet. So sind im Jahresdurchschnitt in Deutschland etwa über 7 Millionen Zugänge in die Beschäftigung und um 7 Millionen Zugänge in die Arbeitslosigkeit zu verzeichnen (Sachverständigenrat 1998, Schaubild 20). Dass bei solchen hohen Fluktuationsraten Friktionen auftreten, ist zu erwarten. Man spricht auch von einem »Mismatch«. In Schaubild 22.6 ist diese friktionelle Arbeitslosigkeit durch die Strecke GH dargestellt. Die Kurve $A^{a\prime}$ kennzeichnet also das Arbeitsangebot in Abhängigkeit vom Reallohn, die Kurve A^{A} kennzeichnet das Arbeitsangebot unter Abzug der friktionellen Arbeitslosigkeit. Beim Gleichgewichtslohn OL herrscht im Punkt G Gleichgewicht am Arbeitsmarkt in dem Sinne, dass alle diejenigen Arbeit finden, die nicht in friktioneller Arbeitslosigkeit sind.

22.6 »Natürliche« Arbeitslosigkeit und institutionelle Regelungen

Bei flexiblen Reallöhnen dürfte es mit Ausnahme der friktionell bedingten Unterbeschäftigung keine Arbeitslosigkeit geben. Die Anpassung des Reallohns würde dafür sorgen, dass Arbeitslosigkeit nicht auftritt. Diese Hypothese ist aus zwei Gründen zu einfach: Erstens kommt es nicht nur auf die Höhe des Reallohns an, sondern auch auf die Lohnstruktur, und zwar für die verschiedenen Qualifikationen, für die Regionen, für die Sektoren und für die Unternehmen. Zweitens sind die institutionellen Regelungen des Arbeitsmarktes von Bedeutung. Dabei geht es um Regeln, welche die Flexibilität der Löhne nach unten beeinflussen, die zeitlichen Modalitä-

ten des Arbeitseinsatzes und sonstige Aspekte betreffen, die für die Entscheidung der Unternehmen, Arbeitskräfte nachzufragen, wichtig sind.
Die Lohnstruktur hat etwas mit struktureller Arbeitslosigkeit zu tun, die dadurch bedingt ist, dass die Struktur des Arbeitsangebotes der Struktur der Arbeitsnachfrage nicht entspricht. Man unterscheidet hier sektorale, qualifikatorische und regionale Aspekte. Die strukturelle Arbeitslosigkeit kommt zur friktionellen Arbeitslosigkeit hinzu. Insbesondere ist zu beachten, dass Strukturen das Resultat vergangener Prozesse sind und von Preisen beeinflusst werden.
Besonders seit den siebziger Jahren ist die Flexibilität der Löhne nach unten durch eine Reihe institutioneller Regelungen reduziert worden. Hohe Lohnnebenkosten, der mit guter Absicht eingerichtete Schutz bestimmter Gruppen von Arbeitnehmern (etwa ältere Arbeitnehmer) oder der Insider allgemein, die verstärkte Unkündbarkeit, aber auch soziale Absicherungen haben den Lohn nach unten zunehmend starrer gemacht und damit zur Arbeitslosigkeit beigetragen. Die strukturellen Anpassungserfordernisse, beispielsweise durch die Energiekrisen 1973/74 und 1979/80 und die weltwirtschaftlichen Veränderungen vor allem in den neunziger Jahren konnten dann von den Arbeitsmärkten nicht hinreichend geleistet werden. Sowohl die Lohnstruktur als auch die institutionellen Regelungen wirkten dahingehend, dass die Unternehmen einen Anreiz hatten, weniger Arbeitskräfte nachzufragen.
Eine starke Stütze findet dieser Ansatz in der Theorie der Regulierung, in der untersucht wird, inwieweit durch staatliche Regelungen (Genehmigungsverfahren, Markteintrittshemmnisse, Importschutz, Protektionismus) die Anpassungsflexibilität einer Volkswirtschaft gemindert wird. Folgt man dieser These, so wird nicht nur die mangelnde Lohnflexibilität durch Mengenanpassungen bei Arbeit (Arbeitslosigkeit) ersetzt. Durch institutionelle Hemmnisse wird auch der Spielraum für (die Arbeitslosigkeit) kompensierende Mengenanpassungen reduziert. Anstelle von klassischer Arbeitslosigkeit spricht man auch von *institutioneller* Arbeitslosigkeit. Dabei spielt die Vorstellung einer *»natürlichen Quote der Unterbeschäftigung«* eine entscheidende Rolle. Diese Art der Unterbeschäftigung ist letztlich nicht von der Höhe des Reallohns bestimmt, und auch die Nachfragesituation auf den Gütermarkt hat auf diese Arbeitslosigkeit keinen Einfluss. Vielmehr wird institutionelle Arbeitslosigkeit von den Lohnstrukturen und den institutionellen Regelungen des Arbeitsmarktes bestimmt. Setzen wir vereinfacht einmal die natürliche Quote der Arbeitslosigkeit und die Sockelarbeitslosigkeit gleich, so hat sich die natürliche Quote der Arbeitslosigkeit seit 1970 in den USA kaum verändert; in Europa ist sie dagegen erheblich angestiegen.
Geht man von der Hypothese aus, dass die Höhe der Nominallöhne und die institutionellen Regelungen des Arbeitsmarktes die Nachfrage nach Arbeit beeinflussen, haben Lohnabschlüsse und tarifliche wie gesetzliche Regelungen des Arbeitsmarktes eine Auswirkung auf die Nachfrage nach Arbeit. Damit ist aber im höchsten Maße fraglich, ob beispielsweise, wie von einigen erhofft, eine expansive Fiskalpolitik überhaupt positiv auf die Beschäftigung wirken kann und ob sie nicht dazu führt, dass bei Tarifverhandlungen die Auswirkung der Abschlüsse auf die Arbeitslosigkeit unterschätzt wird. Expansive Finanzpolitik und expansive Geldpolitik

Kasten 22.2 Tarifautonomie und Tarifkartell

Durch die Tarifautonomie ist das Recht, die Löhne (die »Tarife«) zu bestimmen an die Tarifvertragsparteien delegiert. Die Tarifautonomie der Tarifparteien wird durch eine Reihe rechtlicher Regelungen abgesichert, die verhindern, dass sich die Löhne auf den Märkten bilden.

§ 77 Absatz 3 Betriebsverfassungsgesetz lautet:

> »Arbeitsentgelte und sonstige Arbeitsbedingungen, die durch Tarifvertrag geregelt sind oder üblicherweise geregelt werden, können nicht Gegenstand einer Betriebsvereinbarung sein. Dies gilt nicht, wenn ein Tarifvertrag den Abschluss ergänzender Betriebsvereinbarungen ausdrücklich zulässt.«

Durch diese Regelung wird verhindert, dass sich Unternehmensleitungen und Belegschaft dezentral einigen, wenn dies nicht im Flächentarifvertrag vorgesehen ist. Dezentrale Einigungen sind rechtlich wirkungslos, wenn Klage erhoben wird. Dies gilt für die so genannten Standortsicherungsverträge, die in vielen Industrieunternehmen abgeschlossen worden sind. In diesen Betriebsvereinbarungen haben die Arbeitnehmer einer flexibleren Arbeitszeit (zuweilen auch einer längeren Wochenarbeitszeit) zugestimmt, während die Unternehmensleitung den Erhalt des Standorts zusichert (oder zugesagt, keine betriebsbedingten Kündigungen in den nächsten drei Jahren vorzunehmen).

§ 4 Absatz 3 Tarifvertragsgesetz lautet:

> »Abweichende Abmachungen sind nur zulässig, soweit sie durch den Tarifvertrag gestattet sind oder eine Änderung der Regelungen zugunsten des Arbeitnehmers enthalten.«

Dieses Günstigkeitsprinzip bedeutet, dass vom Tarifvertrag nur abgewichen werden kann, wenn der Lohn höher oder die Arbeitszeit niedriger ausfallen. Nicht abgewichen werden darf, wenn durch einen geringeren Lohn vermieden wird, dass der Arbeitnehmer arbeitslos wird. Der von den Tarifparteien ausgehandelte Tarif wird rechtlich also selbst dann verteidigt, wenn er zur Arbeitslosigkeit führt. Andere Regelungen wirken in eine ähnlich absichernde Wirkung für die Tarifvertragsparteien, so die Regelung, dass Tarifabschlüsse vom Arbeitsminister für allgemeinverbindlich erklärt werden können.
Diese und andere gesetzliche Vorschriften schaffen ein Kartell der Tarifverbände, das die Insider schützt, aber zum Nachteil der Outsider wirkt. Spitzt man es zu, so ist das Tarifkartell auch ein Kartell zu Lasten der Arbeitslosen.

können nichts an den grundsätzlichen Fehlanreizen ändern, die mit den institutionellen Regelungen verbunden sind.
Der Vollständigkeit halber ist die *technologische* Arbeitslosigkeit zu erwähnen, bei der die Frage im Vordergrund steht, ob technischer Fortschritt nicht vorwiegend kapitalintensiv und arbeitssparend ist und damit Arbeitskräfte freigesetzt werden (z. B. Übergang von Handarbeit zu Fabriken, Weberaufstände, Mikroprozessoren). Die friktionelle, strukturelle und technologische Arbeitslosigkeit sind Begriffe, die

sich auf Anpassungsprobleme an geänderte Bedingungen einer Volkswirtschaft beziehen. Diese Begriffe sind deshalb in der Nähe des Begriffs der klassischen Arbeitslosigkeit anzusiedeln.[2]

Hinter den hier erwähnten Arten der Arbeitslosigkeit stehen unterschiedliche Erklärungsansätze, die auch unterschiedliche beschäftigungspolitische Maßnahmen bedingen. Beispielsweise lassen sich die gewaltigen Anpassungsprobleme, denen sich die westlichen Industrienationen angesichts der Energiekrise und angesichts der geänderten Werthaltungen in Bezug auf die Umwelt gegenüber sahen und sehen, nicht durch eine Keynesianische Beschäftigungspolitik lösen. Dies gilt auch für den weltwirtschaftlichen Umbruch angesichts der Öffnung der Planwirtschaften in Mittel- und Osteuropa und in Asien (China) und für die Anpassung an die Globalisierung. Es sei noch darauf verwiesen, dass die hier genannten Arten der Arbeitslosigkeit nicht leicht in der Realität zu isolieren sind. Die Auswahl geeigneter Instrumente der Beschäftigungspolitik ist also immer mit dem Risiko verbunden, dass nicht die richtige Maßnahme ausgesucht wird.

Die arbeitsmarktpolitische Schlussfolgerung dieses Ansatzes lautet, dass die Löhne nach unten flexibel zu halten sind. Dies muss in einer wachsenden Wirtschaft nicht bedeuten, dass die Nominallöhne sinken, vielmehr bewirkt eine geringere Lohnerhöhung als die Inflationsrate, dass der Reallohn sinkt. Die hier geschilderte Position findet sich in der öffentlichen Diskussion etwa der Bundesrepublik wieder, wenn z. B. die Gewerkschaften aufgefordert werden, bei den Lohnabschlüssen die konjunkturelle Situation in Betracht zu ziehen und die Auswirkung der Lohnabschlüsse auf die Gesamtnachfrage nach Arbeit zu berücksichtigen.

Eine andere Denkrichtung untersucht, inwieweit die Löhne durch Gewinnbeteiligung flexibel gemacht werden können. Nach diesem Ansatz soll der Lohn aus einem fixen und einem flexiblen Bestandteil, dem Gewinnanteil, bestehen. Da der Gewinnanteil mit der Gewinnsituation einer Unternehmung variiert, wird der Lohn insgesamt beweglicher. Man erhofft sich daraus einen Anreiz, dass Unternehmen verstärkt Arbeit nachfragen.

Insgesamt stimmen die Schlussfolgerungen dieses Gegenansatzes mit den Überlegungen überein, die als Resultat der Preistheorie in Kapitel 13 dargestellt worden sind. Sie decken sich mit der in der wirtschaftspolitischen Diskussion erörterten *angebotsorientierten* Wirtschaftspolitik.

---

[2] In der Literatur spricht man auch von einer *versteckten* Arbeitslosigkeit – insbesondere in Entwicklungsländern – wenn für die Produktion eines Gutes (z. B. im landwirtschaftlichen Bereich) mehr Arbeitskräfte eingesetzt werden, als bei effizienter Produktion erforderlich wären.

22.7 Das System der Klassiker

Gibt man die Annahme der fixen Güterpreise, der gegebenen Nominallöhne und der Mengenrationierung auf, so befindet man sich im System der Klassiker. Auch in diesem Ansatz ist Gütermarktgleichgewicht durch die Gleichheit von geplanten Ersparnissen und geplanten Investitionen gegeben. Das Sparen hängt jetzt aber vom Zins ab.

$$S(I) = I(I)$$

Geldmarktgleichgewicht liegt bei Übereinstimmung von Geldangebot, M, und Geldnachfrage, kpY, vor. Die Geldnachfrage hängt lediglich vom nominalen Volkseinkommen, pY, ab (sog. Cambridge-Gleichung); k ist ein Kassenhaltungskoeffizient.

$$M = kpY$$

In der Arbeitsnachfrage wird die Schranke der gesamtwirtschaftlichen Nachfrage nicht berücksichtigt.

$$A^n (l/p) = A^a (l/p).$$

Ferner wird eine gesamtwirtschaftliche Produktionsfunktion $Y = F(A^n)$ unterstellt. Auf dem Kapitalmarkt bestimmt sich der Zinssatz, der auf keinen der anderen Märkte zurückwirkt. Damit sind die Spar- und Investitionspläne ausgeglichen; durch die Sparentscheidung ist auch der Konsum festgelegt. Der Arbeitsmarkt wird durch den Reallohn zum Ausgleich gebracht. Da Vollbeschäftigung herrscht, ist über die Produktionsfunktion das Volkseinkommen Y bestimmt. Bei gegebenem Kassenhaltungskoeffizienten k determiniert die Geldmenge das Preisniveau p. Über das Preisniveau ist bei gleichgewichtigem Reallohn auch der Nominallohn bestimmt.

22.8 Zur Philosophie einer angebotsorientierten Wirtschaftspolitik

Das Stichwort angebotsorientierte Wirtschaftspolitik wird in der Öffentlichkeit kontrovers diskutiert. Teilweise ist dieser Begriff auch negativ besetzt. Abstrahiert man von diesen Debatten in der Öffentlichkeit, so enthält die Philosophie einer angebotsorientierten Wirtschaftspolitik folgende Elemente:

1. Im Gegensatz zu einer vorrangig an der Nachfrageseite orientierten Wirtschaftspolitik weist die Angebotspolitik auf langfristige Aspekte und Interdependenzen hin, die den Erfolg kurzfristig orientierter Maßnahmen erheblich beeinträchtigen können. Dabei geht es zum einen um die langfristigen Wirkungen einer kurzfristigen Fiskalpolitik, etwa die langfristigen Effekte einer erhöhten Staatsverschuldung, die den Gestaltungsspielraum der staatlichen Wirtschaftspolitik in der Zukunft einschränkt. Eine angebotsorientierte Wirtschaftspolitik würde auch stärker gewichten, wenn in Zukunft die produktive Generation aufgrund des steigenden Durchschnittsalters der Bevölkerung sowohl höhere Steuern zu zahlen hat, um die Staatsschulden zu bedienen, als auch höhere Sozialabgaben entrichten muss, um die sozialen Sicherungssysteme zu finanzieren. Die wirtschaftlichen Zwänge einer Volkswirtschaft – Ökonomen sprechen von Restriktionen – würden also in diesem Ansatz stärker berücksichtigt.

2. Auch der Zielkonflikt zwischen Geld- und Beschäftigungspolitik wird unter einer eher langfristigen Perspektive betrachtet. Eine expansive Geldpolitik zur Ankurbelung der Beschäftigung wird bei rationalen Erwartungen entweder wirkungslos, oder sie führt zu einer Verletzung des Preisniveaustabilitätsziels, was in der langen Frist mit erheblichen Anpassungskosten wie einer Stabilisierungsrezession verbunden ist.

3. Andere langfristige Aspekte rücken bei einer angebotsorientierten Wirtschaftspolitik stärker in den Vordergrund, z. B. die Verbesserung der Rahmenbedingungen für Investitionen und für die Bildung von Humankapital. Dabei wird betont, dass hinreichende Anreize im Wirtschaftssystem vorhanden sein müssen, um Kapital zu bilden. Ein wichtiger Aspekt dabei ist die Besteuerung. Auch für das Arbeitsangebot und die Leistungsbereitschaft sind Steuern von zentraler Bedeutung. Um dem privaten Sektor mehr Raum zu schaffen, wird die Rückführung der Staatsquote zu einem wichtigen wirtschaftspolitischen Ziel.

4. Zusammen mit der eher langfristigen Orientierung setzt die angebotsorientierte Wirtschaftspolitik darauf, die Wachstumskräfte zu stärken. Stoßrichtung dieser wirtschaftspolitischen Orientierung ist dementsprechend eine Erhöhung des Produktionspotentials. Ansatzpunkt dazu ist die Intensivierung des Wettbewerbs, die Stimulierung von Wachstumskräften und die Zurückführung solcher institutioneller Reglementierungen, die den Wettbewerb einschränken. Dabei wird eine angebotsorientierte Wirtschaftspolitik auch von einem Vertrauen in die Märkte getragen.

5. Schließlich ist eine angebotsorientierte Wirtschaftspolitik auch dadurch gekennzeichnet, dass sie über institutionelle Rahmenregelungen – Ordnungen – nachdenkt, welche für das Verhalten von Haushalten und Unternehmen die »richtigen« Anreize setzen, also das Marktgeschehen auf der Angebots- und Nachfrageseite so steuern, dass optimale Resultate für die Gesellschaft dabei herauskommen.

Wichtige Begriffe in Kapitel 22

Angebotstheorie
Verdrängungseffekt (crowding out)
Staatsverschuldung
Erwartungsbildung der Marktteilnehmer
Rationale Erwartungen
Politikineffizienz
Staatsquote
Phillips-Kurve
Grenzproduktivität der Arbeit und Reallohn
Flexibler Reallohn
Natürliche Arbeitslosigkeit
Friktionelle Arbeitslosigkeit
Institutionelle Arbeitslosigkeit
Technologische Arbeitslosigkeit
Klassisches Modell
Angebotsorientierte Wirtschaftspolitik

23 Der Konjunkturzyklus

A period of boom is one of special increase
in the production of fixed capital;
a period of decline or a depression is one
in which this production falls below the point
it had previously reached.
Gustav Cassel

Bisher stand die Frage im Vordergrund, wie das Niveau der gesamtwirtschaftlichen Produktion, das Preisniveau und das Niveau der Beschäftigung – damit auch das Ausmaß der Arbeitslosigkeit – bestimmt werden. Dabei wurde eine mehr oder weniger statische Betrachtungsweise verfolgt, also – mit einigen Ausnahmen wie bei den Geldmengeneffekten auf das Preisniveau – vom Zeitverlauf weitgehend abstrahiert. Wirtschaftliche Prozesse vollziehen sich aber in der Zeit. Dabei geht es zum einen um das Wachstum, d. h. um die Veränderung des Produktionspotentials. Diese Frage wird in Kapitel 24 verfolgt. Und es geht zum anderen um Schwankungen im Wachstumsprozess, um das »Auf« und »Ab« der wirtschaftlichen Tätigkeit im Rahmen des Konjunkturzyklus. Dieses Thema steht in diesem Kapitel zur Debatte.

23.1 Rezession und Boom

Die Angebotsseite der Volkswirtschaft haben wir bisher mit einer sehr einfachen Hypothese modelliert: Während der Unterauslastung der Produktionskapazität verläuft diese Angebotskurve horizontal, so dass sie unabhängig vom Preisniveau ist; bei Erreichung der Kapazitätsgrenze ist die Angebotskurve vertikal (vgl. Schaubild 16.2). Dies stellt eine erhebliche Vereinfachung dar. Eine detailliertere Analyse unterscheidet zwischen Produktionskapazität und einer kurzfristigen Angebotskurve A^k. Die Produktionskapazität ist durch die Ausstattung mit Produktionsfaktoren gegeben, sie verläuft vertikal bei Y^v (Schaubild 23.1). Sie gibt die langfristigen Produktionsmöglichkeiten einer Volkswirtschaft an und ist unabhängig vom Preisniveau. Allerdings kann sich dieses Produktionspotential mit der Zeit nach rechts verschieben, etwa wenn Kapital akkumuliert wird.
Kurzfristig sollte man erwarten, dass das Angebot der Unternehmen mit steigendem Preisniveau zunimmt. Mit höherem Preisniveau werden die Gewinne größer, und die Unternehmen sind bereit, mehr für Zwischenprodukte und andere Produktionsfaktoren, etwa für Arbeit, zu zahlen. Dies verleiht dem System Elastizität. Kurzfris-

tig werden bei einer kräftigen gesamtwirtschaftlichen Nachfrage mehr Produktionsfaktoren – auch mehr Arbeit – angeboten. Die kurzfristige Angebotskurve hat dann einen steigenden Verlauf. Aber je stärker sich das Angebot der Kapazitätsgrenze nähert, umso geringer wird die Elastizität des Systems. Die Angebotskurve verläuft steiler. Es ist denkbar, dass kurzfristig die langfristige Kapazitätsgrenze überschritten wird, etwa wenn verstärkt Überstunden gefahren und die Anlagen über ein langfristig vertretbares Maß hinaus intensiver genutzt werden. Eine solche Ausnahmesituation lässt sich aber nicht auf Dauer aufrechterhalten.

Schaubild 23.1: Nachfragebedingte Rezession und Hochkonjunktur

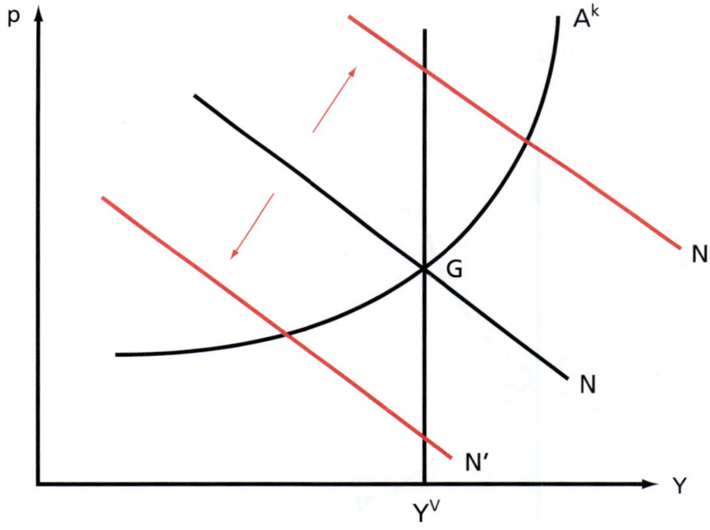

Geht man von diesem Verlauf der kurzfristigen Angebotskurve A^k aus, so lassen sich Rezession und Hochkonjunktur leicht darstellen. Sei in der Ausgangslage ein Gleichgewicht G gegeben, bei dem das langfristige Produktionspotential gerade durch die Nachfrage ausgeschöpft ist (Schaubild 23.1). Sinkt nun die gesamtwirtschaftliche Nachfrage von N auf N′, so stellt sich eine nachfragebedingte Rezession ein. Steigt dagegen die gesamtwirtschaftliche Nachfrage auf N″, so gerät die Volkswirtschaft in einen Nachfrageboom. Schwankungen der gesamtwirtschaftlichen Nachfrage führen also einerseits zur Rezession, andererseits zur Hochkonjunktur.

Eine Rezession kann aber auch von der Angebotsseite her kommen. Dies gilt beispielsweise für einen Angebotsschock wie die beiden Erdölschocks in den siebziger Jahren, bei denen sich der Preis für Erdöl – also für einen wichtigen Produktionsfaktor – nahezu vervierfachte. Dies bedeutete einen Anstieg der Produktionskosten, mit der Folge einer Verschiebung der kurzfristigen Angebotskurve nach oben (Schaubild 23.2). Das neue Gleichgewicht G′ ist dadurch gekennzeichnet, dass das Volkseinkommen gesunken ist. Bei einem solchen Angebotsschock kann sich im Übrigen langfristig auch die Kapazitätsgrenze nach links verlagern. Eine solche angebotsseitig bedingte Rezession kann auch dann auftreten, wenn die Tarifpolitik die Löhne stärker erhöht als dies durch den Produktivitätsspielraum abgedeckt ist. Dann steigen für die Unternehmen exogen die Kosten der Produktion, und die Unternehmen müssen höhere Preise für eine gegebene Produktionsmenge verlangen. Gleichzeitig findet eine Gewinnkompression statt. Um dies zu vermeiden, führen die Unternehmen Produktion sowie Investition – und möglicherweise verstärkt auch die Beschäftigung – zurück.

Schaubild 23.2: Angebotsbedingte Rezession

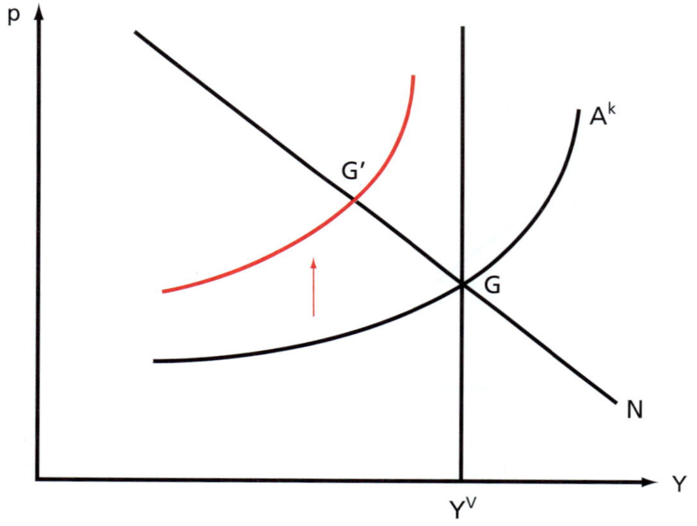

Diese Form einer kosteninduzierten Rezession ist ähnlich wie eine Kostendruckinflation zu behandeln. Es kommt zu einem Rückgang der Produktion bei gleichzeitigem Anstieg des Preisniveaus (Stagflation). Dagegen ähnelt der Boom einer Nachfragesoginflation, bei der eine verstärkte gesamtwirtschaftliche Nachfrage, welche das Produktionspotential übersteigt, zu einem Preisanstieg führt.

23.2 Konjunktur als Abweichung vom gleichgewichtigen Wachstum

Konjunkturelle Phasen können auch als Abweichungen von einem langfristigen Wachstumstrend interpretiert werden. Während sich die Wachstumstheorie auf die Analyse der Angebotsseite konzentriert und auf die langfristige Zunahme der Produktionskapazität abstellt, ist für die Ausnutzung der zusätzlichen Kapazität jedoch die Entwicklung der Nachfrageseite relevant. Unterstellen wir eine jährliche Zunahme der Produktionskapazität im Wert von 120 Mrd. DM, was einer Zunahme des Produktionspotentials um etwa 3 vH entspricht. Wenn nun die Nachfrageseite nicht entsprechend steigt, etwa nur um 90 Mrd. DM, so wird ein Teil der zusätzlichen Produktionskapazität (30 Mrd. DM) nicht ausgenutzt. Bezeichnen wir die Zunahme der Produktionskapazität mit ΔY^a und die Zunahme der Nachfrage mit ΔN, so sind folgende drei Fälle zu unterscheiden:

1. $\Delta Y^a = \Delta N$. Die Produktionskapazität und die Nachfrage steigen im gleichen Ausmaß. In diesem Fall stimmen die Zunahme des potentiellen und des tatsächlichen Produktionsergebnisses überein. Zu einer Inflation wird es in dieser gesamtwirtschaftlichen Situation nicht kommen. Alle Produktionsfaktoren sind voll beschäftigt. Dieser Fall des gleichgewichtigen Wachstums liegt den einfachen Wachstumsmodellen zugrunde.

2. $\Delta Y^a > \Delta N$. Die Produktionskapazität steigt stärker als die Nachfrage. Die Volkswirtschaft verschenkt eine Wachstumschance, da die Kapazität nicht voll ausgeschöpft ist. Die Produktionsfaktoren sind unterbeschäftigt.

3. $\Delta N > \Delta Y^a$. Die Nachfrage steigt stärker als die Produktionskapazität. Unter dieser Annahme muss eine Inflation eintreten, da ein Nachfrageüberhang besteht.

Wir halten fest: Der Zustand des gleichgewichtigen Wachstums wird in einer Volkswirtschaft dann nicht erreicht, wenn die Zunahme der wirksamen Nachfrage und die Veränderung der Produktionskapazität auseinander klaffen. In diesem Fall kommt es zu Abweichungen von einem gleichgewichtigen Wachstumspfad, die dadurch gekennzeichnet sind, dass Beschäftigungslage und Volkseinkommen um einen langfristigen Trend schwanken. Wir bezeichnen die periodisch auftretende Entfernung vom und Rückkehr zum langfristigen Trend als konjunkturelle Bewegung oder als *Konjunkturzyklus*. Der Konjunkturzyklus ist also ein Prozess, der sich als Schwankung des Verhältnisses von wirksamer Nachfrage und potentiellem Angebot darstellt.
In Schaubild 23.3 ist deutlich zu erkennen, dass die Nachfrage der Produktion vorauseilt – oder die Produktion der Nachfrage folgt. Die Nachfrage wird dabei am Auftragseingang gemessen, die Produktion am Produktionsindex des produzierenden Gewerbes.

Schaubild 23.3: Auftragseingang und Produktion[a]

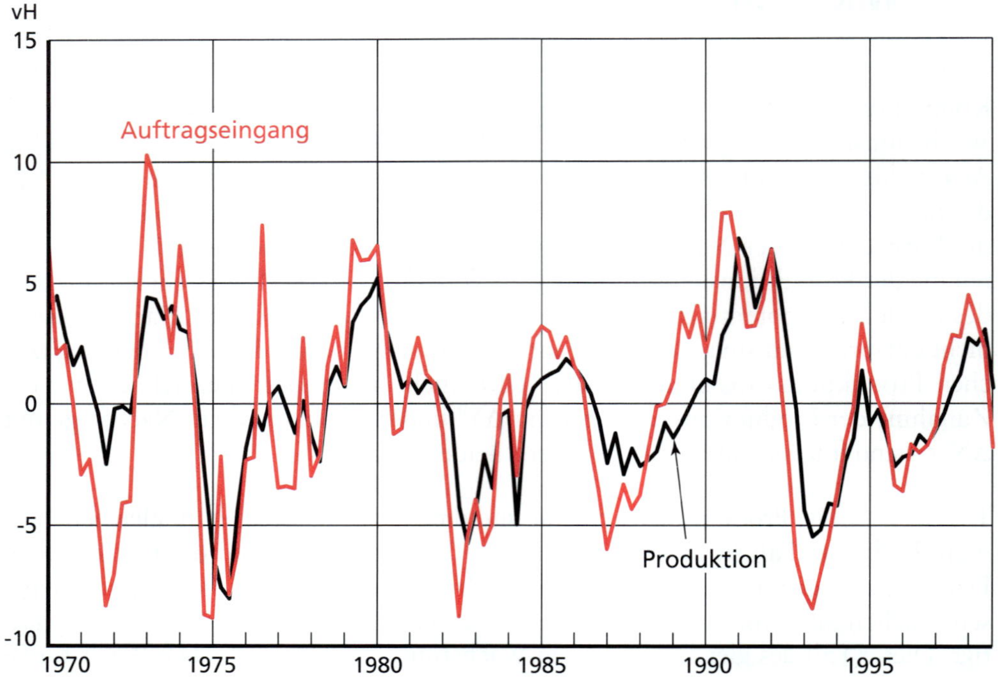

[a] Abweichung in vH gegenüber Trend.

Quelle für Daten: Deutsche Bundesbank, Monatsberichte.

23.3 Phasen des Konjunkturzyklus

In Schaubild 23.4 sind vier Phasen der konjunkturellen Bewegung erläutert:
Aufschwung. In der ersten Phase wird die Rezession überwunden. Es werden unterlassene Ersatzinvestitionen durchgeführt. Die Erwartungen der Unternehmer ändern sich. Die Gesamtnachfrage steigt, die gesamtwirtschaftliche Produktion – das Bruttoinlandsprodukt – nimmt zu. Umsätze, Gewinne und Faktoreinkommen werden größer. Neue Investitionen werden in Angriff genommen. Durch die zusätzliche Nachfrage wird das Produktionspotential ausgeschöpft. Die Beschäftigung nimmt wieder leicht zu, oft jedoch nur mit erheblicher zeitlicher Verzögerung.
Preissteigerungen müssen im Aufschwung bis zur Kapazitätsauslastung nicht einsetzen, da die Gesamtnachfrage das Angebotspotential noch nicht übersteigt. Allerdings können sich in einzelnen Sektoren bereits Engpässe bilden, und trotz Überein-

stimmung von gesamtwirtschaftlicher Nachfrage und gesamtwirtschaftlichem Angebot können sektorale Angebotsdefizite auftreten, die zu sektoralen Preissteigerungen führen.

Schaubild 23.4: Konjunkturphasen

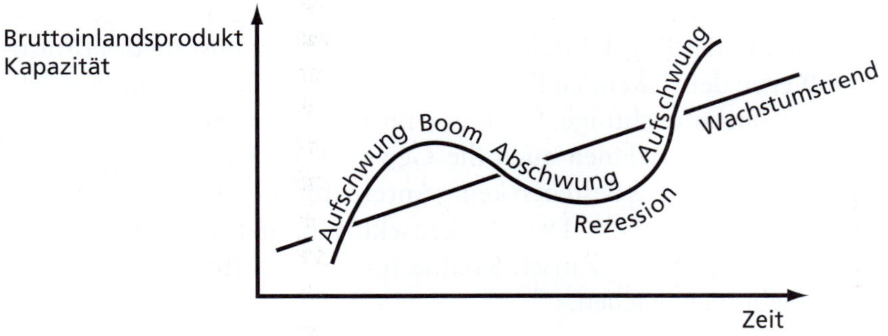

Hochkonjunktur (Boom). Die Gesamtnachfrage ist größer als das Produktionspotential. Immer mehr Engpässe machen sich in den einzelnen Sektoren bemerkbar. Nachfragesteigerungen bringen nun keine Mengenausdehnungen in der Produktion mehr mit sich, sondern führen zu Preissteigerungen. Es besteht eine Übernachfrage nach Gütern und Produktionsfaktoren. Die Gewinne werden größer und regen neue Investitionen an. Die Zinssätze gehen in die Höhe, da für die zusätzlichen Investitionen mehr Kredite in Anspruch genommen werden. Die Erwartungen sind optimistisch. Die Löhne steigen. Die Gewerkschaften setzen höhere Tariflöhne durch, die Lohndrift kann über den Anstieg der Tariflöhne hinaus gehen. Sind die Tariflohnanhebungen übermäßig, so kann dies der Keim für den Abschwung sein. Die höheren Löhne schmälern die Rendite. Die Notenbank kann sich gezwungen sehen, die kurzfristigen Zinsen heraufzusetzen. Damit steigen im Boom die langfristigen Zinsen, die Finanzierung der Investitionen wird ungünstiger.
Die erste Phase der Hochkonjunktur ist mit der Nachfragesoginflation identisch, bei der eine Zunahme der Nachfrage der auslösende Faktor des Inflationsprozesses ist, genau wie eine Nachfragesteigerung die »conditio sine qua non« eines Booms darstellt. Dagegen ist eine Nachfragesoginflation in der Rezession unmöglich, da bei Arbeitslosigkeit ein gesamtwirtschaftliches Nachfragedefizit vorliegt. Mit der Hochkonjunktur kann in der zweiten Phase auch eine Kostendruckinflation einhergehen; allerdings ist diese Inflationsart auch in der Rezession beobachtet worden. Die Kostendruckinflation ist also nicht mit der Hochkonjunktur gleichzusetzen.

Abschwung. In der Rezession nimmt die Gesamtnachfrage (im Vergleich zum Produktionspotential) ab, das Bruttoinlandsprodukt sinkt. Die Kapazitäten sind nicht ausgelastet. Preise und Gewinne fallen. Die im Boom begonnenen Investitionen können nicht mehr zu Ende geführt werden, da die Erwartungen über die zukünftigen Einnahmen die hohen Schuldzinsen nicht mehr rechtfertigen. Der Abschwung ist der Beginn der Rezession. Die Beschäftigung geht zurück, allerdings unter den Bedingungen der europäischen Arbeitsmärkte nur verzögert.

Rezession. Die Rezession ist gekennzeichnet durch einen Anstieg der Arbeitslosigkeit, durch Unterauslastung auch der anderen Produktionsfaktoren, durch ein relativ niedriges Niveau der wirksamen Gesamtnachfrage in Bezug auf das gegebene Produktionspotential, in der Regel durch eine negative Wachstumsrate des Bruttoinlandsprodukts. Wegen der sinkenden Einkommen, vor allem des Produktionsfaktors Arbeit, fällt die Konsumnachfrage. Die Preise für Konsumgüter steigen weniger stark an oder sinken; damit nehmen auch die Gewinne der Unternehmer in der Konsumgüterindustrie ab, und es bestehen keine Anreize für neue Investitionen. Die Investitionsnachfrage geht zurück. Der Bankensektor besitzt eine hohe Überschusskasse und hält zu niedrigen Zinsen Kredite für die Nichtbanken bereit, die aber davon keinen Gebrauch machen.

Schaubild 23.5: Reales Bruttoinlandsprodukt und Wachstumstrend

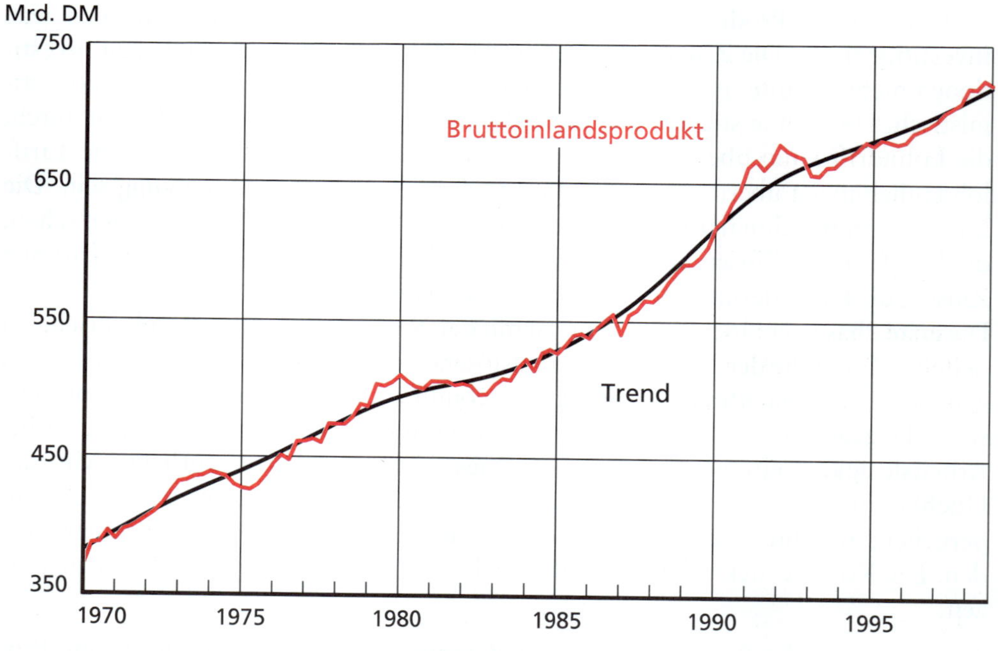

Quelle: Deutsche Bundesbank, Saisonbereinigte Wirtschaftszahlen.

In Schaubild 23.5 ist die konjunkturelle Bewegung in Deutschland ab 1970 dargestellt. Dabei ist der Wachstumstrend mit der gleichgewichtigen Wachstumsrate identisch, *wenn* sich die Nachfrageseite in gleicher Weise entwickelt wie das Produktionspotential. Weicht die Nachfrageseite jedoch in ihrer Entwicklung temporär von dem Zuwachs der Kapazität ab, so ergeben sich Schwankungen des Volkseinkommens um den langfristigen Wachstumstrend. Der Trend wurde mit einem Hodrick-Prescott Filter berechnet, einem speziell für Zeitreihen geeigneten ökonometrischen Verfahren.

Schaubild 23.6: Der Konjunkturzyklus in Deutschland

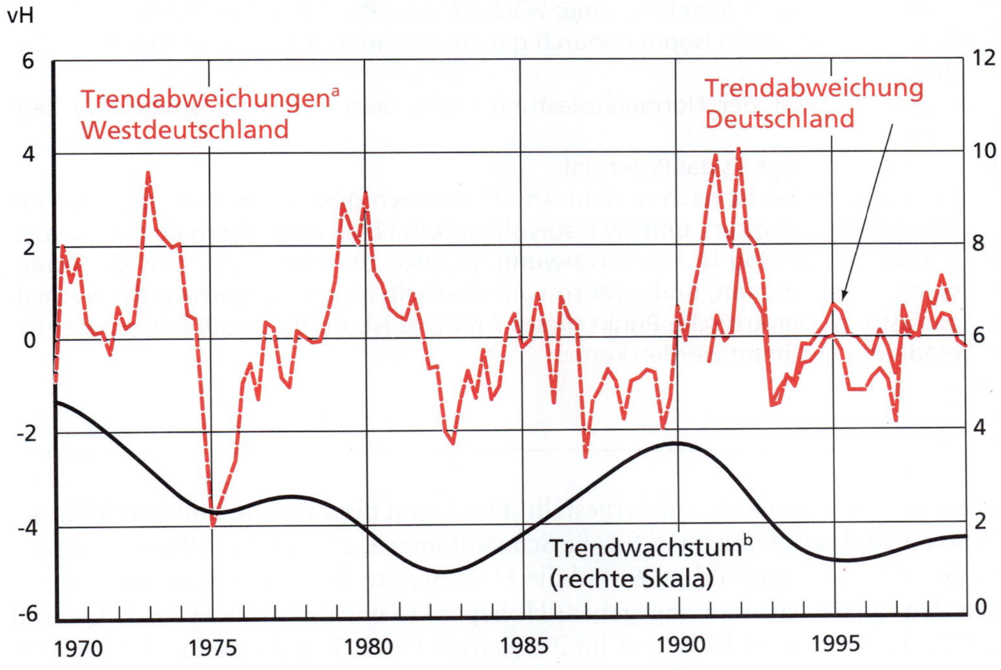

[a] Trendabweichungen berechnet mit Hilfe eines Hodrick-Prescott-Filters. – [b] Veränderung der Trendkomponente gegenüber dem Vorjahr in vH (Westdeutschland).

Quelle: Deutsche Bundesbank; eigene Berechnungen.

Nach der Rezession waren die achtziger Jahre durch einen lang anhaltenden Aufschwung gekennzeichnet. Durch die deutsche Vereinigung kann es dann in Westdeutschland zu einer konjunkturellen Überhitzung und 1993 zu einem starken Einbruch.

Der Konjunkturzyklus in Deutschland seit 1970 ist in Schaubild 23.6 dargestellt. Dabei sind die Abweichungen des realen Bruttoinlandsprodukts (Quartalswerte)

Kasten 23.1 Was ist eine Rezession?

Die Klassifikation von Konjunkturphasen ist nicht einfach. Es gibt drei Ansätze:

1. Man ermittelt die maximale Produktionsmöglichkeit (das Produktionspotential) und untersucht, inwieweit die tatsächliche Produktion davon abweicht.
So geht der Sachverständigenrat vor. Das Produktionspotential wird berechnet als die mit den gegebenen Faktoren Arbeit und Kapital maximal mögliche Produktion. Ferner wird eine normale Auslastung des Produktionspotentials ermittelt, die – je nach Konjunkturzyklus – etwa bei knapp 97 vH des Potentials liegt.
Eine Rezession liegt dann vor, wenn das Bruttoinlandsprodukt
- deutlich unter der Normalauslastung liegt und
- gleichzeitig fällt oder langsamer wächst als das Produktionspotential.

Entsprechend ist ein Boom dadurch gekennzeichnet, dass das Bruttoinlandsprodukt
- deutlich über der Normalauslastung (nahe dem Produktionspotential) liegt und
- schneller steigt als das Potential.

Ein Aufschwung ist nach diesem Ansatz dadurch gekennzeichnet, dass sich die Auslastung verbessert, und zwar sowohl unterhalb als auch oberhalb der Normalauslastung. Analog ist ein Abschwung dadurch charakterisiert, dass der Auslastungsgrad abnimmt, und zwar sowohl oberhalb als auch unterhalb der Normalauslastung. Der kritische Punkt dieses Ansatzes ist, ob das Produktionspotential eindeutig bestimmt werden kann.

von einem Wachstumstrend dargestellt. Der Trend des Bruttoinlandsprodukts definiert also das Referenzmaß für die Schwankungen, also die Nulllinie; er variiert in der Zeit. In Schaubild 23.6 sind die Höhepunkte der Konjunkturbewegungen mit den Quartalswerten angegeben; Höhepunkte wurden erreicht im 1. Quartal 1973, im 2. Quartal 1979 und im 2. Quartal 1991. Tiefpunkte der Konjunktur lagen vor im 1. Quartal 1968, im 1. Quartal 1975, im 4. Quartal 1982 und im 1. Quartal 1993. Ein weiterer Tiefpunkt lag im 1. Quartal 1997; eine Delle gab es in der gesamtdeutschen Konjunktur in der ersten Jahreshälfte 1999.
Aus der Kennzeichnung des Konjunkturzyklus ist bereits ersichtlich, dass eine Schwankung von gesamtwirtschaftlich wirksamer Nachfrage und gesamtwirtschaftlichem Angebot äußerst unerwünschte Wirkungen hat: (1) Die Nachfrage nach Arbeitskräften und damit die Beschäftigungslage variiert mit dem Konjunkturzyklus. Rezessionen sind Zeiten des Anstiegs der Arbeitslosigkeit. (2) Die soziale Absicherung der Arbeitslosen belastet bei lang andauernder Rezession in der Regel den Staatshaushalt. (3) Das Preisniveau steigt in der Hochkonjunktur, während die Starrheit der Preise nach unten ein Sinken des Preisniveaus in der Rezession vermeidet (Inflationsproblem). (4) Die Steuereinnahmen variieren mit dem Konjunkturverlauf, so dass der Spielraum staatlicher Tätigkeit in der Rezession einge-

Schaubild Kasten 23.1: Was ist eine Rezession?

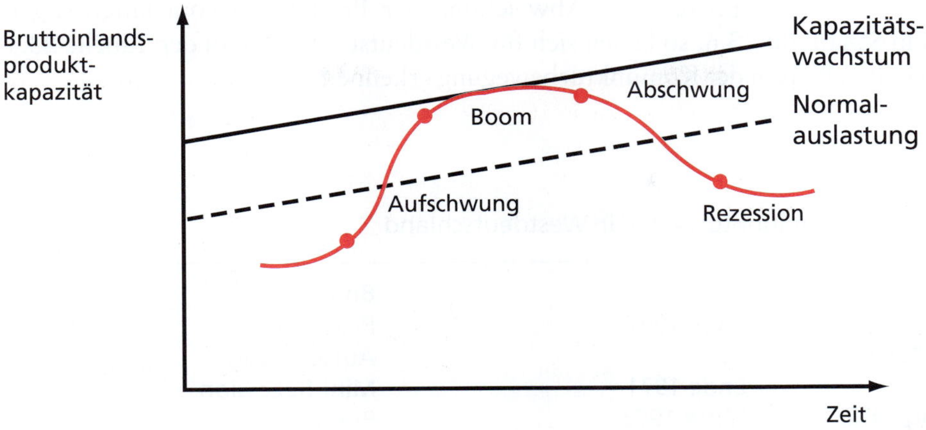

2. Der zweite Ansatz besteht darin, einen langfristigen Wachstumspfad zu ermitteln, dem die Volkswirtschaft folgt. Abweichungen von dieser Trend-Wachstumsrate stellen dann Auf- und Abschwung bzw. Boom und Rezession dar. In den Schaubildern 23.5 und 23.6 ist dazu ein Wachstumstrend berechnet worden, von dem die Abweichungen definiert werden.

3. Pragmatisch wird von einer Rezession dann gesprochen, wenn in zwei aufeinander folgenden Quartalen die Veränderungsrate des Bruttoinlandsprodukts negativ ist.

schränkt wird. (5) Die internationale Übertragung des Konjunkturzyklus bringt die Gefahr mit sich, dass Länder den Freihandel einschränken.

23.4 Dauer des Zyklus

In der Vergangenheit sind konjunkturelle Bewegungen als relativ regelmäßige Zyklen beobachtet worden. Über die Dauer des Konjunkturzyklus sind unterschiedliche Hypothesen formuliert worden. Oft wird die Dauer eines Zyklus mit etwa 7 Jahren veranschlagt. In der Vergangenheit wurden aber auch relativ kurzfristige Konjunkturzyklen von etwa 4 Jahren Dauer beobachtet (Mitchell- oder Kitchin-Zyklus). Der Juglar-Zyklus stellt einen Zyklus von etwa 11 Jahren dar, wie er etwa beim Bauzyklus zu beobachten ist. Schließlich postuliert der Kondratieff-Zyklus langfristige Konjunkturwellen von etwa 50 Jahren, die mit innovativen Wachstumsphasen

einhergehen. In Schaubild 23.6 ist die Konjunkturschwankung für Westdeutschland verzeichnet.
Betrachtet man die prozentuale Abweichung der Produktion vom langfristigen Trend in Schaubild 23.6, so lassen sich für Westdeutschland die in der Tabelle 23.1 dargestellten Phasen der Konjunkturbewegung erkennen.

Tabelle 23.1: Konjunkturzyklen in Westdeutschland

1963	–	1965	Boom
1965	–	Ende 1967	Rezession
Mitte 1967	–	1970	Aufschwung
1970	–	Ende 1971	Mini-Rezession
Anfang 1972	–	Mitte 1973	Boom
Mitte 1973	–	Mitte 1975	Rezession
Mitte 1975	–	Ende 1976	Aufschwung
Ende 1976	–	Anfang 1978	Mini-Rezession
Anfang 1978	–	Ende 1979	Boom
Anfang 1980	–	Ende 1982	Rezession
Ende 1982	–	Ende 1985	Aufschwung
Anfang 1986	–	Mitte 1987	Mini-Rezession
Anfang 1988	–	Mitte 1991	Boom
Mitte 1991	–	1993	Rezession
Anfang 1993	–	Ende 1994	Aufschwung
Anfang 1995	–	Anfang 1997	Mini-Rezession
Anfang 1997	–	Anfang 1998	Aufschwung
Anfang 1998	–	Mitte 1999	Mini-Rezession
Mitte 1999	–	...	Aufschwung

23.5 Konjunkturimpulse

Die Klassifizierung des Konjunkturzyklus in die vier Phasen Rezession, Aufschwung, Hochkonjunktur und Abschwung stellt noch keine Erklärung der konjunkturellen Bewegungen dar. Ein Erklärungsversuch muss die vier Phasen miteinander verknüpfen und aufzeigen, durch welche Prozesse die eine Phase aus der anderen hervorgeht. Wir müssen dabei besonders der Frage Aufmerksamkeit schenken, wie es zu einem Umschlag von einem Boom in den Abschwung kommt und wie der Beginn des Aufschwungs aus der Rezession zu begründen ist.

Bei der Erklärung der Konjunkturbewegung wie der ökonomischen Realität überhaupt befindet sich der Ökonom in einer ähnlichen Lage wie der Detektiv. Er kennt wie der Detektiv ein bestimmtes Ereignis, aber er weiß nicht, wer bzw. welche Faktoren dieses Ereignis herbeigeführt haben. Der erste Schritt zur Erklärung besteht nun darin, alle in Frage kommenden Möglichkeiten zu prüfen. Ein solche Möglichkeitsanalyse wollen wir beim Konjunkturproblem anwenden. Wir wollen nicht einen einzigen der unendlich vielen Erklärungsversuche heranziehen, sondern uns fragen, welche möglichen Faktoren und Mechanismen eine Rolle spielen können. Dabei bleibt es dem Konjunkturpolitiker überlassen, jeweils die Faktoren zu beeinflussen, die er in einer bestimmten Situation für entscheidend hält.
Der Konjunkturzyklus ist mit dem Pendeln eines Schaukelstuhls verglichen worden. Ähnlich wie bei der Bewegung eines Schaukelstuhls lassen sich bei der Erklärung konjunktureller Bewegungen drei Fragen unterscheiden:
- Welche Impulse werden auf die Wirtschaft (den Schaukelstuhl) ausgeübt?
- Wie reagiert die Wirtschaft (der Schaukelstuhl) auf diese Impulse? Ist die Wirtschaft (der Schaukelstuhl) so beschaffen oder strukturiert, dass die Impulse nicht abgeschwächt, sondern verstärkt werden? (Sind die Enden des Schaukelstuhls zum Schaukeln verstärkt?)
- Gibt es Selbstverstärker in der Wirtschaft, die einen einmal gegebenen Impuls noch kräftiger werden lassen? (Baumelt Opa mit den Beinen?)

Unter Impulsen verstehen wir solche Faktoren und Entwicklungen, die ein Auseinanderklaffen der Nachfrage- und Angebotsseite bewirken und damit einen Konjunkturzyklus in Gang setzen können. Die folgenden Faktoren, die sowohl stimulierend als auch depressiv wirken können, mögen als Konjunkturverursacher eine Rolle spielen.

1. Technische Entwicklungen. Schumpeter[1] hat die These vertreten, dass der Konjunkturzyklus das Resultat revolutionierender technischer Innovationen ist. Nach diesem Ansatz sind jedoch nicht die Erfindungen die entscheidenden Konjunkturauslöser, sondern die massenhafte Durchsetzung dieser Erfindungen. Der Innovationsprozess vollzieht sich nach Schumpeter nicht kontinuierlich und in kleinen Schritten, sondern sprunghaft. Die überwiegende Mehrheit der Unternehmer hängt an traditionellen Produktionsverfahren und wagt sich nicht an die risikoreiche Anwendung neuer Herstellungsmethoden heran. Es gibt jedoch einige wagemutige und risikobereite Innovatoren, die eine Erfindung realisieren. Ist ein solcher Durchbruch einmal erfolgreich gelungen, so schließen sich die Imitatoren in Scharen mit Neuinvestitionen an, da sie befürchten, den Anschluss zu verpassen.

2. Bevölkerungsentwicklung. Auch eine Zunahme der Bevölkerung kann zu einer konjunkturellen Bewegung führen. Bevölkerungswachstum bringt eine erhöhte

[1] J. A. Schumpeter, Konjunkturzyklen. Eine theoretische, historische und statistische Analyse des kapitalistischen Prozesses, Göttingen 1961, S. 140.

Nachfrage nach Lebensmitteln, Wohnungen und öffentlicher Infrastruktur mit sich. Diese vermehrte Konsumnachfrage führt zu neuen Impulsen in der Investitionsgüterindustrie. Dem Anstieg der Gesamtnachfrage, der ohne große zeitliche Verzögerung mit der Bevölkerungsentwicklung einhergeht, steht aber ein verzögerter Kapazitätseffekt gegenüber. Denn bis zur Erweiterung des Arbeitsangebots und damit der Kapazität durch die zusätzliche Bevölkerung vergeht Zeit.

3. Präferenzverschiebungen. Änderungen in den Wünschen der Konsumenten, modische Strömungen, das Verlangen nach neuen Produkten, aber auch die neue Setzung politischer Prioritäten (Umschichtung in der Nachfrage des Staates, Umschichtungen zwischen staatlicher und privater Nachfrage) können Anpassungsprozesse auslösen, bei denen Nachfrage- und Kapazitätsentwicklung auseinanderklaffen.

4. Änderungen des gesellschaftlichen Systems. Konjunkturimpulse können auch von neuen Organisationsformen und Änderungen des sozialen Systems herrühren. So ist es denkbar, dass die starken Änderungen der gesellschaftlichen Systeme in den Entwicklungsländern unterschiedliche, z. B. zeitlich verzögerte Nachfrage- und Angebotseffekte verursachen, so dass sich konjunkturelle Schwankungen ergeben. Betrachten wir etwa den sog. Demonstrationseffekt, der zum Ausdruck bringt, dass sich die Bewohner eines Entwicklungslandes der westlichen Lebensweise bewusst werden. Diese Demonstrationseffekte können zwar auf lange Sicht eine Änderung des gesellschaftlichen Systems und damit eine Zunahme der Produktionskapazität bewirken. Mit dem Demonstrationseffekt ist aber in kurzer Zeit eine Orientierung des Konsumverhaltens an westlichen Vorbildern und damit eine Verschiebung der Konsumkurve nach oben verbunden. Die Nachfragewirkung des Demonstrationseffektes tritt schneller ein als die Angebotswirkung. Damit kann ein konjunktureller Prozess in Gang kommen.

5. Geldsystem. Eine starke Kreditausweitung durch das Bankensystem kann zu einem Boom führen, wenn der zusätzliche Kredit nachfragewirksam wird und das Angebot konstant bleibt. Im 16. Jahrhundert beispielsweise verursachte die erhöhte Geldproduktion, die durch den Goldimport aus den Kolonien in Mittel- und Südamerika zu erklären war, eine erhebliche Ausweitung des Kredits. In diesem Fall verband sich ein Impuls, die erhöhte Goldmenge, mit einem strukturellen Faktor, nämlich der Goldwährung. Die Folge waren eine Reihe von Hochkonjunkturen mit erheblicher Geldentwertung.

6. Wirtschaftspolitische Maßnahmen, wie z. B. die Öffnung der Grenzen einer Volkswirtschaft (etwa der Fall der Mauer 1989), die Schaffung eines gemeinsamen Marktes oder eine drastische Änderung der Steuerlastquoten können Nachfrage und Angebot in unterschiedlicher Weise beeinflussen, so dass es zu konjunkturellen Bewegungen kommen kann.

7. Politische Faktoren. Psychologisch-politische Impulse können schließlich ebenfalls ein Anstoß für konjunkturelle Bewegungen sein. So führen einige National-

ökonomen die Konjunktur auf Optimismus- und Pessimismuswellen zurück. Ferner sind Konjunkturen auch die Folge politischer Ereignisse, wie z. B. von Kriegen. Beispielsweise verursachte nach dem Zweiten Weltkrieg die während des Krieges künstlich eingeschränkte Nachfrage eine inflationäre Entwicklung. Und die Korea- und Vietnam-Kriege brachten den USA eine Inflation, die von dort auf die Handelspartner ausstrahlte.

23.6 Struktur und Anpassungsfähigkeit der Wirtschaft

Sind die Impulse gegeben, so lautet die zweite Frage der Konjunkturtheorie, wie das Wirtschaftssystem auf diese Konjunkturauslöser reagiert. Die Reaktion der Volkswirtschaft auf die genannten Impulse hängt entscheidend von der Struktur der Wirtschaft und der Anpassungsfähigkeit des Produktionsapparates ab.

1. Flexibilität des Produktionsapparates. Ist die Produktionsstruktur einer Volkswirtschaft relativ starr, so können Anpassungen an Nachfrageschwankungen nur schwer erfolgen. Die Flexibilität des Produktionsapparates ist eine Funktion der räumlichen und sektoralen Mobilität der Produktionsfaktoren. Unterstellen wir einen Sektor, der kurzfristig sein Angebot bei steigender Nachfrage nicht erhöhen kann. Diese Tatsache hat Preis- und Gewinnsteigerungen zur Folge. Preisanstieg und Gewinnzunahme locken zusätzliche Unternehmer und zusätzliches Kapital in den Engpasssektor. Durch einen höheren Lohn können zusätzliche Arbeitskräfte gewonnen werden. Die Mobilität der Produktionsfaktoren ist also eine wichtige Voraussetzung für den Abbau eines Engpassbereichs. Je größer die Mobilität, umso anpassungsfähiger an geänderte Bedingungen ist die Volkswirtschaft; und je anpassungsfähiger die Wirtschaft, umso geringer sind die konjunkturellen Schwankungen, die als Reaktionen eines ökonomischen Systems auf Konjunkturimpulse einsetzen. Alle institutionellen Regelungen, die die Mobilität der Produktionsfaktoren (z. B. auch der Arbeitskräfte) einschränken (wie z. B. unternehmensbezogene Pensionsfonds, die beim Ausscheiden aus dem Unternehmen verfallen) sind deshalb nicht nur aus allokationspolitischen, sondern auch aus konjunkturpolitischen Gesichtspunkten fragwürdig.
Auch die institutionellen Regelungen, die die Arbeitszeit und damit die Maschinenlaufzeiten definieren, beeinflussen die Flexibilität. Kann z. B. eine dritte Schicht gefahren oder am Samstag gearbeitet werden, so können sich Unternehmen zeitmäßig anpassen.

2. Unteilbarkeit der Produktionsfaktoren. Die Mobilität und deshalb auch die Anpassungsfähigkeit der Produktion werden entscheidend von den Mindestmengen der einzusetzenden Produktionsfaktoren beeinflusst. So erfordert eine Reihe von Produktionstätigkeiten einen Mindesteinsatz des Produktionsfaktors Kapital. Die

Errichtung einer zusätzlichen Kokerei, die Abtäufung eines Bergwerkschachts, die Installierung eines zusätzlichen Fließbandes in einer Automobilfabrik und der Bau eines Staudamms sind Beispiele für die relativ starke Unteilbarkeit des Produktionsfaktors Kapital. Sektoren, die durch Einsatz solcher Mindesteinsatzgrößen eines Produktionsfaktors gekennzeichnet sind, stellen eine wichtige Ursache für die mangelnde kurzfristige Anpassungsfähigkeit des Produktionsapparates dar. Treffen Nachfrageveränderungen auf solche Bereiche, so können diese Bereiche im Fall von Nachfragesteigerungen nicht schnell durch eine Kapazitätsausdehnung reagieren. Preisänderungen treten an die Stelle von Mengenänderungen, und ein konjunktureller Impuls wird verschärft. Im Fall von Nachfragesenkungen erfolgt eine Unterauslastung der Kapazität, da die Kapazität kurzfristig nicht abgebaut werden kann. In der letzten Zeit hat der technische Fortschritt die Dezentralisierung der Produktion (Fragmentierung) gestärkt und damit die Schnelligkeit der Anpassungsprozesse erhöht.

3. Ausreifungszeit der Produktion. Eine mangelnde Reaktionsfähigkeit der Wirtschaft ergibt sich auch aus dem Charakter der Produkte, die eine lange Planungs- und Vorbereitungszeit erfordern. Die Konstruktion eines Autos, das geänderten Konsumentenpräferenzen entspricht, erfordert Entwürfe eines Prototyps auf dem Papier und in der Praxis, einen Test des Prototyps und die Ausrichtung der Produktionsanlagen und u.U. des Servicesystems auf das neue Modell. Die Anpassung eines Produkts an geänderte Nachfragebedingungen geht also über Jahre. Ähnliches gilt für den Aufbau einer Produktionsanlage. Die Flexibilität des Produktionsapparates wird dadurch beeinträchtigt. Allerdings werden in der letzten Zeit die Lebenszyklen der Produkte kürzer.

4. Funktionsfähigkeit des Preissystems. Ein weiteres Anpassungskriterium ist die Funktionsfähigkeit des Preismechanismus. Ein funktionsfähiger Preismechanismus erleichtert die Anpassung des Angebots an die Nachfrage und verringert die Konjunkturempfindlichkeit einer Wirtschaft. Ein Preisanstieg wirkt als Signal für die geänderte Gewinn- und Einkommenssituation in einem Sektor. Variable Zins- und Lohnsätze erlauben eine schnelle Beseitigung von Engpässen und damit auch eine schnelle Anpassung der Wirtschaft an geänderte Situationen. Gibt das Preissystem die Knappheitsrelationen auf dem Güter- und Faktormarkt und Engpasssituationen in den einzelnen Sektoren verzerrt wieder, so werden auch die Anpassungsprozesse der Wirtschaft an geänderte Nachfragebedingungen in falsche Richtungen gedrängt.
Sind die Preise starr, so gilt die These der Mengenrationierung. Eine Marktseite wird rationiert. Gleichzeitig muss sich in diesem Fall – etwa bei rückläufiger Nachfrage – das Wirtschaftssystem über die Mengen anpassen, also über geringere Produktionsmengen und eine niedrigere Beschäftigung. Bei flexiblen Preisen fallen diese Mengenausschläge nicht so stark aus.

5. Administrierte Preise, d. h. Preise, die für eine längere Zeit festgehalten werden, schränken die Funktionsfähigkeit des Preismechanismus ein. Die Gründe, warum

Preise »administriert« sind, reichen von Kostenüberlegungen (die Druckkosten der Preisliste verhindern bei Mehrproduktunternehmen eine sehr schnelle Anpassung der Preise, oft soll auch die interne Kalkulationsbasis nicht zu häufig geändert werden) über Anforderungen der Werbung, Organisations- und Entscheidungsverfahren, durch die Preise gesetzt werden, Kartelle (bei denen es in der Regel einer neuen Absprache bedarf, wenn Preise geändert werden sollen, vgl. OPEC) und die Zeit in Anspruch nehmenden Lohnverhandlungen zwischen den Tarifpartnern bis zur politischen Setzung von Preisen (z. B. Agrarmarkt der EG). Ein eklatantes Beispiel für einen politisch gesetzten Preis war die unterbewertete DM der sechziger Jahre, die der deutschen Exportwirtschaft einen künstlichen Exportvorteil verschaffte (aber inflationär wirkte). Dieser politische Preis hatte eine zu starke, verzerrte Expansion der Exportwirtschaft zur Folge. Da die Unterbewertung einer Währung nicht lange zu halten ist (Zahlungsbilanzüberschüsse, importierte Inflation), musste letztlich der Wechselkurs abrupt freigegeben werden, und im Exportsektor entstanden starke Anpassungsprobleme.

6. Dezentrale Organisation. Wie wir in der Preistheorie gesehen haben, ist die dezentrale Organisation einer Wirtschaft ein wichtiger Faktor für die Anpassungsfähigkeit einer Volkswirtschaft. Alle neuen Regelungen des ökonomischen Systems, die diese dezentrale Organisation eines ökonomischen Systems aufheben, sollten deshalb auch aus konjunkturpolitischer Sicht kritisch betrachtet werden.

23.7 Selbstverstärker

Die Reaktion des Wirtschaftssystems auf Konjunkturimpulse hängt nicht allein von der Struktur und Anpassungsfähigkeit der Volkswirtschaft ab, sondern auch davon, ob selbstverstärkende Faktoren auftreten, die den einmal in Gang gekommenen Prozess weiter verstärken.

1. Lagerhaltung. Ein wichtiger Aspekt der Reaktion des Wirtschaftssystems auf Konjunkturimpulse ist der Zeitbedarf der Anpassung. Als Beispiel betrachten wir den Lagerhaltungszyklus. Schaubild 23.7 stellt eine vereinfachte Kette der Nachfrageströme vom Konsumenten zum Produzenten dar, die noch komplizierter ist, wenn man die Bezüge des Produzenten berücksichtigt und die vertikale Struktur der Produktion betrachtet.
Unterstellen wir, dass in einer Gleichgewichtssituation, in der geplantes Sparen mit geplantem Investieren übereinstimmt, die Ersparnisse plötzlich zunehmen. Die Folge der daraus erwachsenen Reduzierung der Konsumnachfrage wird sein, dass sich die Läger der Händler auffüllen. Sind die Läger der Händler ergänzt, so werden sie ihre Bestellungen bei den Großhändlern einschränken. Die Großhändler werden in der Hoffnung, dass es sich nur um eine vorübergehende Entwicklung handelt, ihre

Bestellungen bei den Produzenten zunächst aufrechterhalten und die Waren auf Lager nehmen. Wenn die Läger der Großhändler gefüllt sind, müssen sie ihre Bestellungen reduzieren. Die Produzenten können in Erwartung eines vorübergehenden Nachfragerückgangs die Produktion zwar auf dem gegebenen Niveau halten; aber wenn auch ihre Läger gefüllt sind, müssen sie ihre Produktion einschränken. Arbeiter werden entlassen, das Volkseinkommen sinkt.

Schaubild 23.7: Kette der Nachfrage

Jetzt verschärfen die in der Zwischenzeit aufgefüllten Läger die konjunkturelle Lage. Denn sobald die Händler den dauerhaften Charakter des Nachfragerückgangs merken (der durch die entlassenen Arbeiter, deren Einkommen gesunken ist, noch verstärkt wird), werden sie ihre Läger abbauen. Das Gleiche gilt für die Großhändler. Die Produzenten müssen ihren Output vorübergehend um mehr einschränken, als die Konsumnachfrage tatsächlich sinkt, da zuerst die Läger abgebaut werden müssen. Dadurch werden weitere Beschäftigungsrückgänge und Einkommenseinbußen verursacht.
Der Lagerhaltungszyklus trägt nicht nur zu einer Verstärkung des Abschwungs, sondern auch des Aufschwungs bei. Unterstellen wir, die Händler haben ihre Läger reduziert, und es erfolgt eine Zunahme der Nachfrage. Infolge ihrer abgebauten Läger bestellen die Einzelhändler dann mehr als die Zunahme der Konsumnachfrage ausmacht, mit der Folge eines zusätzlichen Anstiegs der Produktion und der Beschäftigung.
Bei den Produzenten entwickeln sich die Läger für Endprodukte und Zwischenprodukte im Konjunkturverlauf unterschiedlich. Im Aufschwung nehmen die Läger für Endprodukte schnell ab; dagegen werden in Erwartung steigenden Absatzes neue Zwischenprodukte gelagert. Im Abschwung nehmen die Läger für Endprodukte zu; die Läger für Zwischenprodukte werden knapp gehalten.

2. Zeitstruktur von Bestandsgrößen. Bestandsgrößen wie der Kapitalstock werden nach einer Reihe von Jahren erneuert. Dies hat zur Folge, dass eine Hochkonjunktur mit starkem Aufbau von Kapitalgütern nach Ablauf der Nutzungsdauer der Kapitalgüter zu starken Ersatzinvestitionen führt. Andererseits wird eine Rezession nach Ablauf der Nutzungsdauer schwache Ersatzinvestitionen zur Folge haben. Die Volkswirtschaft schleppt gewissermaßen die Zeitstruktur ihres Kapitalbestandes mit. Stoßen solche Zyklen in den Ersatzinvestitionen mit Schwankungen in anderen Größen zusammen, so kann sich eine Verstärkung der Konjunkturbewegung ergeben. In Tabelle 23.2 ist eine Lebensdauer der Maschinen von fünf Jahren unterstellt. In Spalte 2 sind die als exogen unterstellten Nettoinvestitionen verzeichnet, in Spalte

3 die fünf Jahre später erfolgenden Ersatzinvestitionen. Die höheren Investitionen der Jahre 4 und 5 finden also in den Jahren 9 und 10 einen Widerhall. Ähnlich spiegelt sich die Investitionsdelle in den Perioden 7, 8 und 9 in den Jahren 12, 13 und 14 wider. Die Tabelle zeigt, dass die Ersatzinvestitionen den Zyklus der Nettoinvestitionen mit einer zeitlichen Verzögerung wiederholen.

Tabelle 23.2: Zeitmechanik der Ersatzinvestitionen

Periode	Nettoinvestitionen (Anzahl von Maschinen)	Ersatzinvestitionen nach 5 Jahren (Anzahl der Maschinen)
1	10	–
2	10	–
3	11	–
4	14	–
5	15	–
6	11	10
7	9	10
8	7	11
9	6	14
10	10	15
11		11
12		9
13		7
14		6
15		10

Bei einer etwas realistischeren Betrachtung wird die Vornahme einer Ersatzinvestition auch von der konjunkturellen Lage beeinflusst. In einer Rezession werden Ersatzinvestitionen unterlassen. Fällt eine Rezession mit dem Tiefstand des Zyklus der Ersatzinvestitionen zusammen, so sinken diese noch stärker als im Zyklus der Ersatzinvestitionen. Andererseits können in der Hochkonjunktur unterlassene Ersatzinvestitionen nachgeholt werden und den Boom verstärken.
Neben dem Kapitalstock ist die Bevölkerung eine weitere Bestandsgröße, die sich bei gegebener Geburten- und Sterberate zyklisch verändert. So wirkt sich z. B. der Baby-Boom der Zeit nach dem Zweiten Weltkrieg in einer starken Zunahme der Bevölkerung ab Ende der sechziger Jahre aus. Die Folgen daraus sind vermehrter Infrastrukturbedarf und größeres Arbeitsangebot.

3. Kontraktbedingte Zahlungen. Eine Verschärfung der konjunkturellen Bewegung findet auch über kontraktbestimmte Kosten statt, die wie langfristige Zinssätze und

Tariflöhne für eine längere Dauer festgelegt sind. Man betrachtet zwischen Arbeitgebern und Gewerkschaften ausgehandelte Tarifverträge mit einer Dauer von drei Jahren. Wenn Preise und Kosten in der Hochkonjunktur steigen, nehmen die kontraktbestimmten Zins- und Lohnzahlungen nicht in gleicher Weise und oft erst nach einer erheblichen zeitlichen Verzögerung zu. Ein Anstieg der Preise wird also bei relativ konstanten, kontraktbedingten Kostenfaktoren zu einem höheren Gewinn führen, als das bei flexiblen Kosten der Fall ist. Dadurch wird der Aufschwung angeheizt. Dagegen wird die Belastung im Abschwung wieder stärker, da die Löhne mit einem Lohnlag steigen und dieser Kostenanstieg in die Rezessionsphase hineinreicht. Die Gewinne gehen stark zurück, da die kontraktbestimmten Einkommen kurzfristig nicht verändert werden können. Die Anreize zur Investition werden reduziert.

Aber auch bei einjährigen Tarifverträgen, wie sie in Deutschland üblich sind, ergibt sich eine ähnliche Tendenz. Die Gewerkschaften orientieren sich auch dann noch an den Gewinnen der Hochkonjunktur, wenn die Konjunktur zu kippen droht – wie Anfang 1992 – und setzen hohe Lohnforderungen durch. Dann kann es zu einem konjunkturellen Rückgang kommen. Dieser Selbstverstärker könnte entschärft werden, wenn ein Teil des Lohns gewinn- oder erlösabhängig wäre. Dieses Bonussystem wenden z. B. die Japaner an. Geht es einer Unternehmung gut, erhalten die Arbeitnehmer einen zusätzlichen Lohn; geht es der Unternehmung schlecht, so beziehen sie nur die ertragsunabhängige Lohnkomponente. Damit erhält eine Volkswirtschaft zusätzliche Flexibilität.

4. Erwartungen. Konjunkturauslöser können auch durch psychologische Prozesse verstärkt werden. Jede Entscheidung der Wirtschaftssubjekte basiert auf bestimmten Erwartungen über die Zukunft. Eine Entscheidung für eine Investition setzt beispielsweise die Erwartung des Unternehmers voraus, dass er die zu erstellenden Produkte absetzen kann. Die Verstärkung des Konjunkturzyklus durch die Erwartung besteht nun darin, dass Erwartungen, sogar wenn sie objektiv falsch sind, die realen Prozesse beeinflussen und sie zumindest vorübergehend bestätigen können.

Angenommen, in einem Engpasssektor trete ein Preisanstieg auf und die Wirtschaftssubjekte rechnen mit weiterem Preisauftrieb. Selbst wenn diese Erwartung objektiv unbegründet ist, werden die Wirtschaftssubjekte ihr Handeln an dieser Erwartung ausrichten und Güter kaufen, um dem vermeintlichen Preisanstieg zu entgehen. Dadurch aber nimmt die Nachfrage zu – und die Preise steigen tatsächlich. Erwarten Haushalte und Unternehmen dagegen ein Sinken der Preise, werden sie ihre Nachfrage einschränken, um die Güter zu einem späteren Zeitpunkt zu dem erwarteten niedrigeren Preis zu erwerben. Die Nachfrage fällt, und die Preise sinken tatsächlich. Die Erwartungen der Wirtschaftssubjekte sind also ein wichtiger selbstverstärkender Faktor im Konjunkturzyklus.

5. Akzelerator. Ein weiterer Selbstverstärker ist die Abhängigkeit des Investitionsgütersektors vom Konsumgüterbereich, die anhand des Akzelerationsprinzips untersucht worden ist. Der Akzelerator ist in Tabelle 23.3 an einem Beispiel erläutert. Es sei unterstellt, dass pro Periode für die Produktion von 10 000 Konsumgütern,

z. B. Damenmänteln, neben dem Einsatz anderer Produktionsfaktoren eine Maschine erforderlich sei. Die Maschine habe eine Lebensdauer von zehn Jahren. Sie muss im elften Jahr durch eine neue Anlage ersetzt werden. Nehmen wir an, dass im zehnten Jahr 10 Maschinen vorhanden sind, die ausreichen, 100 000 Einheiten Konsumgüter herzustellen. Die zehn Anlagen seien in den Jahren 1 bis 9 nacheinander angeschafft worden, so dass ab dem 11. Jahr in jedem Jahr eine Anlage ersetzt werden muss. Die Ersatzinvestition umfasst also in den Jahren 11 bis 20 je eine Maschine.

Tabelle 23.3: Akzelerator

Jahr	Konsumnachfrage in Stück	Leistung in Konsumgütern pro Maschine	Anzahl der eingesetzten Maschinen	Nettoinvestitionen	Ersatzinvestitionen	Bruttoinvestitionen
11	100 000	10 000	10	0	1	1
12	100 000	10 000	10	0	1	1
13	100 000	10 000	10	0	1	1
14	110 000	10 000	11	1	1	2
15	130 000	10 000	13	2	1	3
16	160 000	10 000	16	3	1	4
17	170 000	10 000	17	1	1	2
18	170 000	10 000	17	0	1	1
19	160 000	10 000	16	–1	1	0

– Wenn die Konsumgüternachfrage 100 000 Damenmäntel beträgt und auf dem gleichen Niveau verharrt, wie es in Tabelle 23.3 für die Jahre 11, 12 und 13 angenommen wird, bleibt die Investition auf den Ersatz einer Anlage pro Jahr beschränkt.
– Im Jahr 14 steige nun die Konsumgüternachfrage um 10 vH auf 110 000 Stück. Die Konsumgüterindustrie muss dann eine neue Anlage bestellen. Ihre Nachfrage nach Investitionsgütern steigt brutto auf zwei Anlagen, d. h. um 100 vH.
– Steigt im Jahr 15 die Konsumnachfrage von 110 000 auf 130 000 Stück, so erhöhen sich die Nettoinvestitionen auf zwei Anlagen. Die Gesamtnachfrage nach Investitionsgütern beläuft sich auf drei Maschinen.
– Eine nochmalige Erhöhung der Konsumnachfrage im Jahr 16 auf 160 000 Stück führt zu einer Vermehrung der Investitionsnachfrage auf vier Einheiten.
– Bei einer weiteren Zunahme der Konsumnachfrage von 160 000 auf 170 000 Stück im Jahr 17 sinkt die Nachfrage nach Investitionsgütern von 4 auf 2 Einheiten ab.

- Bleibt die Konsumnachfrage im Jahr 18 auf dem Niveau von 170 000 Stück, so werden keine Nettoinvestitionen mehr vorgenommen. Die Nachfrage nach Investitionsgütern fällt weiter von zwei auf eine Anlage.
- Geht die Konsumnachfrage im Jahr 19 auf 160 000 Stück zurück, so haben die Unternehmer überschüssige Kapazitäten in Höhe von einer Anlage. Sie können deshalb die Ersatzinvestition unterlassen. Die Investitionsnachfrage ist Null.

Aus dem Beispiel in Tabelle 23.3 ersehen wir, dass eine kleine prozentuale Zunahme der Konsumnachfrage bereits eine beachtliche Steigerung der Investitionsnachfrage mit sich bringen kann. Für die Aufrechterhaltung eines gegebenen Niveaus der Investitionsnachfrage reicht es nicht aus, dass die Konsumnachfrage konstant bleibt. Sogar ein Anstieg des Konsums von 160 000 auf 170 000 Stück (17. Jahr) bringt eine Abnahme der Investitionsnachfrage mit sich. Eine Reduzierung der Investitionsnachfrage und damit ein Abschwung sind bereits möglich, wenn die Konsumnachfrage stagniert oder nicht mehr mit gleicher Stärke zunimmt. Es gibt also eine Funktion $I = f(\Delta c)$, bei der die Nettoinvestitionen von der Veränderung der Konsumnachfrage abhängig sind. Diese Investitionsfunktion (Akzelerator) ist nicht mit der Keynesschen Investitionsfunktion zu verwechseln.

6. **Wirtschaftspolitische Maßnahmen.** Eine umstrittene Frage ist, inwieweit stabilisierungspolitische Maßnahmen aufgrund von Wirkungsverzögerungen die Konjunktur verstärken. So hat Friedman die These aufgestellt, dass die Geldpolitik, die sich nicht am Zuwachs des Produktionspotentials orientiert hat, in der Vergangenheit destabilisierend gewirkt hat. Hinzu kommt, dass die politische Entscheidungen oft »ad hoc« auf eine bestimmte wirtschaftspolitische Frage reagieren. Die politische Ökonomie spricht von einem politischen Konjunkturzyklus: Vor einer Wahl werden kurzfristig solche Maßnahmen ergriffen, die die Wachstumsrate steigern, die Beschäftigung stabilisieren und die Inflationsrate drücken. Nach der Wahl zeigen sich dann die Folgekosten der kurzfristigen Maßnahmen.

23.8 Ein einfaches Konjunkturmodell: Der Multiplikator-Akzelerator

Wir haben gesehen, dass die Veränderung der Konsumnachfrage die Höhe der Investitionsnachfrage bestimmt. Angenommen, die Konsumnachfrage steigt und es nehme auch wie in den Perioden 14, 15 und 16 in der Tabelle 23.3 die Investitionsnachfrage zu. Zunächst bringt die autonome Investitionsnachfrage durch den bereits analysierten Multiplikatorprozess eine Einkommenserhöhung mit sich. Diese Einkommenssteigerung bewirkt dann bei gegebener Konsumneigung eine höhere Konsumnachfrage, die wiederum über den Akzelerator die Investitionsnachfrage beeinflusst. Multiplikator und Akzelerator schaukeln sich also gegenseitig in die

Höhe. Tabelle 23.4 zeigt, wie man durch eine Kombination von Akzelerator und Multiplikator Konjunkturschwankungen darstellen kann.
In Tabelle 23.4 ist der Akzelerator 2, die marginale Konsumneigung 0,5. Es wird zwischen autonomen und induzierten Investitionen unterschieden. Die autonomen Investitionen sind unabhängig von der Veränderung des Konsums. Sie seien vorgegeben. Es wird unterstellt, dass die autonomen Investitionen pro Jahr um 10 Einheiten zunehmen. Die induzierten Investitionen sind von der Veränderung des Konsums abhängig.

Tabelle 23.4: Multiplikator-Akzelerator

Periode	Autonome Investition	Konsum	Veränderung des Konsums zur Vorperiode	Induzierte Investition	Volks-einkommen
1	100	–	–	–	100
2	110	50	50	100	260
3	120	130	80	160	410
4	130	205	75	150	485
5	140	243	38	76	459
6	150	230	–13	–26	354
7	160	177	–53	–106	231
8	170	116	–61	–122	164
9	180	82	–34	–68	194
10	190	97	15	30	317

In der ersten Periode erfolge eine autonome Investition von 100. Das Volkseinkommen beträgt damit ebenfalls 100 Einheiten. Der Konsum erfolge mit einer zeitlichen Verzögerung von einer Periode. In der zweiten Runde werden Konsumausgaben von 50 (= 100 · 0,5) getätigt. Die Veränderung der Konsumausgaben ist 50. Auf Grund des Akzelerators ergeben sich dann induzierte Investitionen von 100. Das Volkseinkommen ist die Summe aus Konsum, autonomen und induzierten Investitionen. Das Volkseinkommen der zweiten Runde in Höhe von 260 bestimmt den Konsum der nächsten Runde usw.[2]

[2] Zum besseren Verständnis wird dem Leser empfohlen, andere Beispiele selbst durchzurechnen und z. B. von einer Konsumneigung von 0,75 auszugehen, einen Akzelerator von 3 zu unterstellen und zu überprüfen, wie sich das Modell verhält, wenn die autonomen Investitionen konstant bleiben oder sogar abnehmen.

Wichtige Begriffe in Kapitel 23

Konjunkturzyklus	Produktionspotential
Rezession	Normalauslastung
Hochkonjuktur (Boom)	Konjunkturverursacher
Aufschwung	Selbstverstärker
Abschwung	Akzelerator
Rezession	Multiplikator-Akzelerator-Modell

24 Wachstum

Ohne Entwicklung gibt es keinen Gewinn,
ohne Gewinn keine Entwicklung.
Joseph Alois Schumpeter

24.1 Zum Begriff des wirtschaftlichen Wachstums

Unter wirtschaftlichem Wachstum verstehen wir die langfristige Zunahme des realen Inlandsprodukts. Der Begriff kann sich auf die Veränderung des tatsächlichen und des potentiellen Bruttoinlandsprodukts (Produktionskapazität) beziehen. Da das Inlandsprodukt letzten Endes ein Maß für die Versorgung der Bevölkerung mit Gütern sein soll, gibt die Zunahme des realen Inlandsprodukts die Veränderung der Güterversorgung dann nicht exakt wieder, wenn die Bevölkerung stark zunimmt. Wachstum wird deshalb auch als die Zunahme des Inlandsprodukts pro Kopf definiert.

1. Motive für Wachstum. Das Problem des wirtschaftlichen Wachstums ist nach dem zweiten Weltkrieg in den Vordergrund des Interesses der ökonomischen Theorie getreten. Einmal führte die politische Auseinandersetzung der USA und der UdSSR zu Vergleichen über die Leistungsfähigkeit der Systeme der zentralen Planwirtschaft und der Marktwirtschaft, wobei als ein Kriterium für die Leistungsfähigkeit die Wachstumsrate einer Volkswirtschaft angesehen wurde. Zum anderen nahm die Öffentlichkeit zunehmend die Wachstumsprobleme der Entwicklungsländer wahr. Die Einkommensunterschiede zwischen den Entwicklungsländern und den Industrieländern sind immens. So betrug 1998 das Pro-Kopf-Einkommen pro Jahr in Mali 720 US-Dollar, Indien 1 700 US-Dollar und in den USA 29 340 US-Dollar.[1] Diese Einkommensunterschiede können nur durch eine hohe Wachstumsrate der Entwicklungsländer verringert werden.

Wirtschaftliches Wachstum ist heute deshalb ein wichtiges Ziel der Wirtschaftspolitik,

a) weil es in der Regel eine Verbesserung der Güterversorgung, des Lebensstandards, einer Gesellschaft ermöglicht, also Knappheit reduziert;
b) weil es als Indikator für die Leistungsfähigkeit einer Volkswirtschaft dienen kann;

[1] Weltbank, Weltentwicklungsbericht 1999/2000, Tabelle 1.

c) weil nur durch Wachstumsprozesse die Einkommenslücke zwischen wirtschaftlich weniger entwickelten und hoch entwickelten Ländern geschlossen werden kann;
d) weil in einer wachsenden Wirtschaft eine Reduzierung der Arbeitslosigkeit leichter möglich ist;
e) weil sich in einer wachsenden Wirtschaft auch eine Korrektur der durch den Marktprozess gegebenen nationalen Verteilung leichter durchführen lässt. Es ist wesentlich schwieriger, eine Umverteilung vorzunehmen, wenn das Inlandsprodukt konstant ist, weil dann Umverteilung immer eine absolute Schlechterstellung einer Gruppe bedeutet. In einer wachsenden Wirtschaft dagegen kann die Umverteilung aus den Zuwächsen erfolgen, und eine absolute Schlechterstellung einer Gruppe ist nicht erforderlich;
f) weil Wachstum die Staatseinnahmen erhöht und die Finanzierung öffentlicher Güter und die Bereitstellung sozialer Sicherheit erleichtert.

2. Zur Messung. Die Indikatoren des wirtschaftliches Wachstums – die Zunahme des Inlandsprodukts oder des Inlandsprodukts pro Kopf – sind immer wieder in Frage gestellt worden (vgl. die Diskussion in Kapitel 15).
Das Inlandsprodukt enthält auch die Investitionen, also Güter, die in einer gegebenen Periode nicht konsumiert werden können. Eine Volkswirtschaft mit starker Kapitalbildung kann dementsprechend im Vergleich zu einem anderen Land eine hohe Wachstumsrate haben, obwohl sich in dieser Periode die Konsummöglichkeiten nicht wesentlich (oder nicht so stark wie in einem anderen Land) verbessert haben. Es ist deshalb vorgeschlagen worden, Wachstum am Konsum pro Kopf zu messen. Dieser Maßstab wirft jedoch eine andere Schwierigkeit auf. Denn wenn nur der Konsum einer Periode betrachtet wird, kann eine Volkswirtschaft in einer Periode dadurch ein hohes Konsumniveau erreichen, dass sie keine starke Kapitalbildung betreibt. Das Land lebt in diesem Fall auf Kosten zukünftiger Generationen. Die Messung des Wachstums am Konsum würde also voraussetzen, dass der Konsum über mehrere Perioden betrachtet wird. Da dieser Maßstab nicht praktikabel ist, erscheint es sinnvoller, die heutigen Investitionen, die ja Konsum in der Zukunft ermöglichen, mit im Wachstumsmaßstab zu berücksichtigen.
Das Inlandsprodukt erfasst vorwiegend die marktmäßigen Leistungen, d. h. das Produktionsergebnis, so weit es vom Marktprozess bewertet wird. So erscheinen eine Reihe von Leistungen wie z. B. die Arbeit der Hausfrauen und Hausmänner, ehrenamtliche Tätigkeit und die Selbsthilfe beim Bau eines Eigenheims nicht im Inlandsprodukt. Auch die »Schwarzarbeit« wird nicht erfasst.
Die Leistungen des Staates können nicht an dem Nutzen gemessen werden, den sie stiften, sondern gehen mit ihren Kosten (z. B. Löhne, Miete) in das Inlandsprodukt ein. Stellt z. B. der Staat mehr Leute ein, so steigt das Inlandsprodukt, auch wenn gleichzeitig die Ineffizienz in der Verwaltung zunimmt.
Umweltgüter wie die Schönheit der Landschaft oder eine schadstoffarme Atemluft erscheinen nicht im Inlandsprodukt. Auch die Umweltbelastungen sind nur insoweit aufgeführt, als sie zu Anstrengungen führen, Schadstoffe zu vermeiden und

Abfälle zu entsorgen. Ähnliche Probleme ergeben sich bei Rohstoffen, die den Umweltsystemen entnommen werden und zum Zeitpunkt ihrer Entnahme mit den Gestehungskosten und der bei ihrer Gewinnung entstehenden Wertschöpfung ins Inlandsprodukt eingehen. Ein herrlicher Baum wie ein 300 Jahre alter Sequoiadendron giganteum, der Mammutbaum Kaliforniens, erscheint nicht im Inlandsprodukt. Erst wenn er gefällt, zersägt und vermarktet ist, bereichert er das Wohlfahrtsmaß einer Volkswirtschaft. Offenbar muss dem Konzept des Inlandsprodukts als Maßstab der Wertschöpfung in einer Periode eine Bilanz der Kapital- oder Vermögenswerte einer Volkswirtschaft gegenübergestellt werden, in der dann auch öffentliche Umweltgüter und Rohstoffvorräte erfasst werden. Oder: Das Inlandsprodukt muss die Veränderung der Kapitalwerte angemessen wiedergeben.
Diese vorstehende Kritik an der Messung des Wachstumsziels am Inlandsprodukt macht deutlich, dass Wachstum auch eine qualitative Komponente haben muss und letzten Endes eine Verbesserung der Wohlfahrtssituation einer Gesellschaft bedeuten muss. Die Quantifizierung eines so konzipierten Wachstumsziels bereitet jedoch erhebliche Schwierigkeiten. Dies wird auch bei dem Versuch deutlich, die qualitative Komponente des Wachstums durch soziale Indikatoren zum Ausdruck zu bringen.

3. Unterschiede im Bruttonationaleinkommen pro Kopf. Der internationale Vergleich zeigt, dass erhebliche Unterschiede im Bruttonationaleinkommen pro Kopf bestehen (Tabelle 24.1). Dabei tritt dadurch eine Verzerrung auf, dass die Bruttonationaleinkommen mit Kaufkraftparitäten vergleichbar gemacht werden.

Tabelle 24.1: Bruttonationaleinkommen pro Kopf in US-Dollar[a], 1998

	US-Dollar, 1998
Äthopien	100
China	750
Brasilien	4 570
Deutschland	25 850
Vereinigte Staaten	29 340
Japan	32 380

[a] In Kaufkraftparitäten.

Quelle: Weltbank, Weltentwicklungsbericht 1999/2000.

4. Wachstumsprozesse in ausgewählten Ländern. Die Erfahrung mit Wachstumsprozessen in ausgewählten Ländern ist sehr unterschiedlich. Will man die Wachstumserfahrung in den letzten dreißig Jahren als stilisierte Fakten zusammenfassen,

so ist für die Industrieländer eine Wachstumsrate des Bruttoinlandsprodukts von etwa 2,5 vH typisch. Dagegen sind die Schwellenländer in Ostasien (bis zur Finanzkrise 1997) mit einer Rate von etwa 6–7 vH gewachsen. Lateinamerika liegt für diesen Zeitraum bei etwa 3 vH, wobei die verlorene Dekade der 80er Jahre eine geringe Wachstumsrate von 1,6 vH aufwies. Pro Kopf nahm das Bruttoinlandsprodukt dort in der verlorenen Dekade mit 0,6 vH ab. Die Transformationsländer wachsen seit dem Zusammenbruch mit einer Rate von etwa 3–4 vH (nicht jedoch Russland). Die Wachstumsrate der Welt liegt etwa bei 3 vH.

Tabelle 24.2: Wachstumsraten ausgewählter Länder seit 1970 in vH

Industrieländer	2,5
Schwellenländer Asiens	6–7
Lateinamerika	3
Transformationsländer[a]	3–4
Welt	3

[a] Nach dem Zusammenbruch der Planwirtschaft.

Quelle: Siebert, The World Economy, Figure 1.2, Table 1.5; Weltbank, Weltentwicklungsbericht 1999/2000.

24.2 Bestimmungsfaktoren wirtschaftlichen Wachstums

Wachstum ist ein Prozess, der sich über eine Reihe von Perioden, d. h. über Jahrzehnte, hinzieht. Die Analyse kann deshalb nicht wie in der bisher dargestellten makroökonomischen Theorie kurzfristig und statisch sein. Die Untersuchung muss nun langfristig und dynamisch angelegt werden. Die entscheidende Annahme von Keynes, die für seine kurzfristige Fragestellung zulässig ist, nämlich die Konstanz des Kapitalstocks, des Arbeitsangebots und des technischen Wissens, also des Produktionspotentials, wird wie auch schon bei den konjunkturellen Bewegungen bewusst aufgegeben und zum Gegenstand der Analyse erhoben.

Zentraler Ausgangspunkt der Wachstumstheorie ist, die Veränderung des Inlandsprodukts in der Zeit zu erklären. Zur Beantwortung dieses Problems diskutiert die Wachstumstheorie die folgenden drei Fragestellungen.

Erstens: Welches sind die entscheidenden Bestimmungsfaktoren wirtschaftlichen Wachstums?

Zweitens: Wie groß ist der Beitrag, den diese Wachstumsfaktoren zur Veränderung des Inlandsprodukts leisten?
Und drittens: Wie ist die Veränderung der Wachstumsfaktoren in der Zeit zu erklären?
Das Produktionsergebnis einer Volkswirtschaft, das Bruttoinlandsprodukt Y, hängt von dem eingesetzten Kapital (Sachkapital) K, der Arbeit A, vor allem der Qualifizierung, dem Humankapital H, dem technischen Wissen T, dem Umweltsystem U, dem Boden B und dem sozialen System S_0 ab.

$$Y = f(K, A, H, T, U, B, S_0)$$

Zentraler Ansatzpunkt der Wachstumstheorie ist also eine makroökonomische Produktionsfunktion. Wenn die absolute Höhe des Produktionsergebnisses eine Funktion der Faktoreinsätze K, A, H, T, U, B und S_0 ist, so muss die Steigerung des Produktionsergebnisses von der Zunahme dieser Produktionsfaktoren in der Zeit abhängen, also von der Kapitalbildung, der Vermehrung des Arbeitsangebots, der Erweiterung des technischen Wissens, der Vermehrung des Faktors Umwelt, seiner qualitativen Verbesserung, der Variation des Bodenangebots und der Veränderung des sozialen Systems. Damit sind bereits die entscheidenden Wachstumsdeterminanten genannt. Sie werden in den folgenden Abschnitten näher besprochen.

24.3 Kapitalbildung

Wir unterscheiden verschiedene Arten des Produktionsfaktors Kapital, je nachdem, ob es in Anlagen *(Sachkapital)* oder in Personen *(Humankapital)* gebunden ist und je nachdem, ob Kapital direkt produktiv ist, d. h. die Produktionskapazität direkt erhöht oder nicht, also »nur« eine Produktionsvoraussetzung darstellt. Wenn wir üblicherweise von Kapital sprechen und an Maschinen in Unternehmen denken, so erhöhen diese Anlagen mit ihrer Installierung (Investitionen) die Produktionskapazität der Unternehmen direkt. Beim Humankapital handelt es sich um die Qualität des Produktionsfaktors Arbeit, bei dem das Humankapital neben den traditionellen Begriff der Arbeit (einfache Arbeit) tritt. Neben direkt produktivem Kapital gibt es Kapitalgüter, die nur mittelbare Wirkungen auf die Produktionskapazität haben. Dieses Kapital ist die Voraussetzung der privaten Produktionstätigkeit. Wir bezeichnen es als *Infrastrukturkapital.* Hierzu zählen die Verkehrswege. Die Übergänge zwischen direkt produktivem und Infrastrukturkapital sind fließend. Kapital wird in einer Marktwirtschaft in der Regel von privatwirtschaftlich orientierten Unternehmen gebildet. Wir sprechen deshalb auch von *Privatkapital.* Außerdem kann der Staat Kapital bilden (*öffentliches Kapital*).

1. Kapitalbildung durch Investitionen

1. Nettoinvestition und Sparen. Die Akkumulation des Kapitals erfolgt über die (Neu- oder) Nettoinvestition. Die Nettoinvestition führt dem Kapitalbestand einer Volkswirtschaft neue Anlagen zu, während die Ersatzinvestition lediglich die Aufrechterhaltung eines gegebenen Kapitalbestandes bewirkt. Kapitalbildung ist nur möglich durch Konsumverzicht, d. h. durch Sparen. Eine Volkswirtschaft, die ihren Kapitalstock vergrößern will, muss also einen Überschuss produzieren, der nicht konsumiert wird.
Wie wir bereits in der Sparfunktion gesehen haben, sind die Ersparnisse von der Höhe des Volkseinkommens abhängig. Je höher das Volkseinkommen, umso größer werden absolut auch die Ersparnisse sein. Volkswirtschaften mit einem hohen Niveau des Volkseinkommens haben damit die Chance, hohe Ersparnisse zu tätigen und eine entsprechend starke Kapitalbildung zu vollziehen.
In manchen Entwicklungsländern, die für ihr wirtschaftliches Wachstums unbedingt Kapital benötigen, ist dagegen die Möglichkeit zu sparen gering. Bei einem niedrigen Volkseinkommen, das der Bevölkerung vielleicht gerade ein Existenzminimum erlaubt, kann nicht noch Konsumverzicht geleistet werden. Damit sind viele arme Entwicklungsländer, besonders in Afrika, in einem Teufelskreis gefangen, der nur schwer zu durchbrechen ist. Da das Volkseinkommen niedrig ist, sind auch die Ersparnisse und damit die Kapitalbildung niedrig. Da die Kapitalbildung gering ist, bleibt das Volkseinkommen auf seiner niedrigen Höhe. Eine Reihe von Schwellenländern hat es aber geschafft, einen Kapitalstock aufzubauen. Vor allem in Südostasien haben die Länder hohe Sparquoten.
In Abhängigkeit vom Volkseinkommen, aber auch von anderen Faktoren, die das Sparen beeinflussen, wie z. B. die Belohnung für Sparen durch hohe Zinsen und die Nicht-Belohnung der Spartätigkeit durch eine hohe Inflationsrate, aber auch die Einstellung der Bevölkerung zum Konsumverzicht, ergibt sich in verschiedenen Volkswirtschaften eine unterschiedlich starke Kapitalbildung. Tabelle 24.3 zeigt die relative Bedeutung der Kapitalbildung für einige ausgewählte Länder im Jahr 1998, wobei die Kapitalbildung als Anteil der Bruttoanlageinvestition am Bruttonationaleinkommen (in vH) gemessen wird.
Kapital kann von den Haushalten, den Unternehmen und dem Staat gebildet oder vom Ausland zur Verfügung gestellt werden.

2. Ersparnisse der Unternehmen. Bei inländischen Quellen der gesamtwirtschaftlichen Kapitalbildung hat die Kapitalbildung der Unternehmen (Nichtausschüttung der Gewinne) entscheidende Bedeutung. In der wirtschaftlichen Entwicklung der Länder Europas hat sich historisch die Kapitalbildung weitgehend über die Selbstfinanzierung vollzogen. Darunter verstehen wir eine Finanzierung von Anlagen aus dem Gewinn. Da der Gewinn die Differenz zwischen Gesamterlös und Gesamtkosten ist und da die Erlöse vom Preis und die Kosten z. B. vom Lohn abhängen, ist die Selbstfinanzierung umso leichter möglich, je höher die Preise gesetzt und je niedriger die Löhne gehalten werden, es sei denn, es werden Formen der Ertragsbeteiligung

gefunden. Deshalb steht jede Volkswirtschaft, die wirtschaftliches Wachstum als ihr Ziel ansieht, vor der Entscheidung, ob sie mehr Gewicht auf das Ziel einer eher kurzfristig ausgerichteten Einkommensumverteilung oder auf eine höhere Wachstumsrate und damit ein höheres Einkommens in der Zukunft legen will.

Tabelle 24.3: Bruttokapitalbildung in vH des Bruttonationaleinkommen und Wachstumsrate, 1998

Länder	Bruttokapitalbildung	Wachstumsrate des Bruttoinlandsprodukts
China[a]	33,8	8,8
Japan	26,2	–2,9
Portugal	25,9	3,5
Spanien	21,3	3,8
Italien	16,7	1,3
Deutschland	19,2	2,3
Frankreich	18,5	3,2
USA	17,8	3,9
Großbritannien	17,6	2,2

[a] 1997.

Quelle: International Monetary Fund, International Financial Statistics; World Economic Outlook, 1999; eigene Berechnungen.

3. Ersparnisse der Haushalte. Neben den Unternehmen können auch die Haushalte Kapital bilden. Am Beispiel der Entwicklungsländer und auch der Geschichte der europäischen Volkswirtschaften wird deutlich, dass hohe Ersparnisse, die lediglich Vermögenszuwächse darstellen, nicht zum Wachstum beitragen. Die Vermögen des englischen Landadels und der indischen Maharadschas sind und waren nicht wachstumswirksam, so weit sie nicht produktiv angelegt oder dem Kapitalmarkt zur Verfügung gestellt wurden. Voraussetzung für die Kapitalbildung ist deshalb auch die Existenz eines leistungsfähigen Bankensystems.

4. Ersparnisse des Staates. Auch der Staat kann Kapitalbildung betreiben, indem er einen Haushaltsüberschuss erzielt. Erfahrungsgemäß sind die Budgets des Staates jedoch oft defizitär, d. h. der Staat beansprucht Ersparnisse für seine Ausgaben, indem er Kredite aufnimmt.

2. Anreize zur Kapitalbildung und Kapitalmarkt

Aus der Rolle zusätzlichen Kapitals als eine entscheidende Determinante wirtschaftlichen Wachstums ergibt sich die wichtige wirtschaftspolitische Frage, welche Anreize in einem ökonomischen System für die Kapitalbildung vorhanden sind. Ein wichtiger Motor der Kapitalbildung sind die realisierten und erwarteten Gewinne der Unternehmen. Die Keynessche Investitionsfunktion erklärt die Investitionen aus Marktzins und internem Zins. Der interne Zins steigt z. B. mit zunehmender Nachfrage, mit neuem technischen Wissen und mit optimistischeren Erwartungen. Für die Abstimmung der Nachfrage und des Angebots an Kapitalmitteln spielt der Kapitalmarkt eine wichtige Rolle. Der Marktzins bringt dabei Angebot und Nachfrage an Kapitalmitteln ins Gleichgewicht. Angenommen, der interne Zins steigt infolge technischen Fortschritts. Dann nimmt die Nachfrage nach Finanzmitteln zu, der Marktzins steigt und damit nimmt der Anreiz zu, Ersparnisse bereitzustellen und Konsumverzicht zu leisten.

3. Bankensystem und Risikokapital

Der Kapitalmarkt muss die Ersparnisse der Haushalte in für die Unternehmen verfügbare Mittel transformieren. Börsen, Investmentbanken und Universalbanken spielen bei dieser Intermediation eine wichtige Rolle. Die institutionellen Arrangements unterscheiden sich erheblich zwischen den Staaten. So haben Schuldverschreibungen besonders in Kontinentaleuropa traditionell eine geringere Bedeutung als in angelsächsischen Ländern. Erst in den letzten Jahren sind im Zuge der Verschärfung des internationalen Wettbewerbs alte Finanzstrukturen aufgebrochen, mit dem Ergebnis, dass auch mittelständische Unternehmen immer weniger auf die Innenfinanzierung oder die Gunst von traditionell risikoaversen Großbanken angewiesen sind.
Ein immer wichtiger werdender Aspekt der Kapitalbildung ist die Bereitstellung von Kapital für besonders risikoreiche Investitionen (Risikokapital), etwa für neu gegründete Unternehmen. Da der Erfolg dieser Unternehmen ungewiss ist, kann das eingesetzte Kapital verloren gehen. Deshalb wird eine hohe Risikoprämie gezahlt. Finanzierungsgesellschaften, die Wagniskapital für Unternehmen bereitstellen, entsenden in der Regel einen Vertrauten in das Management der Unternehmung, die das Wagniskapital erhält.

4. Infrastrukturkapital

Unter Infrastrukturkapital verstehen wir die Gesamtheit aller Anlagen, die als technische Produktionsvoraussetzung bezeichnet werden können. Beispiele sind die Anlagen, die der Energieversorgung, der Verkehrsbedienung und der Telekommunikation dienen. Wir wollen uns hier vor allem auf die Infrastruktur im Verkehrssystem beschränken (Straßen, Brücken, Kanäle, Häfen, Flugplätze). Die Infrastruktur ist in der Regel durch folgende Eigenschaften gekennzeichnet:

1. Kollektive Nutzung. Während private Kapitalgüter wie eine Maschine in der Regel nur von einem Unternehmen zu benutzen sind, kann eine Infrastrukturleistung von mehreren Benutzern in Anspruch genommen werden, ohne dass sich die Benutzer bei der Inanspruchnahme gegenseitig stören. Eine Autobahn kann bis zu einer bestimmten Verkehrsdichte von vielen Kraftfahrzeugen befahren werden. Wir sprechen in diesem Fall von kollektiver Nutzungsmöglichkeit.

2. Immobilität. Infrastrukturkapital ist immobil. Während sich eine Maschine möglicherweise von einem Standort zu einem anderen transportieren lässt, können ein Kanal oder eine Autobahn nicht ihren Standort wechseln, ohne dass das Gut völlig zerstört und neu errichtet wird.

3. Technische Unteilbarkeit. Infrastrukturinvestitionen sind durch technische Unteilbarkeiten gekennzeichnet. Für den Airbus braucht man z. B. eine bestimmte Länge der Landebahn. Ein Hafen für Ozeanriesen muss eine Mindesttiefe und eine bestimmte Fahrrinnenbreite haben. Infrastrukturinvestitionen bringen also einen hohen Kapitalbedarf mit sich. Da ein Errichten der Großanlagen in Teilabschnitten oft nicht möglich ist, muss die Kapitalsumme auf einmal aufgebracht werden. Ferner haben Infrastrukturinvestitionen eine lange Ausreifungszeit, d. h. es dauert mehrere Jahre vom Baubeginn bis zum Zeitpunkt der ersten Benutzung und ein Jahrzehnt von der Planung bis zur ersten Leistungsabgabe.

4. Indirekter Produktivitätseffekt. Infrastrukturinvestitionen haben keinen direkten Kapazitätseffekt, sondern wirken sich nur indirekt auf das Produktionsergebnis einer Volkswirtschaft aus. Unterstellen wir einmal, dass ein Staudamm errichtet wird. Dann können folgende Auswirkungen eintreten:
- Die Verkehrsleistung eines Flusses wird verbessert, und die Transportkosten fallen.
- Der Staudamm dient der Hochwasserregulierung und wendet damit Schäden von den Bewohnern des Flusstales ab.
- Ein Bewässerungssystem wird möglich, das die Produktivität der Landwirtschaft erhöhen kann.
- Ferner wird ein Erholungsgebiet mit Wassersportmöglichkeiten geschaffen.
- Schließlich kann die Stromversorgung verbessert werden.

Alle die hier genannten Wirkungen stellen keine direkte Erhöhung der Produktionskapazität dar. Aber sie wirken sich doch positiv auf die Wirtschaftstätigkeit aus: in Transportkostensenkungen, in abgewendeten Hochwasserschäden, in Freizeitwerten. Das Infrastrukturkapital muss deshalb als ein wichtiger Wachstumsfaktor angesehen werden.

Die Tatsache, dass Infrastruktur als Produktionsvoraussetzung bezeichnet werden kann, bedeutet nicht, dass sie vom Staat bereitgestellt und durch Steuern finanziert werden muss. Wie die Beispiele der Energieerzeugung und der Telekommunikation zeigen, werden diese Produktionsvoraussetzungen privat erstellt.

5. Aufholprozesse durch Kapitalbildung

Den Beitrag des Kapitals zum Inlandsprodukt können wir an der Kapitalproduktivität erkennen, die als das Verhältnis des Produktionsergebnisses zum Kapitalbestand definiert ist (Y/K).

Die Kapitalproduktivität gibt an, wie viele Einheiten des Produktionsergebnisses mit einer Einheit des Kapitalbestandes erzeugt werden können. Dieser Ausdruck der Leistungsfähigkeit ist von einer Reihe anderer Faktoren abhängig, wie etwa vom Niveau des technischen Wissens und vom sozialen System. Der Kehrwert der Kapitalproduktivität ist der Kapital-Output-Koeffizient. Er liegt für den Unternehmensbereich in Deutschland bei etwa 5.

Die historische Erfahrung bestätigt die Aussage der Wachstumstheorie, wonach von Ländern mit vergleichbar hohem technologischen Kenntnisstand und Ausbildungsniveau der Bevölkerung diejenigen zunächst höhere Wachstumsraten haben, die in der Ausgangslage einen geringeren Kapitalstock aufweisen. In Tabelle 24.4 sind die Wachstumsraten von vier Industrieländern für den Zeitraum von 1950–1998 dargestellt. Solche Länder, deren Kapitalstock nach dem Krieg zerstört war, hatten in den fünfziger Jahren hohe Wachstumsraten (Deutschland: 7,5 vH; Japan: 8,1 vH). Hohe Wachstumsraten wurden von hohen Investitionsquoten begleitet. Auf der anderen Seite zeigen Länder, deren Kapitalausstattung durch den Krieg unberührt blieb, niedrigere Wachstumsraten (Vereinigte Staaten: 3,5 vH; Großbritannien: 2,5 vH) und niedrigere Investitionsquoten.

Im Verlauf der Zeit gingen die Wachstumsraten Deutschlands und Japans zurück. Die Vereinigten Staaten haben Ende der neunziger Jahre ihre Wachstumsrate auf 4 vH steigern können.

Tabelle 24.4: Wachstumsraten[a] ausgewählter Länder 1950–1998

	1950–1959	1960–1969	1970–1979	1980–1989	1990–1998
Deutschland	7,5	4,4	3,1	1,9	3,0
Japan	8,1	10,5	5,2	4,0	1,3
Großbritannien	2,5	3,2	2,4	2,9	2,0
Vereinigte Staaten	3,5	4,1	2,8	3,1	2,6

[a] Durchschnittliche jährliche Änderungsrate des realen Bruttoinlandsprodukts.

Quelle: OECD, Main Economic Indicators, Juni 1996; International Monetary Fund, International Financial Statistics, 1999; eigene Berechnungen.

Kasten 24.1 Konvergenz zwischen Volkswirtschaften

Querschnittsvergleiche von Volkswirtschaften zeigen, dass in der Regel solche Länder höhere Wachstumsraten haben, die ein niedriges Bruttoinlandsprodukt pro Kopf aufweisen. Die Wachstumsrate ist geringer, wenn das Bruttoinlandsprodukt pro Kopf höher ist. Diese Barro-Regel (Barro 1992) lässt sich dadurch erklären, dass ein geringeres Bruttoinlandsprodukt pro Kopf mit einem kleineren Kapitalstock einhergeht, dessen Grenzproduktivität hoch ist. Mit der Akkumulation des Kapitals nimmt die Grenzproduktivität des Kapitals ab. Die Volkswirtschaft bewegt sich entlang der Grenzproduktivitätskurve des Kapitals nach unten. Damit geht auch die Wachstumsrate zurück.
Aus dieser Überlegung folgt, dass Länder mit einem niedrigen Bruttoinlandsprodukt pro Kopf in der Regel höhere Wachstumsraten haben und gegenüber anderen Ländern mit höherem Bruttoinlandsprodukt pro Kopf aufholen. Es kommt zur Konvergenz. Eine solche Konvergenz ist im Ansatz auch für die heutigen Mitgliedstaaten der Europäischen Union zu erkennen. Im Schaubild sind auf der vertikalen Achse die durchschnittliche Wachstumsrate des Pro-Kopf-Bruttoinlandsprodukts für den Zeitraum 1960–1995 auf Ebene der heutigen Mitgliedstaaten der Europäischen Union und auf der horizontalen Achse das (logarithmierte) Pro-Kopf-Bruttoinlandsprodukt im Jahre 1960 verzeichnet. Man kann hier eine schwache negative Korrelation zwischen Anfangseinkommen und Wachstumsrate erkennen.

Schaubild Kasten 24.1: Konvergenz auf Länderebene in der Europäischen Union, 1960–1995

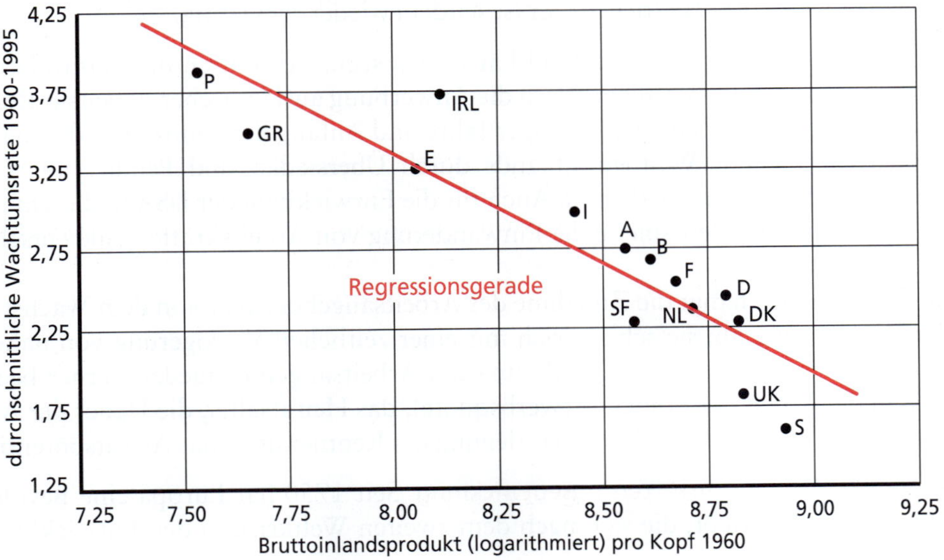

Quelle: H. Siebert, The World Economy, London 1999, S. 91.

24.4 Zunahme des Arbeitsangebots

Das Arbeitsangebot einer Volkswirtschaft wird üblicherweise in Stunden geleisteter Arbeit gemessen (Arbeitsvolumen). Gehen wir von dieser Definition aus, so kann das Arbeitsangebot einer Volkswirtschaft vermehrt werden, wenn bei konstanter Anzahl der Arbeitnehmer die Arbeitszeit zunimmt oder wenn bei konstanter Arbeitszeit die Anzahl der Arbeitnehmer steigt.
Wie wir bereits in der Preistheorie gesehen haben, vermehrt der einzelne Arbeitnehmer in der Regel sein Arbeitsangebot, wenn der Lohn steigt. Der Einzelne wird sein Arbeitsangebot auch im Lebenszyklus differenzieren. Wer eine Familie gründet oder ein Haus baut, wird interessiert sein, mehr zu arbeiten. Wer älter ist, wird mehr Freizeit vorziehen.
Bei gegebener Arbeitszeit kann das Arbeitsangebot mengenmäßig nur über die Steigerung der Zahl der Arbeitskräfte vermehrt werden.

1. Zuwachsrate der Bevölkerung. Die wichtigste quantitative Determinante des Arbeitsangebots, die Zuwachsrate der Bevölkerung, ist abhängig von der Geburtenrate (Anzahl der Geburten auf 1 000 Einwohner pro Jahr) und der Sterberate (Anzahl der Sterbefälle auf 1 000 Einwohner pro Jahr). Aus der Differenz zwischen Geburtenrate und Sterberate ergibt sich die Änderung der Bevölkerung. In Deutschland hat die Bevölkerung in den neunziger Jahren um 0,3 vH zugenommen.

2. Erwerbsquote. Das Arbeitsangebot kann durch eine höhere Erwerbsbeteiligung, beispielsweise der Frauen zunehmen. In Westdeutschland ist die Erwerbsquote, der Anteil der Erwerbspersonen (Erwerbstätige plus Arbeitslose) in den achtziger Jahren von 45,4 auf 48,0 gestiegen.[2] Er ist seitdem wieder rückläufig.

3. Zuwanderung. Westdeutschland hat in den sechziger Jahren die Vergrößerung des Arbeitsangebots vor allem durch die Anwerbung ausländischer Arbeitskräfte zu erreichen versucht. Ende der achtziger Jahre und Anfang der neunziger Jahre nahm das Arbeitsangebot Westdeutschlands durch Übersiedler und Pendler aus Ostdeutschland sowie Aussiedler zu. Auch für die Entwicklung der USA in diesem und im letzten Jahrhundert spielte die Einwanderung von Arbeitskräften eine entscheidende Rolle.
Im Wesentlichen hängt die Zunahme des Arbeitsangebots aber von dem Wachstum der Bevölkerung ab; sie schlägt sich mit einer zeitlichen Verzögerung von nahezu zwei Jahrzehnten in einer Veränderung des Arbeitsangebots nieder. Ferner beeinflussen die Arbeit der Frauen (Erwerbsquote), das Heiratsalter, die Dauer der Ausbildung und die gesellschaftliche Festlegung des Rentneralters das Arbeitspotential.

4. Vier Phasen der Bevölkerungsentwicklung. Seit 1750 hat Europa eine Bevölkerungsexplosion erlebt, die sich nach dem zweiten Weltkrieg in den Entwicklungs-

[2] Sachverständigenrat, Jahresgutachten 1998/99, Tabelle 16*.

ländern wiederholt hat. Bei diesem Prozess lassen sich vier Phasen unterscheiden, die in Schaubild 24.1 vereinfacht dargestellt sind. Vor der Bevölkerungsexplosion liegt eine hohe Geburten- und Sterberate vor (Phase I). Die Zuwachsrate der Bevölkerung ist wegen der hohen Sterberate gering. In Phase II wird infolge der Entwicklung und Verbreitung der Medizin und durch die Anwendung von Medikamenten die Sterberate erheblich gesenkt. Der niedrigeren Sterberate steht aber in dieser Phase weiterhin eine hohe Geburtenrate gegenüber. Daraus resultiert eine starke Zunahme der Bevölkerung. In Phase III fällt, zumindest nach europäischer Erfahrung, durch neue Verhaltensweisen (z. B. Erhöhung des Heiratsalters, Verstädterung usw.) die Geburtenrate. In Phase IV des Entwicklungsprozesses stellt sich dann bei niedriger Sterbe- und Geburtenrate eine geringe Zuwachsrate der Bevölkerung ein.

Schaubild 24.1: Geburtenrate und Sterberate im Wachstumsprozess

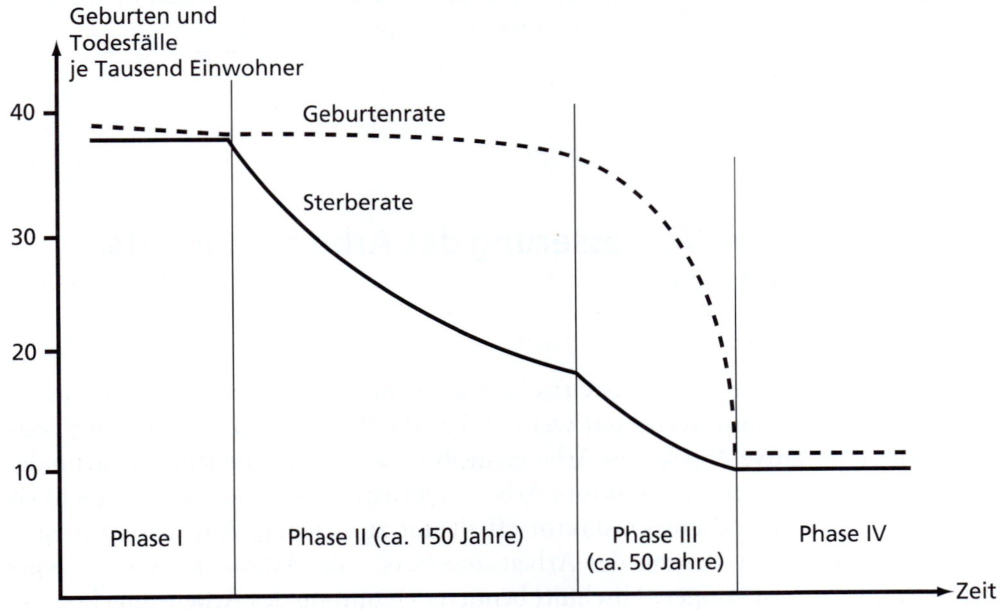

5. Bevölkerungswachstum und Armutsfalle. Die Zunahme der Bevölkerung und die dadurch mögliche Vermehrung des Arbeitsangebots ist jedoch keine Garantie für wirtschaftliches Wachstum, wie aus der Erfahrung der Entwicklungsländer ersichtlich wird. Die gestiegene Bevölkerungszahl erfordert eine größere Produktion von Konsumgütern und erschwert damit den Konsumverzicht, also die Kapitalbildung. Soll die Versorgung der Bevölkerung, gemessen am realen Pro-Kopf-Einkommen, wenigstens konstant bleiben oder sich verbessern, so muss die Zunahme der Produktionskapazität das Wachstum der Bevölkerung übersteigen. Schließlich kann die

Bevölkerung stärker zunehmen, als es die Verfügbarkeit an Arbeitsplätzen wünschenswert erscheinen lässt. So herrscht heute in manchen Entwicklungsländern eine nicht sichtbare oder versteckte Arbeitslosigkeit, die darin zum Ausdruck kommt, dass für eine gegebene Menge von Arbeitsplätzen die Bevölkerungszahl zu groß ist und z. B. ein landwirtschaftlicher Betrieb mit mehr Arbeitskräften besetzt ist als erforderlich. Diese nicht produktiv eingesetzten Arbeitskräfte haben einen Grenzertrag von annähernd Null.
Wir können uns dieses Phänomen mit einem gesamtwirtschaftlich wirksamen Ertragsgesetz erklären. Bei konstantem Kapitalangebot und bei unverändertem Einsatz aller anderen Produktionsfaktoren führt eine Vermehrung des Arbeitseinsatzes zu immer kleineren Zunahmen des Produktionsergebnisses; die Grenzerträge fallen und nähern sich schließlich Null. Daraus folgt als Ergebnis für die Wachstumspolitik, dass die mengenmäßige Vermehrung eines Faktors ceteris paribus immer kleinere Zuwächse des Inlandsprodukts mit sich bringt. Diese Überlegung lässt sich übrigens auch für den Faktor Kapital anwenden, wenn das Arbeitsangebot konstant gehalten und wenn von technischem Fortschritt abgesehen wird.

24.5 Qualitative Verbesserung des Arbeitsangebots: Humankapital

Das Arbeitsangebot einer Volkswirtschaft kann nicht nur quantitativ vermehrt, sondern auch qualitativ verbessert werden. Für die Wachstumschancen eines Landes ist der qualitative Aspekt des Arbeitsangebots von großer Bedeutung, denn die qualitative Veränderung des Faktors Arbeit stellt eine entscheidende Möglichkeit dar, einen wichtigen Wachstumsfaktor effizienter zu machen. Aus diesem Ansatz der qualitativen Veränderung des Arbeitsangebots – des Humankapitals –, wird deutlich, dass die im vorigen Abschnitt benutzte Definition des Arbeitsangebots als Menge der Arbeitsstunden in einer langfristigen Betrachtung nicht zutrifft. Wir müssen auch die Qualität des Arbeitsangebots berücksichtigen.

1. Notwendigkeit einer verstärkten Ausbildung. Eine verstärkte Ausbildung der Arbeitskräfte wird heute aus folgenden volkswirtschaftlichen Erwägungen erforderlich:
(1) Die Ausbildung der Arbeitskräfte erhöht deren Produktivität, so dass mit einem gegebenen Arbeitsangebot ein höheres Inlandsprodukt erstellt werden kann. Da in vielen Volkswirtschaften der Arbeitsmarkt im Sinne eines qualifizierten Arbeitsangebots der Flaschenhalssektor des Wachstumsprozesses ist, wirkt sich die Ausbildung in der Beseitigung eines wichtigen Entwicklungsengpasses und damit in einer höheren Wachstumsrate aus. Die Arbeitnehmer erhalten ein höheres Realeinkommen.

(2) Im Entwicklungsprozess vollzieht sich eine Gewichtsverlagerung der Produktion. Während in traditionellen Gesellschaften der primäre Sektor (Landwirtschaft/Rohstoffgewinnung) vorherrscht und bis zum Anfang des 19. Jahrhunderts in Europa der sekundäre Bereich (Industrie) den Hauptanteil der Produktion darstellte, hat der tertiäre Bereich (Dienstleistung) im 20. Jahrhundert eine immer größere Bedeutung gewonnen. Dieser Sektor umfasst den Handel, das Bank-, Versicherungs-, Verkehrs-, Nachrichten- und Gesundheitswesen. In den modernen Volkswirtschaften vollzieht sich ein Wandel zur Informationsgesellschaft. Dazu gehören die Kommunikationsdienstleistungen, die Computer-Produkte und das Internet. Mit dieser Produktionsverschiebung ist aber auch eine Wandlung in den Anforderungen an den Produktionsfaktor Arbeit verbunden, von dem jetzt hohe organisatorische, administrative, technische und kreative Fähigkeiten verlangt werden. Die Ausbildung der Arbeitskräfte gewinnt deshalb zunehmende Bedeutung.
(3) Die moderne Technik stellt zwei besondere Anforderungen an die Arbeitskraft. Da das technische Wissen immer stärker zunimmt, ist eine Spezialisierung der Arbeitskraft unumgänglich, da nur der Experte ein Teilgebiet des Wissensstandes beherrschen und anwenden kann. Andererseits macht neues technisches Wissen, mit dem wir uns im nächsten Paragraphen beschäftigen, Spezialkenntnisse obsolet. Neues technisches Wissen hebt damit die Vorzüge der Spezialisierung wieder auf. Die Arbeitskräfte müssen sich immer wieder auf neues Wissen umstellen. Da sich das Wissen immer wieder ändert, ist der Einzelne in Zukunft nicht wie früher mit einem Meisterbrief oder einem Diplom für sein ganzes Leben in seiner Existenz gesichert. In der Zukunft werden Arbeitskräfte vermehrt ihre erworbene Spezialisierung aufgeben und neue Fähigkeiten erwerben müssen. Von den Arbeitskräften der Zukunft wird also eine starke Anpassungsfähigkeit an eine neue technische Umgebung, Flexibilität für neue Tätigkeiten und Bereitschaft zur räumlichen und sektoralen Mobilität erwartet.

2. **Ausbildung als Investition.** Aus der kurzen Skizzierung des Qualitätsaspekts des Arbeitsangebots wird deutlich, dass die Ausbildung als eine Investition zu betrachten ist, die Kosten verursacht und Erträge abwirft. Gesamtwirtschaftlich bestehen die Kosten in den Produktionsfaktoren, die im Bildungssektor gebunden sind und die – falls sie freigesetzt würden – beispielsweise die Produktion von Konsumgütern erhöhen könnten. Die Kosten bestehen auch darin, dass während der Ausbildungszeit potentielles Arbeitsangebot nicht zur Verfügung steht. Die Erträge der Ausbildung schlagen sich in einer höheren Grenzproduktivität der Arbeit nieder. Wie wir bei der Diskussion der Lohnbildung gesehen haben, beeinflusst die Produktivität die Höhe des Lohnes. Die Auswirkung der Bildungsinvestition hat man deshalb an dem Einkommen der Arbeitskräfte mit unterschiedlicher Schulbildung zu messen versucht. Tabelle 24.5 gibt den durchschnittlichen Jahresverdienst in Abhängigkeit vom Ausbildungsstand an. Das persönliche Einkommen ist deutlich von der Ausbildung abhängig. Die Ausbildungsinvestition verzinst sich also in höherem Einkommen. Die Rendite der Ausbildungsinvestition wird für die OECD-Länder für die Volksschule auf 21,7 vH, für die mittlere Stufe auf 12,4 vH und für die höhere Ausbildung (Hoch-

schulen) auf 12,3 vH geschätzt.[3] Obwohl solche Zinssätze nur schwer zu ermitteln und mit vielen Fragezeichen zu versehen sind, liegen diese Sätze ähnlich wie Renditen, die bei Realinvestitionen normalerweise erwirtschaftet werden.

Tabelle 24.5: Durchschnittlicher Jahresverdienst in der Bundesrepublik Deutschland 1995 nach Ausbildungsstand, DM[a]

Hochschul-/Universitätsabschluss/Fachhochschulabschluss	109 982
Abitur	75 942
mit Berufsausbildung	76 051
ohne Berufsausbildung	75 255
Volks-, Haupt- und Realschule	63 030
mit Berufsausbildung	65 692
ohne Berufsausbildung	52 523

[a] Durchschnittlicher Bruttojahresverdienst 1995 für Vollzeitbeschäftigte im produzierenden Gewerbe, Handel, Kreditinstituten und Versicherungsgewerbe im früheren Bundesgebiet.

Quelle: Statistisches Bundesamt, 1995; eigene Berechnungen.

Betrachtet man die Ausbildung als Investitionsproblem, so ist von mehreren Ausbildungsinvestitionen diejenige vorzunehmen, die bei gegebenen Kosten die höchsten Erträge, d. h. den größten Nutzen erwarten lässt. Wir können auch für jede Art der Ausbildungsinvestition das Verhältnis der Nutzen und Kosten gegenüberstellen (Nutzen-Kosten-Analyse). Die Investition mit dem höchsten Nutzen-Kosten-Verhältnis ist dann durchzuführen.

24.6 Technisches Wissen

1. Formen neuen Wissens

Das technische Wissen gibt die Menge der möglichen oder realisierten Produktionsverfahren an. Die Veränderung dieses gegebenen Bestands an technischem Wis-

[3] G. Psacharopoulos, Returns to Investment in Education: A Global Update. World Development, Vol. 22, S. 1328.

sen bezeichnen wir als technischen Fortschritt. Neues technisches Wissen kann sich in folgenden Tatbeständen ausdrücken.

1. Prozessinnovation. Ein bereits produziertes Gut wird mit einem geringeren Faktoreinsatz hergestellt. Durch diese Verfahrensneuerung ändert sich die Produktionsfunktion; die in Schaubild 24.2 dargestellte Produktionsfunktion verschiebt sich nach oben (Prozessinnovation). Mit dem gegebenen Kapitalbestand $\overline{K}$ kann jetzt anstelle von Y_a das höhere Produktionsergebnis Y_a' erzeugt werden.

Schaubild 24.2: Technischer Fortschritt

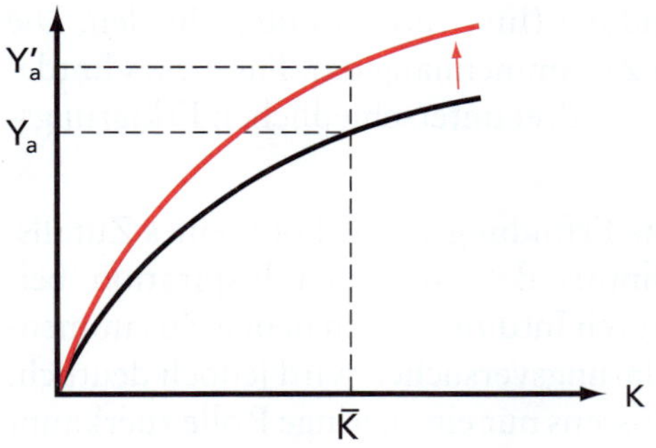

2. Produktinnovation. Das neue technische Wissen ermöglicht die Produktion eines neuen Gutes. Die Wirtschaftsgeschichte hat für diese Produktneuerungen von der Einführung des Wagenrades über die Entwicklung der Flüssigkristalle bis zur Computertechnologie eine Fülle von Beispielen bereit. Da für das neue Gut bisher noch keine Nachfrage besteht, muss diese erst geschaffen werden. Oft ist diese Nachfragezunahme nur dadurch möglich, dass von einem anderen Gut weniger nachgefragt wird. Das neue Gut (Eisenbahn) steht dann in Substitutionskonkurrenz zum alten Gut (Postkutsche). Technischer Fortschritt erfordert deshalb immer gewaltige Umstellungsprozesse in der Wirtschaft, die wir für den Faktor Arbeit bereits angedeutet haben.

3. Organisationsneuerungen. Schließlich kann sich neues technisches Wissen in neuen Organisationsformen ausdrücken. So wurde die Leistung der Seeschifffahrt Englands im 19. Jahrhundert dadurch gesteigert, dass neue Organisationsformen für eine volle Auslastung der Schiffe sorgten und dadurch die Transportkosten gesenkt wurden. Ein anderes Beispiel sind die Datenverarbeitung oder die Erfindung neuer computergesteuerter Koordinierungsverfahren, die die Organisation der Unternehmen verändern und eine größere Dezentralisierung der Entscheidungen und damit neue Organisationsstrukturen erlauben. Wichtige Organisationsneuerungen in der Wirtschaftsgeschichte waren ferner die Bildung eines Banken-

systems und die Einrichtung einer staatlichen Notenbank sowie die Einführung der Rechtsform der Aktiengesellschaft, die eine Beschränkung der Haftung auf das Eigenkapital erlaubt und das Aufbringen großer Geldbeträge möglich macht, wie sie von den Großunternehmen in der zweiten Hälfte des 19. Jahrhunderts benötigt wurden.

2. Entstehung neuen Wissens

Bei neuem technischen Wissen werden in Anlehnung an Schumpeter[4] die Erfindung (Invention) und die Durchsetzung der Erfindung (Innovation) unterschieden. Die Erfindung stellt eine Einsicht in einen neuen Zusammenhang dar. Für dieses Entdecken neuer Problemlösungen sind die folgenden drei unterschiedlichen Erklärungsversuche entwickelt worden:

1. Zufallshypothese. Dieser Ansatz erklärt die Erfindung als die Folge eines Zufalls. Nach diesem Ansatz ist eine neue Erkenntnis der zufälligen Inspiration beispielsweise eines Genies zu verdanken, das durch Intuition einen neuen Zusammenhang aufdeckt. Aus den beiden weiteren Erklärungsversuchen wird jedoch deutlich, dass dem Zufall bei der Entdeckung neuen Wissens nur eine geringe Rolle zuerkannt werden kann.

2. Lernprozess. Neues Wissen kann auch als das Resultat eines Lernprozesses verstanden werden. Es stellt dann das Ergebnis akkumulierter Erfahrungen dar, die man durch sich nachträglich als falsch oder richtig erweisende Handlungen gemacht hat. Unterstellen wir, ein Automobilwerk produziert einen neuen Autotyp. In der Regel treten bei der ersten Serie »Kinderkrankheiten« auf, die sich nicht alle voraussehen und durch Vortests eines Prototyps ermitteln lassen. Das Automobilunternehmen lernt dann an seinen Fehlern, indem die Reklamationen der Kunden korrigiert werden. Auch bei den Weltraumflügen wird neues Wissen, z. B. über die Flugtechnik, über die Eigenschaften des Raumschiffes usw. gesammelt, indem man aus Fehlern und positiv verlaufenen Handlungen lernt. Wir sprechen in diesem Fall in Anlehnung an die amerikanische Literatur von »learning by doing«.

3. Suchprozess. Der dritte Erklärungsversuch interpretiert neues technisches Wissen als das Ergebnis eines systematischen Suchprozesses. Dieser Ansatz stützt sich darauf, dass in der modernen Wirtschaft in den Forschungsabteilungen der Großunternehmen und der Hochschulen systematisch nach neuem Wissen gesucht wird. Das Aufdecken neuen Wissens ist eine Serie von Schritten ins Ungewisse, mit denen die Informationsgrenze eine Volkswirtschaft in kleinen diskreten Schritten erweitert wird. Jede neue Erkenntnis bringt zusätzliche Information und reduziert damit die

[4] J. A. Schumpeter, Konjunkturzyklen. Eine theoretische, historische und statistische Analyse des kapitalistischen Prozesses, Göttingen 1961, S. 91 f.

Unsicherheit über technische Produktionsmöglichkeiten. Gleichzeitig ist das Ergebnis eines Suchschrittes der Startpunkt für einen neuen Suchprozess. Da bei der Aufdeckung neuen Wissens mehrere Wege ins Ungewisse möglich sind, aber wegen fehlender Mittel oft nur ein einziger Weg beschritten werden kann, legt man mit dieser Entscheidung über den Suchweg auch die zukünftige Entwicklung des neuen technischen Wissens fest. Die Veränderung des technischen Wissens vollzieht sich auf Einbahnstraßen, auf denen man nicht beliebig zurückfahren kann (Pfadabhängigkeit der Entwicklung). Diese Irreversibilität des technischen Fortschritts macht man sich am besten an einem Beispiel deutlich: Hätte man sich vor hundert Jahren für das Dampfauto entschieden, würden wir heute in hoch entwickelten und sehr leistungsfähigen Dampfautos fahren.
Das Ergebnis eines Suchprozesses, die Erfindung, ist von folgenden Faktoren abhängig:

- von der Problemstruktur der Realität. Ein Suchprozess wird eingeleitet, wenn sich traditionelle Regelungen in Bezug auf ein Anspruchsniveau als ungenügend erweisen. Sie müssen zu einer Krise führen, in der ein Problem mit herkömmlichen Methoden nicht zu bewältigen ist. In einer solchen Krise befand sich z. B. die USA, als die UdSSR Ende der fünfziger Jahre ihren ersten Sputnik gestartet hatte.
- von dem bestehenden Wissensstand einer Gesellschaft. Der Wissensstand ist der Ausgangspunkt eines Suchprozesses. Er bestimmt zusammen mit der Problemstruktur gleichsam den Scheinwerfer, mit dem das unbekannte Suchfeld abgetastet wird und mit dem die Fragestellungen der Forschungen formuliert werden.
- von der Höhe der eingesetzten Suchmittel. Je größere Mengen Ressourcen eingesetzt werden, umso größer sind die Chancen, eine Invention zu tätigen. Technisches Wissen ist also ein Gut, das wie jedes andere produziert werden kann. Bei den Suchmitteln wirken sich auch die bereits besprochenen Bildungsinvestitionen aus. Denn eine Aufgabe der Ausbildung ist die Diffusion des bereits erreichten und gesicherten Wissens auf möglichst viele Mitglieder der Gesellschaft. Je größer die Ausbildungsinvestition, umso günstiger ist der Startpunkt für die Entwicklung neuen Wissens durch die Forschung.

Bei der Suche nach neuem Wissen unterscheiden wir üblicherweise Grundlagen- und Zweckforschung (angewandte Forschung). Die Grundlagenforschung bemüht sich um die Auffindung neuer theoretischer Erkenntnisse; die Zweckforschung strebt eine Anwendung dieser Erkenntnisse an und führt zur kommerziellen Verwendung der Erfindung. Ist die Invention in eine grundsätzlich verwertbare Form gebracht worden, so muss sie noch praktisch durchgesetzt werden; d. h. es müssen Unternehmer wagemutig genug sein, ein neues Verfahren in den Produktionsprozess oder ein neues Produkt einzuführen, und sie müssen über ausreichende Kapitalmittel verfügen, mit denen das neue Verfahren verwirklicht werden kann. Denn die praktische Durchsetzung einer neuen Idee, neuer Produktionsanlagen usw. erfordert nach Erfahrungswerten 10–20mal so hohe Geldsummen wie das Auffinden der Idee selbst.

3. Die Verbreitung neuen Wissens

Die Realisierung einer Erfindung besteht aber nicht nur in der Innovation, d. h. der ersten Praktizierung in einem Unternehmen, sondern auch in der Verbreitung (Diffusion) des neuen Wissens auf die gesamte Volkswirtschaft. Bei der Analyse des Diffusionsprozesses sind zwei Fragen zu unterscheiden.
Erstens: Wie reagieren die Konkurrenten des Innovators, die das gleiche Produkt herstellen, auf die Innovation?
Zweitens: Wie reagieren die Nachfrager auf das neue Produkt?

1. Reaktion der Konkurrenten. Der Innovator erzielt infolge der Durchsetzung des neuen technischen Wissens einen größeren Gewinn als die anderen Unternehmen, da er mit niedrigeren Kosten produzieren kann. Grundsätzlich werden seine Konkurrenten auf diese neue Situation dadurch reagieren, dass sie ebenfalls eine Kostensenkung durch die Realisierung des neuen Verfahrens anstreben. Der Konkurrent kann aber erst dann auf die Innovation antworten, wenn er sie bemerkt hat. Die Reaktion des Konkurrenten hängt also von den Informationsströmen über die Innovation und damit von dem Informationssystem und den Kommunikationsstrukturen einer Volkswirtschaft ab. Für die Diffusion neuen Wissens ist die Organisation der Kommunikationsprozesse von entscheidender Bedeutung.
Da die Informationsströme Zeit erfordern, kann die Reaktion der Konkurrenten auf die Innovation nur mit einer zeitlichen Verzögerung erfolgen. Grundsätzlich wird der Innovator ein Interesse haben, seine Neuerung geheim zu halten. Erfährt der Konkurrent schließlich doch von der Innovation, so wird er bemüht sein, die Erfindung zu imitieren. Hierbei errichtet der Patentschutz jedoch eine Schranke. Eine unentgeltliche Verwertung der Erfahrung ist erst nach Ablauf der Patentsperre möglich. Das Patentsystem verhindert also die schnelle Diffusion neuen Wissens. Diese Wirkung beeinträchtigt das wirtschaftliche Wachstum. Andererseits garantiert der Patentschutz dem Innovator einen Wettbewerbsvorsprung und belohnt damit die Erfindertätigkeit. Es stellt also einen Anreiz dar, in die Forschung zu investieren und neues Wissen aufzuspüren. Diese Wirkung ist wachstumsfördernd. Ob die positive oder negative Wachstumswirkung des Patentsystems überwiegt, ist eine empirische Frage.

2. Reaktion der Nachfrager. Diese Thematik interessiert vor allem dann, wenn das neue Produkt ein Kapitalgut ist. Dann produziert der Innovator ein neues Gut, das aber für den Abnehmer ein neues Verfahren darstellt. Die Diffusion neuen Wissens äußert sich also auch in der Adoption der neuen Kapitalgüter durch die Abnehmer. Man darf nun nicht annehmen, dass die potentiellen Abnehmer das neue Kapitalgut direkt akzeptieren. Einmal treten hier wieder Informationsprobleme auf. Wer von der Existenz des neuen Kapitalgutes nichts weiß, kann es nicht einsetzen. Zum anderen ist die Anwendung eines neuen Verfahrens immer mit einem Risiko verbunden. Ob ein neues Verfahren akzeptiert oder übernommen wird, hängt deshalb von dem Überzeugtsein von der Überlegenheit der neuen Anlagen und der grundsätzlichen Bereitschaft zur Neuerung ab. Schließlich müssen auch die Kapitalmittel vorhanden sein, um das neue Kapitalgut zu erwerben.

4. Die Verkörperung neuen Wissens in Kapital und Arbeit

Neues technisches Wissen realisiert sich nicht unabhängig von den anderen Produktionsfaktoren. In der Wachstumstheorie ist deshalb ausführlich die These diskutiert worden, dass sich neues technisches Wissen in den beiden Produktionsfaktoren Kapital und Arbeit verkörpert.
Betrachten wir den Kapitalstock einer Volkswirtschaft zu einem gegebenen Zeitpunkt, so besteht er aus Anlagen unterschiedlichen Alters. Ähnlich wie sich bei einer archäologischen Ausgrabung in immer tieferen Schichten immer ältere »Anlagen« finden, kann man auch beim Kapitalstock die Anlagen nach Jahrgängen anordnen. Beim Kapitalgut verhält es sich dabei genau umgekehrt wie beim Wein. Je älter der Jahrgang, umso niedriger ist das technische Niveau, das dieses Kapitalgut eingefangen hat. Je jünger das Kapitalgut, umso eine höhere Produktivität repräsentiert es.
Die Verkörperung neuen technischen Wissens in Maschinen macht auf einen weiteren Bestimmungsfaktor wirtschaftlichen Wachstums aufmerksam: Je geringer das Durchschnittsalter des Kapitalbestandes, umso größer die Produktivität des Kapitals und umso höher die Wachstumsrate. Das Durchschnittsalter des Kapitalbestandes hängt nicht allein von der Neuinvestition, sondern auch von den Ersatzinvestitionen ab. Denn eine Ersatzinvestition ermöglicht nicht nur, die Kapazität einer alten, abgeschriebenen Anlage wiederherzustellen, sondern erlaubt auch, mit der neuen Anlage technischen Fortschritt einzufangen. Deshalb sind für die Wachstumsrate nicht allein die Nettoinvestitionen entscheidend.
Neues Wissen kann sich auch im Produktionsfaktor Arbeit verkörpern (Humankapital). So haben jüngere Arbeitnehmer in der Regel einen höheren Ausbildungsstand. Durch eine berufsbegleitende Ausbildung und durch Lernen am Arbeitsplatz (training on the job) können aber auch ältere Arbeitnehmer neues Wissen erwerben.

5. Neues technisches Wissen als endogener Prozess

Angewandtes neues technisches Wissen kann als Resultat eines Wettbewerbsprozesses zwischen Unternehmen interpretiert werden. Wer zuerst mit einer Technologie (oder einem Medikament) auf dem Markt ist, kann eine stärkere Marktstellung erreichen. Deshalb lässt sich die Suche nach neuem angewandtem Wissen auch als Wettrennen um neues Wissen modellieren.

6. Anreize zur Auffindung neuen technischen Wissens

Für den Wachstumsprozess einer Volkswirtschaft (und für die Versorgung ihrer Mitglieder mit Gütern) spielt eine zentrale Rolle, über welche Anreize ein ökonomisches System verfügt, damit neues technisches Wissen entdeckt wird. Wir begnügen uns hier mit einer Reihe von Fragen: (1) Erfordert die Auffindung von Grundlagenwissen staatliche Finazierung? (2) Wird der Trend zum Großunternehmen durch die Technologie verstärkt? (3) Da insbesondere angewandte Forschung problemorientiert ist, muss die Forschung nicht in kleinen Einheiten (nahe am Problem) institutionalisiert sein? (4) Welche Rolle spielen Preise und Gewinne in einem marktwirtschaftlichen System als Stimulator neuen technischen Wissens? Inwieweit bedeutet die dezentrale Organisation einer Volkswirtschaft ein »plus« bei der Auffindung neuen technischen Wissens? Inwieweit bedeutet Wettbewerb ein Entdeckungsverfahren im Sinne Hayeks? (5) Inwieweit muss für die Auffindung neuen technischen Wissens in der Weise ein Anreiz geschaffen werden, dass der Erfinder einen temporären Schutz bei der Verwertung seiner Erfindung erhält (Patentschutz)? (6) Inwieweit beeinträchtigen staatliche Regulierungen wie Genehmigungsverfahren für neue Produkte (Medizin, Biotechnologie) den technischen Fortschritt?

7. Die Besonderheit des technischen Wissens

Technisches Wissen ist im Vergleich zu anderen Produktionsfaktoren dadurch gekennzeichnet, dass, anders als bei Arbeit, Kapital und Boden, ein Einsatz einer Technologie an einer Stelle ihre Verwendung an anderer Stelle nicht ausschließt. Insoweit besteht Nichtrivalität; sinkende Grenzerträge bei verstärktem Einsatz der Technologie treten nicht auf. In diesem Fall lässt sich argumentieren, dass die Produktionsfunktion beispielsweise eines Unternehmens nicht allein Arbeit (A) und Kapital (K) als Inputs enthält, sondern auch das akkumulierte Wissen (W), das im Sektor, aber auch in der Volkswirtschaft vorhanden ist. Die Produktion q steigt auch dann, wenn das akkumulierte Wissen zunimmt (W), so dass die Produktionsfunktion als $q = f(A, K, W)$ geschrieben werden kann. Diese Nichtrivalität und die Ungültigkeit eines »Gesetzes« der abnehmenden Grenzproduktivität gelten für Grundlagenwissen, dessen Anwendung alle Produktionen auf ein höheres Niveau heben kann. Sie gelten aber auch für Erfahrungswissen, das etwa in einer Region akkumuliert ist (Schweizer Uhrenindustrie im Schweizer Jura).
Bei einer Reihe von Gütern bestehen darüber hinaus Netzwerkeffekte. Je mehr Güter (Telefon- und Internet-Anschlüsse) eingesetzt werden, umso größer ist der Wert eines einzelnen Anschlusses. Allerdings darf man die These der Nichtrivalität auch nicht überdehnen. Bei vielen Technologien bedeutet die Tatsache, dass ein Unternehmen über eine Technologie verfügt (auch über ein neues Produkt) und dass es erfolgreich andere Unternehmen von dieser Technologie ausschließen kann, dass es sich selbst bessere Marktchancen eröffnet. Dann besteht durchaus Rivalität. Die These der Nichtrivalität gilt also nicht generell für technisches Wissen.

24.7 Umwelt und Natur

1. Funktionen der Umwelt

Die Umwelt[5] ist von der ökonomischen Theorie lange nicht beachtet und als freies Gut behandelt worden, das zu einem Preis von Null genutzt wird und damit nicht Gegenstand des Wirtschaftens ist. Inzwischen hat man eingesehen, dass die Umwelt kein freies Gut mehr ist.
Die Umwelt hat im Wachstumsprozess die folgenden Funktionen:

1. Lieferant von Ressourcen. Die Umwelt liefert dem ökonomischen System Ressourcen oder Rohstoffe, die als Inputs in den Produktionsaktivitäten eingesetzt werden: Energieträger, Mineralien, Metalle usw. Die mit Hilfe der Ressourcen erstellten Güter werden dem Konsum zugeführt. Schaubild 24.3 verdeutlicht in den Pfeilen 1 und 2 diese Beziehungen zwischen dem ökonomischen System und der Umwelt. Das ökonomische System besteht aus den beiden Bereichen Produktion und Konsum, das System der Umwelt enthält die Bereiche Roh- und Schadstoffe sowie Konsuminputs.

Schaubild 24.3: Interdependenz zwischen Umwelt und ökonomischem System

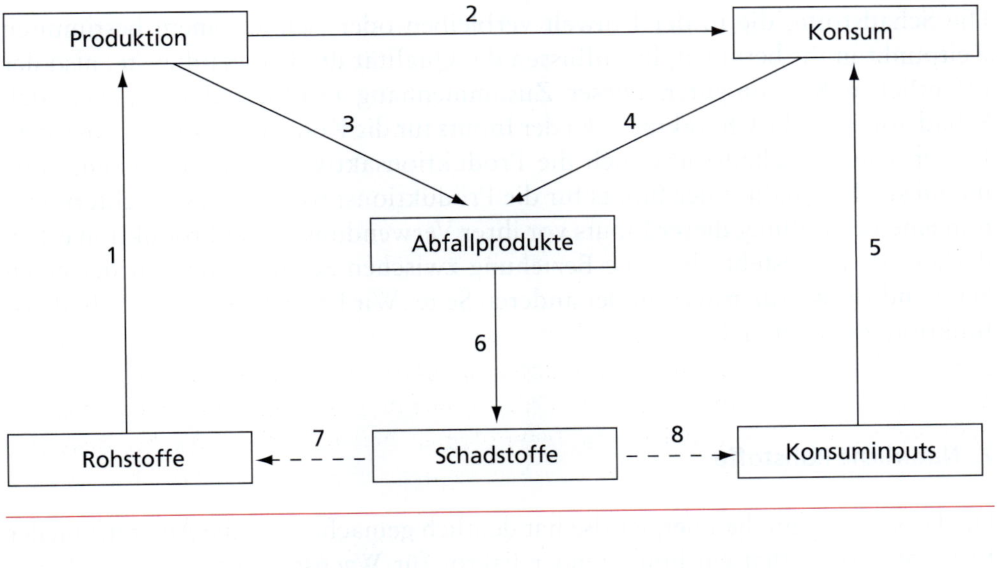

[5] Zu den folgenden Ausführungen vgl. H. Siebert, Economics of the Environment, 5. Aufl., Heidelberg 1998. Dort findet sich auch eine Diskussion der wirtschaftspolitischen Lösungsmöglichkeiten des Umweltproblems.

2. Aufnahmemedium von Schadstoffen. Die in Produktion und Konsum anfallenden und nicht weiter verwertbaren Kuppelprodukte werden an die Umwelt abgegeben (Pfeile 3, 4). Kuppelprodukte liegen vor, wenn z. B. aus einem Produktionsprozess gleichzeitig mehrere Güter hervorgehen. Oft liegt für das Kuppelprodukt keine Verwendung vor; es ist unerwünscht wie z. B. das Kohlendixid, das bei der Energiegewinnung aus fossilen Brennstoffen anfällt und für das globale Klimaproblem verantwortlich gemacht wird.

3. Angebot von Konsumgütern. Die Umwelt stellt der Ökonomie öffentliche Konsumgüter zur Verfügung, und zwar sehr elementare »Lebensmittel« wie Luft und Wasser und so wichtige Konsumgüter wie die Schönheit der Landschaft (Pfeil 5). Öffentliche Güter sind dadurch definiert, dass niemand vom Konsum ausgeschlossen werden kann.
Die an die Umwelt abgegebenen Abfallmengen werden von den verschiedenen Medien der Umwelt – Atmosphäre, Boden, Wasser – aufgenommen, teilweise abgebaut, akkumuliert, an andere Orte transportiert oder in ihrer Struktur geändert. Abfallprodukte oder Emissionen sind deshalb nicht identisch mit Schadstoffen oder Immissionen. Abfallprodukte sind die bei Produktion und Konsum anfallenden unerwünschten Kuppelprodukte bei ihrer Abgabe an die Umwelt. Schadstoffe sind die in einem bestimmten Umweltmedium zu einem Zeitpunkt befindlichen Stoffe. Ein Abfallprodukt wird erst zu einem Schadstoff durch die Diffusion oder Transformation in der Umwelt. Die Beziehung zwischen Abfallprodukten und Schadstoff bezeichnen wir als Diffusionsfunktion (Pfeil 6).
Die Schadstoffe, die in der Umwelt verbleiben oder sich zu einem bestimmten Zeitpunkt in ihr befinden, beeinflussen die Qualität der Umweltdienste, also der öffentlichen Konsumgüter. Dieser Zusammenhang resultiert daraus, dass sich Schadstoffe auf die Charakteristika der Inputs für die Konsumprozesse auswirken. Ferner können Schadstoffe auch die Produktionsaktivitäten beeinflussen, etwa indem sie die Qualität der Inputs für die Produktionsprozesse verschlechtern und nun eine Behandlung dieser Inputs vor ihrer Verwendung in der Produktion erforderlich ist. Es besteht also eine Beziehung zwischen Schadstoffen auf der einen Seite und Umweltdiensten auf der anderen Seite. Wir bezeichnen sie als Schadensfunktion (Pfeil 7 und 8).

2. Natürliche Rohstoffe

Die Diskussion um die Energiekrise hat deutlich gemacht, dass die Ausstattung der Erde mit Rohstoffen ein limitierender Faktor für Wachstumsprozesse sein kann. Tabelle 24.6 zeigt einige wichtige Ressourcen mit der heute maximal zu erwartenden Nutzungszeit. Dabei sind Reserven solche Ressourcen, die mit großer Genauigkeit erfasst wurden und mit den derzeitigen technischen Möglichkeiten wirtschaftlich gewonnen werden können. Reserven werden auch als bauwürdig ausbringbare Reserven und als sicher und wahrscheinlich gewinnbare Vorräte bezeichnet. Unter zusätzlichen Reserven werden Ressourcen verstanden, die nachgewiesen, aber derzeit nicht wirtschaftlich gewinnbar sind.

Tabelle 24.6: Rohstoffbasis der Welt: Nicht-erneuerbare Energieträger in Mrd. t Steinkohleeinheiten Ende 1997

	Erdöl	Erdgas	Nicht-konventionelles Erdöl	Nicht-konventionelles Erdgas	Kohle	Kernbrennstoffe
Reserven	227	180	201	4	558	65
Zusätzliche Reserven	113	267	861	3 819	6 110	82
Summe	340	447	1 062	3 823	6 668	147

	Summe über alle Energieträger	Restnutzungszeit bei konstantem Verbrauch	Restnutzungszeit bei steigendem Verbrauch[a]
Reserven	1 235	98 Jahre	36 Jahre
Zusätzliche Reserven	11 252	893 Jahre	77 Jahre
Summe	12 487	991 Jahre	80 Jahre

[a] Bei einer Zunahmerate von 5 vH p. a.

Quelle: Bundesanstalt für Geowissenschaften und Rohstoffe. Reserven, Ressourcen und Verfügbarkeit von Energierohstoffen, Hannover 1999; eigene Berechnungen.

Die Debatte, inwieweit Rohstoffe eine unabdingbare Voraussetzung für wirtschaftliches Wachstum sind oder ob wichtige Rohstoffe durch technischen Fortschritt substituiert werden können, ist noch nicht abgeschlossen. Für eine einzelne Volkswirtschaft wissen wir aus der Vergangenheit, dass eine starke Rohstoffbasis keine unabdingbare Voraussetzung für Wachstum ist. Produktionsfaktoren können gegenseitig substituiert werden, und was an Rohstoffen fehlt, kann durch andere Produktionsfaktoren wettgemacht werden. England beispielsweise, die erste industrialisierte Volkswirtschaft der Welt, hat eine schwache Rohstoffbasis und war bereits Ende des 18. Jahrhunderts auf schwedische Eisenerze angewiesen. Auch die Schweiz besitzt – mit Ausnahme der mittlerweile stark entwickelten Wasserenergie – kaum Rohstoffe. Japan hat ungenügende Kohlevorkommen und wenig Rohstoffe. Auch die Bundesrepublik ist auf Rohstoffimporte angewiesen. Schließlich zählen Dänemark und Neuseeland zu den reichen Nationen, obwohl sie kaum über Rohstoffe für die Industrie verfügen und noch heute landwirtschaftlich orientiert sind. Eine Entwicklung ist also auch mit einer schwachen Rohstoffbasis möglich.

Wie das Beispiel derjenigen Länder zeigt, die Rohstoffe exportieren, ist andererseits eine Rohstoffbasis keine Garantie für eine hohe Wachstumsrate, ähnlich wie ein großes Angebot an landwirtschaftlichem Boden auch nicht die Entwicklung sicherstellt. So exportieren Zaire und Sambia Kupfer. Oft beschränkt sich die Wachstumswirkung des Exports nur auf den Exportbereich und greift nicht auf die anderen Wirtschaftszweige der Volkswirtschaft über.
Eine Rohstoffbasis kann aber die Entwicklung entscheidend erleichtern, indem sie über Exporte Devisen ins Land bringt, mit denen sich wichtige Importe finanzieren lassen. Außerdem kann eine Rohstoffbasis die Grundlage einer aufzubauenden Industrie abgeben, wie es bei der Entwicklung des Ruhrgebietes der Fall war.

3. Die Umwelt als Schadstoffempfänger

Die bei Produktion und Konsum anfallenden Kuppelprodukte werden, so weit sie nicht verwertbar sind, an die Umwelt abgegeben. Die Umwelt dient also als Schadstoffempfänger. Eine Reihe von Abfallprodukten werden von den verschiedenen Umweltmedien abgebaut. So werden organische Abfälle, wenn sie die Selbstreinigungskraft der Gewässer nicht übersteigen, durch Bakterien reduziert. Oder das Wurzelgeflecht der Binsen hat beispielsweise ein beachtliches Gewässerreinigungsvermögen und tötet pathogene Mikroorganismen, erhöht den Sauerstoffgehalt des Wassers, baut organische Stoffe ab und reduziert Phosphate und Nitrate.
Die Assimilationskapazität der Umwelt ist begrenzt, d. h. man kann z. B. in die Flusssysteme nur eine ganz bestimmte Menge organischer Abfälle abgeben, wenn man nicht das Umweltsystem selbst zerstören will. Zudem können eine ganze Reihe von Schadstoffen nicht oder nur sehr langfristig abgebaut werden. Dazu gehören alle toxischen Metalle und eine Reihe von Pestiziden wie das DDT. Die Akkumulation von nicht oder kaum abbaubaren Schadstoffen in der Zeit ist ein Phänomen, das aus kleinsten Schadstoffmengen, die lokal kaum von schädigender Wirkung sind, im Verlauf der Zeit bedenkliche Konzentrationen von Schadstoffen entweder in einem Umweltmedium oder aber in Teileinheiten eines biologischen Systems entstehen lässt. Zwar kann man die Assimilationskapazität durch Investitionen leicht beeinflussen, etwa indem Luftfilter in Flüssen zur Erhöhung des Sauerstoffgehaltes angebracht werden. Aber die Möglichkeiten zur Erweiterung der Assimilationskapazität sind begrenzt. Die gegebene Assimilationskapazität der Umwelt stellt also einen limitierenden Faktor für wirtschaftliches Wachstum dar.

4. Umwelt als Konsumgut

Die Umwelt stellt gleichzeitig wichtige Konsumgüter wie Wasser, Luft und Erholungswerte zur Verfügung. Das Umweltproblem besteht darin, dass die Abgabe von

Schadstoffen an die Umwelt die Charakteristika des öffentlichen Konsumgutes Umwelt beeinträchtigt, d. h., dass konkurrierende Verwendungsmöglichkeiten des Gutes Umwelt vorliegen. Die Verwendung der Umwelt als Schadstoffempfänger reduziert ihre Qualität für Zwecke des Konsums.
An dieser Stelle wird deutlich, dass wirtschaftliches Wachstum als Maßstab für die Wohlfahrt einer Gesellschaft nicht allein an der Zunahme des Inlandsprodukts gemessen werden kann, sondern durch andere Größen ebenfalls zum Ausdruck gebracht werden muss, die man unter dem Schlagwort qualitativen Wachstums diskutiert. Für die Umweltproblematik bedeutet dies: Nicht nur der Güterberg der privaten Güter, auch die öffentlichen Güter – und d. h. hier die Umweltdienste – müssen in einem Maßstab der Wohlfahrt eingeführt werden. Ein solches Maß macht gleichzeitig deutlich, dass Wachstum einen instrumentalen Charakter hat, es ist Mittel der Wohlfahrtssteigerung und kein Ziel an sich.
Der Konflikt zwischen der Steigerung des Produktionsergebnisses (quantitatives Wachstum) und der Verbesserung der Umweltqualität wird in Schaubild 24.4 verdeutlicht.

Schaubild 24.4: Zielkonflikt zwischen Wachstum und Umweltqualität

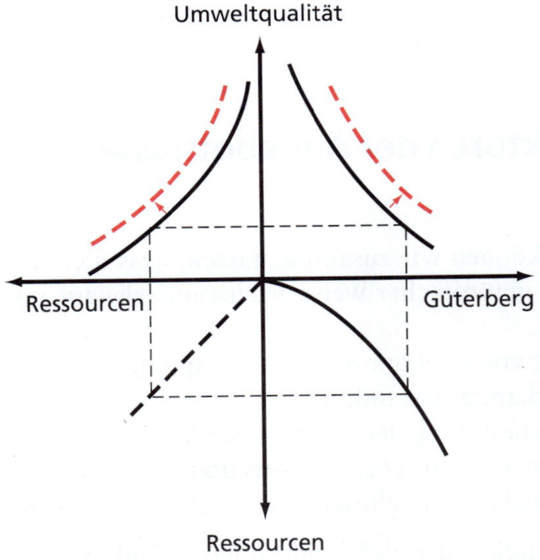

Mit der Menge der eingesetzten Ressourcen steigt die Menge der produzierten Güter. Diese Beziehung, die wir durch die Produktionsfunktion erfassen, ist im Südost-Quadranten des Schaubilds dargestellt. Mit zunehmendem Ressourceneinsatz steigt aber auch die Schadstoffmenge oder – anders ausgedrückt – die Umweltqualität sinkt. Dieser Zusammenhang ist durch die Kurve im Nordwest-Quadran-

ten verdeutlicht. Jeder Menge von Ressourcen ist also ein bestimmter Güterberg und eine bestimmte Umweltqualität zugeordnet. Man kann für jede Menge von Ressourcen die Kombination dieser beiden Werte als Punkte in den Nordost-Quadranten eintragen. Verbindet man diese Punkte, so erhält man die Kurve der Zielbeziehung zwischen den Zielen Umweltqualität und Produktionsniveau. Diese Kurve hat eine negative Steigung. Das bedeutet, dass man eine größere Produktion nur erreichen kann, wenn man eine geringere Umweltqualität in Kauf nimmt, und dass man eine bessere Umweltqualität nur erzielen kann, wenn man auf einen Teil des möglichen Produktionsergebnisses verzichtet.
Die Schlussfolgerungen aus Schaubild 24.4 beruhen auf sehr einfachen Prämissen, und zwar gegebenen Produktionsfunktionen für Güter und Schadstoffe. Unterstellen Sie, pro eingesetzte Ressource würde z. B. infolge technischen Fortschritts eine geringere Menge Schadstoffe anfallen, d. h. es würde eine bessere Umweltqualität möglich sein. Dann verschiebt sich die Kurve im Nordwest-Quadranten nach oben. Damit bewegt sich auch die Zielkonfliktkurve nach oben. Betrachtet man nicht ein einziges Produkt, sondern realistischerweise eine Fülle von Produkten, so kann die Verschiebung der Kurve des Nordwest-Quadranten, d. h. eine Entschärfung des Zielkonflikts, auch durch eine Umstrukturierung der Produktion auf weniger schadstoffintensive Produkte erfolgen.

24.8 Andere Wachstumsfaktoren der Angebotsseite

Aus unseren bisherigen Erörterungen können wir zusammenfassen, dass nicht für den Konsum verausgabtes Einkommen in fünffacher Weise wachstumsrelevant ausgegeben werden kann:
- als Nettoinvestition für die Schaffung von direkt produktivem Kapital,
- für die Erweiterung des Infrastrukturkapitalbestandes,
- als Ausbildungsinvestition für die Verbesserung der Qualität der Arbeit,
- als Suchmittel für die Aufdeckung neuen technischen Wissens und
- als Investitionsmittel zur Verbesserung der Umweltqualität.

Damit tritt die Frage auf, welche Verwendung des nicht konsumierten Einkommens den höchsten Beitrag zum Wachstumsziel leistet. Diese Frage ist in dem Sinne ungelöst, dass die Auswirkungen vor allem der Verwendungsformen des Infrastrukturkapitals, der Ausbildungsinvestitionen und der Suchmittel wenig erforscht und nur schwer zu quantifizieren sind. Aber dennoch bleibt diese Frage ein Zentralpunkt der Wachstumstheorie und zugleich eines der Hauptprobleme der Wachstumspolitik.
Die Veränderungen der Produktionsfaktoren Kapital, Arbeit und technisches Wissen werden in der Literatur als die entscheidenden Wachstumsdeterminanten angesprochen. In der gesamtwirtschaftlichen Produktionsfunktion sind aber auch der

Boden und das *soziale System* als Produktionsfaktoren aufgeführt. Von ihrer Veränderung können ebenfalls Wachstumswirkungen ausgehen.

1. Boden

Bereits bei der Diskussion des Produktionsfaktors Boden haben wir gesehen, dass das Bodenangebot einer Volkswirtschaft konstant ist und außer durch Landgewinnung am Meer nicht vermehrt werden kann. Ähnlich wie Arbeit und Kapital kann aber der Boden qualitativ verbessert werden, indem Investitionen (Bewässerung) vorgenommen werden oder technischer Fortschritt (z. B. anderes Saatgut, größere Anbauflächen mit Maschineneinsatz) die Produktivität des Bodens erhöht.

1. Eine hohe Produktivität des Bodens als landwirtschaftlicher Produktionsfaktor ist gerade für das Wachstum der Entwicklungsländer von entscheidender Bedeutung. Die Landwirtschaft hat in den Entwicklungsländern die Aufgabe, die stark wachsende Bevölkerung mit Lebensmitteln zu versorgen. Infolge des Bevölkerungsanstiegs muss die landwirtschaftliche Produktion von Jahr zu Jahr gesteigert werden. Ohne eine Produktionszunahme müssen Nahrungsmittel importiert werden. Importe aber erfordern Devisen, die ein Entwicklungsland in der Regel kaum selbst aufbringen kann, da ein leistungsfähiger Exportsektor oft nicht existiert.

2. Die Leistungsfähigkeit der Landwirtschaft ist aber nicht allein eine Funktion der gegebenen Bodenmenge, sondern auch der Organisation des landwirtschaftlichen Wirtschaftszweiges. Großgrundbesitz wird allgemein als ein Hindernis für die Entwicklung der unterentwickelten Volkswirtschaften angesprochen. Oder die Institution des Farmpächters, der seine Pacht mit einem Prozentsatz seiner Ernte an den Grundeigentümer bezahlt, stellt oft weder für den Pächter noch für den Grundeigentümer einen Anreiz dar, neue technische Verfahren einzuführen und Kapitalgüter zu schaffen und einzusetzen. Die Produktivität der Landwirtschaft wird also auch entscheidend von dem gesellschaftlichen System beeinflusst. Ebenso wie eine große Landmenge (Indien) und eine hohe Produktivität im landwirtschaftlichen Bereich keine Garantien für wirtschaftliches Wachstum sind, muss eine kleine Landfläche, wenn sie intensiv genutzt wird, kein Handikap für das Wachstum sein, wie das Beispiel der Niederlande zeigt.

3. Als Abbauboden ist der Boden auch Produktionsfaktor der Industrie. Dieser Aspekt ist bereits beim Faktor Umwelt behandelt worden.

2. Soziales System

Neben dem Boden ist die Veränderung des sozialen Systems ein weiterer Faktor, von dem über längere Zeiträume wichtige Wachstumswirkungen ausgehen.

Unter dem sozialen System verstehen wir die Gesamtheit der institutionellen Regelungen, also die Verfassung (Demokratie, Diktatur), die politische Gewaltenteilung, die Wirtschafts- und Rechtsordnung, die gesellschaftliche Struktur, die Organisationsformen, die soziale Schichtung sowie die Mentalität und Attitüden der Bevölkerung. Damit ist auch die politische Stabilität angesprochen.
Einige wichtige wachstumsrelevante Faktoren des gesellschaftlichen Systems sind die *Familienstrukturen,* die *soziale Schichtung* und die *Religion.* Entwicklungsländer sind häufig durch Großfamilien gekennzeichnet, bei denen die Jungverheirateten in der Familie bleiben. Die Mobilität der Arbeitskraft wird dadurch erheblich beeinträchtigt und das Risikoverhalten der jungen Leute gebremst. Die Anreize, zusätzliche Arbeit anzubieten, werden reduziert, da alles Einkommen in einen gemeinsamen Pool fließt. In einigen Entwicklungsländern kommt eine positive Sparneigung nicht auf, da die Großfamilie eine Art Versicherung darstellt, bei der die jungen Mitglieder für die Alten sorgen; eine Zukunftssicherung durch Sparen ist dann nicht erforderlich. Ein anderer Einfluss des Familiensystems besteht etwa in dem Erbsystem der Landwirtschaft, durch das beispielsweise in Teilen Europas die Höfe immer stärker geteilt wurden und ineffiziente Betriebseinheiten zustande kamen. Schließlich sind mit dem Familiensystem auch Heiratsalter, Geburtenhäufigkeit und die Rolle der Frau in der Gesellschaft verknüpft.
Die soziale Schichtung, die »Klassenstruktur«, ist ein entscheidender Bestimmungsfaktor der Mobilität des Produktionsfaktors Arbeit. So legt das indische Kastenwesen die Mitglieder einer Kaste auf bestimmte Beschäftigungsgruppen fest und verhindert eine vertikale soziale Mobilität. Die Mobilität der Arbeit ist aber eine wesentliche Voraussetzung für die Anpassungsfähigkeit des Produktionssystems an geänderte Nachfragebedingungen und für eine produktionssteigernde Kombination der Produktionsfaktoren. Unter der Überschrift »Klassenstruktur« ist auch das Argument der Politologen einzuordnen, dass eine breite Mittelklasse für die Stabilität einer Demokratie entscheidend ist. Länder – wie die Südamerikas – ohne starke Mittelklasse haben in der Vergangenheit immer wieder revolutionäre Entwicklungen und Regierungsumstürze erlebt, die den Datenkranz der einzelwirtschaftlichen Entscheidungen geändert haben und keineswegs wachstumsfördernd waren.
In Bezug auf die Religion hat Max Weber die Beziehung zwischen der Reformation und der wirtschaftlichen Entwicklung aufgezeigt. Seine Grundthese besagt, dass die kalvinistische Reformation, die sich vor allem in England und den USA ausgewirkt hat, in ihrem Glauben an die Vorherbestimmung des Menschen und daran, dass die Prädestination am wirtschaftlichen Erfolg erkannt wird, entscheidende Anreize für Produktion, Spartätigkeit und Handel gab. Die Kulturen in vielen Entwicklungsländern, mit Ausnahme der meisten asiatischen Staaten, stellen oft weniger materielle Werte in den Vordergrund, die entsprechend geringere Anreize für ökonomische Anstrengungen liefern.
Die bisher aufgezeigten Wachstumsdeterminanten Kapital, Arbeit, Humankapital, technisches Wissen, Umwelt, natürliche Ressourcen, Boden und soziales System bestimmen die Zunahme des potentiellen Produktionsvolumens, also der Produktionskapazität. In unserer Darstellung sind die einzelnen Wachstumsfaktoren isoliert

untersucht worden. Wir müssen uns aber darüber im Klaren sein, dass die einzelnen Wachstumsdeterminanten gleichzeitig auftreten können und sich gegenseitig bedingen und beeinflussen.

24.9 Die Nachfrage als Wachstumsstimulator

Bei der Diskussion der Wachstumsdeterminanten haben wir uns auf die Angebotsseite konzentriert. Implizit ist bei dieser Analyse unterstellt, dass die Nachfrage nach dem zusätzlichen Angebot, das durch Kapazitätswachstum möglich ist, hinreichend stark zunimmt, um das zusätzliche Angebot abzunehmen. In dieser Betrachtung ist eine hinreichend starke Entwicklung der Nachfrage eine notwendige Bedingung, die für Wachstum erfüllt sein muss. In der Wirklichkeit vollzieht sich Wachstum sowohl auf der Angebotsseite als auch auf der Nachfrageseite. So kann es Situationen geben, in denen die Produktionskapazität relativ schnell vergrößert werden kann und in denen die Zunahme der Gesamtnachfrage als entscheidender Stimulator eines Wachstumsprozesses wirkt. Eine solche Situation lag etwa nach dem Ende des zweiten Weltkrieges in der Bundesrepublik vor, wo der Kapitalbestand zerstört war, aber qualifizierte Arbeitskräfte, gutes Management und technisches Know-how vorhanden waren. Auch bei einer starken technischen Neuerung, die eine beachtliche Ausweitung der Produktionskapazität erlaubt, mag die Nachfrageseite als entscheidender Wachstumsfaktor angesehen werden. In Volkswirtschaften mit Außenhandel können Exporte die Rolle der Nachfragestimulierung übernehmen.
Ist die Nachfrage der entscheidende Wachstumsfaktor, so wird in der Regel – da der Aufbau zusätzlicher Kapazitäten Zeit erfordert – der temporäre Nachfrageüberhang zu Preissteigerungen (Inflation) führen. Die Gefahr der Inflationierung ist dabei umso größer, je weniger schnell die Nachfragesteigerung sich in einer Kapazitätsausdehnung auswirkt.

24.10 Eine Übersicht über die Wachstumsfaktoren

Schaubild 24.5 fasst die wesentlichen der bisher diskutierten Wachstumsfaktoren zusammen. Es macht auch deutlich, dass die These von den Grenzen des Wachstums keine neue Erkenntnis in der Nationalökonomie ist. Wachstum wird durch die oben beschriebenen Wachstumsfaktoren begrenzt. Eine Reduzierung des Wachstums kann sich aus folgenden Gründen einstellen:

- Arbeitskräftemangel,
- Rückgang der Kapitalakkumulation infolge mangelnder Sparneigung oder mangelnder Investitions- und Innovationsbereitschaft, z. B. wegen zu geringer Gewinnchancen,
- Rückgang in der technischen Dynamik eines ökonomischen Systems,
- institutionelle Änderungen, die die Anpassungsfähigkeit und Flexibilität eines ökonomischen Systems reduzieren,
- Umweltbelastung,
- Rohstoffmangel und die sich bei starker Importabhängigkeit in Bezug auf die Rohstoffe ergebende Passivierung der Zahlungsbilanz,
- politisch bedingte Änderungen im Welthandel bei offenen Volkswirtschaften (insbesondere abrupter Rückgang der Exportnachfrage),
- mangelnder Konsensus über die Lösung des Verteilungsproblems.

Schaubild 24.5: Wachstumsfaktoren

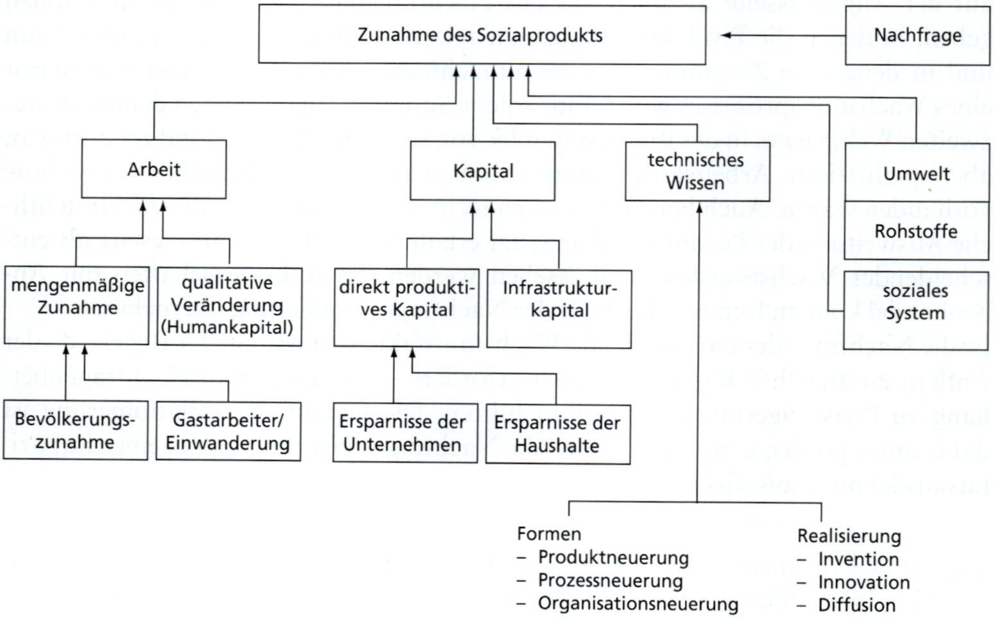

24.11 Einige einfache Wachstumsmodelle

Wachstumsmodelle müssen zwei Aspekte modellmäßig erfassen, nämlich zum einen die Veränderung der Wachstumsdeterminanten und zum anderen deren Einfluss auf die Wachstumsrate. Dabei sind in aller Regel erhebliche Vereinfachungen erforderlich.

1. Ansatz mit Kapazitätseffekt der Investition. Ein sehr einfacher Ansatz ist, lediglich auf die Kapitalbildung (Nettoinvestition) und deren Auswirkung auf die Produktion abzustellen.
Die Nettoinvestition I stellt eine Vergrößerung des Kapitalstocks dar und führt damit auf der Angebotsseite zu einer Erweiterung der Produktionskapazität. Bezeichnet man die Produktivität der Investition (d. h. das Verhältnis des zusätzlichen Outputs zur Investition) mit σ, so ist die Veränderung der Produktionskapazität ΔY_a gegeben durch

$$\Delta Y_a = I \cdot \sigma$$

Ist die Produktivität der Investition etwa 1 : 4, d. h. braucht man vier zusätzliche Kapitaleinheiten, um eine zusätzliche Outputeinheit zu erstellen, so ergibt sich bei einer Investition von 100 ein Kapazitätseffekt von 25. Auf diesem Gedanken beruht das Domar-Modell.
Der Investitionsmultiplikator bringt zum Ausdruck, welches zusätzliche Einkommen ΔY aus einer zusätzlichen Investition ΔI entsteht. Da zusätzliches Einkommen für die Nachfrage nach Gütern verwendet wird, ist mit diesem Einkommenseffekt die Nachfrageseite unserer Wachstumsanalyse gegeben. Der Investitionsmultiplikator lautet:

$$\Delta Y = \frac{1}{s} \cdot \Delta I$$

s ist die Grenzsparneigung. Soll die volle Auslastung der neu geschaffenen Kapazität gewährleistet sein, so müssen Angebots- (ΔY_a) und Nachfrageseite (ΔY) um den gleichen Betrag zunehmen. Es gilt

$$\Delta Y_a = \Delta Y$$

d. h.

$$I \cdot \sigma = \frac{1}{s} \cdot \Delta I$$

Wenn diese Bedingung erfüllt ist, liegt in dem einfachen Domar-Modell gleichgewichtiges Wachstum vor. Die Investition erscheint auf beiden Seiten der Gleichung als Faktor, der Einkommen schafft und der die Kapazität erweitert. Bringt man I auf die rechte Seite und s auf die linke Seite, so ergibt sich die relative Veränderung $\frac{\Delta I}{I}$, d. h. Wachstumsrate der Investition, als

$$s \cdot \sigma = \frac{\Delta I}{I} .$$

In einem solchen einfachen Ansatz kann auch die Nachfrageseite berücksichtigt werden, denn die Investition stellt auch eine Nachfragekomponente dar.
Da die Investition in diesem Modell direkt das Produktionsergebnis beeinflusst, ist damit auch die Zuwachsrate des Outputs gegeben. Beträgt etwa die Sparneigung 0,2 und ist die Kapitalproduktivität 0,25, so ergibt sich die Wachtumsrate $0{,}2 \cdot 0{,}25 = 0{,}05$, d. h. 5 vH.

2. Ansatz mit einer Produktionsfunktion. Einige Grundideen der Wachstumstheorie lassen sich mit einer makroökonomischen Produktionsfunktion verdeutlichen, beispielsweise der Cobb-Douglas-Funktion

$$Y = \varepsilon K^{1-\alpha} A^{\alpha}$$

wobei K den Kapitalstock, A den Arbeitseinsatz, ε das technische Niveau kennzeichnen und $1-\alpha$ und α die Produktionselastizitäten von Kapital und Arbeit sind. Die Produktionselastizität gibt an, wie sich der Output prozentual verändert, wenn ein Input prozentual verändert wird. Bei der Cobb-Douglas-Funktion wird unterstellt, dass sich die beiden Produktionselastizitäten zu 1 addieren. Der Wachstumsbegriff wird oft auf das Bruttoinlandsprodukt pro Kopf, also auf Y/A, abgestellt. Dividiert man beide Seiten der Produktionsfunktion durch A, so lässt sich die Produktionsfunktion schreiben als[6]

$$y = \varepsilon k^{1-\alpha}$$

wobei y das Pro-Kopf-Inlandsprodukt und k die Kapitalausstattung pro Arbeiter (Kapitalintensität) ist. Berechnet man die Veränderungsraten, so ergibt sich

$$\hat{y} = \hat{\varepsilon} + (1-\alpha)\,\hat{k}$$

[6] Dies folgt aus

$$\frac{Y}{A} = \varepsilon K^{1-\alpha} \cdot \frac{A^{\alpha}}{A} = \varepsilon \cdot K^{1-\alpha} \cdot A^{\alpha-1} = \varepsilon \left(\frac{K}{A}\right)^{1-\alpha}$$

Wachstum wird also auf technischen Fortschritt und Kapitalbildung zurückgeführt. Diese Gleichung erlaubt eine Reihe von Aussagen.

3. Stationärer Zustand. Wenn sich der Wachstumsprozess nur durch Kapitalbildung vollzieht, also technischer Fortschritt nicht stattfindet, kommt Wachstum dann zum Erliegen, wenn der Kapitalstock akkumuliert ist und die Kapitalausstattung des Arbeitnehmers nicht mehr gesteigert wird. Der Kapitalstock wird dann lediglich noch erneuert, die Volkswirtschaft hat einen stationären Zustand erreicht. Kapital wird gebildet, solange die Grenzproduktivität des Kapitals (f_k) über der Zeitpräferenz (δ) liegt. Die Kapitalbildung kommt dann zum Stillstand, wenn die Grenzproduktivität des Kapitals der Zeitpräferenzrate gleich ist (Punkt S in Schaubild 24.6). Auf dem Weg zum stationären Zustand bewegt sich die Volkswirtschaft entlang der Grenzproduktivität nach unten. Die Wachstumsraten werden geringer. Im stationären Zustand ist die Wachstumsrate null. Dies ist die Begründung für die bereits erörterte Barro-Regel.

Schaubild 24.6: Langfristiges Wachstumsgleichgewicht

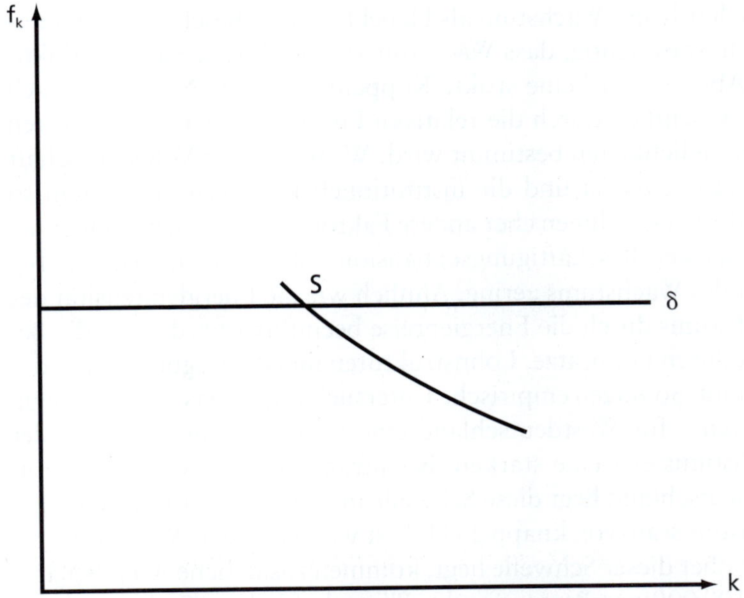

4. Langfristiges Gleichgewicht. Wenn Kapitalbildung und Zunahme des Arbeitsangebots durch Bevölkerungswachstum betrachtet werden, technischer Fortschritt jedoch nicht vorliegt, kommt die Kapitalbildung nicht zum Stillstand, weil die zusätzlichen Arbeitnehmer mit Kapital ausgestattet werden müssen. Da sowohl das

Arbeitsangebot als auch der Kapitalstock zunehmen, ist im langfristigen Gleichgewicht die Wachstumsrate des Inlandsprodukts positiv. Aber die Zuwachsrate des Produktergebnisses pro Kopf ist null, da langfristig die Kapitalausstattung pro Kopf konstant ist; damit ist auch der Output pro Kopf konstant.
Auf dem Weg zum langfristigen Gleichgewicht (Punkt S im Schaubild 24.6) bewegt sich die Volkswirtschaft entlang der fallenden Grenzproduktivitätskurve nach unten.
Findet technischer Fortschritt statt, so verschiebt sich die Grenzproduktivitätskurve nach oben. Mit gegebener Kapitalausstattung pro Arbeitnehmer wird mehr produziert. Der Pro-Kopf-Output steigt; im langfristigen Gleichgewicht findet also ein Wachstumsprozess statt, der auf technischem Fortschritt beruht.

24.12 Wachstum und Beschäftigung

Von vielen wird wirtschaftliches Wachstum als Hebel für mehr Beschäftigung interpretiert. Grundsätzlich ist es richtig, dass Wachstum die Nachfrage nach Produktionsfaktoren erhöht. Aber es gibt keine strikte Koppelung, da die Nachfrage nach Produktionsfaktoren wesentlich durch die relativen Preise zwischen den Faktoren und die Substitutionsmöglichkeiten bestimmt wird. Wenn in einer Volkswirtschaft der Faktor Arbeit relativ teuer ist und die institutionellen Anreize im System so beschaffen sind, dass die Unternehmen eher andere Faktoren einsetzen wollen, muss Wachstum nicht zu starker Beschäftigungsexpansion führen. Dann ist die Beschäftigungsintensität des Wachstums gering. Ähnlich wie die Energieintensität des wirtschaftlichen Wachstums durch die Energiepreise beeinflusst wird, wird die Beschäftigungsintensität durch Lohnsätze, Lohnstrukturen und die Regulierungen des Arbeitsmarktes bestimmt. So zeigen empirische Untersuchungen, dass es – abhängig von diesen Bedingungen – für Westdeutschland eine Schwelle gibt, oberhalb der wirtschaftliches Wachstums erst eine stärkere Nachfrage nach Arbeitskräften mit sich bringt. Für Westdeutschland liegt diese Schwelle in den siebziger und achtziger Jahren bei einer Wachstumsrate von knapp 2 vH. Erst wenn die reale Wachstumsrate einen Prozentpunkt über dieser Schwelle liegt, kommen zusätzliche Arbeitsplätze zustande – etwa gut 100 000 pro Prozentpunkt. Wirtschaftliches Wachstum kann also das Problem der Arbeitslosigkeit nicht allein lösen.

Wichtige Begriffe in Kapitel 24

Wirtschaftswachstum
Inlandsprodukt
Bestimmungsfaktoren wirtschaftlichen Wachstums
Sachkapital
Humankapital
Direkt produktives Kapital
Infrastrukturkapital
Kapitalstock Ostdeutschland
Barro-Regel
Risikokapital
Aufholprozess
Konvergenz von Volkswirtschaften
Entwicklung eines Arbeitsangebots
Technisches Wissen
Prozessinnovation
Produktinnovation
Erfindung (Invention)
Innovation
Lernprozess
Verbreitung neues Wissens
Verkörperung in Arbeit und Kapital
Anreize zur Auffindung neuen Wissens
Funktionen der Umwelt:
– Rohstoffbasis
– Schadstoffempfänger
– Konsumgut
Domar-Modell
Cobb-Douglas-Funktion
Stationärer Zustand
Langfristiges Wachstumsgleichgewicht
Wachstum und Beschäftigung

25 Die Metamorphose einer Planwirtschaft

Das kapitalistische System besitzt
die angeborene Neigung zur Selbstzerstörung.
Joseph Alois Schumpeter

25.1 Der Wettbewerb der Systeme

Ende der achtziger Jahre sind die Zentralplanwirtschaften Mittel- und Osteuropas zusammengebrochen. Sie konnten in der Auseinandersetzung mit den westlichen Industrienationen nicht mithalten. Ihre Wachstumsraten gingen drastisch zurück. In Schaubild 25.1 sind auf der vertikalen Achse die Wachstumsraten des realen Bruttoinlandsprodukts je Einwohner für die Jahrzehnte seit 1950 dargestellt. Auf der horizontalen Achse ist das reale Bruttoinlandsprodukt pro Kopf der USA gleich 100 gesetzt und die Position der Länder relativ zu den USA angegeben. Aus dem Schaubild ist deutlich zu ersehen, dass die Wachstumsrate pro Kopf in den sozialistischen Ländern insbesondere in den letzten zwanzig Jahren stark rückläufig war. Seit Mitte der achtziger Jahre ist eine Stagnation zu verzeichnen. Insgesamt haben es die Länder Osteuropas nicht geschafft, zu den USA aufzuschließen. Es muss allerdings darauf hingewiesen werden, dass die hier verwendeten Daten die relative Position der einzelnen mittel- und osteuropäischen Länder möglicherweise überschätzen, da die Statistiken verzerrt waren.
Als Fazit kann man feststellen, dass die sozialistische Planwirtschaft nicht in der Lage war, die Menschen angemessen mit Gütern zu versorgen. Offenbar enthält ein Planungssystem nicht genügend Anreize für ein effizientes Wirtschaften und für das Auffinden neuen technischen Wissens.

25.2 Die J-Kurve der Transformation

Beim Umbau einer Planwirtschaft in eine Marktwirtschaft beobachten wir in Mittel- und Osteuropa einen tiefen Einbruch in der industriellen und in der gesamtwirtschaftlichen Produktion. Dabei spielt einerseits eine Rolle, dass durch den Übergang zu einer anderen Wirtschaftsordnung ein institutionelles Vakuum entsteht, da sich erst im Verlauf der Zeit herausstellt, welche Regeln für wirtschaftliche Tätigkeit

Schaubild 25.1: Wirtschaftswachstum und relatives Entwicklungsniveau in Planwirtschaften

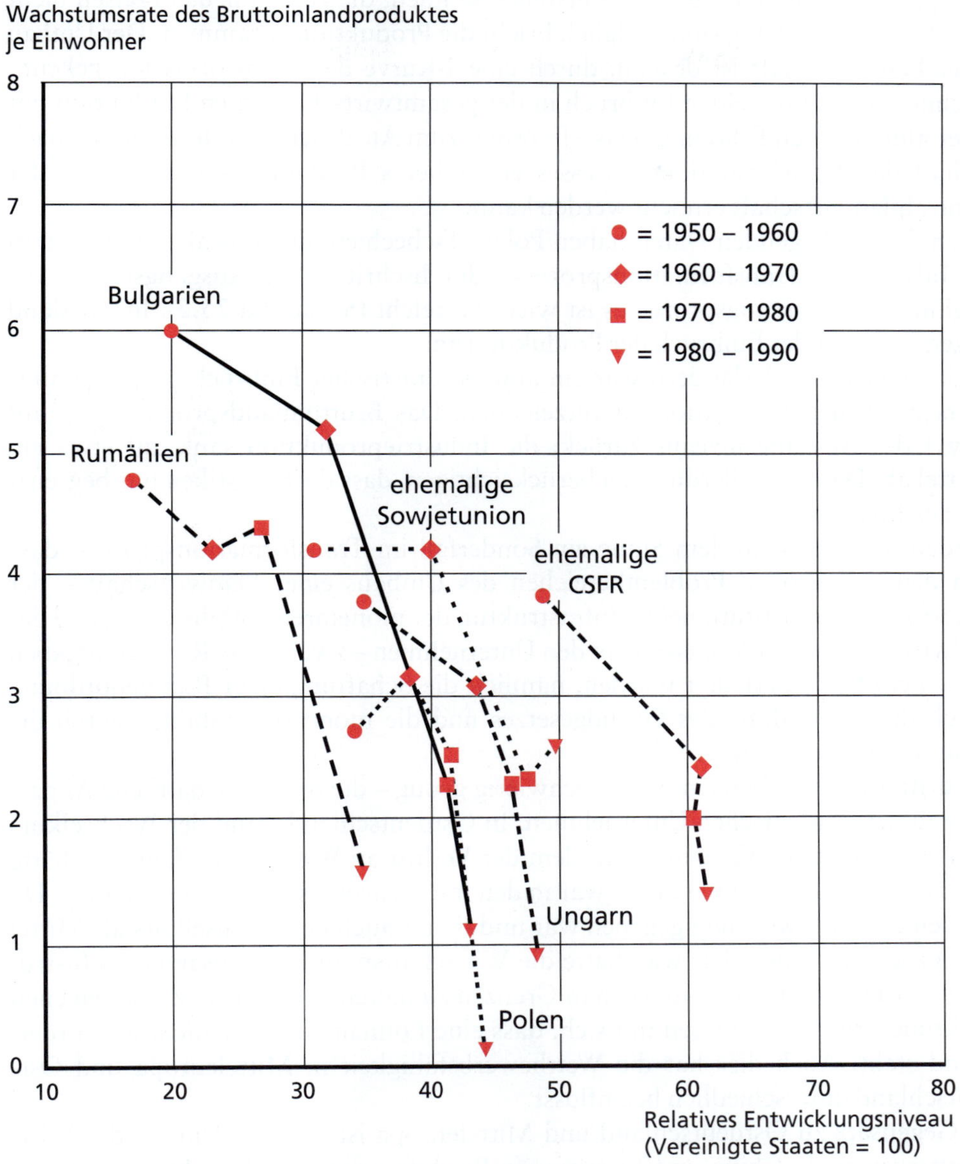

Quelle: Bernhard Heitger, Comparative Economic Growth East and West, in: German Unification and the International Economy, London 1993, S. 65–82.

gelten werden. Dies ist derzeit immer noch deutlich in Russland. Andererseits ist entscheidend, dass der gegebene Kapitalstock entwertet wird, da die bestehenden Anlagen zu einem Teil nur Güter erstellen können, die zu den neuen Preisen nicht oder kaum marktfähig sind. Folglich bricht die Produktion zusammen. Der Umbau einer Planwirtschaft ist deshalb durch eine J-Kurve der Transformation gekennzeichnet, also durch einen Einbruch in der gesamtwirtschaftlichen Produktion mit einer allmählichen Erholung. Das »J« bringt zum Ausdruck, dass letztendlich nach Ablauf des Transformationsprozesses ein höheres Produktionsniveau als in der Zentralplanwirtschaft erreicht werden kann.

Nach den vorliegenden Daten haben Polen, Tschechien, die Slowakei und Ungarn die Talsohle des Transformationsprozesses durchschritten; das Ausgangsniveau vor Beginn des Anpassungsprozesses ist wieder erreicht (Schaubild 25.2). In Russland dagegen dauert der Einbruch der Produktion an.

In den neuen Bundesländern war ein äußerst drastischer Einbruch in der gesamtwirtschaftlichen Produktion zu verzeichnen. Das Bruttoinlandsprodukt ging auf 70 vH des Ausgangsniveaus zurück; die Industrieproduktion sank auf etwa ein Drittel ab. Dabei ist allerdings zu berücksichtigen, dass die Statistiken nur begrenzt vergleichbar sind.

Ostdeutschland ist in dem Sinne ein Sonderfall im Transformationsprozess, dass von den drei großen Problembereichen des Umbaus einer Planwirtschaft – der Schaffung einer institutionellen Infrastruktur, der monetären Stabilisierung und der realwirtschaftlichen Anpassung in den Unternehmen – zwei große Reformaufgaben mit einem Schlag erledigt wurden, nämlich die Schaffung einer Rahmenordnung durch die Übernahme des Grundgesetzes und die monetäre Stabilität durch die deutsche Währungsunion.

Als dritter Problembereich blieb – schwierig genug – die realwirtschaftliche Anpassung in den ostdeutschen Unternehmen. In Ostdeutschland stand der Wechselkurs als Puffer nicht zur Vefügung, mit dem der Verlust an Wettbewerbsfähigkeit hätte abgefedert werden können. Dies war in den mitteleuropäischen Staaten anders. Da dort eine eigene Währung gegeben war und damit auch der Wechselkurs als Mittel der Anpassung einsetzbar war, hatte die Wirtschaftspolitik ein zusätzliches Instrument zur Hand, um den Einbruch in Grenzen zu halten. Die Existenz einer eigenen Währung bringt im Übrigen mit sich, dass eine Lohnangleichung nicht im Vordergrund steht. Auch dies hat die Wettbewerbsfähigkeit in Mitteleuropa und Ostdeutschland unterschiedlich beeinflusst.

Im Gegensatz zu Ostdeutschland und Mitteleuropa ist bei dem Umbau der Wirtschaftssysteme in China und Vietnam ein Produktionseinbruch nicht zu beobachten. Dies wird unter anderem darauf zurückgeführt, dass ein Kapitalstock in bedeutendem Maße noch nicht aufgebaut war.

Schaubild 25.2: Die J-Kurve der Transformation in Mitteleuropa[a]

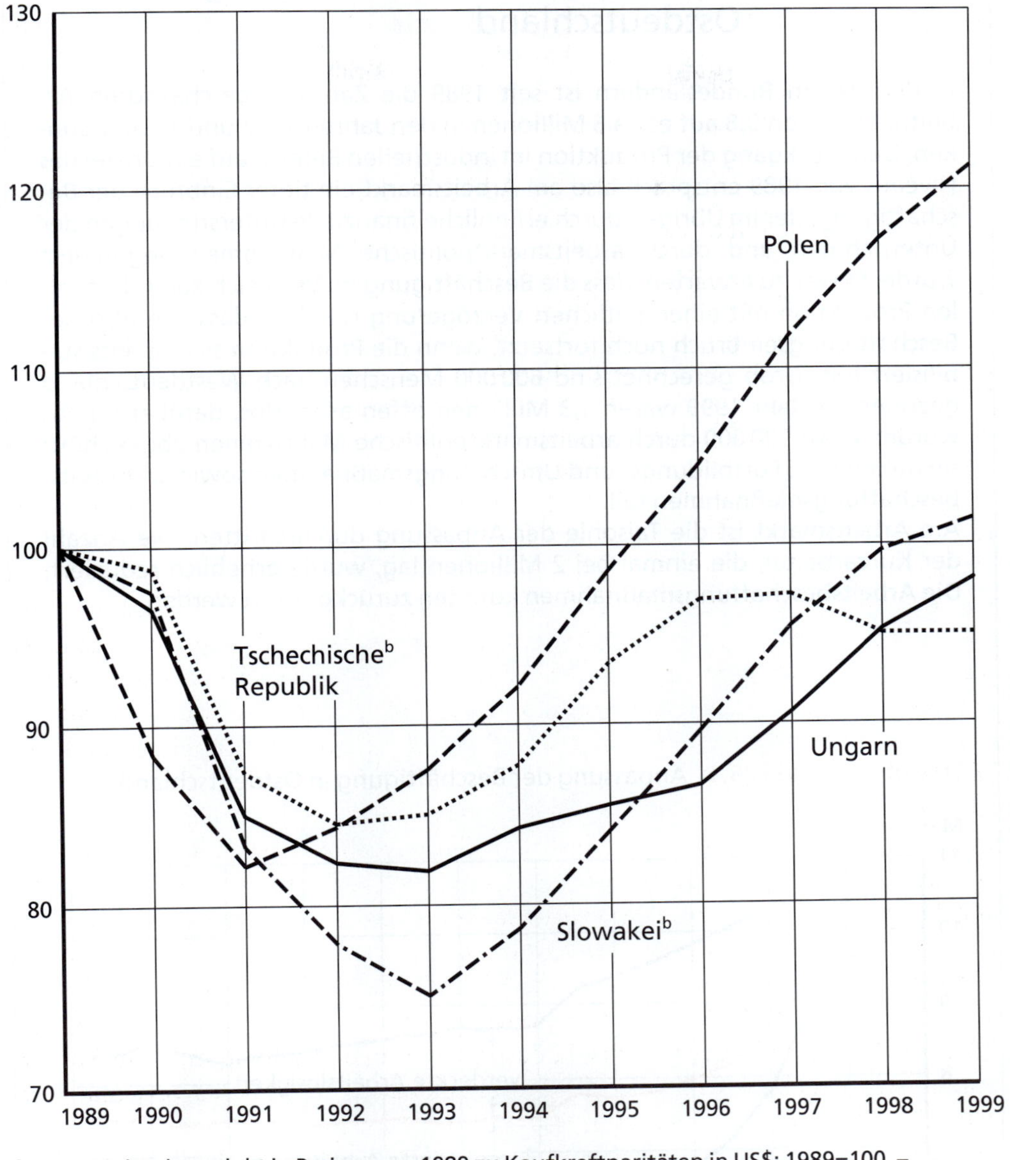

[a] Bruttoinlandsprodukt in Preisen von 1989 zu Kaufkraftparitäten in US$; 1989=100. –
[b] Bis 1993 Tschechoslowakei.

Quelle: H Siebert, The World Economy, Schaubild 8.2; European Bank for Reconstruction, Transition Report 1999.

Kasten 25.1 Der Einbruch der Beschäftigung in Ostdeutschland

In den neuen Bundesländern ist seit 1989 die Zahl der beschäftigten Arbeitnehmer von 9,8 auf etwa 6 Millionen in den Jahren 1997 und 1998 gesunken. Dem Rückgang der Produktion im industriellen Bereich auf ein Drittel des Niveaus von 1989 entsprach also am Arbeitsmarkt ein tiefer Einbruch der Beschäftigung, der im Übrigen durch erhebliche finanzielle Unterstützungen der Unternehmen und durch arbeitsmarktpolitische Maßnahmen abgefedert wurde. Es war zu erwarten, dass die Beschäftigung im Vergleich zur industriellen Produktion mit einer zeitlichen Verzögerung reagiert, dass sich also der Beschäftigungseinbruch noch fortsetzt, wenn die Produktion sich bereits stabilisiert hat. Grob gerechnet sind 600 000 Menschen nach Westdeutschland gezogen. Im Jahr 1999 waren 1,3 Millionen offen arbeitslos, darüber hinaus wurden etwa 900 000 durch arbeitsmarktpolitische Maßnahmen abgesichert; sie nahmen an Fortbildungs- und Umschulungsmaßnahmen sowie an Arbeitsbeschaffungsmaßnahmen teil.
Am Arbeitsmarkt ist die Talsohle der Anpassung durchschritten. Die Anzahl der Kurzarbeiter, die einmal bei 2 Millionen lag, wurde erheblich reduziert. Die Arbeitsbeschaffungsmaßnahmen konnten zurückgeführt werden.

Schaubild Kasten 25.1: Anpassung der Beschäftigung in Ostdeutschland

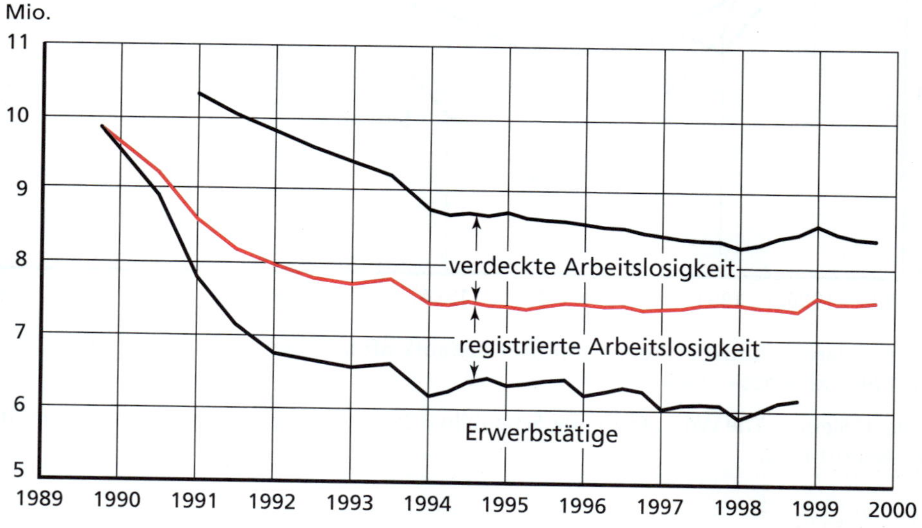

Quelle: Sachverständigenrat, verschiedene Jahrgänge; Statistisches Bundesamt, Bevölkerung und Erwerbstätigkeit, Fachserie 1, Reihe 4.3.

25.3 »Big bang« oder gradueller Ansatz?

Das Konzept der J-Kurve macht deutlich, dass der Übergang von der Planwirtschaft zur Marktwirtschaft mit erheblichen Anpassungslasten für die Menschen verbunden ist. Es gibt Einschnitte in der Produktion, aber auch in der Beschäftigung und im Realeinkommen. Je schneller der Umbau der Planwirtschaft durchgeführt wird, umso tiefer ist in aller Regel auch der Produktionseinbruch, umso schneller ist man aus dem Tal des Transformationsprozesses aber auch wieder heraus. Der »big bang«, den die Polen verfolgt haben, birgt zwar den Nachteil, dass er mit einem drastischen Produktionseinbruch verbunden ist, er hat aber den Vorteil, dass die »Schmerzen« schnell vorübergehen und dass sich eine reale Verbesserung zügig einstellt.

Dagegen mildert ein gradueller Ansatz wie in Ungarn zwar den Produktionseinbruch, schiebt aber auch die reale Verbesserung weiter in die Zukunft. Da für den Umbau einer Planwirtschaft eine große Bereitschaft der Menschen erforderlich ist, Lasten zu übernehmen, spricht manches für den »big bang«. Der graduelle Ansatz ist unter dem Aspekt der politischen Akzeptanz mit dem Problem verbunden, dass die Menschen eine Verbesserung ihrer Situation nicht schnell spüren und damit die Bereitschaft zum Wandel verlieren. Dies kann bedeuten, dass Alt-Parteien letztendlich wieder die Wirtschaftspolitik bestimmen.

Wichtige Begriffe in Kapitel 25

Wettbewerb der Systeme:
- Planwirtschaft
- Marktwirtschaft

J-Kurve
Big bang
Gradueller Ansatz

26 Probleminterdependenz und Zielkonflikte

Ein Kompromiss, das ist die Kunst, einen Kuchen so zu teilen, dass jeder meint, er hätte das größte Stück bekommen.
Ludwig Erhard

Die ökonomische Theorie ist als empirische Wissenschaft im Wesentlichen »problemorientiert«. Ihre Grundfragen sind deshalb wirtschaftspolitischen Zielen zuzuordnen. In der Markt- und Preistheorie geht es um die Frage, wie die Einzelpläne von Haushalten und Unternehmen aufeinander abzustimmen sind, wie sichergestellt werden kann, dass die Produktionsfaktoren an die Stelle ihrer »günstigsten« Verwendung gelenkt werden, und welche Rolle Güter- und Faktorpreise bei diesem Allokationsprozess spielen. Es handelt sich hier um das Ziel der effizienten Faktorallokation. Die Makroökonomie dagegen beschäftigt sich mit den Zielen der Vollbeschäftigung, der Geldwertstabilität, der Konjunkturstabilisierung und des wirtschaftlichen Wachstums.
Diese Anbindung der ökonomischen Theorie an die Ziele der Wirtschaftspolitik betrachtet aus didaktischen Gründen jeweils ein ökonomisches Problem isoliert und kann deshalb den Eindruck entstehen lassen, als sei die ökonomische Realität mit einer Kommode zu vergleichen, in der verschiedene Problemschubladen fein säuberlich nebeneinander nach Bedarf zu öffnen und zu schließen sind. In der Realität sind diese Probleme jedoch miteinander verflochten. Wir betrachten immer die gleiche ökonomische Realität, nur mit verschiedenen »Problem-Brillen«.
Auch der Leser dieser Einführung sollte sich die Probleminterdependenz bewusst machen. Die folgenden Beispiele sollen Zusammenhänge zwischen verschiedenen Problemen verdeutlichen.

1. Bei gegebenem technischen Wissen und bei gegebenem Bestand an Produktionsfaktoren kann man in einer Volkswirtschaft von einem Gut nur dann mehr produzieren, wenn man von einem anderen Gut weniger herstellt. Dies gilt auch für eine Vermehrung des Angebots an öffentlichen Gütern, die unter diesen Annahmen nur möglich ist, wenn die Bereitstellung privater Güter eingeschränkt wird. Z.B. ist eine Verbesserung der Umweltqualität dadurch zu erreichen, dass Produktionsfaktoren in der Entsorgung eingesetzt und aus der Produktion abgezogen werden. Der bisherige »Güterberg« muss abnehmen. In diesem Beispiel ist die Interdependenz relativ einfach durch die Ressourcenrestriktion zu erklären. Andere Interdependenzen sind auf Verhaltensweisen von Gruppen, institutionelle Regelungen und komplexere ökonomische Zusammenhänge zurückzuführen.

2. Die Steigerung der gesamtwirtschaftlichen Nachfrage durch mehr Staatsausgaben kann in einem vereinfachten Modell – auf den ersten Blick – das Volkseinkom-

men erhöhen und sich damit positiv auf die Beschäftigung auswirken. Aber bei genauerem Hinsehen muss beispielsweise der Staat die Steuern erhöhen, um mehr ausgeben zu können. Dies verringert wegen der Steuererhöhung die privaten Konsumausgaben und die Investitionen, so dass keineswegs sichergestellt ist, dass die gesamtwirtschaftliche Nachfrage tatsächlich steigt. Wenn sich der Staat verschuldet, um die Ausgaben zu erhöhen, engt er seinen Bewegungsspielraum in der Zukunft ein. Die Privaten können dann damit rechnen, dass der Staat in Zukunft die Steuern erhöhen muss, um die Kredite zurückzubezahlen. Schließlich lässt Kreditfinanzierung die langfristigen Zinsen steigen, so dass die Bedingungen für die privaten Investitionen ungünstiger werden. In einer geschlossenen Volkswirtschaft kann ein erhöhter Kreditbedarf des Staates nur aus zusätzlicher Ersparnis (Konsumverzicht) oder rückläufigen Investitionen gedeckt werden. Es kommt zu einem Crowding-out von privater Nachfrage durch die erhöhte Staatsnachfrage.

3. Im ersten Kapitel ist die Phillips-Kurve diskutiert worden. Folgt man diesem Zusammenhang, so sind unsere modernen Volkswirtschaften z. B. auch auf Grund institutioneller Eigenschaften so geartet, dass eine Verbesserung der Beschäftigungssituation kurzfristig zu erreichen ist, wenn man eine höhere Inflationsrate in Kauf nimmt. Aber auch hier gibt es komplexe Interdependenzen. Wenn die Wirtschaftssubjekte damit rechnen, dass es morgen eine Inflation gibt, verlangen sie bereits heute höhere Nominalzinsen und Nominallöhne, und die Phillips-Kurve verläuft vertikal. Langfristig kann man mit einer laxen Geldpolitik ohnehin nicht das Wachstum stimulieren.

Was sich für die ökonomische Theorie als Probleminterdependenz darstellt, wird in der Wirtschaftspolitik als Zielbeziehung behandelt. Unter Zielbeziehung versteht man den Tatbestand, dass die Veränderung des Erfüllungsgrades eines Ziels den Erfüllungsgrad eines anderen Ziels beeinflusst. Im Fall des Zielkonflikts bringt die Verbesserung eines Ziels die Verschlechterung eines anderen mit sich. Bei Zielharmonie begünstigt die Verbesserung eines Ziels den Erfüllungsgrad eines anderen. Und im Fall der Zielneutralität wirkt sich die Verbesserung eines Ziels nicht auf ein anderes aus. Probleminterdependenzen in der Realität sind dadurch gekennzeichnet, dass die Ziele der Wirtschaftspolitik nur allzu oft miteinander in Konflikt stehen. Dabei kommt es vor allem darauf an, ob langfristig ein Zielkonflikt besteht. Die wirtschaftliche Wirklichkeit ist anders als viele Politiker uns glauben machen wollen, kein »sowohl – als auch«, bei dem man mehrere Ziele gleichzeitig erreichen kann, sie ist ein »entweder – oder«, bei dem man wählen muss.

Wichtige Begriffe in Kapitel 26

Zielkonflikte
Allokationsprozess
Ziele
Ziele der Wirtschaftspolitik
Ressourcenrestriktion
Crowding-out
Phillips-Kurve
Zielharmonie
Zielneutralität

Teil III: Internationale Wirtschaftsbeziehungen

Der größte Fortschritt in den produktiven Arbeitskräften und die Vermehrung der Geschicklichkeit, Gewandtheit und Einsicht, womit die Arbeit irgendwo geleitet wird, scheint eine Wirkung der Arbeitsteilung gewesen zu sein.
Adam Smith

Volkswirtschaften sind durch eine starke internationale Verflechtung gekennzeichnet. So exportiert Deutschland etwa ein Drittel seines Produktionsergebnisses ins Ausland und bezieht gleichzeitig aus anderen Ländern Güter, die dort kostengünstiger erstellt werden können. Zwischen den Ländern der Erde gibt es eine internationale Arbeitsteilung, und die Länder spezialisieren sich auf die Produktion derjenigen Güter, bei denen sie komparative Vorteile haben. Die Lehre von der Außenwirtschaft beschäftigt sich mit der Frage, wie diese internationale Arbeitsteilung zu erklären ist, unter welchen Bedingungen ein Güteraustausch zwischen einzelnen Volkswirtschaften zustande kommt und wie sich die Standortgunst von Ländern bestimmt. Im Prinzip handelt es sich bei dieser Problemstellung um die mikroökonomische Analyse offener Volkswirtschaften. Es sind also die Gesetzmäßigkeiten der Nachfrage nach Gütern, der Produktion und der Investition auf offene Volkswirtschaften anzuwenden. Gleichzeitig bedeutet die Offenheit der Volkswirtschaften, dass die Gütermärkte nicht auf die Nation beschränkt bleiben, sondern, je nach der Handelbarkeit der Güter, die gesamte Welt umfassen können. Die Frage der Außenwirtschaft besteht also auch darin, wie sich die Preisbildung auf den weltweiten Märkten vollzieht.

Auch die makroökonomischen Größen Volkseinkommen, Beschäftigung, Preisniveau, Zins und Wachstum müssen letztlich in einer offenen Volkswirtschaft bestimmt werden. In einer offenen Volkswirtschaft besteht die gesamtwirtschaftliche Nachfrage nicht allein aus der heimischen Konsumnachfrage der Privaten und des Staates sowie aus der Investitionsnachfrage. Auch das Ausland fragt Güter nach; andererseits werden Güter aus dem Ausland bezogen. Auf dem Gütermarkt ist also die gesamtwirtschaftliche Nachfrage für eine offene Volkswirtschaft neu zu definieren. Durch die gesamtwirtschaftliche Nachfrage ist eine offene Volkswirtschaft mit anderen Ländern verflochten, beispielsweise, indem die Konjunktur aus dem Ausland »herüberschwappen« kann. Die makroökonomische Theorie ist also um die Interdependenzen mit anderen Ländern zu erweitern.

Wie ein einzelner Haushalt, so sieht sich auch eine Volkswirtschaft einer Budgetrestriktion gegenüber. Ein Land kann nicht mehr Devisen ausgeben, als es Devisen einnimmt oder in der Vergangenheit angesammelt hat. Diese Budgetrestriktion ist die Zahlungsbilanz, in der alle Deviseneingänge und Devisenausgänge eines Jahres verzeichnet sind. Viele Mechanismen sorgen dafür, dass die Zahlungsbilanz eines Landes ausgeglichen ist. Insbesondere fällt diese Aufgabe dem Wechselkurs zu, also dem Preis verschiedener Währungen.

In der geschlossenen Volkswirtschaft haben wir als wichtigste Märkte den Güter-, Geld- und Arbeitsmarkt angesprochen. In einer offenen Volkswirtschaft ist der Gütermarkt um die Außennachfrage zu erweitern. Der Arbeitsmarkt wird durch Zuwanderungen und Abwanderungen beeinflusst. Da die Nachfrage nach Arbeit eine abgeleitete Nachfrage ist, hängt sie von der Güternachfrage, die auch die Exporte beinhaltet, ab. Da es verschiedene Währungen gibt, sind auch die nationalen Geldmärkte in dem Sinn neu zu definieren, dass sie miteinander zusammenhängen. Das Scharnier ist dabei der Devisenmarkt, der neben Güter-, Arbeits- und Geldmarkt als vierter wichtiger Markt in der Makroökonomie offener Volkswirtschaften berücksichtigt werden muss.

27 Preisvorteile und Güteraustausch

The only direct advantage of foreign commerce consists in the imports.
John Stuart Mill

Deutschland exportiert ein Drittel seines Inlandsprodukts und ist damit vom Außenhandel abhängig. In Abschnitt 27.1 wird ein empirisches Bild der internationalen Arbeitsteilung vermittelt. Eine Volkswirtschaft wird dann ein Gut exportieren, wenn sie bei der Herstellung dieses Gutes einen Preisvorteil hat (Abschnitt 27.2). Ein Gut wird importiert, wenn ein Land einen Preisnachteil hat (Abschnitt 27.3). Nach der These der internationalen Arbeitsteilung spielen letztlich relative Preisvorteile die entscheidende Rolle für internationalen Handel (Abschnitte 27.4 und 27.5).

27.1 Empirische Daten zum Außenhandel

Für Deutschland sind die internationalen Verflechtungen von zentralem Interesse: Die Exportquote (einschließlich Dienstleistungsexporte), d. h. der Anteil der Exporte am Bruttoinlandsprodukt, liegt für Deutschland bei 29 vH (1999). Etwa ein Viertel der Erwerbstätigen hängen direkt oder indirekt von der Exportaktivität ab. Im Zusammenhang mit den Erdölkrisen der Jahre 1973/74 und 1979/80 ist deutlich geworden, dass Deutschland auf Energie- und Rohstoffimporte stark angewiesen ist. So decken wir etwa 50 vH unseres Primärenergiebedarfs durch Importe. Bei wichtigen metallischen Rohstoffen wie Bauxit, Chrom, Mangan, Molybdän, Nickel, Niob, Pt-Metallen, Tellur, Titan, Vanadium, Wolfram, Zinn oder Zirkon liegt die Importquote, also der Anteil der Einfuhren am Gesamtverbrauch, bei 100 vH.
Bei sektoraler Betrachtung wird die Außenhandelsabhängigkeit noch deutlicher. Berücksichtigt man sowohl die direkten Exporte eines Wirtschaftszweiges als auch seine Vorlieferungen an andere Wirtschaftszweige, die für den Export produzieren, so ergibt sich eine Exportabhängigkeit von über 60 vH für die chemische Industrie, für Ne-Metallerzeugung und für den Maschinenbau. Für einzelne Firmen in diesen Sektoren liegt die Abhängigkeit noch höher.[1]
In Schaubild 27.1 sind die Exportquoten verschiedener Länder verzeichnet. Man erkennt, dass in der Regel die Exportquote mit zunehmender Größe eines Landes

---

[1] Zu den Angaben vergleiche: H. Siebert, Außenwirtschaft, 6. Auflage, Stuttgart, 1994.

abnimmt. So haben kleinere Länder wie Belgien (75 vH) und die Niederlande (55 vH) hohe Exportquoten. Für die USA liegt die Exportquote dagegen bei 11 vH. Japan hat ebenfalls eine Exportquote von 11 vH, wobei der große Binnensektor Japans zu beachten ist.

Schaubild 27.1: Exportquoten[a] ausgewählter Länder 1998

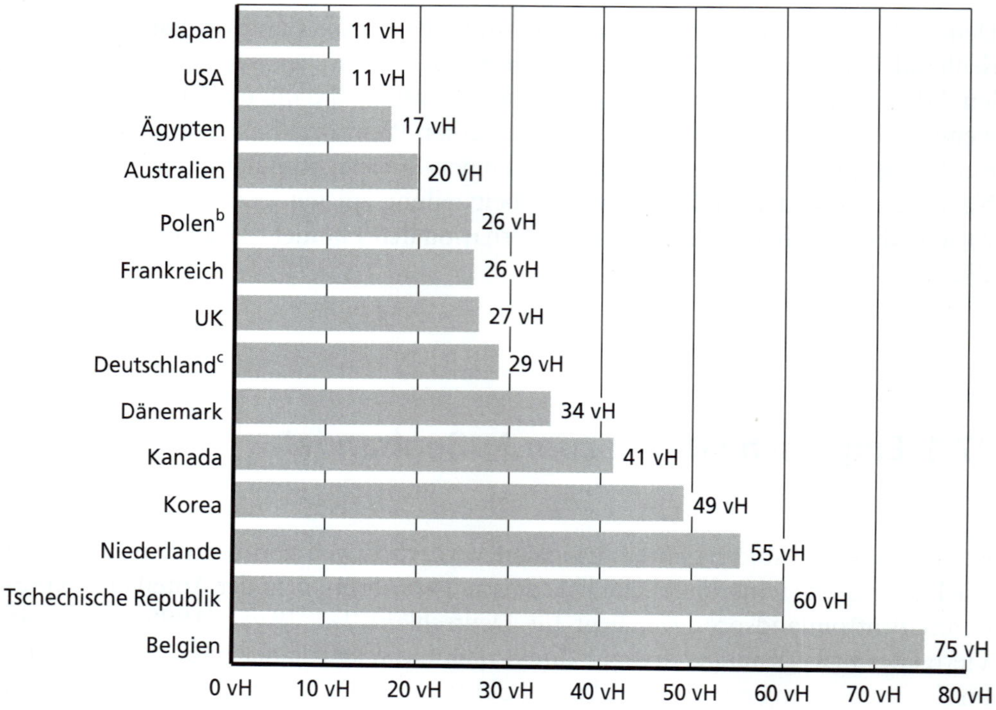

[a] Anteil der Exporte (Güter und Dienstleistungen) am Bruttoinlandsprodukt in vH. – [b] Exportquote von 1997. – [c] Exportquote von 1999 (nach Jahresgutachten 1999/2000 des Sachverständigenrates, 1999).

Quelle: International Monetary Fund, International Financial Statistics, November 1999.

Die Struktur des Welthandels ist aus Tabelle 27.1 zu entnehmen. Fast die Hälfte des Welthandels läuft zwischen den Industrieländern (46 vH). Die Industrieländer bestreiten insgesamt 66 vH des Weltexportvolumens, also zwei Drittel des gesamten Welthandels. Dagegen entfällt auf die Entwicklungsländer (ohne erdölexportierende Länder) ein Anteil von 30 vH.

Deutschland exportierte 1998 etwa 57 vH seines Güterexports in die Europäische Union, 20 vH an die übrigen Industrienationen, darunter 9 vH in die USA, und 10 vH an die Reformländer mittel- und osteuropäischer Länder.

Tabelle 27.1: Die Struktur des Welthandels, Export[a] verschiedener Ländergruppen in vH des Weltexportvolumens 1997

Von: / An:	Industrieländer	Entwicklungsländer ohne ölexportierende Länder	Ölexportierende Staaten	Gesamtexporte an die jeweiligen Ländergruppen
Industrieländer	46,10	16,10	2,72	64,93
Entwicklungsländer ohne ölexportierende Länder	17,72	12,46	1,77	31,95
Ölexportierende Staaten	2,10	0,89	0,13	3,12
Gesamtexporte der jeweiligen Ländergruppen	65,92	29,45	4,63	100,00

[a] fob: Free on board.

Quelle: International Monetary Fund, Direction of Trade Statistics, Yearbook 1998.

27.2 Exportmarkt

Auf dem Exportmarkt treffen das Angebotsverhalten des Inlandes und das Nachfrageverhalten des Auslandes zusammen. Das Inland bietet diejenigen Mengen auf dem Exportmarkt an, die seine Verbraucher bei den jeweiligen Preisen nicht abzunehmen bereit sind. Die angebotene Menge des Exportgutes ist also eine Überschussmenge (Angebotsüberschuss). In Schaubild 27.2 a sind die Angebots- und Nachfragekurven des Inlands gezeichnet. Bei einem Preis p_1^o sind Angebots- und Nachfragemengen gleich, es liegt also kein Exportangebot vor. Unterstellen Sie, p_1^o sei der Preis einer geschlossenen Volkswirtschaft. Wenn nun Außenhandel zugelassen wird und der Preis steigt, sind die Produzenten des Inlandes bereit, eine größere Menge zu produzieren. Gleichzeitig fragen die Konsumenten bei steigendem Preis eine kleinere Menge nach. Bei einem Preis p_1'' ist die Überschussmenge (Exportangebot) AB. Diese Menge wird in 27.2 c eingetragen, so dass AB = TV. Die Kurve XX′ des Exportangebots kann also punktweise konstruiert werden. Die Exportangebotskurve des Inlandes gibt an, dass die Exportangebotsmengen mit zunehmendem Preis steigen.

Schaubild 27.2: Exportmarkt

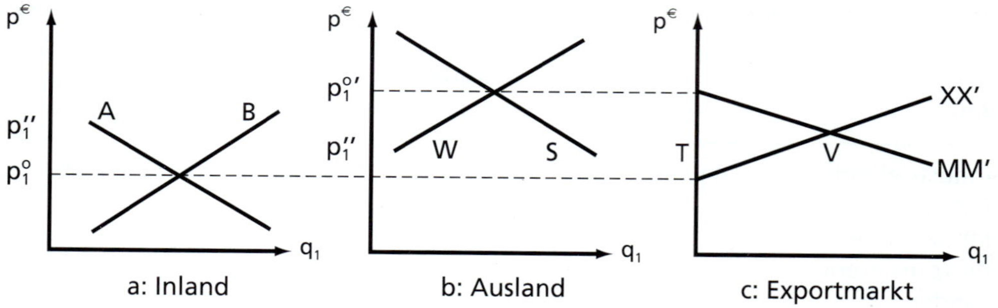

Das Ausland fragt bei einem Preis $p_1^{0\prime}$ eine Überschussmenge von Null nach. Sinkt der Preis, etwa auf p_1'', so wird die Überschussnachfrage des Auslandes positiv (Strecke WS). WS kennzeichnet die Importnachfrage des Auslandes. Diese Strecke WS wird in 27.2 c übertragen, so dass WS = TV. Sinkt der Preis weiter, so nimmt die Nachfrage des Auslandes zu. Die Kurve MM′ beschreibt das Nachfrageverhalten des Auslandes bei einer Variation des Preises.

Ein besonderes Problem bei der Ableitung der Kurven des Exportmarktes besteht darin, dass im Inland die Preise in Euro, im Ausland in ausländischer Währung, z. B. in US-$, notiert sind.[2] Um die Vergleichbarkeit der Schaubilder 27.2 a bis c gewährleisten zu können, müssen aber alle Preise entweder in Euro oder in US-$ ausgedrückt werden. Hier werden die Preise in Euro notiert.

[2] Die Mengenreaktionen der Ausländer sind ursprünglich in Abhängigkeit von Preisen p* in ausländischer Währung definiert. Um diese Preise in Euro-Preise umzurechnen, bedienen wir uns des Wechselkurses w. Dieser ist definiert als Euro pro Einheit ausländischer Währung, hat also die Dimension [€/US-$]. Die Umrechnung erfolgt nach der Formel

$$p^* \,[\text{US}-\$/\text{ME}] = \frac{p\,[\text{€}/\text{ME}]}{w\,[\text{€}/\text{US}-\$]}$$

Für die Umrechnung muss unterstellt werden, dass der Wechselkurs w konstant ist. Bei den in Schaubild 27.2 gezeichneten Kurven ist die Umrechnung bereits erfolgt.

Auf dem Exportmarkt wird der Gleichgewichtspreis und die Gleichgewichtsmenge bestimmt. Die exportierte Menge (TV = AB) des Inlandes stimmt überein mit der nachgefragten Menge des Auslandes (TV = WS).
Nimmt man an, dass die Preise p_1^0 und $p_1^{0\prime}$ die Ausgangslage *vor* Handel darstellen, so ist der Preis nach Eröffnung des Handels p_1''. Für das exportierende Inland steigt der Preis nach Handel; für das importierende Ausland sinkt der Preis.
Mit Hilfe des Schaubilds 27.2 kann auch ein Aspekt der importierten Inflation erörtert werden. Inflation im Ausland bedeutet bei konstantem Wechselkurs eine Rechtsverschiebung der Nachfragekurve des Auslandes. Dies wirkt sich in einem Anstieg des Weltmarktpreises und des Preises im Inland aus. Die Inflation wird über den Exportmarkt importiert.

27.3 Importmarkt

In Schaubild 27.3 ist der Importmarkt dargestellt. Schaubild 27.3 a enthält die Nachfrage- und Angebotskurven des Inlandes. Bei einem Preis p_2^0 sind die Nachfrage- und Angebotsmengen gleich; es liegt eine Überschussmenge von Null vor. Sei p_2^0 der Preis in einer geschlossenen Volkswirtschaft. Wenn nun Außenhandel zugelassen wird und der Preis sinkt, steigt die Überschussnachfrage, denn das inländische Angebot geht mit sinkenden Preisen zurück, die Nachfrage aber steigt. Bei einem Preis p_2'', liegt eine Überschussnachfrage des Inlandes XY vor. Diese Überschussnachfrage XY kann als Importnachfrage US in 27.3 c dargestellt werden.

Schaubild 27.3: Importmarkt

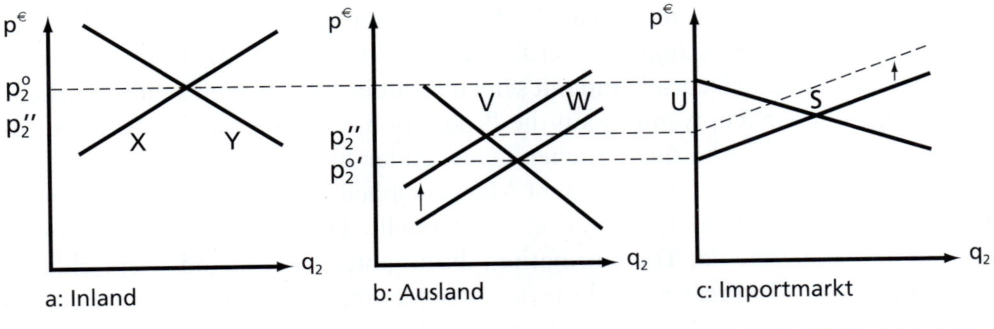

Im Ausland sei vor Aufnahme des Handels der Preis $p_2^{0\prime}$ gegeben. Zu diesem Preis ist die Überschussmenge des Auslandes gleich Null. Steigt nach Öffnung der Grenzen der Preis, so bieten die ausländischen Produzenten mehr an, die Nachfrager fragen

jedoch geringere Mengen nach. Das Überschussangebot des Auslandes (Angebot auf dem Importmarkt des Inlandes) steigt. Bei einem Preis p_2'' im Ausland ist das Überschussangebot VW oder in Schaubild 27.3c US (Importangebot). Auch in diesem Fall müssen im Übrigen wieder konstante Wechselkurse unterstellt werden, damit die Nachfrage und Angebotskurven des Auslandes in Abhängigkeit von Preisen in Inlandswährung ausgedrückt werden können.
Gleichgewichtsmengen und Gleichgewichtspreis auf dem Importmarkt bestimmen sich durch Importnachfrage und Importangebotskurve (Schaubild 27.3 c). Auch in diesem Fall läßt sich das Problem der importierten Inflation analysieren. Wird z. B. angenommen, dass sich das Angebot eines Importgutes auf dem Markt des Auslandes verknappt, etwa indem die Angebotskurve des Auslandes sich nach links verschiebt (z. B. Angebotskurve der OPEC-Länder), so verschiebt sich auch die Importangebotskurve nach links. Der Weltmarktpreis und damit auch der Preis des Inlandes steigen. Das Inland importiert die Inflation – in diesem Fall über den Importmarkt.

27.4 Relative Preisvorteile

In den beiden vorhergehenden Abschnitten wurde die These der absoluten Preisvorteile diskutiert. Dabei wurde der Wechselkurs als gegeben betrachtet. Letztlich aber sind relative Preisvorteile für den Tausch entscheidend. Der Wechselkurs transformiert diese relativen Vorteile in absolute Preisvorteile. Volkswirtschaften tauschen miteinander, wenn sie relative Preisvorteile haben. Das Inland kann ein Gut relativ günstiger erstellen als das Ausland, und das Ausland kann ein anderes Gut relativ günstiger produzieren als das Inland. Man betrachte die beiden Güter q_1 (Motorsägen) und q_2 (Leinen). Bei Vollbeschäftigung der verfügbaren Produktionsfaktoren kann Deutschland mit seinem technologischen Entwicklungsstand entlang der Transformationskurve unterschiedliche Mengenkombinationen dieser beiden Güter erzeugen. In der Ausgangslage werde in Punkt A (Schaubild 27.4) produziert. In diesem Punkt könnte Deutschland mit seinen Produktionsfaktoren acht zusätzliche Motorsägen herstellen, wenn es auf die Produktion von einem Ballen Leinen verzichtet. Das Tauschverhältnis zwischen Leinenballen und Motorsägen ist 1 : 8, also eine Mengeneinheit Leinen gegen acht Mengeneinheiten Motorsägen. Dabei wird eine Situation vor Handel – Autarkie – unterstellt. Dieses Tauschverhältnis entspricht der Grenzrate der Transformation, die angibt, was ein Land (Deutschland) von einem Gut (Motorsägen) mehr produzieren kann, wenn es von einem anderen Gut (Ballen Leinen) eine Einheit weniger herstellt.
Man beachte, dass 1:8 das Preisverhältnis p_1/p_2 ist. Aus der Definition eines Preises als €/Mengeneinheit (abgekürzt €/ME) folgt

$$\frac{p_1}{p_2} = \frac{\text{€}/ME_1}{\text{€}/ME_2} = \frac{ME_2}{ME_1}$$

Schaubild 27.4: Relative Preisvorteile und Handel

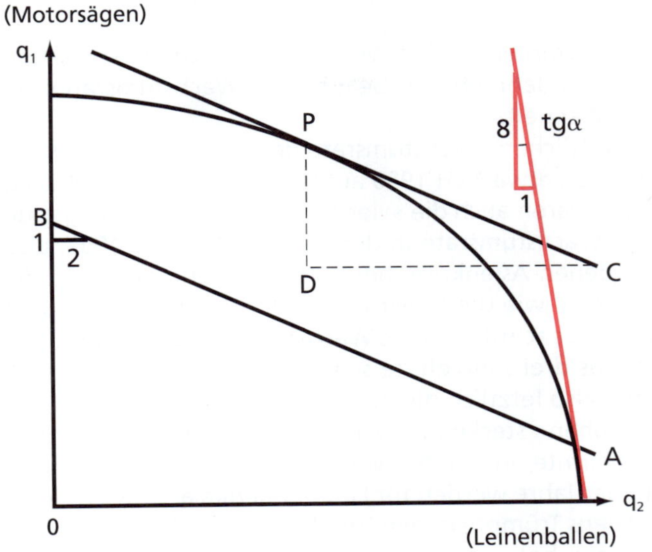

Das Preisverhältnis p_1/p_2 gibt also an, wie viel Mengeneinheiten des Gutes 2 man aufwenden muss (oder erhält), wenn man eine Mengeneinheit des Gutes 1 haben will (oder aufgibt). Es wird durch den tg α gemessen.
Im Ausland, also in der Welt, werden Leinenballen gegen Motorsägen im Verhältnis 2:1 getauscht. Wenn man zwei Ballen Leinen aufgibt, erhält man eine Motorsäge. Deutschland hat einen Produktionsvorteil für Motorsägen, denn es gilt: 1:8 < 2:1. Das Preisverhältnis zwischen In- und Ausland ist dementsprechend in einer Situation ohne Handel verzerrt, denn im Inland und im Ausland herrschen unterschiedliche Preisverhältnisse. Die beiden Preisgeraden 1:8 und 2:1 schneiden sich im Punkt A (siehe Schaubild 27.4). Im Inland erhält man für einen Ballen Leinen acht Motorsägen, d. h. Motorsägen sind billig, Leinen ist teuer. Im Ausland erhält man dagegen für einen Ballen Leinen nur eine halbe Motorsäge. Dies ist nur möglich, wenn die Märkte segmentiert, also getrennt sind, etwa durch hohe Transportkosten oder durch Handelshemmnisse.
Wird die Segmentierung der Märkte beseitigt, etwa weil Handelsbarrieren abgebaut werden, so lohnt sich im Punkt A die Arbitrage, also der Tausch. Ein Inländer kann mit einer Motorsäge im Ausland zwei Ballen Leinen erwerben; dafür wiederum erhält er (bei konstantem Tauschverhältnis) im Inland 16 Motorsägen: ein Gewinn von 15 Motorsägen! Es lohnt sich demnach, im Inland verstärkt Motorsägen zu produzieren. Die Produktion wandert auf der Produktionsmöglichkeitskurve von Punkt A nach oben. Es sei nun angenommen, dass das Ausland die gesamte Welt ist und dass das Preisverhältnis von 2:1 in der Welt gegeben und konstant ist. Eine Parallelverschiebung der Preisgerade BA nach oben (auf PC) zeigt, wie das Inland

Kasten 27.1 Die vier asiatischen Tiger

In der Weltwirtschaft haben die stärker auf den Wettbewerb setzenden ostasiatischen Länder in den letzten vier Jahrzehnten beachtliche Wachstumsraten im Bruttoinlandsprodukt pro Kopf erzielt.
Japan hat bei einer durchschnittlichen Wachstumsrate des Bruttosozialprodukts seinen Anteil am Welthandel von etwa 1 vH 1950 auf 9 vH 1994 erhöht; 1998 lag der Anteil bei 7 vH. Erfolgreich waren auch die »vier Tiger«, Hongkong, Singapur, Taiwan und Südkorea, deren Wachstumsrate in der Zeit von 1985 bis 1997, also vor der inzwischen überwundenen Asienkrise, bei 6 vH und mehr lag. Auch die freien Wirtschaftszonen in China, wie die Provinz Guandong, und China insgesamt haben nach den Reformen beachtliche reale Wachstumsraten erreicht.
Dagegen ist Lateinamerika, das drei Jahrzehnte seiner Politik auf die Strategie der Importsubstitution setzte, also letztlich die heimische Industrie schützte und auch seine »in den Kinderschuhen« steckende Exportindustrie gegen den internationalen Wettbewerb abschirmte, in der Zeit von 1970 bis 1998 mit geringen Raten gewachsen. Die achtziger Jahre werden für Lateinamerika als das »verlorene Jahrzehnt« bezeichnet. Asiens Trümpfe gegenüber Lateinamerika lagen unter anderem in monetärer Stabilität, hohen Sparleistungen und effizienter Kapitalverwendung, funktionierenden Anreizsystemen in den Unternehmen sowie rascher Korrektur von wirtschaftspolitischen Fehlern.
Osteuropa hat bis zum Zusammenbruch der Planwirtschaften eine Arbeitsteilung von oben durchgeführt, bei der durch politische Absprachen festgelegt wurde, welches Land was produziert. Die Idee war dabei, dass man auf diese Weise Größenvorteile der Produktion und damit Kostenersparnisse realisieren könne. Die Spezialisierung war in der Tat sehr detailliert: Ungarn produzierte Autobusse, die Tschechoslowakei Trambahnwagen und die ehemalige DDR Eisenbahnwagons.

die Produktion von Motorsägen (Gut 1) solange ausdehnt, bis das Preisverhältnis in der Welt der Grenzrate der Transformation entspricht. Dabei ist unterstellt, dass es für das Inland immer ungünstiger wird, Leinen in Motorsägen zu transformieren, wenn es Motorsägen herstellt. Die Produktion von Motorsägen wird also relativ ungünstiger (steigende Grenzkosten, relativ zu dem anderem Gut).
In der Handelssituation (Punkt P) hat sich das Inland stärker auf die Produktion von Motorsägen spezialisiert. Es produziert in P und exportiert die Menge PD im Tausch gegen die Importmenge von Leinen DC. Das Inland kann damit den Konsumpunkt C erreichen, der außerhalb seiner eigenen Transformationskurve liegt. In C konsumiert das Inland von beiden Gütern eine größere Menge. Das Inland erzielt Gewinne aus Handel.

Es hat sich jedoch erwiesen, dass eine solche politisch geplante Arbeitsteilung von oben ineffizient ist, weil sie den Wettbewerb ausschaltet. Dagegen haben die asiatischen Länder eine Arbeitsteilung von unten realisiert, bei der letzten Endes die Märkte über die internationale Spezialisierung entscheiden.

Tabelle Kasten 27.1: Wachstumsraten des realen Bruttoinlandsprodukts[a]

	1970–1979	1980–1989	1990–1997
Argentinien	2,8	−1,1	6,1
Brasilien	8,4	2,2	3,1
Chile	2,3	3,8	8,3
Venezuela	3,5	0,2	3,1
	1970–1979	1980–1989	1990–1997
Korea	8,8	9,0	7,1
Hong Kong	9,2	6,9	5,3
Taiwan[b]	10,0	8,2	6,5
Singapur	8,7	7,1	8,2

[a] Durchschnittliche Wachstumsrate, berechnet als geometr. Mittel. – [b] Quelle: Council for Economic Planning and Development, Taiwan Statistical Data Book, 1998.

Quelle: World Bank, World Development Indicators, CD-Rom, 1999.

27.5 Ursachen relativer Preisvorteile

Die Außenhandelstheorie versucht zu erklären, auf welche Ursachen relative Preisvorteile zurückzuführen sind. Diese können auf Technologievorteilen beruhen, beispielsweise weil ein Land für die Produktion eines Gutes ein günstigeres Produktionsverfahren entwickelt hat. Eine andere Ursache wird darin gesehen, dass ein Land ein Gut nicht besonders schätzt und deshalb dieses Gut in diesem Land relativ preiswert ist (Nachfrageunterschiede). Schließlich werden relative Preis- und Kostenvorteile auf Unterschiede in der Faktorausstattung zurückgeführt. Dabei wird die Faktorreichlichkeit von Ländern und die Faktorintensität in der Produktion von Gütern unterschieden. Wenn ein Land viel Kapital besitzt, ist Kapital relativ preiswerter als Arbeit. Damit kann das kapitalintensiv produzierte Gut in diesem Land kostengünstiger hergestellt werden. Man sollte also vermuten, dass das kapitalrei-

che Land einen Produktionsvorteil für das kapitalintensiv produzierte Gut hat. Oder: Das kapitalreiche Land exportiert das kapitalintensiv produzierte Gut.
Analog kann man sich eine Aussage über die Arbeitsreichlichkeit eines Landes und die Arbeitsintensität eines Produktes vorstellen: Das arbeitsreiche Land hat einen Produktionsvorteil für das arbeitsintensive Gut und wird es daher exportieren. Erweitert man die Palette der Produktionsfaktoren, so kann man die folgenden Aussagen erwarten: Das bodenreiche Land exportiert das bodenintensiv produzierte Gut (landwirtschaftliches Produkt). Oder: Das rohstoffreiche Land exportiert das rohstoffintensiv hergestellte Produkt. Oder: Das umweltreiche Land exportiert das umweltintensiv produzierte Gut. Und: Das mit landschaftlicher Schönheit reichlich ausgestattete Land exportiert das landschaftsintensive Produkt (Tourismus). Das humankapitalreiche Land exportiert das humankapitalintensive Produkt. Schließlich (weniger fassbar): Das innovationsfreudige Land exportiert das innovationsintensive Produkt. Entscheidend ist also, die Faktorreichlichkeit eines Landes mit der Faktorintensität der Produktion zu kombinieren.
Wendet man diese Hypothesen auf die deutsche Außenhandelsposition an, so lässt sich zunächst leicht erkennen, bei welchen Produktionen die Bundesrepublik keinen komparativen Preisvorteil hat. Dies ist der Fall bei lohnintensiven Produkten, die in Massenproduktion hergestellt werden. Denn bei diesen Produkten haben arbeitsreiche Länder einen komparativen Preisvorteil, es sei denn, deutschen Firmen gelingt es, sich durch Produktdifferenzierung Marktanteile zu verschaffen. Auch bei rohstoffintensiven Produkten hat die Bundesrepublik keinen Preisvorteil. Schließlich bedeutet die dichte Besiedlung auch eine relativ knappe Ausstattung mit Umweltgütern, so dass wir auch in schadstoffintensiven Produktionen keinen Produktionsvorteil haben. Die Produktionsvorteile können dagegen in einem hochqualifizierten Produktionsfaktor Arbeit (Humankapital), in kapitalintensiver Produktion und im hohen technischen Niveau gesehen werden. Der technische Fortschritt lässt sich wiederum zum einen auf die Qualifikation der Arbeitskräfte, zum anderen auf organisatorische Lösungen (Organisationswissen) und schließlich auf frühe Stadien im Produktzyklus (neue Produkte, neue Verfahren der Produktion, Innovationen) zurückführen.
Die Ausstattungsvorteile eines Landes bleiben in der Zeit nicht stehen: Interne Kapitalbildung, Bevölkerungswachstum, Humankapitalbildung, der Aufbau von Infrastrukturkapital, neue Organisationsformen der Produktion und der Distribution, eine effizientere Gestaltung der Märkte und schließlich neues technisches Wissen verändern absolute und relative Preisvorteile.
In der zeitlichen Entwicklung kann man beobachten, dass sich die Exportaktivitäten eines Landes aus der heimischen Produktion entwickeln müssen. Ehe ein Produkt zum Exportgut wird, muss es zuerst für den heimischen Markt produziert werden. Der Aufbau einer Exportindustrie wird sich im Zeitablauf also über den heimischen Markt vollziehen. Erst wenn ein Unternehmen Produktionserfahrung für kleinere Mengen für den heimischen Markt hat, kann das Unternehmen in größere Märkte hineinwachsen. Das Bündel der nationalen Produkte bestimmt damit im Zeitablauf die potentielle Menge der Exportgüter.

Wichtige Begriffe in Kapitel 27

Relative Preisvorteile
Außenhandelsabhängigkeit
Exportquote
Exportmarkt
Importmarkt
Faktorreichlichkeit und -intensität

28 Zahlungsbilanz

Credit has a great, but not, as many people seem to suppose, a magical power; it cannot make something out of nothing.
John Stuart Mill

28.1 Struktur der Zahlungsbilanz

Als Zahlungsbilanz einer Volkswirtschaft bezeichnet man die statistische ex-post-Erfassung aller ökonomischen Transaktionen zwischen inländischen und ausländischen Wirtschaftseinheiten für ein Jahr. Wirtschaftseinheiten sind private und öffentliche Haushalte, Unternehmen und sonstige Organisationen. Inländer sind die Wirtschaftssubjekte, die ihren Wohnsitz im Inland haben.
Die Zahlungsbilanz eines Landes verzeichnet auf der Aktivseite Zahlungseingänge und auf der Passivseite Zahlungsausgänge eines Landes. Die Zahlungseingänge müssen nicht tatsächlich erfolgen; so wird ein Export auch dann als Zahlungseingang verbucht, wenn er durch Kredit finanziert ist. In Tabelle 28.1 ist die vereinfachte Struktur der Zahlungsbilanz wiedergegeben. Die Buchungen in der Zahlungsbilanz sind entweder Buchungen von Leistungstransaktionen oder von Finanztransaktionen.

Tabelle 28.1: Vereinfachte Struktur der Zahlungsbilanz

Zahlungseingänge	Zahlungsausgänge
Exporte von Gütern und Dienstleistungen	Importe von Gütern und Dienstleistungen
Kapitalimport – Neue Schulden gegenüber dem Ausland – Kapitalrückzahlungen durch das Ausland	Kapitalexport – Kredite an das Ausland – Kapitalrückzahlungen an das Ausland
Devisenbilanzsaldo	

Die Teilbilanzen der Zahlungsbilanz sind die Leistungsbilanz, die Bilanz der Vermögensübertragungen, die Kapitalbilanz und die Veränderung der Währungsreserven der Zentralbank.

Die Leistungsbilanz, auch Bilanz der laufenden Posten genannt, setzt sich zusammen aus der Handelsbilanz, der Dienstleistungsbilanz, der Bilanz der Erwerbs- und Vermögenseinkommen und der Bilanz der unentgeltlichen Leistungen (laufende Übertragungen). In der Handelsbilanz stellen Exporte von Gütern Zahlungseingänge und Importe Zahlungsausgänge dar. Zahlungseingänge in der Dienstleistungsbilanz sind u. a. der »Export« von Dienstleistungen an Touristen aus dem Ausland (und der Verkauf von Sachgütern an Touristen) oder Transportdienste deutscher Unternehmen für Ausländer (analog: Versicherungsleistungen). Die Bilanz der Erwerbs- und Vermögenseinkommen erfasst als Zahlungseingänge u. a. die Kapitalertragseinnahmen aus dem deutschen Auslandsvermögen. Beispiele für Zahlungsausgänge sind Dividendenzahlungen deutscher Unternehmen an ausländische Anteilseigner. In der Bilanz der laufenden Übertragungen sind Transaktionen ohne Gegenleistungen verzeichnet, z. B. Transfers an die Europäische Union und Überweisungen der Gastarbeiter an ihre Familien.

In der Vermögensübertragungsbilanz werden im Gegensatz zu den laufenden Übertragungen solche unentgeltlichen Leistungen erfasst, die zwar das Vermögen der an der Transaktion beteiligten Länder, nicht jedoch das Einkommen oder den Verbrauch direkt verändern. Die Übertragung muss also als »einmalig« angesehen werden. Beispiel für Zahlungsausgänge sind (für ein Gläubigerland) der Erlass von Schulden und Schenkungen. Bestimmte Leistungen der EU, die als vermögenswirksam betrachtet werden, wie beispielsweise Transfers für Infrastrukturmaßnahmen, stellen einen Zahlungseingang dar.

Die Kapitalbilanz erfasst als Zahlungseingänge (Kapitalimporte) ausländische Direktinvestitionen in Deutschland, Schuldenaufnahmen im Ausland, Kapitalrückzahlungen durch das Ausland und den Erwerb inländischer Wertpapiere (z. B. Aktien und Anleihen) und Finanzderivate durch ausländische Anleger. Durch den Kauf inländischer Wertpapiere durch das Ausland nehmen die Devisenbestände der Geschäftsbanken oder der Zentralbank zu. Daher handelt es sich um einen Kapitalimport. Zahlungsausgänge (Kapitalexporte) sind deutsche Direktinvestitionen im Ausland, Kreditgewährungen und Kapitalrückzahlungen an das Ausland. Auch der Kauf ausländischer Wertpapiere durch Inländer ist ein Kapitalexport, denn die Forderungen an das Ausland nehmen zu, die Devisenbestände entweder der Geschäftsbanken oder der Zentralbank nehmen ab. Tabelle 28.2 stellt die Zahlungsbilanz mit den Daten für die Bundesrepublik aus dem Jahr 1998 dar.

Tabelle 28.2: Positionen der Zahlungsbilanz, Deutschland, 1998 (Mio. DM)

Position	Zahlungseingänge		Zahlungsausgänge		Saldo
I. Leistungsbilanz					
1. Außenhandel	Exporte[a] von Gütern (fob[b])	508 324	Importe[a] von Gütern (cif[b])	443 499	+64 825
2. Ergänzungen zum Warenverkehr	zu den Exporten	–862	zu den Importen	4 118	–4 980
3. Dienstleistungen	Dienstleistungsexporte	79 862	Dienstleistungsimporte	120 683	–40 821
4. Erwerbs- und Vermögenseinkommen	Einnahmen	80 651	Ausgaben	92 591	–11 940
5. Laufende Übertragungen	Leistungen vom Ausland	15 833	Leistungen an das Ausland	41 558	–25 725
6. Saldo[a] der Leistungsbilanz					–18 640
II. Vermögensübertragungen	vom Ausland erhalten		an das Ausland geleistet		–129
III. Kapitalbilanz	ausländische Nettokapitalanlagen in Deutschland		deutsche Nettokapitalanlagen im Ausland		
8. Direktinvestitionen		49 238		92 882	–43 644
9. Wertpapieranlagen und Finanzderivate		164 391		174 386	–9 995
10. Kreditverkehr		98 252		63 925	+33 078
11. Saldo der Kapitalbilanz					–20 562
(Saldo I, II, III)					–39 331
IV. Saldo der statistisch nicht aufgliederbaren Transaktionen					+26 796
V. Summe *(Positionen I, II, III, IV)*					–12 535
VI. Veränderung der Währungsreserven der Bundesbank zu Transaktionswerten (Zunahme: –)					+12 535

[a] Ursprungswerte. [b] fob = free on board. Die Exporte enthalten zusätzlich zum Warenwert die bis zum Beladen anfallenden Transportkosten und die Beladekosten. – [c] cif = cost, insurance, freight. Die Importe enthalten neben dem fob-Preis auch die Fracht-, Versicherungs- und andere Verladekosten, d. h. die Importe sind mit dem Preis an der deutschen Grenze angesetzt.

Quelle: Zahlungsbilanzstatistik, Statistisches Beiheft zum Monatsbericht 3, April 2000, S. 6/7.

28.2 Ausgleich der Zahlungsbilanz

Nach dem Prinzip der doppelten Buchführung müsste der Saldo der Leistungs- und der Vermögensübertragungsbilanz dem Saldo der Kapitalbilanz und der Veränderung der Währungsreserven der Zentralbank entsprechen. Man könnte auch sagen, der Devisenbilanzsaldo muss ebenso groß sein wie die Summe der anderen Teilbilanzen. Denn zu jeder Transaktion in der Leistungsbilanz oder der Bilanz der Vermögensübertragungen erfolgt eine Gegenbuchung enweder in der Kapitalbilanz oder auf dem Devisenkonto der Zentralbank. Wenn Exporte kreditiert oder Importe aus Devisenbeständen von Geschäftsbanken bezahlt werden, findet die Gegenbuchung in der Kapitalbilanz statt. Importe von Gütern – bzw. Exporte von Kapital können eine Abnahme des Devisenbestandes der Zentralbank bewirken.

In der Praxis sind diese Übereinstimmungen nicht immer gegeben. Zum einen können nicht alle Transaktionen periodengerecht erfasst werden. Zum anderen bestehen statistische Erfassungschwierigkeiten in allen Teilbilanzen mit Ausnahme der Veränderung der Währungsreserven der Zentralbank. Abweichungen werden als »Restposten« aufgeführt unter dem »Saldo der statistisch nicht aufgliederbaren Transaktionen« (vgl. Tabelle 28.2).

Der formale Ausgleich der Zahlungs- und Devisenbilanz ist nicht zu verwechseln mit dem materiellen Ausgleich der Zahlungsbilanz. Der materielle Ausgleich der Zahlungsbilanz wird auf die Salden von Teilbilanzen bezogen. In der Regel spricht man von einer ausgeglichenen Zahlungsbilanz, wenn sich die Devisenposition der Zentralbank nicht verändert, d. h. der Saldo der Devisenbilanz null ist, ein Land also keine Devisen verliert.

Der Saldo der Devisenbilanz ist an den in der Zahlungsbilanz erfassten Transaktionen zu erkennen. Für eine Definition des materiellen Zahlungsbilanzausgleichs unterscheidet man autonome und zahlungsbilanzinduzierte Transaktionen.

Zahlungsbilanzinduziert sind diejenigen Transaktionen, die mit dem Ziel durchgeführt werden, einen Ausgleich der Zahlungsbilanz herbeizuführen. In der Regel handelt es sich um wirtschaftspolitische Maßnahmen wie Anleihen zwischen Regierungen, Stützungsaktionen (z. B. stand-by agreements; BIZ-Kredit) und Regierungsimporte.

Autonom sind dagegen solche Transaktionen, die unabhängig von der Zahlungsbilanzsituation vorgenommen werden, z. B. private Exporte, Importe und private Kapitalbewegungen, aber auch Transaktionen einer Regierung, die nicht mit dem Ziel des Zahlungsbilanzausgleichs erfolgen.

Eine ausgeglichene Zahlungsbilanz liegt nach diesem Ansatz dann vor, wenn die Summe der autonomen Aktiv-Posten mit der Summe der autonomen Passiv-Posten identisch ist. Ein Zahlungsbilanzüberschuss ist gegeben, wenn die Summe der autonomen Aktiv-Posten die Summe der autonomen Passiv-Posten übersteigt.

Wichtige Begriffe in Kapitel 28

Zahlungsbilanz
Leistungsbilanz
Handelsbilanz
Dienstleistungsbilanz
Vermögensübertragungsbilanz
Kapitalbilanz
Materieller Ausgleich der Zahlungsbilanz

29 Gütermarkt und Beschäftigung in einer offenen Volkswirtschaft

By means of [foreign trade], the narrowness of the home market does not hinder the division of labour in any particular branch of art or manufacture from being carried to the highest perfection.
Adam Smith

In einer offenen Volkswirtschaft ist das güterwirtschaftliche Gleichgewicht anders zu definieren als in einer geschlossenen Volkswirtschaft, da das Ausland Nachfrage nach heimischen Gütern entfaltet (Exporte X) und das Inland Nachfrage für seine Produktion verliert, weil Güter im Ausland hergestellt werden (Importe IM). Die Nettonachfrage ist also die Differenz von Exporten und Importen, X–IM. Diese Differenz von Exporten und Importen wird als Außenbeitrag bezeichnet.
Das güterwirtschaftliche Gleichgewicht ist gegeben (ohne Nachfrage des Staates)

durch	$Y = C + I + X - IM$
oder, da	$S = Y - C$
durch	$S = I + X - IM$
bzw.	$S + M = I + X.$

Der Konsum hängt vom Volkseinkommen Y ab; die Investitionen sind eine Funktion des Zinssatzes i. Die Exporte können zunächst einmal als gegeben betrachtet werden. Die Importe hängen ähnlich wie der Konsum vom Volkseinkommen ab. Steigt das Volkseinkommen, so nehmen die Importe zu. Das Gütermarktgleichgewicht ist also ähnlich wie die IS-Kurve (Schaubild 18.12) zu zeichnen, aber die Kurve des Gütermarktgleichgewichts IXSM berücksichtigt Exporte und Importe. Sei Punkt A im Schaubild 29.1 ein Gleichgewicht auf dem Gütermarkt. Hält man den Zins i konstant, so sind die Investitionen bestimmt. Vermehrt man gedanklich das Volkseinkommen Y, so steigen die Ersparnis und die Importnachfrage (Punkt B). In Punkt B ist die gesamtwirtschaftliche Güternachfrage »zu klein«. Ein Gleichgewicht kann nur vorliegen, wenn die Investitionsnachfrage steigt, also wenn der Zins sinkt (Punkt C). Die Kurve des güterwirtschaftlichen Gleichgewichts, die IXSM-Kurve, hat also eine negative Steigung.
Die LM-Kurve kennzeichnet das Gleichgewicht auf dem Geldmarkt. Bei gegebener Geldmenge verändert sich ihre Lage nicht. Wir nehmen hier vereinfachend an, dass die Notenbank die Auswirkungen etwaiger Veränderungen der Währungsreserven auf die Geldmenge geldpolitisch neutralisiert (vgl. Kap. 18.4).
In Schaubild 29.1 ist das Güter- und Geldmarktgleichgewicht E einer offenen Volkswirtschaft dargestellt. Dabei ist ein konstanter Wechselkurs unterstellt. Wird nun angenommen, dass das Ausland mehr nachfragt und damit die Exporte des Inlandes parametrisch steigen, so nimmt die gesamtwirtschaftliche Nachfrage zu.

Das güter- und geldwirtschaftliche Gleichgewicht verschiebt sich von Punkt E nach Punkt E′. Dabei sind zwei Effekte zu verzeichnen. Das Volkseinkommen und damit die Beschäftigung steigen, und zwar wegen der größeren gesamtwirtschaftlichen Nachfrage. Gleichzeitig steigt der Zins. Dies erklärt sich daraus, dass mit zunehmendem Volkseinkommen die Nachfrage nach Transaktionskasse größer wird. Um ihre Transaktionskasse erhöhen zu können, bieten die Wirtschaftssubjekte Wertpapiere an, und die Kurse der Wertpapiere sinken; damit wird die Effektivverzinsung günstiger, die Zinsen steigen also.

Schaubild 29.1: Außenbeitrag und gesamtwirtschaftliches Gleichgewicht

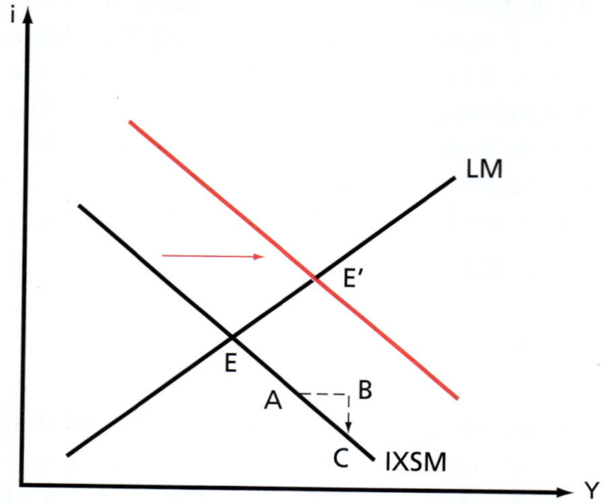

In dem hier beschriebenen Ansatz ist das keynesianische Fixpreismodell unterstellt, in dem die Preise fixiert sind und die effektive gesamtwirtschaftliche Nachfrage darüber entscheidet, ob das Produktionspotential ausgeschöpft wird. Eine mögliche Erweiterung dieses Ansatzes ist, die Preise flexibel zu machen. Eine andere Erweiterung ist, die Annahme des konstanten Wechselkurses aufzugeben. Es ist deshalb von Interesse, wie sich eine Wechselkursveränderung auf das gesamtwirtschaftliche Gleichgewicht auswirkt.

Wichtige Begriffe in Kapitel 29

Güterwirtschaftliches Gleichgewicht
IXSM-Kurve
Keynesianisches Fixpreismodell

30 Wechselkurs

It is self-contradictory to discuss a process
which admittedly could not take place without money,
and at the same time to assume
that money is absent or has no effect.
F.A. Hayek

30.1 Devisenmarkt

Der Wechselkurs ist der Preis nationaler Währungen. Er ist definiert als w [€/$], gibt also an, wie viel Euro man für eine Einheit $ aufwenden muss oder erhält. Der Wechselkurs w bildet sich auf einem Devisenmarkt durch die Nachfrage nach Devisen und das Angebot an Devisen (Schaubild 30.1). Nachfrage und Angebot an Devisen resultieren aus ökonomischen Transaktionen mit dem Ausland, die in der Bilanz der laufenden Posten und in der Kapitalbilanz erfasst sind.

Schaubild 30.1: Devisenmarkt

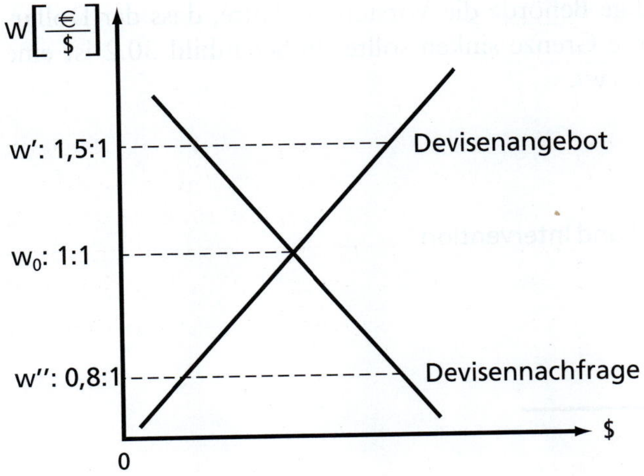

So entfaltet Deutschland Devisennachfrage für die Importe von Sachgütern und Dienstleistungen, für Transfers an das Ausland (z. B. Entwicklungshilfe), für die

Tilgung von Auslandsanleihen sowie für Anlage- und Portfolioinvestitionen im Ausland. Betrachtet man nur die Handelsbilanz, so resultiert die Devisennachfrage des Inlandes aus seiner Importnachfrage nach Sachgütern. Wenn man von den anderen Teilbilanzen abstrahiert, erkennt man, dass sich Handelsbilanzsaldo und Devisenbilanzsaldo entsprechen müssen.
Wer bietet Dollar an? Um diese Frage zu beantworten, muss man sich klarmachen, dass amerikanische Importeure ihrerseits Euro nachfragen, um importieren zu können. Um aber Euro zu bekommen, bieten sie Dollar an. Das Angebot an Dollar resultiert also aus der Importnachfrage der USA. Zusätzlich kommen andere Quellen des Devisenangebots (z. B. Kapitalexporte der USA) in Betracht.
Schaubild 30.1 verdeutlicht drei mögliche Situationen:

a) bei einem Gleichgewichtswechselkurs w_0 (1 : 1) ist die Überschussnachfrage nach Devisen Null. Der Handelsbilanzsaldo ist Null.
b) Wird der Wechselkurs auf w' (1,5 : 1) fixiert, so liegt ein Überschussangebot an Devisen vor. Die Handelsbilanz ist aktiv. Dieser Überschuss kann beseitigt werden, indem w' auf w_0 reduziert wird. Da w als Dollar-Kurs definiert ist, bedeutet eine Verringerung von w, dass man für einen Dollar weniger Euro aufwenden muss: der Euro wird aufgewertet.
c) Liegt der Wechselkurs bei w'' (0,8 : 1), so gibt es eine Überschussnachfrage nach Devisen; es liegt ein Handelsbilanzdefizit vor. Diese Situation lässt sich durch eine Abwertung beseitigen.

Auf dem Devisenmarkt haben Wechselkursziele der Regierungen immer wieder eine Rolle gespielt. So gab es in der Vergangenheit Situationen, in denen auf dem Dollarmarkt ein bestimmter Mindestkurs als untere Grenze angestrebt wurde, etwa wenn die währungspolitisch zuständige Behörde die Vorstellung hatte, dass der Dollar-Kurs nicht unter eine bestimmte Grenze sinken sollte. In Schaubild 30.2 ist eine solche Situation dargestellt (Kurs $\bar{w}$).

Schaubild 30.2: Wechselkursziel und Intervention

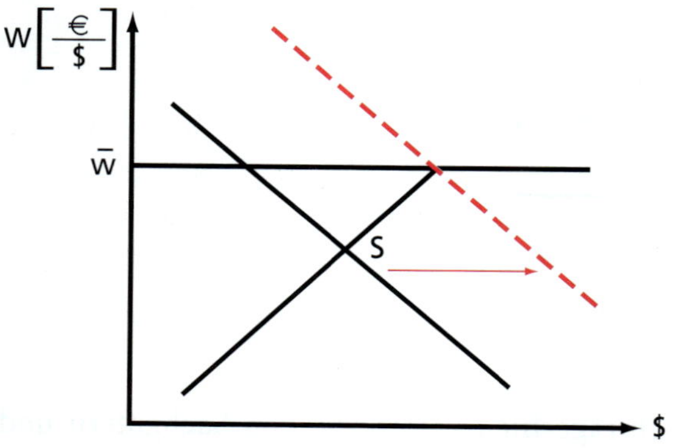

Wird ein solches Ziel verfolgt, so wird verhindert, dass der Gleichgewichtspreis auf dem Devisenmarkt gefunden wird (S). Um den Dollar zu stützen, kann die Europäische Zentralbank Dollar nachfragen; die Nachfragekurve nach Dollar verschiebt sich dann nach rechts. Wenn diese Nachfrage langfristig nicht durchzuhalten ist, muss der Euro aufgewertet werden.

30.2 Auf- und Abwertung

Eine Wechselkursänderung wirkt sich auf den Handelsbilanzsaldo aus. Eine Aufwertung bedeutet auf dem Exportmarkt, dass die heimischen Exportgüter, gerechnet in ausländischer Währung, teurer werden; d. h. der Export wird erschwert und der Exportwert sinkt. Importe dagegen werden billiger; wenn die Importnachfrage elastisch reagiert, nimmt der Importwert zu. Dadurch wird die Handelsbilanz passiv. Eine Abwertung dagegen verbilligt heimische Produkte auf dem Exportmarkt, während sich die Importe aus dem Ausland verteuern. Daher wird sich im Normalfall die Handelsbilanz aktivieren.
Eine Abwertung bedeutet, dass sich der Außenbeitrag X – IM unter normalen Bedingungen vergrößert. Damit steigt die gesamtwirtschaftliche Nachfrage, die IXSM-Kurve wirkt also expansiv im keynesianischen Modell.

30.3 Zusammenhang zwischen Devisenmarkt und nationalem Geldmarkt

In einer offenen Volkswirtschaft besteht eine Interdependenz zwischen dem Devisenmarkt und den nationalen Geldmärkten. Im Folgenden unterscheiden wir einen konstanten und einen flexiblen Wechselkurs.
Bei konstantem Wechselkurs tauschen sich zwei nationale Währungen in einer festen Relation aus. Wenn dann ein Land seine Geldmenge vermehrt, also das Geldmarktgleichgewicht stört, so stellen die Wirtschaftssubjekte fest, dass sie zu viel Geld halten (Geldmenge ist zu groß). Sie wollen die Geldmenge abbauen, und im einfachsten Fall können sie dies tun, indem sie Güter nachfragen. Die Güternachfrage nimmt zu, die Preise steigen, und das Land verliert seine preisliche Wettbewerbsfähigkeit. Es entsteht ein Handelsbilanzdefizit. Das aber bedeutet, dass Devisen (Gold) abfließen, die Geldmenge sinkt, so dass die ursprüngliche Geldmengenexpansion zurückgeht. Im anderen Land entsteht ein Handelsbilanzüberschuss;

das aber bedeutet, dass, da die Exporteure die erworbenen ausländischen Devisen gegen heimische Währung umtauschen können, die Geldmenge des anderen Landes zunimmt. Damit steigen im anderen Land auch die Preise. Bei konstantem Wechselkurs bleibt also die Geldmengenexpansion eines Landes nicht auf dieses Land beschränkt; in einem Anpassungsprozess steigt auch die Geldmenge des anderen Landes, d. h. die ursprüngliche Geldmengenexpansion verteilt sich auf beide Länder, und in beiden Ländern steigen die Preise (Geldmengen-Preis-Mechanismus).[1]
Bei flexiblem Wechselkurs bedeutet die Geldmengenerhöhung des einen Landes ebenfalls, dass das Geldmarktgleichgewicht gestört wird und die Wirtschaftssubjekte zunächst einmal zu viel Geld halten. Sie wollen aus dem Geld aussteigen und fragen mehr Importe nach. Dies bedeutet eine verstärkte Nachfrage nach Devisen. Dadurch wird die Inlandswährung abgewertet, und zwar so lange, bis ein neues Gleichgewicht auf dem Devisenmarkt entsteht. Anders als im Falle konstanter Kurse kommt es nicht zu einer Reallokation der Geldmenge. Über den flexiblen Wechselkurs sind die Geldmengenexpansionen in beiden Ländern voneinander entkoppelt. Eine Störung des nationalen Geldmarktgleichgewichts ist also mit einer Wechselkursänderung verbunden. Es besteht eine Interdependenz zwischen Geld- und Devisenmarkt. Auf mittlere Frist bewirkt die Abwertung, dass das Land seinen Preisvorteil verbessert und seine Handelsbilanz aktiviert.

30.4 Das derzeitige Wechselkurssystem

Flexible Kurse sind heutzutage also das prägende Element der internationalen Währungsordnung. Die wichtigsten Währungen der Welt sind untereinander flexibel, so der US-Dollar, der Euro, der japanische Yen und das britische Pfund. Einige Währungen sind an den Dollar, andere an den Euro, an Sonderziehungsrechte und an Währungskörbe gebunden. Dies schließt nicht aus, dass die Wechselkurse von Zeit zu Zeit neu justiert werden (Realignments).
In der Vergangenheit haben einzelne Länder eine wechselkursorientierte Geldpolitik betrieben wie die Niederlande und Österreich. Indem diese Länder den Wechselkurs ihrer Währung zur D-Mark konstant hielten, folgten sie im Wesentlichen der Geldpolitik der Deutschen Bundesbank. Damit entwickelten sich die Geldmengen im Gleichschritt, und die Preisniveaus bewegten sich ebenfalls gleichmäßig. Die strengste Form einer solchen Bindung ist ein so genannter »Currency Board«, wie er von Argentinien praktiziert wird. Dabei ist der inländische Geldumlauf voll durch Devisen gedeckt. Wenn der Devisenvorrat abnimmt, wird auch die inländische

[1] Vgl. H. Siebert. Außenwirtschaft, 6. Aufl., Stuttgart, 1994.

Geldmenge reduziert. Schaubild 30.3 stellt vereinfacht die derzeitige internationale Währungsordnung in ihren wesentlichen Elementen dar. Nicht alle Anbindungen von Währungen sind dargestellt.

Schaubild 30.3: Das internationale Währungssystem[a]

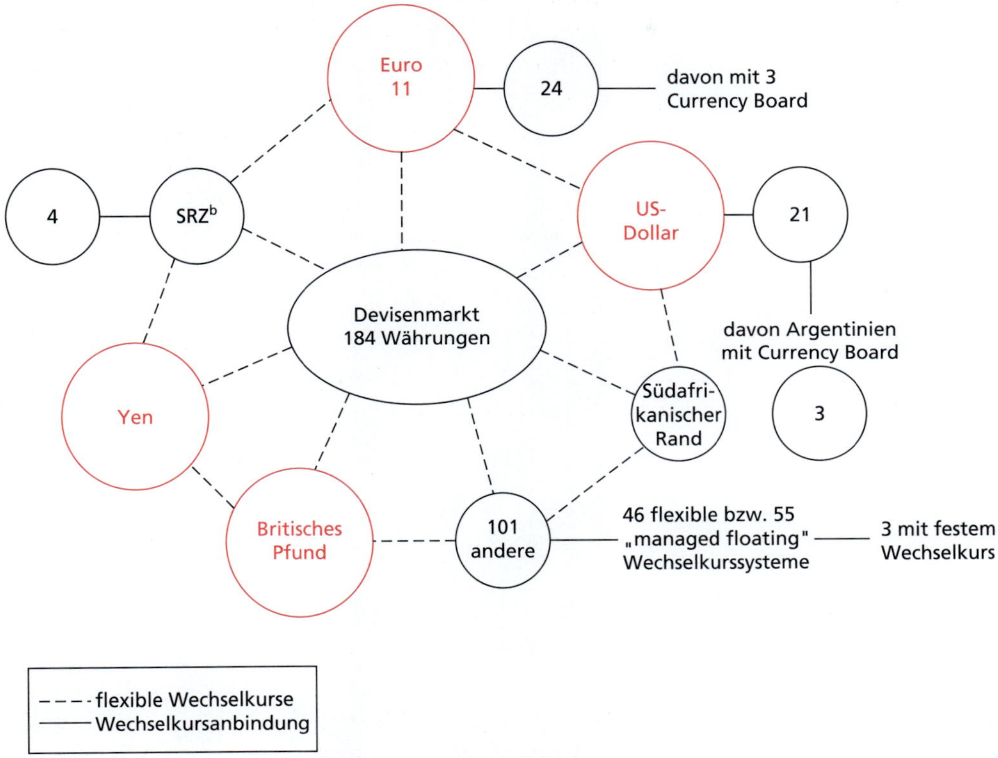

[a] 14 weitere Währungen, die nicht im Schaubild berücksichtigt sind, haben ihren Wechselkurs an einen Währungskorb gebunden, vier lassen den Wechselkurs gegenüber einer einzigen Währung frei schwanken. SZR: Sonderziehungsrechte beim Internationalen Währungsfonds

Quelle: International Monetary Fund, Exchange Arrangements and Exchange Restrictions, Annual Report 1998.

Es wird immer wieder vorgeschlagen, die Wechselkurse durch Referenzzonen zu stabilisieren. Dies ist aber nur möglich, wenn die einzelnen Länder der Preisniveaustabilität gleichen Rang einräumen und wenn sich die Preisniveaus nicht voneinander wegbewegen. Außerdem darf auch die realwirtschaftliche Entwicklung in den einzelnen Volkswirtschaften nicht zu unterschiedlich sein. Stabile Wechselkurse können auch dadurch zustande kommen, dass die Länder sich einem Regelwerk wie dem Goldstandard unterwerfen, das automatisch für Stabilität sorgt. Dabei müssen die Staaten bereit sein, ihre Autonomie in der Stabilisierungspolitik aufzugeben.

Wichtige Begriffe in Kapitel 30

Wechselkurs
Devisenmarkt
Wechselkursziele
Aufwertung
Abwertung
Konstanter Wechselkurs
Flexibler Wechselkurs
Internationales Währungssystem

Literaturverzeichnis

Es gibt heute eine selbst für den versierten Fachmann nahezu unüberschaubare Vielfalt an Büchern, die sich mit der Volkswirtschaftslehre beschäftigen. Die folgende Liste stellt deshalb nur einen Einstieg in die Literatur dar, sie benennt einige für den Studenten in den Anfangssemestern empfehlenswerte Fach- und Lehrbücher, die sich als besonders geeignet und verständlich erwiesen haben.
Die als »allgemeine Einführungen« bezeichneten Bücher erfordern keine speziellen wirtschaftswissenschaftlichen Vorkenntnisse, sondern wollen den Leser ganz allgemein mit der Denkweise der Ökonomen vertraut machen. Danach folgen einige Werke, die sich mit den aktuellen wirtschaftspolitischen Problemen in Deutschland befassen.
Die »Einführungslehrbücher« sind nicht nur für die Anfangssemester des wirtschaftswissenschaftlichen Grundstudiums geeignet, sondern sind nützliche Nachschlagewerke, um auch in höheren Semestern auftretende Lücken zu schließen. Den gleichen Zweck erfüllen die aufgeführten Nachschlagewerke sowie die Fachwörterbücher, die die vielfältigen Tücken der englischsprachigen Fachsprache überwinden helfen.
Um Zugang zu aktuellen Informationen und statistischen Daten zu erhalten, bietet neben gedruckten Publikationen oftmals auch das Internet hilfreiche Einstiegspunkte an.

Allgemeine Einführungen, die Interesse wecken können

Becker, G.S., Becker, G.N.: Die Ökonomik des Alltags. Tübingen: Mohr Siebeck, 1998.

Eucken, W.: Nationalökonomie wozu?, 4. Aufl., Stuttgart: Klett-Cotta, 1961.

Friedman, D.: Hidden Order: The Economics of Everyday Life. New York: Harper Collins, 1996. Deutsch: Der ökonomische Code. Wie wirtschaftliches Denken unser Handeln bestimmt. Frankfurt/Main: Eichborn, 1999.

Heilbroner, R.L., Thurow, L.C.: Economics Explained. Everything you need to know about how the economy works and where it's going. Newly rev. and updated, New York: Touchstone, 1998.

Levi, M.: Economics Deciphered. New York, 1981. Deutsch: Ökonomie ohne Rätsel. Ein Wegweiser im Wirtschaftslabyrinth, Basel: Birkhäuser, 1982.
–, Thinking Economically. How Economic Principles Can Contribute to Clear Thinking, New York 1985. Deutsch: Volkswirtschaftlich denken. Vom alltäglichen Nutzen der Wirtschaftswissenschaft, Basel 1987.

Röpke, W.: Jenseits von Angebot und Nachfrage, 5. Aufl., Bern: Haupt 1979.

Sarrazin, T.: Der Euro. Chance oder Abenteuer? Bonn: Dietz 1998.

Trebeis, O. v. (Hrsg.): Nationalökonomologie, 7., hochgradig rev. Aufl., Tübingen: Mohr 1994.

Aktuelle wirtschaftspolitische Problemfelder in Deutschland

Adam, H.: Bausteine der Volkswirtschaftslehre. 13., aktualisierte Aufl., Köln: Bund, 1997.

Lampert, H.: Die Wirtschafts- und Sozialordnung der Bundesrepublik Deutschland. 13., völlig überarb. Aufl., München: Olzog, 1997.

Oberender, P. (Hrsg.): Marktökonomie: Marktstruktur und Wettbewerb in ausgewählten Branchen der Bundesrepublik Deutschland, München: Vahlen, 1989.

Sachverständigenrat zur Begutachtung der gesamtwirtschaftlichen Entwicklung: Jahresgutachten, Bonn: Bundestagsdrucksache oder Stuttgart: Metzler-Poeschel, jährlich seit 1964.

Siebert, H.: Das Wagnis der Einheit. Eine wirtschaftspolitische Therapie, aktual. Neuaufl., Stuttgart: Dt. Verlags-Anstalt, 1993.

–, Geht den Deutschen die Arbeit aus? Wege zu mehr Beschäftigung, aktual. Taschenbuchausgabe München: Goldmann, 1995.

–, Arbeitslos ohne Ende? Strategien für mehr Beschäftigung. Wiesbaden: Gabler, 1998.

Einführungslehrbücher

Bartling, H., Luzius, F.: Grundzüge der Volkswirtschaftslehre. Einführung in die Wirtschaftstheorie und Wirtschaftspolitik, 12. verb. u. erg. Aufl., München: Vahlen, 1998.

Baßeler, U., Heinrich, J., Koch, W.A.S.: Grundlagen und Probleme der Volkswirtschaft. 15,. überarb. u. erw. Aufl., Köln: Bachem, 1999.

Baumol, W.J., Blinder, A.S.: Economics. Principles and Policy, 8th ed., Fort Worth: Hb College, 1999.

Begg, D., Dornbusch, R., Fischer, S. : Economics, 5th ed., London: McGraw-Hill, 1997.

Eucken, W.: Die Grundlagen der Nationalökonomie (1965), 9. Aufl., Berlin: Springer 1989.

Fischbach, R.: Volkswirtschaftslehre I. Einführung und Grundlagen, 10. überarb. Aufl., München: Oldenbourg, 1997.

Frey, R.L.: Wirtschaft, Staat und Wohlfahrt. Eine Einführung in die Nationalökonomie, 10. Aufl., Basel: Helbing + Lichtenhahn, 1997.

Hanusch, H., Kuhn, T.: Einführung in die Volkswirtschaftslehre, 4. überarb. Aufl., Berlin: Springer, 1998.

Hardes, H.-D. u. a.: Volkswirtschaftslehre: problemorientiert, 19., völlig neu bearb. Aufl., Tübingen: Mohr, 1995.

Hardes, H.-D., Mertes, J, Schmitz, F.: Grundzüge der Volkswirtschaftslehre, 6. neubearb. u. verb. Aufl., München: Oldenbourg, 1998.

Hardwick, P., Khan, B., Langmead, J.: An Introduction to Modern Economics, 4th ed., London: Longman, 1994.

Lipsey, R.G. u. a.: Economics, 11th ed., New York: Harper Collins, 1996.

Lipsey, R.G.: An Introduction to Positive Economics, 8th ed., Oxford: Oxford University Press, 1995.

Mankiw, N.G.: Principles of Economics. 3rd. ed., Fort Worth: Dryden Press 1998. Deutsch: Grundzüge der Volkswirtschaftslehre. Stuttgart: Schäffer-Poeschel, 1999.

Parkin, M.: Economics, 4th ed., Reading, Mass.: Addison-Wesley, 1998.

Preiser, E.: Nationalökonomie heute. Eine Einführung in die Volkswirtschaftslehre, 15. Aufl., München: Beck, 1992.

Samuelson, P.A., Nordhaus, W.D.: Economics, 16th ed., New York: Irwin 1997. Deutsch: Volkswirtschaftslehre. Übersetzung der 15. Aufl., Wien: Überreuter, 1998.

Tresch, R.W.: Principles of Economics, Minneapolis: West Publ., 1994.

Woll, A.: Allgemeine Volkswirtschaftslehre, 12., überarb. u. erg. Aufl., München: Vahlen, 1996.

Außerdem haben sich zwei seit fast dreißig Jahren jeweils monatlich erscheinende Zeitschriften bewährt, die in ihren speziell für Studenten geschriebenen Artikeln das gesamte Spektrum der Wirtschaftswissenschaften abdecken:

Das Wirtschaftsstudium (WISU), hrsg. von T. Hartmann-Wendels, R. Thome und A. Woll, Düsseldorf: Lange.

Wirtschaftswissenschaftliches Studium (Wist), hrsg. von N. Berthold und M. Lingenfelde. München: Beck und Vahlen.

Lexika und Nachschlagewerke

Albers, W. u.a.: Handwörterbuch der Wirtschaftswissenschaft (HdWW; zugleich Neuaufl. des Handwörterbuchs der Sozialwissenschaften), Bd. 1–9, Stuttgart: Fischer, 1988.

Bender, D. u. a.: Vahlens Kompendium der Wirtschaftstheorie und Wirtschaftspolitik. Bd. 1, 7. Aufl. 1999, Bd. 2, 7. Aufl. 1999, München: Vahlen.

Dichtl, E., Issing, O. (Hrsg.): Vahlens großes Wirtschaftslexikon, 3. Aufl., München: Vahlen, 1999.

Eatwell, J., Milgate, M., Newman, P. (eds.): The New Palgrave Dictionary of Economics, London: Macmillan, 1987.

Gabler Wirtschaftslexikon. 14., überarb. u. erw. Aufl., Wiesbaden: Gabler, 1997.

Hagen, J. von, Welfens, P.J.J., Börsch-Supan, A. (Hrsg.): Springers Handbuch der Volkswirtschaftslehre. Bd. 1: Grundlagen, 1996. Bd. 2: Wirtschaftspolitik und Weltwirtschaft, 1997. Berlin: Springer.

Dietl, C.E., Lorenz, E.: Wörterbuch für Recht, Wirtschaft und Politik. Bd. 1: Englisch-Deutsch, 6. Aufl. 1999, Bd. 2: Deutsch-Englisch, 4. Aufl. 1992, München: Beck.

Ritter, U.P., Zinn, K.G.: Grundwortschatz wirtschaftswissenschaftlicher Begriffe, Englisch-Deutsch/Deutsch-Englisch. 6., bearb. u. erw. Aufl., Stuttgart: Fischer, 1997.

Schäfer, W.: Wirtschaftswörterbuch. Bd. 1: Englisch–Deutsch, Bd. 2: Deutsch–Englisch. jeweils 6., überarb. u. erw. Aufl., München: Vahlen, 1998.

Internet-Adressen und Statistische Daten

Bundesanstalt für Arbeit. http://www.arbeitsamt.de/
Bundesministerium für Arbeit und Sozialordnung. http://www.bma.bund.de/
Bundesministerium für Wirtschaft und Technologie. http://www.bmwi.de/
Bundesministerium der Finanzen. http://www.bundesfinanzministerium.de/

Deutsche Bundesbank. http://www.bundesbank.de/

Europäische Union. http://europa.eu.int/
Europäische Zentralbank. http://www.ecb.de/

Internationaler Währungsfonds (IMF). http://www.imf.org/
–. International Financial Statistics, Washington, D.C.

Organisation for Economic Co-operation and Development (OECD). http://www.oecd.org/
–. Main Economic Indicators, Paris.

Sachverständigenrat zur Begutachtung der gesamtwirtschaftlichen Entwicklung. http://www.sachverstaendigenrat-wirtschaft.de
Statistisches Bundesamt. http://www.statistik-bund.de/
–. Fachserie 1: Bevölkerung und Erwerbstätigkeit, Stuttgart: Metzler-Poeschel.
–. Fachserie 4: Produzierendes Gewerbe, Stuttgart: Metzler-Poeschel.
–. Fachserie 14: Finanzen und Steuern, Stuttgart: Metzler-Poeschel.
–. Fachserie 16: Löhne und Gehälter, Stuttgart: Metzler-Poeschel.
–. Fachserie 18: Volkswirtschaftliche Gesamtrechnungen, Stuttgart: Metzler-Poeschel.
–. Statistisches Jahrbuch für die Bundesrepublik. Deutschland, Stuttgart: Metzler-Poeschel.

Weltbank. http://www.worldbank.org/
–. World Development Report, Oxford. Deutsch: Weltentwicklungsbericht, Frankfurt/Main: Frankfurter Allgemeine Zeitung.

Klassische Werke

Friedman, M.: Capitalism and Freedom, Chicago 1962. Deutsch: Kapitalismus und Freiheit, München: dtv, 1976.
–, The Optimum Quantity of Money and Other Essays, Chicago 1969. Deutsch: Die optimale Geldmenge und andere Essays, München: Moderne Industrie, 1970.

Friedman, M. u. R.: Chancen, die ich meine. Plädoyer für eine freie Wirtschaft, Berlin: Ullstein, 1983.

Haberler, G. v.: Prosperität und Depression, 2. Aufl., Tübingen: Mohr, 1955.
Hayek, F.A. v.: Der Weg zur Knechtschaft (1944), Neuausg., Landsberg: Olzog, 1994.
–, The Constitution of Liberty (1960). Deutsch: Die Verfassung der Freiheit, 3. Aufl., Tübingen: Mohr, 1991.
Heilbroner, R.L.: The Essential Adam Smith, New York: Norton, 1987.
–, The Worldly Philosophers. The Lives, Times and Ideas of the Great Economic Thinkers, 7th., rev. ed., New York: Touchstone, 1999.
Hicks, J.R.: The Social Framework. An Introduction to Economics (1942), 4th ed., Oxford: Clarendon, 1971. Deutsch: Einführung in die Volkswirtschaftslehre, 8. Aufl., Reinbek bei Hamburg: Rowohlt, 1962.

Keynes, J.M.: The General Theory of Employment, Interest and Money (1936). Deutsch: Allgemeine Theorie der Beschäftigung, des Zinses und des Geldes, 7. Aufl. (unveränd. Nachdruck der 1. Aufl. von 1936), Berlin: Duncker & Humblot, 1994.

Schumpeter, J.A.: Geschichte der ökonomischen Analyse, Göttingen: Vandenhoeck & Ruprecht, 1965.
–, Kapitalismus, Sozialismus und Demokratie (1942), 7., erw. Aufl., Tübingen: Francke, 1993.
–, Theorie der wirtschaftlichen Entwicklung. Eine Untersuchung über Unternehmensgewinn, Kapital, Kredit, Zins und den Konjunkturzyklus (1912), 9., unveränd. Aufl., Berlin: Duncker & Humblot, 1997.
Smith, A.: An Inquiry into the Nature and Causes of the Wealth of Nations (1776). Deutsch: Der Wohlstand der Nationen. Eine Untersuchung seiner Natur und seiner Ursachen, München: dtv, 1999.
Stackelberg, H. v.: Grundlagen der theoretischen Volkswirtschaftslehre (1943), 2. Aufl., Tübingen: Mohr, 1951.

Weber, M.: Wirtschaft und Gesellschaft. Grundriß der verstehenden Soziologie (1922), 5., rev. Aufl. Nachdr., Tübingen: Mohr, 1980.
–, Wirtschaftsgeschichte (1923), 5. unveränd. Aufl., Berlin: Duncker & Humblot, 1991.
–, Wissenschaft als Beruf (1919), 10. Aufl., Berlin: Duncker & Humblot, 1996.

Teil I – Markt- und Preistheorie

Baumol, W.J., Blinder, A.S.: Microeconomics. Principles and Policy, 7th ed, Fort Worth: Dryden Press, 1997.
Böventer, E.v., Illing, G.: Einführung in die Mikroökonomie, 9. bearb. Aufl., München: Oldenbourg, 1997.

Engelhard, P., Geue, H.: Angewandte Mikroökonomik. München: Vahlen, 1998.

Fehl, U., Oberender, P.: Grundlagen der Mikroökonomie. Eine Einführung in die Produktions-, Nachfrage- und Markttheorie, 7. Aufl., München: Vahlen, 1999.

Hesse, H. (Hrsg.): Arbeitsbuch angewandte Mikroökonomik, Tübingen: Mohr, 1980.

Henderson, J.M., Quandt, R.E.: Mikroökonomische Theorie. Eine mathematische Darstellung, 5., überarb. Aufl., München: Vahlen, 1983.

Hirshleifer, J., Glazer, A.: Price Theory and Applications, 5th ed., Englewood Cliffs, NJ: Prentice Hall, 1992.

Kortmann, W.: Mikroökonomik. Eine anwendungsbezogene Einführung. 2., überarb. und erw. Aufl., Heidelberg: Physica, 1999.

Linde, R.: Einführung in die Mikroökonomie. 3., überarb. u. erw. Aufl., Stuttgart: Kohlhammer, 1998.

Mansfield, E.: Applied Microeconomics, 2nd ed., New York: Norton, 1996.

Neumann, M.: Theoretische Volkswirtschaftslehre. Bd. II: Produktion, Nachfrage und Allokation, 4., überarb. Aufl., München: Vahlen, 1995.

Nicholson, W.: Microeconomic Theory. Basic Principles and Extensions, 6th ed., Fort Worth: Dryden Press, 1995.

Parkin, M.: Microeconomics, 3rd ed. update, Reading, Mass.: Addison-Wesley, 1997.

Reiß, W.: Mikroökonomische Theorie. Historisch fundierte Einführung, 5. Aufl., München: Oldenbourg, 1998.

Schneider, H.: Mikroökonomie. Eine Einführung in die Preis-, Produktions und Wohlsfahrtstheorie, 5., überarb. Aufl., München: Vahlen, 1995.

Schumann, J., Meyer, U., Ströbele, W.: Grundzüge der mikroökonomischen Theorie. 7., neubearb. u. erw. Aufl., Berlin: Springer, 1999

Stiglitz, J.E.: Principles of Microeconomics, 2nd ed., New York: Norton, 1997.

Varian, H.R.: Intermediate Microeconomics: A modern approach. 5th ed., New York: Norton, 1999. Deutsch: Grundzüge der Mikroökonomik, 4., überarb. u. erw. Aufl., München: Oldenbourg, 1999.

Wied-Nebbeling, S., Schott, H.: Grundlagen der Mikroökonomie. Berlin: Springer, 1998.

Teil II – Makroökonomische Theorie

Allgemeine Makroökonomische Theorie

Barro, R.J., Grilli, V.: Makroökonomie. Europäische Perspektive. München: Oldenbourg, 1996 (Europäische Version von *Barro, R.J.:* Macroeconomics, 5th ed, Cambridge, Mass.: MIT Press, 1997).

Blümle, G., Patzig, W.: Grundzüge der Makroökonomie, 4. überarb. u. aktual. Aufl., Freiburg/Breisgau: Haufe, 1998.

Burda, M. C., Wyplosz, Ch.: Macroeconomics. A European Text, 2nd ed., Oxford: Oxford University Press, 1997. Deutsch: Makroökonomik. Eine europäische Perspektive, München: Vahlen, 1994.

Cezanne, W.: Grundzüge der Makroökonomik, 7., durchges. Aufl., München: Oldenbourg, 1998.

Dornbusch, R.; Fischer, S, Startz, R.: Macroeconomics, 7th ed., New York: McGraw-Hill, 1998. Deutsch: Makroökonomik, 6. Aufl., München: Oldenbourg, 1995.

Felderer, B., Homburg, S.: Makroökonomik und neue Makroökonomik, 7., verb. Aufl., Berlin: Springer, 1999.

Frenkel, M., John, K.D.: Volkswirtschaftliche Gesamtrechnung. 4., überarb. Aufl. München: Vahlen, 1999.

Fuhrmann, W.A.: Makroökonomik. Zur Theorie interdependenter Märkte, 3., überarb. Aufl., München: Oldenbourg, 1991.

Gordon, R.J.: Makroökonomik, 4. Aufl. Nachdr., München: Oldenbourg, 1996.

Mankiw, N.G.: Macroeconomics. 3rd. ed., New York: Worth Publ., 1997. Deutsch: Makroökonomik. 3., überarb. u. erw. Aufl., Stuttgart: Schäffer-Poeschel, 1998.

Neumann, M.: Theoretische Volkswirtschaftslehre. Bd. I: Makroökonomische Theorie. Beschäftigung, Inflation und Zahlungsbilanz, 5., überarb. Aufl., München: Vahlen, 1996.

Rettig, R., Böckmann, L., Voggenreiter, D.: Makroökonomische Theorie, 7., neubearb. Aufl., Düsseldorf: Werner, 1998.

Rittenbruch, K.: Makroökonomie, 10., erg. Aufl., München: Oldenbourg, 1998.

Stobbe, A.: Volkswirtschaftliches Rechnungswesen, 8., neubearb. u. erw. Aufl., Berlin: Springer, 1994.

Westphal, U.: Makroökonomik. Theorie, Empirie und Politikanalyse, 2., überarb. u. erw. Aufl., Berlin: Springer, 1994.

Wohltmann, H.-W.: Grundzüge der makroökonomischen Theorie. Totalanalyse geschlossener und offener Volkswirtschaften, 3., überarb. u. erw. Aufl., München: Oldenbourg, 2000.

Geldtheorie und -politik

Deutsche Bundesbank: Monatsberichte, Frankfurt/Main, monatlich seit 1957.

Duwendag, D. u. a.: Geldtheorie und Geldpolitik in Europa. Eine problemorientierte Einführung mit einem Kompendium monetärer Fachbegriffe, 5., neubearb. Aufl., Berlin: Springer, 1999.

Europäische Zentralbank. Die einheitliche Geldpolitik in Stufe 3. Frankfurt/Main 1998.

–. Monatsberichte. Frankfurt/Main, monatlich seit 1999.

Issing, O.: Einführung in die Geldpolitik. 6., überarb. Aufl., München: Vahlen, 1996.

–. Einführung in die Geldtheorie, 11, überarb. Aufl., München: Vahlen, 1998.

Jarchow, H.-J.: Theorie und Politik des Geldes. Bd. I: Geldtheorie, 10., überarb. u. wes. erw. Aufl., Göttingen: Vandenhoeck & Ruprecht, 1998.

–. Theorie und Politik des Geldes. Bd. II: Geldpolitik, 7., neubearb. u. erw. Aufl., Göttingen: Vandenhoeck & Ruprecht, 1995.

Konjunktur-, Wachstums- und Umwelttheorie

Barro, R.J.: Convergence. Journal of Political Economy, 100 (1992), S. 223–251.

Flaschel, P., Groh, G.: Keynesianische Makroökonomik: Unterbeschäftigung, Inflation und Wachstum. Berlin: Springer, 1996.

Heubes, J.: Konjunktur und Wachstum. München: Vahlen, 1991.

Kromphardt, J.: Wachstum und Konjunktur. 3., völlig neubearb. Aufl., Göttingen: Vandenhoeck & Ruprecht, 1993.

Meyer, E.C., Müller-Siebers, K.W., Ströbele, W.: Wachstumstheorie. 2., überarb. Aufl., München 1997.

Müller, R., Röck, W.: Konjunkturpolitik, Stabilisierungspolitik und Wachstumspolitik. 4. verb. und erw. Aufl., Stuttgart: Kohlhammer, 1993.

Neumann, M.: Theoretische Volkswirtschaftslehre. Bd. III: Wachstum, Wettbewerb und Verteilung, 2., überarb. Aufl., München: Vahlen, 1994.

Schumpeter, J.A.: Konjunkturzyklen. Eine theoretische, historische und statistische Analyse des kapitalistischen Prozesses (1939), Göttingen: Vandenhoeck & Ruprecht, 1961.

Siebert, H.: Ökonomische Theorie natürlicher Ressourcen, Tübingen: Mohr 1983.

–, Economics of the Environment. Theory and Policy, 5th rev. ed., Berlin: Springer, 1998.

Teichmann, U.: Grundriß der Konjunkturpolitik. 5., verb. und erw. Aufl., München: Vahlen, 1997.

Tichy, G.: Konjunktur: stilisierte Fakten, Theorie, Prognose. 2. völlig neubearb. Aufl., Berlin: Springer, 1994.

Wirtschaftspolitik

Bernholz, P., Breyer, F.: Grundlagen der Politischen Ökonomie. Bd. I: Theorie der Wirtschaftssysteme, 3., völlig überarb. Auflage, Tübingen: Mohr 1993.

–, Grundlagen der Politischen Ökonomie. Bd. II: Ökonomische Theorie der Politik, 3., völlig überarb. Aufl., Tübingen: Mohr, 1994.

Frey, B.S., Kirchgässner. G.: Demokratische Wirtschaftspolitik. Theorie und Anwendung, 2., völlig neubearb. Aufl., München: Vahlen, 1994.

Issing, O., Berg, H.: Allgemeine Wirtschaftspolitik, 3., überarb. Aufl., München: Vahlen, 1993.

Schüller, A. (Hrsg.): Property Rights und ökonomische Theorie, München: Vahlen, 1983.

Sohmen, E.: Allokationstheorie und Wirtschaftspolitik, 2. Aufl. (unveränd. Studienausg.), Tübingen 1992.
Streit, M.E.: Theorie der Wirtschaftspolitik, 5., neubearb. u. erw. Aufl., Düsseldorf: Werner, 1998.

Teichmann, U.: Wirtschaftspolitik. Eine Einführung in die demokratische und die instrumentelle Wirtschaftspolitik, 4., aktual. u. erw. Aufl., München: Vahlen, 1993.

Woll, A.: Wirtschaftspolitik, 2., überarb. u. erg. Aufl., München: Vahlen, 1992.

Teil III – Internationale Wirtschaftsbeziehungen

Deutsche Bundesbank: Weltweite Organisationen und Gremien im Bereich von Währung und Wirtschaft. Frankfurt/Main 1997.
Dieckheuer, G.: Internationale Wirtschaftsbeziehungen, 4., unwes. veränd. Aufl., München: Oldenbourg, 1998.

Jarchow, H.-J., Rühmann, P.: Monetäre Außenwirtschaft. Bd. I: Monetäre Außenwirtschaftstheorie, 4., überarb. u. erw. Aufl., Göttingen: Vandenhoeck & Ruprecht, 1994.
–, Monetäre Außenwirtschaft. Bd. II: Internationale Währungspolitik, 4., überarb. u. erw. Aufl., Göttingen: Vandenhoeck & Ruprecht, 1997.

Siebert, H.: Außenwirtschaft, 7., völlig überarb. Aufl., Stuttgart: Fischer, 2000.
–, The World Economy. London: Routledge, 1999.

Willms, M.: Internationale Währungspolitik, 2. Aufl., München: Vahlen, 1995.

Sachverzeichnis